中国工业经济学会
CHINA SOCIETY OF INDUSTRIAL ECONOMICS

中国工业经济学会
CHINA SOCIETY OF INDUSTRIAL ECONOMICS

推动产业数字化与绿色低碳发展

中国工业经济学会2022年年会优秀论文集

主　编　史　丹　李　林
副主编　许光洪

经济管理出版社
ECONOMY & MANAGEMENT PUBLISHING HOUSE

图书在版编目（CIP）数据

推动产业数字化与绿色低碳发展：中国工业经济学会 2022 年年会优秀论文集/史丹，李林主编；许光洪副主编．—北京：经济管理出版社，2023.8
　　ISBN 978-7-5096-9220-2

Ⅰ.①推⋯　Ⅱ.①史⋯ ②李⋯ ③许⋯　Ⅲ.①工业经济—中国—文集　Ⅳ.①F42-53

中国国家版本馆 CIP 数据核字（2023）第 162869 号

责任编辑：谢　妙
责任印制：许　艳
责任校对：张晓燕

出版发行：经济管理出版社
　　　　　（北京市海淀区北蜂窝 8 号中雅大厦 A 座 11 层　100038）
网　　址：www.E-mp.com.cn
电　　话：(010) 51915602
印　　刷：唐山玺诚印务有限公司
经　　销：新华书店
开　　本：880mm×1230mm/16
印　　张：20.5
字　　数：613 千字
版　　次：2023 年 9 月第 1 版　2023 年 9 月第 1 次印刷
书　　号：ISBN 978-7-5096-9220-2
定　　价：198.00 元

·版权所有　翻印必究·
凡购本社图书，如有印装错误，由本社发行部负责调换。
联系地址：北京市海淀区北蜂窝 8 号中雅大厦 11 层
电话：(010) 68022974　邮编：100038

目 录

产业规制与产业政策

"减碳"与"增长"可以兼得吗？——来自中国清洁发展机制项目的证据 ………………… 3

新《环保法》是否影响企业的信贷获取——基于环境责任表现文本分析的证据 ………… 25

环境规制、低碳技术进步与节能效率 …………………………………………………………… 45

客户集中度与工业机器人应用：基于资产专用性视角的研究 ………………………………… 63

技术创新

数字技术对制造业与服务业融合发展的影响：理论机制与经验证据 ………………………… 85

虚实融合网络经济：产生缘由、消费特征与效用理论体系 …………………………………… 106

数字经济对制造业绿色低碳转型的效应测度研究 ……………………………………………… 120

金融地理结构、传统金融可得性与企业数字化转型 …………………………………………… 138

绿色发展

在平衡中推动绿色发展：偏向西部的区域协调发展是否促进污染物减排？ ………………… 159

随机环境库兹涅茨前沿视角下"一带一路"国家碳达峰的质量评估
　　——兼对"公平—污染困境"理论的实证检验 …………………………………………… 189

2030 年碳达峰的可行性和挑战性——以山东省为例 …………………………………………… 217

智慧降碳：数字经济发展对城市碳排放影响的效应与机制 …………………………………… 230

开放与区域经济

中国共同富裕的测算与分解 ……………………………………………………………………… 265

基于熵权——TOPSIS 法的中国区域物流数字创新能力评价及空间差异性研究 ……………… 283

数字产业渗透、全球生产网络与非对称技术进步溢出 ………………………………………… 293

新发展格局下创新驱动制造业全球价值链升级 ………………………………………………… 310

产业规制与产业政策

"减碳"与"增长"可以兼得吗?
——来自中国清洁发展机制项目的证据

万攀兵　杨晅　王怡怡

[摘要] 作为《京都议定书》下旨在推动南北气候合作的市场型减排工具,清洁发展机制 (CDM) 旨在实现缓解气候变化与促进区域可持续发展的双重目标。本文基于中国 2001~2015 年 1246 个县的面板数据并采用双重差分方法,综合评估了 CDM 的实施效果。研究发现：CDM 项目的引入尽管促进了当地的经济发展,但并未实现碳排放的削减。该经济发展效应主要发生在中西部地区、"十二五"期间以及引入具有核证减排量的 CDM 项目的地区。本文进一步讨论了 CDM 项目所在地未观察到预期减排效果的原因,发现 CDM 项目的减排效果取决于规模效应和替代效应的综合作用。一方面,规模效应在贫困县的 CDM 项目中占主导。相对于非贫困县而言,CDM 项目显著增加了贫困县地区的碳排放,同时促进了当地经济发展。另一方面,替代效应在污染县的 CDM 项目中占主导。相对于非污染县而言,CDM 项目显著抑制了污染县地区的碳排放,但同时抑制了当地经济发展。两种效应的相互抵消导致在平均意义上 CDM 项目并未实现预期的减排效果。上述结果表明,市场型减排工具的减排效果具有一定的不确定性并可能存在"减碳"与"增长"之间的权衡,这对当前中国大力开发市场型减排工具来助力碳达峰、碳中和目标的实现具有重要的政策启示意义。

[关键词] 清洁发展机制；市场型减排工具；规模效应；替代效应；碳排放

一、引言

2020 年 9 月 22 日,中华人民共和国主席习近平在第 75 届联合国大会一般性辩论上向国际社会作出庄严承诺,中国力争将二氧化碳排放于 2030 年前达到峰值、2060 年前实现碳中和 (简称"双碳"目标),以应对全人类共同面临的气候变化挑战。为贯彻落实"双碳"目标,2021 年 10 月 24 日,《中共中央　国务院关于完整准确全面贯彻新发展理念做好碳达峰碳中和工作的意见》特别强调,要发挥市场机制作用并依托市场型减排工具来推动绿色低碳转型。理论上,相较于强调政府干预的命令型减排工具而言,主要以价格信号来配置公共资源的市场型减排工具被认为更加灵活且减排成本更低 (Khanna, 2001；王班班和齐绍洲, 2016),但由于该类减排工具较为依赖良好的制度设计以及与之匹配的市场环境 (Holley and Sinclair, 2012；Zhu et al., 2019),其减排效果存在不确定性。

中国作为世界上最大的碳排放来源国,同时也是全球最大的发展中国家。为实现绿色低碳转型与经济发展的协同,中国近年来积极开发碳排放权交易市场和用能权交易市场等市场型减排工具 (胡珺等, 2020),其中,备受瞩目的是 2021 年 7 月 16 日全国碳市场正式开始上线交易。然而,囿于该类市场型减排工具实施不久、政策积累时间较短,加之碳排放数据近年来才逐渐

[作者简介] 万攀兵,武汉大学经济与管理学院讲师；杨晅,武汉大学经济与管理学院教授、博士生导师,经济研究所所长；王怡怡,武汉大学经济与管理学院硕士研究生。

可得，国内有关评估市场型减排工具减碳效果的实证研究仍较为匮乏。鉴于经济发展仍是当前中国最主要的工作任务，而应对气候变化又是刻不容缓的全球大势，因此，系统评估中国市场型减排工具对于协同绿色低碳转型与经济发展的有效性具有重要的理论和现实意义。为此，本文试图通过评估清洁发展机制（Clean Development Mechanism，CDM）这一在国内运行已久的市场型减排工具的经济绩效和碳排放绩效来推进上述问题的研究。

作为《京都议定书》下唯一的旨在推动南北气候合作的市场型减排工具，CDM 允许发达国家在发展中国家投资温室气体减排项目，由此产生经核证的额外减排量（CERs）可以抵免该国所承担的减排义务（Michaelowa and Jotzo，2003）。作为参与 CDM 项目最多的东道国，中国首个 CDM 项目于 2005 年开始运行，并持续至今。CDM 旨在实现两个基本目标：一是协助附件 I 缔约方更好地实现减排承诺；二是促进非附件 I 缔约方实现可持续发展（Ellis et al.，2007）。根据《联合国气候变化框架公约》的定义，CDM 项目的可持续发展效益可分为三类：社会效益、经济效益和环境效益。鉴于 CDM 项目的实施地多为经济欠发达的国家和地区，经济发展和减贫仍是这些地方的优先事项（Du and Takeuchi，2019）。本文主要关注 CDM 的减排有效性和可持续发展效益中的经济效益。

鉴于此，本文系统评估了 CDM 这一市场型减排工具在中国的实施效果。具体而言，本文基于中国 2001~2015 年 1246 个县的 CDM 项目注册数据、县级经济地理数据、夜间灯光数据、温室气体排放数据和工业企业数据，并采用双重差分模型考察了 CDM 项目实施对于地区碳排放与经济发展的影响。相较于 GDP 报告数据而言，本文使用的夜间灯光数据可以更客观、更全面地衡量区域经济发展程度。通过在回归中同时控制影响 CDM 项目选址的经济变量和地理变量以及县域和年份固定效应，本文的实证策略可以较好地识别 CDM 项目与地区经济发展和碳排放之间的因果关系。在此基础上，本文分别对理论分析中所揭示的规模效应和替代效应两种影响机理逐一进行实证检验，以厘清基准回归结果背后的作用机制。最后，本文进一步考察了 CDM 项目对地区碳排放增长率的影响。

本文实证发现，CDM 显著促进了项目所在地的经济发展，但对碳排放总量并无显著影响。这意味着，以 CDM 为代表的市场型减排工具的减排效果具有不确定性，并不一定能实现"减碳"与"增长"的协同。上述经济发展效应主要发生在中西部地区、"十二五"期间以及引入具有核证减排量的 CDM 项目的地区，而减排效应均未发现。本文剖析了背后的作用机制。一方面，CDM 项目的引入导致项目所在地工业产出和投资的增加，这表明规模效应的存在。由于贫困县[①]发展经济的动机更强烈，规模效应在贫困县的 CDM 项目中占主导。相对于非贫困县而言，CDM 项目显著促进了贫困县地区的碳排放和经济发展。另一方面，CDM 项目的引入导致项目所在地火力发电占比下降，这表明替代效应的存在。由于污染县节能减排的空间和潜力更大，替代效应在污染县的 CDM 项目中占主导。相较于非污染县而言，CDM 项目显著抑制了污染县的碳排放和经济发展。最后，本文发现尽管 CDM 项目未降低碳排放总量，但减缓了地区碳排放的增长速度。

本文可能的边际贡献主要体现在以下两个方面：首先，本文推进了关于市场型减排工具政策效果评估的实证研究。一方面，目前关于市场型减排工具政策效果评估的实证研究大多关注政策的减污效果（Fowlie et al.，2012；涂正革和谌仁俊，2015；Deschênes et al.，2017；郭俊杰等，2019），而对其降碳效果则关注较少且存在一定争议。如 Cui 等（2021）发现，中国的碳交易（Carbon Emission Trading System，ETS）试点通过推动受规制企业提高能效和优化用能结构实现减排，并且不会影响企业产出。然而，Cao 等（2021）的研究表明，ETS 试点对受规制企业的用能效率并没有影响，而主要是通过降低企业产出规模来实现能耗和碳排放的削减。另一方面，已有关注降碳效果的政策评估研究大多聚焦于发达国家的市场型减排工具（Martin et al.，2014；Jaraite-Kažukauske and Di Maria，2016；Ahmadi，2017；Borenstein et al.，2019），较少聚焦于发展中国家。通过聚焦于中国这一全球最大发展中国家并重点考察 CDM 这一市场型减排工具的碳

---

① 2021 年，脱贫攻坚取得全面胜利，本文研究期间在这之前，故存在贫困县。

排放绩效和经济发展绩效，本文发现，CDM 项目在促进贫困县经济发展的同时也增加了该地区的碳排放。并且，CDM 项目尽管促进了污染县的减排但不利于该地区的经济发展。这意味着，以 CDM 项目为代表的市场型减排工具在实际运作过程中可能存在"减碳"与"增长"之间的权衡，从而对当前中国大力开发市场型减排工具来助力碳达峰、碳中和目标的实现具有重要的政策启示意义。

其次，本文的实证分析为 CDM 的额外性争议提供了因果证据。已有大量关于 CDM 的研究主要是基于 CDM 项目设计文件（Project Design Document，PDD）的定性分析（Nussbaumer，2009；Alexeew et al., 2010；Drupp，2011）或者理论分析（Strand，2011），只能解释项目实施前预计的减排效果，不能揭示 CDM 项目实施给地区带来的实际影响。近年来，一些针对 CDM 项目减排效果的实证研究也未得出一致结论（Zhang and Wang，2011；Strand，2011；Strand and Rosendahl，2012；Jaraitė et al., 2022；Huang and Barker，2011；Liang et al., 2014；Lim and Lam，2014）。这一方面是因为 CDM 项目的选择性偏误给政策效果评估的因果识别带来困难，另一方面是因为现有研究仅仅捕捉到了规模效应（Huang et al., 2008；Lewis，2010）或替代效应（Stua，2013；陈林和万攀兵，2019）的一个方面。不同于上述文献，本文以中国县级城市是否引入 CDM 项目来构筑自然实验并使用双重差分模型进行政策评估，较好地克服了已有研究对 CDM 项目减排效果"额外性"的识别难题。而且，本文综合考察了 CDM 项目的规模效应和替代效应，并发现二者在推动地区碳减排方面相互抵消，从而丰富了关于 CDM 项目作用机理的研究。

后续篇章结构安排如下：第二部分为 CDM 项目的制度背景和理论分析，第三部分阐述了本文的实证策略，第四部分介绍了本文基准回归、稳健性检验和异质性检验的结果，第五部分报告了机制检验与进一步讨论的内容，最后是结论与政策启示。

二、制度背景和理论分析

（一）制度背景

1. CDM 项目实施程序

一个完整的 CDM 项目从设计开发到最终获得 CERs 的签发，需要经过三个主要程序：国家发展和改革委员会批准、在 CDM 执行理事会（The CDM Executive Board，CDMEB）成功注册、减排量核证后的签发，具体开发流程如图 1 所示。

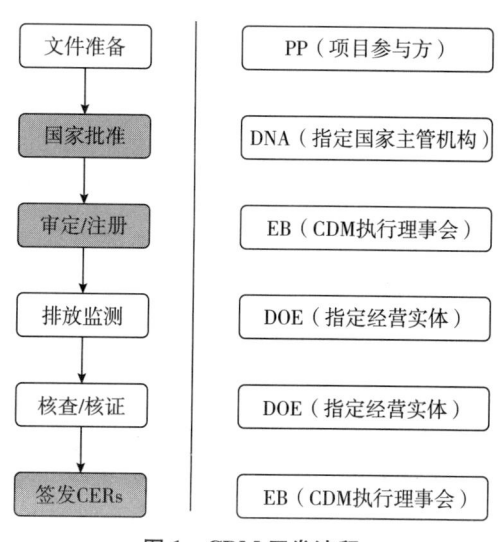

图 1 CDM 开发流程

(1) 国家批准。开展 CDM 项目的第一步是项目设计，项目业主按照 CDMEB 发布的标准格式准备以 PDD 为核心的一系列材料，材料准备完毕后，提交给本国主管机构审批，中国负责 CDM 项目审批的是国家发展和改革委员会应对气候变化司。

(2) 审定/注册。在政府批准后，将批准凭证和项目文件提交给指定经营实体（Designated Operational Entity，DOE）以核证项目，如果 DOE 认定拟议项目活动是有效的，则以审定报告的形式向 CDMEB 提交登记申请，如果没有 3 名以上的清洁发展机制执行理事会成员反对，CDMEB 应该在 8 周内批准注册项目，项目获得 CDMEB 的批准并注册是 CDM 项目获得减排量签发的必要条件。

(3) 签发 CERs。项目成功注册后即可投入实施。期间 DOE 负责对项目产生的温室气体减排量进行监测和核实，并将项目核实报告交由 CDMEB 审批，在收到发放申请 15 天之后，CDMEB 将做出是否同意签发的决定。签发后，这些经核证的温室气体减排抵消额（CERs）成为一项可供交易的碳资产，项目业主可用于出售或者协议转让给合作方。至此，一个完整的 CDM 项目开发流程结束。

2. 中国 CDM 项目活动

自 2005 年 1 月 25 日中国首个 CDM 项目获得国家批准起，CDM 项目开发在经历短期的经验积累后，迅速进入快速发展阶段。2007~2012 年是中国 CDM 项目发展的繁荣期，尤其以 2012 年为最。当年 CDM 项目的注册数目达到峰值 1855 个，占全部注册项目的 49%。这一时间分布特征与《京都议定书》第一承诺期的有效期密切相关。《京都议定书》于 2005 年 2 月 16 日生效，其第一承诺期于 2012 年底到期，各缔约方集中在协议到期之前加快履约进程，因此当年 CDM 项目的注册数量达到历史高位。但自 2013 年以来，全球和中国的 CDM 注册数出现断崖式下跌，2015 年后再无项目注册。

这一方面是由于《京都议定书》政策的不连续，2012 年后 CDMEB 对 CDM 项目注册实施了严格的限制政策，增加了项目的审查和注册难度；另一方面是由于 CDM 市场的大幅震荡，欧盟作为 CDM 项目的最大买方，2013 年削减了排放交易系统中使用的 CDM 的碳配额，宣布仅接受来自不发达国家的 CDM 项目用于履约，这进一步加重了 CDM 项目投资前景的不确定性，导致 CDM 碳配额市场价格的暴跌和 CDM 的注册量大幅减少。此外，以美国为首的部分发达国家相继退出《京都议定书》，也给全球气候合作进展带来了较大的冲击。

根据《联合国气候变化框架公约》的统计资料，截至 2015 年底，在联合国 CDMEB 成功注册的 CDM 项目共 7955 个，在中国境内注册的 CDM 项目数为 3807 个，占比达 47.86%，位居全球首位（见图 2）。其中，中国境内注册的 CDM 项目中获得核证减排量签发的项目为 1556 个，注册签发率为 40.87%。

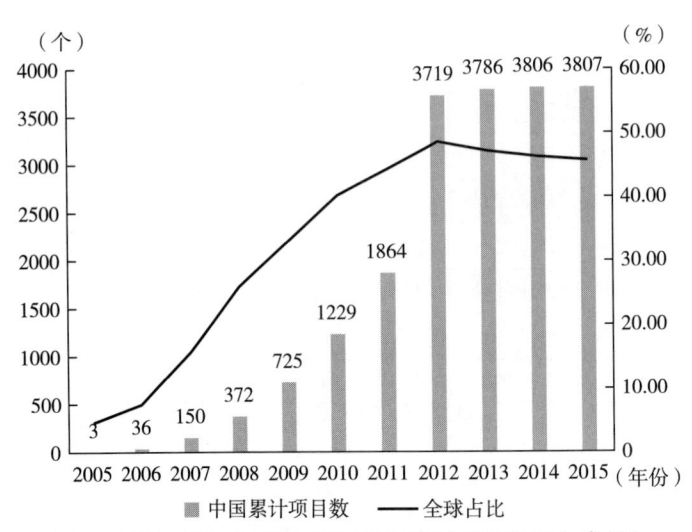

图 2 2005~2015 年中国 CDM 项目累计注册数和全球占比

从项目类型来看，在中国已注册备案的 CDM 项目中，新能源和可再生能源项目占比最大，约为 83.35%，其次是节能与提高能效和甲烷的回收与利用领域的项目，分别占比 6.72% 和 6.23%。具体来看，新能源和可再生能源项目主要集中于能源行业，尤其是电力行业。其中，风力发电项目占新能源和可再生能源全部项目总数的 47.59%，水力发电占 40.81%，还包括太阳能（4.73%）、生物质能（3.94%）及其他项目类型；节能和提高能效项目的主要参与者均为高能耗行业企业，如水泥、炼焦、金属冶炼等；而甲烷回收利用类的项目主要集中于煤炭采掘业，也包括少量的生物科技、畜禽养殖企业。

从项目所在地区来看，中国已注册 CDM 项目的空间分布与经济发展水平不一致，主要分布在资源丰富但经济发展相对落后的中西部省份。其中，项目注册数排名前五位的省份分别是四川、云南、内蒙古、甘肃和山东，注册项目合计 1517 个，占比为 39.85%。

（二）理论分析

清洁发展机制为发达国家和发展中国家合作减排提供了一个良好的平台，被认为是一种双赢的市场型减排工具（Nussbaumer，2009）。对发达国家缔约方来说，提高了履约灵活性并降低了履约成本。对于发展中国家实施方来说，通过 CDM 项目有机会获得来自发达国家缔约国合作方提供的先进技术和减排资金，项目业主也可通过出售经核证的温室气体减排量弥补额外的减排成本，甚至可能从中受益。更重要的是，CDM 项目本身有利于推动项目东道国的清洁能源开发和工业投资建设（Lewis，2010）。因此，CDM 项目的实施预期会促进当地的经济发展，但是项目对地区碳排放的影响是不确定的。

一方面，项目实施可能通过规模效应增加地区的碳排放。首先，在满足"额外性"的条件下，CDM 确实会降低单个项目相对于基准线的排放量[①]。但这样一个理论上的基准线通常是不能直接观测得到的，而是需要人为估算。在估算过程中，由于项目实施方与 CDM 执行委员会之间的信息不对称，实施 CDM 项目的企业有动机通过操纵基准线来获取更大的减排收益（Fischer，2005）。这种操纵可以通过以下方式进行：企业在基准期为了获得更高的基准线，人为地通过各种手段使单位产值的能耗增加，但是在项目执行期，单位产值的能耗确定后，企业就会增加产量以获得更多减排量的签发（Strand and Rosendahl，2012）。这种"基线"效应，无疑会增加企业实际的碳排放。其次，CDM 项目的经济激励也可能使得一些原本不具有投资收益的工业项目得以落地，进而通过增量效应扩大了地区的碳排放（Alexeew et al，2010）。实践中，如果一个地区本来打算建立一个火电项目，但是因为 CDM 能够给企业带来潜在的诸如技术转让、融资便利和减排收益等经济激励，该地区采取了一个更加清洁的同类项目，这将有效抑制地区的碳排放。然而，如果该地区本来并不打算引入任何电力项目，但是因为 CDM 的经济激励，该地区新增了与 CDM 相关的工业投资项目。显然，相较于没有 CDM 的情形，在 CDM 激励下这些新增的工业投资项目无疑会增加地区碳排放。根据上述分析，项目的实施可能会促进地区产出规模的扩大，由此带来更多的资源、能源消耗进而增加碳排放。

另一方面，项目实施可能通过替代效应减少地区的碳排放。CDM 项目要获得减排量的认定，需要产生真实的、可测量的温室气体减排量。这就需要项目实施方通过清洁能源替代含碳量高的化石燃料以优化用能结构或是通过生产技术改进以提高能源利用效率。根据中国已注册 CDM 项目的类型分布，新能源与可再生能源项目占全部注册项目的 83.31%，而中国当前能源消费结构以煤炭为主，石油次之，天然气消费占比最低。根据中国国家统计局有关数据测算，2021 年中国传统三大化石能源消费量占能源消费总量的 84.11%。其中，煤炭、石油和天然气的合计碳排放量分别占中国碳排放来源的 71.11%、14.93% 和 5.83%。新能源与可再生能源 CDM 项目一

---

① 即假设没有 CDM 项目的反事实情况下的排放量。

经投产运营，可以部分满足项目所在地的用能需求，进而降低当地对传统化石能源尤其是煤炭的需求量（韩超等，2021）。此外，节能和提高能效项目占全部注册项目的6.70%，这类项目的投产运行会促进企业用能技术的改进和能源利用效率的提高，这也有助于减少项目所在地对传统化石能源的需求。因此，CDM项目的实施通过对传统高排放化石能源的替代和促进项目所在地能效提高，减少了项目所在地对化石能源的需求进而推动了碳排放的削减。

综上所述，清洁发展机制对区域碳排放总量的影响是不确定的，具体方向取决于规模效应和替代效应的综合作用。基于此，本文提出：

假设1：CDM项目促进了当地的经济发展，但对碳排放的作用方向不确定。

尽管CDM项目对区域碳排放的总体作用方向不确定，但预期那些规模效应占主导的地区，CDM项目会显著促进地区的经济发展和碳排放。鉴于中国的县域经济发展极不平衡，贫困县大多分布在工业区位条件较差的区域。这些区域通常远离经济中心、产业基础薄弱、经济发展落后，处于工业化的起步阶段。然而，这些地方往往具有丰富的新能源和可再生能源，这使得在贫困县开展CDM项目具备良好的资源优势和增长空间。此外，考虑到贫困县主要以经济增长和脱贫致富为发展目标，在更高的经济增长压力下，贫困县地区更有激励和条件依托CDM项目开发当地的新能源与可再生能源，以增加投资和发展经济（余锦亮，2022）。图3（a）显示，相较于非贫困县而言，贫困县平均实施了更多的新能源与可再生能源（RE-CDM）项目。因此，预期在贫困县地区CDM项目的规模效应占主导。基于此，本文提出：

假设2：相较于非贫困县而言，CDM项目促进了贫困县的经济发展和碳排放。

同理，本文预期那些替代效应占主导的地区，CDM项目会抑制地区的碳排放。一般而言，污染企业集聚的县工业相对发达，工业发展过程中对传统的化石能源依赖较为严重，实施节能减排和燃料替代的空间和潜力较大。而且这些地区通常经济发展水平较高，工业减排技术和人力资本优势明显，实施减排项目的成本更低。因此，那些污染企业占比高的县更可能依托CDM项目进行节能减排和燃料替代。这意味着，在污染企业集聚的县CDM项目的替代效应占主导。图3（b）显示，相较于污染企业占比较少的县而言[①]，污染企业占比较多的县平均实施了更多的节能与提高能效项目。此外，考虑到新能源与可再生能源以及一些能效改进的项目相比传统

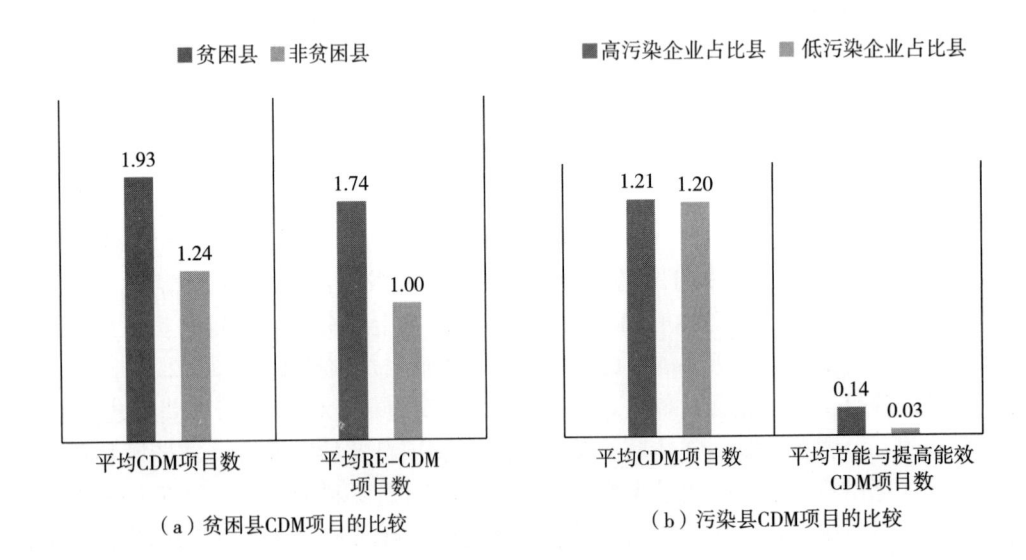

图3 不同类型县平均CDM项目数

（a）贫困县CDM项目的比较

平均CDM项目数：贫困县1.93，非贫困县1.24
平均RE-CDM项目数：贫困县1.74，非贫困县1.00

（b）污染县CDM项目的比较

平均CDM项目数：高污染企业占比县1.21，低污染企业占比县1.20
平均节能与提高能效CDM项目数：高污染企业占比县0.14，低污染企业占比县0.03

---

① 根据事前污染企业占比的均值进行分组，如果该县污染企业占比高于样本均值，则定义为高污染企业占比县（文中称为"污染县"）。

化石能源项目来说投资收益率更低，企业和地方政府只有在补贴或者获取 CERs 收入的激励下才有可能开展此类项目，在这些区域引入 CDM 项目对经济发展的影响可能不显著甚至是负向的，据此，本文提出：

假设 3：相较于非污染县而言，CDM 项目抑制了污染县的经济发展和碳排放。

三、实证策略

（一）模型构建

为了检验 CDM 项目实施带来的经济发展效应和碳减排效应，本文构建了广义的双重差分模型。本文实证研究选取的是 2001～2015 年中国 1246 个县的非平衡面板数据，具体模型设置如下：

$$y_{it} = \beta_0 + \beta_1 D_{it} + \beta_2 X_{it} + \delta_i + \gamma_t + \varepsilon_{it} \tag{1}$$

其中，y_{it} 是被解释变量，包括 i 县 t 年的经济发展水平和碳排放量，前者使用夜间灯光亮度来衡量。X_{it} 是控制变量，包括一组随时间变化的县域特征变量：第二产业占比、第三产业占比、人口密度。除此之外，本文还在回归方程中加入了一系列影响 CDM 项目选址的地理变量[①]（包括风速、日照时间、降水量、植被覆盖指数和地形坡度）与时间一次、二次和三次多项式的交乘项（Chen et al., 2018），以灵活控制与这些地理变量相关的潜在选择性因素对被解释变量的非线性影响。δ_i 是县域固定效应，用于控制影响各县经济发展水平和碳排放的不可观测的县本身的特征。γ_t 是时间固定效应，用于控制随时间变化的影响各县经济发展水平和碳排放的因素，如国家层面的政策和法规的变化。ε_{it} 是误差项。标准误聚类到县域层面。

D_{it} 是核心解释变量，该变量产生的基础是 i 县首个项目注册的时间。在 i 县首个 CDM 项目注册成功的当年及以后 $D_{it}=1$，否则 $D_{it}=0$。考虑到 CDM 项目从注册到实施有一定的时滞，本文假定在当年 7 月以后注册的项目在下一年实施，7 月之前注册的项目在当年实施。估计系数 β_1 捕捉了相较于未注册 CDM 项目的县而言，注册 CDM 项目的县的经济发展水平和碳排放量的变化。

（二）数据与描述统计

为进行实证分析，本文手工搜集和整理了 2001～2015 年中国县级层面 CDM 项目注册数据、县域经济地理数据、夜间灯光数据、温室气体排放数据和工业企业数据。回归中主要变量的描述性统计信息见表 1。

表 1　变量定义与数据描述性统计

变量	定义	观测值	均值	标准差	最小值	最大值
被解释变量						
lnlight	夜间灯光亮度值	16756	0.5437	1.5868	-9.2103	4.0125
lngdp	GDP 总量（万元）	16929	12.7008	1.1826	7.9249	16.7751
lnpgdp	人均 GDP（元/人）	16928	9.1634	0.8186	6.6429	12.2696
lnemico$_2$	碳排放总量（万吨）	16364	4.8822	1.0441	1.7616	7.1234
lnave_emico$_2$	人均碳排放量（吨/人）	16363	1.3119	0.8684	-0.6568	3.1432

[①] 这些地理变量都取 2004 年的均值，因为 2004 年是中国第一个 CDM 项目注册的前一年。

续表

变量	定义	观测值	均值	标准差	最小值	最大值
emico2_rate	碳排放增长率	15412	0.0882	0.0794	-0.0896	0.2869
ave_emico2_rate	人均碳排放增长率	15141	0.0888	0.0928	-0.0978	0.3434
核心解释变量						
did	当年首个CDM项目是否注册	16929	0.0758	0.2647	0.0000	1.0000
scdm_inv_new	累计投资CDM项目数	16929	0.2160	1.2604	0.0000	34.0000
lnsize	项目估计的累计减排量（tCO2e）	16929	0.9187	3.2230	0.0000	15.5922
控制变量						
inds2	第二产业占比	16929	0.4061	0.1587	0.0943	0.7836
inds3	第三产业占比	16929	0.3310	0.0916	0.1364	0.6424
lndensity	人口密度（人/平方千米）	16929	5.0308	1.4541	-0.1716	7.1745
lnwind	风速（米/秒）	16929	0.6876	0.2766	0.0048	1.3459
lnsolar	日照时数（小时）	16929	7.6076	0.2198	7.0384	7.9796
lnpre	降水量（毫米）	16929	8.9735	0.5302	7.5541	9.9514
lnndvi	植被覆盖指数	16929	7.8532	0.5264	2.7957	8.8394
slope	坡度（度）	16929	11.1316	6.3688	1.0889	30.6067
机制变量检验						
lnoutput	规模以上工业总产值（万元）	16717	12.0974	1.9967	5.6103	16.3263
lnpoutput	人均规模以上工业总产值（元/人）	16716	8.5356	1.6864	0.1803	14.2330
lnindnum	规模以上工业企业单位数（个）	16706	3.6711	1.2575	0.0000	7.6285
lnfix	固定资产净值年余额（千元）	13513	11.0494	1.6580	-0.0278	16.9123
zongchanzhi	电力生产企业中火电企业总产值占比（%）	2639	0.9168	0.2080	0.0000	1.0000
sale_chanzhi	电力生产企业中火电企业销售产值占比（%）	2639	0.9161	0.2099	0.0000	1.0000
yyincome	电力生产企业中火电企业营业收入占比（%）	1724	0.9128	0.2106	0.0000	1.0000
income	电力生产企业中火电企业主营业务收入占比（%）	2593	0.9152	0.2102	0.0000	1.0000
assettotal	电力生产企业中火电企业总资产占比（%）	2421	0.8882	0.2504	0.0000	1.0000
fixasset	电力生产企业中火电企业固定资产净值占比（%）	2639	0.8939	0.2518	0.0000	1.0000

注：表中所有增速和比值变量均在1%水平上进行双侧缩尾处理。所有名义价格变量均使用各省2001年为基期的价格指数进行平减。规模以上工业企业单位数由于存在不少零值，取对数之前先在原有基础上加1。

1. CDM项目数据

CDM项目数据来自《联合国气候变化框架公约》的项目活动和活动方案数据库。项目的地理位置来自国家发展改革委提供的CDM项目位置图，ArcGIS10.2用于生成CDM项目的位置数据。在本文的基准回归中剔除了包含水电项目的县，一方面，水电项目的"额外性"存在很大争议（Mori-Clement，2019）；另一方面，水电项目常常涉及居民跨区域大规模的搬迁安置，导致地区的经济结构发生较大变化，项目的实施可能同时会给地区带来经济效益和社会问题（Du and Takeuchi，2019）。

2. 夜间灯光数据

本文使用各县的夜间灯光亮度值来衡量地区的经济发展水平。夜间灯光数据是由美国空军防御气象卫星计划（US Air Force Defense Meteorological Satellite Program，DMSP）搭载的可见红外成像线性扫描业务系统（OLS）及美国新一代国家极轨卫星（Suomi-NPP）搭载的可见光近红外成像辐射传感器（VIIRS）收集所得。DMSP-OLS 时间跨度为 1992~2013 年，NPP-VIIRS 时间跨度为 2013~2020 年。由于探测器灵敏度和数据处理方式不同，两个卫星数据不具有可比性。NPP-VIIRS 探测敏感度和空间分辨率更高，所获数据更加精确。本文参考陈梦根和张帅（2020）的拟合方法，以 2013 年为基准对 NPP-VIIRS 的数据进行调整得到 2001~2015 年的融合数据用于实证研究，并采用 GDP 和人均 GDP 数据作为替代性的衡量指标进行稳健性检验。

与传统的 GDP 统计数据相比，夜间灯光数据的优势体现在：首先，全球夜间灯光数据最大限度地消除了 GDP 统计中的人为因素，相对来说更为客观（张俊，2017）。传统的 GDP 统计数据难免有一定的采集和计算误差，还可能因地方政府追求经济发展绩效而被高估（徐康宁等，2015）。其次，夜间灯光数据不受价格因素干扰。使用传统 GDP 数据，需要用价格指数对其进行平减，而目前中国公布的区域价格指数最细只到地级市层面，基于此对县级 GDP 进行平减会产生一定误差。最后，夜间灯光数据能够反映 GDP 数据难以传递的一些信息。夜间灯光数据不仅能够反映市场中交易的商品和服务的价值量，还包括了不在市场上交易的商品和服务的价值量（Sutton and Costanza，2002），更能真实反映区域的经济发展状况，尤其是在一些数据统计质量不好的地区。因此，夜间灯光数据是一个更客观的度量经济发展水平的代理指标（Henderson et al.，2012；张俊，2017；秦蒙等，2019）。

3. 温室气体排放数据

2001~2015 年中国 1246 个县的温室气体排放数据来自中国碳核算数据库（CEADs）。该数据源自 Chen 等（2020）的一篇研究。作者基于粒子群优化—反向传播（PSO-BP）算法统一了 DMSP-OLS 和 NPP-VIIRS 卫星图像的尺度。为了避免伪回归问题，作者采用单位根检验来验证省级 CO_2 排放与这一夜间灯光数据间的关系并进行拟合训练，而后基于自上而下的加权平均策略得到县级碳排放数据。

4. 县级经济地理数据

县级层面的经济变量包括 GDP、人均 GDP、第二产业占比、第三产业占比和人口密度，数据来自 2001~2015 年《中国县域统计年鉴》。回归中涉及的与 CDM 项目选址相关的地理变量包括风速、日照时间、降水量、植被覆盖指数和地形坡度。其中，风速、日照时间和降水量等数据来源于中国科学院资源环境科学数据中心[①]，植被覆盖指数（NDVI）数据来自美国宇航局的中分辨率成像光谱仪（MODIS）[②]，县域地形坡度是基于 ASTER Global Digital Elevation Model V003 数据计算得到，ASTER Global Digital Elevation Model V003 是目前最新的一版全球 30 米分辨率 DEM，能够更好地表现地表实际坡度变化情况。

5. 中国工业企业数据

本文把 2001~2013 年中国工业企业数据基于六位数行政代码加总到县级层面，用于进一步的机制检验。具体指标包括工业企业数量、工业总产值、工业增加值、工业销售产值、主营业务收入、固定资产净值。

四、实证结果

（一）基准回归结果

表 2 报告了基准回归结果。其中，第（1）、（3）两列为随机效应估计结果，第（2）、（4）两列为固定效应估计结果。无论是随机效应还是固定效应模型，结果差异都不大。这说明县域

[①] 中国科学院资源环境科学数据中心网址：https://www.resdc.cn/。
[②] 美国宇航局中分辨率成像光谱仪（MODIS）数据资料网址：https://modis.gsfc.nasa.gov/。

层面不可观测的非时变差异并不会对本文识别构成威胁。鉴于固定效应模型的拟合效果更好，文章后续模型都使用固定效应模型进行分析。第（1）、（2）列的回归结果表明，CDM项目的引入显著促进了当地经济发展。以第（2）列固定效应模型的估计结果为基准，与没有引入CDM项目的县相比，引入CDM项目的县平均而言灯光亮度增加了12.93%。第（3）、（4）列的回归结果表明，CDM项目的引入对各县碳排放量影响不显著。上述结果表明，CDM项目尽管促进了当地经济发展，但对其碳排放总量并无显著影响，这意味着其减碳效果存在一定的不确定性，因而支持了假设1。

表2 基准回归结果

变量	（1）lnlight	（2）lnlight	（3）lnemico$_2$	（4）lnemico$_2$
did	0.1233***	0.1293***	0.0151	0.0137
	(0.0337)	(0.0353)	(0.0144)	(0.0146)
Economic Controls	是	是	是	是
CDM Controls×f（t）	是	是	是	是
County dummy	否	是	否	是
Year dummy	是	是	是	是
_cons	-3.513***	3.847***	3.341***	3.902***
	(0.642)	(0.965)	(0.353)	(0.365)
N	16756	16756	16364	16364
Adj. R^2	0.6477	0.6914	0.3928	0.8990

注：括号中报告的是聚类到县级的标准误。Economic Controls包括第二产业占比（ins2）、第三产业占比（inds3）和人口密度（lndensity），"CDM Controls×f（t）"为可能影响CDM项目选址的指标与时间的三次多项式函数的交互项，这些指标包括：风速（windspeed）、日照时数（solartime）、降水量（pre）、植被覆盖指数（ndvi）和坡度（slope）。*、**、***分别表示在10%、5%和1%的显著性水平上统计显著。本文所有表格均作相同处理，后不赘述。

（二）平行趋势检验

双重差分估计量的一致性需要满足平行趋势假设，这要求在引入CDM项目之前，引入CDM项目的县和始终未引入CDM项目的县在碳排放水平和经济发展水平上没有出现显著差异。参考Beck等（2010）的研究方法，本文通过设置各县引入CDM项目前后的年份虚拟变量，并将其乘以该县是否包含CDM项目的虚拟变量。具体模型设定如下：

$$y_{it} = \beta_0 + \beta_j \sum_{j=-7}^{-2} D_{it}^j + \beta_k \sum_{k=0}^{7} D_{it}^k + \beta_2 X_{it} + \delta_i + \gamma_t + \varepsilon_{it} \tag{2}$$

若i县处在引入CDM项目前的第j年，则$D_{it}^j=1$；否则，$D_{it}^j=0$。相应地，若i县处在引入CDM项目后的第k年，则$D_{it}^k=1$；否则，$D_{it}^k=0$。本文取事前事后各7年，并剔除各县引入CDM项目的前一年。因此，$\{\beta_j s\}$、$\{\beta_k s\}$的估计值表示相对于CDM项目引入的前一年，项目引入对各县经济发展水平和碳排放的动态影响。由图4可知，除了图4（a）中引入项目前的第二年，引入CDM项目的县与始终未引入CDM项目的县有微小差异外，其余引入CDM项目前后的年份虚拟变量与该县是否拥有CDM项目的虚拟变量的交互项系数均不显著。这说明在各县引入CDM项目之前，处理组和对照组各县的碳排放和经济发展水平并不存在显著差异，满足平行趋势假设的要求。

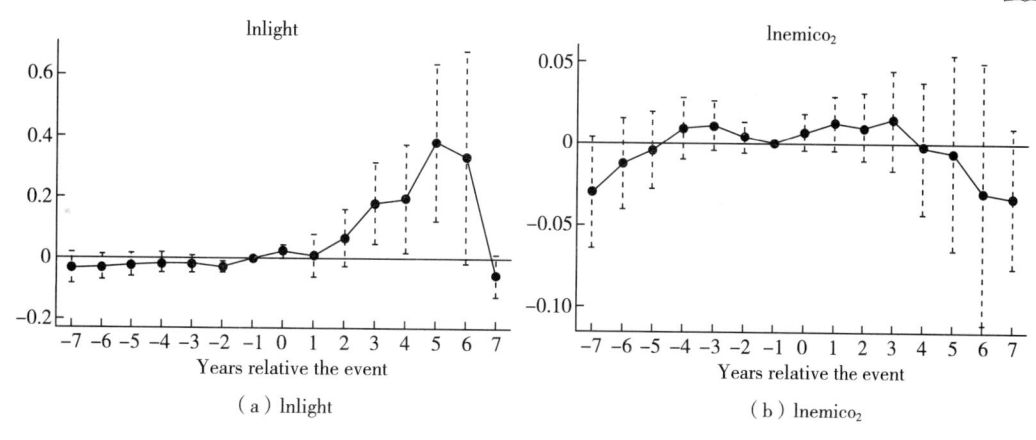

图4　平行趋势检验

各县引入 CDM 项目后，经济效应检验的估计系数在项目注册第三年开始为正且非常显著，说明项目的引入促进了项目所在地的经济发展。但由于项目从注册、实施到最终产生减排量需要一定时间，所以项目经济效应的产生有一定的时滞，并且从图 4（a）中可以看出，在项目实施的第 3~5 年，CDM 项目在各县落地时间越长，对当地经济的促进效应也越大。此外，本文发现各县在引入 CDM 项目后的第六年和第七年，经济效应不显著甚至为负。可能的原因：一方面是《京都议定书》第一个承诺期截至 2012 年 12 月，距离第一个项目落地恰好为 7 年，CDM 项目实施在《京都议定书》快到期时面临不确定性，此时开发者不再追加投资和扩大产出；另一方面是因为 2013 年联合国 CDM 项目执行理事会对 CDM 项目实行了严格的政策，增加了项目登记的难度，并且欧盟规定 EU-ETS 只接受最不发达国家新注册的 CDM 项目进入，CERs 交易进一步下滑，导致 CERs 的价格一落千丈。这两个原因导致很多项目未能对项目所在地的经济发展产生积极影响，但各县引入 CDM 项目后，减排效果检验的交互项系数始终不显著，与基准回归结果一致。

（三）稳健性检验

1. 替换被解释变量

为检验基准回归结果对衡量指标的敏感性，本文使用各县 GDP 的对数值和人均 GDP 的对数值作为经济发展水平的替代性衡量指标，回归结果见表 3 第（1）、（2）列。从表 3 中可以看出，did 变量的回归系数均为正且在 5% 水平上显著。上述结果支持了本文的基准推断：引入 CDM 项目显著促进了地区的经济发展。在表 3 第（3）列，本文用人均碳排放的对数值替换碳排放总量，发现引入 CDM 项目未对当地人均碳排放量产生显著影响，与本文的基准回归结果一致。

另一个担忧是，本文的县级碳排放数据根据夜间灯光数据反演得到，可能仅仅捕捉了地区经济发展的变化趋势，而无法较好地反映县域真实的碳排放水平。然而，表 2 的基准回归结果表明，CDM 项目的引入对县域经济发展和碳排放水平具有显著不同的影响。关于二者的估计系数不仅在量级上差异悬殊，而且在显著性水平上也大不相同，这一定程度上减轻了对本文考察的两个被解释变量同质的担忧。事实上，细究县域碳排放数据的反演过程可以发现，县域夜间灯光亮度数据（即 DN 值之和）仅作为省级层面碳排放总量分配到县级层面的份额指标（Su et al., 2014），因此，本文的县域碳排放数据和夜间灯光亮度数据尽管具有一定相关性，但并不同质。而且，通过数据分析发现，二者在统计上的相关性也较弱（见附图1）。

为进一步减轻对反演数据的疑虑，本文使用官方统计调查的 SO_2 排放量作为地区 CO_2 排放量的替代性衡量指标。考虑到中国的能源消费结构以煤炭为主，CO_2 和 SO_2 均主要由化石燃料燃烧产生，故 SO_2 的排放数据不失为一个较好的反映碳排放的间接指标（Aunan et al., 2006）。同时，为了控制SO_2末端治理的影响，本文通过加总SO_2排放量和SO_2去除量得到SO_2在生产过程中的总排放量（即产生量）。鉴于SO_2排放方面的数据仅在地级市层面公布并从2003年开始统计，本文将县级层面的CDM数据汇总到地级市层面并基于2003~2015年地级市层面数据，实证检验了CDM项目实施对SO_2产生量和排放量的影响。表3第（4）、（5）列的回归结果显示，CDM项目的实施对地区SO_2的产生量和排放量均无显著影响。考虑到SO_2和温室气体的同根同源性，上述结果进一步支持了本文的基准推断：引入CDM项目并未对地区碳排放产生显著影响。

表3 稳健性检验——替换被解释变量

变量	（1）lngdp	（2）lnpgdp	（3）lnave_co_2	（4）lnso$_2$	（5）lnemiso$_2$
did	0.0309**	0.0440***	0.0022	−0.0158	−0.0210
	(0.0134)	(0.0134)	(0.0162)	(0.0560)	(0.0435)
Economic Controls	是	是	是	是	是
CDM Controls×f（t）	是	是	是	是	是
County/City dummy	是	是	是	是	是
Year dummy	是	是	是	是	是
Rem_rate				否	是
_cons	11.2980***	8.5911***	0.1255	5.7945*	6.9250***
	(0.4336)	(0.3344)	(0.5267)	(3.0262)	(2.6127)
N	16929	16928	16363	2724	2724
Adj. R^2	0.9162	0.9106	0.8544	0.3266	0.1368

注：表中lnso$_2$为SO_2产生量的对数值，其中SO_2产生量是由SO_2的排放量与SO_2的去除量加总得到。lnemiso$_2$为SO_2排放量的对数值，为了控制SO_2末端治理的影响，在对lnemiso$_2$进行回归的方程中，控制了SO_2的去除率（Rem_rate）。表中第（4）、（5）列是基于地级市层面的回归分析，核心解释变量的定义与本文基准回归类似：若该市有CDM项目，则did=1；否则，did=0，括号中报告的是聚类到地级市层面的标准误。

2. 替换核心解释变量

由于在基准回归中，DID变量设置为t年i县是否注册CDM项目，对于注册多个项目的县，本文均以首个CDM项目的时点作为受冲击时点。显然，这种变量处理方式难以捕捉多个项目以及不同规模项目的政策冲击强度的差异。为此，本文进一步将核心解释变量替换为反映受冲击强度大小的各县CDM项目数和项目规模。CDM项目数（scdm_inv_new$_{it}$）是指i县在t年累计注册的CDM项目数量。CDM项目规模（lnsize$_{it}$）用i县在t年估计的所有CDM项目累计减排量来衡量。表4给出了替换核心解释变量的回归结果。与基准回归结果一致，CDM项目数和项目规模显著促进了县域的经济发展，但对县域碳排放并无显著影响。平均而言，CDM项目每新增一个，地区经济发展水平将提高3.4%；项目规模每扩大1%，地区经济发展水平将提高1.2%。

表4 稳健性检验——替换核心解释变量

变量	（1）lnlight	（2）lnlight	（3）lnemico$_2$	（4）lnemico$_2$
scdm_inv_new	0.0342**		0.0019	
	(0.0149)		(0.0041)	
lnsize		0.0119***		0.0013
		(0.0030)		(0.0013)

续表

变量	(1) lnlight	(2) lnlight	(3) lnemico$_2$	(4) lnemico$_2$
Economic Controls	是	是	是	是
CDM Controls×f（t）	是	是	是	是
County dummy	是	是	是	是
Year dummy	是	是	是	是
_cons	3.8489*** (0.9653)	3.8296*** (0.9661)	3.9096*** (0.3650)	3.9005*** (0.3656)
N	16756	16756	16364	16364
Adj. R^2	0.6923	0.6917	0.8990	0.8990

3. 使用全样本

本文基准回归采用的样本剔除了含水电项目的县，但水电项目在新能源与可再生能源CDM项目中占比较大，达40%以上，故在本部分，本文基于模型（1）使用含水电项目的县的全样本进行稳健性检验。表5中第（1）、（2）列结果显示，全样本的估计结果与基准回归结果差别不大，说明本文的基准回归结果比较稳健。

4. 标准误聚类到城市

为了控制地级市内县域的相关性，本文把标准误聚类到更高层级的地级市并重新估计模型（1），估计结果见表5中第（3）、（4）列，回归系数的显著性水平基本不变，再次验证了基准回归结果的稳健性。

表5　稳健性检验——使用全样本和聚类到城市

变量	(1) lnlight	(2) lnemico$_2$	(3) lnlight	(4) lnemico$_2$
did	0.0619*** (0.0220)	0.0132 (0.0092)	0.1293*** (0.0414)	0.0137 (0.0177)
Economic Controls	是	是	是	是
CDM Controls×f（t）	是	是	是	是
County dummy	是	是	是	是
Year dummy	是	是	是	是
_cons	4.2591*** (0.7367)	3.7871*** (0.2635)	3.8475** (1.6707)	3.9025*** (0.4853)
N	23092	22586	16756	16364
Adj. R^2	0.7148	0.9008	0.6914	0.8990

注：第（3）、（4）列括号中报告的是聚类到地级市层面的标准误。

（四）异质性分析

1. CDM项目是否签发核证减排量

由前述分析可知，CDM项目注册实施后，产生的"额外的减排量"需要经核证签发后，项目实施方才能将CERs出售，进而获得减排收益。为此，本文进一步考察相较于没有CDM项目的地区，具有签发和未签发核证减排量的CDM项目对区域碳排放和经济发展水平的影响差异。

回归结果如表6第（1）、（2）列所示，其中，did_1$_{it}$表示i县在t年注册了CDM项目并最终签发了CERs，did_2$_{it}$表示i县在t年注册了CDM项目但项目始终未签发CERs。由表6的回归结果可知，相较于没有实施CDM项目的县，仅注册且获得签发CERs的县具有显著的经济发展效应，而有CDM项目注册但未签发CERs的县在项目注册后并无明显的经济发展效应。但无论注册项目是否签发CERs，CDM项目对地区的碳排放总量都未产生显著影响。

2. 区域异质性

由于CDM项目主要分布在经济较不发达的中西部地区，本文进一步把样本分为东部和中西部地区[①]，检验引入CDM项目产生的地区异质性效果。其中，回归结果如表6第（3）~（6）列所示，本文发现CDM项目的引入显著促进了中西部地区的经济发展，但对东部地区无显著影响。此外，项目在东部和中西部地区的减排效果都不显著。这表明，在可再生能源丰富的中西部地区引入CDM项目，虽然在一定程度上促进了当地的经济发展，但并未产生实质性减排效果。

3. 时间异质性

由于"十一五"（2006~2010年）和"十二五"（2011~2015年）时期是中国国民经济发展的两个重要阶段，本文进一步设定"十一五"时期变量（did_115）和"十二五"时期变量（did_125），考察引入CDM项目影响区域经济发展和碳排放的时间异质性，回归结果见表6第（7）、（8）列。从表6的回归结果可知，引入CDM项目的县仅在"十二五"期间发挥出了显著的经济效应。这意味着，项目引入时间越久，运行越成熟，对地方经济的促进作用越强。但无论是"十一五"还是"十二五"时期，项目都未产生显著的减排效果。

表6 异质性检验

变量	（1）lnlight	（2）lnemico$_2$	（3）lnlight	（4）lnlight	（5）lnemico$_2$	（6）lnemico$_2$	（7）lnlight	（8）lnemico$_2$
did_1	0.1576*** (0.0444)	0.0261 (0.0206)						
did_2	0.0893 (0.0579)	-0.0040 (0.0216)						
did			0.0033 (0.0310)	0.1821*** (0.0466)	0.0046 (0.0155)	0.0259 (0.0195)		
did_115							-0.0240 (0.0307)	0.0129 (0.0142)
did_125							0.1638*** (0.0402)	0.0139 (0.0159)
Economic Controls	是	是	是	是	是	是	是	是
CDM Controls×f（t）	是	是	是	是	是	是	是	是
County dummy	是	是	是	是	是	是	是	是
Year dummy	是	是	是	是	是	是	是	是
_cons	3.8338*** (0.9663)	3.8945*** (0.3655)	9.9640*** (2.5431)	-0.1108 (1.1286)	3.1937*** (0.7784)	4.3036*** (0.4321)	3.8159*** (0.9660)	3.9022*** (0.3657)
N	16756	16364	4972	11784	4946	11418	16756	16364
Adj. R^2	0.6915	0.8991	0.7252	0.7072	0.9437	0.8920	0.6920	0.8990

---

① 东部地区包括北京、天津、河北、辽宁、上海、江苏、浙江、福建、山东、广东、广西、海南；中西部地区包括山西、内蒙古、吉林、黑龙江、安徽、江西、河南、湖北、湖南、重庆、四川、贵州、云南、西藏、陕西、甘肃、宁夏、青海、新疆。囿于数据可得性，样本不包括台湾省和香港、澳门特别行政区。

五、机制检验与进一步讨论

前文分析表明，CDM 项目的引入尽管促进了地区经济发展，但对项目所在地的碳排放并无显著影响。考虑到 CDM 项目的引入可能会通过规模效应增加区域碳排放，也可能通过替代效应减少区域碳排放，本部分拟对这两种作用路径进行识别和检验。

（一）规模效应

鉴于 CDM 项目主要依托具体的工业设施，如果规模效应成立，可以预期 CDM 项目的引入将显著增加地区的工业投资和产出。为捕捉这种效果，本文将中国工业企业数据库中的工业总产值[①]、工业企业数目和固定资产净值加总到县级层面，并考察 CDM 项目的引入对上述指标的影响。表 7 报告了相应的回归结果。不难发现，CDM 项目的引入显著促进了项目所在地的工业总产值、人均工业产值、工业企业数目和固定资产净值的增加，这说明规模效应是成立的。

表 7　工业产出规模的变化

变量	（1）lnoutput	（2）lnpoutput	（3）lnindnum	（4）lnfix
did	0.0795**	0.0911**	0.0561**	0.2063***
	(0.0358)	(0.0367)	(0.0263)	(0.0498)
Economic Controls	是	是	是	是
CDM Controls×f（t）	是	是	是	是
County dummy	是	是	是	是
Year dummy	是	是	是	是
_cons	7.9625***	5.3508***	0.2450	10.2919***
	(1.2230)	(1.2098)	(0.8493)	(1.3377)
N	16717	16716	16706	13513
Adj. R²	0.8090	0.8056	0.5069	0.5572

为进一步验证规模效应，本文考察 CDM 项目的引入对贫困县与非贫困县的影响差异。由于贫困县依托 CDM 项目发展经济的动机和激励更强，所以本文推断 CDM 项目的规模效应在贫困县占主导。本文在模型（1）的基础上，进一步引入双重差分变量与贫困县虚拟变量的交互项[②]，具体模型设定如下：

$$y_{it} = \beta_0 + \beta_1 D_{it} \times Poverty_i + \beta_2 D_{it} + \beta_3 X_{it} + \delta_i + \gamma_t + \varepsilon_{it} \tag{3}$$

回归结果见表 8。did_p1994、did_p2014 分别表示双重差分变量与 1994 年贫困县和 2014 年贫困县的虚拟变量的交互项。与本文的预期基本一致，表 8 第（1）~（2）列和第（3）~（4）列回归结果分别揭示出，相较于非贫困县而言，CDM 项目显著促进了贫困县的经济发展和碳排放，因而假设 2 得证。

[①] 本文并未考虑工业增加值指标，因为中国工业企业数据库中该指标在 2007 年后大量缺失。
[②] 单独的贫困县虚拟变量会被县域固定效应吸收，因此回归中未加入。

表8　贫困县与非贫困县的异质性回归结果

变量	(1) lnlight	(2) lnlight	(3) lnemico$_2$	(4) lnemico$_2$
did_p1994	0.1608** (0.0756)		0.0905** (0.0374)	
did_p2014		0.2527*** (0.0700)		0.0678** (0.0323)
did	0.0822** (0.0416)	0.0435 (0.0431)	-0.0122 (0.0158)	-0.0091 (0.0177)
Economic Controls	是	是	是	是
CDM Controls×f(t)	是	是	是	是
County dummy	是	是	是	是
Year dummy	是	是	是	是
_cons	3.8424*** (0.9669)	3.8491*** (0.9676)	3.9005*** (0.3671)	3.9068*** (0.3666)
N	16756	16756	16364	16364
Adj. R^2	0.6919	0.6927	0.8994	0.8993

(二) 替代效应

电力是第二次工业革命以来最重要的能源投入要素，并且中国电力结构长期是以燃煤发电的火电为主，所以火电占比的变动可以较好地反映地区能源结构的变化，进而可以捕捉CDM项目实施引致的替代效应。为了构造各县火力发电占电力生产的比例指标，本文根据国民经济行业分类代码，按行业将工业企业数据库中的数据加总到县级层面，并根据附表1计算了火力发电行业（4411）各个经济指标（包括总产值、销售产值、营业收入、主营业务收入、总资产和固定资产净值）占总的电力生产（441）行业相应指标的比例。基于此，本文继续考察相较于没有CDM项目注册的地区，有CDM项目注册的地区在引入项目后火力发电占比的变化，检验结果见表9。从表9第（1）～（6）列的回归结果可知，引入CDM项目显著降低了项目所在地传统的火力发电占比，这说明替代效应是成立的。

表9　电力生产中火力发电占比的变化

变量	(1) zongchanzhi	(2) sale_chanzhi	(3) yyincome	(4) income	(5) assettotal	(6) fixasset
did	-0.1281*** (0.0313)	-0.1342*** (0.0314)	-0.1325*** (0.0316)	-0.1231*** (0.0314)	-0.1929*** (0.0417)	-0.0331*** (0.0072)
Economic Controls	是	是	是	是	是	是
CDM Controls×f(t)	是	是	是	是	是	是
County dummy	是	是	是	是	是	是
Year dummy	是	是	是	是	是	是
_cons	-1.3639 (0.8793)	-1.3725 (0.8946)	-0.4653 (10.6311)	-0.9756 (0.9477)	-1.6322 (1.3499)	0.4639** (0.1914)
N	2639	2639	1724	2593	2421	2455
Adj. R^2	0.1020	0.1069	0.1193	0.0986	0.1556	0.1280

为进一步验证替代效应，本文考察CDM项目的引入对高污染企业占比县（"污染县"）相较于低污染企业占比县（非"污染县"）的异质性影响①。由于污染县的减排潜力更大、条件更成熟，本文预期CDM项目的替代效应在污染县占主导。本文在模型（1）的基础上，引入双重差分变量与污染企业占比连续变量的交互项（did_11）进行检验，结果见表10。从表中可以看出，CDM项目的引入显著抑制了污染县地区的碳排放，与本文的预期基本一致，但也抑制了当地的经济发展。这可能是因为在这些地区引入的CDM项目收益率低于原有传统化石能源项目的收益率。总之，本文假设3得证。

表10 污染县与非污染县的异质性回归结果

变量	（1）lnlight	（2）lnemico$_2$
did_11	-0.7549***	-0.2322***
	(0.2326)	(0.0899)
did	0.3288***	0.0756***
	(0.0683)	(0.0283)
Economic Controls	是	是
CDM Controls×f（t）	是	是
County dummy	是	是
Year dummy	是	是
_cons	3.9895***	3.8874***
	(0.9661)	(0.3641)
N	16702	16363
Adj. R^2	0.6933	0.8993

综上所述，本文以为，正是因为存在上述两种相反的作用效果的抵消，所以导致总体上CDM项目的实施并未对项目所在区域产生明显的减排效果。

（三）进一步讨论

通过以上的研究，本文发现CDM项目的实施并未显著降低区域的碳排放总量。尽管对总量没有减排效果，但是CDM项目可能减缓了地区碳排放增速。为此，本文进一步考虑了CDM项目的引入对地区碳排放增长率的影响，回归结果如表11所示。

表11 CDM项目对碳排放增长率的影响

变量	（1）emico$_2$_rate	（2）emico$_2$_rate	（3）ave_emico$_2$_rate	（4）ave_emico$_2$_rate
did	-0.0060**		-0.0068**	
	(0.0026)		(0.0032)	
did_1		-0.0090***		-0.0096**
		(0.0034)		(0.0044)
did_2		-0.0018		-0.0030
		(0.0036)		(0.0040)

---

① 本文依据2005年以前县域火力发电企业数目占该县所有电力生产企业数目的比例来区分"污染县"与"非污染县"。

续表

变量	(1) emico$_2$_rate	(2) emico$_2$_rate	(3) ave_emico$_2$_rate	(4) ave_emico$_2$_rate
Economic Controls	是	是	是	是
CDM Controls×f（t）	是	是	是	是
County dummy	是	是	是	是
Year dummy	是	是	是	是
_cons	-1.3226*** (0.3264)	-1.3181*** (0.3263)	-0.8483** (0.4211)	-0.8439** (0.4210)
N	15412	15412	15141	15141
Adj. R^2	0.6271	0.6272	0.4953	0.4954

其中，第（1）、（2）列表示对碳排放增长率的影响，第（3）、（4）列表示对人均碳排放增长率的影响。表11的回归结果表明，CDM项目的引入显著降低了区域碳排放增速。平均而言，CDM项目的引入使得地区年度碳排放增速下降了0.6%。进一步根据CDM项目是否签发核证减排量的异质性分析可以发现，仅引入具有核证减排量的CDM项目的地区碳排放增速显著降低了。平均而言，签发核证减排量的CDM项目的引入会使地区碳排放增速下降0.9%。

六、结论与政策启示

本文基于中国2001~2015年县级层面的CDM项目注册数据、县域经济地理数据、夜间灯光数据、温室气体排放数据和工业企业数据，使用双重差分方法实证检验了CDM这种市场型减排工具的政策效果。实证结果表明，CDM项目的实施会促进地区经济的发展，但并没有产生预期的减排效果。异质性检验表明，CDM项目的经济发展效应主要发生在中西部地区、"十二五"期间以及引入具有核证减排量的CDM项目的地区，但其减排效果均未发现。机制分析显示，CDM项目通过规模效应增加了区域碳排放，通过替代效应减少了区域碳排放，项目最终的减排效果取决于规模效应和替代效应的相对大小。由于规模效应在贫困县的CDM项目中占主导，相较于非贫困县而言，CDM项目显著增加了贫困县地区的碳排放和经济发展。而替代效应在污染县的CDM项目中占主导。本文发现，相较于非污染县地区而言，CDM项目显著抑制了污染县地区的碳排放和经济发展。进一步分析发现，CDM项目虽未降低区域碳排放总量，但减缓了碳排放的增长速度。

本研究具有重要的理论和现实意义。首先，本文研究表明，作为《京都议定书》下唯一的旨在推动南北气候合作的市场型减排工具，CDM在实际运作过程中可能存在"减碳"与"增长"之间的权衡，这意味着市场型减排工具并不一定能实现绿色低碳发展。其次，自《京都议定书》生效以来，国内外围绕CDM有效性的讨论就一直争议不断。本文从区域层面进一步补充了CDM减排效果欠缺的经验证据并从规模效应和替代效应的视角揭示了CDM项目影响区域碳排放的内在机制，从而增进了理论界关于CDM项目作用机制的理解。

在当前中国大力推进"双碳"目标的政策背景下，上述发现具有丰富的政策含义：

第一，当前市场型减排工具因其成本高效性而备受青睐，正成为中国推进落实"双碳"目标的关键制度支撑。然而，本文的研究揭示出，市场型减排工具在实践中可能由于缺乏良好的制度设计和相匹配的市场环境，导致其减排效果存在不确定性。因此，为切实发挥碳市场和用能权交易市场等市场型减排工具的减碳效果，要不断完善相关配套体制机制建设，特别是要发挥好价格信号对于碳排放权公共资源的市场配置作用。

第二，本文的研究揭示出，在市场型减排工具的运用过程中，替代效应有助于减少碳排放，而规模效应反而会增加碳排放。因此,在运用市场型减排工具助力"双碳"目标实现的过程中,要着力发挥好该类政策工具的替代效应、谨防其规模效应带来的增碳效果。同时,也不能忽视市场型减排工具在推动传统化石能源减量替代过程中可能的成本效应,要通过优化顶层设计和配套制度建设来强化市场型减排工具在推动"减碳"与"增长"之间的协同性。

第三,在CDM项目发展受限的情况下,2012年中国开始发展国家核证自愿减排量(Chinese Certified Emission Reduction,CCER)项目,CCER项目的开发就类似于之前的CDM项目,基准线研究和核准亦是CCER项目实施的关键环节。鉴于中国CCER项目有望重新启动,未来在CCER项目的实施过程中,要吸取CDM项目设计的经验教训,提高基准线设置的合理性和透明性,减少项目基准线的操纵空间,以保证类似减排项目能够产生真实的减排效果。

参考文献

[1] 陈林,万攀兵.《京都议定书》及其清洁发展机制的减排效应——基于中国参与全球环境治理微观项目数据的分析[J].经济研究,2019,54(3):55-71.

[2] 陈梦根,张帅.中国地区经济发展不平衡及影响因素研究——基于夜间灯光数据[J].统计研究,2020,37(6):40-54.

[3] 郭俊杰,方颖,杨阳.排污费征收标准改革是否促进了中国工业二氧化硫减排[J].世界经济,2019(1):121-144.

[4] 韩超,王震,田蕾.环境规制驱动减排的机制:污染处理行为与资源再配置效应[J].世界经济,2021,44(8):82-105.

[5] 胡珺,黄楠,沈洪涛.市场激励型环境规制可以推动企业技术创新吗?——基于中国碳排放权交易机制的自然实验[J].金融研究,2020(1):171-189.

[6] 秦蒙,刘修岩,李松林.城市蔓延如何影响地区经济增长?——基于夜间灯光数据的研究[J].经济学(季刊),2019,18(2):527-550.

[7] 涂正革,谌仁俊.排污权交易机制在中国能否实现波特效应?[J].经济研究,2015,50(7):160-173.

[8] 王班班,齐绍洲.市场型和命令型政策工具的节能减排技术创新效应——基于中国工业行业专利数据的实证[J].中国工业经济,2016(6):91-108.

[9] 徐康宁,陈丰龙,刘修岩.中国经济增长的真实性:基于全球夜间灯光数据的检验[J].经济研究,2015,50(9):17-29+57.

[10] 余锦亮.异质性分权的污染效应:来自市县政府体制改革的证据[J].世界经济,2022,45(5):185-207.

[11] 张俊.高铁建设与县域经济发展——基于卫星灯光数据的研究[J].经济学(季刊),2017,16(4):1533-1562.

[12] Ahmadi Y. How Effective are Carbon Taxes in Reducing Emissions? Evidence from the Revenue Neutral Carbon Tax in British Columbia [R]. Canada. Working Paper, 2017.

[13] Alexeew J., L. Bergset, K. Meyer, J. Petersen, L. Schneider, C. Unger. An Analysis of the Relationship between the Additionality of CDM Projects and Their Contribution to Sustainable Development [J]. International Environmental Agreements: Politics, Law and Economics, 2010, 10 (3): 233-248.

[14] Aunan K., J. H. Fang, T. Hu, et al. Climate Change and Air Quality——Measures with Co-benefits in China [J]. Environmental Science and Technology, 2006, 40 (16): 4822-4831.

[15] Beck T., R. Levine, A. Levkov. Big Bad Banks? The Winners and Losers from Bank De-

regulation in the United States [J]. The Journal of Finance, 2010, 65 (5): 1637-1667.

[16] Borenstein S., J. Bushnell, F. A. Wolak, et al. Expecting the Unexpected: Emissions Uncertainty and Environmental Market Design [J]. American Economic Review, 2019, 109 (11): 3953-3977.

[17] Cao J., M. S. Ho, R. Ma, F. Teng. When Carbon Emission Trading Meets a Regulated Industry: Evidence from the Electricity Sector of China [J]. Journal of Public Economics, 2021, 200: 104470.

[18] Chen J., M. Gao, S. Cheng, et al. County-level CO_2 Emissions and Sequestration in China During 1997-2017 [J]. Scientific Data, 2020, 391: 7.

[19] Chen Y. J., P. Li, Y. Lu. Career Concerns and Multitasking Local Bureaucrats: Evidence of a Target-based Performance Evaluation System in China [J]. Journal of Development Economics, 2018, 133: 84-101.

[20] Cui J., C. Wang, J. Zhang, Y. Zheng. The Effectiveness of China's Regional Carbon Market Pilots in Reducing Firm Emissions [J]. Proceedings of the National Academy of Sciences, 2021, 118 (52): e2109912118.

[21] Deschênes O., M. Greenstone, J. Shapiro. Defensive Investments and the Demand for Air Quality: Evidence from the NOx Budget Program [J]. American Economic Review, 2017, 107 (10): 2958-2989.

[22] Drupp M. A. Does the Gold Standard Label Hold its Promise in Delivering Higher Sustainable Development Benefits? A Multi-criteria Comparison of CDM Projects [J]. Energy Policy, 2011, 39 (3): 1213-1227.

[23] Du Y., K. Takeuchi. Can Climate Mitigation Help the Poor? Measuring Impacts of the CDM in Rural China [J]. Journal of Environmental Economics and Management, 2019, 95: 178-197.

[24] Ellis J., H. Winkler, J. Corfee-Morlot, F. Gagnon-Lebrun. CDM: Taking Stock and Looking Forward [J]. Energy Policy, 2007, 35 (1): 15-28.

[25] Fischer C. Project-based Mechanisms for Emissions Reductions: Balancing Trade-offs with Baselines [J]. Energy Policy, 2005, 33 (14): 1807-1823.

[26] Fowlie M., S. P. Holland, E. T. Mansur. What Do Emissions Markets Deliver and to Whom? Evidence from Southern California's NOx Trading Program [J]. American Economic Review, 2012, 102 (2): 965-993.

[27] Henderson J. V., A. Storeygard, D. N. Weil. Measuring Economic Growth from Outer Space [J]. American Economic Review, 2012, 102 (2): 994-1028.

[28] Holley C., D. Sinclair. Compliance and Enforcement of Water Licences in NSW: Limitations in Law, Policy, and Institutions [J]. Australasian Journal of Natural Resources Law and Policy, 2012, 15 (2): 149-189.

[29] Huang W. M., G. W. M. Lee, C. C. Wu. GHG Emissions, GDP Growth and the Kyoto Protocol: A Revisit of Environmental Kuznets Curve Hypothesis [J]. Energy Policy, 2008, 36 (1): 239-247.

[30] Huang Y., T. Barker. The Clean Development Mechanism and Low Carbon Development: A Panel Data Analysis [J]. Energy Economics, 2011, 34 (4): 1033-1040.

[31] Jaraitė J., O. Kurtyka, H. Ollivier. Take a Ride on the (not so) Green Side: How do CDM Projects Affect Indian Manufacturing Firms' Environmental Performance? [J]. Journal of Environmental Economics and Management, 2022, 114: 102684.

[32] Jaraite-Kažukauske J., C. Di Maria. Did the EU ETS Make a Difference? An Empirical Assessment Using Lithuanian Firm-level Data [J]. The Energy Journal, 2016, 37 (1): 1-23.

[33] Khanna M. Non-mandatory Approaches to Environmental Protection [J]. Journal of Economic Surveys, 2001, 15 (3): 291-324.

[34] Lewis J. I. The Evolving Role of Carbon Finance in Promoting Renewable Energy Development in China [J]. Energy Policy, 2010, 38 (6): 2875-2886.

[35] Liang J. G, A. Murata, K. Tokimatsu, Y. Uchiyama. Analysis of the Clean Development Mechanism Considering the Environmental Co-benefits of Reducing Air Pollutants in China [J]. Journal of Energy and Power Engineering, 2014, 8 (2): 244-256.

[36] Lim X. L., W. H. Lam. Review on Clean Development Mechanism (CDM) Implementation in Malaysia [J]. Renewable and Sustainable Energy Reviews, 2014, 29: 276-285.

[37] Martin R., M. Muûls, L. B. De Preux, et al. Industry Compensation under Relocation Risk: A Firm-level Analysis of the EU Emissions Trading Scheme [J]. American Economic Review, 2014, 104 (8): 2482-2508.

[38] Michaelowa A., F. Jotzo. Transaction Costs, Institutional Rigidities and the Size of the Clean Development Mechanism [J]. Energy Policy, 2003, 33 (4): 511-523.

[39] Mori-Clement Y. Impacts of CDM Projects on Sustainable Development: Improving Living Standards across Brazilian Municipalities? [J]. World Development, 2019, 113: 222-236.

[40] Nussbaumer P. On the Contribution of Labelled Certified Emission Reductions to Sustainable Development: A Multi-criteria Evaluation of CDM Projects [J]. Energy Policy, 2009, 37 (1): 91-101.

[41] Schneider L. Is the CDM Fulfilling its Environmental and Sustainable Development Objectives? [R]. Öko-Institut Report Prepared for the World Wildlife Fund, 2007.

[42] Strand J., K. E. Rosendahl. Global Emissions Effects of CDM Projects with Relative Baselines [J]. Resource and Energy Economics, 2012, 34 (4): 533-548.

[43] Strand J. Carbon Offsets with Endogenous Environmental Policy [J]. Energy Economics, 2011, 33 (2): 371-378.

[44] Stua M. Evidence of the Clean Development Mechanism Impact on the Chinese Electric Power System's Low-carbon Transition [J]. Energy Policy, 2013, 62: 1309-1319.

[45] Su Y., X. Chen, Y. Li, et al. China's 19-year City-level Carbon Emissions of Energy Consumptions, Driving Forces and Regionalized Mitigation Guidelines [J]. Renewable and Sustainable Energy Reviews, 2014, 35: 231-243.

[46] Sutton P. C., R. Costanza. Global Estimates of Market and Non-market Values Derived from Nighttime Satellite Imagery, Land Cover, and Ecosystem Service Valuation [J]. Ecological Economics, 2002, 41 (3): 509-527.

[47] Wara M. Measuring the Clean Development Mechanism's Performance and Potential [J]. Ucla Law Review, 2008, 55 (6): 1759-1803.

[48] Zhang J., C. Wang. Co-benefits and Additionality of the Clean Development Mechanism: An Empirical Analysis [J]. Journal of Environmental Economics and Management, 2011, 62 (2): 140-154.

[49] Zhu J., Y. Fan, X. Deng, et al. Low-carbon Innovation Induced by Emissions Trading in China [J]. Nature Communications, 2019, 10 (1): 1-8.

附录

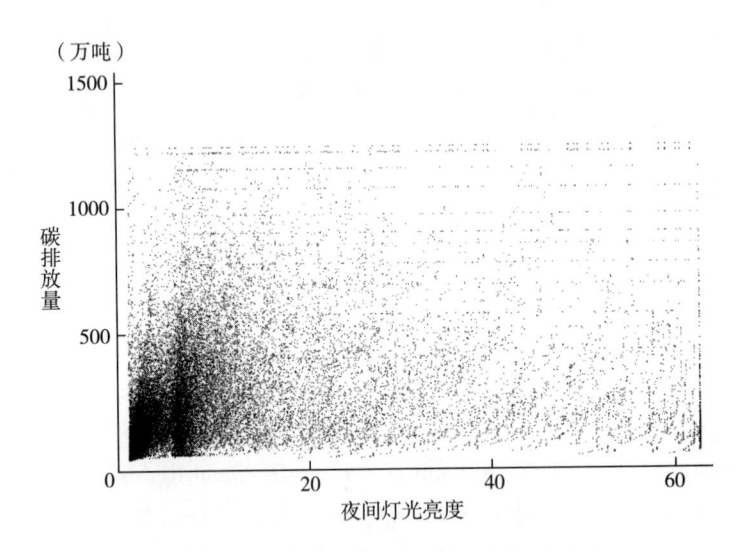

附图1　县域夜间灯光亮度与碳排放量散点图

附表1　国民经济行业分类代码

代码（中类）	代码（小类）	名称
441		电力生产
	4411	火力发电
	4412	水力发电
	4413	核力发电
	4419	其他能源发电

新《环保法》是否影响企业的信贷获取

——基于环境责任表现文本分析的证据

张小茜　黄彬

[摘要] 新《环保法》加大环境违法惩处力度，使信贷资源流向绿色发展企业。本文基于2008~2020年中国A股工业部门上市公司环境责任表现的文本分析数据，研究发现：①在贷款数据上，新《环保法》实施后，环境责任表现为"言行一致"的公司的贷款增长率显著提高了1.19%（工业行业）和1.76%（重污染行业）；存在"漂绿"行为的公司，信贷增长率显著降低了1.08%（工业行业）和2.06%（重污染行业），这些效应在新《环保法》颁布前均不存在。②在贷款期限结构上，"言行一致"的公司的短期借款增长率显著提高了1.3%，长期借款无显著差异。本文采用公司有无披露环境责任报告、工具变量、替换解释变量和被解释变量的方法进行检验，发现结果依然稳健。本文为环境规制在引导信贷资源流动和实现绿色发展方面提供了经验证据和政策启示。

[关键词] 环境规制；文本分析；漂绿；银行信贷；绿色金融

一、引言

党的十八大以来，在创新、协调、绿色、开放、共享的新发展理念下，中国生态文明建设持续推进。《中华人民共和国国民经济和社会发展第十四个五年规划和2035年远景目标纲要》提出建设人与自然和谐共生的现代化，兼顾生态文明建设和提高民众幸福感，以实现环保和经济社会的协调发展（裴长洪等，2020），坚持"中国式绿色现代化道路"（黄群慧等，2021）。习近平总书记指出[①]："只有实行最严格的制度、最严密的法治，才能为生态文明建设提供可靠保障。"环保法律规制是解决重大环境污染问题的基础性体制安排（陈诗一等，2021），通过科学的方法评价环保法律规制的经济社会影响效果，对逐步健全环保规制制度和体系是大有裨益的。

探究环境规制对企业融资的影响，有利于从政府、银行和企业的角度找到绿色发展的道路。中国经济已由高速发展阶段向高质量发展阶段转变，实现工业产业绿色发展离不开信贷支持。2015年开始实施的《中华人民共和国环境保护法》（简称新《环保法》）要求政府从供需两端引导社会资源流向绿色环保企业，同时也给污染企业带来巨大的经营压力。政府及相关部门公开环境信息，企业公开污染排放情况，消除金融机构和污染企业间的信息不对称，实现政府、金融机构和企业间充分的信息联动。同时，新《环保法》第五章"信息公开和公众参与"，明确了污染企业公开排污信息，接受社会监督。以此为切入点，本文尝试探索新《环保法》影响下，

[作者简介] 张小茜，浙江大学证券期货研究所副所长，浙江大学经济学院教授、博士生导师；黄彬，浙江大学经济学院博士研究生。

[基金项目] 国家社会科学基金"基于机器学习的债务风险传染及其政府纾困路径研究"（21BJY015）。

① 引用自2018年5月18~19日"习近平总书记在全国生态环境保护大会上发表的重要讲话"。

企业环境责任表现对借款能力的影响，并试图回答一系列问题：顺应新《环保法》要求的公司新增借款是否会增长？新《环保法》能否有效抑制企业的"漂绿"行为？对其实际经营又有何影响？

本文从环境规制政策的影响和《环保法》的相关研究展开文献综述。国内学术界缺乏研究《环保法》与企业融资的相关文献。国内学术界对环境规制政策的着眼点，多集中"两控区"政策（史贝贝等，2017；韩超和桑瑞聪，2018）、低碳城市试点政策（徐佳和崔静波，2020）等传统的控制性规制政策，以及排污费标准调整（郭俊杰等，2019；陈诗一等，2021）、排污权交易试点政策（齐绍洲等，2018；史丹和李少林，2020）、碳排放权交易试点政策（Cui et al., 2018）等激励型规制政策，对《环保法》的研究相对较少。而《环保法》是统领一切环境规制政策的最高法律，具有最高的法律效力。多数关注《环保法》的研究聚焦于其对公司信息披露和风险经营的影响。一方面，新《环保法》的实行提升了企业环境信息披露质量和透明度（陈璇和钱维，2018），"倒逼"重污染企业进行绿色创新（王晓祺等，2020），提高其盈利能力（Zhou et al., 2021）；另一方面，新《环保法》对重污染企业造成过大的环保压力，实际上对其进行环境治理更为不利（崔广慧和姜英兵，2019），也会增加审计人员的风险（Liu et al., 2021）。

现有的关注环境规制对企业融资的研究多是从绿色信贷的角度展开。李哲和王文翰（2021）发现，企业的环境责任表现会提高企业的信贷获取，绿色信贷政策的出台则会抑制"多言寡行"对企业借款的正向影响。2012年出台的《绿色信贷指引》显著抑制了重污染行业的借款能力（苏冬蔚和连莉莉，2018；Fan et al., 2021）。绿色信贷提高了企业的信息披露水平并改善环保绩效（杨熠等，2011）。绿色信贷政策使得环保企业获取了更多的长期信贷资源，从而促进了直接投资和间接投资的增长（王康仕等，2019）。

银行在环境规制政策中又会起到什么样的作用？从银行业发展的角度来看，环境规制增加了企业进行改造升级的信贷需求，从而促进当地银行业的发展（罗知和齐博成，2021）。信贷市场中的信息不对称会引发逆向选择和道德风险问题（Ivashina, 2009）。尽管银行关联（祝继高等，2015）、信息披露质量（吴红军等，2017）、媒体报道（才国伟等，2015）等"信号"会影响企业融资，但债权人对企业的风险感知依然左右其信贷决策（Ng and Rezaee, 2015）。在风险感知的诸多因素中，行业特征极为重要，高污染企业面临较大的监管和诉讼压力（Cai et al., 2016），债权人会承担更大的风险。因此，银行对污染企业的风险评估涉及该类企业造成的污染和环境治理，高污染行业企业获得的信贷会减少（苏冬蔚和连莉莉，2018）。

"漂绿"（Greenwashing）是指企业披露环保信息，却并未付诸行动，以此来美化社会形象（Siano et al., 2017）。政府的行政惩罚机制能有效遏制企业的"漂绿"行为（Sun and Zhang, 2019）。"漂绿"行为的产生原因可能是多方面的，如不同利益相关者施压（Aras and Crowther, 2009；Testa et al., 2018），以及从财务表现（Jonsen et al., 2015）和声誉资本（Aras and Crowther, 2011）等。通过"漂绿"，公司可以营造可持续发展的形象，获得潜在利益（Siano et al., 2017）。为了美化社会形象，披露绿色供应商而隐瞒高污染供应商的企业同样存在"漂绿"行为（Shi et al., 2021）。不同于国外，国内学术界对企业"漂绿"行为的研究多是以《南方周末》公布的"年度漂绿榜"进行案例研究（黄溶冰和赵谦，2018）或事件分析（肖红军等，2013；王欣等，2015），缺乏大数据和深入的识别方法的支撑。

本文以2008~2020年中国A股工业部门上市公司为样本，对上市公司年度报告和社会责任报告进行环保信息的文本分析。本文旨在探究新《环保法》背景下，企业环境社会责任表现对其所获的银行信贷的影响。研究发现：首先，新《环保法》实施后，只有环境责任表现"言行一致"的公司，才能获得更多的银行借款，该结论在工业部门（上升1.19%）和重污染行业（上升1.76%）中均成立。其次，在新《环保法》实行后，环境社会责任表现为"多言寡行"

即存在"漂绿"行为的公司，获得的银行信贷分别显著降低 1.08%（工业部门）和 2.06%（重污染行业）。

本文的贡献主要有三点：首先，本文采用文本分析，量化新《环保法》对企业信贷行为的影响。现有研究多采用双重差分法将政策量化，这种单一划分实验组和控制组的方法会忽略实验组内不同企业受政策影响的异质性。借鉴 Loughan 和 McDonald（2011，2016）、李哲和王文翰（2021）等研究，本文采用文本分析提取出工业部门企业年报中含有新《环保法》中相关环保关键词的词频，巧妙地将宏观政策与公司表现联系起来，为政策研究提供了新的思路。其次，本文从"战略"和"行动"两个维度探究企业的环保责任表现。环境政策能起到敦促企业培养环保意识、落实环保行动的作用。而传统文献大多只探究其中一方面的影响，缺乏全面的视角。本文通过挖掘企业年报中关于环保"战略"和"行动"的词频，识别上市公司在这两个维度上的异质性，并进一步区分"言行一致"企业和"漂绿"企业。最后，本文将异质性企业环境信息披露纳入环境规制影响企业融资的分析框架。已有文献多是绿色创新或生产率的单一的视角，政策效果评估并不全面，而本文试图从公司金融的视角对现有文献进行补充。本文尝试构建"新《环保法》—企业环境责任表现—企业融资"的传导渠道，论证了企业对环境政策的异质性感知和反应，最终会影响企业实际经营。这也为政策制定者预期环境规制效果提供了新的思路。

本文余下部分的结构：第二部分为政策背景与研究假设；第三部分为数据说明和研究设计；第四部分为实证检验；第五部分为结论与政策启示。

二、政策背景与研究假设

（一）政策背景

1. 新《环保法》的特点

旧《环保法》颁布于 1989 年，指导中国环境保护和绿色发展工作长达 35 年之久。新《环保法》于 2015 年 1 月 1 日起正式生效。新《环保法》的突出特点是倡导实现绿色发展，强化了政府的环境监管责任并加强对污染企业的惩处措施，给政府和企业带来巨大的环境监控和治理压力。新《环保法》首次将信息公开与公众参与的相关规定立法，旨在引导社会主体注重环境保护。新《环保法》的突出特点主要体现在以下几个方面：

一是新《环保法》强调信息公开和公众参与。政府应将监控到的企业污染信息向社会公众共享，特别是被列为重点污染监测的企业；企业应如实向政府上报自身的污染治理和节能减排情况，并积极征求社会公众意见；个人和单位有权监督和举报任何违反法律的生态破坏行为；媒体应履行监督权，形成崇尚绿色发展的社会舆论。最终形成政府、社会、企业协同的强有力监督机制。

二是新《环保法》加大对违法排污者和地方政府的处罚力度。环保监察部门直接对污染企业进行查封、扣留，对不及时整改的企业进行日常处罚，对规避监管和违法违规的企业领导直接采取拘留等处罚措施，目的是增加企业违规的成本。同时，新《环保法》强调了对各级政府环保部门和其他主管部门执法不力的处罚，也为政府官员的环保绩效考核提供了重要依据。

三是新《环保法》对企业的环境治理采取了激励措施。在供给侧，政府对环境绩效好的企业提供税收、补贴和价格扶持；在需求侧，积极引导消费者形成绿色消费观，形成崇尚环保和可循环利用的社会氛围。真正做到从需求侧和供给侧双管齐下，激励企业积极参与环境治理。

2. 新《环保法》与企业环境信息披露

1989 年颁布的旧《环保法》并未将企业环境信息披露的内容纳入其中。在公司治理方面，2003 年，国家环保总局（现生态环境部）发布了《关于企业环境信息公开的公告》；2008 年，上海证券交易所发布了《上市公司环境信息披露指引》。但是，以上规章制度并未对上市公司的环境披露行为进行详细规范，上市公司在披露的形式、内容和质量上具有很大的自主权。环境相关信息可能会在年度报告、社会责任报告或环境报告中披露。内容可能是环境绩效不佳的公司在披露时难以遵照的污染排放和能源消耗等"硬信息"，或是可以轻松模仿的环境策略、环境目标策略、环境守则等"软信息"。在质量方面，有些包含简单的文本或数字信息，有些包含详细的定量和定性信息，而有些则没有公开（钱璐等，2018）。

近年来，随着中国生态文明建设和绿色金融建设的逐步发展，规范企业环境信息披露行为的重要性日益凸显。2008年，原环境保护部发布《环境信息公开办法（试行）》，要求各级环保部门公示自2008年5月1日起公开污染严重的企业名单及其污染总量。2011年，原环境保护部发布《企业环境报告书编制导则》，对企业环境报告的框架、收录原则、操作流程、内容和方法进行了详细说明。2013年7月，原环境保护部发布《国家重点监控企业污染源监督性监测及信息公开办法》，详细规定了重点监控企业应披露的环境信息。

新《环保法》颁布后，企业环境信息公开水平不断提高。2015年生效的新《环保法》强制要求重点排污单位披露环境信息，从而将环境信息披露提高到法律层面。新《环保法》第五十五条规定："重点排污单位应当如实向社会公开其主要污染物的名称、排放方式、排放浓度和总量、超标排放情况，以及防治污染设施的建设和运行情况，接受社会监督。"事实上，新《环保法》的颁布，无疑提高了企业环境信息的透明程度和规范程度。复旦大学环境经济研究中心披露的《企业环境信息披露指数（2017）报告》显示，2016年企业环境信息披露指数得分为41.52分，分别比2015年和2014年的得分水平提高了1.85分和5.18分，中国上市公司环境信息透明度有明显改善。中国环境学会发布的《中国上市公司环境责任信息披露报告（2020）》显示，2020年上市公司环境信息披露指数为37.35，比2019年上升11.7%，增速为历年最高。

3. 环境保护的金融手段

新《环保法》实施后，需要加强金融环保机制。长久以来，中国的环境治理一直以行政手段为主（陶峰等，2021），经济手段为辅。这种以政府为主导的环境管理模式会削弱经济主体和市场参与者的作用。随着市场经济的发展，单纯依靠行政手段进行环境治理的效率下降。通过市场机制筹集环境治理所需资金，引导和鼓励金融机构和企业参与环境治理，有助于协调和维护经济社会发展与环境保护的联系，实现可持续发展。环境保护的金融手段，是一种可以为我所用的市场化机制，是环境经济政策框架的组成部分，是构建环境制度体系的重要组成部分。主要包括绿色贷款、环保基金、市政债券、排污权交易和污染责任保险。

新《环保法》促进了环保金融手段的施行，进一步完善了中国的环境政策体系，明确企业的环境责任。为确保新《环保法》有效实施，有关部门已开始起草配套文件和法规。例如，在新《环保法》正式施行前夕的2014年12月9日，中国人民银行与原环境保护部等八部委签署了信息采集合作备忘，实现数据和信息共享共连。这意味着环保"黑户""老赖"和逃税企业将进入银行"黑名单"。环境执法和信用监测系统信息共享，对于环境保护部门有效执法具有重要的借鉴意义，是国家"绿色信用"政策实施的重要组成部分，对于建设有效信息贡献和低成本的社会信用体系具有重要的借鉴意义。

（二）研究假设

事实上，环境立法不仅能有效抑制环境污染（Cole et al., 2005；包群等，2013），也会影响微观企业效益。环境立法调节了企业之间的资源再配置（韩超等，2017），也有利于提高企业生产率并优化企业内部资源配置（李蕾蕾和盛丹，2018）。新《环保法》明确了企业应承担的环境保护责任，提高了企业的环境信息披露要求，并将"重点排污单位"明确写入了法律条款中。提高信息披露质量有利于使企业平衡环境治理和创收的关系（陈璇和钱维，2018）。新《环保法》实施后，企业加强了污染物排放披露（陈璇和钱维，2018）。因此，预期新《环保法》的强制约束力叠加金融市场的监督及筛选机制，会促进企业在环境治理上做到"言行一致"。

环境责任表现好的公司有利于获得更多的银行信贷。不对称是银行产生信贷资源错配的主要原因，环境信息公开有助于缓解信息不对称问题（Diamond and Verrecchia，1991）。债权人施加的外部压力会促使企业披露环境信息（王霞等，2013）。首先，债权人对企业的环境问题始终保持高度关注，当企业造成严重的环境问题时，不仅会受到行政或刑事处罚，还会危及企业的日常经营和财务安全。其次，"绿色信贷"政策将环境风险与信贷、政府监管和市场机制相结合，以规范公司对环境义务的遵守情况（倪娟和孔令文，2016）。作为理性投资者的债权人，能借助多方面信息，合理判断企业披露的环境信息的真实性。随着金融市场的发展，市场主体对信息的鉴别能力不断增强。"多言寡行"的环境信息披露模式会降低信息传递效率，制约市场主体的判断（李哲，2018）。在法律的强制约束力下，只有在环境责任表现上保持"言行一致"的企业，才能降低环境信息不对称性，降低道德风险，获得债权人的青睐。基于此，本文提出：

假设1（"言行一致"企业的回报假设）：新《环保法》实施后，环境责任表现"言行一致"会增加企业获取的银行借款。

"漂绿"企业旨在营造环保形象，以获得政府的支持和利益相关者的好感，但背后可能会言行不一。"漂绿"实际上是一种伪社会责任。国外对"漂绿"的研究较为丰富（Aras and Crowther，2009；Aras and Crowther，2011；Jonsen et al.，2015；Sun and Zhang，2019；Testa et al.，2018；Siano et al.，2017；Shi et al.，2021），而国内相关研究起步较晚。2009年，《南方周末》开始公布"年度漂绿榜"，"漂绿"一词逐渐走进公众视野，并成为学术研究的新话题。从外界因素来看，社会公众和消费者的期望会诱使企业走上"漂绿"的道路。从长期来看，企业"漂绿"行为的损失和风险大于收益。首先，企业"漂绿"行为曝光会打击消费者信心，影响财务绩效。肖红军等（2013）发现，企业被"年度漂绿榜"曝光后，股价收益率下跌，这也是资本市场对存在"漂绿"行为的惩戒。其次，"漂绿"行为在如今信息发达的时代，更容易被甄别。新《环保法》要求重点污染监控单位公开排污信息，强调信息公开和公众参与，使得"漂绿"企业无所遁形。只有环境治理表现好的公司，能获得更多的新增贷款（沈洪涛和马正彪，2014）。基于以上分析，本文提出：

假设2（"漂绿"企业的惩罚假设）：新《环保法》实施后，环境责任表现"言行不一"即"漂绿"企业获得的银行信贷减少。

债权人可以作为企业社会责任活动的积极监督者。债务水平较高的公司向慈善机构捐赠的资金较少，这支持了债权人的有效监督作用（Brown et al.，2006）。Benlemlih（2017）从信号理论的角度建立了企业社会责任与债务期限之间的负相关关系。由于交易成本，频繁发行短期债券对企业来说成本很高。低质量的公司负担不起这些高昂的交易费用，也不希望贷款机构对其信用风险进行密切监测和评估。因此，低质量的公司会尽量避免发行短期债券。然而，特别是在无法获得私人信息的情况下，高质量的公司更有可能发行短期债券，以发出信号。也就是说，发行短期债券可以被市场看作是借款公司信用风险和流动性的积极信号（Flannery，1986）。

Diamond（1991）进一步认为无论是低信用风险的高质量企业还是高信用风险的低质量企业都会使用短期债务。后者无法进入长期债券市场，而前者希望享受积极的信号效应。在这种情况下，只有中等质量的公司才会使用长期债务。以往的研究表明，积极参与企业社会责任的企业信用风险评级较低，因为社会责任意识强的企业被认为具有较好的风险管理能力（Feldman et al.，1997）。基于信号论证，高社会责任水平的企业将发行短期债券，向市场表明其质量。积极参与企业社会责任的企业也可以更容易地发行短期债务，实现较低的债务融资成本。企业社会责任积极的企业可能会在债务市场上建立积极的企业声誉，减少信息不对称。企业社会责任（Corporate Social Responsibility）可能与债务期限呈负相关关系。从另一个角度来说，企业社会责任被认为是一种管理者用来获取私人利益和巩固地位的渠道，造成了较高的代理成本（Barnea and Rubin, 2010; Borghesi et al., 2014）。债权人可能希望缩短债务期限，以约束那些更倾向于在企业社会责任上过度投资的经理人（Nguyen et al., 2020）。综合以上分析，本文提出：

假设3（环境责任的信息披露作用假设）：新《环保法》实施后，环境责任表现"言行一致"会增加企业获取的短期银行借款。

三、数据说明和研究设计

（一）主要数据来源

本文的数据来自以下六类数据：第一类数据为2008~2020年中国沪深股市A股工业部门[①]上市公司环境策略和行动披露数据，该数据由作者使用Python对公司年报和社会责任报告进行爬取和分析得到；第二类数据为上市公司财务数据，主要来自Wind数据库和CSMAR数据库；第三类数据为手工整理的和讯网上市公司社会责任评价数据，本文主要选取其中企业环境责任评价数据；第四类数据为上市公司环境管理披露和环境治理情况，来自CSMAR环境研究数据库；第五类数据为根据北大法宝整理的省份层面环保行政处罚的数据；第六类数据为历年城市政府工作报告中披露的环保词频数据，由笔者使用Python爬取获得。

（二）环保战略规划和环保实际行动指标的构建

旧《环保法》对企业的约束条款，主要在"第四章 防治环境污染和其他公害"，要求污染企业建立环境保护责任制度，防止环境污染和危害。新《环保法》不仅扩充了企业环保责任、污染防治的相关条款，还强调了企业的环保义务，并且单独新设"第五章 信息公开和公众参与"，要求重点排污单位公开排污信息，接受社会监督。新《环保法》会影响企业环保战略和行动两个方面，并能反映在企业所披露的环境信息上。笔者进一步梳理新《环保法》条款，并结合同时期公布的相关环保法规，选取了衡量企业环保战略和环保行为两个维度的关键词，采用正则表达式（Regular Expression）文本分析，用Python对工业部门上市公司年报进行关键词搜索，统计词频。

1. 文本预处理

本文使用的上市公司年报原始文件来自巨潮资讯网，为排除干扰，需要对年报文件进行预处理：首先，使用Python中的XPDF包将PDF格式的年报转换为UTF-8纯文本格式，并将其中的繁体字替换为简体字；其次，剔除年报中无意义的词语（如连词）；最后，根据列表匹配，筛选出其中为工业部门和重污染行业的企业年报。

2. 关键词提取

为确定衡量企业环境责任表现的关键词，笔者进行了以下几个方面的工作：①以新《环保法》为基础，确定其中明确企业责任的条款，提取其中的关键词，再搜索企业条款中与企业环境责任表现有关的关键词；②结合同时期颁布或修订的《中华人民共和国环境污染防治法》《中华人民共和国水污染防治法》和《中华人民共和国自然资源保护法》，对词典进行补充；③补充关键词的同义词、近义词、缩写或全写；④参考李哲（2018）、李哲和王文翰（2021）的做法，对词典进行补充；⑤将所有关键词划分为战略类和行动类。本文使用Python的正则表达式来提取关键词，并采用jiaba分词器中的精确模式，将句子最精确地切开，只输出最大概率组合。作者采取自定义词典，优先匹配词典中的关键词。分词后，再去掉无意义的词语（如连词），统计词典中关键词的频数。

---

① 根据证监会《上市公司行业分类指引》（2012年修订），笔者保留了行业分类门类为A、B、C、D的上市公司，部分中途发生过行业变动的上市公司也一并包括在内。

3. 文本分析指标构建

词典元素的权重影响着检索系统的有效性（Jurafsky and Martin，2009）。参考 Loughan 和 McDonald（2011，2016），使用（1）式计算词频权重 $w_{i,c}$。

$$w_{i,c} = \begin{cases} \dfrac{(1+\text{Logtf}_{i,c})}{(1+\text{Loga}_i)} \text{Log} \dfrac{N}{df_c}, & \text{if } tf_{i,c} \geq 1 \\ 0, & \text{otherwise} \end{cases} \quad (1)$$

其中，N 代表所有样本企业年报的数量。df_c 为含有词汇 c 的年报数量。$tf_{i,c}$ 为企业 i 年报中词汇 c 的词频。a_i 为企业 i 年报的总字数。

计算加权词频之和占年报的比重 w_i：

$$w_i = \sum_{c=1}^{N} w_{i,c} \quad (2)$$

最后，以证监会公布的三位数行业代码为分组依据，若公司 i 的战略类词频比重 w_i 处于上二分位数，表明公司 i 披露的环保战略类信息较多，Strategy 取值为 1，反之取值为 0。同理构建表征环保行动信息披露状况的指标 Action。

4. 指标有效性的验证

为了衡量环保战略规划 Strategy 和环保实际行动 Action 的有效性，本文参考张叶青等（2021）的思路，分别考察 Strategy 与环保理念披露情况，Action 与环保投资的相关性。一方面，本文加总上市公司在年报中的环境信息披露情况[①]，并发现 Stratrgy 与环境管理披露情况的相关性为 0.06（P 值小于 0.01）；另一方面，绿色投资的原始数据来自 CSMAR 环境研究数据库，并从上市公司年报相关项目的附注中搜集符合绿色投资定义的数据，发现 Action 与绿色投资的相关性为 0.12（P 值小于 0.01）。由此，Strategy 和 Action 的有效性得以证明。

参考 Decarolis 和 Rovigatti（2021），本文考察工业部门上市公司在新《环保法》颁布前后五年年报中战略类词频和行动类词频的线性拟合（见图 1）。图 1 的结果清晰地显示新《环保法》的结构性变化，在新《环保法》颁布后，战略类词频的年度均值维持在 0.3 左右，高于新《环保法》颁布前 0.05 左右的水平。新《环保法》颁布后，行动类词频年度均值也在 0.3 上下浮动，明显高于新《环保法》实施前的 0.18~0.24。综合战略类词频和行动类词频的变化规律可知，2015 年新《环保法》的颁布是改变上市公司环境责任表现的拐点，从此上市公司年报中战略类词频和行动类词频显著增加，并保持较为稳定的变化态势。在接下来的分析中，本文根据年度、行业对战略类词频和行动类词频划分二分位数，使用 Strategy 和 Action 两个虚拟变量来进行实证分析，以排除内生性和样本自选择问题。

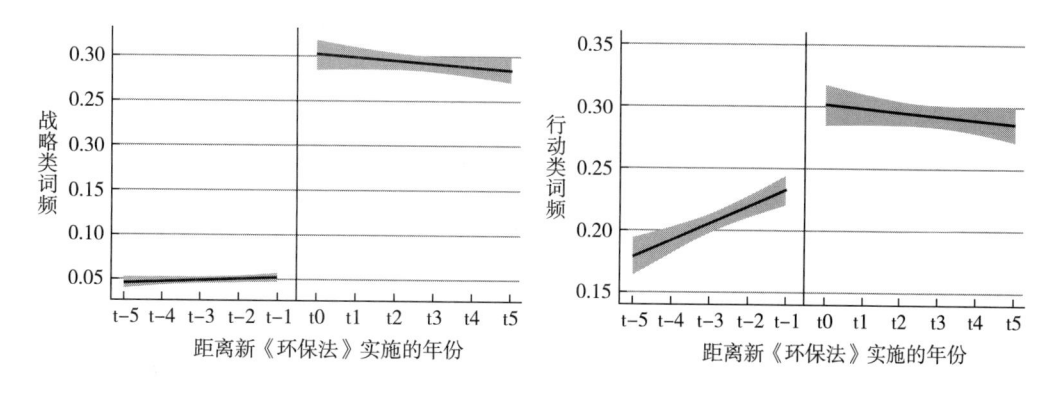

图 1　新《环保法》实施前后五年保类词频变化趋势图

[①] 披露信息包括环保理念、环保目标、环保管理制度体系、环保教育与培训、环保专项行动、环境事件应急机制、环保荣誉与奖励与"三同时"制度，若有披露其中一项，则取值为 1，反之取值为 0，并将八项的得分加总。

5. 上市公司社会责任报告的再检验

上市公司年报中披露环境相关信息的篇幅相对较少[①]，可能无法完全反映上市公司环境战略和环境行动类信息，据此构建的指标可能存在偏误。为了解决这一担忧，本文进一步对2008~2020年上市公司社会责任报告进行了文本分析，步骤包括文本预处理、关键词提取、指标构建和有效性验证（与上文HSHA的构建方法一致），最后得到SRHSHA指标，用于稳健性检验。

各变量及其定义如表1所示。

表1 变量说明

变量名	变量定义
被解释变量	
ΔLoan	（借款总额-上年借款总额）/总资产
ΔLTLoan	（长期借款总额-上年长期借款总额）/总资产
ΔSTLoan	（短期借款总额-上年短期借款总额）/总资产
Employee	ln（1+员工人数）
Invest	（当年购建固定资产、无形资产和其他长期资产支付的现金-购置固定资产等收回的现金净额）/期初总资产
解释变量	
Strategy	若公司当年环保战略类加权词频之和处于行业内上二分位数，Strategy取值为1，反之取值为0
Action	若公司当年环保行动类加权词频之和处于行业内上二分位数，Action取1，反之取0
HSHA	"言行一致"虚拟变量，Strategy取值为1，Action取值为1，则HSHA取值为1，否则取值为0
HSLA	"漂绿"虚拟变量，Strategy取值为0，Action取值为1，则HSHA取值为1，否则取值为0
SRHSHA	对上市公司的社会责任报告进行文本分析，构建方法与HSHA相同
控制变量	
ROA	当年税后净利润/总资产
BM	企业价值的账面市值比
PPE	固定资产/总资产
TobinQ	托宾Q值
CapitalDensity	企业总资产与营业收入之比
CashFlow	经营性活动现金净流量/总资产
CR1	第一大股东持股比例
Board	董事会人数的自然对数
Dual	若董事长与CEO两职兼任，则Dual取值为1，反之取值为0
Independent	独董占董事会人数的比例
Size	公司资产的对数值
Age	当年年份-公司上市年份
SOE	表征是否为国有企业的虚拟变量

（三）实证设计

1. 基准回归模型

为检验企业环境责任表现对融资能力的影响，本文将企业新增贷款率作为主要被解释变量，以表征企业受新《环保法》影响的滞后一期环境责任表现作为核心解释变量，构建如下模型：

$$Y_{it} = \beta_0 + \beta_1 HSHA_{i,t-1} + \beta_2 Strategy_{i,t-1} + \beta_2 Action_{i,t-1} + \rho Controls_{i,t-1} + \alpha_i + \alpha_t + \varepsilon_{it} \tag{3}$$

---

① 笔者感谢2022中国金融科技学术年会（CFTRC 2022）评审人提供的修改意见。

其中，被解释变量为表征公司融资能力的一系列指标，包括贷款变化率 ΔLoan、长期贷款变化率 ΔLTLoan、短期贷款变化率 ΔSTLoan。模型的关键解释变量包括表征企业为在环境责任表现上"多言多行"的虚拟变量 HSHA，"多言"虚拟变量 Strategy，"多行"虚拟变量 Action。为了进一步检验新《环保法》的影响，本文划分了新《环保法》实施节点（2015 年）前后的子样本进行回归。Controls 表示公司层面的控制变量。模型控制时间和公司固定效应。其中，i 和 t 分别表示上市公司和时间，ε_{it} 是随机扰动项。本文对非宏观连续变量在 1% 上进行缩尾处理以缓解极端值的影响。为缓解内生性问题，回归分析中除企业年龄外的控制变量均取滞后一期。本文所有实证回归均在行业层面进行标准误聚类。

2. 工具变量和两阶段最小二乘法

为了验证基准回归结果的稳健性，本文引入历年各城市政府工作报告提及环保类词频作为 HSHA 的工具变量。一阶段中 HSHA 为虚拟变量，因此一阶段中使用 Logit 回归来获取 HSHA 的拟合值，并代入二阶段的回归中。本文构建如下两阶段最小二乘法 2SLS 模型：

一阶段：
$$\text{Logit}(\text{HSHA}_{it}=1) = \alpha_0 + \alpha_1 \text{GovReport}_{c,t-1} + \alpha_2 \text{Control}_{i,t-1} + \theta_i + \theta_t + \varepsilon_{it} \quad (4)$$

二阶段：
$$\Delta \text{Loan}_{it} = \alpha_0 + \alpha_1 \widehat{\text{HSHA}}_{i,t-1} + \alpha_2 \text{Control}_{i,t-1} + \theta_i + \theta_t + \varepsilon_{it} \quad (5)$$

其中，GovReport 为各城市政府工作报告提及环保类词汇的频数加 1，再取对数。考虑到政府工作报告对企业环境责任表现的影响具有滞后性，GovReport 取滞后一期回归。2SLS 模型中的固定效应和控制变量与式（3）相同。

（四）描述性统计

表 2 为主要变量描述性统计。ΔLoan 的均值为 0.013，即样本公司的平均借款变化率为 1.3%，标准差为 0。最小值和最大值分别为 -4.989 和 1.507。ΔLTLoan 和 ΔSTLoan 的均值分别为 0.057 和 0.116。同时，ΔLoan 的标准差为 0.116，ΔLTLoan 和 ΔSTLoan 的标准差分别为 0.057 和 0.092，即相较于总借款，企业长期借款变化率的差异较小。HSHA 的均值为 0.303，即样本内有 30.3% 的公司环境责任表现为"言行一致"。Strategy 和 Action 的均值分别为 0.508 和 0.529（与采用取二分位数方法构造这两个指标有关）。

表 2 描述性统计

变量	观测值	均值	标准差	最小值	最大值
ΔLoan	17390	0.013	0.116	-4.898	1.507
ΔLTLoan	17390	0.005	0.057	-1.971	0.925
ΔSTLoan	17390	0.007	0.092	-4.604	0.566
Employee	17390	7.916	1.247	1.099	13.223
Invest	17366	0.078	1.105	0	143.093
HSHA	17390	0.303	0.460	0	1
Strategy	17390	0.508	0.501	0	1
Action	17390	0.529	0.499	0	1

四、实证检验

（一）基准回归

图 1 已揭示新《环保法》实施后，上市公司在年报中提及环境保护战略类和行动类关键词的

频率更高。通过对词频取二分位数，得到了上市公司在环境责任表现方面的差异性指标。而新《环保法》所造成企业环境责任表现的差异，是否会影响企业的融资行为？从更深层次来说，新《环保法》后，企业的"漂绿"行为是否能被银行识破？为了回答这些问题，利用式（3）和2008~2020中国上市公司年报文本分析数据进行回归。表3提供了新《环保法》影响企业融资的回归结果。

表3第（1）、（2）列为包含了工业部门的全样本的回归结果，第（3）、（4）列样本为重污染行业子样本的回归结果。第（1）列中，HSHA对Loan的回归系数不显著；第（2）列的回归系数为0.0119，且在5%的统计水平下显著。这表明，只有在新《环保法》实施后，在年报中披露更多环保战略和行动的公司，借款能力更强。为了解决"新《环保法》可能更多影响重污染行业，而对其他工业部门影响较小"这一担忧，本文根据取环境保护部2010年出台的《上市公司环境信息披露指南》，选取了重污染行业子样本，回归结果如第（3）、（4）列所示。只有在新《环保法》实施后，HSHA对ΔLoan的回归系数显著为0.176，其绝对值高于工业部门中HSHA的回归系数0.0119。综合表3结果可知，在新《环保法》实施后，只有环境责任表现"言行一致"的公司，能获得更多银行借款。同时，银行对重污染行业公司的环境责任表现更为敏感，相较于整个工业部门，重污染行业内"言行一致"公司贷款增长率更高。

表3 新《环保法》对"言行一致"型企业贷款的影响

变量	全样本		重污染行业子样本	
	新《环保法》前	新《环保法》后	新《环保法》前	新《环保法》后
	（1）	（2）	（3）	（4）
	ΔLoan	ΔLoan	ΔLoan	ΔLoan
$HSHA_{t-1}$	-0.0014	0.0119**	-0.0180	0.0176*
	(0.006)	(0.005)	(0.017)	(0.011)
$Strategy_{t-1}$	-0.0049	-0.0067	0.0159	-0.0088
	(0.004)	(0.004)	(0.014)	(0.008)
$Action_{t-1}$	0.0034	-0.0063	0.0102	-0.0107
	(0.004)	(0.004)	(0.013)	(0.009)
$Controls_{t-1}$	是	是	是	是
企业固定效应	是	是	是	是
年份固定效应	是	是	是	是
N	6526	9829	1055	2552
Adj R^2	0.164	0.098	0.178	0.136

注：①*、**、***分别代表在10%、5%、1%水平上显著；②括号内为标准误；③本文下表同。

（二）企业"漂绿"行为对借贷的影响

部分企业在环境信息披露中空喊口号，却并未采取切实的环境治理措施，这种承诺大于行动的"漂绿"行为，实际上不利于企业的高质量发展。尽管诸多绿色信贷政策在一定程度上起到了引导信贷资源流向的作用，但综合前文的假设分析，预期在新《环保法》实施后，银行识别"漂绿"企业的能力提高，向"漂绿"企业发放贷款的意愿下降。本文将Strtegy=1且Action=0，即HSLA=1的公司年度观测值定义为"漂绿"。这些企业在年报中提及了诸多的环境战略类关键词，却没有表现出与口号相一致的环境治理行为。为了探究"漂绿"企业的贷款获取量，将HSLA作为关键解释变量对式（3）进行回归。表4列示了回归结果。由第（1）、（3）列可知，新《环保法》施行前，HSLA对ΔLoan的回归系数均不显著，即在此之前，"漂绿"企业和"言行一致"企业所获得的贷款增长率并没有显著增长。由第（2）、（4）列，HSLA对ΔLoan的回归系数分别为-0.0108和-0.0206，且均显著。这表明无论是整个工业部门抑或是重污染行业，新《环保法》实行后，"多言寡行"即"漂绿"企业获取的贷款显著减少且重污染行业的贷款增长率下降更多，验证了假设2。

表4 新《环保法》颁布对"漂绿"企业贷款的影响

变量	全样本		重污染行业子样本	
	新《环保法》前	新《环保法》后	新《环保法》前	新《环保法》后
	（1）	（2）	（3）	（4）
	ΔLoan	ΔLoan	ΔLoan	ΔLoan
$HSLA_{t-1}$	0.0038	-0.0108*	0.0095	-0.0206*
	(0.008)	(0.006)	(0.021)	(0.012)
$Strategy_{t-1}$	-0.0040	0.0027	0.0006	0.0063
	(0.006)	(0.004)	(0.015)	(0.009)
$Action_{t-1}$	0.0005	-0.0068	0.0088	-0.0119
	(0.006)	(0.005)	(0.017)	(0.009)
$Controls_{t-1}$	是	是	是	是
企业固定效应	是	是	是	是
年份固定效应	是	是	是	是
N	6526	9829	1055	2552
Adj R^2	0.022	0.027	0.178	0.136

综合表3和表4的回归结果可知，银行能有效识别企业的"漂绿"行为，表现在"言行一致"的企业获得更多的银行信贷，而"多言寡行"企业所获的银行信贷显著下降。"寡言多行"（Strtegy=0且Action=1）和"寡言寡行"（Strtegy=0且Action=0）的企业获取到银行信贷在新《环保法》实施前后并没有显著差异，限于篇幅原因，本文在此不做汇报。

（三）"言行一致"对借款期限结构的影响

长期借款和短期借款的发放，不仅与公司自身需求有关，更涉及银行对借款者的考察。为了细化新《环保法》前后，"言行一致"型企业借款能力的变化，将被解释变量分别替换为长期贷款变化率和短期贷款变化率，回归结果如表5所示。由第（1）、（2）列可知，"言行一致"型企业的长期借款能力在新《环保法》前后无显著差异。由第（3）、（4）列可知，在新《环保法》实施前，环境责任表现"言行一致"的公司短期借款变化率无显著改变；而新《环保法》实施后，HSHA对ΔSTLoan的系数为0.013，且在1%的统计水平下显著，即新《环保法》实施后，"言行一致"型企业，短期借款变化率显著上升了1.3%。这也验证了假设3，即短期债务被看作是公司流动性和信用风险的积极信号（Flannery，1986；Diamond，1991），环境责任表现好的公司能获得更多的短期借款。

表5 新《环保法》颁布对环境责任表现"言行一致"型企业借款期限结构的影响

变量	新《环保法》前	新《环保法》后	新《环保法》前	新《环保法》后
	（1）	（2）	（3）	（4）
	ΔLTLoan	ΔLTLoan	ΔSTLoan	ΔSTLoan
$HSHA_{t-1}$	-0.0005	0.0005	-0.0014	0.0130***
	(0.003)	(0.003)	(0.004)	(0.004)

续表

变量	新《环保法》前 (1) ΔLTLoan	新《环保法》后 (2) ΔLTLoan	新《环保法》前 (3) ΔSTLoan	新《环保法》后 (4) ΔSTLoan
$Strategy_{t-1}$	−0.0001 (0.003)	0.0002 (0.002)	−0.0035 (0.003)	−0.0086*** (0.003)
$Action_{t-1}$	0.0008 (0.003)	0.0009 (0.002)	0.0022 (0.003)	−0.0075** (0.003)
$Controls_{t-1}$	是	是	是	是
企业固定效应	是	是	是	是
年份固定效应	是	是	是	是
N	6526	9829	6526	9829
Adj R²	0.022	0.027	0.109	0.068

沈洪涛和马正彪（2014）认为，环境治理好的上市公司能获得更多的新增长期贷款，但需要注意的是，首先，他们构建了环境治理指数来衡量企业的环境表现，并未考虑到企业所披露的环境战略，与本文通过文本分析构建的环境责任表现"言行一致"虚拟变量不同。其次，他们所考察的样本区间为 2008~2010 年的 A 股重污染行业公司，而本文则是着重考察新《环保法》背景下（2015~2020 年）的工业部门，随着可持续发展理念的不断更迭，企业环境责任表现会对信贷获取能力产生不一样的效应。

（四）稳健性检验

1. 企业环境信息披露载体对借款能力的影响

环境责任表现越好的公司，不仅在年报中披露相关的环保"言""行"信息，也越有可能在社会责任报告中披露环保信息，甚至发布年度环境报告。本文将是否披露社会责任报告和环境责任报告作为"言行一致"HSHA 的代理变量。据此，本文构建 SRReport 和 EnvironReport 两个指标作为解释变量。SRReport 取值为 1 表明企业当年披露了社会责任报告，EnvironReport 取值为 1 表明企业当年披露了环境责任报告。由表 6 第（1）、（2）列回归结果可知，只有在新《环保法》实施后，SRReport 的回归系数显著为正，表明若企业在社会责任报告中披露了环境相关信息，则所获得的银行信贷增长率会显著提高。

基准回归中 HSHA 指标是根据上市公司年报进行文本分析构建的。根据年报构建环境责任指标的合理性在于，年报中环境相关信息的权重不仅能反映上市公司环境责任表现，也能反映环境战略和环境治理在其年报和日常经营中的相对重要性。然而，考虑到年报中披露的环境类信息可能相对较少，进一步使用上市公司社会责任报告进行文本分析（构建方法与 HSHA 一致），得到 SRHSHA 指标。将 SRHSHA 作为解释变量，对 ΔLoan 进行回归。表 6 第（3）、（4）列汇报了回归结果。第（4）列中，新《环保法》实施后，SRHSHA 对 ΔLoan 的回归系数显著为正，即社会责任报告中环境责任表现"言行一致"的公司，银行借款增长率显著提高了 2.15%。新《环保法》实施前，SRHSHA 对 ΔLoan 的回归系数不显著。该结果印证了表 3 基准回归结果的稳健性。不论进行文本分析的对象为上市公司年报或社会责任报告，新《环保法》实施后，环境责任表现"言行一致"的公司，贷款增长率都显著提升。

由表 6 第（5）、（6）列可知，在新《环保法》实施前，ΔLoan 对 EnvironReport 的回归系数显著为负，而在新《环保法》实施后系数不显著。这表明在新《环保法》实施前，发布年度环境报告甚至会对上市公司的借款能力产生抑制作用，但在新《环保法》实施后，这种负面效应消失。综合表5回归结果可知，新《环保法》实施后，企业披露环境表现对借款的正面影响逐渐突显，印证了表3基准回归结果的稳健性。考虑到披露年度环境报告的上市公司相对较少，无法相对完整地覆盖各个行业内上市公司的环境信息披露情况，对年度环境报告进行文本分析会存在偏误，因此不做进一步的文本分析。

表6 基于不同环保信息披露载体的再检验

变量	社会责任报告				环境报告	
	新《环保法》前	新《环保法》后	新《环保法》前	新《环保法》后	新《环保法》前	新《环保法》后
	（1）	（2）	（3）	（4）	（5）	（6）
	ΔLoan	ΔLoan	ΔLoan	ΔLoan	ΔLoan	ΔLoan
SRReport$_{t-1}$	0.0051	0.0172***				
	（0.005）	（0.006）				
SRHSHA$_t$			0.0045	0.0215**		
			（0.011）	（0.011）		
EnvironReport$_{t-1}$					−0.0429*	−0.0087
					（0.024）	（0.016）
Controls$_{t-1}$	是	是	是	是	是	是
企业固定效应	是	是	是	是	是	是
年份固定效应	是	是	是	是	是	是
N	9558	13731	1263	2530	9558	13731
Adj R^2	0.150	0.097	0.219	0.030	0.151	0.096

2. 更换环境责任表现的测度方法

本文构造的环境责任表现指标Strategy和Action为笔者手工收集、分析和计算得到，并且本文已通过相关性检验验证了其准确性，但还需要使用公开数据来加以佐证。作为专业的财经类网站，和讯网依托企业年度报告和咨询，每年对上市公司的社会责任表现进行评价。该数据专业性较强，在业界认可度较高，且在学术界应用较广（唐鹏程和杨树旺，2016；顾雷雷等，2020；肖红军等，2021）。笔者收集和整理了和讯网公布的上市公司社会评价数据①（2010~2020年），选取其中"环境意识得分"和"环境责任得分"两个指标②，按照同年度同行业划分二分位数，分别构建EnvirAware和EnvirRespons两个虚拟变量。

将ΔLoan对EnvirAware、EnvirRespons和EnvirAware×EnvirRespons作为主要解释变量进行回归，分别替代Strategy、Action和HSHA。主要关注交乘项的系数及显著性。回归结果如表7所示。由第（2）、（4）列可知，在新《环保法》实施后，ΔLoan对EnvirAware×EnvirRespons的回归系数在工业部门和重污染行业子样本的系数分别为0.0073和0.0178，且均显著，这和表4中HSHA的系数相近，印证了基准回归结果的稳健性。

表7 替换环境责任表现的度量指标

变量	全样本		重污染行业子样本	
	新《环保法》前	新《环保法》后	新《环保法》前	新《环保法》后
	（1）	（2）	（3）	（4）
	ΔLoan	ΔLoan	ΔLoan	ΔLoan
EnvirAware$_{t-1}$×EnvirRespons$_{t-1}$	−0.0125*	0.0073*	−0.0084	0.0178*
	（0.007）	（0.004）	（0.019）	（0.010）

① 该数据自2010年开始公布。
② 二者都为数值型指标，由和讯数据中心计算模型得出准确得分。

续表

变量	全样本		重污染行业子样本	
	新《环保法》前 (1)	新《环保法》后 (2)	新《环保法》前 (3)	新《环保法》后 (4)
	ΔLoan	ΔLoan	ΔLoan	ΔLoan
EnvirAware$_{t-1}$	−0.0030	−0.0069**	0.0090	−0.0066
	(0.004)	(0.003)	(0.012)	(0.007)
EnvirRespons$_{t-1}$	0.0092**	0.0009	0.0115	−0.0047
	(0.004)	(0.003)	(0.012)	(0.007)
Controls$_{t-1}$	是	是	是	是
企业固定效应	是	是	是	是
年份固定效应	是	是	是	是
N	6121	13161	1100	2547
Adj R^2	0.176	0.095	0.170	0.223

3. 基于工具变量的 2SLS 检验

表7使用替换解释变量度量的方式验证了基准回归的准确性，但这不足以解决一个潜在的担忧：在新《环保法》实施后，企业为了获取更多的银行信贷，会倾向于履行更多环境保护责任。这可能会干扰本文的基准结果。因此，本文引入各城市历年政府工作报告中披露环保类词汇的数量作为 HSHA 的工具变量。其合理性在于：首先，政府工作报告内提及环境类词汇的频率直接体现了当地政府对环境治理的重视程度，从而影响了企业环境责任表现。其次，由于同省份内不同城市存在较大的差异性，相较于省级政府，各城市政府对当地企业的影响更为直接。最后，各城市政府工作报告提及环保类词汇的频率与当地企业获得的贷款不直接相关。

式（4）和式（5）的回归结果如表8所示。表8第（1）列为一阶段回归结果，第（2）列和第（3）列为二阶段回归结果（分别是新《环保法》实施前后的子样本）。一阶段 Logit 回归中，HSHA 对 GovReport 的回归系数为 0.1558，且在 10% 的统计水平下显著，即二者呈现显著正相关，且卡方值[①]为 1620，通过了弱工具变量检验，其合理性得证。再使用一阶段得到的 HSHA 的拟合值 $\widehat{HSHA}$ 代入二阶段的回归。第（2）列中 $\widehat{HSHA}$ 对 ΔLoan 的回归系数不显著，而第（3）列 $\widehat{HSHA}$ 对 ΔLoan 的回归系数为 0.0396，且在 5% 的水平下显著。这与表3的基准回归结果保持一致，其稳健性得以验证。

表8　使用各城市政府工作报告披露的环保词频作为 HSHA 的工具变量

变量	一阶段	二阶段	
	全样本	新《环保法》前	新《环保法》后
	(1)	(2)	(3)
	HSHA	ΔLoan	ΔLoan
GovReport$_{t-1}$	0.1558*		
	(0.085)		
$\widehat{HSHA}_{t-1}$		0.0253	0.0396**
		(0.028)	(0.019)
Controls$_{t-1}$	是	是	是

---

① 由于一阶段回归使用的是 Logit 回归，不汇报 R^2。本文使用卡方值来验证是否存在弱工具变量。

续表

变量	一阶段	二阶段	
	全样本	新《环保法》前	新《环保法》后
	（1）	（2）	（3）
	HSHA	ΔLoan	ΔLoan
企业固定效应	是	是	是
年份固定效应	是	是	是
N	7312	1548	4454
Chi2	1620		
Adj R²		0.358	0.086

4. 更换被解释变量的度量方式

企业获得的银行借款直接影响其负债结构。为了消除由变量选择对结果产生的干扰，参照苏冬蔚和连莉莉（2018），本文构造了有息负债 IntDebt、流动负债 AcDebt 和长期负债 LTDebt 三个指标作为被解释变量。由表 9 回归结果可知，第（2）、（3）列中，HSHA 对 IntDebt 和 AcDebt 的回归系数均为正，表明新《环保法》实施后，环境责任表现"言行一致"的上市公司获得了更多的负债，印证了基准回归结果的准确性。而第（5）、（6）列中，HSHA 对 LTDebt 的回归系数在新《环保法》实施后依然不显著，表明环境责任表现"言行一致"的上市公司长期负债没有发生显著变化，这也印证了表 4 的结果。综上所述，上市公司环境责任表现"言行一致"会获取更多的银行信贷，从另一个角度来说，其杠杆率也会上升，体现在有息负债和流动负债比率上升。

表 9 新《环保法》颁布对"言行一致"型企业负债的影响

变量	有息负债		流动负债		长期负债	
	新《环保法》前	新《环保法》后	新《环保法》前	新《环保法》后	新《环保法》前	新《环保法》后
	（1）	（2）	（3）	（4）	（5）	（6）
	IntDebt	IntDebt	AcDebt	AcDebt	LTDebt	LTDebt
$HSHA_{t-1}$	20.5285	3.2443*	0.3133	0.0906**	0.0371	0.0098
	(16.270)	(1.666)	(0.226)	(0.043)	(0.045)	(0.010)
$Strategy_{t-1}$	-4.5915	-2.2217*	-0.1129	-0.0605*	0.0155	-0.0022
	(12.365)	(1.289)	(0.172)	(0.033)	(0.034)	(0.008)
$Action_{t-1}$	-24.3254*	-1.0994	-0.3303*	-0.0446	-0.0659*	-0.0017
	(12.740)	(1.335)	(0.177)	(0.035)	(0.035)	(0.008)
$Controls_{t-1}$	是	是	是	是	是	是
企业固定效应	是	是	是	是	是	是
年份固定效应	是	是	是	是	是	是
N	6526	9829	6526	9829	3649	7646
Adj R²	0.022	0.027	0.109	0.068	0.039	0.255

五、结论与政策启示

随着低碳经济的发展，企业作为市场经济的重要参与者，受外部政策引导和自身改革需求驱动，逐步将可持续发展理念融入公司治理、投融资偏好、产品创新、风险管理等环节。在日益透明的互联网社会中，信息披露正成为企业宣传可持续发展和履行社会责任的重要方式。其中，环境影响、减排策略、企业行为披露等方面越来越受到关注和专业讨论。逐步将可持续发展理念融入公司治理、投融资偏好、产品创新、风险管理等环节。在日益透明的互联网社会中，信息披露正成为企业宣传可持续发展和履行社会责任的重要方式。其中，环境影响、减排策略、企业行为披露等方面越来越受到关注和讨论。本文以2015年的新《环保法》立法规定企业环境信息披露为政策，基于2008~2020年中国A股工业部门上市公司数据，结合环境责任表现的文本分析，研究发现：首先，在新《环保法》实施后，"言行一致"的企业能获取更多的银行借款，该结论在工业部门全样本重污染行业子样本中均成立。其次，在新《环保法》实施后，"多言寡行"即"漂绿"新增银行借款显著下降，该结论在工业部门全样本重污染行业子样本中均成立。重污染行业银行信贷受到的影响均大于工业部门。最后，"言行一致"的公司能获取更多的短期借款，对长期借款无显著差异。

基于理论分析和实证结果，本文得出以下政策建议：

首先，要加强政策设计和引导。新《环保法》将环境信息披露提升至法律的高度，从本文的实证结果看，新《环保法》有效引导了提高信息披露质量并切实履行环境保护责任。建议监管机构充分调研环境信息披露的难点和障碍，在新《环保法》的引导下，制定包括范围性框架、激励措施、监督制度等一系列环境信息披露政策体系。可率先在国家级生态文明示范城市或绿色金融改革创新试验区探索强制披露试点，并通过纳入地方绿色金融考核奖惩机制、引入第三方机构进行专业支持等方式保障政策实施。同时也要丰富信息披露的运用场景。目前企业根据监管机构要求，主要运用于重大环境信息披露、年度社会责任报告、绿色债券募集资金使用情况报告等方面。建议政府业务部门进一步拓展信息披露的运用场景，如纳入企业信用评价体系评估等，提高企业环境信息披露的积极性。

其次，要完善惩戒机制。运用法律等强制性手段的目的是让企业切实履行环保义务，而非披上绿色的外衣而行污染之事。一方面，必须加强环境执法力度，根据污染企业造成的危害程度，采取警告、罚款、对主要负责人采取拘留等行政手段，对于情节严重的违法行为，依照《环保法》有关条例，从重处理。另一方面，强制性制度压力下形成社会舆论亦能对污染企业和"漂绿"起到强有力的监督作用。环保处罚及其后一系列连锁反应，能有效引导资本市场对污染企业进行惩戒，加大企业的违法成本。

再次，企业应当提高绿色转型的自觉性和主动性。当前，发展绿色低碳经济是必然趋势，但企业也不能仅限于眼前利益，而应当顺势而为，意识到绿色低碳所带来的社会价值将不可估量。从高水平行业的发展趋势和经济社会的可持续发展水平来说，企业排污减碳所花费的成本也是值得的。所以，公司将对于绿色发展有更加深刻的理解，并充分考虑绿色发展的经济性与社会效益，进一步深入公司文化的绿色发展意识，提高公司绿色环境意识的企业作用，管理层也应做好环保管理的领导工作，并配合发布重大环保消息。同时政府也应指导公司积极践行绿色理念，以理念引导企业行为。

最后，积极引导金融机构发放长期绿色信贷。本文实证结果表明，环境责任表现"言行一致"的企业主要是获得了更多的短期借款，而长期借款没有显著变化。其原因可能在于银行更偏好发放短期绿色信贷。事实上，工业企业绿色发展转型必将是一个相对漫长的过程，短期内甚至会面临收益下降的风险。若缺乏银行等金融机构长期的信贷支持，企业难以进行绿色技术的更新迭代，进行绿色创新。银行应为企业的绿色发展提供长期的信贷支持，放宽期限并采取灵活还款方式，或是在必要时给予短期贷款展期。实际上，开发性金融具有大额、长期、低息的优势，这与很多绿色项目期限较长、收益相对较低的特点高度吻合。政府应引导开发性金融机构发放长期绿色贷款，助力企业绿色转型。

参考文献

[1] 包群，邵敏，杨大利．环境管制抑制了污染排放吗？[J]．经济研究，2013，48（12）：42-54．

[2] 才国伟，邵志浩，徐信忠．企业和媒体存在合谋行为吗？——来自中国上市公司媒体报道的间接证据[J]．管理世界，2015（7）：158-169．

[3] 陈诗一，张建鹏，刘朝良．环境规制、融资约束与企业污染减排——来自排污费标准调整的证据[J]．金融研究，2021（9）：51-71．

[4] 陈璇，钱维．新《环保法》对企业环境信息披露质量的影响分析[J]．中国人口·资源与环境，2018，28（12）：76-86．

[5] 崔广慧，姜英兵．环境规制对企业环境治理行为的影响——基于新《环保法》的准自然实验[J]．经济管理，2019，41（10）：54-72．

[6] 范子英，赵仁杰．法治强化能够促进污染治理吗？——来自环保法庭设立的证据[J]．经济研究，2019，54（3）：21-37．

[7] 顾雷雷，郭建鸾，王鸿宇．企业社会责任、融资约束与企业金融化[J]．金融研究，2020（2）：109-127．

[8] 郭俊杰，方颖，杨阳．排污费征收标准改革是否促进了中国工业二氧化硫减排[J]．世界经济，2019，42（1）：121-144．

[9] 韩超，桑瑞聪．环境规制约束下的企业产品转换与产品质量提升[J]．中国工业经济，2018（2）：43-62．

[10] 韩超，张伟广，冯展彬．环境规制如何"去"资源错配——基于中国首次约束性污染控制的分析[J]．中国工业经济，2017（4）：115-134．

[11] 黄群慧，刘尚希，张车伟，张晓晶，杨开忠，胡滨，闫坤．从党的百年奋斗重大成就和历史经验总结中思考推进中国经济学"三大体系"建设——学习贯彻党的十九届六中全会精神笔谈[J]．经济研究，2021，56（12）：4-19．

[12] 黄溶冰，赵谦．演化视角下的企业漂绿问题研究：基于中国漂绿榜的案例分析[J]．会计研究，2018（4）：11-19．

[13] 李蕾蕾，盛丹．地方环境立法与中国制造业的行业资源配置效率优化[J]．中国工业经济，2018（7）：136-154．

[14] 李哲，王文翰．"多言寡行"的环境责任表现能否影响银行信贷获取——基于"言"和"行"双维度的文本分析[J]．金融研究，2021（12）：116-132．

[15] 罗知，齐博成．环境规制的产业转移升级效应与银行协同发展效应——来自长江流域水污染治理的证据[J]．经济研究，2021，56（2）：174-189．

[16] 倪娟，孔令文．环境信息披露、银行信贷决策与债务融资成本——来自我国沪深两市A股重污染行业上市公司的经验证据[J]．经济评论，2016（1）：147-156+160．

[17] 裴长洪，黄群慧，许宪春，等．学习党的十九届五中全会精神笔谈：建设人与自然和谐共生的现代化[J]．财贸经济，2020（12）：5-21．

[18] 齐绍洲，林屾，崔静．环境权益交易市场能否诱发绿色创新？——基于我国上市公司绿色专利数据的证据[J]．经济研究，2018，53（12）：129-143．

[19] 沈洪涛，马正彪．地区经济发展压力、企业环境表现与债务融资[J]．金融研究，2014（2）：153-166．

[20] 史贝贝，冯晨，张妍，杨菲．环境规制红利的边际递增效应[J]．中国工业经济，

2017 (12): 40-58.

[21] 史丹, 李少林. 排污权交易制度与能源利用效率——对地级及以上城市的测度与实证 [J]. 中国工业经济, 2020 (9): 5-23.

[22] 苏冬蔚, 连莉莉. 绿色信贷是否影响重污染企业的投融资行为? [J]. 金融研究, 2018 (12): 123-137.

[23] 陶锋, 赵锦瑜, 周浩. 环境规制实现了绿色技术创新的"增量提质"吗——来自环保目标责任制的证据 [J]. 中国工业经济, 2021 (2): 136-154.

[24] 万攀兵, 杨冕, 陈林. 环境技术标准何以影响中国制造业绿色转型——基于技术改造的视角 [J]. 中国工业经济, 2021 (9): 118-136.

[25] 王康仕, 孙旭然, 王凤荣. 绿色金融发展、债务期限结构与绿色企业投资 [J]. 金融论坛, 2019, 24 (7): 9-19.

[26] 王霞, 徐晓东, 王宸. 公共压力、社会声誉、内部治理与企业环境信息披露——来自中国制造业上市公司的证据 [J]. 南开管理评论, 2013, 16 (2): 82-91.

[27] 王晓祺, 郝双光, 张俊民. 新《环保法》与企业绿色创新:"倒逼"抑或"挤出"? [J]. 中国人口·资源与环境, 2017, 30 (7): 107-117.

[28] 王欣, 若娟, 马丹丹. 企业漂绿行为曝光的资本市场惩戒效应研究 [J]. 经济管理, 2015, 37 (11): 176-187.

[29] 吴红军, 刘啟仁, 吴世农. 公司环保信息披露与融资约束 [J]. 世界经济, 2017, 40 (5): 124-147.

[30] 肖红军, 阳镇, 凌鸿程. "鞭长莫及"还是"遥相呼应":监管距离与企业社会责任 [J]. 财贸经济, 2021, 42 (10): 116-131.

[31] 肖红军, 张俊生, 李伟阳. 企业伪社会责任行为研究 [J]. 中国工业经济, 2013 (6): 109-121.

[32] 杨熠, 李余晓璐, 沈洪涛. 绿色金融政策、公司治理与企业环境信息披露——以502家重污染行业上市公司为例 [J]. 财贸研究, 2011, 22 (5): 131-139.

[33] 张成思, 孙宇辰, 阮睿. 宏观经济感知、货币政策与微观企业投融资行为 [J]. 经济研究, 2021, 56 (10): 39-55.

[34] 张叶青, 陆瑶, 李乐芸. 大数据应用对中国企业市场价值的影响——来自中国上市公司年报文本分析的证据 [J]. 经济研究, 2021, 56 (12): 42-59.

[35] 祝继高, 韩非池, 陆正飞. 产业政策、银行关联与企业债务融资——基于A股上市公司的实证研究 [J]. 金融研究, 2015 (3): 176-191.

[36] Aras G., D. Crowther. Corporate Sustainability Reporting: A Study in Disingenuity? [J]. Journal of Business Ethics, 2009, 87 (1): 279-288.

[37] Aras G., D. Crowther. Governance and Social Responsibility: International Perspectives [M]. New York: Palgrave Macmillan, 2011.

[38] Barnea A., A. Rubin. Corporate Social Responsibility as A Conflict between Shareholders [J]. Journal of Business Ethics, 2010, 97 (1): 71-86.

[39] Barrot J. N. Trade Credit and Industry Dynamics: Evidence from Trucking Firms [J]. Journal of Finance, 2016, 71 (10): 1975-2016.

[40] Benlemlih M. Corporate Social Responsibility and Firm Debt Maturity [J]. Journal of Business Ethics, 2017, 144 (3): 491-517.

[41] Borghesi R., J. F. Houston, A. Naranjo. Corporate Socially Responsible Investments: CEO Altruism, Reputation, and Shareholder Interests [J]. Journal of Corporate Finance, 2014, 26:

164-181.

[42] Brown W. O., E. Helland, J. K. Smith. Corporate Philanthropic Practices [J]. Journal of Corporate Finance, 2006, 12 (5): 855-877.

[43] Cai L., J. Cui, H. Jo. Corporate Environmental Responsibility and Firm Risk [J]. Journal of Business Ethics, 2016, 139 (3): 563-594.

[44] Cole M. A., R. J. Elliott, K. Shimamoto. Industrial Characteristics, Environmental Regulations and Air Pollution: An Analysis of the UK Manufacturing Sector [J]. Journal of Environmental Economics and Management, 2005, 50 (1): 121-143.

[45] Cui J., J. Zhang, Y. Zheng. Carbon Pricing Induces Innovation: Evidence from China's Regional Carbon Market Pilots [J]. AEA Papers and Proceedings, 2018, 108: 453-457.

[46] Decarolis F., G. Rovigatti. From Mad Men to Maths Men: Concentration and Buyer Power in Online Advertising [J]. American Economic Review, 2021, 111 (10): 3299-3327.

[47] Diamond D. W., R. E. Verrecchia. Disclosure, Liquidity and the Cost of Capital [J]. Journal of Finance, 1991, 46 (4): 1325-1359.

[48] Fan H., Y. Peng, H. Wang, Z. Xu. Greening through Finance? [J]. Journal of Development Economics, 2021, 152.

[49] Feldman S. J., P. A. Soyka, P. G. Ameer. Does Improving a Firm's Environmental Management System and Environmental Performance Result in a Higher Stock Price? [J]. Journal of Investig, 1997, 6 (4): 87-97.

[50] Flannery M. J. Asymmetric Information and Risky Debt Maturity Choice [J]. Journal of Finance, 1986, 41 (1): 19-37.

[51] Ivashina, V., Asymmetric Information Effects on Loan Spreads [J]. Journal of Financial Economics, 2009, 92 (2): 300-319.

[52] Jonsen K., C. Galunic, J. Weeks, T. Braga. Evaluating Espoused Values: Does Articulating Values Pay Off? [J]. European Management Journal, 2015, 33 (5): 332-340.

[53] Liu X., Xu H., Lu M. Do Auditors Respond to Stringent Environmental Regulation? [J]. Evidence from China's New Environmental Protection Law, Economic Modelling, 2021, 96: 54-67.

[54] Lougheran T., B. McDonald. Textual Analysis in Accounting and Finance: A Survey [J]. Journal of Accounting Research, 2016, 54 (4): 1187-1230.

[55] Lougheran T., B. McDonald. When is a Liability Not a Liability? Textual Analysis, Dictionaries, and 10-Ks [J]. Journal of Finance, 2011, 66: 35-65.

[56] Ng A. C., Z. Rezaee. Business Sustainability Performance and Cost of Equity Capital [J]. Journal of Corporate Finance, 2015, 34: 128-149.

[57] Nguyen H. V., B. Choi, W. F. Agbola. Corporate Social Responsibility and Debt Maturity: Australian Evidence [J]. Pacific-Basin Finance Journal, 2020, 62: 101374.

[58] Shi Y., J. Wu, Y. Zhang. Green Image in Supply Chains: Selective Disclosure of Green Suppliers [R]. Woking Paper, 2021.

[59] Siano A., A. Vollero, F. Conte, S. Amabile. "More than Words": Expanding the Taxonomy of Greenwashing after the Volkswagen Scandal [J]. Journal of Business Research, 2017, 71: 27-37.

[60] Sun Z., W. Zhang. Do Government Regulations Prevent Greenwashing? An Evolutionary Game Analysis of Heterogeneous Enterprises [J]. Journal of Cleaner Production, 2019, 231:

1489-1502.

[61] Testa F., O. Boiral, F. Iraldo. Internalization of Environmental Practices and Institutional Complexity: Can Stakeholders Pressures Encourage Greenwashing? [J]. Journal of Business Ethics, 2018, 147 (2): 287-307.

[62] Wu Y., K. Zhang, J. Xie. Bad Greenwashing, Good Greenwashing: Corporate Social Responsibility and Information Transparency [J]. Management Science, 2020, 66 (7): 3095-3112.

[63] Yu H., L. Liao, S. Qu, D. Fang, L. Luo, G. Xiong. Environmental Regulation and Corporate Tax Avoidance: A Quasi-Natural Experiments Study based on China's New Environmental Protection Law [J]. Journal of Environmental Management, 2021, 296 (10): 113160.

[64] Zhou D., Y. Qi, M. Wang. Does Environmental Regulation Promote Enterprise Profitability? Evidence from the Implementation of China's Newly Revised Environmental Protection Law [J]. Economic Modelling, 2021, 102 (6): 105585.

环境规制、低碳技术进步与节能效率

余莹靖　石军伟

[摘要] 低碳技术进步是节能减排和实现"双碳"目标的重要途径。不同能耗行业的低碳技术进步难易程度由于能源投入结构差异，会引发行业应对环境规制的行为差异，进而影响节能效率。本文厘清了环境规制通过不同能耗行业低碳技术进步影响节能效率的理论机制，通过重新构建分省分行业的能源消费量，测算了2000~2016年中国30个省份（不包括西藏和港澳台地区）高能耗行业与低能耗行业的低碳技术进步，并采用中介效应模型进行了实证检验。研究发现：就全国整体而言，环境规制通过低碳技术进步对节能效率的影响呈现"U"形特征，低碳技术进步加快了拐点的到来，表明大力推动低碳技术进步能够促进严格的环境规制政策对节能效率的提升效应。进一步研究发现：环境规制通过高能耗与低能耗行业低碳技术进步对节能效率的影响存在非对称区域异质性，即中西部地区高能耗行业快于低能耗行业实现低碳技术进步；东部地区低能耗行业低碳技术进步的技术节能空间显著大于高能耗行业。本文为中国因地制宜实施差异化的环境规制政策，推动绿色技术转化和加强生态文明建设提供了实证证据和政策启示。

[关键词] 环境规制；低碳技术进步；节能效率；中介效应

一、引言

中国已经步入转变发展方式的攻坚阶段，节能效率提升成为中国经济由高速增长阶段转向高质量发展阶段实现降能耗和绿色发展亟待攻克的重大问题之一。当前中国煤炭消费仍处于增长态势，碳排放总量尚未达峰，节能效率提升困难加剧。党的十九大报告强调建立健全绿色低碳循环发展的经济体系，构建清洁低碳、安全高效的能源体系。同时，中国向国际社会宣布"力争于2030年前实现碳达峰，努力争取到2060年前实现碳中和的'双碳'目标"。面对日益增长的能源消费需求和日渐趋紧的碳排放约束，作为工业减碳节能的重要推动力，低碳技术进步便成为了节能效率提升的重要途径和顺利实现"双碳"目标的关键所在。然而，中国长期高能耗的经济增长模式，致使非清洁生产及高能耗技术研发存在市场和利润优势，清洁生产与低碳技术创新激励不足（王林辉等，2020）。而且低碳技术不会自发在产业中采纳和扩散，需要环境政策诱导与合适的激励机制或约束机制（王班班，2017；Popp，2019）。这样看来，将环境规制、低碳技术进步与节能效率三者纳入同一分析框架，显然有利于更全面地探究环境规制政策对节能效率的影响机制。

工业生产活动既产生能源消耗，也需投入能源要素。不同能耗行业的能源投入结构差异较大，能源投入结构差异是不同能耗工业行业的固有特质，它直接决定了行业间环境规制对低碳技术进步影响的差异。一般而言，对煤炭等化石燃料能源消耗依赖越大的行业，低碳技术创新

[作者简介] 余莹靖，广西社会科学院区域发展研究所助理研究员；石军伟，中南财经政法大学工商管理学院教授、博士生导师。

[基金项目] 国家社会科学基金后期资助项目"中国制造业技术创新的多层次体系及政策研究"（21FJYB033）。

的压力与阻力越大，低碳技术进步越难以实现。工业行业的低碳技术进步和对环境规制的承受能力，由能源投入结构差异引发的环境技术创新投入差异所决定，即前端低碳技术创新投入与末端治污技术创新投入的相对大小。环境规制对节能效率的影响取决于环境规制对高能耗行业和低能耗行业低碳技术进步影响的方向和大小，因此，厘清由能源投入结构差异引发的技术创新投入扭曲与低碳技术进步之间的博弈关系，是分析环境规制影响节能效率的关键。能源消耗既是工业生产的要素投入，也是环境污染排放的主要源头（Mavi et al.，2019；Wu et al.，2020）。提高节能效率有利于降低污染物排放，减少环境经济损失（李国璋等，2010；Li et al.，2020）。随着环境质量逐步改善和环保政策贯彻落实，低碳技术进一步发展提升有助于推动能源绿色低碳发展，降低能源消耗，从而反过来优化碳减排的实现路径，从根源上解决环境污染问题，推动经济社会可持续发展，这亦是本文机制机理研究的意义所在。

与已有文献相比，本文的边际贡献主要体现在以下四个方面：①将环境规制、低碳技术进步与节能效率三者纳入同一分析框架，基于能源投入结构的视角，厘清由能源投入结构差异引发的环境规制差异化行为机理，深入剖析环境规制如何通过不同能耗行业低碳技术进步提升节能效率的内在机制，进而为中国实施环境规制政策的有效途径和顺利实现节能减排目标提供对策。②从已有数据库资源来看，本文弥补了现有文献对分省分行业的能源消费量数据分析测度的不足，通过工业产值估算行业中不同省份占比调整系数，重新构建分省分行业的能源消费量，丰富了现有能源数据维度，为下一步构建两类行业低碳技术进步的指标奠定数据基础。③从已有在环境问题研究中对工业行业进行分类的文献来看，大多使用污染排放数据将工业行业分为污染密集行业与清洁行业，而能源数据相较于污染排放数据更具可靠性，本文聚焦能源投入和治污源头，使用统计偏差更小的能源数据将工业行业分为高能耗行业与低能耗行业，并基于数据包络分析（DEA）方法分别测算高能耗行业与低能耗行业的低碳技术进步。④扎根中国区域差异性特征，全面考察东、中西部地区环境规制通过高能耗行业与低能耗行业的低碳技术进步影响节能效率的非对称区域异质性；从区域经济结构角度识别不同区域节能效率提升的技术驱动因素和环境规制差异化行为机理，为中国因地制宜实施差异化的环境规制政策提供实证证据和政策启示。

余下部分的结构安排如下：第二部分为相关领域的文献回顾；第三部分为理论分析与研究假说；第四部分为研究设计；第五部分报告了结果与讨论；第六部分为研究结论与政策建议。

二、文献回顾

环境规制与节能效率的研究是能源经济与绿色发展领域研究的热点话题，两者关系的研究尚未形成一致结论。现有研究主要从以下两个视角展开：一是"抑制论"，认为环境规制增加了治污投资费用，加重企业生产负担，反而抑制了节能效率提升（Greenstone et al.，2012；杨先明等，2016；于斌斌等，2019）。环境规制强度的增加和稀缺的能源资源价格上涨，会刺激能源效率提高，由此产生的"创新补偿"效应会逐渐被企业末端治理方式的负外部性产生的"遵循成本"效应所代替（张华等，2014）。二是"促进论"，即严格且适宜的环境规制能够倒逼企业从事绿色技术创新活动，提升节能效率（Mandal，2010；陈德敏等，2012；Wang and Feng，2014；林伯强等，2021）。聂普焱（2013）运用动态面板随机模型研究发现，环境规制与全要素能源效率在低能耗产业、中能耗产业和高能耗产业分别表现出正相关、负相关和不相关的关系。还有的学者从理论上阐述环境规制与能源效率的作用机制，实证检验发现环境规制强度与全要素能源效率之间并非简单的线性关系，而是呈现"U"形关系（高志刚就尤济红，2015；李颖等，2019；张优智和张珍珍，2021）。

大多数研究表明，技术进步是提高能源利用效率的主要因素（李廉水和周勇，2006；何小钢和张耀辉，2012）。尤其是发展低碳技术，能够推动能源利用效率提高，有助于实现减排目标

（石敏俊和周晟吕，2010）。也有少数研究认为，由于"能源回弹效应"的作用，能源节约偏向型技术进步与能源消耗呈倒"U"形关系（钱娟，2020）。可见，低碳技术进步对节能效率的影响效果仍有争议。值得关注的是，鲜有文献从能源投入结构的角度，通过不同能耗行业环境规制差异化行为论述低碳技术进步与节能效率的关系。能源投入结构是工业行业的固有属性，短时间内难以改变，对工业企业环保治污决策有着重要影响，本文后面的研究将重点厘清其内在影响机制。与此同时，中国各区域工业行业发展水平差异较大，不同区域内的高能耗行业与低能耗行业占比各不相同，两类行业低碳技术进步所发挥的作用在环境规制影响节能效率的过程中可能存在差异性，这对于区域制定差异化环境政策颇有启发。各地区在环境政策强度、低碳技术水平和工业行业发展等方面的差异，为下文检验多维度区域差异性提供了理想的实证环境。

既有文献缺乏对环境规制与节能效率的传导机制研究，虽然有的学者探讨环境规制、技术创新与能源效率三者之间的关系（Pan et al., 2017；穆献中等，2022），但没有将低碳技术进步作为中介变量纳入框架进行分析。韩超和胡浩然（2015）利用中国行业层面数据构建动态面板计量模型，研究发现环境规制与技术进步的相互影响对于节能减排起到了积极作用。与这些研究不同的是，本文从能源投入结构角度出发，研究不同能耗行业低碳技术进步如何在环境规制差异化行为机制下倒逼节能效率提升，并分区域进行实证检验。基于此，本文通过重新测算高能耗行业和低能耗行业的低碳技术进步指标，采用中介效应模型对环境规制、不同能耗行业的低碳技术进步与节能效率三者之间的关系进行实证研究。

三、理论分析与研究假说

工业行业在生产过程中会消耗大量的能源资源，排放污染物。当环境规制强度上升时，工业行业为了规避政府对工业排污的惩罚，维持高利润经营活动，主要采取两种措施：一是加大末端治污技术创新投入；二是加大前端低碳技术创新投入。高能耗行业和低能耗行业通过增加低碳技术创新投入来实现低碳技术进步，但两类行业在面对环境规制时的低碳技术创新实现难易程度有所差别。高能耗行业对煤炭等化石燃料能源消耗依赖较大，低碳技术创新的压力与阻力大，技术节能潜力虽大，但实现难度更大；低能耗行业对煤炭等化石燃料依赖较小，低碳技术创新的压力与阻力小，技术节能潜力虽小，但更容易实现。因而，低碳技术创新的压力与阻力越大的行业，需要的低碳技术创新投入越高，低碳技术进步"U"形曲线拐点处对应的环境规制强度也越高，这样，高能耗行业低碳技术进步对应的环境规制强度水平要高于低能耗行业。

也就是说，工业行业的低碳技术进步是由能源投入结构差异引发的环境技术创新投入方向的差异决定。能源投入结构中对煤炭等化石燃料能源消耗依赖越大的行业，需要的低碳技术创新投入越高，低碳技术创新的压力与阻力越大，通过增加治污技术创新投入以抵消环保成本上升的激励越强；反之，能源投入结构中对煤炭等化石燃料能源消耗依赖越小的行业，需要的低碳技术创新投入越低，低碳技术创新的压力与阻力越小，通过增加低碳技术创新投入以减少污染排放的激励越强。对于高能耗行业而言，当环境规制强度较低时，高能耗行业迫于低碳技术创新实现难度较大的压力与阻力，选择增加治污技术创新投入，挤占低碳技术创新投入，制约了低碳技术进步；当环境规制强度上升时，环境成本加速上升，高能耗行业增加治污技术创新投入难以抵消环保成本的增加，会转而增加低碳技术创新投入促进低碳技术进步，减少污染排放，以规避环境成本增加。对于低能耗行业而言，当环境规制强度上升时，低能耗行业虽然同样会因为低碳技术创新的压力与阻力，选择增加治污技术创新投入，挤占低碳技术创新投入，导致低碳技术进步受阻；但是，当环境规制强度上升时，为规避环保成本增加，低能耗行业会快于高能耗行业，迅速增加低碳技术创新投入，促进低碳技术进步，减少污染排放。鉴于此，本文提出：

假说1：环境规制对高能耗与低能耗行业低碳技术进步的影响呈现"U"形特征；且低能耗

行业低碳技术进步拐点处对应的环境规制强度水平远低于高能耗行业。

环境规制对节能效率的影响取决于环境规制对高能耗行业和低能耗行业低碳技术进步影响的方向和大小。具体来说，若环境规制同时制约两类行业低碳技术进步，那么节能效率亦受到负向影响；若环境规制同时推动两类行业低碳技术进步，那么高能耗行业与低能耗行业的低碳技术进步在环境规制的激励作用下共同促进节能效率提升。在环境规制同时制约高能耗行业低碳技术进步，推动低能耗行业低碳技术进步的情况下，当低能耗行业低碳技术进步的增幅大于高能耗行业降幅时，环境规制促进了节能效率提升；反之，环境规制抑制了节能效率提升。而环境规制对高能耗行业与低能耗行业低碳技术进步的影响方向，取决于能源投入结构差异导致的技术创新投入方向的差异。因此，探究环境规制政策对节能效率的影响需要分两步：第一步分析环境规制政策对两类行业低碳技术进步的影响方向；第二步分析环境规制对高能耗行业与低能耗行业低碳技术进步影响的相对大小。

具体而言，当环境规制强度上升时，在短期，企业迫于低碳技术创新的压力与阻力较大，往往通过增加治污技术创新投入以抵消环保成本上升，挤占低碳技术创新投入，制约了低碳技术进步，对节能效率产生负向影响；但长期来看，当企业被动地通过末端治污无法从根本上提升节能效率时，会转而增大低碳技术创新投入，促进低碳技术进步，对节能效率产生正向影响。相对于高能耗行业而言，低能耗行业对煤炭等化石燃料能源消耗依赖较小，当环境规制强度上升时，短期内治污技术创新投入占据主导地位；在长期，低能耗行业会快于高能耗行业选择增加低碳技术创新投入，推动低碳技术进步，当低能耗行业低碳技术进步的增幅大于高能耗行业的降幅时，环境规制促进了节能效率提升。

假说 2：环境规制对节能效率的影响呈现"U"形特征，且高能耗与低能耗行业的低碳技术进步加快了拐点到来。

鉴于中国各区域工业行业发展差异较大，不同区域内高、低能耗行业占比各不相同，不同能耗行业低碳技术进步所发挥的作用，在环境规制影响节能效率的过程中可能存在差异性。经过改革开放 40 多年的经济发展，东部地区多处于工业化后期，产业结构逐步优化，低能耗行业所占比重已超过高能耗行业，对环境规制的承受能力较低，通过低碳技术创新治理环境的需求更强，更利于实现低碳技术进步；中西部地区大多处于工业化初期和中期，资源利用率不高、能源消费结构有待优化，高能耗行业所占比重大大超过低能耗行业，节能降耗的压力较大，对环境规制强度的承受能力更强。因而，相较于全国而言，东部地区低碳技术进步对应的环境规制强度已处于"U"形曲线的右半段；但中西部地区绝大多数省份的环境规制强度仍远低于"U"形曲线拐点对应的水平，处于"U"形曲线的左半段。上述区域性行业占比情况如图 1~图 4 所示，中西部地区高能耗行业工业总产值占工业行业工业总产值比重的平均值为 0.6457，东部地区为 0.4681。

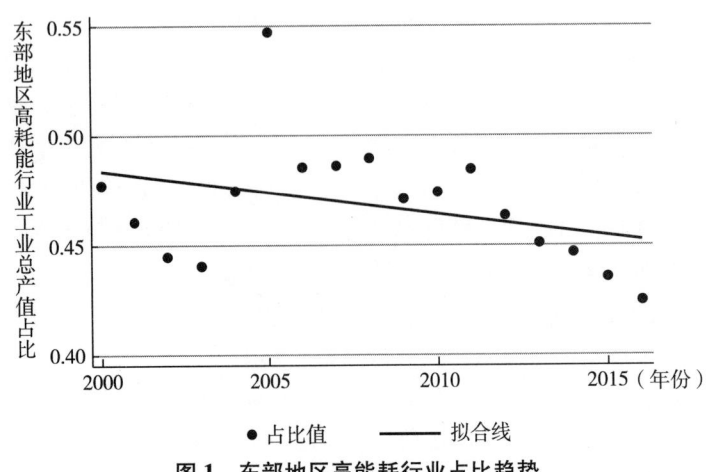

图 1 东部地区高能耗行业占比趋势

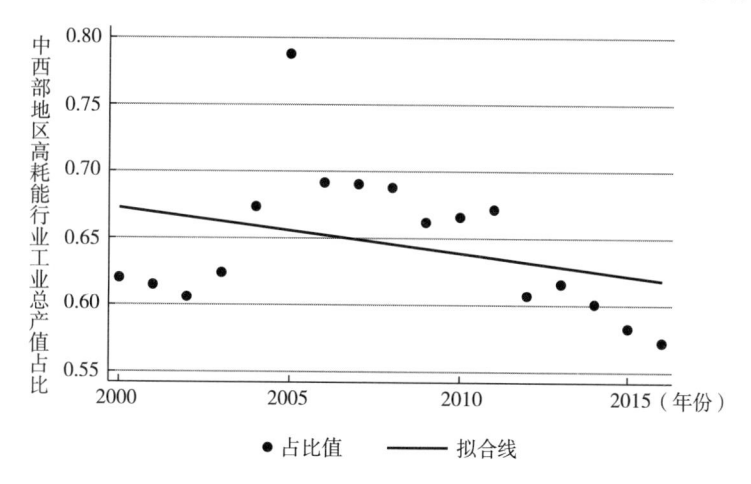

图 2　中西部地区高能耗行业占比趋势

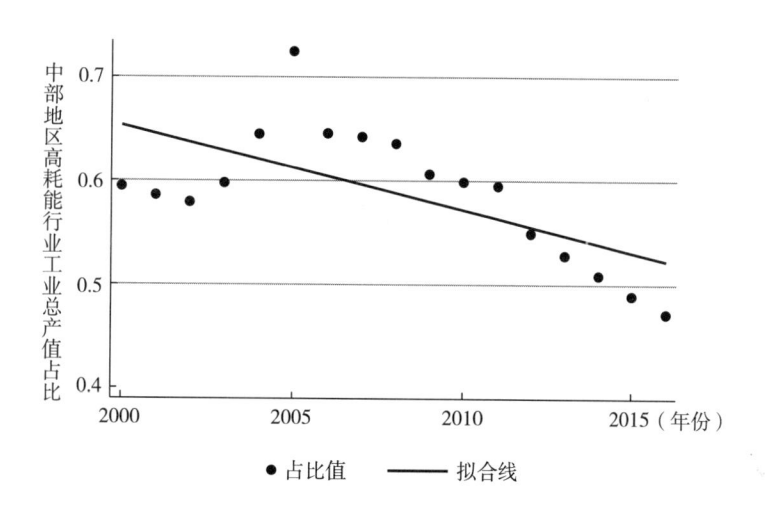

图 3　中部地区高能耗行业占比趋势

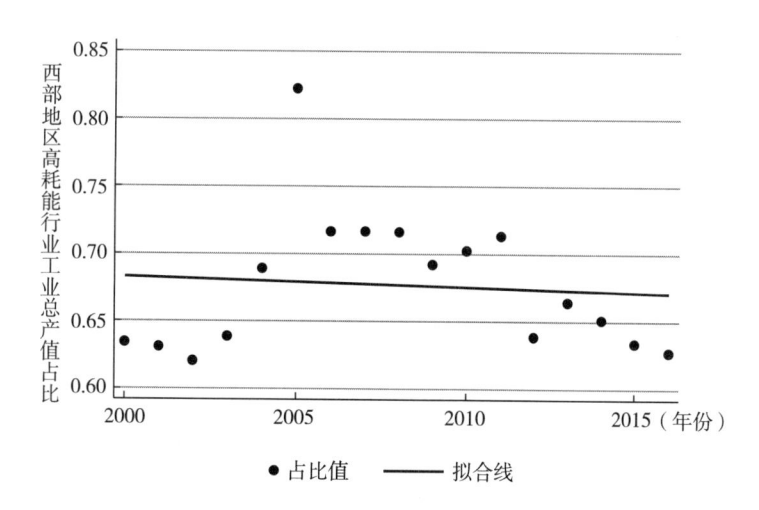

图 4　西部地区高能耗行业占比趋势

同时，由于中西部地区高能耗行业比重远高于低能耗行业，高能耗行业间产生低碳技术溢出效应，在环境规制政策激励作用下更易突破环境规制拐点，促进低碳技术进步；而低能耗行业占比太低，规模经济带来的技术溢出效应还未显现，对应的环境规制拐点反而更晚到来，因此，中西部地区高能耗行业快于低能耗行业实现低碳技术进步。此外，由产业结构差异导致的结构调整效应，使得东部地区低能耗行业低碳技术进步的技术节能空间显著大于高能耗行业。东部地区的高能耗行业工业总产值占比较低，通过产业结构调整使得环境规制通过高能耗行业低碳技术进步促进节能效率提升的空间有限；而低能耗行业占比大，环境政策通过低碳技术创新投入和技术溢出效应倒逼低碳技术进步，提升节能效率的空间更大。上述东部地区技术节能形势与中西部地区均存在较大差异。基于此，分别展开全国、东部地区、中西部地区的实证分析，研究环境规制政策通过不同能耗行业低碳技术进步对节能效率影响的区域差异，对各区域因地制宜地制定环境政策具有重要的参考价值。

假说3：环境规制通过高能耗与低能耗行业低碳技术进步对节能效率的影响存在非对称区域异质性。

四、研究设计

（一）模型设定

本文采用中介效应模型（Baron and Kenny，1986）来估算环境规制通过低碳技术进步对节能效率的影响。具体的估算工作包括三个步骤：第一，检验解释变量 X 对被解释变量 Y 是否具有显著性影响，若 X 的系数显著，则检验中介效应是否存在。第二，检验解释变量 X 对中介变量 M 是否具有显著性影响。第三，在第一步的回归方程基础上加入中介变量 M，检验解释变量 X、中介变量 M 与被解释变量 Y 的系数。若满足 X 与 M 的系数均显著且 X 的系数相对第一步中有变化，则为部分中介效应；若 M 的系数显著但 X 的系数不显著，则为完全中介效应。本文解释变量 X 为环境规制，被解释变量 Y 为节能效率，中介变量 M 为低碳技术进步，具体关系如图5所示。根据上述分析，构建中介效应模型如下：

$$ES_{it} = \alpha_0 + \alpha_1 ER_{it} + \alpha_2 ER_{it}^2 + \eta_1 X_{it} + \varepsilon_{it1} \tag{1}$$

$$M_{it} = \beta_0 + \beta_1 ER_{it} + \beta_2 ER_{it}^2 + \eta_2 X_{it} + \varepsilon_{it2} \tag{2}$$

$$ES_{it} = \theta_0 + \theta_1 ER_{it} + \theta_2 ER_{it}^2 + \theta_3 M_{it} + \eta_3 X_{it} + \varepsilon_{it3} \tag{3}$$

其中，i 表示中国30个省份（不含西藏和港澳台地区），i=1，2，…，30，t 表示各个年份，t=2000，2004，…，2016，ES_{it} 表示节能效率，ER_{it} 表示环境规制。中介变量 M 实则为高能耗行业与低能耗行业的低碳技术进步，后文用 $HTFP_{it}$ 表示高能耗行业的低碳技术进步变化，$LTFP_{it}$ 表示低能耗行业的低碳技术进步变化。X_{it} 是控制变量，包括外贸依存度变量（$trad_{it}$）、财政支出占比（gov_{it}）、受教育程度（edu_{it}）、专利拥有量（pat_{it}），ε_{it} 是随机扰动项。

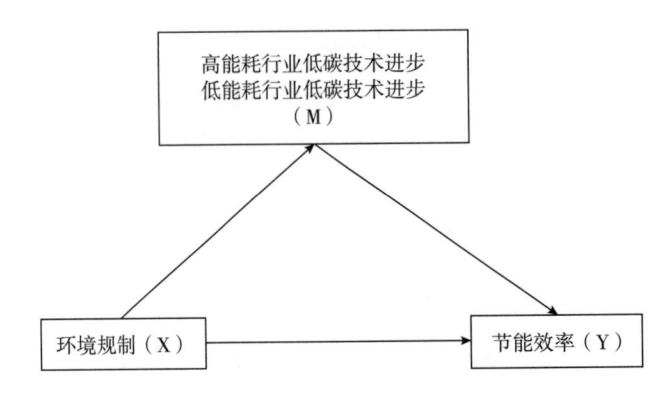

图5 环境规制、低碳技术进步与节能效率的中介效应传导路径

资料来源：笔者绘制而成。

基准实证模型（1）为环境规制影响节能效率的非线性模型方程，环境规制强度的平方项被纳入模型。为了反映环境规制的时间效应，将环境规制强度变量滞后一期。若环境规制的系数显著，说明环境规制对节能效率具有显著性影响，可继续检验环境规制对低碳技术进步的影响。若模型（2）中环境规制的系数显著，说明环境规制对低碳技术进步具有显著性影响，满足中介效应检验的第二个条件，进一步检验第三个条件。在基准模型（1）的基础上，模型（3）分别加入高能耗行业和低能耗行业的低碳技术进步（$HTFP_{it}$ 和 $LTFP_{it}$）。在模型中，若中介变量的系数为正且显著，且环境规制的系数显著，同时环境规制一次项的系数有所上升，二次项的系数有所下降，则说明环境规制可以通过不同能耗行业的低碳技术进步产生部分中介效应提升节能效率。

（二）高能耗行业与低能耗行业的划分

本文从能源投入角度，将工业行业划分为高能耗行业与低能耗行业。相较于有些文献从环境污染排放结果的角度划分为污染密集行业与清洁行业，本文采取的划分方式有利于研究结果更稳健。原因在于从数据可获得性和研究目的来看，能源消耗数据具有可测量、可控制、可靠性高等优点；而污染排放数据监控难，被扭曲可能性大，很可能导致模型估计不够准确。

鉴于中国33个工业行业其他年份环境数据的缺失，分行业的样本期为2001~2015年。由于《国民经济行业分类》2002版和2011版中对制造业细分行业的分类有所差异，根据最大化利用数据的原则，将数据做了必要的拆分与合并，最终形成33个制造业细分行业。工业行业的细分标准参照《中国工业经济统计年鉴》中的行业分类，由于工艺品及其他制造业、废弃资源和废旧材料回收加工业、其他采矿业、燃气生产和供应业和水的生产和供应业的部分年份数据缺失，将这5个子行业剔除，其余行业年份缺失数据均用插值法补齐。为保持行业统计口径的一致性和数据的完整性，将塑料制品业与橡胶制品业合并为塑料橡胶制品业，汽车制造业和铁路、船舶、航空航天和其他运输设备制造业合并为交通运输设备制造业。经上述调整后，形成33个工业行业。以各行业能源强度的中位数，将工业行业划分为低能耗行业和高能耗行业。若该行业的能源消耗量占工业总产值的比值高于平均水平，则定义其为高能耗行业，反之为低能耗行业。其中，低能耗行业17个，高能耗行业16个，结果见表1。

表1 行业分类

低能耗行业	高能耗行业
农副食品加工业，电气机械及器材制造业，文教体育用品制造业，印刷业和记录媒介的复制，通信设备、计算机及其他电子设备制造业，家具制造业，纺织服装、鞋、帽制造业，通用设备制造业，烟草制品业，交通运输设备制造业，仪器仪表及文化、办公用机械制造业，专用设备制造业，金属制品业，皮革、毛皮、羽毛（绒）及其制品业，木材加工及木、竹、藤、棕、草制品业，橡胶塑料制品业，医药制造业	石油和天然气开采业，食品制造业，纺织业，饮料制造业，石油加工、炼焦及核燃料加工业，有色金属冶炼及压延加工业，化学原料及化学制品制造业，化学纤维制造业，非金属矿采选业，黑色金属冶炼及压延加工业，煤炭开采和洗选业，非金属矿物制品业，造纸及纸制品业，电力、热力的生产和供应业，黑色金属矿采选业，有色金属矿采选业

资料来源：根据2001~2015年行业平均能源消费强度测算而得。

能源强度（EP）的计算参考史丹和张成（2017）的研究，用能源消费量与工业总产值的比值表示，即，其中 E_i 为行业 i 的能源消费量，Y_i 为各行业的工业总产值。其中，能源消费量（E），计算时采用的分行业的终端能源消耗为原煤、洗精煤、其他洗煤、型煤、焦炭、焦炉煤气、其他煤气、原油、汽油、煤油、柴油、燃料油、液化石油气、炼厂干气、天然气、其他石油制品、其他焦化产品、热力和电力，并根据国家统计局提供的标准煤折算系数转换成标准煤形式。

（三）低碳技术进步的估算

目前国内外技术进步的测度方法主要分为索洛余值法和非参数DEA方法两种。前者用回归残差来测度；后者从生产率中分解出技术进步。按照国家政策文件的相关定义，低碳技术是以资源的高效利用为基础，以减少或消除二氧化碳排放为基本特征的技术，属于绿色技术的其中一种。由于缺乏针对低碳技术进步的量化研究，本文从产出的角度衡量低碳技术进步，其非期望产出为二氧化碳，采取与绿色技术进步类似的测量方式。借鉴李斌等（2013）的做法，采用非参数 DEA 方法测度低碳技术进步。

基于 2000~2016 年分省份分工业行业的投入产出数据，在测算出全要素能源效率的基础上，再分别计算出 ML 指数，但鉴于 ML 指数反映的是低碳技术进步的增长率而非低碳技术进步本身，因而假设 2000 年的低碳技术进步为 1，然后根据测算出的 ML 指数进行相乘而得到 2000~2016 年高能耗行业与低能耗行业的低碳技术进步，体现了技术进步的动态变化。考虑到数据的可获得性，本文的研究对象为规模以上工业企业。鉴于《中国工业经济统计年鉴》及《中国环境统计年鉴》中 2000 年之前的分省份分行业统计数据缺失，本文实际研究的是 2000~2016 年 30 个省份 33 个工业行业的投入产出数据。投入指标包括三项，即分省份分行业的能源投入、资本投入、劳动投入。期望产出指标为分省份分行业工业增加值，非期望产出选用分省份分行业工业 CO_2 排放。

关于投入、期望产出及非期望产出的相关指标及数据处理说明如下：

1. 能源投入

本文除考虑了资本投入和劳动投入以外，还考虑了能源投入，即能源消费量，并假设其作为非期望产出的主要来源。分行业规模以上工业企业能源消费总量数据源自《中国能源统计年鉴》中的分行业能源消费总量统计表，并按标准煤折合系数转换为万吨标准煤，折合系数来源于《中国能源统计年鉴》相关附录。由于分省份分行业能源消费量数据尚未统计，因此本文率先构建了分省份分行业的能源消费量数据作为替代。其中，估算方法如下：

第一步，计算分省份分行业的调整系数 W_{NI}，即权重。其中，N 指省份，N=1，2，3，…，30；I 指行业，I=1，2，3，…，33。对于特定的行业而言，各个省份占比存在差别。通过测算 N 省 I 行业的工业总产值 O_{NI} 占该行业工业总产值 O_I 的比例，赋予该行业不同省份占比的权重 W_{NI}。权重 W_{NI} 反映 N 省占 I 工业行业的比重，并用以求出该省特定行业的能源消费量。调整系数的计算方法如下：

$$W_{NI} = \frac{O_{IN}}{O_I} \tag{4}$$

第二步，假设 E_I 为分行业的能源消费量，由关系式 $W_{NI} = \frac{O_{IN}}{O_I} = \frac{E_{IN}}{E_I}$，重新构建分省份分行业能源消费量 E_{NI} 为：

$$E_{NI} = EI \times W_{NI} \tag{5}$$

E_{NI} 表示 N 省 I 工业行业的能源消费量。

2. 资本投入

为了尽可能减少估算资本存量所产生的数据偏差，选取分省份分行业规模以上工业企业固定资产净值年平均余额作为资本存量的近似估计，并采用分省份的固定资产投资价格指数折算成 2000 年不变价。但是，《中国工业经济统计年鉴》某些年份并没有提供分省份分行业固定资产净值年平均余额数据，仅报告分省份分行业的固定资产净值数据，因此以该年末固定资产净值和上年末固定资产净值的平均值来替代该年固定资产净值年平均余额。此外，还需估算分省份分行业固定资产的净值的缺失值，估算方法为：固定资产净值=固定资产原价-固定资产累计折旧，相关数据来源于《中国工业经济统计年鉴》。

3. 劳动投入

在衡量劳动力投入作用时，劳动时间比劳动力人数更好，但难以获得该数据。因此，采用大多数文献的做法，选取分省份分行业规模以上工业企业平均用工人数来代替劳动时间。相关数据来源于《中国工业经济统计年鉴》，缺失值用中间插值法估算。

4. 工业增加值

本文选择工业增加值作为工业分省份分行业的期望产出，并利用《中国城市（镇）生活与价格年鉴》提供的"分省工业品出厂价格指数"将分省份工业增加值调整为2000年不变价。鉴于《中国工业经济统计年鉴》中某些年份分省份分行业工业增加值数据缺失，缺失值估算方法为：工业增加值=工业总产值-工业中间投入+本期应交增值税，工业中间投入用存货来代替。

5. 工业 CO_2 排放

本文参照政府间气候变化专门委员会（IPCC）编制的国家温室气体清单指南中碳排放量的计算方法，根据燃烧的燃料数量以及缺省排放因子来估算 CO_2 排放。与分省份分行业能源消费量构造方法一样，本文构造了分省份分行业工业 CO_2 数据。假设分省份分行业工业 CO_2 排放量为 C_{NI}，分行业的工业 CO_2 排放量为 C_I，其他变量设定同上，那么 $C_{NI}=C_I \times W_{NI}$。

（四）变量计算与说明

1. 节能效率

节能效率的测度方法主要分为单要素能源效率指标和全要素能源效率指标两种。前者以产出与能源投入之比来测度（段文斌等，2013；白雪洁和孟辉，2017；陈钊和陈乔伊，2019）；后者测算能源、劳动力、资本等多投入与产出之间的生产关系，且基于构造生产前沿面可分为参数方法（原毅军等，2012；林伯强和杜克锐，2013）与非参数方法（Hu and Wang，2006；师博和沈坤荣，2013），即随机前沿分析法（SFA）与数据包络分析法（DEA）。

鉴于DEA模型已用于衡量低碳技术进步指标，因此，本文采用工业总产值与能源最终消费实物量（万吨标准煤）之比来度量节能效率。数值越大，则表明节能效率越高。虽然只考虑到能源作为单一投入要素，但是该方法计算简单，在分析中更便于叙述和理解；其与能源强度（单位产出使用的能源）互为倒数，都是反映经济活动中能源消费与产出增长关系的偏要素生产率指标。

2. 环境规制强度

国内外学者主要从六个角度来度量环境规制，包括治理工业污染的总投资占工业增加值的比重（Lanoie et al.，2008；张成等，2011）、治理污染设施运行费用占工业产值的比重（沈能，2012；童健等，2016）、污染排放量综合指标（傅京燕和李丽莎，2010；李虹和邹庆，2018）、环境规制政策或规制机构对企业排污的检查次数（Brunnermeier and Cohen，2003）、政府查处的环境违法企业数占工业企业数的比重（金刚和沈坤荣，2018）等。

考虑到各行业省际面板数据的可获得性，本文选取其中的两种方法来度量环境规制强度。一是选用各省份污染治理项目完成投资占工业总产值的比重（ER）作为环境规制强度的代理变量；二是选用各省份治理设施运行费用占工业总产值的比重对实证结果进行稳健性分析，由于工业固体废物治理设施运行费用数据缺失，因而治理设施运行费用包括废水和废气的治理设施运行费用。在计量模型中，考虑到政策发生实际成效的滞后因素，本文采用环境规制滞后一期值来测算自变量的数值。

3. 控制变量

外贸依存度（trad），用进出口总额占GDP比重表示；财政支出占比（gov），用财政支出占GDP的比重表示；人力资本（hc），用每万人平均高等院校在校生数量表示；专利拥有量（pat），用专利授权量占每万人的比重表示。

（五）样本和数据

本文使用中国30个省份制造业两位数行业2000~2016年的面板数据进行实证分析，样本量为510。样本数据主要来源于《中国环境统计年鉴》《中国能源统计年鉴》《中国工业经济统计年鉴》、分省份统计年鉴。为剔除价格因素的影响，本文首先使用各地区的生产者价格指数（PPI）构建了分地区的平减指数，然后以2000年为基础年份，将相关的指标折算为2000年不变价格的数值。

（六）描述性统计

表2给出了变量的描述性统计，表3给出了变量的相关系数。由检验结果可知，变量间的相关系数都不大，表明各变量之间具有较好的独立性，在同时进入计量分析模型时，不会产生严重的多重共线性问题。

表2 变量描述性统计

变量名称	变量	均值	标准差	最小值	最大值
节能效率	Y	1.322	1.027	0.148	5.076
环境规制强度	ER	17.596	15.262	0.754	108.324
高能耗行业低碳技术	HTFP	4.465	4.67	0.814	37.384
低能耗行业低碳技术	LTFP	3.723	2.714	0.906	14.183
外贸依存度变量	trad	0.319	0.414	0.009	1.840
财政支出占比	gov	0.197	0.090	0.069	0.627
人力资本	hc	141.503	74.281	13.251	357.875
专利拥有量	pat	4.236	7.188	0.130	46.285

表3 变量相关系数

变量		（1）	（2）	（3）	（4）	（5）	（6）	（7）
（1）	Y							
（2）	ER	-0.561						
（3）	HTFP	0.555	-0.382					
（4）	LTFP	0.606	-0.448	0.795				
（5）	trad	0.400	-0.276	0.267	0.082			
（6）	gov	-0.199	0.111	0.177	0.304	-0.272		
（7）	hc	0.591	-0.411	0.511	0.483	0.447	-0.007	
（8）	pat	0.726	-0.362	0.673	0.522	0.458	-0.093	0.488

五、结果与讨论

（一）全国层面的回归结果分析

1. 基准分析

将环境规制与节能效率的基准关系作为分析起点，采用省级层面的固定效应进行回归分析，估计结果见表4。第（1）列为只有控制变量对节能效率的回归模型。第（2）列增加了解释变量环境规制。第（3）列增加了环境规制二次项，模型的解释力显著提高（$\Delta R^2 = 0.031$），在1%水平上，环境规制一次项的系数均显著为负，且二次项的系数均显著为正，这表明环境规制对节能效率的影响呈显著的"U"形特征，且全国样本下环境规制对节能效率影响的"U"形曲线拐点处对应的环境规制强度为 44.0184。因而，中介效应检验可继续进行。

表4 模型（1）的回归结果

变量	(1) Y	(2) Y	(3) Y
ER		−0.0041** (0.0017)	−0.0287*** (0.003)
ER2			0.0003*** (3.99e−05)
trad	−0.0133 (0.1660)	0.0181 (0.1740)	−0.0275 (0.1630)
gov	0.5810 (0.4580)	0.5960 (0.4820)	0.3550 (0.4510)
hc	0.0084*** (0.0005)	0.0086*** (0.0006)	0.0082*** (0.0005)
pat	0.0658*** (0.0040)	0.0652*** (0.0041)	0.0590*** (0.0039)
Constant	−0.2530*** (0.0877)	−0.2340** (0.1160)	0.1780 (0.1190)
Observations	510	480	480
R-squared	0.765	0.763	0.794
Number of id	30	30	30

注：*、**、***分别表示10%、5%、1%的水平上显著，括号内为标准误，以下各表同。

2. 环境规制对低碳技术进步的影响分析

表5分别验证环境规制对高能耗行业与低能耗行业低碳技术进步的影响。在第（1）列和第（3）列的基础上，第（2）列和第（4）列增加了环境规制二次项，模型的解释力显著提高（第（2）列的 $\Delta R^2 = 0.011$，第（4）列的 $\Delta R^2 = 0.008$），在1%水平上，环境规制一次项的系数均显著为负，且二次项的系数均显著为正，这表明环境规制对高能耗和低能耗行业低碳技术进步的影响均呈现"U"形特征。当环境规制强度上升时，低碳技术创新的压力与阻力增大，企业倾向于通过增加治污技术创新投入替代低碳技术创新投入，以抵消环保成本上升的激励增强，抑制了行业低碳技术进步；随着环境规制强度进一步上升，为规避环境规制成本激增，工业企业尝试通过增加低碳技术创新投入以减少污染排放的激励增强，因而当环境规制强度越过拐点后，行业低碳技术进步呈现出"U"形曲线右侧的递增趋势。这也印证了已有文献中环境规制与技术进步关系研究的结论。

表5 模型（2）的回归结果

变量	(1) HTFP	(2) HTFP	(3) LTFP	(4) LTFP
ER	−0.0276** (0.0110)	−0.1060*** (0.0235)	−0.0106** (0.0054)	−0.0530*** (0.0114)
ER2		0.0010*** (0.0003)		0.0006*** (0.0001)

续表

变量	(1) HTFP	(2) HTFP	(3) LTFP	(4) LTFP
trad	−5.624*** (1.138)	−5.769*** (1.122)	−3.405*** (0.555)	−3.483*** (0.545)
gov	20.3600*** (3.151)	19.6000*** (3.112)	21.0400*** (1.536)	20.6200*** (1.512)
hc	0.0084** (0.0038)	0.0071* (0.0037)	0.0154*** (0.0018)	0.0147*** (0.0018)
pat	0.3590*** (0.0270)	0.3390*** (0.0271)	0.1450*** (0.0131)	0.1350*** (0.0132)
Constant	0.0525 (0.7580)	1.3620* (0.8240)	−1.9650*** (0.3690)	−1.2540*** (0.4000)
Observations	480	480	480	480
R-squared	0.643	0.654	0.784	0.792
Number of id	30	30	30	30

由估计结果可知，全国样本下环境规制对高能耗和低能耗行业低碳技术进步影响的"U"形曲线拐点处对应的环境规制强度分别为50.9615和47.1530，表明环境规制对低能耗行业低碳技术进步影响的"U"形曲线拐点处对应的环境规制强度水平远低于对高能耗行业低碳技术进步。这是由能源投入结构差异导致的行业环境规制差异化行为决定的，相较于高能耗行业而言，低能耗行业对煤炭等化石燃料依赖较小，面临低碳技术创新的压力与阻力较小，当环境规制强度急剧上升时，为规避环保成本增加，低能耗行业会快于高能耗行业增加更多低碳技术创新投入，减少治污技术创新投入，促进行业低碳技术进步，降低环保成本。以上结论验证了本文提出的假说1。

3. 环境规制通过低碳技术进步对节能效率的中介效应分析

加入高能耗行业与低能耗行业的低碳技术进步之后，检验环境规制对高能耗行业与低能耗行业低碳技术进步的影响，估计结果见表6。在第（1）列和第（3）列的基础上，第（2）列和第（4）列增加了环境规制二次项，模型的解释力显著提高（模型2的$\Delta R^2=0.027$，模型4的$\Delta R^2=0.023$）。在1%水平上，环境规制一次项的系数均显著为负，且环境规制二次项与低碳技术进步的系数均显著为正；在表4基准回归基础上，环境规制一次项的系数有所上升，二次项的系数有所下降，这表明存在部分中介效应，即环境规制通过高能耗行业与低能耗行业低碳技术进步对节能效率的影响呈"U"形特征。此时"U"形曲线拐点对应的环境规制强度分别为43.6102和43.5540，低于基准回归模型中拐点对应的环境规制强度，表明低碳技术进步加快了拐点到来。

表6 模型（3）的回归结果

变量	(1) 加入HTFPY	(2) 加入HTFPY	(3) 加入LTFPY	(4) 加入LTFPY
ER	−0.00348** (0.0017)	−0.0273*** (0.0035)	−0.00316* (0.0016)	−0.0250*** (0.0034)
ER2		0.000313*** (4.05e−05)		0.000287*** (3.97e−05)
HTFP	0.0224*** (0.0071)	0.0131* (0.0069)		

续表

变量	(1) 加入 HTFPY	(2) 加入 HTFPY	(3) 加入 LTFPY	(4) 加入 LTFPY
LTFP			0.0887*** (0.0143)	0.0691*** (0.0138)
trad	0.1440 (0.1770)	0.0479 (0.1670)	0.3200* (0.1740)	0.2130 (0.1650)
gov	0.1400 (0.499)	0.0988 (0.469)	-1.2690** (0.552)	-1.0710** (0.523)
hc	0.0084*** (0.0006)	0.0081*** (0.0005)	0.0072*** (0.0006)	0.0072*** (0.0006)
pat	0.0571*** (0.0048)	0.0546*** (0.0046)	0.0523*** (0.0045)	0.0497*** (0.0043)
Constant	-0.2350** (0.1150)	0.1610 (0.1190)	-0.0600 (0.1150)	0.2650** (0.1180)
Observations	480	480	480	480
R-squared	0.769	0.796	0.782	0.805
Number of id	30	30	30	30

当环境规制强度上升时，两类行业都会出现技术创新投入扭曲效应，即短期内治污技术创新投入占据主导地位，但在长期鉴于能源投入结构差异的特性，低能耗行业会快于高能耗行业增加低碳技术创新投入，实现低碳技术进步，且当低能耗行业低碳技术进步的增幅大于高能耗行业的降幅时，环境规制倒逼节能效率提升。以上结论验证了本文提出的假说2。

（二）分区域的回归结果分析

1. 环境规制对节能效率的影响分析

鉴于中国各区域工业行业发展存在巨大差异，需进一步考察上文所得结论是否存在区域异质性特征。考虑到中部地区只有六个省份，因此归到西部地区。作为分区域的基准模型分析，如表7中第（1）列和第（2）列所示，分区域的环境规制对节能效率的影响仍呈现"U"形特征。东部和中西部地区"U"形曲线拐点对应的环境规制强度分别为31.6361和46.1140。对比表4第（3）列发现，东部地区的环境规制强度已过"U"形曲线拐点对应的水平，处于"U"形曲线的右半段，表明环境规制增强会提升节能效率；但中西部地区绝大多数省份的环境规制强度仍低于"U"形曲线拐点对应的水平，处于"U"形曲线的左半段，表明环境规制强度提升会抑制节能效率提升。

2. 环境规制政策对低碳技术进步的影响分析

表7的第（3）~（6）列显示，分区域的环境规制对高能耗和低能耗行业低碳技术进步的影响仍呈现"U"形特征。对于高能耗行业而言，东部、中西部地区环境规制对低碳技术进步影响的"U"形曲线拐点处对应的环境规制强度分别为34.5628和51.5533。对于低能耗行业而言，东部和中西部地区环境规制对低碳技术进步影响的"U"形曲线拐点处对应的环境规制强度分别为31.9658和53.6117。对比表5的全国样本后发现，不同区域高能耗行业和低能耗行业对环境规制的承受能力不同。这是因为，东部地区低能耗行业所占比重已超过高能耗行业，对环境规制的承受能力较低，通过低碳技术创新治理环境的需求更强，更利于实现低碳技术进步；中西部地区高能耗行业所占比重大大超过低能耗行业，节能降耗的压力较大，对环境规制强度的承受能力更强。

表7 分区域模型（1）（2）的回归结果

变量	(1) 东部 Y	(2) 中西部 Y	(3) 东部 HTFP	(4) 中西部 HTFP	(5) 东部 LTFP	(6) 中西部 LTFP
ER	-0.0379*** (0.0072)	-0.0178*** (0.0039)	-0.253*** (0.0685)	-0.0697*** (0.0161)	-0.0748*** (0.0245)	-0.0475*** (0.0133)
ER2	0.0006*** (0.0001)	0.0002*** (4.15e-05)	0.0037*** (0.0013)	0.0007*** (0.0002)	0.0012*** (0.0004)	0.0004*** (0.0001)
trad	-0.4330** (0.1670)	3.6140*** (0.6380)	-4.9840*** (1.6010)	6.3350** (2.6380)	-3.4640*** (0.5710)	5.3460** (2.1820)
gov	-1.0690 (1.0240)	0.4370 (0.4510)	49.8100*** (9.8230)	15.4700*** (1.8630)	43.7100*** (3.5050)	16.7500*** (1.5410)
hc	0.0089*** (0.0008)	0.0055*** (0.0007)	-0.0086 (0.0076)	0.0143*** (0.0028)	0.00917*** (0.0027)	0.0115*** (0.0023)
pat	0.0498*** (0.0042)	0.1590*** (0.0126)	0.2970*** (0.0401)	0.2290*** (0.0521)	0.09470*** (0.0143)	0.2200*** (0.0431)
Constant	0.6020*** (0.1930)	-0.1750 (0.1450)	2.6040 (1.8540)	-1.6740*** (0.5990)	-2.0610*** (0.6620)	-2.0500*** (0.4950)
Observations	208	272	208	272	208	272
R-squared	0.842	0.827	0.668	0.739	0.856	0.782
Number of id	13	17	13	17	13	17

值得注意的是，在中西部地区，高能耗行业低碳技术进步"U"形曲线拐点处对应的环境规制强度小于低能耗行业，这可能是因为中西部地区主要为高能耗行业，在环境规制政策和技术溢出效应等因素共同作用下，高能耗行业更易突破环境规制拐点，促进低碳技术进步；而低能耗行业占比较低，规模经济带来的技术溢出效应还未显现，对应的环境规制拐点来得更晚。以上结论验证了本文提出的假说3。

3. 环境规制通过低碳技术进步对节能效率的中介效应分析

环境规制通过低碳技术进步提升节能效率的区域异质性特征，验证结果如表8所示。第（2）列和第（4）列表明，对于中西部地区而言，环境规制通过低碳技术进步对节能效率的影响仍呈现"U"形特征。并且，"U"形曲线拐点对应的环境规制强度分别为44.5205和44.5860。这表明在中西部地区，低碳技术进步加快了拐点到来，环境规制能够通过低碳技术进步提升节能效率。

表8 分区域模型（3）回归结果

变量	(1) 东部 Y	(2) 中西部 Y	(3) 东部 Y	(4) 中西部 Y
ER	-0.0369*** (0.0074)	-0.0130*** (0.0039)	-0.0340*** (0.0072)	-0.0140*** (0.0038)
ER2	0.0006*** (0.0001)	0.0001*** (4.11e-05)	0.0005*** (0.0001)	0.0002*** (4.07e-05)

续表

变量	(1) 东部 Y	(2) 中西部 Y	(3) 东部 Y	(4) 中西部 Y
HTFP	0.0038 (0.0076)	0.0691*** (0.0147)		
LTFP			0.0513** (0.0210)	0.0804*** (0.0179)
trad	-0.4140** (0.1720)	3.1760*** (0.6200)	-0.2550 (0.1800)	3.1840*** (0.6220)
gov	-1.2580 (1.0940)	-0.6320 (0.4890)	-3.3120** (1.3650)	-0.9090* (0.5270)
hc	0.0090*** (0.0008)	0.0045*** (0.0007)	0.0085*** (0.0008)	0.0046*** (0.0007)
pat	0.0486*** (0.0048)	0.1440*** (0.0126)	0.0449*** (0.0046)	0.1420*** (0.0128)
Constant	0.5920*** (0.1950)	-0.0592 (0.1410)	0.7080*** (0.1960)	-0.0101 (0.1440)
Observations	208	272	208	272
R-squared	0.843	0.841	0.847	0.840
Number of id	13	17	13	17

然而，需要注意第（1）列，在东部地区，高能耗行业低碳技术进步的系数不显著，这可能是由于东部地区的高能耗行业工业总产值占比较低，通过产业结构调整使得环境规制通过高能耗行业低碳技术进步促进节能效率提升的空间有限。相比之下，中西部地区的高能耗行业占比较高，从2008年开始呈明显下降趋势，且下降幅度很大，结构调整效应强；随着环境规制强度提升，高能耗行业通过低碳技术进步转型升级为低能耗行业，节能效率提升的空间很大。由此可见，环境规制通过高能耗行业低碳技术进步对节能效率影响存在明显的区域差异，必须充分挖掘结构调整和低碳技术进步在节能效率提升过程中所发挥的作用。相对而言，第（3）列中低能耗行业低碳技术进步的系数为正且显著，这表明在东部地区，环境规制通过低能耗行业低碳技术进步对节能效率的影响呈现"U"形特征。以上结论再次验证了本文提出的假说3。

（三）稳健性检验与内生性问题处理[①]

1. 稳健性检验

为了验证上述回归结果的稳健性，采取替换环境规制衡量指标的方法来进行稳健性检验。将检验结果与上述表格进行对比后发现，环境规制两个代理变量的估计结果基本一致。因此，本文的理论推理和实证结论都是稳健的。

2. 内生性问题处理

在计量模型中，环境规制与节能效率可能存在双向因果关系，所得到的回归结果可能是有偏的，因此，本文用相邻省份环境规制强度的均值作为工具变量（IVER）来解决模型中存在的内生性问题。检验结果表明，工具变量的选择总体上是有效的。

---

① 考虑到篇幅有限，本文在正文中未给出稳健性检验估计结果与内生性问题处理结果，如感兴趣，请向笔者索取。

六、研究结论与政策建议

本文基于能源投入结构的视角，厘清由能源投入结构差异引发的环境规制差异化行为机理，深入剖析环境规制如何通过不同能耗行业低碳技术进步提升节能效率的内在机制。通过重新构建分省份分行业的能源消费量，分别测算高能耗行业与低能耗行业的低碳技术进步，然后采用中介效应模型实证检验行业间环境规制行为差异驱动节能效率提升的内在逻辑，进而为中国因地制宜实施差异化的环境规制政策和顺利实现节能减排目标提供实证证据和政策启示。

主要结论如下：①环境规制对高能耗与低能耗行业低碳技术进步的影响呈现"U"形特征；且低能耗行业低碳技术进步拐点处对应的环境规制强度水平远低于高能耗行业。②环境规制对节能效率的影响呈现"U"形特征，且高能耗与低能耗行业低碳技术进步加快了拐点到来。③环境规制通过高能耗与低能耗行业低碳技术进步对节能效率的影响存在非对称区域异质性：中西部地区高能耗行业快于低能耗行业实现低碳技术进步；东部地区低能耗行业低碳技术进步的技术节能空间显著大于高能耗行业。

为进一步加快行业低碳技术进步，提升节能效率，本文根据研究结果，提出以下三点政策建议：

第一，建立完善节能环保政策体系和法律法规，充分利用环境政策鼓励先进低碳技术推广应用。发挥环境和技术标准的激励机制，促进工业企业采用节能环保技术，淘汰落后高能耗技术，从源头上保证能源结构低碳化，形成有利于节能降耗和环境保护的运行机制，实现节能降耗与污染减排的双赢。

第二，完善绿色低碳技术融资信贷政策，降低工业企业低碳技术创新的融资门槛和成本。低碳技术创新虽然有助于低碳技术进步和节能效率提升，但受制于研发资金约束，实现难度较大；需引导金融机构精准投放节能技术项目，加快低碳技术创新，降低能源结构转型成本，提高低碳技术的市场竞争力。

第三，制定差异化的区域性、行业性环境规制政策，重点实行分区分类差别化管理。例如，中西部地区高能耗行业占比较大，节能降耗任务艰巨，低碳能源转型的基础薄弱；需加强中央财政转移支付力度，加快中西部地区产业结构转型优化升级和低碳技术的改革进程，推动工业绿色低碳发展整体水平提升。

参考文献

[1] 白雪洁，孟辉．服务业真的比制造业更绿色环保？——基于能源效率的测度与分解 [J]．产业经济研究，2017（3）：1-14．

[2] 陈德敏，张瑞．环境规制对中国全要素能源效率的影响——基于省际面板数据的实证检验 [J]．经济科学，2012（4）：49-65．

[3] 陈钊，陈乔伊．中国企业能源利用效率：异质性、影响因素及政策含义 [J]．中国工业经济，2019（12）：78-95．

[4] 段文斌，刘大勇，余泳泽．异质性产业节能减排的技术路径与比较优势——理论模型及实证检验 [J]．中国工业经济，2013（4）：69-81．

[5] 傅京燕，李丽莎．环境规制、要素禀赋与产业国际竞争力的实证研究——基于中国制造业的面板数据 [J]．管理世界，2010（10）：87-98+187．

[6] 高志刚，尤济红．环境规制强度与中国全要素能源效率研究 [J]．经济社会体制比较，2015（6）：111-123．

[7] 韩超, 胡浩然. 节能减排、环境规制与技术进步融合路径选择 [J]. 财经问题研究, 2015 (7): 22-29.

[8] 何小钢, 张耀辉. 技术进步、节能减排与发展方式转型——基于中国工业36个行业的实证考察 [J]. 数量经济技术经济研究, 2012, 29 (3): 19-33.

[9] 金刚, 沈坤荣. 以邻为壑还是以邻为伴?——环境规制执行互动与城市生产率增长 [J]. 管理世界, 2018, 34 (12): 43-55.

[10] 李斌, 彭星, 欧阳铭珂. 环境规制、绿色全要素生产率与中国工业发展方式转变——基于36个工业行业数据的实证研究 [J]. 中国工业经济, 2013 (4): 56-68.

[11] 李国璋, 江金荣, 周彩云. 全要素能源效率与环境污染关系研究 [J]. 中国人口·资源与环境, 2010, 20 (4): 50-56.

[12] 李虹, 邹庆. 环境规制、资源禀赋与城市产业转型研究——基于资源型城市与非资源型城市的对比分析 [J]. 经济研究, 2018, 53 (11): 182-198.

[13] 李兰冰. 中国能源绩效的动态演化、地区差距与成因识别——基于一种新型全要素能源生产率变动指标 [J]. 管理世界, 2015 (11): 40-52.

[14] 李廉水, 周勇. 技术进步能提高能源效率吗?——基于中国工业部门的实证检验 [J]. 管理世界, 2006 (10): 82-89.

[15] 李颖, 徐小峰, 郑越. 环境规制强度对中国工业全要素能源效率的影响——基于2003—2016年30省域面板数据的实证研究 [J]. 管理评论, 2019, 31 (12): 40-48.

[16] 林伯强, 杜克锐. 要素市场扭曲对能源效率的影响 [J]. 经济研究, 2013, 48 (9): 125-136.

[17] 穆献中, 周文韬, 胡广文. 不同类型环境规制对全要素能源效率的影响 [J]. 北京理工大学学报 (社会科学版), 2022, 24 (3): 56-74.

[18] 聂普焱, 黄利. 环境规制对全要素能源生产率的影响是否存在产业异质性? [J]. 产业经济研究, 2013 (4): 50-58.

[19] 钱娟. 能源节约偏向型技术进步对工业节能减排的门槛效应研究 [J]. 科研管理, 2020, 41 (1): 223-233.

[20] 沈能. 环境效率、行业异质性与最优规制强度——中国工业行业面板数据的非线性检验 [J]. 中国工业经济, 2012 (3): 56-68.

[21] 师博, 沈坤荣. 政府干预、经济集聚与能源效率 [J]. 管理世界, 2013 (10): 6-18+187.

[22] 施卫东, 程莹. 碳排放约束、技术进步与全要素能源生产率增长 [J]. 研究与发展管理, 2016, 28 (1): 10-20.

[23] 石敏俊, 周晟吕. 低碳技术发展对中国实现减排目标的作用 [J]. 管理评论, 2010, 22 (6): 48-53+47.

[24] 史丹, 张成. 中国制造业产业结构的系统性优化——从产出结构优化和要素结构配套视角的分析 [J]. 经济研究, 2017, 52 (10): 158-172.

[25] 童健, 刘伟, 薛景. 环境规制、要素投入结构与工业行业转型升级 [J]. 经济研究, 2016, 51 (7): 43-57.

[26] 王班班. 环境政策与技术创新研究述评 [J]. 经济评论, 2017 (4): 131-148.

[27] 王林辉, 王辉, 董直庆. 经济增长和环境质量相容性政策条件——环境技术进步方向视角下的政策偏向效应检验 [J]. 管理世界, 2020, 36 (3): 39-60.

[28] 杨先明, 田永晓, 马娜. 环境约束下中国地区能源全要素效率及其影响因素 [J]. 中国人口·资源与环境, 2016, 26 (12): 147-156.

[29] 于斌斌, 金刚, 程中华. 环境规制的经济效应: "减排"还是"增效"[J]. 统计研究, 2019, 36 (2): 88-100.

[30] 原毅军, 郭丽丽, 孙佳. 结构、技术、管理与能源利用效率——基于2000—2010年中国省际面板数据的分析[J]. 中国工业经济, 2012 (7): 18-30.

[31] 张成, 陆旸, 郭路, 于同申. 环境规制强度和生产技术进步[J]. 经济研究, 2011, 46 (2): 113-124.

[32] 张华, 王玲, 魏晓平. 能源的"波特假说"效应存在吗? [J]. 中国人口·资源与环境, 2014, 24 (11): 33-41.

[33] 张优智, 张珍珍. 环境规制对中国工业全要素能源效率的影响——基于省际面板数据的实证研究[J]. 生态经济, 2021, 37 (11): 163-168.

[34] Baron R. M., D. A. Kenny. The Moderator-mediator Variable Distinction in Social Psychological Research: Conceptual, Strategic, and Statistical Considerations [J]. Journal of Personality and Social Psychology, 1986, 51 (6): 1173-1182.

[35] Brunnermeier S. B., M. A. Cohen. Determinants of Environmental Innovation in US Manufacturing Industries [J]. Journal of Environmental Economics and Management, 2003, 45: 278-293.

[36] Fisher-vanden K., G. H. Jefferson, H. M. Liu, Q. Tao. What is Driving China's Decline in Energy Improvement? [J]. Resource and Energy Economics, 2004, 26 (3): 2287-2295.

[37] Greenstone M., J. A. List, C. Syverson. The Effects of Environmental Regulation on the Competitiveness of U. S. Manufacturing [R]. NBER Working Paper, 2012, 9: 18392.

[38] Hu J. L., S. C. Wang. Total-factor Energy Efficiency of Regions in China [J]. Energy Policy, 2006, 34 (17): 3206-3217.

[39] Lanoie P., M. Patry, R. Lajeunesse. Environmental Regulation and Producticvity: Testing the Porter Hypothesis [J]. Journal of Productivity Analysis, 2008, 30 (2): 121-128.

[40] Li Y., Y. H. Chiu, L. H. Wang, Y. Zhou, T. Y. Lin. Dynamic and Network Slack-based Measure Analysis of China's Regional Energy and Air Pollution Reduction Efficiencies [J]. Journal of Cleaner Production, 2020, 251: 119546.

[41] Mandal S. K. Do Undesirable Output and Environmental Regulation Matter in Energy Efficiency Analysis? Evidence from Indian Cement Industry [J]. Energy Policy, 2010, 38: 6076-6083.

[42] Mavi N. K., R. K. Mavi. Energy and Environmental Efficiency of OECD Countries in the Context of the Circular Economy: Common Weight Analysis for Malmquist Productivity Index [J]. Journal of Environmental Management, 2019, 247 (7): 651-661.

[43] Pan X. F., B. W. Ai, C. Y. Li, X. Y. Pan, Y. B. Yan. Dynamic Relationship among Environmental Regulation, Technological Innovation and Energy Efficiency Based on Large Scale Provincial Panel Data in China [J]. Technological Forecasting and Social Change, 2017, 144 (7): 428-435.

[44] Popp D. Environmental Policy and Innovation: A Decade of Research [R]. NBER Working Paper, 2019, 3: 25631.

[45] Wang Z., C. Feng. The Impact and Economic Cost of Environmental Regulation on Energy Utilization in China [J]. Applied Economics, 2014, 46 (27): 3362-3376.

[46] Wu H., L. N. Xu, S. Y. Ren, Y. Hao, G. Y. Yan. How Do Energy Consumption and Environmental Regulation Affect Carbon Emissions in China? New Evidence from A Dynamic Threshold Panel Model [J]. Resources Policy, 2020, 67 (8): 101678.

客户集中度与工业机器人应用：
基于资产专用性视角的研究

杨洁　王法严　周静池　赵立彬

[摘要] 本文将工业机器人作为专用性资产，从供应链关系的角度出发，分析客户集中度对制造业上市公司工业机器人应用的影响及经济后果。研究发现：客户集中度能够提升企业工业机器人的应用程度，在替换主要变量和控制内生性的稳健性检验后，这一结果仍然保持显著。进一步研究发现：客户集中度对工业机器人应用的正面影响在研发投资强度低的企业中更显著，表明基于大客户的工业机器人专用性投资可以替代研发的专用性投资。机制检验发现：客户集中度对工业机器人应用的正面影响在开通高铁地区的企业中、议价能力强的企业中以及投资不可逆程度低的行业中更显著，表明强化供应链合作效应的预期、弱化风险效应的预期可以促进基于大客户的工业机器人应用。此外，与客户集中度低的企业相比，在客户集中度高的企业中，工业机器人应用更为显著地提高了企业的固定资产利用效率。这一结论对于促进制造业转型升级、保障产业链供应链稳定及健康发展具有重要意义。

[关键词] 客户集中度；工业机器人；资产专用性；合作效应；风险效应

一、引言

党的十九大报告中明确指出要"加快建设制造业强国"。目前，工业机器人应用是推动中国从制造大国向制造强国转变的重要力量（王永钦和董雯，2020）。厘清影响工业机器人应用的因素，对于推动制造业转型升级具有重要意义。Autor 等（2003）、Acemoglu 和 Restrepo（2018a）认为，工业机器人是用高资本密集度的自动化机器替代劳动力以提高生产率。按照这一观点，资本与劳动价格是影响其应用的主要因素（刘媛媛和刘斌，2014；Cheng et al.，2019；宁光杰和张雪凯，2021）。然而，Acemoglu 等（2020）、Humber 和 Restrepo（2021）均发现，资本—劳动价格比的一致性冲击对企业的影响是有偏的：面对资本—劳动价格比的下降，只有部分企业选择应用机器人。那么，除了资本与劳动价格外，是否存在其他因素影响工业机器人应用？该因素是否会影响工业机器人应用的经济效果？对于这一问题，现有文献尚未给出系统性的回答。

在现实经济生活中，大客户是影响制造业企业工业机器人应用的重要因素。以苹果供应商立讯精密（股票代码：002475）和欧菲光（股票代码：002456）为例：一方面，立讯精密在2011年成为苹果公司供应商以来，不断投资于自动化生产线，以满足客户关于产品质量的要求，如 Airpods 生产线的自动化率虽然已经达到40%，全球自动化程度最高，但该公司仍在2020年募资6亿元升级自动化设备①。另一方面，欧菲光自2020年被苹果公司剔除出供应链以后，对

[作者简介] 杨洁，中国地质大学（武汉）经济管理学院教授；王法严，武汉纺织大学会计学院硕士研究生；周静池，武汉纺织大学会计学院硕士研究生；赵立彬，武汉纺织大学会计学院教授。
[基金项目] 教育部人文社会科学规划基金项目"IPO、证券发行效率与供应商创新：基于供应链溢出效应的研究"（21YJA630105）。
① 资料来源：《立讯精密工业股份有限公司公开发行可转换公司债券募集说明书》，巨潮资讯网。

其自动化生产线计提了 23.55 亿元的巨额资产减值损失①。这两方面案例表明，大客户在推动工业机器人应用的同时，也会给企业带来风险。那么，为何大客户会对工业机器人的应用带来截然相反的影响？

本文拟从资产专用性的视角分析客户集中度对工业机器人应用的影响。所谓资产专用性，是指资产价值严重依赖资产一体化组织（Williamson，1985；李青原等，2007）。与常规生产设备相比，工业机器人至少在以下两方面符合资产专用性特征：①供应链交易价值。工业机器人应用提升了产品质量、技术含量与生产效率（Acemoglu and Restrepo，2018a；蔡震坤和綦建红，2021），对产品的升级效应能够分享至下游客户，基于供应链产生交易价值。②低清算价值。工业机器人具有更高的资本密度（Autor et al.，2003；Acemoglu and Restrepo，2018a）、用途的专有性也更强②。由于资本密度和用途的专有性会降低资产的清算价值（Shleifer and Vishny，1992），在供应链关系断裂时，机器人资产的清算价值更低。

按照资产专用性的相关文献（Williamson，1985；王雄元和高开娟，2017；江伟等，2021），客户集中度会对工业机器人的应用产生以下两方面影响：一方面，工业机器人的产品升级效应有助于锁定大客户，集中的大客户也更有利于供应链上下游共同就产品升级进行沟通与合作。本文称之为合作效应。显然，合作效应下客户集中度会提高工业机器人应用水平。另一方面，依赖于大客户的工业机器人应用意味着一旦供应链关系断裂，资产贬值的风险也更高。本文称之为风险效应。在风险效应预期下，客户集中度会降低工业机器人应用水平。考虑合作效应和风险效应的共同影响，本文关注的核心问题是，客户集中度是否以及在何种条件下能提高工业机器人应用水平。

利用国际机器人联合会（International Federation of Robotics，IFR）公布的 2009~2019 年度行业层面机器人应用数据以及中国制造业上市公司的微观数据，本文实证检验了客户集中度对企业层面工业机器人应用程度的影响。参照 Acemoglu 和 Restrepo（2020）、王永钦和董雯（2020）的研究思路，本文首先使用工业机器人在行业-年度层面的存量数据以及上市公司在起始时期劳动力雇佣的差异，构建了企业层面工业机器人应用程度指标。研究发现，客户集中度会提高工业机器人的应用程度。在替换自变量、使用工具变量法、两阶段回归以及变化模型控制内生性影响后，这一结果仍然保持稳健。进一步研究发现，客户集中度对工业机器人应用的正面影响在研发投入强度低的上市公司中更显著，表明基于大客户的机器人专用性投资带来的合作效应能够替代研发的专用性投资。机制检验发现，客户集中度对工业机器人应用的正面影响来自供应链合作效应预期的强化和风险效应预期的弱化。合作效应的强化方面：①客户集中度对工业机器人应用的正面影响在高铁开通地区的上市公司中更显著，说明交通便利性带来的沟通成本和物流成本降低能促进基于大客户的工业机器人应用；②客户集中度对工业机器人应用的正面影响在销售收入排名行业前三的上市公司中更显著，说明企业议价能力的提高能促进基于大客户的工业机器人应用。风险效应的弱化方面：客户集中度对工业机器人应用的正面影响在投资不可逆程度更低的行业中更显著，表明降低专有性资产清算价值贬值的风险预期能够促进基于大客户的工业机器人应用。最后，基于大客户的工业机器人应用能够提高企业固定资产的利用效率。

本文的创新之处和研究意义在于：

第一，本文基于资产专用性的视角，分析了客户集中度对工业机器人应用程度的影响。现有研究主要基于 Autor 等（2003）的要素替代模型，从资产和劳动价格变化的视角进行分析。本

---

① 资料来源：《欧菲光集团股份有限公司关于对深交所 2020 年年报问询函回复的公告》，巨潮资讯网。
② 根据海关总署中国海关贸易数据库提供的产品 HS 八位数编码信息，工业机器人可以分为多功能工业机器人、电阻焊接机器人、电弧焊接机器人、激光焊接机器人、喷涂机器人、搬运机器人、IC 工厂专用的搬运机器人以及其他机器人，不同用途的机器人之间很难相互转换。

文基于工业机器人应用的产品升级效应和低清算价值，将其作为一项依托于供应链关系的专有性投资决策，分析客户集中度对于工业机器人应用程度的影响。这一研究结果不仅回应了Acemoglu等（2020）、Humber和Restrepo（2021）的发现，即存在资本和劳动要素价格之外的因素影响机器人应用，还明确了影响其应用的具体因素。

第二，本文剖析了客户集中度对工业机器人应用的影响机制。本文发现，客户集中度通过合作效应和风险效应两方面机制共同影响工业机器人应用。具体而言，基础设施建设以及行业竞争环境都可能导致客户集中度对工业机器人应用的影响存在差异。由于基于大客户的机器人专用性投资能够替代研发投资，本文的结论意味着，通过智能制造实现供应链转型升级的弯道超车需要外部基础设施环境和竞争环境整体协调。

本文余下部分安排如下：第二部分在文献综述的基础上提出理论假设；第三部分介绍本文的数据、企业微观层面工业机器人应用程度的测度方法；第四部分实证分析客户集中度对工业机器人应用程度的影响；第五部分探讨其背后的微观影响机制；第六部分分析基于客户集中度的工业机器人应用会导致何种经济后果；第七部分是结论与启示。

二、文献综述与理论假设

（一）基于要素替代模型的工业机器人应用相关研究

Autor等（2003）建立的要素替代模型将工作任务分为程序性工作和非程序性工作两类，机器人是用高资本密集度的自动化机器替代人类不具备比较优势的程序性工作，以实现生产率效应。现有文献主要基于该模型，分析工业机器人应用的影响因素及经济效应。

按照要素替代模型，资本与劳动价格变化是影响工业机器人应用的主要因素。其中，资本价格包括机器人价格与资金使用成本。张杰等（2016）发现，融资约束是制约中国制造业企业资本替代劳动的主要因素；Cheng等（2019）发现，政府补贴带来的资金成本下降会驱动中国制造业企业"机器换人"；Tuzel和Zhang（2021）发现，加速折旧的税收政策促使美国企业使用机器设备替代常规性劳动。

影响工业机器人应用的劳动力成本包括显性成本以及劳动力短缺和管制带来的隐性成本。显性成本方面，Acemoglu和Finkelstein（2008）发现美国医改引发劳动力成本上升，导致医院使用了更多的机器为病人服务；刘媛媛和刘斌（2014）、Hau等（2020）分别发现，中国的《劳动合同法》和最低工资政策的实施加速了企业用资本替代人工。隐性成本方面，Acemoglu和Restrepo（2017）、陈秋霖等（2018）、陈彦斌等（2019）均发现，老龄化加速了人工智能和机器人的应用；宁光杰和张雪凯（2021）发现，企业层面较频繁的劳动力流转（较高的员工变动率、离职率和临时工比例）带来的间接成本会促使企业用机器替代劳动。

根据上述研究，企业的工业机器人应用决策取决于资本与劳动价格之比。然而，Acemoglu等（2020）、Humber和Restrepo（2021）分别使用法国和美国的相关数据，均发现面对资本—劳动价格比的下降，只有部分企业提高了机器人应用程度。这一研究结果表明，存在资本与劳动价格变化之外的因素影响机器人应用。

事实上，现有研究尚未关注到企业间关系对工业机器人应用可能产生的影响。这是因为机器人的生产率效应不仅包括机器替代劳动带来的劳动力成本节约，还包括即实现人类难以实现的高质量和高效率目标（Acemoglu and Restrepo, 2018a；蔡震坤和綦建红, 2021），即产品升级效应。与劳动力成本节约不同的是，工业机器人应用的产品升级效应能够更好地满足大客户需求。然而，与常规生产设备相比，机器人的高资本密集度、低劳动力密集度使其在供应链关系断裂时，会面临更高的清算价值风险。那么，基于工业机器人的资产专用性特征，企业与客户的关系是否以及如何影响工业机器人应用？现有文献尚未回答。

（二）基于合作效应的客户集中度与工业机器人应用

Trajtenberg（2018）认为，智能化的技术进步不仅包括成本节约，还包括能力增强的方向。已有少量研究发现，机器人应用会带来产品质量、技术含量及交付效率的改善。Romeo（1975）、Oster（1982）发现，新技术在生产设备中的应用会带来生产效率的提高；Acemoglu 和 Restrepo（2018b）认为，机器人应用的生产率效应包括长期资本积累和自动化再深化（自动化环节的再度自动化）带来的技术含量和机械设备性能的提高；蔡震坤和綦建红（2021）发现，工业机器人的应用提高了出口产品的质量。由于产品质量、技术含量以及交付效率的改善能够以产品为载体影响下游客户收益，从而形成供应链的合作效应。客户集中度的提高使企业不仅有动力、也有能力通过工业机器人的应用实现合作效应。

关于客户集中度影响企业实现合作效应的动力方面。客户集中度越高，意味着主要客户越为稀缺和重要。一旦失去这些客户，将使企业的销售收入大幅降低。因此，企业有更强的动力通过关系专有性投资满足客户需求以套牢客户。Fang（2008）、Coviello 和 Joseph（2012）认为，企业会和大客户基于消费者需求信息进行新产品开发等创新活动。江伟等（2019）发现，客户集中度越高，企业越倾向进行突破型创新；Gosman 和 Kohlbeck（2009）、江伟等（2021）均发现，企业会根据采购比例较高的大客户需求进行存货、应收账款等关系专有性投资。

关于客户集中度影响企业实现合作效应的能力方面。当客户集中度较高时，意味着企业需要服务的客户数量较少，企业与客户之间的沟通交流更为便捷，从而为组织间的信息共享与合作提供了可能性（王雄元和高开娟，2017）。Kulp 等（2004）认为，通过与下游主要客户的沟通与交流，上下游企业可以共同就产品升级进行合作。因此，客户集中度的提高意味着企业有能力将精力与资源集中于主要客户，以改造自动化生产线满足客户需求。

基于上述分析，本文提出：

H1a：在合作效应预期下，客户集中度的提高会提高企业的工业机器人应用程度。

（三）基于风险效应的客户集中度与工业机器人应用

与常规机器设备相比，工业机器人不仅具有更高的资本密集度（Autor et al., 2003），用途的专用性也更强。这是因为工业机器人可以分为多功能工业机器人、电阻焊接机器人、电弧焊接机器人、激光焊接机器人、喷涂机器人、搬运机器人、IC 工厂专用的搬运机器人以及其他机器人，不同用途的机器人之间很难相互转换。而常规生产设备的劳动力密度更高，劳动力通过培训可以掌握多技能。Shleifer 和 Vishny（1992）认为，资本密集度和用途专有性的提高会降低资产的清算价值，这意味着一旦供应链关系断裂，机器人设备会比常规生产设备面临更高的贬值风险。

当下游客户集中度越高时，风险效应对客户集中度与工业机器人应用之间关系的负面影响也越大。这是因为一方面，企业对客户的依赖会降低其抗风险能力（Hui，2012）。当重要大客户与企业之间的供应链关系断裂时，企业不仅面临收入下滑的风险（Maksimovic and Titman，1991），还会面临专用性机器人设备贬值的风险。另一方面，专用性资产的贬值风险会降低企业与下游客户的议价能力，下游客户有可能趁机勒索企业，如降低采购价格、延长付款周期等（Gosman and Kohlbeck，2009）。客户集中度越高，意味着企业从客户勒索行为中受到的损失越大。

基于上述分析，本文提出：

H1b：在风险效应预期下，客户集中度的提高会降低企业的工业机器人应用程度。

三、数据来源与变量定义

（一）数据来源

本文使用的机器人数据来自 IFR。IFR 每年对机器人制造商进行调查，形成了全球范围内按国家—行业—年度细分的工业机器人使用存量数据。目前，该数据是世界范围内最权威的机器人统计数据。由于工业机器人主要应用于制造业，参照王永钦和董雯（2020），本文将 IFR 行业分类与基于证监会行业分类（2012版）的制造业大类进行匹配①。考虑到 2008 年开始实施的《劳动合同法》会影响企业的机器人应用程度（刘媛媛和刘斌，2014），同时根据 IFR 的数据，中国的机器人应用自 2009 年之后才开始快速增长，本文在实证研究中采用 2009~2019 年中国 A 股制造业上市公司的数据进行分析。其中，前 5 大客户采购金额、再融资金额数据来自 Choice 数据库；机器人进口价格来自中国海关总署《中国海关贸易数据库》提供的企业产品贸易数据②；其余数据来源于国泰安数据库（CSMAR）。在剔除数据缺失的样本、IFR 行业分类属于其他制造业的样本、基期（2009 年）生产部门员工人数为 0 的样本、前五大客户集中度大于 1 以及负债率大于 1 的样本后，共得到 5695 个有效样本。本文在后续实证分析过程中对公司层面的连续变量在 1% 和 99% 分位上进行缩尾（Winsorize）处理，以消除异常值对实证结果的影响。

（二）模型设定与变量定义

1. 模型设定

为了检验客户集中度对工业机器人应用程度的影响，本文构建了如下回归模型：

$$\ln Rdegree = \beta_0 + \beta_1 \ln Customer + \beta_2 Control + \mu + \gamma + \varepsilon \tag{1}$$

模型（1）中的 Rdegree 是企业当年工业机器人应用程度的指标；Customer 是该企业滞后一年客户集中度的指标。参照王永钦和董雯（2020），本文对因变量和自变量都进行了对数变换③。β_1 的经济含义是客户集中度每变动 1%，工业机器人应用程度变动的百分比。控制变量的选取参照相关文献（刘媛媛和刘斌，2014；Zhang，2019），使用滞后一年的公司年龄（Age）、规模（Size）、再融资金额（SEO）、机器人进口价格（Price）、经营活动现金流量（CF）、购置的机器设备是否可以抵扣增值税（Deduct）、人均薪酬与人均销售的差额（Labor）、负债率（Lev）、营业收入增长率（SG）以及托宾 Q 值（TQ）。μ 为公司固定效应，γ 为年度固定效应。

2. 工业机器人应用程度 Rdegree 的衡量方法

参照 Acemoglu 和 Restrepo（2020）、王永钦和董雯（2020）的研究，本文将 IFR 的行业机器人存量数据根据行业内上市公司的劳动力雇佣结构分解到公司层面。具体衡量方法如下：

$$Rdegree_{i,t} = \frac{PWP_{ijt=2009}}{ManuPWP_{jt=2009}} \times \frac{MR_{jt}}{L_{jt=2008}} \tag{2}$$

其中：MR_{jt} 代表 j 行业在第 t 年的工业机器人存量；$L_{jt=2008}$ 代表 j 行业在 2008 年（基期）的就业人数（单位：万人）；$\frac{MR_{jt}}{L_{jt=2008}}$ 代表 j 行业在第 t 年工业机器人的应用程度。$PWP_{ijt=2009}$ 代表 j 行业中 i 企业在 2009 年（样本起始年度）的生产部门员工占比，$ManuPWP_{jt=2009}$ 代表 j 行业中所

---

① 由于篇幅所限，具体匹配标准留存备索。
② 由于海关数据库自 2016 年以后不再提供企业层面的产品信息（包括产品编码、价格、数量、金额等），本文对 2016 年以后缺失的价格数据采用拟合方式进行外推。
③ 在对因变量进行对数变换时，为避免 Rdegree 为 0 的情况，本文将 Rdegree+1 后取自然对数；在对自变量进行对数变换时，由于客户集中度必然小于 1，为避免自变量必然小于 0 的情况，本文将客户集中度的衡量变量×100 后取自然对数。

有企业在 2009 年生产部门员工占比的中位数。根据 Acemoglu 和 Restrepo（2020）的研究思路，$\frac{\text{PWP}_{ijt=2009}}{\text{ManuPWP}_{jt=2009}}$ 越大，代表 i 企业与行业水平相比，雇佣的生产部门员工越多，使用机器替代劳动力的可能性越大。相应地，本文用 $\frac{\text{PWP}_{ijt=2009}}{\text{ManuPWP}_{jt=2009}}$ 作为权重，将行业层面的工业机器人应用程度指标分解到企业层面，Rdegree$_{i,t}$ 代表了 i 企业在第 t 年的工业机器人应用程度，即每万名员工拥有的机器人台数。

（三）其他变量定义

模型（1）中涉及的其他相关变量定义具体如表 1 所示：

表 1 相关变量定义

类型	符号	说明
被解释变量	Rdegree	中国制造业企业层面的工业机器人应用程度
解释变量	Cfive	前五大客户集中度，用前五大客户采购比例的平方和表示
	Cfirst	第一大客户集中度，用第一大客户采购比例表示
控制变量	Age	公司上市年数的自然对数
	Size	总资产自然对数
	SEO	再融资金额自然对数
	Price	机器人进口价格，行业内工业机器人年度进口金额/年度进口台数的自然对数
	CF	经营活动现金流量占总资产比重
	Deduct	购置的机器人是否可以抵扣增值税的哑变量
	Labor	人均薪酬自然对数超过人均销售收入自然对数变化的差额
	Lev	期末负债总额/期末资产总额
	SG	营业收入增长率
	TQ	公司的投资机会，用托宾 Q 值表示

（四）描述性统计

1. 主要变量的描述性统计值

表 2 给出了主要变量的描述性统计结果。可以看出，工业机器人应用程度 Rdegree 的最小值为 0，最大值为 1124.1420（每万名员工拥有的机器人为 1124.1420 台），表明不同样本之间工业机器人应用程度的差异较大；Rdegree 的均值为 37.4877，中值为 5.2914，均值与中值的差异较大，表明工业机器人应用程度的分布具有一定程度的右偏。自变量方面，与现有文献较为一致（王雄元和高开娟，2017），前五大客户集中度 Cfive 的均值（中值）为 0.0389（0.0131），第一大客户集中度 Cfirst 的均值（中值）为 0.1196（0.0788）。控制变量方面，公司上市年龄 Age 的均值（中值）为 2.2705（2.3979），规模 Size 的均值（中值）为 22.0824（21.9419），机器人进口价格 Price 的均值（中值）为 11.9000（12.6561），经营活动现金流量净额占总资产比重 CF 的均值（中值）为 0.07%（0.02%），人均薪酬超过人均收入自然对数 Labor 的均值（中值）为 -0.0272（-0.0076），负债率 Lev 的均值（中值）为 42.76%（42.61%），销售收入增长率 SG 的均值（中值）为 16.53%（11.49%），投资机会 TQ 的均值（中值）为 2.1295（1.7048）。平均而言，99.02% 的上市公司都能享受到机器设备增值税抵扣的政策。

表 2 主要变量描述性统计

变量	样本量	均值	标准差	最小值	中位数	最大值
Rdegree	5695	37.4877	105.1793	0.0000	5.2914	1124.1420
Cfive	5695	0.0389	0.0679	0.0002	0.0131	0.4250
Cfirst	5695	0.1196	0.1157	0.0088	0.0788	0.6158
Age	5695	2.2705	0.6322	0.0000	2.3979	3.2958
Size	5695	22.0824	1.1386	19.8215	21.9419	25.2569
SEO	5695	2.9417	7.2228	0.0000	0.0000	22.2780
Price	5695	11.9000	3.7377	0.0000	12.6561	15.3708
CF	5695	0.0007	0.0014	0.0000	0.0002	0.0099
Deduct	5695	0.9902	0.0987	0.0000	1.0000	1.0000
Labor	5695	−0.0272	0.3137	−1.3104	−0.0076	0.8457
Lev	5695	0.4276	0.1922	0.0559	0.4261	0.8600
SG	5695	0.1653	0.3413	−0.4451	0.1149	2.1005
TQ	5695	2.1295	1.3040	0.9038	1.7048	8.1759

2. 工业机器人应用程度的分布特征

表3给出了中国制造业工业机器人应用程度的行业分布特征，其中，第（2）~（4）列分别为2009年、2015年、2019年各行业工业机器人应用程度的均值，第（5）列为2009~2019年各行业工业机器人应用程度的变化情况。可以看出，截至2019年底，工业机器人应用程度最高的行业分别是汽车制造业、电子电气及仪器仪表制造业，应用程度最低的行业分别是木材及家具制造业、造纸及印刷制造业以及其他化学制品业。从工业机器人应用程度的变化情况可以看出，尽管各行业工业机器人应用程度都有所增长，但汽车制造业、电子、电气及仪器仪表制造业等资本密集型行业的增长速度远远领先于其他行业。工业机器人应用程度的行业—年度分布与变化情况均表明，工业机器人作为高资本密集度的机器设备，在资本密集型行业中应用程度更高。

表3 中国制造业工业机器人应用程度的行业分布特征　　　　单位：台/万人

制造业行业	2009年	2015年	2019年	2009~2019年
食品、饮料、烟草	0.4459	7.8570	21.8508	21.4049
纺织、皮革、服装	0.0010	0.1209	0.4250	0.4240
木材及家具制造业	0.0000	0.7754	7.7887	7.7887
造纸及印刷制造业	0.0000	0.8051	3.4621	3.4621
医药制造业	0.7373	5.3062	27.5446	26.8073
橡胶和塑料制品业	23.7771	64.1415	94.4920	70.7149
其他化学制品业	0.0000	2.0578	5.8488	5.8488
非金属矿物制品业	0.0558	2.7270	10.1122	10.0564
基本金属	0.0722	3.6734	8.3390	8.2668
金属制品业	—	29.2620	89.8510	89.8510
通用设备、专用设备制造业	0.1673	11.1863	41.5972	41.4299
汽车制造业	8.0647	340.1726	861.3005	853.2358
铁路、船舶、航空航天和其他运输设备制造业	0.6633	8.9638	23.3880	22.7247
电子、电气及仪器仪表制造业	1.6120	36.7228	148.8608	140.2488

3. 按客户集中度分组的工业机器人分布特征

表4给出了按客户集中度分组的工业机器人应用程度比较。为了剔除行业因素的影响,本文将客户集中度按行业中位值分为两组。可以看出,无论采用何种方式衡量客户集中度,高客户集中度子样本的工业机器人应用程度都高于低客户集中度子样本。与此同时,采用前五大客户集中度 Cfive 衡量客户集中度 Customer 时,两组子样本工业机器人应用程度的均值与中位值差异都在5%的水平上显著;采用第一大客户集中度 Cfirst 衡量客户集中度 Customer 时,两组子样本的中值差异在5%的水平上显著,均值差异接近边际显著。

表4 按客户集中度分组的工业机器人分布特征

	均值	P25	P50	P75	均值差异	中值差异
高客户集中度 (Cfive>=行业中位值)	40.5532	1.2584	5.7685	27.9727	6.1385** (2.2029)	0.9936** (6.4059)
低客户集中度 (Cfive<行业中位值)	34.4146	1.2362	4.7749	23.4473		
高客户集中度 (Cfirst>=行业中位值)	39.7209	1.2590	5.7004	27.8063	4.4470 (1.5955)	0.9018** (4.7806)
低客户集中度 (Cfirst<行业中位值)	35.2490	1.2341	4.7986	23.9153		

注:①括号内为 t 值;② ***、**、* 分别表示1%、5%、10%的显著性水平。

四、实证结果及分析

(一) 客户集中度对工业机器人应用程度的影响分析

表5给出了基本模型(1)的回归结果。第(1)列和第(3)列是未引入控制变量的回归结果,可以看出,客户集中度对工业机器人应用程度的正向影响均在10%的水平上显著。值得注意的是,即使未引入控制变量,模型的解释力度也达到了87%左右,这可能是因为工业机器人应用程度存在逐年增长的趋势,与本文表2的描述性统计结果一致。从表5第(2)列和第(4)列可以看出,考虑控制变量的影响后,客户集中度对工业机器人应用影响的大小和显著性水平进一步上升。引入控制变量后的回归结果表明:使用前五大客户集中度(Cfive)衡量客户集中度(Customer)时,客户集中度每提高1%,工业机器人应用程度会提高约0.03%;使用第一大客户集中度(Cfirst)衡量客户集中度(Customer)时,客户集中度每提高1%,工业机器人应用程度会提高0.03%。模型(1)的回归结果与假设 H1a 一致:基于供应链的合作效应,客户集中度的提高会推动工业机器人应用。此外,与现有文献的研究结果一致,公司规模(Size)对工业机器人应用有显著的正向影响,机器人进口价格(Price)的下降会推动工业机器人应用。

表5 客户集中度对工业机器人应用程度的影响

变量	Customer=Cfive		Customer=Cfirst	
	(1)	(2)	(3)	(4)
lnCusotmer	0.0211* (1.9492)	0.0263** (2.4896)	0.0288* (1.7885)	0.0348** (2.2208)
Age		0.0704 (1.1318)		0.0681 (1.0958)

续表

变量	Customer=Cfive (1)	Customer=Cfive (2)	Customer=Cfirst (3)	Customer=Cfirst (4)
Size		0.1298*** (3.7795)		0.1287*** (3.7515)
SEO		0.0005 (0.6945)		0.0005 (0.7135)
Price		−0.0053* (−1.8999)		−0.0053* (−1.9040)
Labor		0.0240 (1.2029)		0.0242 (1.2153)
SG		−0.0310 (−1.4424)		−0.0304 (−1.4112)
TQ		0.0259*** (2.8842)		0.0261*** (2.9036)
Lev		0.1101 (1.0851)		0.1105 (1.0907)
CF		−13.4598 (−1.0158)		−13.1839 (−0.9961)
Deduct		−0.3985** (−1.9736)		−0.3964* (−1.9621)
Firm/Year F.E.	控制	控制	控制	控制
N	5695	5695	5695	5695
R^2	0.8737	0.8776	0.8736	0.8775

注：①括号内为经过公司层面聚类调整标准误后的 t 值；②***、**、*分别表示1%、5%、10%的显著性水平；③本文下表同。

（二）稳健性检验

本文进行了以下稳健性检验：

1. 替换自变量

除了前五大客户集中度（Cfive）和第一大客户集中度（Cfirst）外，本文还使用了前五大客户采购金额占营业收入的比重（Rfive）、前五大客户集中度是否高于行业中位值的哑变量（Dummyfive）、第一大客户集中度是否高于行业中位值的哑变量（Dummyfirst）衡量客户集中度（Customer）。表6给出了替换自变量后的稳健性检验回归结果，可以看出，替换自变量后仍然得到相同的检验结果。

表6 稳健性检验：替换自变量

变量	Customer=Rfive (1)	Customer=Dummyfive (2)	Customer=Dummyfirst (3)
lnCustomer	0.0590** (2.4508)	0.0504** (2.4686)	0.0370** (1.9660)
Controls	控制	控制	控制

续表

变量	Customer=Rfive (1)	Customer=Dummyfive (2)	Customer=Dummyfirst (3)
Firm/Year F. E.	控制	控制	控制
N	5695	5695	5695
R^2	0.8776	0.8775	0.8774

注：控制变量的回归结果不在正文汇报，详细结果留存备索；下表同。

2. 两阶段回归模型

考虑到客户集中度和工业机器人应用之间可能存在伪相关关系，即存在潜在的遗漏因素共同影响客户集中度和工业机器人应用，参照 Patatoukas（2012）、江伟等（2021），本文还采用了两阶段回归法进行检验。在第一阶段，本文使用相对于客户集中度（Customer）滞后一期的公司规模（Size）、年龄（Age）、需求不确定性（Uncer）[①]、行业竞争度的赫芬达尔指数（HHI）、销售增长率（SG）、应收账款占总资产的比重（AR）、经营活动现金流量净额占总资产比重（CF）作为自变量，客户集中度（Customer）为因变量进行回归，得到 Customer 的残差项（Customer_Res）。在第二阶段，本课题使用第一阶段估计出来的 Customer_Res 代替 Customer 回归。从表7第（1）列和第（2）列的回归结果可以看出，采用两阶段回归仍然得到相同的检验结果[②]。

表7 内生性检验：控制遗漏因素影响和样本自选择问题

变量	Customer=Cfive (1)	Customer=Cfirst (2)	Customer=Cfive (3)	Customer=Cfive (4)
Customer_Res	0.0246** (2.3011)	0.0318** (2.0199)		
Customer			0.0281* (1.8408)	0.0349** (2.3893)
IMR			-1.0846*** (-13.2438)	-1.0883*** (-12.5829)
Controls	控制	控制	控制	控制
Firm/Year F. E.	控制	控制	控制	控制
N	5653	5653	5595	5595
R^2	0.8768	0.8767	0.8773	0.8881

3. 控制样本的自选择问题

由于客户信息属于公司的自愿性信息披露行为，参照 Ellis（2012）和王雄元等（2014），本文还采用了 Heckman 两阶段分析控制样本自选择问题。在第一阶段，分别使用企业是否披露前五大客户销售收入信息（Dis₅）和是否披露第一大客户收入信息（Dis₁）为因变量，滞后一期的总资产收益率（ROA）、公司规模（Size）、负债率（Lev）、行业竞争度的赫芬达尔指数（HHI）、无形资产占总资产比重（Intang）、是否由四大会计师事务所审计的哑变量（Big₄）、是否再融资的哑变量（DSEO）、第一大股东持股比例（TOP）作为自变量，使用 Probit 模型计算出逆米尔斯系数（IMR），再将其代入回归模型（1），以解决样本自选择问题。从表7第（3）

---

① 本文采用公司前三年营业收入增长率的标准差衡量需求不确定性（Uncer）。
② 限于篇幅，本文只报告了第二阶段的回归结果。

列和第（4）列的回归结果可以看出，控制样本自选择问题后仍然得到相同的回归结果。

（三）进一步的分析：客户集中度对工业机器人应用的正面影响是否来自工业机器人应用的产品升级效应

本文研究客户集中度与工业机器人应用之间因果关系的基本假设是，工业机器人应用具有产品升级效应，从而能够基于供应链产生交易价值。一方面，大客户有动力推动供应商应用机器人以获得投入品的升级；另一方面，企业通过使用机器人获得的产品升级效应，也能更好地培育重要大客户。尽管本文无法直接观测到工业机器人应用的产品升级效应，但可以观察大客户推动下工业机器人应用与研发投资之间是否具有替代关系，对该问题进行分析。这是因为研发投资作为专有性投资，对产品技术含量的改善同样能够锁定下游客户（Kale and Shahrur，2007；Fang，2008；Coviello and Joseph，2012）。因此，如果工业机器人应用的产品升级效应能够锁定大客户，对于研发投入强度低的企业来说，其更有动力通过应用机器人满足大客户需求。

本文首先界定企业的研发投入强度＝当年研发支出/营业收入，随后基于观测样本的年度研发投入强度进行分组，并生成组别变量 RD3：如果样本的年度研发投入强度位于当年所有观测样本的前 1/3，RD3＝3；如果样本的年度研发投入强度位于当年所有观测样本的中间 1/3，RD3＝2；如果样本的年度研发投入强度位于当年所有观测样本的后 1/3，RD3＝1。

在此基础上，本文对如下回归模型（3）进行检验。如果大客户推动下的工业机器人应用替代了研发投资，模型（3）中交乘项 $\ln Customer \times RD_3$ 的回归系数 β_3 应当显著为负。

$$\ln Rdegree = \beta_0 + \beta_1 \ln Customer + \beta_2 RD3 + \beta_3 \ln Customer \times RD3 + \beta_4 Control + \mu + \gamma + \varepsilon \quad (3)$$

表8给出了模型（3）的回归结果。尽管 lnCustomer 的回归系数 β_1 在1%的水平上保持正向显著，交叉项 lnCustomer×RD3 的回归系数 β_3 在10%的水平上显著为负，表明与研发强度低的企业相比，客户集中度对工业机器人应用的正面影响在研发强度低的企业中更为显著。这一结果与本文预期一致，工业机器人的专用性投资带来的客户锁定效应可以替代研发投资，导致研发强度低的企业有更强的动力基于大客户需求提高工业机器人应用水平。值得注意的是，RD3 的回归系数 β_2 在1%的水平上显著为正，表明研发投资自身会提高工业机器人应用水平。

表8 客户集中度对工业机器人应用：产品升级效应

变量	Customer＝Cfive (1)	Customer＝Cfirst (2)
lnCustomer	0.0522*** (2.7214)	0.0825*** (2.6102)
RD3	0.0485*** (2.9194)	0.0960*** (2.7574)
lnCustomer×RD3	-0.0136* (-1.6534)	-0.0244* (-1.7809)
Controls	控制	控制
Firm/Year F.E.	控制	控制
N	5695	5695
R^2	0.8783	0.8782

五、客户集中度影响工业机器人应用的机制分析

按照前面的假设推理，客户集中度通过正向的合作效应机制和负向的风险效应机制影响工

业机器人应用程度。然而实证研究结果表明：总体而言，客户集中度对工业机器人应用有正面影响。那么，这一正面影响是否来自供应链的合作效应机制，即提高合作效应预期是否能进一步强化客户集中度对工业机器人应用的推动作用？与之相对应的另一个问题是，供应链的风险效应机制是否仍会在客户集中度与工业机器人应用之间的关系中起作用，即降低风险效应预期是否也能强化客户集中度对工业机器人应用的推动作用？

（一）客户集中度影响工业机器人应用的合作效应机制

当客户关系通过合作效应影响企业的专有性投资时，一方面，企业预期能够从该专有性投资中获得好处，即企业有动力通过专有性投资维持合作关系；另一方面，企业维持合作关系的信息交流及物流渠道应当顺畅与低成本，即企业有能力通过专有性投资维持合作关系。为此，本文拟从企业的行业议价能力和交通便利性两方面出发，探究客户集中度影响工业机器人应用的合作效应机制。

1. 基于行业议价能力的异质性分析

Jia（2013）认为，供应商的专有性投资意愿受其议价能力的影响，这是因为供应商的行业议价能力越强，从专有性投资创造的供应链交易价值中获取的收益也就越多，相应地，投资意愿越强。陈胜蓝和刘晓玲（2020）也发现，在供应链双边交易中，拥有议价能力的一方往往会要求另一方提供更多的优惠条件。因此，企业的行业议价能力越强，其预期能够从工业机器人的专有性投资中获得的收益越多，基于大客户进行工业机器人投资的动力也就越强。

参照陈胜蓝和刘晓玲（2020），本文用企业销售收入的行业排名衡量行业议价能力指标，并构造衡量行业议价能力的虚拟变量Power。将同一行业企业的销售收入按年度进行排名，如果企业当年的销售收入在行业中排名前三，Power=1，否则为零。在此基础上，本文构造了如下的回归模型（4）。按照本文的预期，交乘项lnCustomer×Power的回归系数β_3应当显著为正。

$$\ln Rdegree = \beta_0 + \beta_1 \ln Customer + \beta_2 Power + \beta_3 \ln Customer \times Power + \beta_4 Control + \mu + \gamma + \varepsilon \quad (4)$$

表9第（1）和第（2）列分别给出了模型（4）的回归结果。可以看出，无论采用何种方式衡量客户集中度，lnCustomer×Power的回归系数β_3都在10%的水平上显著为正，表明随着企业的行业议价能力增强，其基于大客户推动工业机器人应用的动力也越强，相应地，客户集中度对企业工业机器人应用的正面影响也越显著。

表9 客户集中度对工业机器人应用：行业议价能力和交通便利性的影响

变量	Customer=Cfive (1)	Customer=Cfirst (2)	Customer=Cfive (3)	Customer=Cfirst (4)
lnCustomer	0.0234** (2.1884)	0.0299* (1.8783)	−0.0009 (−0.0608)	−0.0001 (−0.0037)
Power	−0.0321 (−0.5905)	−0.1734* (−1.9323)		
lnCustomer×Power	0.0461* (1.7550)	0.0725* (1.7033)		
HSR			−0.0178 (−0.4011)	−0.1085 (−1.4447)
lnCustomer×HSR			0.0385** (2.3408)	0.0490* (1.7891)
Controls	控制	控制	控制	控制
Firm/Year F.E.	控制	控制	控制	控制
N	5695	5695	5695	5695
R^2	0.8779	0.8777	0.8780	0.8777

2. 基于企业所在地交通便利性的异质性分析

Chu 等（2019）以客户搬迁作为外生冲击，发现企业与客户地理距离的缩短促使供应商进行了更多的研发专用性投资。江伟等（2019）也发现，供应商—客户之间的地理相似度能提高大客户推动下的突破式创新。中国基础设施建设的飞速发展带来的交通便利性外生性变化为本研究提供了较好的视角。一方面，良好的交通基础设施可以使企业与利益相关者之间的沟通更为频繁，增进双方的信息交流（杨国超等，2021）。因此，高铁开通带来的交通便利性能够降低企业与客户之间合作的沟通成本。另一方面，物流成本是客户选择供应商的重要因素（Weber et al.，1991）。饶品贵等（2019）发现，高铁开通会影响客户的供应商选择决策。Chu 等（2019）也发现，供应商与客户交通距离的缩短能够刺激客户需求。因此，高铁开通能够通过需求渠道增强供应商关于专有性投资合作效应的预期。

为此，本文构建了虚拟变量 HSR，当上市公司办公地所在城市开通高铁时，HSR = 1，否则为零。随后，本文构建了如下回归模型（5）。按照本文的预期，交乘项 lnCustomer×HSR 的回归系数 β_3 应当显著为正。

$$lnRdegree = \beta_0 + \beta_1 lnCustomer + \beta_2 HSR + \beta_3 lnCustomer \times HSR + \beta_4 Control + \mu + \gamma + \varepsilon \quad (5)$$

表9第（3）列和第（4）列给出了模型（5）的回归结果。可以看出，当采用前五大客户集中度（Cfive）衡量客户集中度（Customer）时，β_3 在5%的水平上显著为正；当采用第一大客户集中度（Cfirst）衡量客户集中度时，β_3 在10%的水平上显著为正。这一结果表明，随着高铁开通带来的交通便利性的增强，企业与下游大客户的合作能力也在增强，相应地，客户集中度对工业机器人应用的正面影响也更显著。

（二）客户集中度影响工业机器人应用的风险效应机制

如果客户集中度通过风险效应机制影响工业机器人应用，供应链关系断裂后专用性资产贬值的风险预期会降低企业基于供应链关系进行专有性投资的意愿。因此，本文拟从企业所处行业的投资不可逆程度出发，分析客户集中度影响工业机器人应用的风险机制。

Bernanke（1983）认为，如果投资完全可逆，意味着企业即使投资失败，也可以无成本地转做其他用途。因此，可以用投资不可逆程度衡量资产清算的贬值风险。企业所处行业的投资不可逆程度越低，意味着供应链关系断裂后机器人资产清算的贬值风险越低。相应地，客户集中度对工业机器人应用程度的正面影响应当越显著。参照 Gulen 和 Ion（2016）、杨洁等（2021），本文采用以下三种方式衡量行业投资不可逆程度（IR）：

行业沉没成本（IR01）。根据 Farinas 和 Ruano（2005）的研究，租赁资产越多、折旧越多、固定资产在二手市场的流动性越好的行业，沉没成本越低，相应地，投资不可逆的程度也越低。具体地，本文用样本每一年度的折旧费用、融资租赁资产及处置固定资产获得的现金分别除以期初固定资产，得到企业层面的折旧率、租赁率以及固定资产在二手市场上的流动性指标，之后在每个行业取所有企业的折旧率、租赁率以及二手市场流动性的均值得到相应的行业层面指标。然后本文将上述三个指标合成为沉没成本指数，取值分别为0、1、2、3。0对应三个指标均小于各自均值的行业，1对应两个指标小于各自均值的行业，2对应一个指标小于各自均值的行业，3对应三个指标均高于各自均值的行业。沉没成本指数越低，意味着该行业的投资不可逆程度越高。本文将沉没成本指数等于0的行业划分为高投资不可逆行业（IR01 = 1），否则为低不可逆行业（IR01 = 0）。

行业周期性（IR02）。Shleifer 和 Vishny（1992）认为，周期性行业在经济下行时，往往受到更大的负面冲击，因此投资不可逆程度更高。本文首先根据公司上市后每一年度的销售收入和当年的 GNP 计算出两者之间的相关性，然后在行业层面取均值得到行业相关性指标。对于该指标高于所有行业均值的行业，本文将其划分为周期性行业，相应地投资不可逆程度更高

(IR02=1)；否则为非周期性行业，相应地，投资不可逆程度更低（IR02=0）。

固定资产占比（IR03）。Gulen 和 Ion（2016）、谭小芬和张文婧（2017）认为，固定资产占比高的行业往往投资回收期更长，相应地，投资不可逆的程度更高。本文使用固定资产与在建工程之和除以期初总资产衡量固定资产占比，随后在行业层面取均值得到行业指标。对于该指标高于所有行业均值的行业，本文将其界定为高投资不可逆行业（IR03=1），否则为低投资不可逆行业（IR03=1）。

在此基础上，本文将基准模型（1）按投资不可逆程度分组后回归。表10给出了分组回归的结果，可以看出，无论如何变换客户集中度和投资不可逆程度的衡量方式，客户集中度对工业机器人应用的正面影响仅在投资不可逆程度低的行业中显著。这一结果与本文的分析一致，表明投资不可逆程度的降低减少了供应链断裂后机器人资产贬值的风险预期，从而促进了客户集中度对工业机器人应用的推动作用。

表10 投资不可逆程度分组回归

	A：Customer=Cfive					
变量	IR01=0 (1)	IR01=1 (2)	IR02=0 (3)	IR02=1 (4)	IR03=0 (5)	IR03=1 (6)
lnCustomer	0.0310*** (2.6652)	−0.0051 (−0.5146)	0.0308* (1.9112)	0.0014 (0.1151)	0.0290** (2.2051)	0.0039 (0.4746)
Control	控制	控制	控制	控制	控制	控制
Firm/Year F.E.	控制	控制	控制	控制	控制	控制
N	5027	668	3195	2500	3499	2196
R^2	0.8701	0.9906	0.8462	0.9412	0.9147	0.9390

	B：Customer=Cfirst					
变量	IR01=0 (1)	IR01=1 (2)	IR02=0 (3)	IR02=1 (4)	IR03=0 (5)	IR03=1 (6)
lnCustomer	0.0395** (2.2837)	0.0005 (0.0459)	0.0438* (1.8822)	−0.0012 (−0.0680)	0.0327* (1.7245)	0.0116 (1.0055)
Controls	控制	控制	控制	控制	控制	控制
Firm/Year F.E.	控制	控制	控制	控制	控制	控制
N	5027	668	3195	2500	3499	2196
R^2	0.8679	0.9906	0.8461	0.9411	0.9146	0.9390

六、大客户推动下工业机器人应用的经济后果分析

根据 IFR 发布的《2020 年全球工业机器人报告》，工业机器人作为高资本密集度的生产设备，其安装会受阻于需求不足带来的产能过剩问题。上文的分析已经表明，客户集中度对工业机器人应用的正面影响来自其产品升级效应能够更好地满足大客户需求，因此下游大客户有动力推动供应商的工业机器人应用。那么，在其他条件一定的情况下，大客户推动下的工业机器人应用是否能解决企业对产能利用不足的顾虑，提高企业的固定资产利用效率呢？本文将对此进行分析。

由于工业机器人应用对企业的固定资产利用效率具有一定的滞后性，本文使用下一期的固定资产周转率，即营业收入/（固定资产+在建工程）衡量企业的固定资产利用效率（Faturnover），并对其进行对数变换。随后本文根据企业当年的客户集中度（Customer）是否高于行业中位值，将观测样本分为两个子样本，分组对如下回归模型（6）进行回归。

$$\ln Faturnover = \beta_0 + \beta_1 \ln Rdegree + \beta_2 Control + \mu + \gamma + \varepsilon \tag{6}$$

模型（6）中的lnRdegree是企业当年的工业机器人应用程度指标，其衡量方式如前文所示。控制变量的选取参照Patatoukas（2012），使用企业当年的规模（Size）、销售增长率（SG）、年龄（Age）、有息负债率（Ilev）、是否四大会计师事务所审计的哑变量（Big4）。μ 和 γ 分别为公司和年度固定效应。lnRdegree的回归系数 β_1 的经济含义为工业机器人应用程度每变动1%，企业固定资产利用效率变动的百分比。

表11给出了对模型的分组回归结果。无论采用何种方式衡量客户集中度，工业机器人应用对固定资产利用效率的正面影响仅在高客户集中度子样本中显著。当使用前五大客户集中度（第一大客户集中度）衡量客户集中度时，对于高客户集中度子样本而言，lnRdegree的回归系数为0.09（0.11），并在10%（5%）的水平上显著，说明工业机器人应用程度每提高1%，企业的固定资产利用效率能够提高0.09%（0.11%）；然而对于低客户集中度子样本而言，工业机器人的应用对于企业的固定资产利用效率没有明显的改善作用。表11的分组回归结果与本文的预期一致，由于工业机器人的产品升级效应能够更好地满足大客户需求，起到了锁定大客户的作用，基于大客户的工业机器人应用显著提高了企业的固定资产利用效率。

表11 工业机器人应用对企业的固定资产利用效率的影响（按客户集中度分组）

变量	高客户集中度：Cfive≥行业中值（1）	低客户集中度：Cfive<行业中值（2）	高客户集中度：Cfirst≥行业中值（3）	低客户集中度：Cfirst<行业中值（4）
lnRdegree	0.0944* (1.7808)	0.0334 (0.7213)	0.1083** (2.0153)	0.0282 (0.6076)
Controls	控制	控制	控制	控制
Firm/Year F.E.	控制	控制	控制	控制
N	2598	2589	2599	2588
R^2	0.0986	0.1173	0.1033	0.1113

七、研究结论与启示

（一）研究结论

本文基于工业机器人的产品升级效应和高资本密集度属性，将工业机器人生产设备作为专用性资产，从供应链的视角出发，分析客户集中度对制造业企业工业机器人应用的影响及经济后果。基于制造业上市公司的数据及IFR提供的工业机器人进口的行业数据，本文发现：①客户集中度的提高可以促进工业机器人应用。②这一促进作用会受到企业研发投入强度的影响，对于研发投入强度低的企业，由于工业机器人的专用性投资可以替代研发投资锁定大客户，客户集中度对工业机器人应用的推动作用更为明显。③机制分析表明，客户集中度对工业机器人应用的影响来自供应链合作效应和风险效应的权衡。在开通高铁的企业以及行业议价能力较强的企业中，由于对供应链合作效应的预期较强，客户集中度对工业机器人应用的正面影响较为显著；在投资不可逆程度较低的行业中，由于对供应链风险效应的预期较弱，客户集中度对工业机器人应用的正面影响较为显著。④对工业机器人应用的经济后果分析表明，与低客户集中度的企业相比，对于高客户集中度的企业来说，工业机器人应用对固定资产利用效率的正面影响更为明显，表明基于大客户的工业机器人应用通过产品升级效应，有效地满足了客户需求，从而提高了固定资产的经营效率。

（二）研究启示

第一，保证产业链供应链稳定畅通，降低"断链"风险。尽管工业机器人应用对劳动力的影响仍存在争议（Graetz and Michaels，2018；Acemoglu and Restrepo，2020；孔高文等，2020；王永钦和董雯，2020；余玲铮等，2021；李磊等，2021），对生产率的促进作用使其已成为推动产业结构转型升级的重要力量（Graetz and Michaels，2018；陈彦斌等，2019；林晨等，2020；韦东明等，2021）。本文的研究结果表明，客户集中度是影响企业工业机器人应用的重要因素，基于客户集中度的工业机器人应用有助于提高资产的利用效率。这不仅拓展了工业机器人应用影响因素和经济后果的相关研究，还意味着巩固的产业链供应链关系有助于推动供应链上游企业智能化转型。为此，各级政府应充分重视产业链供应链的溢出效应，保证产业链供应链稳定畅通，降低"断链"风险。

第二，培育供应链龙头企业，推动产业链供应链一体化协调发展。根据本文的研究结果，客户集中度对工业机器人应用的推动作用来自后者的产品升级效应能更好地满足大客户需求。这意味着重要大客户的高质量发展能够倒逼上游供应商的智能化转型。为此，应聚焦资源培育产业链龙头企业，并依托龙头企业市场化配置资源的供应链溢出效应，推动产业链供应链一体化协调发展。

第三，营造良好的产业链生态体系，通过智能制造实现"弯道超车"。本文的研究结果还发现，大客户推动的工业机器人专用性投资能够替代研发投资，起到锁定客户关系的作用。由于研发投资具有连续性和累积效应（Cong and Howell，2021），通过研发积累的先发优势较难超越，本文的研究结论意味着，在良好的产业链生态体系中，对供应链合作效应的预期可以促使企业通过智能制造在供应链中获取更多的市场份额，实现"弯道超车"。

第四，加强铁路运输制度改革，促进现代交通体系发展。本文的研究结果表明，高铁开通通过降低物流成本和信息沟通成本两方面强化供应链合作效应的预期，促进基于大客户的工业机器人应用。因此，中央政府应进一步加强铁路运输制度改革，降低货运和客运成本，促进现代交通体系发展。企业也应当抓住交通体系发展的红利，积极突破地理分割带来的跨区域贸易壁垒，在产业链供应链中占据更有利的地位。

第五，健全营商环境、保障产业链生态体系协调发展。本文研究还发现，客户集中度对工业机器人应用的推动作用在议价能力强的企业以及投资不可逆程度低的行业中更显著，这是因为在这些企业（行业）中，企业预期能通过工业机器人的专用性资产从供应链中获取更多收益、或供应链断裂后资产清算的风险更低。由于工业机器人的应用会导致"强者恒强"、加剧行业垄断（Autor et al.，2020；Acemoglu et al.，2020），要想推动中小企业的工业机器人应用，地方政府除了资金支持外，还应当健全营商环境，保障企业从工业机器人应用中获得的供应链收益、降低供应链断裂的风险。

参考文献

[1] 蔡震坤，綦建红. 工业机器人的应用是否提升了企业出口产品质量——来自中国企业数据的证据 [J]. 国际贸易问题，2021（10）：17-33.

[2] 陈秋霖，许多，周羿. 人口老龄化背景下人工智能的劳动力替代效应——基于跨国面板数据和中国省级面板数据的分析 [J]. 中国人口科学，2018（6）：30-42.

[3] 陈胜蓝，刘晓玲. 中国城际高铁与银行贷款成本——基于客户集中度风险的视角 [J].

经济学（季刊），2020（5）：173-192.

[4] 陈彦斌，林晨，陈小亮．人工智能、老龄化与经济增长［J］．经济研究，2019，54（7）：47-63.

[5] 江伟，底璐璐，胡玉明．改进型创新抑或突破型创新——基于客户集中度的视角［J］．金融研究，2019（7）：155-173.

[6] 江伟，底璐璐，刘诚达．商业信用与合作型客户关系的构建——基于提供给大客户应收账款的经验证据［J］．金融研究，2021（3）：151-169.

[7] 孔高文，刘莎莎，孔东民．机器人与就业——基于行业与地区异质性的探索性分析［J］．中国工业经济，2020（8）：80-98.

[8] 李磊，王小霞，包群．机器人的就业效应：机制与中国经验［J］．管理世界，2021（9）：104-119.

[9] 李青原，陈晓，王永海．产品市场竞争、资产专用性与资本结构——来自中国制造业上市公司的经验证据［J］．金融研究，2007（4）：100-113.

[10] 林晨，陈小亮，陈伟泽，陈彦斌．人工智能、经济增长与居民消费改善：资本结构优化的视角［J］．中国工业经济，2020（2）：61-83.

[11] 刘媛媛，刘斌．劳动保护、成本粘性与企业应对［J］．经济研究，2014，49（5）：63-76.

[12] 宁光杰，张雪凯．劳动力流转与资本深化——当前中国企业机器替代劳动的新解释［J］．中国工业经济，2021（6）：42-60.

[13] 饶品贵，王得力，李晓溪．高铁开通与供应商分布决策［J］．中国工业经济，2019（10）：137-154.

[14] 谭小芬，张文婧．经济政策不确定性影响企业投资的渠道分析［J］．世界经济，2017（12）：3-26.

[15] 王雄元，高开娟．客户关系与企业成本粘性：敲竹杠还是合作［J］．南开管理评论，2017，20（1）：132-142.

[16] 王永钦，董雯．机器人的兴起如何影响中国劳动力市场？——来自制造业上市公司的证据［J］．经济研究，2020，55（10）：159-175.

[17] 韦东明，顾乃华，韩永辉．人工智能推动了产业结构转型升级吗——基于中国工业机器人数据的实证检验［J］．财经科学，2021（10）：70-83.

[18] 杨国超，邝玉珍，梁上坤．基础设施建设与企业成本管理决策：基于高铁通车的证据［J］．世界经济，2021（9）：207-232.

[19] 杨洁，詹文杰，李月娥．五年规划变更视角下产业政策不确定性对企业现金持有行为的影响研究［J］．管理学报，2021（11）：1721-1729.

[20] 余玲铮，魏下海，孙中伟，吴春秀．工业机器人、工作任务与非常规能力溢价——来自制造业"企业—工人"匹配调查的证据［J］．管理世界，2021（1）：47-59.

[21] 张杰，郑文平，翟福昕．融资约束影响企业资本劳动比吗？——中国的经验证据［J］．经济学（季刊），2016（3）：1029-1056.

[22] Acemoglu D., A. Finkelstein. Input and Technology Choices in Regulated Industries: Evidence from the Health Care Sector [J]. Journal of Political Economy, 2008, 116: 837-880.

[23] Acemoglu D., P. Restrepo. The Race between Man and Machine: Implications of Technology for Growth, Factor Shares, and Employment [J]. American Economic Review, 2018a, 108: 1488-1542.

[24] Acemoglu D., P. Restrepo. Robots and Jobs: Evidence from US Labor Markets [J]. Journal

of Political Economy, 2020, 128 (6): 2188-2244.

[25] Acemoglu D., P. Restrepo. Secular Stagnation? The Effect of Aging on Economic Growth in the Age of Automation [J]. American Economic Review: Papers and Proceedings, 2017, 107: 174-179.

[26] Acemoglu D., P. Restrepo. Artificial Intelligence, Automation and Work [R]. NBER Working Paper, 2018b.

[27] Acmoglu D., C. Lelarge, P. Restrepo. Competing with Robots: Firm Levels from France [R]. NBER Working Paper, 2020.

[28] Autor D. H., F. Levy, R. J. Murnane. The Skill Content of Recent Technological Change: An Empirical Exploration [J]. The Quarterly Journal of Economics, 2003, 118 (4): 1279-1333.

[29] Bernanke B. S. Irreversibility, Uncertainty, and Cyclical Investment [J]. Quarterly Journal of Economics, 1983, 98 (1): 1341-1393.

[30] Cheng H., R. Jia, D. Li. The Rise of Robots in China [J]. Journal of Economic Perspectives, 2019, 33: 71-88.

[31] Chu Y., X. Tian, W. Wang. Corporate Innovation Along the Supply Chain [J]. Management Science, 2019, 65: 2445-2466.

[32] Cong L. W., S. T. Howell. Policy Uncertainty and Innovation: Evidence from Initial Public Offering Interventions in China [J]. Management Science, 2021, 67 (11): 7238-7261.

[33] Coviello N., R. Joseph. Creating Major Innovations with Customers: Insights from Small and Young Technology Firms [J]. Journal of Marketing, 2012, 76: 87-104.

[34] Fang E. Customer Participation and the Trade-off between New Product Innovativeness and Speed to Market [J]. Journal of Marketing, 2008, 72: 90-104.

[35] Farinas J. C., S. Ruano. Firm Productivity, Heterogeneity, Sunk Costs and Market Selection [J]. International Journal of Industrial Organization, 2005, 23: 505-534.

[36] Gosman M. L., M. J. Kohlbeck. Effects of the Existence and Identity of Major Customers on Supplier Profitability: Is Wal-Mart Different? [J]. Journal of Management Accounting Research, 2009, 21: 179-201.

[37] Graetz G., G. Michaels. Robots at Work [J]. Review of Economics and Statistics, 2018, 100 (5): 753-768.

[38] Gulen H., M. Ion. Policy Uncertainty and Corporate Investment [J]. Review of Financial Studies, 2016, 29: 523-564.

[39] Hau H., Y. Huang, G. Wang. Firm Response to Competitive Shocks: Evidence from China's Minimum Wage Policy [J]. Review of Economic Studies, 2020, 87 (6): 2639-2671.

[40] Hubmer J., P. Restrepo. Not a Typical Firm: The Joint Dynamics of Firms, Labor Shares, and Capital-Labor Substitution [R]. NBER Working Papers, 2021.

[41] Hui K. W., S. Klasa, P. E. Yeung. Corporate Suppliers and Customers and Accounting Conservatism [J]. Journal of Accounting and Economics, 2012, 53: 115-135.

[42] Jia N. Competition, Governance, and Relationship-specific Investments: Theory and Implications for Strategy [J]. Strategic Management Journal, 2013, 34 (13): 1551-1567.

[43] Kale J. R., H. Shahrur. Corporate Capital Structure and the Characteristics of Suppliers and Customers [J]. Journal of Financial Economics, 2007, 83: 321-365.

[44] Kulp S. C., H. L. Lee, E. Ofek. Manufacturer Benefits from Information Integration with Retail Customers [J]. Management Science, 2004, 50: 431-444.

[45] Maksimovic V., S. Titman. Financial Policy and Reputation for Product Quality [J]. Review of Financial Studies, 1991, 4: 175-200.

[46] Oster S. The Diffusion of Innovation Among Steel Firms [J]. Bell Journal of Economics, 1982, 13: 45-56.

[47] Patatoukas P. N. Customer-base Concentration: Implications for Firm Performance and Capital Markets [J]. The Accounting Review, 2012, 87 (2): 363-392.

[48] Remeo A. Interindustry and Interfirm Differences in the Rate of diffusion in the Innovation [J]. Review of Economics and Statistics, 1975, 57: 311-319.

[49] Shleifer A., R. W. Vishny. Liquidation Values and Debt Capacity: A Market Equilibrium Approach [J]. The Journal of Finance, 1992, 47: 1343-1366.

[50] Trajtenberg M. AI as the Next GPT: A Political-economy Perspective [R]. NBER Working Paper, 2018.

[51] Tuzel S., M. B. Zhang. Economic Stimulus at the Expense of Routine-task Jobs [J]. The Journal of Finance, 2021, 76: 3347-3399.

[52] Weber C. A., J. R. Current, W. C. Benton. Vendor Selection Criteria and Methods [J]. European Journal of Operational Research, 1991, 50: 2-18.

[53] Williamson O. E. The Economic Institutions of Capitalism [M]. New York: Free Press, 1985.

[54] Zhang M. B. Labor-technology Substitution: Implications for Asset Pricing [J]. Journal of Finance, 2019, 74: 1793-1839.

技术创新

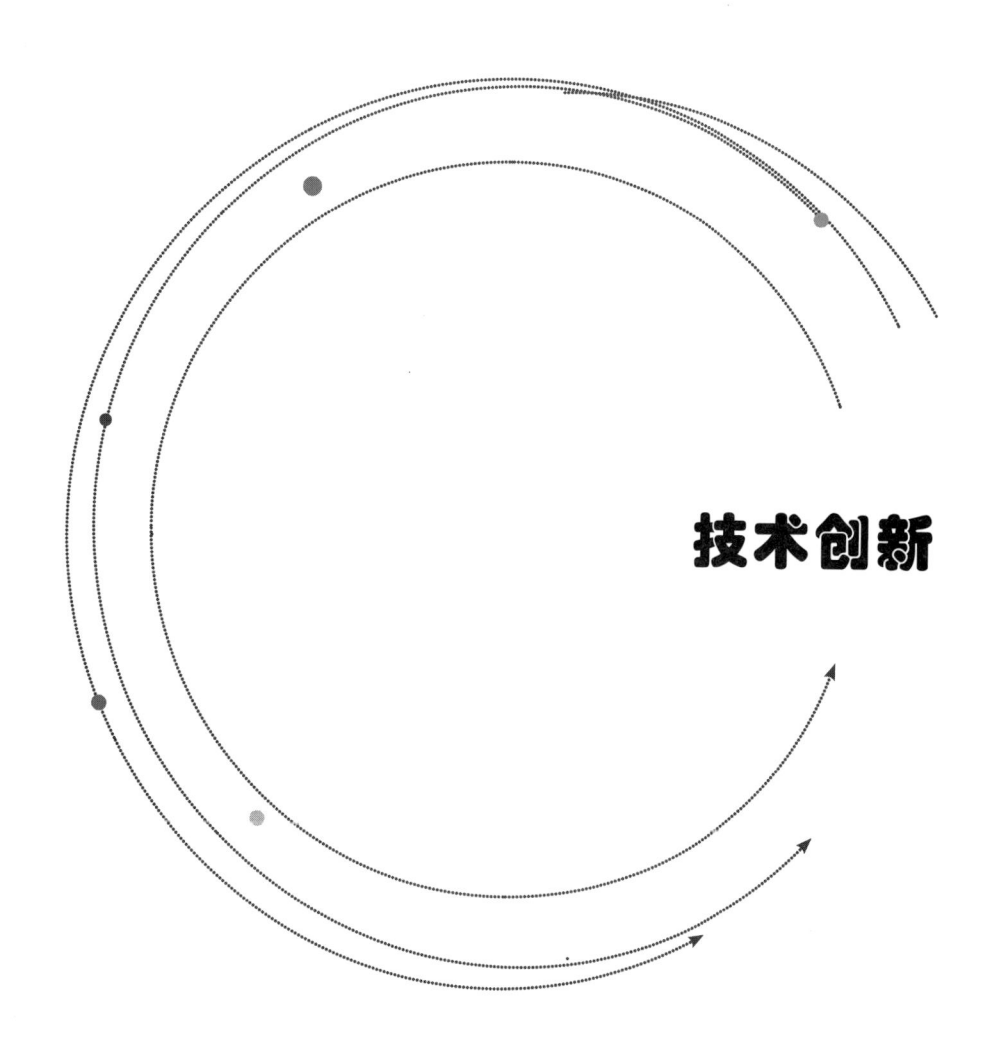

数字技术对制造业与服务业融合发展的影响：
理论机制与经验证据

钞小静 元茹静

[摘要] 在数字经济时代，制造业与服务业的融合发展成为重要表现。本文基于手工整理的上市公司数据和爬虫获取的文本数据，测度了 2007~2020 年我国 282 个地级市的制造业与服务业融合发展水平，并从理论和实证层面研究了数字技术对制造业与服务业融合发展的影响。研究发现：数字技术对制造业与服务业的融合发展具有显著的正向影响，其核心机制在于数字技术通过提升技术创新、增强资源整合效应以及打破地理空间局限推动了制造业与服务业的融合发展。异质性分析表明：在城市群、高新技术行业、数字化发展程度高以及市场化程度较高的地区，数字技术对制造业与服务业融合发展水平的促进效应更为明显。本研究为数字经济时代下我国如何建设先进制造业和现代服务业深度融合的现代产业体系提供了政策启示。

[关键词] 数字技术；技术融合；业务融合；市场融合；制造业与服务业融合发展

一、引言与文献综述

随着新一轮科技革命和产业变革的加速发展，制造业与服务业的产业边界逐渐趋于模糊，在制造业由单一生产型向"生产+服务"型转变的同时，服务业的生产过程也开始出现制造业特征。《中华人民共和国国民经济和社会发展第十四个五年规划和 2035 年远景目标纲要》指出，促进先进制造业和现代服务业深度融合。随着数字技术的广泛应用，现代产业体系的范式正在被重构。《"十四五"数字经济发展规划》中也强调要以数字技术促进产业融合发展、培育融通发展模式。在数字经济时代下，深刻认识数字技术对制造业与服务业融合发展的作用，对于推动我国数字经济健康发展，建设先进制造业和现代服务业深度融合的现代产业体系具有重要意义。

如何理解和度量制造业与服务业的融合发展是现有研究的重点。学术界对制造业与服务业融合发展内涵的研究主要经历了两个阶段，第一阶段将二者的融合发展理解为制造业服务化或服务业制造化。其中，制造业服务化主要表现为制造业由提供制造品本身逐渐转向提供生产性服务（Vandermerwe and Rada，2010；刘斌等，2016）；服务业制造化则是指服务业将制造业的现代化生产方式、标准化产品引入到服务业中，从而使服务业中具有越来越多的制造业元素（White and Feng，1999）。随着制造业与服务业互动关系的不断加深，二者的融合发展逐渐进入协同融合的第二阶段，其主要内涵演变为制造业与服务业之间相互作用、相互依赖、共同发展的动态协同发展关系（孙正等，2021）。相应地，针对上述两个不同阶段，制造业与服务业融合

[作者简介] 钞小静，西北大学经济管理学院教授、博士生导师，主要研究方向：数字经济与高质量发展。元茹静，西北大学经济管理学院博士研究生，研究方向：经济发展问题。

[基金项目] 国家社会科学基金项目"数字经济推动经济高质量发展的机制及路径研究"（21BJL002）；陕西省社会科学基金项目"数字基础设施推动陕西制造业转型升级的路径及机制研究"（2019D018）；陕西省教育厅新型智库项目"陕西省平台经济发展现状及趋势"（20JT066）。

的测度方法也分为两类，对制造业服务化和服务业制造化的测度主要采用投入产出法（刘斌等，2016）、业务收入占比法（陈漫和张新国，2016）。但由于投入产出表数据的时间不连续，因此无法精准刻画制造业与服务业融合发展的演化特征；而业务收入占比法往往基于投入角度，忽略了对产出视角的考量。对制造业与服务业协同融合的测度，一般采用耦合协调度模型来进行测算分析（梁红艳，2021），但是这一方法更加强调制造业与服务业的协调同步性，无法真实反映出制造业与服务业融合过程中真正的内在互动关系。

目前对制造业与服务业融合发展影响因素的研究相对较少。现有文献发现营商环境质量（祝树金等，2021）、"营改增"政策的实施（孙晓华等，2020）、对外贸易程度（顾乃华和夏杰长，2010）等均会对制造业与服务业的融合产生正向影响。随着人工智能、大数据、物联网等现代信息技术的不断突破，其对经济社会的引领带动作用日益凸显。数字技术通过价值创造和价值重塑，解决了制造业中服务化价值低端锁定、跨领域价值共创目标难以实现等问题，出现了耦合共生的现代产业结构，驱动了制造业与服务业的融合发展（赵宸宇等，2021；焦勇，2020）。但目前仅有少量文献定性分析了数字技术对制造业与服务业融合发展的影响。数字技术主要从两方面影响制造业和服务业的融合发展：一方面，制造业依靠大数据、云计算、物联网等技术，将传感器、软硬件系统嵌入产品和装备，通过开展远程运维、监控服务提升产品性能，实现从提供产品向提供基于产品的服务转变（陈剑等，2020）；另一方面，制造业可以凭借云计算、云服务平台共享信息、知识和创新资源，整合各方优势资源，为顾客提供人员培训、商贸物流、金融担保、检测认证等与其实物产品密切相关的服务，从而实现制造业与服务业在线上线下的融合发展（王凤彬等，2019）。

上述文献对于认识和理解数字技术和制造业与服务业融合发展的关系具有重要的借鉴意义。与既有研究相比，本文的贡献主要体现在：第一，从数字技术视角出发，在技术融合、业务融合、市场融合三个维度系统考察其对制造业与服务业融合发展的影响及作用机制，扩展了制造业与服务业融合发展水平影响因素的研究。第二，笔者手工整理了制造业与服务业上市公司专利、业务构成等相关数据，从技术融合、业务融合、市场融合三个维度构建了评价指标体系，运用纵横向拉开档次法测度制造业与服务业的融合发展水平。第三，实证检验数字技术对制造业与服务业融合发展的影响效应，为制造业与服务业融合发展的讨论提供新的经验证据。

本文剩余的部分安排如下：第二部分提出数字技术影响制造业与服务业融合发展的理论机制；第三部分是制造业与服务业融合发展的测度；第四部分是实证模型设定；第五部分是实证结果分析；第六部分是进一步讨论；第七部分是本文的研究结论与政策建议。

二、理论机制

制造业与服务业的融合是一个由技术融合到业务融合，再到市场融合逐步深化的动态进程。其中，技术融合是指制造业与服务业技术之间的相互渗透、融合与再创新过程；业务融合是指在技术融合的基础上，制造业与服务业中出现的业务流程交叉重组；市场融合则是在技术融合和业务融合形成之后，进一步诱发不同细分市场之间发生聚合，形成全新的融合市场形态（胡汉辉和邢华，2003）。在每一次科技革命中，新技术的广泛应用和推广均是重塑产业发展形态的重要力量。5G、物联网、大数据、人工智能、云计算等数字技术具有强渗透性和广覆盖性，可以深入渗透到产业发展的各个环节，驱动产业体系重构与范式转变。与此同时，现阶段的数字技术还具有集群性突破、协同性创新与融合性应用的典型特征，这种集成迭代应用有助于打破产业之间的技术边界、业务边界以及市场边界，从而促进制造业与服务业的深度融合。

本文借鉴谢康等（2012）的趋同模型分析数字技术对制造业和服务业融合发展的影响关系。假设制造业向服务业融合的融合系数为 r_1，服务业向制造业融合的融合系数为 r_2，设 X_1^j 表示制造业（i=1）或者服务业（i=2）在j阶段末所处的位置，经n轮融合之后，初始状态X_1^0和X_2^0的位置变为X_1^n和X_2^n。

第n阶段末制造业和服务业的融合状态分别为：

$$X_1^n = X_1^{n-1} + r_1(X_2^{n-1} - X_1^{n-1}) = (1-r_1)X_1^{n-1} + r_1 X_2^{n-1} \tag{1}$$

$$X_2^n = X_2^{n-1} + r_2(X_1^{n-1} - X_2^{n-1}) = (1-r_2)X_2^{n-1} + r_2 X_1^{n-1} \tag{2}$$

当$X_1^n = X_2^n$时，即制造业和服务业融合偏离程度$d_n = |X_1^n - X_2^n| = 0$时，制造业和服务业达到完全融合。在制造业和服务业融合发展的进程中，制造业更容易凭借自身的优势率先进行服务化转型，因此$X_1^n > X_2^n$且$r_1 > r_2$。

令$r = \dfrac{r_1 + r_2}{2}$，融合第一阶段末的距离可以表示为：

$$d_1 = X_1^1 - X_2^1 = (1 - r_1 - r_2)(X_1^0 - X_2^0) = (1 - 2r)d_0 \tag{3}$$

融合第n阶段末的距离可以表示为：

$$d_n = X_1^n - X_2^n = (1 - r_1 - r_2)(X_1^{n-1} - X_2^{n-1}) = (1 - 2r)^n d_0 \tag{4}$$

现有文献研究发现大数据、云计算、物联网等数字技术，可以提高研发设计、生产管理、金融担保、检测认证等服务要素在制造业中的投入，帮助制造业实现从提供产品向提供基于产品的服务转变。同时依托于数字技术搭建的应用平台，实现设备、人、信息技术一体化，促进制造业与服务业在线上线下的融合发展。因此本文假设数字技术是制造业和服务业融合偏离程度的单调递减函数，即$digital^n(d_n) = \dfrac{a_i}{d_n}$，$1 > a_i > 0$。

令$a = \dfrac{a_1 + a_2}{2}$，在制造业和服务业融合的第n阶段：

$$digital^n = digital_1^n + digital_2^n = \dfrac{a_1}{d_n} + \dfrac{a_2}{d_n} = \dfrac{2a}{(1-2r)^n d_0} \tag{5}$$

由式（5）可知，数字技术水平逐渐提升且在完全融合点达到最高。同时由$r = \dfrac{1}{2} - \dfrac{1}{2}\left(\dfrac{2a}{d_0 \times digital^n}\right)^{\frac{1}{n}}$可知，$\dfrac{dr}{d(digital^n)} > 0$，证明数字技术水平的提升确实有助于制造业和服务业融合发展水平的提高。由此得到：

假说1：数字技术水平的发展有助于提升制造业和服务业的融合发展水平。

技术融合是产业融合最重要的前提基础，新的通用技术的出现一般会促使在产业边界和交叉处发生技术融合，并逐渐改变产业之间的交互关系、模糊产业边界，由此形成产业融合（胡汉辉和邢华，2003）。数字技术是由5G、人工智能、工业互联网等新一代信息技术集成迭代所形成的通用目的技术，这类新技术的广泛应用能够重塑传统产业的技术路线，并促使现有产业衍生叠加出新环节、新链条，实现产业体系的重构与转变。因此，本文假设技术创新是制造业和服务业融合偏离程度的单调递减函数和数字技术水平的单调递增函数，即$Inno(d_1, digital^1) = \dfrac{b_i}{d_1} + \theta_i digital^1$，$1 > b_i > 0$，$1 > \theta_i > 0$。

令$b = \dfrac{b_1 + b_2}{2}$，$\theta = \dfrac{\theta_1 + \theta_2}{2}$，在制造业和服务业融合的第一阶段，技术创新水平为：

$$Inno^1 = Inno_1^1 + Inno_2^1 = \dfrac{b_1}{d_1} + \theta_1 digital^1 + \dfrac{b_2}{d_1} + \theta_2 digital^1 = \dfrac{2b + 4a\theta}{(1-2r)d_0} \tag{6}$$

由式（6）可知，技术创新水平逐渐提升且在完全融合点达到最高。$\dfrac{dr}{dInno^1} > 0$，并且制造业和服务业使用数字技术之后，$\frac{dr}{dInno_1}$ 显著增加，因此数字技术能够通过提升技术创新水平推动制造业和服务业的融合发展。具体而言，数字技术可以充分渗透到制造业的研发设计、生产制造和市场匹配等各个环节，形成系统化、智能化、集成化、协同化的生产制造过程。与此同时，依托数字技术还可以对传统服务业进行技术升级与模式创新，并由此产生新兴服务业。在此基础上，数字技术通过打造丰富的制造业与服务业技术融合的应用场景，搭建制造业与服务业之间一体化的技术融合平台，加强制造业与服务业技术的互联性和互换性，由此带来制造业与服务业之间的技术渗透，促进先进制造业和现代服务业的深度融合（祝合良和王春娟，2021；任保平，2020；钞小静等，2022）。由此得到：

假说2：数字技术有助于制造业和服务业进行技术升级和模式创新，搭建制造业与服务业之间一体化的技术融合平台，进而推动制造业和服务业的技术融合发展。

当新的通用技术带来技术融合以后，原有的产业发展路径相应会发生改变，出现产业间的业务交叉、功能互补及延伸，从而实现产业之间的融合（胡汉辉和邢华，2003）。数字技术的低成本复制特征和互联能力能够提升信息透明度和信息传递效率，推进资源快速有效流动，而且有助于及时获取与技术、业务相关的数据资源，并从海量原始数据之中识别出不易被发现的复杂关系，促使信息有效对接与资源高效整合，并由此衍生形成交叉融合的业务内容，推动制造业和服务业的融合发展（王佳元，2022）。因此本文假设资源整合程度是制造业和服务业业务融合偏离程度的单调递减函数和数字技术的单调递增函数，即 $Resource(d_2, digital_2) = \frac{c_i}{d_2} + \alpha_i digital_2$，$1>c_i>0$，$1>\alpha_i>0$。

令 $c = \frac{c_1+c_2}{2}$，$\alpha = \frac{\alpha_1+\alpha_2}{2}$，在制造业和服务业融合的第二阶段，资源整合程度为：

$$Resource^2 = Resource_1^2 + Resource_2^2 = \frac{c_1}{d_2} + \alpha_1 digital_2 + \frac{c_2}{d_2} + \alpha_2 digital_2 = \frac{2c+4a\alpha}{(1-2r)^2 d_0} \tag{7}$$

由式（7）所知，资源整合程度逐渐增加且在完全融合点达到最大。$\frac{dr}{dResource^2}>0$，并且制造业和服务业使用数字技术之后，$\left|\frac{dr}{dResource^2}\right|$ 显著增大，说明数字技术能够通过增强资源整合效应推动制造业和服务业的融合发展。一方面，以大数据、云计算、物联网和人工智能为核心的通用数字技术，通过与传统技术的融合共生，形成纵向互联、横向共生的新产业形态，在互联互通的新产业生态下，制造业与服务业之间的各种资源相互交织碰撞并进行重新整合，推动制造业和服务业的业务融合发展（王佳元，2022）；另一方面，依托数字技术建立的大数据交流平台，可以实现人、机、物多元主体之间的全面互联、高效互通与协同演进，这使得制造业与服务业之间各类资源要素实现了更加有效的聚合共享，从而带动大规模的业务交叉与协作，促进制造业和服务业深度融合（钞小静等，2022）。由此得到：

假说3：数字技术有助于制造业与服务业之间的各种资源相互交织碰撞并进行重新整合，带动大规模的业务交叉与协作，进而推动制造业和服务业的业务融合发展。

市场融合是产业融合最终的表现形态，通用技术的革新会带来产业市场的不断整合，产业边界逐渐模糊，由此出现产业融合（胡汉辉和邢华，2003）。数字技术在制造业与服务业中的集成应用，可以有效克服时间空间的物理约束，将不同利益主体置于一个完全开放的复杂价值创造网络中，从而突破传统产业市场边界，实现制造业和服务业的市场融合（王如玉等，2018）。因此，本文假设空间障碍是制造业和服务业市场融合偏离程度的单调递增函数和数字技术的单调递减函数，即 $space(d_3, digital_3) = s_i d_3 + \frac{\beta_i}{digital_3}$，$1>s_i>0$，$1>\beta_i>0$。

令 $s=\frac{s_1+s_2}{2}$，$\beta=\frac{\beta_1+\beta_2}{2}$，在制造业和服务业融合的第三阶段，空间障碍为：

$$space^3 = space_1^3 + space_2^3 = s_1 d_3 + \frac{\beta_1}{digital_3} + s_2 d_3 + \frac{\beta_2}{digital_3} = 2s(1-2r)^3 d_0 + \frac{(1-2r)^3 d_0 \beta}{a} \quad (8)$$

由式（8）可知，地理空间障碍逐渐减小且在完全融合点达到最小。$\frac{dr}{dspace^3}<0$，并且制造业和服务业使用数字技术之后，$\left|\frac{dr}{dspace^3}\right|$ 显著减小，说明数字技术能够通过打破地理空间局限推动制造业和服务业的融合发展。从要素市场来看，人工智能、边缘计算等数字技术能够延伸、扩展人的学习与创新能力，不断拓宽其知识储备，并通过数字化的平台促使劳动要素形成虚拟空间集聚与协作。如海尔开放创新平台将其研发活动向全社会开放，员工可以线上与企业分享创意、资源、技术、能力与成果，这不仅确保了弹性的研发工作方式，而且更重要的是实现了制造业与服务业劳动要素在虚拟空间的聚集（李海舰和朱芳芳，2017）。与此同时，依托数字技术可以克服不同地区各行业之间的信息不对称与资金流动障碍，以数字技术为驱动力、以信用体系为基石的新金融服务业能够真正将金融与生产融为一体，更好地服务于制造业，而基于大数据的企业征信和小微贷款有效解决了制造业"融资难"问题，低门槛、低成本的金融服务成为"大众创业、万众创新"的保障，由此加速了资本要素的跨界整合。从产品市场来看，数字技术使消费者不受区域、时段、店面的限制，商品不受内容、形式、种类和数量的限制。在此基础上，数字技术万物互联的属性还能够带来制造业与服务业在产品生产、分配、交换和消费各个环节的多方协同，并且根据梅特卡夫法则，网络节点数量增长会带来网络价值以倍数平方的速度增长，由此带来制造业与服务业以更快的速度实现产品市场的融合（王如玉等，2018）。由此得到：

假说4：数字技术能够有效克服制造业和服务业时间空间的物理约束，突破传统产业的市场边界，进而推动制造业和服务业市场融合发展。

三、中国制造业与服务业融合发展水平的测度

目前制造业与服务业融合发展水平的测度方法主要分为三类：一是体现产业间供需结构的投入产出法，由于无法获取时间连续的投入产出数据，导致较难分析制造业与服务业融合发展的演化特征；二是考虑产业间协调度的耦合度评价法，此方法更加强调制造业与服务业的协调同步性；三是基于微观企业数据的业务收入占比法，但该方法无法全面刻画制造业与服务业的融合互动关系。本文力图从制造业与服务业的融合路径出发，运用纵横向拉开档次法对制造业与服务业融合发展水平进行准确测度和动态分析。

（一）指标体系构建

本文基于制造业与服务业融合发展的路径，从技术融合、业务融合、市场融合三个维度入手，共选取10个基础指标构建衡量制造业与服务业融合发展的指标体系，并使用纵横向拉开档次法对我国282个地级市2007~2020年的制造业与服务业融合发展水平进行测算。指标体系如表1所示。

表1 制造业与服务业融合发展水平指标体系

二级指标	三级指标
技术融合	制造业专利中服务专利占比
	服务业专利中制造专利占比
	技术进步渗透指数

续表

二级指标	三级指标
业务融合	制造业中服务业务数目占比
	服务业中制造业务数目占比
	制造业中服务业务收入占比
	服务业中制造业务收入占比
市场融合	资本市场协调集聚度
	劳动力市场协调集聚度
	产品市场协调集聚度

（1）技术融合：本文共选取制造业专利中服务专利占比、服务业专利中制造专利占比、技术进步渗透指数3个三级指标来刻画技术融合。制造业专利中服务专利占比、服务业专利中制造专利占比反映了制造业与服务业发生融合时制造技术与服务技术的变化过程。技术进步渗透指数是指行业之间的技术溢出导致制造业与服务业突破自身技术实现制造业与服务业技术融合的过程。其中，制造业专利中服务专利占比用制造业上市公司当年申请的服务专利数目与申请专利总数目的比值来衡量，服务业专利中制造专利占比用服务业上市公司当年申请的制造专利数目与申请专利总数目的比值来衡量。技术进步渗透指数用全要素生产率与行业关联度的乘积衡量，借鉴Jaffe（1986）的研究，行业关联度的具体测算公式为：

$$\omega_{ij} = \frac{\sum_{n=1}^{2} q_{ni} q_{nj}}{\sqrt{\sum_{n=1}^{2} q_{ni}^2 \sum_{n=1}^{2} q_{nj}^2}}, \quad i, j = 1, 2 \tag{9}$$

其中，q_{ni} 表示制造业i生产1单位产出所用服务业j中间品的直接消耗和间接消耗，用完全消耗系数表示。当 ω_{ij} 越接近1时，表示制造业与服务业的行业关联性越强。完全消耗系数由各省统计局公布的各省份投入产出表计算得到，由于各省份仅公布了2007年、2012年、2015年、2017年的投入产出表，本文采用线性插值法对缺失年份的数据进行补充。

（2）业务融合：本文共选取制造业中服务业务数目占比、服务业中制造业务数目占比、制造业中服务业务收入占比、服务业中制造业务收入占比4个三级指标来刻画业务融合。其中，制造业中服务业务数目占比用制造业上市公司中服务业务数目与制造业上市公司总业务数目的比值来衡量，服务业中制造业务数目占比用服务业上市公司中制造业务数目与服务业上市公司总业务数目的比值来衡量，制造业中服务业务收入占比用制造业上市公司中服务业务所得营业收入与制造业上市公司总营业收入比值来衡量，服务业中制造业务收入占比用服务业上市公司中制造业务所得营业收入与服务业上市公司总营业收入比值来衡量。

（3）市场融合：本文共选取资本市场协调集聚度、劳动力市场协调集聚度、产品市场协调集聚度3个三级指标来刻画市场融合。产业集聚是指同一产业在地理空间上的高度集中，生产要素在空间范围内不断集聚的过程，产业协同集聚是产业集聚动态发展过程中的特殊形式。服务业通过加快要素市场和产品市场的流通，促进与制造业价值链的有效契合，实现制造业与服务业要素市场、产品市场的协同集聚。因此，本文借鉴Ellison等（2010）提出的产业间协同集聚的思想，结合张虎等（2017）的方法构建制造业与服务业资本市场协调集聚度、劳动力市场协调集聚度、产品市场协调集聚度。首先，通过区位熵指数构建制造业与服务业集聚指数；其次，基于经济活动集聚指标的差异性刻画制造业与服务业资本市场、劳动力市场、产品市场协同集聚特征。制造业与服务业资本市场、劳动力市场、产品市场协同集聚指数分别采用固定资产投资总额、就业人数、销售收入基础指标测算得到。具体方法如下：

$$LQ_{ijm} = \frac{q_{ijk}}{q_{jk}} \bigg/ \frac{q_{ik}}{q_k} (i = 1, 2) \tag{10}$$

其中，LQ_{ijm} 是 j 地级市 i 产业 m 市场在 k 省份的集聚指数，q_{ijk} 分别是 j 地级市 i 产业的固定资产投资总额、就业人数、销售收入，q_{jk} 是 j 地级市制造业与生产性服务业固定资产投资总额之和、就业人数之和、销售收入之和，q_{ik} 是 k 省份 i 产业的固定资产投资总额、就业人数、销售收入，q_k 是 k 省份制造业与生产性服务业固定资产投资总额之和、就业人数之和、销售收入之和。

$$LQ_m = \left(1 - \frac{|LQ_{1jm} - LQ_{2jm}|}{|LQ_{1jm} + LQ_{2jm}|}\right) + |LQ_{1jm} + LQ_{2jm}| \tag{11}$$

其中，LQ_m 为制造业与服务业 m 市场的协调集聚指数，LQ_{1jm} 为 j 地级市制造业 m 市场的集聚指数，LQ_{2jm} 为 j 地级市服务业 m 市场的集聚指数。

（二）制造业与服务业融合发展水平测度结果分析

1. 整体层面的测算结果分析

通过对制造业与服务业整体融合发展水平测算可以发现，2007~2020 年中国制造业与服务业融合发展水平由 0.09 提高至 0.70，呈现逐渐增加的趋势，并且从 2014 年开始，增速明显提高。这主要是因为从 2014 年开始国务院出台了《国务院关于加快发展生产性服务业促进产业结构调整升级的指导意见》《国务院关于推进文化创意和设计服务与相关产业融合发展的若干意见》等文件支持制造业与服务业融合发展，鼓励积极发展定制生产，满足客户个性化需求，加快生产制造与服务融合，促使我国产业逐步由生产制造型向生产服务型转变。

分维度指标来看，业务融合发展状况最好，且后期一直保持快速增长，尤其 2014 年之后增速明显提升；技术融合次之，在 2007~2009 年保持着平缓增长，经历了 2010 年、2011 连续两年的快速增长之后，在 2014 年之前又恢复为相对平稳增速，2014 年之后增速明显提升；市场融合基本保持在 0.11 左右，无明显变化（见图 1）。制造业与服务业发展不平衡、协同性不强，导致制造业和服务业目前仍处于一个相对割裂的状态，制造业向服务业延伸不足，服务业向制造业拓展不足。首先，制造业"重制造、轻服务"，热衷于为获取经营收益展开的"混入式服务"业务，包括从事房地产、金融、餐饮旅游等服务（孙晓华等，2020），而未重视技术融合创造的价值，如设计赋能制造、科技赋能制造等。其次，消费互联网发达但服务于制造的工业互联网亟待提升，生产性服务业向专业化和价值链高端延伸不足，制造业与服务业之间的技术融合仍处于低端状态。因此技术融合发展程度略低于业务融合。随着数字经济的发展，数字技术强大的渗透力与普适性特点逐渐消除了服务业与制造业原有的技术专用边界障碍，把不同的技术联结起来，使制造业与服务业的技术融合整体呈增长态势。

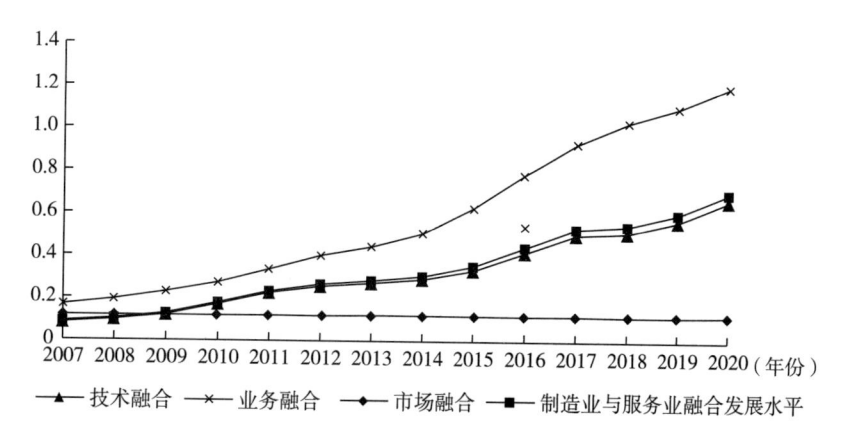

图 1 2007~2020 年中国制造业与服务业融合发展水平及分维度的变化趋势

2. Kernel 密度估计结果分析

根据纵横向拉开档次法测算得到的中国各地级市制造业与服务业融合发展水平绘制 Kernel 密度估计图，如图 2 所示。由图 2 可知，我国各地级市制造业与服务业融合发展水平主要呈以下分布特征：从分布位置来看，我国各地级市制造业与服务业融合发展水平的主峰位置总体均呈右移趋势，融合发展水平均得到有效提升。从主峰分布形态来看，中国各地级市制造业与服务业融合发展水平的绝对差异呈扩大趋势。具体来看，融合发展水平的主峰经历了"上升—下降—上升"的演变趋势，与 2007 年相比，2020 年主峰峰值较大，宽度呈现减小趋势，这意味着中国各地级市制造业与服务业融合发展水平的绝对差异状况得到了改善。峰度最低的样本出现在 2014 年，说明 2014 年各地级市之间的制造业与服务业融合发展水平差距最大。从极化趋势来看，中国各地级市制造业与服务业融合发展水平呈两极分化状态。中国各地级市制造业与服务业融合发展水平的分布曲线均由主峰和侧峰两部分构成，大多数地级市的制造业和服务业融合发展水平处于较低水平，仅有少数地级市处于高水平，说明地级市之间的融合发展水平存在明显的两极分化，主峰与侧峰之间保持着稳定的高度差，融合发展水平存在着明显的梯度效应。

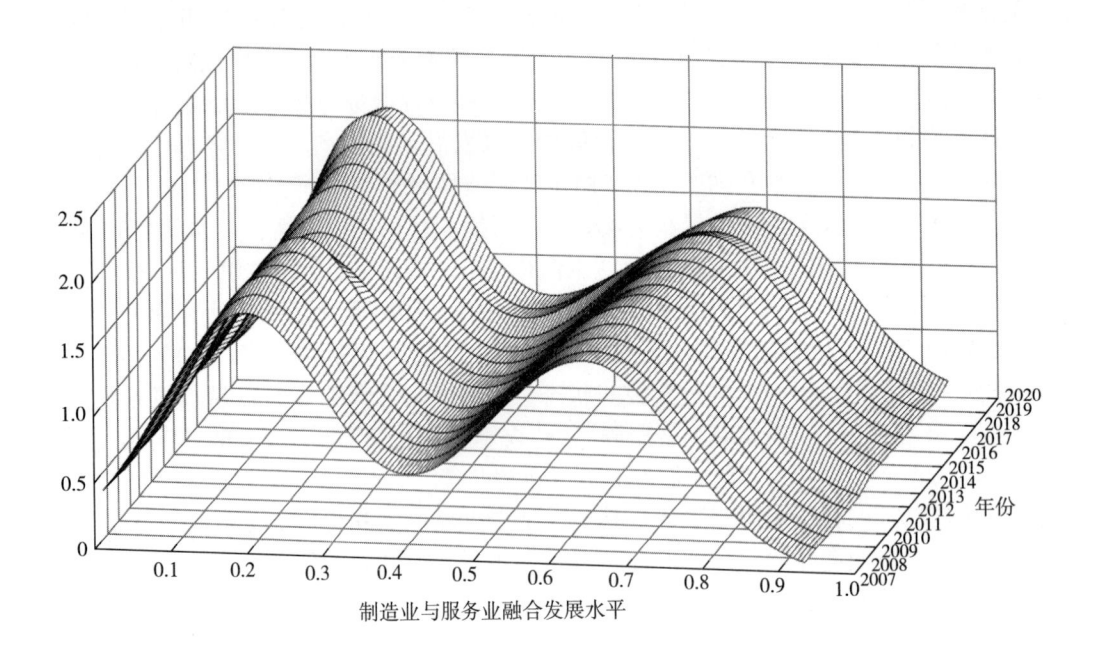

图 2 各地级市制造业与服务业融合发展水平的 Kernel 密度估计结果分析

四、实证模型设定

（一）基准计量模型设定

在检验数字技术对制造业和服务业融合发展水平影响效应的实证研究中，本文设定的基准计量模型如下：

$$\text{Integrate}_{it} = \alpha_0 + \alpha_1 \text{digital}_{it} + \alpha_2 \sum X_{it} + \mu_{it} + \gamma_{it} + \varepsilon_{it} \quad (12)$$

其中，被解释变量为 Integrate_{it}，表示地级市 i 在第 t 年的制造业和服务业融合发展水平，i 和 t 分别表示地级市和年份；核心解释变量为 digital_{it}，表示地级市 i 在第 t 年的数字技术水平；X_{it} 是一系列影响制造业和服务业融合发展水平的控制变量，μ_{it} 为个体固定效应，γ_{it} 为时间固定效应，ε_{it} 为随机误差项。本文主要关注核心解释变量 digital_{it} 的系数，若 α_1 显著为正，则表示数字技术水平的提升能够显著促进制造业和服务业的融合发展。

（二）变量设定

1. 被解释变量

制造业与服务业融合发展水平：从技术融合、业务融合、市场融合三个维度构建指标体系，并使用纵横向拉开档次法进行测算。

2. 核心解释变量

目前对于数字技术水平的度量主要有三种方法：一是采用机器学习的文本分析法构建数字技术水平（赵宸宇等，2021；袁淳等，2021）；二是使用企业财务报表附注中无形资产明细项中与数字技术相关部分的金额占无形资产总额的比例度量数字技术水平（宋德勇等，2022）；三是采取问卷调查的方式构建数字技术水平（刘政等，2020）。本文主要借鉴第一种方法构建衡量数字技术水平的指标，并采用第二种方法进行稳健性分析。

本文借助国泰安数据库公布的数字技术词典，利用机器学习的文本分析法构建反映数字技术水平的指标（赵宸宇等，2021；袁淳等，2021）。首先，由于缺乏专门的与数字技术相关的术语词典，本文从国泰安数字经济库中公布的上市公司数字化词频表中提取与数字技术相关的词汇，这些词汇构成了本文的数字技术术语词典。其次，对年报相关语段进行文本分析。本文把上述数字技术术语词典中的词汇扩充到 Python 软件包的"jieba"中文分词库，然后基于机器学习的方法对制造业与服务业上市公司年报"管理层讨论与分析"部分进行文本分析，统计得到数字技术相关词汇在年报中出现的频率。最后，构建数字技术水平指标。用数字技术相关词汇频数总和除以年报"管理层讨论与分析"语段总词频来衡量数字技术水平，然后按照制造业与服务业上市公司注册所在地将其匹配到地级市用以衡量地级市制造业与服务业的数字技术水平。Digital 指标数值越大，表示数字技术水平越高（见图 3）。

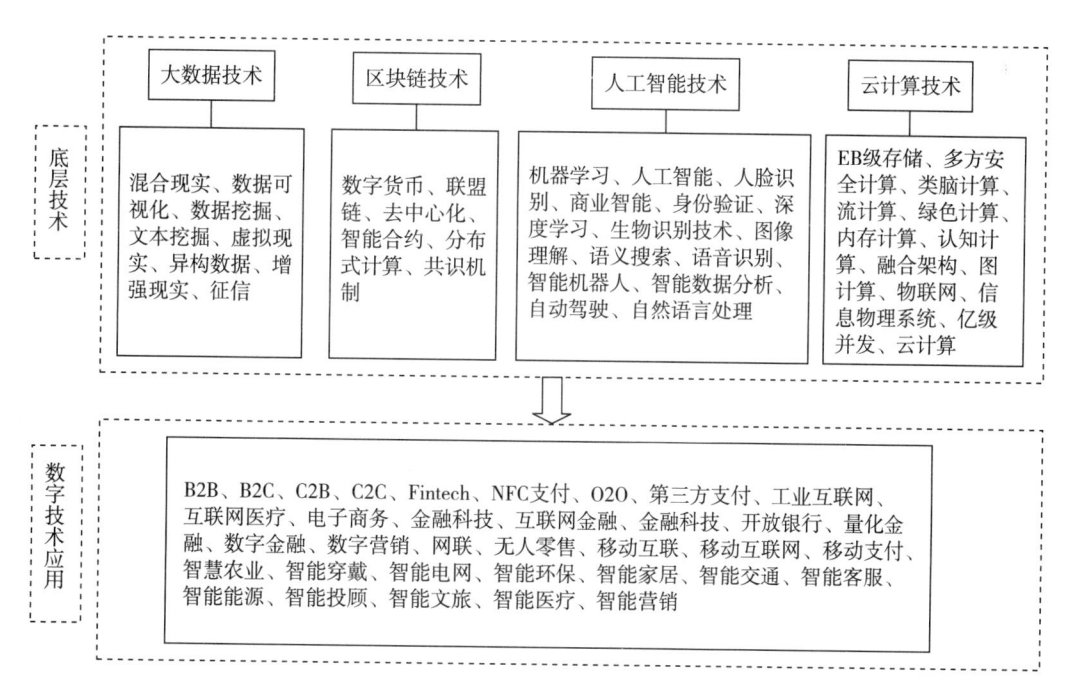

图 3　数字技术的基本词汇构成

3. 其他控制变量

参照已有研究的普遍做法（孙晓华等，2020），本文选取以下控制变量：企业层面控制变量：①市场竞争程度（Market），用勒纳指数衡量，即制造业与服务业上市公司主营业务收入减主营业务成本之差与主营业务收入的比值。②资产负债率（Lev），用制造业与服务业上市公司年末负债总额与资产总额的比值衡量。③无形资产占比（Intasset），用制造业与服务业上市公司无形资产与资产总额的比值计算。企业层面控制变量均按照制造业与服务业上市公司注册所在地将其匹配到地级市。地区层面控制变量。④居民收入（wage），用地级市居民平均工资衡量。⑤开放程度（Fore），用地级市外商实际投资额的对数衡量。⑥产业结构（Industrial），用地级市第三产业产值与第二产业产值的比重衡量。⑦政府支出（fiscal），用地级市教育财政支出额的对数表示。

4. 数据说明

本文的数据区间为2007~2020年，主要使用四类数据：第一类是上市公司专利数据，来源于专利之星检索系统，按照国民经济行业分类筛选制造业行业专利和服务业行业专利，同时在制造业行业专利中输入服务业上市公司名字全称并手工搜寻由服务业上市公司申请的专利数目，在服务业行业专利中输入制造业上市公司名字全称并手工搜寻由制造业上市公司申请的专利数目；第二类是企业年报数据，来源于巨潮资讯网，由于企业经营业务明细项目的营业收入情况仅在年报中汇报，因此本文从制造业与服务业上市公司年报中手工整理服务业务收入与制造业务收入，服务业务和制造业务以国民经济行业分类标准（GB/T 4754-2011）为判断依据；第三类是上市公司数据，来源于国泰安数据服务中心（CSMAR）；第四类是地级市数据，来源于EPS数据平台。其中，依据上市公司注册所在地信息实现制造业企业数据、服务业企业数据和地级市数据的匹配。由于西藏自治区数据缺失较多，本文删除了西藏自治区地级市数据和注册地在西藏自治区的上市公司数据。此外，剔除了ST类上市公司数据。变量定义及统计性描述如表2所示。

表2 变量定义及统计性描述

变量	观测值	平均值	标准差	最小值	最大值
Integrate	3948	0.4149	0.2296	0.0095	0.9359
Digital	3948	0.0019	0.0118	0	0.2973
wage	3948	0.4786	0.2208	0.0066	1.8503
Fore	3948	0.0518	0.0205	0	0.1644
Lev	3948	0.0296	0.0903	0	1.5380
Market	3948	0.1781	0.1748	0	0.9907
fiscal	3948	0.0826	0.0089	0.0468	0.1174
Industrial	3948	0.9871	0.5506	0.0942	5.3500
Intasset	3948	0.0351	0.0458	0	0.5187

五、实证结果分析

（一）基准回归结果

本文在基准回归部分采用最小二乘法、固定效应模型、Bootstrap方法和广义矩估计方法对数字技术和制造业与服务业融合发展水平的关系进行检验，结果如表3所示。表3第（1）列是采用最小二乘法的检验结果，从中可见，在控制时间效应、地区效应的基础上，数字技术的参数拟合值为0.3041，且通过了1%的统计显著性检验，表明数字技术对制造业与服务业的融合发展具有显著的促进作用。表3第（2）列是将估计方法更换为固定效应模型后的检验结果，数字技术的拟合系数依然显著为正。表3第（3）列是采用Bootstrap方法进行回归。考虑到制造业和服务业融合发展水平的当期值在很大程度上会受前期值的影响，从而产生序列自相关问题。为排除这一影响，本文进一步采用广义矩估计方法进行回归分析。表3第（4）列和第（5）列分别报告了系统GMM、差分GMM的回归结果，从中可见，制造业与服务业融合发展水平滞后一期的系数在两个模型中均显著为正，说明制造业与服务业融合发展水平的变化在很大程度上取决于其过去的状态，而数字技术的拟合系数分别为0.0734和0.1675，并且分别通过1%的统计显著性检验，进一步证实数字技术对制造业与服务业的融合发展具有显著的正向作用。

表3 基准回归结果

变量	（1）混合OLS	（2）固定效应	（3）Bootstrap方法	（4）系统GMM	（5）差分GMM
Digital	0.3041***	0.3041***	0.3041***	0.0734***	0.1675***
	（0.0659）	（0.0659）	（0.0736）	（0.0267）	（0.0611）
L.Integrate				0.3271***	0.6350***
				（0.0182）	（0.0837）
wage	0.0038	0.0038	0.0038	-0.0214***	-0.0106*
	（0.0062）	（0.0062）	（0.0064）	（0.0029）	（0.0055）
Fore	-0.2594***	-0.2594***	-0.2594***	0.2930***	-0.0772
	（0.0700）	（0.0700）	（0.0698）	（0.0469）	（0.0908）
Lev	0.0116	0.0116	0.0116	0.1364***	0.0034
	（0.0076）	（0.0076）	（0.0143）	（0.0188）	（0.0041）
Market	0.0164**	0.0164**	0.0164**	0.0178***	0.0157
	（0.0064）	（0.0064）	（0.0067）	（0.0054）	（0.0119）
fiscal	-0.0812	-0.0812	-0.0812	0.3776***	0.4857**
	（0.3599）	（0.3599）	（0.3841）	（0.1178）	（0.1956）
Industrial	-0.0070**	-0.0070**	-0.0070**	0.0025	-0.0012
	（0.0029）	（0.0029）	（0.0031）	（0.0018）	（0.0026）
Intasset	0.0054	0.0054	0.0054	0.0052	0.0048
	（0.0210）	（0.0210）	（0.0217）	（0.0136）	（0.0213）
_cons	0.4351***	0.6892***	0.4351***	0.2166***	
	（0.0284）	（0.0393）	（0.0305）	（0.0148）	
时间	是	是	是	否	否
地区	是	是	是	否	否
N	3948	3948	3948	3666	3384
R^2	0.9800	0.9800	0.9800		

注：①*、**和***分别表示在10%、5%和1%的水平上显著；②括号内数值均为稳健标准误；③本文下表同。

（二）内生性检验

数字技术和制造业与服务业融合发展水平之间可能存在内生性问题。一方面，融合发展程度越高的制造业与服务业，将会有更高的需求去推动更高水平的数字化；另一方面，由文本分析法得到的数字技术可能存在测量误差问题，使得数字技术和影响制造业与服务业融合发展水平的不可观测因素存在相关性，进而使得核心解释变量的估计系数存在内生性问题。为了尽量缓解内生性问题对研究结论产生的潜在影响，本文使用工具变量法对基准模型进行再检验。

借鉴黄群慧等（2019）、袁淳等（2021）的做法，赋予1984年各地级市每万人固定电话数量时间趋势，将横截面数据转化为面板数据，将1984年各地级市每万人固定电话与2006~2019年的全国互联网上网人数的交乘项作为本文数字技术的工具变量。这样处理的理由如下：通信方式的使用可以影响数字技术的应用与升级程度，通信技术发展程度越高的地区往往数字技术水平也相对较高，满足相关性条件；随着人们对传统通信工具固定电话使用频率的下降，其对经济发展的影响也逐渐式微，更加不会影响到制造业与服务业的融合发展水平。具体结果见表4第（1）、（2）列，表4第（1）列是第一阶段的回归结果，第（2）列是第二阶段的回归结果。Kleibergen-Paap rk LM统计量在1%的水平上显著，拒绝工具变量识别不足的原假设；Cragg-Donald Wald F统计量大于Stock-Yogo弱工具变量识别F检验在10%的显著性水平上的临界值，拒绝弱工具变量的原假设，因此，本文选取的工具变量是合适的。表4第（2）列结果显示数字技术的拟合系数显著为正，这与基准回归得到的结果基本一致，证实本文的核心结论仍然成立。

此外，参考钞小静等（2021）的做法，本文采用1994年每万人微型电子计算机生产数量的历史数据与2006~2019年的全国互联网上网人数的交乘项作为数字技术的工具变量。具体结果见表4第（3）、（4）列，笔者发现数字技术的拟合系数依然显著为正，进一步说明本文的基本结论是稳健可靠的。

表4　内生性检验结果

变量	(1) 工具变量一 第一阶段	(2) 工具变量一 第二阶段	(3) 工具变量二 第一阶段	(4) 工具变量二 第二阶段
Iv	0.0076*** (0.0025)		0.0148*** (0.0028)	
Digital		0.3267* (0.1747)		0.8167*** (0.2743)
wage	0.0108** (0.0044)	0.0034 (0.0065)	0.0118** (0.0043)	-0.0034 (0.0074)
Fore	0.0265** (0.0114)	-0.2598*** (0.0675)	0.0273*** (0.0114)	-0.2704*** (0.0682)
Lev	0.0945*** (0.0308)	0.0096 (0.0139)	0.0796** (0.0341)	-0.0338 (0.0299)
Market	-0.0031 (0.0005)	0.0164*** (0.0062)	0.0894 (0.0005)	0.0163*** (0.0062)
fiscal	-0.6395** (0.2926)	-0.0673 (0.3611)	-0.5426** (0.2413)	0.2339 (0.4140)
Industrial	0.0028*** (0.0008)	-0.0070** (0.0028)	0.0033*** (0.0009)	-0.0085*** (0.0029)
Intasset	-0.0050** (0.0020)	0.0057 (0.0203)	-0.0092*** (0.0025)	0.0103 (0.0202)
Constant	0.0761** (0.0371)	0.6875*** (0.0416)	0.0581* (0.0313)	0.6421*** (0.0481)
K-P Wald F统计量	9.2650		27.1360	
C-D Wald F统计量	315.0370		415.3170	

续表

变量	(1)	(2)	(3)	(4)
	工具变量一		工具变量二	
	第一阶段	第二阶段	第一阶段	第二阶段
K-P LM 统计量	13.2250		27.7400	
时间	是	是	是	是
地区	是	是	是	是
N	3948		3948	
R^2	0.9800		0.9797	

(三) 稳健性检验

为保证上述研究结果的可靠性,本文通过以下几种方式进行检验。

1. 替换被解释变量

为了排除变量测度偏误,本文另采用主成分分析法和加权 topsis 法对制造业与服务业的融合发展水平进行测度,具体结果见表5第(1)、(2)列。此外,本文借鉴宋德勇等(2022)的做法,通过收集制造业与服务业上市公司无形资产明细数据得到数字技术相关无形资产,并将其匹配到地级市层面,用作数字技术水平的替换变量,具体结果见表6第(1)列。结果显示,Digital 分别在1%的水平上显著为正,这说明数字技术显著促进了制造业与服务业的融合发展水平,证明了本文的结果是稳健的。

2. 替换核心解释变量

本文参考袁淳等(2021)的做法,对数字技术五个细分指标大数据技术、区块链技术、人工智能技术、数字技术应用、云计算技术采用主成分分析法重新测算,具体结果见表5第(3)列。结果显示 Digital 分别在1%的水平上显著为正,同样验证了本文的结论。同时,将由主成分法测算得到的数字技术与主成分分析法与加权 topsis 法测算得到的制造业与服务业融合发展水平进行回归,具体结果见表5第(4)、(5)列,实证结果依旧保持不变。

表5 稳健性检验结果一

变量	(1) 主成分分析法	(2) 加权 topsis 法	(3) 替换解释变量	(4) 主成分分析法	(5) 加权 topsis 法
Digital	0.5239***	0.1118**			
	(0.0671)	(0.0438)			
Digital1			0.0018***	0.0030***	0.0006***
			(0.0004)	(0.0005)	(0.0002)
wage	0.0054*	0.0024	0.0035	0.0054**	0.0025
	(0.0031)	(0.0025)	(0.0062)	(0.0025)	(0.0024)
Fore	0.0013	-0.0157*	-0.2643***	-0.0064	-0.0171**
	(0.0101)	(0.0087)	(0.0701)	(0.0079)	(0.0086)
Lev	-0.0096	0.0036	0.0107	-0.0091	0.0043
	(0.0140)	(0.0059)	(0.0075)	(0.0133)	(0.0057)
Market	0.0038***	0.0021***	0.0163**	0.0037***	0.0021***
	(0.0005)	(0.0008)	(0.0064)	(0.0005)	(0.0008)
fiscal	-0.4058	0.0865	-0.0249	-0.3272	0.0985
	(0.3236)	(0.1245)	(0.3592)	(0.2499)	(0.1231)

续表

变量	(1) 主成分分析法	(2) 加权topsis法	(3) 替换解释变量	(4) 主成分分析法	(5) 加权topsis法
Industrial	-0.0013	-0.0003	-0.0071**	-0.0015*	-0.0003
	(0.0008)	(0.0004)	(0.0029)	(0.0008)	(0.0003)
Intasset	0.0005	-0.0022	0.0054	0.0003	-0.0023*
	(0.0015)	(0.0013)	(0.0210)	(0.0015)	(0.0013)
_cons	0.0308	-0.0040	0.4326***	0.0259	-0.0048
	(0.0258)	(0.0111)	(0.0283)	(0.0203)	(0.0110)
时间	是	是	是	是	是
地区	是	是	是	是	是
N	3948	3948	3948	3948	3948
R^2	0.8770	0.7859	0.9800	0.8849	0.7856

3. 其他稳健性检验

①由于沿海直辖市的数字化发展遥遥领先，制造业与服务业融合发展的水平也比较快，因此可能造成反向因果问题。对此，本文剔除沿海直辖市的样本进行重新回归。具体结果见表6第（4）列，结果显示本文的核心结论并没有发生任何改变。②为了进一步细化对数字技术和制造业与服务业融合发展关系的分析，本文将数字技术指标分解为底层技术和实践应用两大层面，其中底层技术包括大数据技术、区块链技术、人工智能技术、云计算技术。具体结果见表6第（2）、（3）列，结果表明数字技术子指标的回归系数至少在1%的水平上显著为正，说明本文的实证结果具有高度稳健性。特别地，数字底层技术对制造业与服务业的融合发展水平促进作用更为明显。

表6 稳健性检验结果二

变量	(1) 数字技术相关无形资产	(2) 底层技术	(3) 数字技术应用	(4) 剔除沿海直辖市样本
Digital	0.6305***	0.3252***	0.0045	0.0263***
	(0.0161)	(0.0724)	(0.0062)	(0.0054)
wage	0.0063	0.0038	-0.2619***	0.0049
	(0.0061)	(0.0062)	(0.0700)	(0.0064)
Fore	-0.2603***	-0.2590***	0.0104	-0.2637***
	(0.0700)	(0.0700)	(0.0074)	(0.0701)
Lev	0.0221*	0.0123	0.0166**	0.0083
	(0.0115)	(0.0078)	(0.0064)	(0.0070)
Market	0.0162**	0.0164**	-0.0750	0.0161**
	(0.0064)	(0.0064)	(0.3597)	(0.0064)
fiscal	-0.1238	-0.0862	-0.0072**	-0.0480
	(0.3578)	(0.3598)	(0.0029)	(0.3627)
Industrial	-0.0068**	-0.0069**	0.0056	-0.0069**
	(0.0029)	(0.0029)	(0.0210)	(0.0029)
Intasset	0.0036	0.0054	3.5025***	0.0059
	(0.0210)	(0.0210)	(0.6831)	(0.0211)

续表

变量	(1) 数字技术相关无形资产	(2) 底层技术	(3) 数字技术应用	(4) 剔除沿海直辖市样本
_cons	0.4384***	0.4364***	0.4355***	0.4309***
	(0.0284)	(0.0284)	(0.0284)	(0.0287)
时间	是	是	是	是
地区	是	是	是	是
N	3948	3948	3948	3920
R^2	0.9799	0.9799	0.9800	0.9798

六、进一步讨论

（一）机制检验

根据前文的理论分析，数字技术主要通过提升技术创新、增强资源整合效应、打破地理空间局限推动制造业与服务业的技术融合、业务融合、市场融合。本文将进一步对理论机制进行验证。首先，技术创新（Inno）用企业研发投入总额占总资产的比值衡量，当企业研发投入越高，企业的创新水平越高。其次，按照董保宝等（2011）的研究内容，资源整合过程分为资源识取和资源配置两部分。本文采用上市公司当年对外投资总额、并购事件的交易金额表示资源识取过程，采用上市公司当年关联交易金额、与其他企业合作的金额表示资源配置过程，并采用纵横向拉开档次法对其进行测算，按照上市公司注册地匹配到地级市以得到资源整合效应的代理指标（Resource）。最后，本文采用引力模型计算代表集聚效应的中介变量，引力模型通常用作计算两城市之间的经济联系强度。经典的引力模型计算公式为：

$$R_{ij} = KM_i^{\alpha^i}M_j^{\alpha^j}D_{ij}^{-b} \tag{13}$$

其中，R_{ij}为i地区对j地区的吸引力，M_i、M_j是社会某种要素的测度（如人口、资本），K为i地区和j地区的引力系数，一般取1，α^i、α^j为引力参数。通常D_{ij}为两城市的最短距离，b为距离衰减指数，一般取2。本文在利用引力模型对各城市间的经济空间相互作用力进行测算之前，先对模型进行一定的修正，使其更加符合本文的理论机制内容。本文基于资本市场、劳动力市场、产品市场选取指标反映城市之间的吸引力，白俊红等（2017）发现工资和房价是能够显著地影响劳动力流动的吸引力变量，金融市场的发展水平会影响区域之间的资本流动，产品的流动在很大程度上受区域消费品零售情况的影响。在此基础上，本文得到i地区对j地区的吸引力变量，用式（14）计算：

$$R_{ij} = \sqrt{H_iW_iC_iF_i}\sqrt{H_jW_jC_jF_j}D_{ij}^{-2} \tag{14}$$

其中，H_i、H_j为i地区和j地区的住宅平均销售价格，W_i、W_j为i地区和j地区的平均工资水平，C_i、C_j为i地区和j地区的消费品零售总量，F_i、F_j为i地区和j地区的年末金融机构各项贷款余额，D_{ij}为两城市间的最短距离。

i地区在统计年间的总吸引量（space）为：

$$R_i = \sum_{j=1}^{282} R_{ij} \tag{15}$$

为验证数字技术对制造业和服务业融合发展的影响机制，使用如下中介机制模型：

$$Y_{it} = \alpha_0 + \alpha_1 digital_{it} + \alpha_2\sum X_{it} + \mu_{it} + \gamma_{it} + \varepsilon_{it} \tag{16}$$

$$M_{it} = \beta_0 + \beta_1 digital_{it} + \beta_2\sum X_{it} + \mu_{it} + \gamma_{it} + \varepsilon_{it}$$

其中，Y_{it}代表技术融合、业务融合、市场融合，M_{it}代表创新效应、资源整合效应、集聚效应的中介变量。具体结果如表7所示，第（1）、（3）、（5）列展示了数字技术对制造业和服务业技术融合、业务融合、市场融合的检验结果。研究发现，Digital 分别在1%、1%和10%的水平上显著为正，这说明数字技术能够显著促进制造业与服务业的技术融合、业务融合和市场融合。第（2）、（4）、（6）列展示了数字技术对中介变量的检验结果。研究发现，Digital 均在1%的水平上显著为正，表明数字技术能够通过提升技术创新、增强资源整合效应、打破地理空间局限来推动制造业与服务业的技术融合、业务融合、市场融合，创新效应、资源整合效应、集聚效应确实是数字技术促进制造业与服务业融合发展的机制渠道。

表7 机制检验结果

变量	(1) 技术融合	(2) 创新效应	(3) 业务融合	(4) 资源整合效应	(5) 市场融合	(6) 集聚效应
Digital	3.1202***	4.8314***	2.8049***	2.1404***	0.1107*	0.5817***
	(0.1627)	(1.0716)	(0.2759)	(0.2208)	(0.0637)	(0.1321)
wage	0.0055	0.0573	0.0065	0.0031	0.0034	0.0127**
	(0.0063)	(0.0383)	(0.0114)	(0.0071)	(0.0063)	(0.0063)
Fore	0.0433**	-0.1443	-0.0392	0.0551**	-0.2623***	-0.0149
	(0.0201)	(0.1114)	(0.0367)	(0.0267)	(0.0712)	(0.0266)
Lev	0.0410	0.5568*	0.0518	-0.0262	0.0085	0.0354
	(0.0329)	(0.3192)	(0.0633)	(0.0289)	(0.0071)	(0.0217)
Market	-0.0004	-0.0014	-0.0035	0.0009	0.0168**	0.0048
	(0.0011)	(0.0043)	(0.0024)	(0.0010)	(0.0066)	(0.0031)
fiscal	-0.6894**	8.0971**	-0.4915	-1.0994*	-0.0447	-0.1183
	(0.3260)	(3.7791)	(0.5836)	(0.6153)	(0.3650)	(0.2993)
Industrial	0.0043***	0.0124*	-0.0006	-0.0003	-0.0071**	-0.0059***
	(0.0011)	(0.0067)	(0.0019)	(0.0014)	(0.0029)	(0.0015)
Intasset	-0.0072	-0.0310*	-0.0220***	0.0056	0.0067	-0.0144**
	(0.0057)	(0.0158)	(0.0085)	(0.0046)	(0.0214)	(0.0062)
_cons	0.0525*	-0.7091**	0.0555	0.0902*	0.4389***	0.0211
	(0.0277)	(0.3030)	(0.0488)	(0.0498)	(0.0288)	(0.0253)
时间	是	是	是	是	是	是
地区	是	是	是	是	是	是
N	3948	3948	3948	3948	3948	3948
R^2	0.9426	0.7310	0.8844	0.8603	0.9799	0.6538

（二）异质性分析

1. 区域异质性

数字技术对制造业与服务业融合发展水平的影响可能因地级市是否属于城市群而存在差异。笔者参考《中国城市群一体化报告》将样本分为城市群与非城市群两组。具体结果如表8第（1）、（2）列所示。从表8中可以看出，相较于非城市群中的制造业与服务业，数字技术可以显著提升城市群中的制造业与服务业融合发展水平。这是因为城市群中便捷的交通和通信网络使得信息、原材料、资金、产品等资源要素在更大区域范围内快速流动和优化配置，推动设计、采购、制造、销售、消费信息交互和流程再造，形成了高效协同的智慧供应链网络，实现制造业由单一生产型向"生产+服务"型转变，推动服务业与制造业融合。

2. 行业异质性分析

本文按照国家统计局发布的《高技术产业（制造业）分类（2017）》和《高技术产业（服务业）分类（2018）》将制造业与服务业进行分组，分别测算高新制造业与高新服务业的融合发展水平、非高新制造业与高新服务业融合发展水平、高新制造业与非高新服务业融合发展水平。从表8第（3）~（5）列可以看出，数字技术对高新制造业与高新服务业融合发展水平的提升效果高于对非高新制造业与高新服务业融合发展水平的提升效果，而对高新制造业与非高新服务业融合发展的促进作用不明显。这是因为高新服务业如新研发、金融保险、信息咨询和生活服务等，在产业体系中处于高端位置，具有较强的创新能力、较高的附加值、技术含量和市场竞争力。高新服务业所体现的具有核心竞争力的隐性知识，作为制造业的高级要素投入制造业的生产环节，降低了制造业的生产成本，有助于制造业转型升级，同时，制造业的发展也需要更加专业、高级的服务要素的投入。

表8 异质性检验结果一

变量	（1）城市群	（2）非城市群	（3）高新制造业与高新服务业	（4）高新制造业与非高新服务业	（5）非高新制造业与高新服务业
Digital	0.2380***	0.1388	1.4569***	2.7316	0.7336***
	(0.0789)	(0.3268)	(0.1835)	(1.8041)	(0.8767)
wage	0.0092	0.0020	-0.0024	0.0535	-0.0376
	(0.0110)	(0.0080)	(0.0041)	(0.0500)	(0.0433)
Fore	-0.0683	-0.3647***	0.0121	-0.4775**	-0.0990
	(0.1309)	(0.0756)	(0.0173)	(0.2213)	(0.1775)
Lev	0.0155	0.4668***	0.0210	0.2106	0.2425
	(0.0111)	(0.1158)	(0.0328)	(0.2807)	(0.1485)
Market	0.0267***	0.0046	0.0034**	0.0465*	-0.0152
	(0.0079)	(0.0110)	(0.0014)	(0.0250)	(0.0134)
fiscal	-1.5241**	1.0371**	0.0116	2.0456	-5.4376**
	(0.5952)	(0.4634)	(0.2218)	(3.0305)	(2.5749)
Industrial	-0.0004	-0.0108***	0.0029***	-0.0052	-0.0070
	(0.0069)	(0.0030)	(0.0009)	(0.0107)	(0.0086)
Intasset	0.0559*	-0.0218	-0.0112**	-0.4582***	-0.0476
	(0.0320)	(0.0283)	(0.0052)	(0.0873)	(0.0449)
_cons	0.5442***	0.3438***	0.0003	-0.0694	0.5409**
	(0.0497)	(0.0355)	(0.0187)	(0.2459)	(0.2143)
时间	是	是	是	是	是
地区	是	是	是	是	是
N	1960	1988	3948	3948	3948
R^2	0.9782	0.9822	0.8037	0.6899	0.5203

3. 数字化程度异质性

目前，我国产业数字化发展不断深化，服务业数字化升级前景广阔，工业互联网、智能制造等数字化新模式也逐渐涌现，我国制造业数字化和服务业数字化发展程度差异化可能导致对制造业与服务业融合发展的提升存在差异。为此，本文按照上市公司所处的行业将其样本分为制造业与服务业两组进行检验，并且按照企业所在地匹配到地级市。具体结果如表9第（1）、（2）列所示。从表中可以看出，相较于制造业数字化，服务业数字化对制造业与服务业融合发展水平的促进作用更为明显。这是因为，首先，相较于制造业数字化而言，服务业数字化发展更加完善。中国信息通信研究院发布的《中国生活服务业数字化发展报告（2020）》显示中国服务业数字经济比重达到38%，服务业数字化水平在三次产业中最高，转型速度最快。其次，相较于服务业掌握制造业数字技术而言，服务业数字化技术更易被制造业获取与掌握，激励企业通过技术创新、增强资源整合、打破地理空间局限促进制造业发展服务业务，完成制造业与服务业的融合发展。如信息通信服务业数字化保障了制造业与服务业对消费者数据的顺利搜集和处理；运输仓储服务业数字化提高了物流信息的透明度，运输质量得到保障；金融服务业数字化通过缓解流动性约束，为企业提供信贷支持。

4. 外部宏观环境异质性

制造业与服务业所处外部宏观环境的不同，也可能导致制造业与服务业融合发展水平的差异。根据制造业与服务业所处的外部宏观环境，参考樊纲等（2011）测算的市场化指数衡量市场一体化水平，将样本按照市场化程度的中位数划分为市场化程度高和市场化程度低两类样本。从表9第（3）、（4）列可以看出，在市场化程度高的地区，数字技术对制造业与服务业的融合发展的影响系数显著大于市场化程度低的地区。这是因为在市场化程度高的地区，法律制度和市场组织结构完整，制造业与服务业更容易获取资金、市场信息、技术知识和行业良性发展等资源，市场竞争更为透明，为制造业与服务业融合发展提供了良好的市场环境。

表9 异质性检验结果二

变量	（1）服务业数字化	（2）制造业数字化	（3）市场化程度高	（4）市场化程度低
Digital	0.0404***	0.0088	0.2511***	−0.0140
	(0.0088)	(0.0165)	(0.0782)	(0.2908)
wage	0.0040	0.0085	0.0231*	0.0087
	(0.0062)	(0.0064)	(0.0133)	(0.0088)
Fore	(0.0062)	(0.0064)	−0.1031	−0.3452***
	−0.2622***	−0.2526***	(0.1076)	(0.0892)
Lev	(0.0701)	(0.0698)	0.0061	0.2715***
	0.0122	0.0372**	(0.0073)	(0.0964)
Market	(0.0082)	(0.0163)	0.0346***	−0.0052
	0.0162**	0.0165	(0.0091)	(0.0086)
fiscal	(0.0064)	(0.0065)	−0.6070	−0.0792
	−0.0744	−0.2873	(0.5137)	(0.5597)
Industrial	(0.3588)	(0.3697)	0.0018	−0.0123***
	−0.0071**	−0.0061**	(0.0068)	(0.0033)
Intasset	(0.0029)	(0.0029)	−0.0019	0.0149
	0.0050	0.0025	(0.0313)	(0.0270)
_cons	0.4358***	0.4495***	0.5297***	0.3730***
	(0.0283)	(0.0294)	(0.0392)	(0.0443)
时间	是	是	是	是
地区	是	是	是	是

续表

变量	（1）服务业数字化	（2）制造业数字化	（3）市场化程度高	（4）市场化程度低
N	3948	3948	1848	2100
R^2	0.9800	0.9799	0.9778	0.9781

七、研究结论与政策建议

本文基于技术融合、业务融合、市场融合的三维框架，对数字技术影响制造业与服务业融合发展的理论逻辑进行阐释，并对2007~2020年制造业与服务业上市公司与地级市匹配数据进行手工整理与文本分析，构建衡量数字技术和制造业与服务业融合发展的指标进行实证检验。研究表明：①2007~2020年中国制造业与服务业融合发展水平呈显著上升趋势，并且从2014年开始增速明显提高，其中业务融合发展状况最好，技术融合次之。同时，各地级市制造业与服务业融合发展水平的绝对差异也在进一步扩大，并呈两极分化状态。②数字技术显著提升了制造业与服务业的融合发展水平，并且该结论在考虑内生性问题以及一系列稳健性检验的基础上仍然成立。③从技术融合、业务融合、市场融合三个维度进一步分析数字技术对制造业与服务业融合发展的作用机制发现，数字技术通过提升技术创新、增强资源整合效应、打破地理空间局限促进制造业与服务业的技术融合、业务融合、市场融合。④通过异质性检验发现，数字技术对城市群地级市、高新技术行业、数字化发展程度高以及所在地区市场化程度高的制造业与服务业融合发展水平的促进作用更加显著。本文的结论揭示了以数字化为代表的新兴动能对于推动制造业与服务业融合发展的重要意义，也为数字化相关政策的制定以及构建现代产业体系提供了政策启示。

基于上述研究结论，本文提出以下政策建议：

第一，充分发挥数字技术对制造业和服务业融合发展的推动作用。推进大数据、云计算、人工智能等新一代信息技术和实体经济深度融合，释放数据要素对制造业和服务业发展的叠加、倍增作用，实现信息共享与控制协同。一是鼓励企业采用先进数字技术，以高技术含量、高附加值生产服务推动制造业智能芯片、超精密加工、工业软件、3D打印等核心技术攻关，提升产品技术含量和全产业链的竞争力。二是快速发展智能制造、网络化协同制造、创新设计等新的制造模式，以及服务外包、平台化、定制化、信息增值等新模式、新业态，以现代高端服务业提升制造业竞争力。三是打造丰富的制造业与服务业融合应用场景，开发智能场景，建设智能车间、智能工厂、智慧供应链和智慧生态，搭建具有泛在连接、数据实时采集、智能分析和控制的制造业与服务业一体化融合平台。

第二，政府在制定企业数字化转型和制造业与服务业融合的发展政策时应做到因地制宜，使数字化发展与其产业发展阶段相匹配，发挥数字化转型对本地区制造业与服务业融合发展的带动作用。借助城市群、市场发育良好地区在新一代信息技术应用方面的比较优势，构建开放、安全、良好的数字生态体系，培育一批创新能力和品牌影响力突出的行业领军企业，构建开放、协同、高效的平台载体，聚集研发、制造、销售各产业环节，最终形成集成制造与服务功能的产业链集合的产业集群。此外，应着重关注新一代信息技术发展较弱的地区，推广数字技术与传统制造业和服务业的融合，利用5G、大数据、物联网等先进技术为其搭建融合应用平台。

第三，完善机制体制，优化数字技术推动制造业和服务业融合的市场环境。一是完善人工智能、云计算、大数据等新业态、新模式及相关法律法规，建立行业技术标准和科学考核评价体系。二是监管部门要建立包容审慎监管规则，划定刚性底线、制定柔性边界、厘清监管责任，同时通过加强数字公共基础设施建设等措施，引导新业态健康可持续发展。三是加快信用体系建设，建立完善信用档案，推进政企联动、行业联动的信用共享共治，为促进新技术、新业态、新产业集群形成和发展提供互联互通、资源共享的信用信息平台。

参考文献

[1] 白俊红，王钺，蒋伏心，李婧．研发要素流动、空间知识溢出与经济增长［J］．经济研究，2017，52（7）：109-123.

[2] 钞小静，廉园梅，罗鎏锴．新型数字基础设施对制造业高质量发展的影响［J］．财贸研究，2021，32（10）：1-13.

[3] 钞小静，廉园梅，罗鎏锴．数字经济推动现代化产业体系建设的理论逻辑及实现路径［J］．治理现代化研究，2022，38（4）：39-47.

[4] 钞小静，薛志欣．新型信息基础设施对中国企业升级的影响［J］．当代财经，2022（1）：16-28.

[5] 陈剑，黄朔，刘运辉．从赋能到使能——数字化环境下的企业运营管理［J］．管理世界，2020，36（2）：117-128+222.

[6] 陈漫，张新国．经济周期下的中国制造企业服务转型：嵌入还是混入［J］．中国工业经济，2016（8）：93-109.

[7] 董保宝，葛宝山，王侃．资源整合过程、动态能力与竞争优势：机理与路径［J］．管理世界，2011（3）：92-101.

[8] 樊纲，王小鲁，马光荣．中国市场化进程对经济增长的贡献［J］．经济研究，2011，46（9）：4-16.

[9] 顾乃华，夏杰长．对外贸易与制造业投入服务化的经济效应——基于2007年投入产出表的实证研究［J］．社会科学研究，2010（5）：17-21.

[10] 胡汉辉，邢华．产业融合理论以及对我国发展信息产业的启示［J］．中国工业经济，2003（2）：23-29.

[11] 黄群慧，余泳泽，张松林．互联网发展与制造业生产率提升：内在机制与中国经验［J］．中国工业经济，2019（8）：5-23.

[12] 焦勇．数字经济赋能制造业转型：从价值重塑到价值创造［J］．经济学家，2020（6）：87-94.

[13] 李海舰，朱芳芳．重新定义员工——从员工1.0到员工4.0的演进［J］．中国工业经济，2017（10）：156-173.

[14] 梁红艳．中国制造业与物流业融合发展的演化特征、绩效与提升路径［J］．数量经济技术经济研究，2021，38（10）：24-45.

[15] 刘斌，魏倩，吕越，祝坤福．制造业服务化与价值链升级［J］．经济研究，2016，51（3）：151-162.

[16] 刘政，姚雨秀，张国胜，匡慧姝．企业数字化、专用知识与组织授权［J］．中国工业经济，2020（9）：156-174.

[17] 任保平．数字经济引领高质量发展的逻辑、机制与路径［J］．西安财经大学学报，2020，33（2）：5-9.

[18] 宋德勇，朱文博，丁海．企业数字化能否促进绿色技术创新？——基于重污染行业上市公司的考察［J］．财经研究，2022，48（4）：34-48.

[19] 孙晓华，张竣喃，郑辉．"营改增"促进了制造业与服务业融合发展吗［J］．中国工

业经济，2020（8）：5-23.

［20］孙正，杨素，刘瑾瑜. 我国生产性服务业与制造业协同融合程度测算及其决定因素研究［J］. 中国软科学，2021（7）：31-39.

［21］王凤彬，王骁鹏，张驰. 超模块平台组织结构与客制化创业支持——基于海尔向平台组织转型的嵌入式案例研究［J］. 管理世界，2019，35（2）：121-150+199-200.

［22］王佳元. 数字经济赋能产业深度融合发展：作用机制、问题挑战及政策建议［J］. 宏观经济研究，2022（5）：74-81.

［23］王如玉，梁琦，李广乾. 虚拟集聚：新一代信息技术与实体经济深度融合的空间组织新形态［J］. 管理世界，2018，34（2）：13-21.

［24］谢康，肖静华，周先波，乌家培. 中国工业化与信息化融合质量：理论与实证［J］. 经济研究，2012，47（1）：4-16+30.

［25］袁淳，肖土盛，耿春晓，盛誉. 数字化转型与企业分工：专业化还是纵向一体化［J］. 中国工业经济，2021（9）：137-155.

［26］张虎，韩爱华，杨青龙. 中国制造业与生产性服务业协同集聚的空间效应分析［J］. 数量经济技术经济研究，2017，34（2）：3-20.

［27］赵宸宇，王文春，李雪松. 数字化转型如何影响企业全要素生产率［J］. 财贸经济，2021，42（7）：114-129.

［28］祝合良，王春娟. "双循环"新发展格局战略背景下产业数字化转型：理论与对策［J］. 财贸经济，2021，42（3）：14-27.

［29］祝树金，张凤霖，王梓瑄. 营商环境质量如何影响制造业服务化？——来自微观企业层面的证据［J］. 宏观质量研究，2021，9（5）：37-51.

［30］Ellison G., E. L. Glaeser, W. R. Kerr. What Causes Industry Agglomeration? Evidence from Coagglomeration Patterns［J］. American Economic Review, 2010, 100（3）: 1195-1213.

［31］Vandermerwe S., J. Rada. Servitization of Business: Adding Value by Adding Services［J］. European Management Journal, 1988, 6（4）: 314-324.

［32］Jaffe A. B. Technological Opportunity and Spillovers of R&D: Evidence from Firms' Patents, Profits and Market Value［J］. American Economic Review, 1986, 76（5）: 984-1001.

［33］White A. L., L. Feng. Servicizing: The Quiet Transition to Extended Product Responsibility. 1999.

虚实融合网络经济：产生缘由、消费特征与效用理论体系

高锡荣　周坤露　廖丹

[摘要] 针对虚实融合网络情景下的"异常"消费行为，本文构造了虚实融合网络的双映射模型，并运用矩阵代数法刻画了虚拟世界与实体世界相互交融的关系；归纳了虚实融合网络经济不同于实体经济的消费特征；构建了基于虚实融合网络价值的新型效用函数；论证了虚实融合网络经济独特的边际效用变动规律。研究发现：虚实融合网络经济的产品形态表现为虚实融合的实体镜像，其效用函数可表达为发散的二次型函数，效用最大化条件下消费量与价格之间成正比关系。此外，受网络价值、网络外部性以及信息产品准公共性的三重作用，虚实融合网络产品具有明显的反稀缺性特征，从而导致其消费活动遵循边际效用递增规律。该研究结果有助于重构虚实融合网络时代的新型消费理论，并为相应的产业政策调整提供学理依据。

[关键词] 虚实融合；网络经济；消费理论；效用

一、引言

经典经济学消费理论，是基于"商品（好东西）消费会带来个人满足（幸福）"的理念来定义效用函数的，并且假定人们对于某种商品的消费量越多，则每多消费一份该商品所带来的满足程度增量会逐渐减少，此即边际效用递减规律。然而，在互联网时代，经常会遇到经典消费理论难以解释的"异常"消费行为。譬如，上网免费、开源共享、网络协同、互利人性等。当前，随着5G逐步商用、工业物联网普及还有引爆业界的"元宇宙"概念问世，互联网由纯虚拟网络演进升级为全新的虚实融合网络是大势所趋。虚实融合的实质就是现实物理世界不断传感化、网络化、镜像化的过程，现实物理世界将整体映射到虚拟网络世界，虚拟网络世界又将反作用于现实物理世界。二者的双向映射关系在逻辑上相互关联，在结构上相互对应，在功能上相互模仿，在行为上彼此互动，在形式上难分彼此，宛如一对镜像孪生体。虚实融合网络的形成，将以往分离的实体世界与网络世界合为一体，进而实现实体经济与网络经济深度交融，即为虚实融合网络经济。虚实融合网络经济是数字经济的高级形态，其微观属性既不同于纯粹的实体经济，又不同于纯粹的虚拟经济。届时，只存在于虚拟网络世界的消费行为"异常"现象，将会通过虚实融合网络传递到现实世界。经典消费理论不仅会在网络空间"失效"，亦将在现实世界"失效"。为此，我们有必要重新审视经典消费理论的逻辑基础，重塑适合虚实融合网络时代的新型消费理论。

事实上，自经典消费理论诞生伊始，人们就一直在反思。早期的反思，主要集中在人性"自利"还是"利他"的争论上；进入互联网时代后，人们的反思主要集中在"网络效应"方

[作者简介] 高锡荣，重庆邮电大学经济管理学院教授、硕士生导师；周坤露，重庆邮电大学经济管理学院硕士研究生；廖丹，重庆邮电大学经济管理学院管理学硕士。
[基金项目] 教育部人文社会科学研究项目"智能时代引领型国家创新体系的构筑机制研究"（20YJA790012）。

面。但是，早期的反思一般都属于非主流思想，难以撼动经典消费理论的基石；而互联网时代的反思又局限于虚拟网络世界，难以撼动经典消费理论对现实世界的统治。直到虚实融合网络时代的浪潮袭来，"网络效应"之矛将击穿虚拟世界之盾，实现虚拟网络世界与现实世界的跨界融合。此时，经典消费理论的统治地位才面临根本性动摇。

综上所述，深入理解虚实融合网络的双映射关系，系统分析虚实融合网络经济的消费特征，构建反映虚实融合网络经济时代的效用函数，探究虚实融合网络经济有别于经典的边际效用变化规律，具有重要理论和现实意义。不仅为重构虚实融合网络时代的新型消费理论奠定了学术基础，也为应对相应的产业政策调整提供了学理依据。

二、文献综述

虚实融合，最早可追溯到 Gibson（2019）在名为 *Neuromancer* 一书中提出的虚拟现实技术，他认为计算机用户可以把自己的脑神经网络接入计算机，从而让用户处于模拟的现实世界之中。在这之后相继出现虚拟现实、增强现实、混合现实，每一个新概念的问世都在淡化虚实边界。目前，智能制造、智慧城市、车联网等场景正是虚实融合的范例。高锡荣和邓滢滢（2021）提出智能制造的生产场景是，通过智能传感系统实时采集车间实体的海量数据信息，并将之映射到虚拟网络空间中形成车间实体的实时动态投影。此外，管理者在后台可操控车间镜像投影，实现对车间的无人管理。

对经济增长而言，在新一轮科技革命与产业变革情形下，工业文明时代纯粹以实体经济为主体的产业结构已不再适合经济高质量增长的远景目标。随着传统业态革新，世界经济已经从实体经济转变为实体经济与虚拟网络经济交融的新经济形态（陈文玲等，2016）。5G、工业物联网、大数据、数字孪生、人工智能等"新技术群"的规模化应用为实体经济和虚拟网络经济的深度融合带来了契机（师博，2020），实体经济将不断网络化，虚拟经济将不断实体化。届时，实体经济与虚拟网络经济实现跨界融合，网络正外部性得以充分发挥作用（盛晓白，2004）；产业结构去中心化、经济活动泛数据化、社会生活物联网化（赵振，2015），世界将进入虚实融合网络经济时代。

在虚实融合网络经济中，产品形态是物理实体的数字镜像，即物理实体在网络空间的数字化投影。数字镜像以网络节点的形式存在，这就使得虚实融合网络经济仍受网络外部性的影响，"物以多为贵"的普遍性原理在虚实融合网络经济中仍然适用。网络经济带来的"流量"范式将瓦解传统经济学资源稀缺性、理性经济人、信息不对称三大经典假设（石良平等，2019）。根据梅特卡夫定律，网络价值与用户数量的平方成正比可知，新增网络链路数量对消费者有正向影响（Li et al.，2021），这种正向影响将给网络中的利益相关者带来实惠、好处或幸福，从而增加消费者的效用（边沁，2000）。从消费者边际效用来看，网络经济的出现使边际效用递减规律发生了根本变化（张永林，2016）。新增网络链路数量带来的正外部性，使得虚实融合网络经济存在不同于实体经济中的消费者边际效用递减规律。在网络经济中，社会总效用的边际效用大于平均效用，这说明网络经济的边际效用是递增的（张永林，2014；乔海曙和吕慧敏，2014）。同样地，产品以节点形式存在的虚实融合网络经济仍满足边际效用递增规律，这意味着消费者对产品消费越多，获得的效用越高（陈晓红等，2022）。

经济学家引入效用函数模型来形象表达消费者获得的效用与所消费的商品组合之间的关系。在效用函数基础上，通过边际效用函数可以描述产品消费增量与消费者总效用增量的关系。影响消费者效用的因素众多。譬如，资源稀缺性（李瑞昌，2012）、网络价值（陈婷和侯文华，2018）、网络外部性（Huang et al.，2017）、产品准公共性（叶航和王国梁，2011），所以边际效用函数通常是非线性的（Charalampos et al.，2021）。鉴于此，本文在系统分析虚实融合网络经济消费特征的基础上，定义了虚实融合网络经济的效用概念，从而构建适用于虚实融合网络经济的效用函数模型。

本文主要边际贡献在于：①运用量化工具刻画了虚拟世界与实体世界的相互交融关系，将物理实体分解为由功能特征、物理特征、关系特征、人文特征构成的矩阵体系，构建了物理空间与网络空间虚实融合的双映射模型。②针对虚实融合网络经济不同于传统的消费特征，以网络价值替代实物商品，构建了适合虚实融合网络经济的新型效用函数，奠定效用理论基础。③导出虚实融合网络经济边际效用递增规律。从网络价值、网络外部性与信息产品的准公共性赋予实体镜像产品的反稀缺性视角，推导虚实融合网络经济中不同于传统经济理论的边际效用递增规律。

余文结构安排如下：第三部分是虚实融合网络的双映射关系；第四部分是虚实融合网络经济的消费特征，包括其产品形态、消费计量和价值内涵；第五部分是虚实融合网络经济的效用函数；第六部分是虚实融合网络经济的边际效用递增论；第七部分是以车联网为例的效用函数演示；第八部分是研究结论。

三、虚实融合网络的双映射关系

（一）虚实融合网络经济的概念体系

虚实融合，类似于"元宇宙"概念，虚拟网络空间与实体世界保持高度同步和互通。也就是说，现实社会中发生的所有活动都可以同步到虚拟世界。此外，在虚拟网络空间中发生的任何活动也能反作用于实体世界。

虚实融合网络，一方面是物理实体经传感网络（传感化），映射至网络空间形成实体镜像（镜像化），实体镜像之间相互连接形成镜像网络（网络化）；另一方面是镜像网络经实体镜像反作用于传感网络，传感网络再反作用于物理实体，形成对物理实体的操控（反映射）。虚实融合网络以物理实体的数字镜像作为网络节点。其中，物理实体的数字镜像是现实世界中的物理实体在网络空间的数字化投影。镜像与实体之间宛如存在于镜面内外的一对"心灵感应"孪生体。虚实融合网络的双映射关系参见图1。

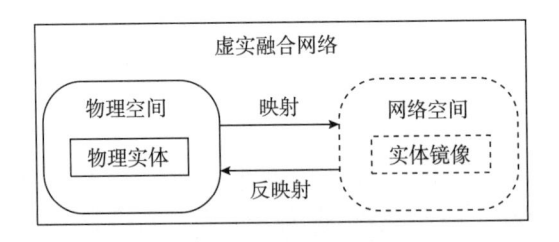

图1 虚实融合网络的双映射关系

虚实融合网络经济。虚实融合网络的形成，将以往分离的实体世界与网络世界合为一体，进而也将实体经济与网络经济合为一体。虚实融合网络经济是基于虚实融合网络的一种新型经济形态，其拥有既不同于实体经济，又不同于虚拟网络经济的特征。

（二）虚实空间的相关代数表达

物理实体空间表达。定义现实世界为物理空间，其是存在时间和地理局限的我们正处于的真实空间，海、陆、空都包含在其中，它反映的是人类行为主体及其行为活动、行为规范、客观环境等一系列事物所共同组成的空间。

物理空间 $X=(x_1, x_2, \cdots, x_m)^T$，表示物理空间中包含 m 个实体。向量 $x_i=(x_{i1}, x_{i2}, \cdots, x_{in})$，表示空间内第 i(i=1, 2, …, m) 个实体；定义实体的特征信息为 x_{ij}，代表第 i 个实体的第 j 个特征信息，n 表示实体的特征信息总数。

展开物理空间的定义矩阵 X 可得：

$$X = \begin{bmatrix} x_{11} & x_{12} & \cdots & x_{1n} \\ x_{21} & x_{22} & \cdots & x_{2n} \\ \vdots & \vdots & \ddots & \vdots \\ x_{m1} & x_{m2} & \cdots & x_{mn} \end{bmatrix} \tag{1}$$

网络镜像空间表达。定义虚拟世界为网络空间，其是一种空间概念，基于网络技术克服了物理空间的时间和地理局限并引入物理空间内所遵循的范式的新空间，空间内的各元素由物理空间内的政治、经济、社会、技术等活动通过 CPS 人机交接口交互融合而来。随着跨界技术的不间断融合和信息化程度的加深，物理空间在网络空间的横纵向交互将越发深入。

网络空间 $Y=(y_1, y_2, \cdots, y_m)^T$，表示 m 个实体在网络空间内的 m 个镜像。向量 $y_i=(y_{i1}, y_{i2}, \cdots, y_{in})$，表示网络空间中第 i(i=1, 2, …, m) 个实体的镜像；定义实体特征信息的镜像 y_{ij}，它代表第 i 个实体的第 j 个特征信息的镜像，n 代表实体特征信息的镜像总数。

展开网络空间的定义矩阵 Y 可得：

$$Y = \begin{bmatrix} y_{11} & y_{12} & \cdots & y_{1n} \\ y_{21} & y_{22} & \cdots & y_{2n} \\ \vdots & \vdots & \ddots & \vdots \\ y_{m1} & y_{m2} & \cdots & y_{mn} \end{bmatrix} \tag{2}$$

虚实映射关系符号表达。根据空间要素的代数表达，构建虚实融合特征信息映射模型。对于物理空间 X 和网络空间 Y 存在映射 f，使得对于任意 $x_i \in X$，有唯一的 $y_i \in Y$ 存在，则 f 为 X 到 Y 的映射，映射关系记为 f：X→Y；对于网络空间 Y 和物理空间 X 存在映射 φ，使得对于任意 $y_i \in Y$，有唯一的 $x_i \in X$ 存在，则 φ 为 Y 到 X 的映射，映射关系记为 φ：Y→X。

虚实空间转换参量。由于传感网络中的传感器种类和数量受限，以及信息数据传输过程中存在网络波动等随机干扰，所以传感网络具有非全局传导、传导存在误差等缺陷，这就使得物理实体转换为网络镜像的过程中存在偏差。同样地，网络镜像与物理还原体之间也存在偏差。故引入虚实空间转换参量，用以修正数据传输过程带来的偏差。物理空间传感到网络空间的感知度系数矩阵用 α 表示，其元素为 $\alpha_{ij}(\alpha_{ij} \in 0, 1)$；网络空间传感到物理空间的感知度系数矩阵用 β 表示，其元素为 $\beta_{ij}(\beta_{ij} \in 0, 1)$。

虚实空间转换噪声。由于硬件故障、编程错误、识别出错等因素，导致感知到的海量数据本身就存在错误或异常（偏离期望值）现象。这些数据被称为噪声数据，为消除噪声数据的影响，引入虚实空间转换噪声参量，用以消除错误或异常数据带来的误差。物理空间向网络空间的转换噪声为以 u_{ij} 为元素的矩阵 U；网络空间向物理空间的转换噪声为以 v_{ij} 为元素的矩阵 V。

（三）物理空间向网络空间映射

1. 物理实体的特征信息结构

根据心理学家 Norman 提出的本能、行为和反思三层次理论，可将物理实体的特征信息分解为物理特征、功能特征、关系特征、人文特征。运用全局 HIEs 解构方法（Han and Hong, 2003）对物理实体进行特征解构，可得由硬界面、软界面及人文内涵构成的物理实体特征信息结构框架，参见图 2。其中，硬界面指实体的物质结构属性，包括功能性与外观性特征；软界面指实体的关系属性，包括空间、时间及逻辑关系；人文内涵指实体的精神象征意义，如所蕴含的文化、个性等。

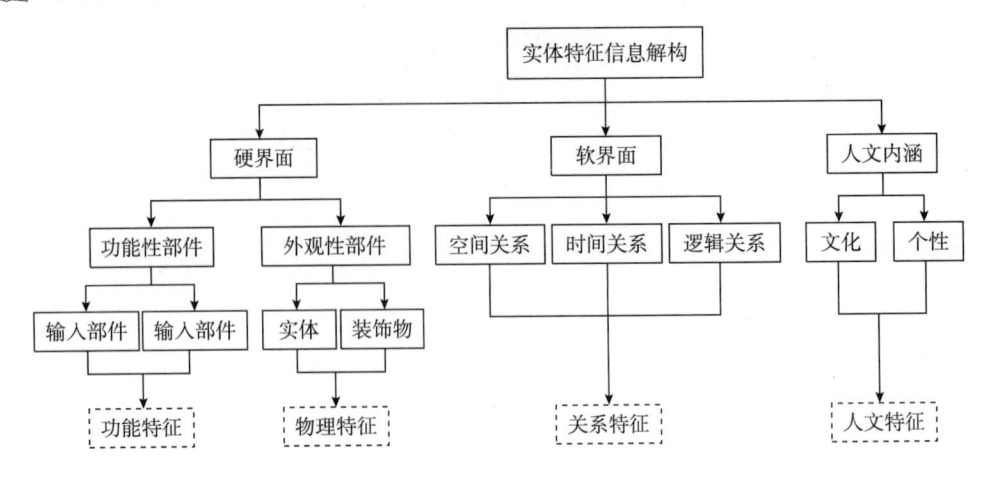

图 2 物理实体的特征信息的框架结构

2. 物理空间的镜像化过程

第一步，解构。参照物理实体的特征信息框架结构，将物理实体分解为由众多特征信息组成的集合，即将物理实体 x_i 解构为 n 个特征信息（x_{i1}, x_{i2}, …, x_{in}）。

第二步，特征信息映射成像。基于5G传感网络，将物理实体 x_i 的 n 个特征信息（x_{i1}, x_{i2}, …, x_{in}）映射到网络空间，形成特征信息的网络镜像（y_{i1}, y_{i2}, …, y_{in}）。特征信息映射函数，可表示为：

$$y_{ij} = f(x_{ij}) = \alpha_{ij} x_{ij} + u_{ij} \tag{3}$$

式（3）中，α_{ij} 为 x_{ij} 由物理空间传感到网络空间的感知度系数，且 $\alpha_{ij} \in 0, 1$；u_{ij} 为 x_{ij} 由物理空间到网络空间的转换噪声。

第三步，重构。基于数字孪生技术，将物理实体在网络空间的特征信息镜像进行整合，形成物理实体的网络镜像，即整合物理实体 x_i 的全部特征信息镜像（y_{i1}, y_{i2}, …, y_{in}），形成物理实体 x_i 的网络镜像 y_i。物理实体镜像化函数，可表示为：

$$y_i = f(x_i) = (\alpha_{i1} x_{i1} + u_{i1}, \alpha_{i2} x_{i2} + u_{i2}, \cdots, \alpha_{in} x_{in} + u_{in}) \tag{4}$$

整合所有物理实体 x_i 的网络镜像 y_i，形成物理空间 X 的网络镜像 Y，则物理空间镜像化函数，可表示为：

$$Y = \begin{bmatrix} \alpha_{11} x_{11} + u_{11} & \alpha_{12} x_{12} + u_{12} & \cdots & \alpha_{1n} x_{n1} + u_{1n} \\ \alpha_{21} x_{21} + u_{21} & \alpha_{22} x_{22} + u_{22} & \cdots & \alpha_{2n} x_{2n} + u_{2n} \\ \vdots & \vdots & \ddots & \vdots \\ \alpha_{m1} x_{m1} + u_{m1} & \alpha_{m2} x_{m2} + u_{m2} & \cdots & \alpha_{mn} x_{mn} + u_{mn} \end{bmatrix} \tag{5}$$

物理空间实体 x_i 转换为实体镜像 y_i 的过程，参见图3。

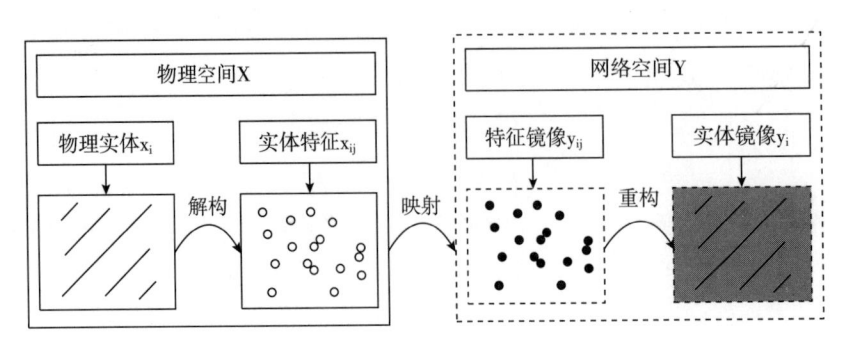

图 3 实体转换为镜像的过程

(四) 网络空间向物理空间反映射

网络空间的实体化过程分为以下三步：

第一步，实体镜像特征信息解构。将实体镜像 y_i 解构为 n 个特征信息镜像 (y_{i1}, y_{i2}, …, y_{in})。

第二步，特征信息镜像反映射。将特征信息镜像 (y_{i1}, y_{i2}, …, y_{in}) 反映射到物理空间，还原为物理还原体的特征信息 (x'_{i1}, x'_{i2}, …, x'_{in})。特征信息镜像反映射函数，可表示为：

$$x'_{ij} = \varphi(y_{ij}) = \beta_{ij} y_{ij} + v_{ij} \tag{6}$$

式 (6) 中，x'_{ij} 表示物理实体 x_i 的还原实体 x'_i 的第 i 个特征信息；β_{ij} 为 y_{ij} 由网络空间传感到物理空间的感知度系数；v_{ij} 为 y_{ij} 由网络空间到物理空间的转换噪声。

第三步，还原。整合网络镜像 y_i 反映射还原到物理空间的实体特征信息 (x'_{i1}, x'_{i2}, …, x'_{in})，形成物理还原体 x'_i。网络镜像还原函数，可表示为：

$$x'_i = \varphi(y_i) = (\beta_{i1} y_{i1} + v_{i1}, \beta_{i2} y_{i2} + v_{i2}, \cdots, \beta_{in} y_{in} + v_{in}) \tag{7}$$

整合实体镜像 y_i 的所有物理还原体 x'_i，形成网络空间 Y 的物理还原空间 X'，其表达式为：

$$X' = \begin{bmatrix} \beta_{11} y_{11} + v_{11} & \beta_{12} y_{12} + v_{12} & \cdots & \beta_{1n} y_{1n} + v_{1n} \\ \beta_{21} y_{21} + v_{21} & \beta_{22} y_{22} + v_{22} & \cdots & \beta_{2n} y_{2n} + v_{2n} \\ \vdots & \vdots & \ddots & \vdots \\ \beta_{m1} y_{m1} + v_{m1} & \beta_{m2} y_{m2} + v_{m2} & \cdots & \beta_{mn} y_{mn} + v_{mn} \end{bmatrix} \tag{8}$$

镜像还原为实体的过程，参见图 4。

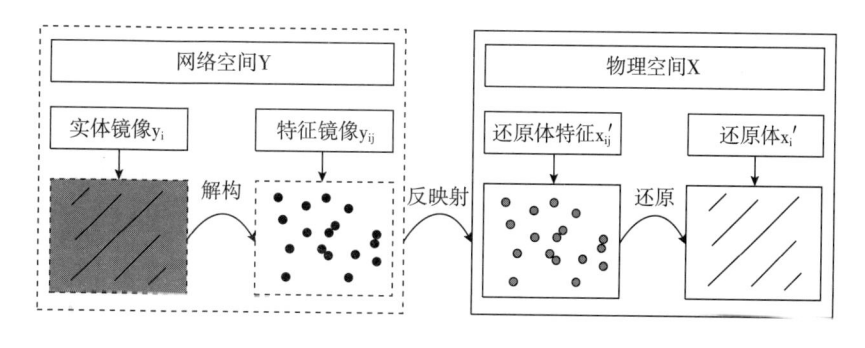

图 4 镜像还原为实体的过程

(五) 物理空间与网络空间的交互逻辑

当物理空间内的任何物体接入虚实融合网络中，物理空间与网络空间就会形成双向映射。物理空间的实体通过感知传导，在网络空间中生产实体的孪生镜像，这个过程要经历"解构—映射—重构"，称其为实体 x_i 转换为实体镜像 y_i 的过程。此外，网络空间的实体镜像可通过感知回传，在物理空间中生成还原体，这个过程要经历"解构—反映射—还原"，称其为实体镜像 y_i 还原为还原体 x'_i 的过程。当然，由于偏差不能完全消除，实体 x_i、实体镜像 y_i 和还原体 x'_i 三者无法保持完全一致。随着技术革新，这种偏差会越来越小，直至可以忽略不计。

物理空间与网络空间交互形成感知传导与感知回传的双向闭环，让物理世界与网络世界之间基本融合。二者的交互逻辑，参见图 5。

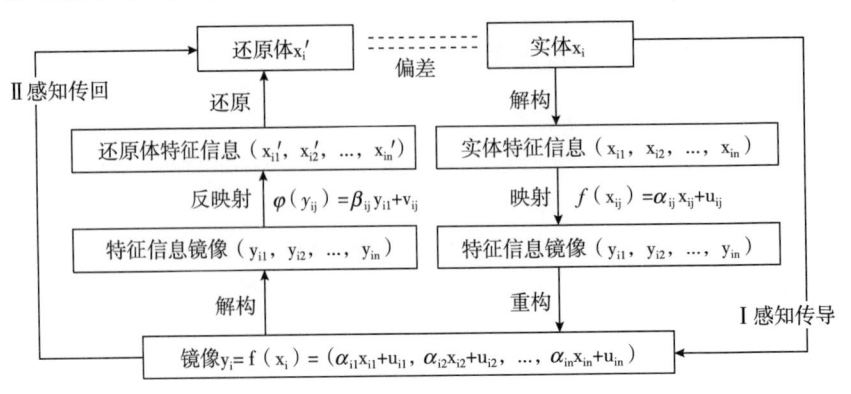

图 5　物理世界与网络世界的交互逻辑

四、虚实融合网络经济的消费特征

（一）虚实融合网络经济的产品形态

在实体经济中，产品形态是纯物质性的物理实体，如汽车、房屋、电脑、服装等。即使是在服务行业，无形的服务产品大多也是以特定实体为依托的，如饮食服务依托于食品，住宿服务依托于房屋，零售服务依托于日用物品，交通服务依托于交通工具等。

在虚拟网络经济中，产品形态是纯数字性的信息符号，如软件、软件会员、游戏装备、语音通话、电子文档，甚至是一串源代码。虚拟网络产品通常是对现实世界的某种虚化记录或者电子表达，但并不与现实世界中的物理实体发生直接感应和互动，因而虚实两界之间并没有直接交互影响。

在虚实融合网络经济中，产品形态是物理实体的镜像。它是物理实体在网络空间的数字化投影，两者之间在形态上高度相似，在行为上高度契合，存在极为密切的实时感应互动关系。一方面，实体的变化会引致镜像的相应变化；另一方面，镜像的变化也会引致实体的相应变化，二者之间就宛如隔着一层立体化的镜子，镜内外是高度一致和相互联动的。因此可以说，实体镜像是物理实体和数字信息的虚实融合体，兼具物理实体和数字信息的特征。

（二）虚实融合网络经济的消费计量

实体经济的产品形态是物理实体，其消费计量是实物产品的数量。实物产品的计量是自带量纲的，不同类别的实物产品一般具有不同的量纲，因而只有同类实物产品的计量才具有可加性。例如，汽车的计量单位是"辆"，电脑的计量单位是"台"；汽车和汽车可加，电脑和电脑可加，但汽车和电脑不可加。

虚拟网络经济的产品形态是数字信息符号，其消费计量是信息端口数量（记为 N_0）。整个网络中的所有信息端口都具有相同的量纲，不存在量纲差异，因而其计量具有全网可加性。实际上，信息端口就是虚拟网络的信息节点。故而，虚拟网络经济的消费计量就是虚拟网络节点数。

虚实融合网络经济的产品形态是实体镜像，其消费计量是镜像节点数量（记为 N）。镜像节点尽管源自物理实体，但鉴于其数字性特征，镜像节点不再沿袭物理实体的量纲，而是与虚拟网络中信息端口的量纲相同，因而镜像节点的计量具有全网可加性。事实上，镜像节点就是虚实融合网络节点。一般地，虚实融合网络的复杂程度要远远高于虚拟网络，从网络节点的角度看，虚实融合网络节点数量要远远大于虚拟网络节点数量，即有 $N>>N_0$。

（三）虚实融合网络经济的价值内涵

实体经济的消费对象是物理实体，消费度量是实物产品的数量，其消费价值在于实物个体对消费者的物理用途，即相当于马克思经济理论所称的商品使用价值。例如，汽车的消费价值是为消费者代步，电脑的消费价值是为消费者代算。

虚拟网络经济的消费对象是数字信息，消费度量是虚拟信息端口的数量，其消费价值在于为消费者构建虚拟信息的传输通道，价值大小可根据梅特卡夫定律，用虚拟网络中信息端口之间的链路数量来表达（记为 N_0^2）。例如，电信网络的消费价值在于其为消费者构建了多少条话音传输通道，而总的话音传输通道数量等于电信网络中电话终端数量的平方。

虚实融合网络经济的消费对象是实体镜像，消费度量是镜像节点的数量，其消费价值在于为消费者构建实体镜像的传输通道，价值大小可用虚实融合网络中镜像节点之间的链路数量来表达（记为 N^2）。例如，车联网的消费价值在于其为消费者构建了多少条汽车镜像传输通道，而总的汽车镜像传输通道数量等于车联网中汽车镜像节点数量的平方。一般地，鉴于 $N>>N_0$，故有 $N^2>>N_0^2$。

虚拟网络经济的上述消费特征及其与传统经济的比较，汇总于表1。

表 1　虚实融合网络经济的消费特征：与传统经济对比

消费特征	实体经济	虚拟网络经济	虚实融合网络经济
产品形态	物理实体（纯物质品）	数字信息（纯数字品）	实体镜像（虚实融合体）
消费计量	实物产品数量	信息端口数量 N_0	镜像节点数量 $N(N>>N_0)$
价值内涵	实体物理用途	信息端口间链路数量 N_0^2	镜像节点间链路数量 $N^2(N^2>>N_0^2)$

五、虚实融合网络经济的效用函数

（一）虚实融合网络经济效用概念定义

从经济学角度讲，效用是消费者消费某种商品时所带来的好处或幸福感，该好处或幸福感反映了产品的使用价值。可以认为，消费某一商品所获得的效用在数值上等价于该商品的使用价值，或者说，效用的本质就是使用价值。

在实体经济中，产品的使用价值是其物理用途。设某一实物产品 X 的使用价值为 V_{use}，物理用途为 V_{phy}，则当该实物产品的消费数量为 x 时，其效用定义式可表示为：

$$U(x) = V_{use}(x) = V_{phy}(x) \tag{9}$$

对应地，在虚实融合网络经济中，产品的使用价值是网络节点之间的链路数量，亦称为网络价值。设某一网络产品 X 的使用价值为 V_{use}，网络价值为 V_{net}，则当该网络产品的消费数量为 x′时，其效用定义式可表示为：

$$U(x') = V_{use}(x') = V_{net}(x') \tag{10}$$

（二）虚实融合网络经济的效用函数表达

为构建虚实融合网络经济的效用函数，且不失一般性，不妨设市场中有两种实物产品 A 和 B（B 相当于广义上的非 A）；两种实物产品的镜像节点数量分别为 N_A 和 N_B，镜像节点之间的链路数量分别为 N_A^2 和 N_B^2；则据式（10），可写出虚实融合网络经济的二元效用函数：

$$U(N_A, N_B) = K_A N_A^2 + K_B N_B^2 \tag{11}$$

式（11）中，K_A、K_B 分别表示实物产品 A、B 的镜像网络价值效用转换系数，该转换系数具有量纲换算的效应。

为解析该二元效用函数，引入消费者伪收入函数，如式（12）所示。

$$I_{伪} = P_{N_A} N_A + P_{N_B} N_B \tag{12}$$

式（12）中，$I_{伪}$ 表示消费者因网络价值的贡献而带来的名义收入，P_{N_A} 表示 A 网络（节点数为 N_A）的单位节点价格，P_{N_B} 表示 B 网络（节点数为 N_B）的单位节点价格。名义收入是消费者因贡献网络价值而应得的收入，但这份收入实际上并未交给消费者，而是以之换取了消费者对网络的免费使用权。鉴于名义收入未进入消费者账户，故称之为伪收入。

以消费者伪收入函数作为约束条件，对式（11）构建拉格朗日方程：

$$L = U(N_A, N_B) + \lambda (I_{伪} - P_{N_A} N_A - P_{N_B} N_B) \tag{13}$$

对式（13）求最优化一阶条件，可分别得：

$$\frac{\partial L}{\partial N_A} = 2K_A N_A - \lambda P_{N_A} = 0 \tag{14}$$

$$\frac{\partial L}{\partial N_B} = 2K_B N_B - \lambda P_{N_B} = 0 \tag{15}$$

$$\frac{\partial L}{\partial \lambda} = I_{伪} - P_{N_A} N_A - P_{N_B} N_B = 0 \tag{16}$$

联立式（14）、式（15）、式（16），可导出消费者效用最大化的必要条件：

$$\frac{\partial U / \partial N_A}{P_{N_A}} = \frac{\partial U / \partial N_B}{P_{N_B}} = \lambda \tag{17}$$

$$\frac{\partial U / \partial N_A}{\partial U / \partial N_B} = \frac{K_A N_A}{K_B N_B} = \frac{P_{N_A}}{P_{N_B}} \tag{18}$$

考察二阶条件加边黑塞行列式 $|H|$，如式（19）和式（20）所示。

$$|H| = \begin{vmatrix} U_{N_A N_A} & U_{N_A N_B} & U_{N_A} \\ U_{N_B N_A} & U_{N_B N_B} & U_{N_B} \\ U_{N_A} & U_{N_B} & 0 \end{vmatrix} = \begin{vmatrix} 2K_A & 0 & 2K_A N_A \\ 0 & 2K_B & 2K_B N_B \\ 2K_A N_A & 2K_B N_B & 0 \end{vmatrix} \tag{19}$$

$$|H| = 8K_A K_B^2 N_B^2 - 4K_A K_B N_A = 4K_A K_B (2K_B N_B^2 - N_A) \tag{20}$$

鉴于 N_A、N_B 皆为充分大的正实数，而 K_A、K_B 皆为有限正实数，故通常有 $2K_B N_B^2 > N_A$，即 $(2K_B N_B^2 - N_A) > 0$，所以 $|H| > 0$。在 $|H| > 0$ 的条件下，效用函数式（11）为拟凹函数，消费者效用最大化条件式（17）、式（18）成立。

（三）虚实融合网络经济的效用最大化含义

虚实融合网络经济，其效用最大化含义是有别于实体经济的。

首先，看两种经济形态的相同点。式（17）显示，消费者效用最大化的第一个条件是，两种网络产品 A 和 B 的单位货币边际效用相等，且皆等于某一定值 λ。显然，这一结果与实体经济情形是一致的，这也体现了"货币投票"在虚实融合网络经济中同样成立。也就是说，在两种网络产品当中，如果一种网络产品的单位货币边际效用更高，货币就会更多地流向该网络产品，进而导致该网络产品的单位货币边际效用不断下降，直至下降到与另一种网络产品的单位货币边际效用相等时为止。

其次，再看两种经济形态的不同点。式（18）显示，消费者效用最大化的第二个条件是，两种网络产品 A 和 B 的边际效用之比等于它们的价格之比。这一结果虽然在表观上与实体经济情形也是一样的，但是，在代入边际效用的代数结果之后，就会发现两种经济的截然不同。回顾实体经济情形下，在代入边际效用的代数结果之后，实物产品的消费量与其价格是成反比关系的。然而，如式（18）所示的虚实融合网络经济情形，镜像节点的消费量（如 N_A）与其价格（如 P_{N_A}）是成正比关系的。

（四）三大经济形态的效用曲线特征

参照实体经济边际效用递减规律、虚拟网络经济和虚实融合网络经济边际效用递增规律特征，绘制三种经济形态的效用曲线，参见图6。

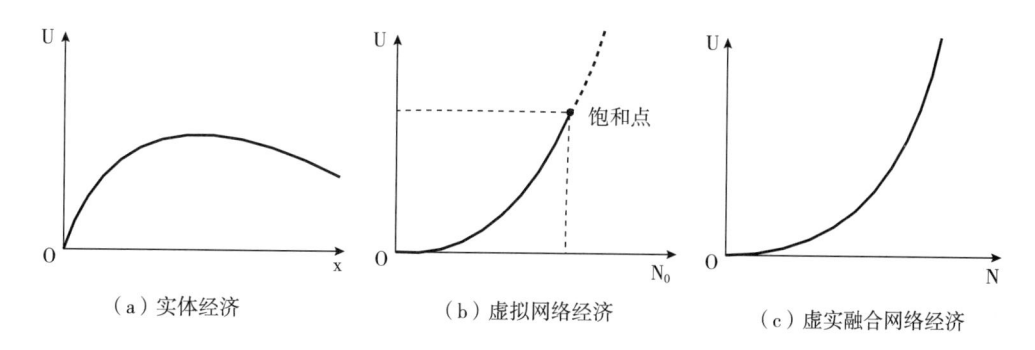

图6 三种经济形态的效用曲线对比

（a）实体经济　　（b）虚拟网络经济　　（c）虚实融合网络经济

在图6中，纵轴表示效用 U，横轴表示消费量。其中，图6（a）横轴表示实体经济中的实物商品消费量 x，图6（b）横轴表示虚拟网络经济中的信息端口数，即网络节点消费量 N_0，图6（c）横轴表示虚实融合网络经济中的镜像节点消费量 $N(N \gg N_0)$。图6显示，实体经济的效用曲线为增速逐渐下降的增函数，而虚拟网络经济和虚实融合网络经济的效用曲线皆为增速不断上升的增函数。但由于 $N \gg N_0$，虚实融合网络经济效用曲线比虚拟网络经济效用曲线拥有更大幅度的上升空间。

六、虚实融合网络经济的边际效用递增论

（一）三大经济形态的边际效用曲线

对式（11）所示的虚实融合网络经济效用函数，分别求解一阶导数和二阶偏导数。以网络产品 A 为例，$U'(N_A) = 2K_A N_A > 0$，$U''(N_A) = 2K_A > 0$。由求导结果可见，虚实融合网络经济具有边际效用递增的特征，这显然不同于实体经济的边际效用递减律。图7为三种经济形态的边际效用曲线，其中，纵轴为边际效用，横轴为消费计量。

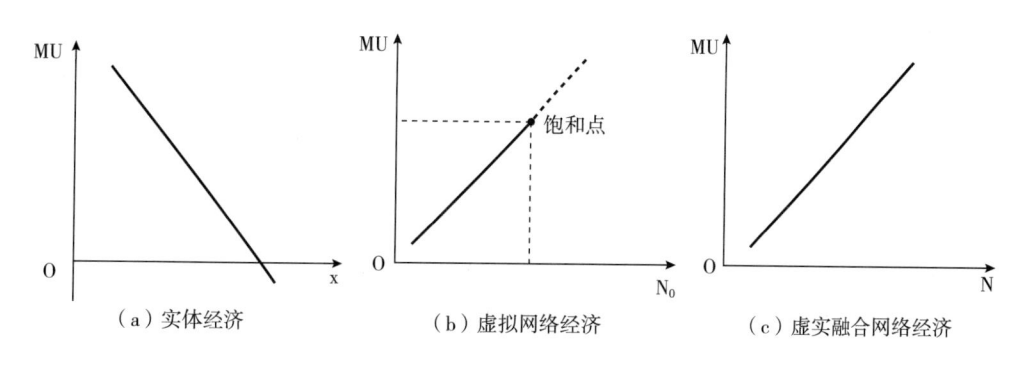

（a）实体经济　　（b）虚拟网络经济　　（c）虚实融合网络经济

图7 三种经济形态的边际效用曲线对比

图7（a）显示，实体经济遵循边际效用递减律，实物产品的边际效用随其消费量增加而下降。这是稀缺性效应作用于消费者主观满足感的结果。一般来说，实物商品的消费数量越少，消费者的心理感受会显得越稀缺，单位数量消费所获得的满足感就越大；反之，随着实物商品消费数量的不断增加，消费者的稀缺心理会越来越淡化，单位数量消费所获得的满足感将会越来越小。以馒头消费为例，饥饿的消费者吃第一个馒头带来的满足感增量最大；之后每多吃一个馒头所带来的满足感增量将会随着馒头消费数量的增加而逐渐减小；直到再也吃不下时，馒头就由"好东西"变为"坏东西"，继续吃馒头就会产生负的满足感，如图7（a）的边际效用曲线已由第一象限穿透横轴进入到第四象限；而图7（b）和图7（c）显示，网络经济遵循边际效用递增律，网络产品的边际效用随其消费量增加而增加。但是，由于$N \gg N_0$，虚实融合网络经济的边际效用递增空间要远远大于虚拟网络经济。

（二）虚实融合网络经济边际效用递增缘由

1. 网络价值

在虚实融合网络经济中，消费对象由纯物质性的物理实体转变为虚实融合性质的实体镜像，且实体镜像是以网络节点的形式存在于虚实融合网络之中。此时，消费价值度量不再是实物商品的物理用途，而是联通镜像节点的链路数量。当网络中仅有一个节点时，新增一个节点可增加1条链路；当网络中有2个节点时，新增一个节点可增加2条链路。不断增加节点基数可发现，当网络中有n个节点时，新增一个节点可增加n条链路。显然，链路基数越大，新增一个节点所带来的链路增加量就越多，而这正是网络价值的体现。由此可以认为，在虚实融合网络经济中，消费价值体现为网络价值。网络价值具有反稀缺特性，即网络中的镜像节点越多，链路越多，网络价值越大。可以说，正是网络价值的这种反稀缺特性，导致了虚实融合网络经济中实体镜像商品的边际效用递增。

2. 网络外部性

网络外部性是指在网络经济中，一个消费者购买的产品价值会随另一个消费者对该产品的购买而增加。假设有n个消费者可以购买网络产品，则网络外部性可以使用价值矩阵来描述，如表2所示。

表2　网络外部性价值矩阵

节点	1	2	3	…	n
1	0	V_{12}	V_{13}	…	V_{1n}
2	V_{21}	0	V_{23}	…	V_{2n}
3	V_{31}	V_{32}	0	…	V_{3n}
⋮	⋮	⋮	⋮	⋱	⋮
n	V_{n1}	V_{n2}	V_{n3}	…	0

在表2中，V_{ij}表示第i个消费者购买网络产品给第j个消费者带来的价值增加。对角线上的零元素，代表消费者购买网络产品没有给自己带来额外的价值增加，即网络外部性的来源不在于消费者本人。非对角线上的元素一般大于零，表明他人购买网络产品会给本消费者带来额外的价值增加，即产生了正的网络外部性。在虚实融合网络当中，可以将一个消费者视作一个网络节点，则第m(m<n)个节点加入网络，自身所获得的额外价值可表示为：

$$V_m = \sum_{i=1}^{m-1} V_{im} \quad (21)$$

第m(m<n)个节点加入网络，给网络中他人带来的额外总价值可表示为：

$$V'_m = \sum_{j=1}^{m-1} V_{mj} \quad (22)$$

新增网络节点，无论是对其他节点，还是新增的节点，所获的额外价值都在不断增加。这种正网络外部性，势必引起网络产品的边际效用递增。

网络外部性导致的边际效用递增，一方面可能来源于网络社区中消费行为的"羊群效应"。消费个体在网络中更易受到他人的购买行为的影响，从而产生从众心理；另一方面可能来源于网络平台中众多产品之间的互补性，网络节点越多越能吸引互补品的进入，而越多的互补品又会吸引更多的网络节点加入。

3. 信息产品准公共性

虚实融合网络经济实现了对实体经济的全面信息化，从而使得所有消费活动都成为对信息或者准信息产品的消费活动。信息产品具有两大特点：一是准非竞争性，即一个人对某种信息产品的消费，不会绝对减少其他人对该信息产品的消费；二是准非排他性，即一个人拥有某种信息，并不排斥其他人拥有该信息。由此可以认为，信息产品其实就是一种准公共性产品。公共产品不遵守市场化配置原则，其价格趋于零，产量趋于无穷大，具有明显的反稀缺性，进而表现出边际效用递增规律。准公共性产品无限接近于公共产品，同样可以使得边际效用递增。

综上所述，网络价值、网络外部性、信息产品的准公共性，共同赋予了虚实融合网络产品的反稀缺性特征，从而使虚实融合网络经济的消费活动遵循边际效用递增的规律。虚实融合网络经济边际效用递增机制，参见图8。

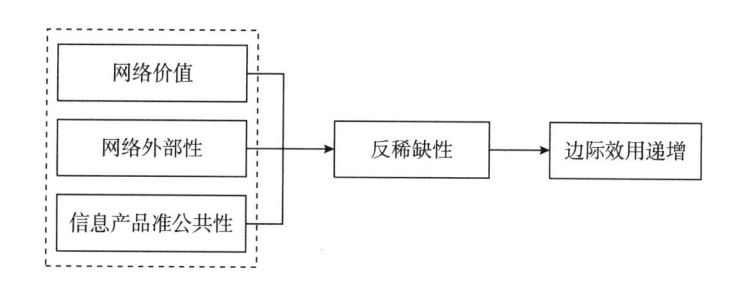

图 8　虚实融合网络经济的边际效用递增机制

七、虚实融合网络经济效用函数演示：以车联网为例

车联网，是当前5G虚实融合网络最为典型的应用场景。车联网以机动汽车作为智能感知对象，通过射频传感和网络映射技术将汽车实体智能化并上传至网络空间，在网络空间形成与汽车实体一一对应的汽车镜像，并通过汽车镜像来调配、操作和管控汽车实体，最终实现全天候智能无人驾驶。

为演示方便，仅选择载客汽车构建车联网，并将载客汽车划分为大型客车和小型轿车两大类。不妨记大型客车（Bus）网络为B，小型轿车（Car）网络为C，则载客汽车的二维车联网架构，参见图9。

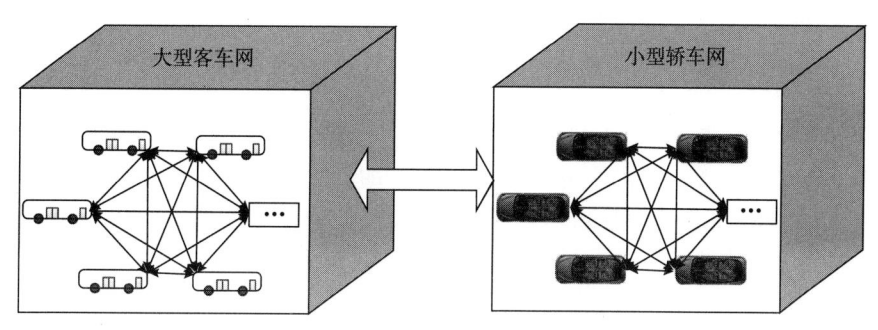

图 9　载客汽车的二维车联网架构

设大客车网络 B 的镜像节点数量为 N_B，链路数量为 N_B^2；小型轿车网络 C 的镜像节点数量 N_C，链路数量为 N_C^2。参照式（11），可写出载客汽车二维车联网的效用函数：

$$U(N_B, N_C) = K_B N_B^2 + K_C N_C^2 \tag{23}$$

式（23）中，K_B、K_C 分别表示两类车型的网络价值效用转换系数。同样地，参照式（12）的伪收入约束条件，可写出载客汽车二维车联网的伪收入约束：

$$I_{伪} = P_{N_B} N_B + P_{N_C} N_C \tag{24}$$

式（24）中，$I_{伪}$ 为消费者对载客汽车二维车联网的网络价值贡献而带来的名义收入，P_{N_B}、P_{N_C} 分别表示大型客车网络 B 和小型轿车网络 C 的单位节点价格。

基于载客汽车二维车联网的效用函数及其伪收入约束，并考虑到大型客车网和小型轿车网的网络价值效用转换系数大致相等（即 $K_{N_B} \approx K_{N_C}$），则不难导出其效用最大化的必要条件如下：

$$\frac{\partial U / \partial N_B}{\partial U / \partial N_C} = \frac{K_B N_B}{K_C N_C} = \frac{P_{N_B}}{P_{N_C}} \approx \frac{N_B}{N_C} \tag{25}$$

据《中国统计年鉴》数据显示，2020 年全国民用载客汽车中，大型客车保有量约 157 万辆、小轿车保有量约 23782 万辆。由此可知，小型轿车的数量大约是大型客车的 150 倍。将此数据代入式（25）得：

$$\frac{P_{N_B}}{P_{N_C}} \approx \frac{N_B}{N_C} \approx \frac{1}{150} \tag{26}$$

式（26）表明，小型轿车因其实体数量更多，从而拥有更高的网络节点价格。这种价格与产量之间的正比关系，正是虚实融合网络经济边际效用递增的反映。

八、研究结论

针对虚实融合网络经济情景下，消费行为有悖于经典消费理论的"异常"现象，在虚实融合双映射函数模型的基础上，运用矩阵代数法刻画了虚拟世界与实体世界相互交融的关系，归纳了虚实融合网络经济在产品形态、消费计量、价值内涵方面不同于传统实体经济的消费特征，构建了适用于虚实融合网络价值的新型效用函数，论证了虚实融合网络经济独特的边际效用递增规律及其成因。所得主要研究结论汇总如下：

（1）虚实融合网络的双映射关系：物理实体经传感网络（传感化），映射至网络空间形成实体镜像（镜像化），实体镜像之间相互连接形成镜像网络（网络化）；此外，镜像网络经实体镜像反作用于传感网络，传感网络再反作用于物理实体，形成对物理实体的操控（反映射）。

（2）虚实融合网络经济具有明显不同于实体经济的消费特征。首先，产品形态由纯物质的物理实体转变为虚实融合的实体镜像；其次，消费计量由实物产品数量转变为镜像节点数量；最后，价值内涵由实体物理用途转变为镜像节点之间的链路数量。

（3）虚实融合网络经济具有明显不同于实体经济的效用函数。首先，效用函数表达式由上凸下凹型函数转变为发散的二次型函数；其次，收入约束由真实收入函数转变为伪收入函数；最后，效用最大化条件下消费量与价格之间由反比关系转变为正比关系。

（4）虚实融合网络经济具有明显不同于实体经济的边际效用变动规律。实体经济遵循边际效用递减律，实物产品边际效用随其消费量增加而下降；而虚实融合网络经济遵循边际效用递增律，即虚实融合产品边际效用随其消费量增加而增加。

（5）虚实融合网络经济的边际效用递增是网络价值、网络外部性以及信息产品准公共性共同作用的结果，三者共同赋予了虚实融合网络产品的反稀缺性特征，从而使虚实融合网络经济的消费活动遵循边际效用递增的规律。

上述研究结果有助于开拓消费理论，从而更加合理地解释虚实融合网络经济中的消费行为

"异常"现象。同时,研究工作将为重构虚实融合网络时代的新型消费理论奠定学术基础,并为虚实融合时代的产业政策调整提供学理依据。

参考文献

[1] 边沁. 道德与立法原理导论 [M]. 北京:商务印书馆,2000.

[2] 陈婷,侯文华. 序贯进入的竞争性企业进入时间和产品定位策略 [J]. 管理学报,2018,15(9):1370-1379.

[3] 陈文玲,刘秉镰,刘维林. 新经济爆发性增长的内在动因——互联网革命与传统业态变革 [J]. 全球化,2016(7):5-21+132.

[4] 陈晓红,李杨扬,宋丽洁,汪阳洁. 数字经济理论体系与研究展望 [J]. 管理世界,2022,38(2):13-16+208-224.

[5] 高锡荣,邓滢滢. 智能化无人车间的建构模式及运作逻辑 [J]. 科技管理研究,2021,41(20):72-79.

[6] 李瑞昌. 资源危机状况下的节约型社会建设——一种包容性发展的视角 [J]. 复旦学报(社会科学版),2012(5):87-94+103.

[7] 乔海曙,吕慧敏. 中国互联网金融理论研究最新进展 [J]. 金融论坛,2014,19(7):24-29.

[8] 盛晓白. 物以多为贵——网络经济中的新原理 [J]. 商业研究,2004(9):25-27.

[9] 师博. 数字经济促进城市经济高质量发展的机制与路径 [J]. 西安财经大学学报,2020,33(2):10-14.

[10] 石良平,王素云,王晶晶. 从存量到流量的经济学分析:流量经济理论框架的构建 [J]. 学术月刊,2019,51(1):50-58.

[11] 叶航,王国梁. 排他性机制的重构和准公共产品受益的均等化——一种实现包容性增长的新路径 [J]. 浙江大学学报(人文社会科学版),2011,41(6):81-90.

[12] 张永林. 互联网、信息元与屏幕化市场——现代网络经济理论模型和应用 [J]. 经济研究,2016,51(9):147-161.

[13] 张永林. 网络、信息池与时间复制——网络复制经济模型 [J]. 经济研究,2014,49(2):171-182.

[14] 赵振. "互联网+"跨界经营:创造性破坏视角 [J]. 中国工业经济,2015(10):146-160.

[15] Charalampos Z., T. Sousa, P. Pinson. What Do Prosumer Marginal Utility Functions Look Like? Derivation and Analysis [J]. IEEE Transactions On Power Systems, 2021, 36(5):4322-4330.

[16] Gibson W. Neuromancer (1984) [A]//Chris G. Crime and Media [C]. London: Routledge, 2019:86-94.

[17] Huang D., D. G. Markovitch, Y. Ying. Social Learning and Network Externalities in Decision Making [J]. European Journal of Marketing, 2017, 51(1):157-176.

[18] Han S. H., S. W. Hong. A Systematic Approach for Coupling User Satisfaction with Product Design [J]. Ergonomics, 2003, 46(13-14):1441-1461.

[19] Li Y., L. Peng, P. Paolo. Link Value, Market Scenario and Referral Networks [J]. Journal of Economic Behavior and Organization, 2021, 181:135-155.

数字经济对制造业绿色低碳转型的效应测度研究

张伟　周豪　樊自甫

[摘要] 数字经济是新时代经济发展的重要推动力，制造业绿色发展已成为中国经济转型与生态文明建设的重要支撑。本文基于2016~2020年中国30个省份（不含西藏和港澳台地区）的面板数据，利用熵权法从基础指标、产业指标、环境指标和融合指标四个方面对各省份数字经济发展水平进行了测算，从经济效益、绿色发展、技术创新和数字融合四个方面对各省份制造业绿色低碳转型效率进行了测算，并对数字经济如何影响制造业绿色低碳转型以及技术创新在二者之间的中介效应进行了分析。研究显示：数字经济对制造业绿色低碳转型存在显著的正向作用，这一结论在稳健性检验中仍然显著；进一步的中介效应检验发现数字经济可以通过提升技术创新驱动制造业绿色低碳转型，且表现为部分中介作用；在区域异质性分析中发现，中部地区数字经济促进制造业转型的效果更加突出。鉴于此，应加强数字基础设施建设，实现各地区共同发展，通过数字经济升级绿色技术和技术创新增强制造业绿色转型的内生动力，逐步缩小地区数字鸿沟和制造业绿色发展差距。

[关键词] 数字经济；制造业绿色转型；中介效应

一、引言

改革开放以来，中国制造业已经建成了门类齐全、独立完整、实力雄厚的体系，但仍未完全摆脱以要素驱动为主的高投入、高消耗、高排放的"三高"发展模式。2020年9月22日，我国在第75届联合国大会上正式提出2030年实现碳达峰、2060年实现碳中和的目标；2021年4月，习近平主席鲜明提出"共同构建人与自然生命共同体"理念，宣布碳达峰和碳中和的目标；2021年11月，工业和信息化部发布的《"十四五"工业绿色发展规划》明确提出，在推动传统制造业行业绿色低碳发展的同时，推进绿色制造领域战略性新兴产业生态化发展。在党的十八大与十九大报告中绿色发展理念的重要性被多次提及，将绿色制造作为制造业发展的主要任务之一。党的十九大以来，"绿色发展"作为实现环境绩效与经济绩效双赢的重要发展理念被加以贯彻实践，党的十九届五中全会更是从"十四五"乃至未来较长一段时期的远景目标高度将全面推动绿色发展置于重要位置。种种政策表明，提升制造业资源能源使用效率，优化制造业发展模式，应用数字技术改造工艺和生产活动流程，兼顾效益增长和绿色生产，将产品设计、生产等全生命周期阶段对环境的负面效应降至最低，促进制造业绿色低碳发展，获得经济、生态与社会综合效益最优，实现制造业绿色低碳转型是我国的必然选择。

Tapscott（1998）在 *Growing Up Digital* 一书中将美国在"国家信息基础设施"计划实施背景下催生的新经济形态首次以"数字经济"命名，并且验证了信息技术的广泛应用对经济发展的

[作者简介] 张伟，重庆邮电大学经济管理学院副教授，研究方向：数字经济；周豪，重庆邮电大学经济管理学院硕士研究生，研究方向：数字经济；樊自甫，重庆邮电大学经济管理学院教授，研究方向：数字经济。
[基金项目] 国家社会科学基金一般项目（22BJY062）、教育部人文社会科学研究青年基金项目（18YJC790224）、重庆市教委科学技术研究项目（KJQN202100636）、2023年重庆市教育委员会人文社会科学研究基地项目（23SKJD064）。

巨大影响。美国商务部下属的经济分析局（BEA，2019）提出，数字经济包含计算机网络存在和运行所需的数字基础设施、数字交易以及数字经济用户创造和访问的内容。2020年，中国信息通信研究院进一步完善了数字经济的内涵，将其划分为数字产业化、产业数字化、数字化治理和数字价值化。目前，国内学者在研究中多采用了这一定义。进入新时代，数字经济已成为世界各国经济发展的重要力量。数字经济以知识和信息作为要素，以信息网络作为载体，以信息技术的使用作为发展动力，正深刻地改变和重塑着当下经济活动和发展方式。根据中国信息通信研究院发布的《中国数字经济发展白皮书（2021年）》显示，中国2020年数字经济规模已达39.2万亿元，占国内生产总值比重达38.6%，比同期上涨2.6%，同比增速高达9.7%，远高于同期名义占国内生产总值增速。1993~2018年，中国数字经济增加值年均增长17.72%，2018年达157761.53亿元，占全年GDP的17.16%，是中国经济增长的重要支撑（蔡跃洲和牛新星，2021）。以习近平同志为核心的党中央高度重视数字经济发展，多次在重要场合指出要加快发展数字经济，推动制造业加速向数字化、网络化、智能化发展。国家发展改革委于2019年印发了《产业结构调整指导目录》，提出要加快发展数字化、人工智能和先进制造业，突破攻坚智能制造关键技术装备，建设制造工厂；国家发展改革委和中央网信办于2020年印发《关于推进"上云用数赋智"行动培育新经济发展实施方案》，突出培育数字经济新业态，打造数字化企业、构建数字产业链的新经济发展目标；同年，工业和信息化部办公厅印发了《中小企业数字化赋能专项行动方案》，提出企业应利用数字工具助力生产运营、提升智能制造水平、强化数字资源服务支撑及促进产业集群数字化发展；"十四五"规划纲要也明确提出要充分发挥海量数据和丰富应用场景优势，促进数字技术与实体经济深度融合，赋能传统产业转型升级，催生新产业、新业态、新模式，壮大经济发展新引擎。数字经济的兴起无疑为赋能制造业绿色低碳转型升级提供了新思路，在此背景下，探究数字经济驱动中国制造业绿色低碳转型发展的影响效应，厘清数字经济和制造业绿色低碳转型发展之间的关系，对于推动中国制造业绿色低碳转型发展，具有重要的理论价值和现实意义。

本文聚焦于数字经济发展对制造业绿色低碳转型的影响。吴传清和张冰倩（2022）认为绿色发展是以效率、协调、可持续为目标的经济社会发展方式，是一种以生态环境容量和资源承载力为约束条件的新型发展模式。从现有研究来看，有关制造业转型的研究大多集中于高质量发展，如梁小甜和文宗瑜（2022）通过对2015~2020年制造业上市公司相关数据分析得到数字产业化、产业数字化以及数字耦合度均有助于促进制造业高质量发展；韦庄禹等（2021）研究发现数字经济显著促进了制造业的高质量发展，并已成为当下中国推动制造业高质量发展的重要力量；惠宁和杨昕（2022）研究认为数字经济发展水平的提升对制造业绿色全要素生产率具有显著正向作用，并且在经济相对发达地区，数字经济对制造业高质量发展的驱动效应更强。从其他角度来看，秦建群等（2022）基于中国284个地级及以上城市的面板数据研究发现数字经济会对城市产业结构升级产生显著的促进效应，二者存在倒"U"形非线性特征；蔡延泽等（2021）研究发现数字经济对制造业结构高级化和合理化具有显著的正向影响；韦庄禹（2022）通过测度上市公司制造业企业的资源配置效率发现城市数字经济发展显著提升了制造业企业的资源配置效率，并且可以显著提升中西部地区制造业企业的资源配置效率，但对东部地区制造业企业资源配置效率的影响不显著；焦帅涛和孙秋碧（2021）研究发现数字经济发展能通过促进地区创新最终促进产业结构升级。对高质量发展下的绿色低碳发展研究鲜有，如刘丽和丁涛（2022）以中国2012~2019年31个省份的相关数据进行分析研究发现数字经济通过直接效应和间接效应对产业绿色高质量发展产生积极影响，具体表现为东部地区明显优于中部地区，而西部地区呈现不显著的地区异质性。韩晶和陈曦（2022）以2011~2019年中国221个地级及以上城市的面板数据为研究样本，运用固定效应模型、工具变量法和双重差分模型实证得到数字经济能够赋能绿色发展，并且数字经济可以通过加强技术创新、助力企业成长、推动产业优化三条中介渠道赋能绿色发展。吴传清等（2022）以长江经济带沿线11个省份为样本，分析结果表明长江经济带制造业绿色发展效率呈波动增长趋势。

现有研究数字经济和制造业转型升级的文献已十分丰富，但大多是从高质量发展角度展开的，而将数字经济和制造业绿色低碳转型发展进行有机结合的研究较为匮乏，数字经济作为信息时代的崭新技术范式，研究其如何提高制造业绿色发展，对中国实现高质量发展具有重要的现实意义。为此笔者从数字经济对制造业绿色低碳转型发展的作用机制入手，定性分析直接效应和中介效应；通过构建数字经济和制造业绿色低碳转型发展评价指标体系并进行测算，将技术创新作为中介变量实证检验数字经济对制造业绿色低碳转型发展的中介效应，进而提出数字经济促进制造业绿色低碳转型发展的科学建议。

二、数字经济影响制造业绿色低碳转型的理论分析

数字经济对于制造业绿色发展具有至关重要的作用，其主要通过改变生产方式、重塑人员结构、提高技术创新这三个途径促进制造业绿色低碳发展。

（一）数字经济调整了制造业的生产方式，迈向"绿色"和"高效"

随着数字经济的不断发展，传统制造业开始使用信息技术、互联网技术和工业智能化，利用数字技术进行生产活动，肖远飞和周萍萍（2021）通过实证研究发现，数字经济对高质量发展有显著的正向促进作用，数字经济将数据和技术转化成新的生产要素，通过与传统产业深度融合，使产业发展融入新的生产要素，提高了资源配置效率。在数字经济下，以大数据、物联网、云计算为代表的数字信息技术在改造制造业生产方式的同时，也带动了整体创新水平的提升，更多的新型绿色生产技术和方式涌现出来并得到应用，极大地改善了传统制造业生产效率低且生产污染严重的问题。

（二）数字经济重塑了制造业行业内部的人员结构，促使制造业企业的人力资本结构朝高级化方向转变，进而促进制造业的绿色低碳发展

人力资本是数字经济驱动制造业绿色发展的基础条件，数字经济的发展对人力资本提出了更高的要求，迫使人力资本水平提升，进而满足制造业转绿色型升级的人力资本需求。高文书（2021）利用2019年"中国社会状况综合调查"数据分析得到数字经济从业者表现出受教育程度高、年纪轻、工作年限短、接受技能培训的比例高等特征，而高水平的人才恰恰也是制造业绿色转型升级过程中非常需要的人力资本。数字经济技术的引入使得员工能够更加便捷地实现知识共享和学习互助，从而推动劳动力就业结构高级化，制造业企业人力资本结构向高级化的转型也将为制造业绿色低碳发展注入新鲜的血液。同时，数字经济也全面提升了制造业行业的信息化和自动化水平，蔡跃洲和陈楠（2019）研究发现人工智能会对就业结构产生不可避免的冲击。以往重复性的简单工作被自动化机器和计算机替代，复杂且要求更高技术的工作越来越多，技术、学习和知识等能力对于制造业而言越来越重要，中、低技能劳动力将被逐渐替代，而接受了高等教育或具备特定技能的高水平劳动力会获得更大的优势，阎世平等（2020）基于2001~2015年数据发现在全国范围内，数字经济发展水平的提高减少了对高中和初中学历劳动力的需求，增加了对小学及以下、大学专科及以上学历劳动力的需求。惠宁和杨昕（2022）认为人力资本作为一种区别于传统生产要素的高端要素，其要素投入水平的提高不仅会推动要素配置结构升级，而且能够充分发挥技术和知识溢出效应，协助企业实现要素投入结构优化和制造业污染源达标排放。

(三) 数字经济通过提升技术创新能力，促进制造业绿色发展

韦庄禹等（2021）认为数字经济发展具备一定的技术创新效应和扩散效应，通过创新来驱动制造业的高质量发展。在一定意义上，数字技术是数字经济的核心，是推动数字经济发展的主要引擎，同样技术创新是制造业绿色发展的重要动力，数字经济的高渗透性使得数字新技术能够快速且广泛地应用于制造业，进而促进制造业技术创新和产业创新，实现制造业数字化、绿色化转型，助力我国制造业摆脱"三高"的发展模式。

三、数字经济发展现状分析

（一）数字经济发展水平的测算

1. 评价指标体系

就目前已有研究来看，衡量数字经济的发展水平一般采用指标体系法，此方法的缺陷在于构建指标体系的方法以及分项指标的选取，测度方法标准不一，测度重点有所差异，学术界对此没有一个标准性的规定，不同学者构建的指标体系也不尽相同，本文综合已有研究，结合研究需要，遵循指标选取的科学性，数据的可获得性、连续性和可代表性原则，从基础指标、产业指标、环境指标以及融合指标四个维度共15项指标构建数字经济发展水平评价指标体系，以分析研究各省份在2016~2020年的数字经济发展水平，具体指标如表1所示。

表1 省际数字经济发展水平指标体系

一级指标		二级指标	单位	类型
数字经济发展水平	基础指标	IPv4地址数	万个	正向
		移动电话基站数	万个	正向
		光缆长度	千米	正向
		互联网宽带接入端口	万个	正向
		移动电话普及率	%	正向
	产业指标	电信业务总量	亿元	正向
		软件业务收入	万元	正向
		互联网百强企业数量	个	正向
	环境指标	软件研发人员人数	个	正向
		发明专利申请数	件	正向
		R&D人员全时当量	人年	正向
		技术合同成交总额	万元	正向
	融合指标	电子商务交易额	亿元	正向
		电子商务交易活动企业比重	%	正向
		数字普惠金融指数	—	正向

（1）基础指标。数字经济的发展与互联网和信息化基础设施息息相关，本文参考王军等（2021）、万晓榆和罗焱卿（2022）、Li和Liu（2021）的研究，选取移动IPv4地址数、互联网宽带接入端口和移动电话普及率等代表基础设施的指标，以反映数字基础设施的建设水平。

（2）产业指标。数字经济的发展同样离不开高端前沿技术的发展，本文参考万晓榆等（2019）和中国电子信息产业发展研究院发布的《2020中国数字经济发展指数白皮书》，选取电

信业务总量、软件业务收入、互联网百强企业数量，从电信业务规模、软件产业和互联网发展来反映数字产业的发展规模。

（3）环境指标。借鉴王奇艳等（2020）的研究，选取软件研发人员人数、发明专利申请数、R&D人员全时当量和技术合同成交总额指标。软件研发人员人数和R&D人员全时当量可以反映科技创新人才的投入情况，专利申请数和技术合同成交总额可以反映各省份科技创新的强度。

（4）融合指标。该指标用于衡量各省份与数字经济的融合程度，借鉴Qiao（2021）的做法，选取电子商务交易额和电子商务交易活动企业比重来反映企业和居民在互联网消费的水平。参考郭峰等（2020）的研究，采用由北京大学数字金融研究中心和蚂蚁金服集团共同编制的中国数字普惠金融指数来衡量数字金融发展。

2. 数据说明

考虑到数据的可获得性，笔者选取2016~2020年为研究样本区间，样本为除西藏（数据缺失严重）和港澳台地区以外的30个省份，数据主要来源于相关年份的《中国统计年鉴》、各省份统计年鉴、网络公开资料、《中国信息产业年鉴》等，对缺失数据进行以下处理：采取插值法或类推法对缺失数据进行补充。通过数据的收集与处理最终得到2016~2020年30个省份的平衡面板数据。

3. 测算方法

在进行计算前需要对各项指标赋予相应的权重。目前来看，已有的赋权法主要包括主观赋权法和客观赋权法，主观赋权法就是通过主观判断指标之间的相对重要程度来赋予指标相应的权重，主要包括主成分分析法、APH法、Delphi法等；客观赋权法是以指标的原始信息为依据来进行赋权，主要有熵值法、聚类分析法等。徐志向和丁任重（2019）认为，主观评价的综合分析法在对权重的选择过于主观、随机，缺乏客观性，容易出现误差，不能很好地反映指标综合指数。本文经综合考虑，为避免主观赋权造成最终测算结果不准确，在此采用客观赋权法中的熵值法对指标进行赋权，利用信息之间的差异性对指标进行赋权，能够较好地反映出指标信息熵的效用价值，从而得出的指标权重比主观赋权法更具有精确度和可信度。

（二）测算结果

1. 各省份的发展情况

表2为根据熵值法测算出来的2016~2020年数字经济发展水平综合指数的估计结果，可以看出，数字经济发展水平在时间和空间上具有显著的异质性。首先，从我国整体来说，数字经济发展水平的均值从2016年的0.1174增长至2020年的0.1917，年平均增长率达到13.09%，但达到平均水平的城市数量仅有不到1/3，其中2016年有9个省在平均值以上，2017年10个，2018年9个，2019年8个，2020年8个。其次，从各省份来看，发展水平亦有显著提升，具体地，广东、北京、江苏、浙江、上海和山东等东部地区的数字经济发展水平常年处于领先行列，其中广东除2017年外，其余四年排名第一。这可能是因为国家政策优先向东部倾斜，且广东信息通信类的投资力度较大，数字基础设施较完善。由于东北三省是我国早期的工业产业基地，偏重工业化的发展模式且数字资源要素缺乏，数字经济发展较困难，虽然辽宁位于全国中游水平，但东北三省整体发展处于中下游水平。此外，江西、新疆、贵州、内蒙古、吉林等省份的年均增长率名列前茅，均超过了20%。虽然部分发展水平较低的省份正在努力缩小与头部队伍的差距，但不可否认的是省际差距依旧较为凸显。如2020年东部地区广东的数字经济（0.7465）是西部地区青海（0.0274）的27倍，是东部地区海南（0.0427）的17倍。以青海和宁夏为代表的省份经济发展水平较落后，数字经济发展起步较晚，移动电话基站数全国垫底，且2016~2020年青海的年均软件开发从业人员不足100人，数字基础设施的落后和人力资本的不足更加限制了数字经济发展，这不仅会对其经济发展产生一定影响，而且还会扩大城市间的差距。

表2　2016~2020年各省份数字经济发展水平测度结果

区域		2016年	2017年	2018年	2019年	2020年	年均增长率（%）
东部地区	北京	0.4123	0.5447	0.5977	0.6451	0.7380	16.04
	天津	0.0670	0.0682	0.0796	0.0927	0.1047	11.98
	河北	0.0671	0.0884	0.1037	0.1208	0.1366	19.63
	上海	0.2562	0.2686	0.3089	0.3385	0.3558	8.64
	江苏	0.3704	0.3880	0.4389	0.4540	0.5106	8.45
	浙江	0.2667	0.2884	0.3326	0.3636	0.4003	10.72
	福建	0.1395	0.1571	0.1849	0.1946	0.1848	7.64
	山东	0.2089	0.2436	0.3036	0.3179	0.3512	14.11
	广东	0.4786	0.5292	0.6208	0.6893	0.7465	11.80
	海南	0.0289	0.0353	0.0360	0.0406	0.0427	10.59
	均值	**0.2296**	**0.2612**	**0.3007**	**0.3257**	**0.3571**	**11.72**
中部地区	山西	0.0369	0.0467	0.0577	0.0653	0.0727	18.62
	安徽	0.1035	0.1199	0.1502	0.1530	0.1759	14.49
	江西	0.0412	0.0634	0.0743	0.0933	0.1056	27.48
	河南	0.1001	0.1095	0.1318	0.1418	0.1559	11.82
	湖北	0.1261	0.1514	0.1858	0.2033	0.2130	14.23
	湖南	0.0861	0.1029	0.1193	0.1431	0.1630	17.31
	均值	**0.0823**	**0.0990**	**0.1198**	**0.1333**	**0.1477**	**15.83**
西部地区	内蒙古	0.0298	0.0389	0.0431	0.0540	0.0633	20.92
	广西	0.0524	0.0589	0.0715	0.0834	0.0981	17.00
	重庆	0.0773	0.0852	0.1138	0.1182	0.1244	13.21
	四川	0.1196	0.1581	0.1898	0.2153	0.2374	19.00
	贵州	0.0393	0.0514	0.0648	0.0795	0.0884	22.68
	云南	0.0562	0.0530	0.0670	0.0826	0.0953	14.85
	陕西	0.0950	0.1264	0.1345	0.1578	0.1530	13.44
	甘肃	0.0280	0.0321	0.0405	0.0479	0.0543	18.05
	青海	0.0135	0.0159	0.0212	0.0234	0.0274	19.70
	宁夏	0.0163	0.0195	0.0244	0.0265	0.0291	15.74
	新疆	0.0240	0.0286	0.0416	0.0478	0.0565	24.46
	均值	**0.0501**	**0.0607**	**0.0738**	**0.0851**	**0.0934**	**16.93**
东北地区	辽宁	0.1099	0.1398	0.1287	0.1439	0.1378	6.71
	吉林	0.0303	0.0414	0.0542	0.0555	0.0619	20.32
	黑龙江	0.0411	0.0508	0.0509	0.0601	0.0680	13.77
	均值	**0.0604**	**0.0773**	**0.0779**	**0.0865**	**0.0892**	**10.72**
全国	**均值**	**0.1174**	**0.1368**	**0.1591**	**0.1751**	**0.1917**	**13.09**

2. 四大地区的趋势

就四大地区而言，虽然各地区数字经济发展水平均在加速增长，但东部地区与中、西部地区的数字经济发展差距仍在扩大。东部地区呈跨越式的增长态势遥遥领先于其他地区；西部地区稳步增长，年均增长率最快，达16.93%；中部以较明显的优势领先于西部地区和东北地区，年均增长率为15.83%；东北地区增长趋势不明显，2017年和2018年发展水平相差无几，2019年和2020年增长不显著，年均增长率也是倒数第一。从数字经济发展水平来看，2020年东部地区的数字经济发展水平为0.3571，中部地区为0.1477，西部地区为0.0934，东北地区为0.0892，与西部地区十分接近，这可能是因为东部地区数字经济基础比较好，数字经济水平存量大，而其他地区的数字经济发展水平本身就较低，所以增长率领先也是合理的（见图1）。

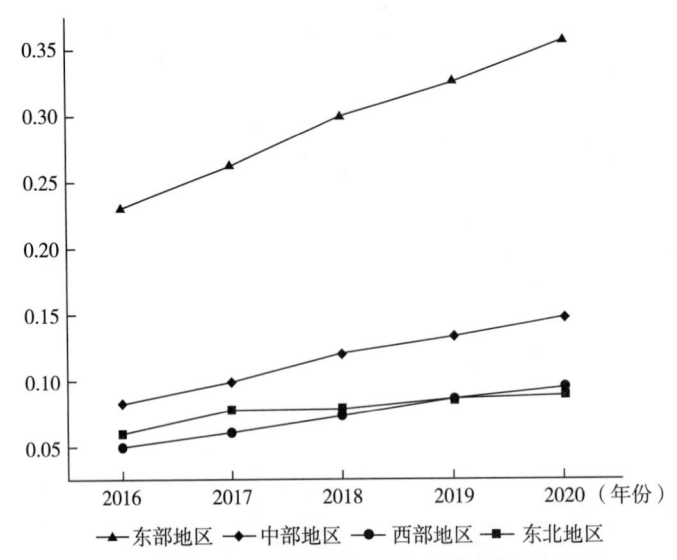

图 1 2016~2020 年四大地区数字经济发展水平趋势

四、制造业绿色低碳转型发展效率及现状

(一) 制造业绿色低碳转型发展效率的测算

1. 评价指标体系

目前,国内绝大部分研究是针对制造业高质量发展,范围较广,对制造业绿色低碳发展水平评价的研究较少。综合考虑中国制造业绿色低碳发展的客观实际,本文尝试将现有评价研究进行梳理归纳,并构建一个指标体系,以此来衡量制造业绿色低碳的发展水平。

本文共选取了经济效益、绿色发展、技术创新和数字融合四个维度,共八项指标,如表3所示。其中,经济效益代表了制造业的经营发展情况,选取制造业利润总额来衡量;绿色发展主要体现绿色发展新理念下制造业清洁生产、资源利用和对生态环境的友好程度,参考罗旭斌和黄亮(2020)、王贵锋等(2021)、曲立等(2021)的做法,选取单位工业增加值能耗、工业废水排放总量、工业废气排放总量和一般工业固体废物产生量来衡量绿色发展水平;提高制造业技术创新,必须加大创新投入,实现更高的创新产出,借鉴江小国等(2019)的研究,选取规模以上工业企业R&D经费支出以及规模以上工业企业有效发明专利数来衡量技术创新水平;实现工业化和信息化深度融合,以信息化带动工业化、以工业化促进信息化,是制造业绿色低碳发展的必由之路,以前文测算得到的数字经济发展水平数据作为制造业数字融合应用的衡量指标。

表 3 制造业绿色低碳发展效率指标体系

	一级指标	二级指标	单位	类型
制造业绿色低碳转型发展	经济效益	规模以上工业企业利润总额_制造业	亿元	正向
	绿色发展	单位工业增加值能耗	万吨标准煤/亿元	负向
		工业废水排放总量	吨	负向
		一般工业固体废物产生量	万吨	负向
		工业废气排放总量	吨	负向
	技术创新	规模以上工业企业R&D经费支出	万元	正向
		规模以上工业企业有效发明专利数	件	正向
	数字融合	数字经济发展水平	—	正向

2. 数据说明

考虑到数据的可获得性,选取 2016~2020 年为研究样本区间,样本为除西藏(数据缺失严重)和港澳台地区以外的 30 个省份,数据主要来源于《中国统计年鉴》《中国环境统计年鉴》《中国能源统计年鉴》《中国科技统计年鉴》《中国工业统计年鉴》以及各省份统计年鉴等,并对缺失数据进行以下处理:采取插值法或类推法对缺失数据进行补充。特别地,工业按门类分为四个部分:采矿业,制造业,电力、热力、燃气,水生产和供应业。从表 4 可以看到,2016~2020 年,我国制造业主营业务收入和利润总额占工业比重极高。由于部分省份某些制造业数据无法获得,所以,本文认为制造业部分数据可以近似用工业数据来代替。通过数据的收集与处理最终得到 2016~2020 年 30 个省份的平衡面板数据。

表 4　制造业占工业比重情况　　　　　　　　　　　　　　　单位:亿元,%

年份	2016	2017	2018	2019	2020
制造业主营业务收入	1047711	1019598	931189.8	943582	961643.8
工业主营业务收入	1158999	1133161	1049490.5	1067397.2	1083658.4
占比	90.40	89.98	88.73	88.40	88.74
制造业利润总额	65281	66368	56964.4	55314.5	59469.8
工业利润总额	71921	74916	66351.4	65799	68465
占比	90.77	88.59	85.85	84.07	86.86

资料来源:相关年份《中国统计年鉴》。

3. 测算方法

测算方法与前文对数字经济发展水平的测算方法类似,在此不再赘述。

(二) 测算结果

1. 各省份的发展情况

表 5 为根据熵值法测算出来的 2016~2020 年各省份的制造业绿色低碳转型效率的测度结果,可以看出各省份制造业绿色低碳转型效率在时间上具有显著的异质性。

表 5　2016~2020 年各省份制造业绿色低碳转型效率测度结果

区域		2016 年	2017 年	2018 年	2019 年	2020 年	年均增长率(%)
东部地区	北京	0.1839	0.2210	0.2258	0.2395	0.2610	9.36
	天津	0.0678	0.0624	0.0651	0.0638	0.0684	0.40
	河北	0.0420	0.0516	0.0591	0.0669	0.0770	16.41
	上海	0.1442	0.1593	0.1818	0.1902	0.2143	10.48
	江苏	0.1695	0.1907	0.2160	0.2351	0.2668	12.03
	浙江	0.1300	0.1430	0.1594	0.1706	0.1911	10.12
	福建	0.0643	0.0757	0.0836	0.0887	0.0978	11.14
	山东	0.6556	0.5603	0.4499	0.3293	0.4136	-8.87
	广东	0.1790	0.1996	0.2261	0.2484	0.2716	10.10
	海南	0.0503	0.0553	0.0587	0.0617	0.0652	6.73
	均值	**0.1687**	**0.1719**	**0.1726**	**0.1694**	**0.1927**	**3.56**

续表

区域		2016年	2017年	2018年	2019年	2020年	年均增长率（%）
中部地区	山西	0.0266	0.0540	0.0688	0.0592	0.0675	32.56
	安徽	0.0584	0.0714	0.0820	0.0881	0.1043	15.73
	江西	0.0517	0.0646	0.0736	0.0816	0.0938	16.19
	河南	0.0671	0.0764	0.0863	0.0948	0.1080	12.65
	湖北	0.0757	0.0840	0.0955	0.1035	0.1087	9.52
	湖南	0.1578	0.1892	0.2130	0.2416	0.2775	15.19
	均值	**0.0729**	**0.0899**	**0.1032**	**0.1115**	**0.1266**	**14.94**
西部地区	内蒙古	0.0538	0.0566	0.0569	0.0589	0.0647	4.75
	广西	0.0335	0.0347	0.0367	0.0385	0.0434	6.79
	重庆	0.0603	0.0675	0.0752	0.0798	0.0857	9.20
	四川	0.0430	0.0507	0.0564	0.0615	0.0687	12.51
	贵州	0.0319	0.0359	0.0391	0.0457	0.0487	11.26
	云南	0.0420	0.0466	0.0504	0.0552	0.0618	10.13
	陕西	0.0394	0.0460	0.0487	0.0524	0.0533	8.03
	甘肃	0.0253	0.0272	0.0289	0.0301	0.0347	8.23
	青海	0.0376	0.0377	0.0394	0.0429	0.0457	5.02
	宁夏	0.0288	0.0304	0.0322	0.0333	0.0354	5.27
	新疆	0.0370	0.0435	0.0487	0.0523	0.0623	14.03
	均值	**0.0393**	**0.0434**	**0.0466**	**0.0500**	**0.0550**	**8.73**
东北地区	辽宁	0.0445	0.0507	0.0519	0.0546	0.0624	8.98
	吉林	0.0366	0.0380	0.0392	0.0408	0.0439	4.70
	黑龙江	0.0495	0.0542	0.0554	0.0605	0.0678	8.24
	均值	**0.0435**	**0.0476**	**0.0488**	**0.0520**	**0.0580**	**7.53**
全国	**均值**	**0.0896**	**0.0960**	**0.1001**	**0.1023**	**0.1155**	**6.64**

首先，从我国整体来说，我国制造业绿色低碳转型效率的均值从2016年的0.0896增长至2020年的0.1155，年平均增长率为6.64%。其次，从各省份来看，转型效率亦有显著提升。具体地，山东、北京、广东、江苏、湖南和上海的转型效率常年处于领先行列，其中山东连续五年排名第一。此外，山西、河北、江西、安徽、湖南等省份的年均增长率名列前茅，其中山西以巨大的优势位列第一。山东的转型效率逐年下降，与各省份的差距逐渐缩小，其中与广东（位列第二）的差值从2016年的0.47降至2020年的0.14。虽然效率较低的省份正在努力缩小与头部队伍的差距，但不可否认的是省际差距依旧显著。如2020年山东的转型效率（0.4136）约是甘肃（0.0347）的12倍、吉林（0.0439）的9倍。

2. 四大地区的趋势

就四大地区而言，四大地区的MTE总体上是呈逐年递增的态势，东部地区依然是遥遥领先于其他地区。其中，中部地区发展效率跨度最大，年均增长率最快，达到14.94%。虽然西部地区发展效率较低，但仍然呈增长态势，年均增长率为8.73%。东北地区较西部地区来说，发展态势略有波动，但仍以7.53%的年均增长率排名第三，东部地区以3.56%的年均增长率位列末位。从制造业绿色低碳转型效率来看，2020年东部地区MTE为0.1927，中部地区为0.1266，西部地区为0.0550，东北地区为0.0580，东北地区与西部地区十分接近。这可能是因为东部地区经济发展水平较高，转型较早且利用数字技术对企业的工艺和生产活动进行数字化转型较成功，从而制造业绿色低碳转型效率较高,这点可以通过前文数字经济发展水平测算结果得到佐证(见图2)。

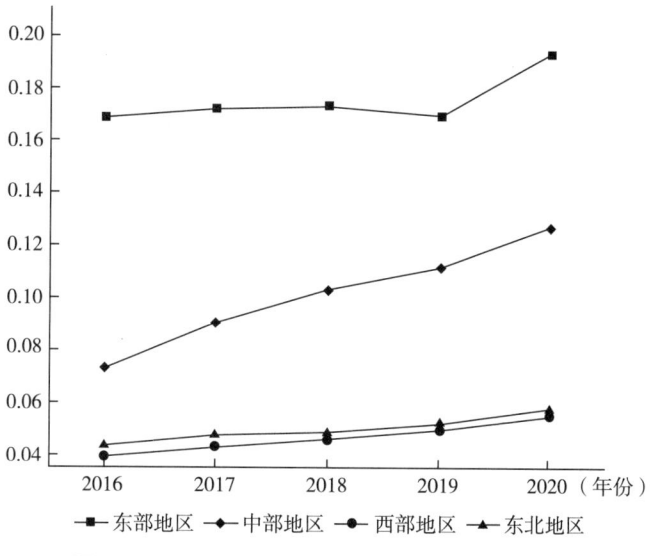

图 2　2016~2020 年四大地区制造业转型发展趋势

五、数字经济对制造业绿色低碳发展的影响研究

(一)影响机制分析

1. 直接影响机制

数字经济是制造业绿色低碳转型的重要驱动力,数字技术是数字经济时代最重要的突破性技术创新,也是数字经济赋能制造业绿色发展的核心动力。数字技术具有天然的绿色属性,能够提升经济效率、减少产出能耗、降低环境污染,如传感技术(Sensor Technology)能够实现对生产过程的实时监测与智能控制,从而有效减少污染排放。随着云计算、5G、工业互联网等信息技术的深度应用,数字经济渗透到各个行业,企业将数字技术应用于内部生产,建设数字化工厂,实现生产方式向智能制造转变,利用新一代信息技术研究创新节能减排、柔性制造、生物制造等绿色环保技术,改造高能耗、高污染生产技术和工艺流程,促进产业以更绿色、更经济、更有效的方式转型发展,降低生产活动各个环节的资源能耗,减少碳排放,不断推动产业绿色转型升级。

综上所述,笔者提出假设 H1:数字经济驱动制造业绿色低碳转型。

2. 间接影响机制

技术创新是在生态有限承载力的约束条件下实现绿色发展的根本途径,数字经济是当代最具创新品质的一种经济形态,其发展对创新具有促进作用,数字经济通过提升技术创新,促进制造业转型升级,区别于传统粗放型发展模式下只考虑劳动力、资本等有形要素投入和有形的经济产出。在绿色发展模式下,要将资源要素投入和环境污染等非期望产出考虑在内,追求经济效益和环境效益的最大化。数字经济偏向于环境友好型,对于自然资源的依赖性不强,不会大规模破坏生态环境,因此数字经济的快速发展能够挤压传统的高污染、高耗能产业,推动企业进行绿色技术研发,实现制造业的低碳生产,并且数字经济的高渗透性使得最新的科技技术能够被快速应用于制造业,进而促进制造业科技创新和产业创新,助力我国制造业摆脱"三高"的发展模式。

综上所述,笔者提出假设 H2:数字经济通过提高企业技术创新能力来推动制造业绿色转型发展。

(二) 研究设计

1. 模型设定

首先，笔者做基准回归，即不考虑技术创新的回归：

$$\ln(MTE_{it}) = \alpha_0 + \alpha_1 \ln(DE_{it}) + \alpha_2 \ln(SCA_{it}) + \alpha_3 \ln(COST_{it}) + \alpha_4 \ln(LAB_{it}) + \varepsilon_{it} \quad (1)$$

其次，笔者做中介变量的回归：

$$\ln(RD_{it}) = \beta_0 + \beta_1 \ln(DE_{it}) + \beta_2 \ln(SCA_{it}) + \beta_3 \ln(COST_{it}) + \beta_4 \ln(LAB_{it}) + \varepsilon_{it} \quad (2)$$

最后，笔者引入中介变量技术创新的模型：

$$\ln(MTE_{it}) = \gamma_0 + \gamma_1 \ln(DE_{it}) + \gamma_2 \ln(RD_{it}) + \gamma_3 \ln(SCA_{it}) + \gamma_4 \ln(COST_{it}) + \gamma_5 \ln(LAB_{it}) + \varepsilon_{it} \quad (3)$$

其中，i 代表省份，t 代表年份，系数 α_1 为数字经济对制造业绿色低碳转型的总效应，系数 β_1 为数字经济对技术创新的效应，系数 γ_2 是在控制了数字经济的影响后，中介变量技术创新对制造业绿色低碳转型的效应，系数 γ_1 是在控制了中介变量技术创新的影响后，数字经济对制造业绿色低碳转型的直接效应，α_0、β_0、λ_0 为常数项，ε_{it} 为随机误差项。

中介效应等于间接效应，即等于系数乘积 $\beta_1 \times \gamma_2$，它与总效应和直接效应的关系如下：

$$\alpha_1 = \gamma_1 + \beta_1 \times \gamma_2 \quad (4)$$

2. 变量设置

（1）被解释变量为制造业绿色低碳转型效率，由前文测算得到，用 MTE_{it} 表示。

（2）核心解释变量为数字经济发展水平，由前文测算得到，用 DE_{it} 表示。

（3）中介变量。根据对已有文献的分析，本文认为技术创新对制造业绿色低碳转型存在中介效应，参考王贵铎等（2021）的做法，选取规模以上工业企业 R&D 经费支出来表示。

（4）控制变量。基于数据的可获得性，为削弱可能因为遗漏变量而导致的分析误差，本文选取企业规模、经营成本和人力资本水平作为控制变量，并分别选取工业增加值占 GDP 比重、规模以上工业企业主营业务成本和 6 岁以上人群平均受教育年限指数来表示，其中人均受教育年限经由教育年限法计算得到，其计算公式为 $Edu = \left(\sum_{i=1}^{4} n_i t_i\right) / N$，其中，Edu 表示教育年限，N 为 6 岁以上人口总数，n_i 为第 i 教育阶段的受教育人数，t_i 表示第 i 教育阶段的受教育年限，实际计算中设定小学学历为 6 年，初中学历为 9 年，高中学历为 12 年，大专及以上学历设为 16 年（见表 6）。

表 6 相关变量及解释

变量	符号	类型	测算方式	单位
制造业绿色低碳转型效率	MTE	被解释变量	由经济效益、绿色发展、技术创新、数字融合四方面构成	—
数字经济发展水平	DE	核心解释变量	由基础指标、产业指标、环境指标、融合指标四方面构成	—
技术创新	RD	控制变量	规模以上工业企业 R&D 经费支出	亿元
人力资本	LAB	中介变量	6 岁以上人群平均受教育年限指数	人/年
经营成本	COST		规模以上工业企业主营业务成本	亿元
企业规模	SCA		工业增加值占 GDP 比例	%

3. 数据说明

为尽可能减少由于数据值波动过大对回归结果造成的影响，使各变量的数量级更为接近，本文对数字经济发展水平、技术创新、企业规模、经营成本等指标做自然对数化处理。数据来源于国家统计局、各省份统计年鉴、《中国工业统计年鉴》和网络公开资料等，由于西藏自治区的数据缺失严重，故选择我国除西藏、香港、澳门、台湾等地区以外的 30 个省份作为研究对象，样本数据为 2016~2020 年的平衡面板数据，变量的描述性统计如表 7 所示。

表7 变量的描述性统计

变量	样本数	平均值	中位数	标准差	最小值	最大值
MTE	150	-2.583	-2.774	0.697	-3.675	-0.422
DE	150	-2.278	-2.288	0.917	-4.309	-0.292
RD	150	14.53	14.80	1.373	11.12	17.03
SCA	150	-1.218	-1.149	0.857	-3.803	0.707
COST	150	9.862	9.882	1.055	7.175	11.81
LAB	150	2.231	2.227	0.0930	2.045	2.548

(三) 实证检验

笔者利用Stata进行分析，Hausman检验结果显示，各模型均采取固定效应模型的估计结果是最优、最稳健的。表8为数字经济对制造业绿色低碳转型效率的基准回归结果，即直接效应检验，模型在整体上均具有良好的解释效力。其中，第（1）列是没有添加控制变量的回归结果，数字经济的回归系数为0.559，在1%的水平上显著为正；第（2）列是添加了控制变量的回归结果，可以看到在控制了企业规模、经营成本和人力资本水平后，数字经济的回归系数为0.477，同样也在1%的水平上显著为正，数字经济发展水平每提高1%，地区制造业绿色低碳转型效率就会提高0.477%，意味着数字经济的发展会对制造业绿色低碳转型效率产生积极的影响。从控制变量角度来看，经营成本和人力资本的回归系数为正，表明经营成本的增加和人力资本水平的提高为制造业绿色低碳转型发展提供了有力的支持；企业规模的回归系数为负且不显著，为-0.081，表明企业规模更大的企业对制造业绿色低碳转型发展有较小的抑制作用，这可能是因为规模越大的企业，需要投入的资本和时间更多，转型的周期更长，转型过程更艰难。

无论是否加入控制变量，数字经济的回归系数都为正并且在1%的水平上显著，基准回归模型得出的变量相关性符号与预期设想的一致，说明数字经济发展水平和我国制造业绿色低碳转型呈正相关，从而假设1成立。

表8 基准回归结果

变量	(1) MTE	(2) MTE
DE	0.559*** (0.041)	0.477*** (0.055)
SCA		-0.081 (0.211)
COST		0.314*** (0.068)
LAB		1.555*** (0.578)
常数项		-8.164*** (1.535)
N	150	150
R^2	0.606	0.689
R^2_a	0.507	0.600

注：①***、**、*分别代表1%、5%、10%的显著水平；②括号内为标准误；③本文下表同。

六、结果讨论

(一) 中介效应检验

为检验 H2 是否成立，以及确定技术创新的中介效应所占比重，本文根据温忠麟和叶宝娟（2014）提出的中介效应检验程序（本文的中介效应检验皆遵循此程序）进行中介效应检验，中介效应模型和检验流程如图 3 所示。

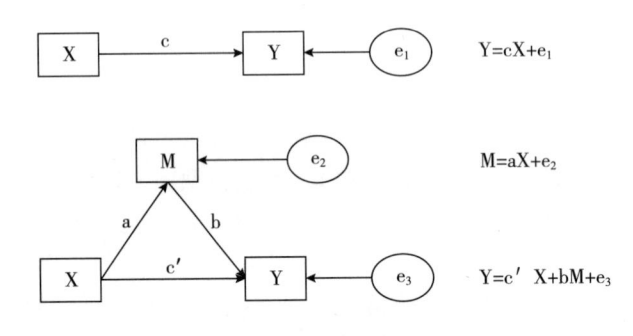

$$Y = cX + e_1$$

$$M = aX + e_2$$

$$Y = c'X + bM + e_3$$

图 3　中介效应模型

中介效应检验步骤如下：

第一步，检验系数 c，若显著，则按中介效应讨论；否则按遮掩效应讨论。

第二步，检验系数 a 和 b，若都显著，则间接效应显著；否则利用 Bootstrap 再进行检验。

第三步，检验系数 c'，若不显著，则直接效应不显著，只存在中介效应；否则直接效应显著，且 ab 与 c' 同号为部分中介效应，异号为遮掩效应。

表 9 展示了数字经济影响制造业绿色低碳转型发展的中介效应检验结果，结果显示技术创新对数字经济影响制造业绿色低碳转型存在部分中介效应，且中介效应占比为 0.281。在第（1）列中，数字经济的影响系数为 0.452，在 1% 的水平上显著为正，验证了数字经济对产业绿色高质量发展存在积极影响；在第（2）列中，数字经济的影响系数为 0.516，也在 1% 的水平上显著为正，说明数字经济对技术创新产生了显著的正向作用，验证了数字经济能够提升中介变量——技术创新能力，在控制其他条件不变的情况下，数字经济每提升 1%，技术创新就会提高 0.516 个单位；在加入中介变量的第（3）列中，数字经济对制造业转型的影响系数由 0.452 降至 0.331，也在 1% 的水平上显著为正，此系数的变化说明技术创新能力提升对数字经济影响制造业绿色低碳转型发展起到了中介作用，在控制其他条件不变的情况下，技术创新每提升 1%，制造业绿色低碳转型效率就会提高 0.246 个单位。这是由于数字经济最显著的特点就是通过大数据、云计算、人工智能等创新技术，为传统制造业的技术创新带来巨大的提升，最终助推制造业企业绿色低碳转型升级，这就验证了假设 H2。

表 9　中介效应检验结果

变量	(1) MTE	(2) RD	(3) MTE
DE	0.452*** (0.0419)	0.516*** (0.0518)	0.331*** (0.0505)

续表

变量	(1) MTE	(2) RD	(3) MTE
RD			0.246*** (0.0637)
SCA	-0.292*** (0.0797)	0.0160 (0.0727)	-0.303*** (0.0816)
COST	0.289*** (0.0527)	0.756*** (0.0579)	0.143** (0.0642)
LAB	1.119** (0.478)	0.744 (0.527)	0.822* (0.472)
常数项	-7.252*** (1.251)	6.619*** (1.407)	-9.022*** (1.277)
中介效应	存在		
中介效应占比	0.281		
N	150	150	150

（二）异质性检验

由于中国各省份资源禀赋存在较大的差异性，数字经济和制造业绿色低碳转型发展在空间分布上呈现明显的异质性。因此，从区域差异分析数字经济对产业绿色低碳发展的影响具有一定的指导意义。本文将我国划分为东部、中部、西部和东北四个地区进行检验，根据分地区的估计结果可知，四大地区的数字经济发展水平与制造业绿色低碳转型均在统计上存在显著正相关性。以上结果表明，在不同的地区，数字经济均能显著促进制造业的绿色低碳转型发展，且相比较而言，中部地区数字经济对制造业绿色低碳转型发展具有更强的正向驱动效应。这可能是因为东部地区数字经济发展水平较高，制造业绿色低碳转型早于其他地区，近年来制造业转型效率相对平稳，年均增长率较低。而数字经济发展水平排名第二的中部地区，可能因为近年来数字经济发展较好，制造业转型效率呈直线上升且位列第一。"十二五"时期，我国新增查明保有资源储量的95.6%在西部，集中分布在内蒙古、陕西、宁夏、新疆等西部省份，2020年在各省份能源贡献率排名中，前五位中西部地区占据四席，由于西部地区能源资源丰富，保障了中国能源供应，高能耗、高污染、高排放产业比重较大，所以数字经济对其影响不如其他三个地区。检验结果如表10所示。

表10 异质性结果分析

变量	东部地区	中部地区	西部地区	东北地区
DE	0.684*** (0.182)	0.806*** (0.164)	0.340*** (0.032)	0.392*** (0.109)
SCA	0.910 (0.580)	0.013 (0.493)	-0.546*** (0.138)	-0.584 (0.443)
COST	0.545*** (0.134)	0.162 (0.202)	0.154*** (0.053)	0.282*** (0.082)
LAB	1.881* (1.034)	1.149 (2.402)	0.830** (0.330)	1.360 (1.333)

续表

变量	东部地区	中部地区	西部地区	东北地区
常数项	-9.844*** (3.048)	-4.815 (6.526)	-5.979*** (0.933)	-8.457** (2.912)
N	50	30	55	15
R^2	0.659	0.830	0.923	0.882
R^2_a	0.536	0.754	0.896	0.794

(三) 稳健性检验

为验证结果的可靠性，本文采用以下方法进行稳健性检验，结果如表11所示。

(1) 替换核心解释变量。笔者选取"北京大学数字普惠金融指数"（该指数以蚂蚁金服提供的数据为基础），以其作为衡量数字经济发展水平的代理变量进行稳健性检验，结果如表11第(1)列所示，数字经济的回归系数依然显著。

(2) 逐步添加控制变量来进行稳健性检验，以判断基本回归的固定效应模型是否存在因遗漏变量或双向因果等所导致的内生性问题。结果如表11第(2)~(5)列所示，可以看到核心解释变量数字经济发展水平（DE）在不同的控制变量组合下的回归系数均在1%的水平下显著，说明数字经济发展对制造业绿色低碳转型具有显著且稳定的正向影响。

(3) 删除部分样本。2020年新冠病毒感染疫情会对数字经济发展造成一定影响，基于此，借鉴吴非等（2021）的研究经验，将危机因素进行剔除，结果如第(6)列所示。对样本进行部分剔除后，数字经济对制造业绿色低碳转型发展的正向促进作用依旧成立。

(4) 内生性问题。基准回归的估计系数可能会因为内生性问题而存在偏差，也可能存在反向因果等问题。通常来说，数字经济发展水平越高，越有利于该地区制造业的高质量发展，但制造业转型水平越高的地区，同样有更强的倾向去优化本地的生产效率，也更可能吸引数字经济龙头企业入驻，进而对本地数字经济水平产生促进作用。可见，数字经济和制造业绿色发展之间可能存在由于逆向因果关系导致的内生性问题。

1) 对核心解释变量数字经济发展水平滞后一期进行分析，结果见表11第(7)列。数字经济发展在t-1期的回归系数在1%的水平上显著为正，再次证实了基准回归结果的稳健性。

2) 工具变量法。尽管本文尽可能地控制了相关变量，但依然可能存在未被观测到但却对制造业绿色低碳发展产生影响的遗漏变量，导致回归的结果出现遗漏变量偏误。为控制由于逆向因果和遗漏变量导致的内生性问题，本文试图通过工具变量法来解决反向因果和遗漏变量的问题，以此来缓解内生性问题，但考虑到数据获取的局限性，参考黄群慧等（2019）的做法，选取各省份1984年每百人拥有的电话机数作为数字经济的工具变量（IV）来缓解模型中可能存在的内生性问题。这是因为数字经济与互联网技术具有紧密的关系，而互联网则起始于固定电话的普及，历史上固定电话普及率较高的地区也极有可能是互联网普及率较高的地区，数字技术是传统通信技术的延伸和发展，历史上的固定电话普及率能够从基础技术和使用习惯等因素影响到后续阶段数字技术的应用和普及。此外，固定电话等传统电信工具对当前阶段的绿色发展水平几乎不产生影响，因此其与影响制造业绿色发展的扰动项之间不存在显著相关性，满足工具变量的外生性要求。因为本文数据样本为平衡面板数据，且1984年城市层面每百人固定电话数量是不随时间变化的截面数据，以其作为工具变量，无法满足面板数据对数据异质性的要求。为此，借鉴Nunn和Qian（2014）的方法，本文构造了各城市1984年每百人固定电话数量（与个体变化有关）分别与上一年全国信息技术服务收入（与时间有关）的交互项作为工具变量，结果如第(8)列所示，可以看到控制变量的显著性差异较大，但数字经济对制造业绿色发展的作用仍然显著。

表 11 稳健性检验

变量	替换数字经济发展指数 (1)	逐步添加控制变量 (2)	(3)	(4)	(5)	剔除疫情影响 (6)	DE滞后一期 (7)	工具变量法 (8)
DE	1.239*** (0.108)	0.559*** (0.041)	0.587*** (0.054)	0.546*** (0.050)	0.477*** (0.055)	0.522*** (0.071)	0.329*** (0.055)	0.881*** (0.213)
SCA	0.350 (0.255)		0.177 (0.221)	-0.142 (0.215)	-0.081 (0.211)	0.018 (0.309)	-0.275 (0.221)	-0.310*** (0.038)
COST	0.275*** (0.077)			0.323*** (0.070)	0.314*** (0.068)	0.271*** (0.086)	0.213*** (0.074)	-0.013 (0.137)
LAB	1.584** (0.677)				1.555*** (0.578)	1.733** (0.785)	1.245** (0.519)	-1.006 (0.865)
常数项	-15.436*** (1.457)	-1.309*** (0.095)	-1.030*** (0.360)	-4.701*** (0.857)	-8.164*** (1.535)	-7.865*** (2.125)	-6.985*** (1.555)	1.421 (3.605)
N	150	150	150	150	150	120	120	150
R^2	0.786	0.606	0.608	0.669	0.689	0.615	0.639	0.707
R^2_a	0.725	0.507	0.505	0.579	0.600	0.467	0.500	0.698

七、结论

本文从数字经济入手，基于我国 2016~2020 年 30 个省份的平衡面板数据，运用固定效应、中介效应模型实证分析研究数字经济对制造业绿色低碳转型的直接效应和中介效应及其作用机制，研究结果显示：

第一，我国数字经济的发展存在明显的地域差异，测算结果呈现东部地区发展程度遥遥领先，中部地区紧随其后，西部地区和东北地区发展水平较低的不平衡分布。

在政府层面，特别是西部地区和东北地区的地方政府，应加大财政资金支持，夯实数字经济基础设施建设，完善光纤光缆、宽带接入端口、移动电话基站等传统基础设施，加深数字经济与制造业的深度融合，激发数字经济的网络效应。加快机器人、大数据、5G等新兴技术的应用，重点建设人工智能、工业互联网、5G基站、大数据中心等为代表的数字基础设施，加快新一代互联网信息技术与制造业的交叉融合，有序合理引导企业将数字技术应用于生产活动中，推动产业数字化、信息化。出台一系列优惠政策，鼓励传统制造业在数字技术方面进行研发，积极融入数字经济、平台经济等新业态和新模式当中，并给予研发补贴，从而为企业在数字技术方面的应用创造良好的外部环境。

在企业层面，应采取以下措施提高自身的数字化水平：一是加大企业在内部运营中数字技术的投入，以此降低企业在研发、生产中的成本；二是增加企业在客户体验方面的相关数字技术投入，增进与客户的交流，从而有效开拓市场；三是加大与现有业务相关的数字技术方面的投入，构建全新的数字化业务模式，从而促使企业加快转型升级的步伐。

第二，基准回归结果显示，数字经济发展对制造业绿色低碳转型发展整体上有积极的作用，已经成为中国产业绿色高质量发展的重要推动力之一，符合人们的主观判断。在区域差异方面，中部地区数字经济效益明显优于其他三大地区。

由于制造业绿色低碳发展水平较高的东部地区和中部地区可以更好地发挥数字经济效应，因此在推动产业数字化过程中应避免同质化、一元化的发展战略，应在因地制宜的原则下对西部地区和东北地区有所倾斜，力争以数字经济发展为契机引导各地区协调发展。

第三，基于"数字经济发展—技术创新—制造业绿色低碳转型"路径的中介效应分析显示，技术创新起到中介作用，数字经济可以通过提高技术创新水平促进制造业绿色低碳转型发展，且技术创新的中介效应占比为28%。因此，应加大对人工智能、数字平台、信息安全等重点领域的关键技术突破，加强对该领域的人才培养，完善教育体系，发挥人才的自主技术创新。应加大对人工智能、数字平台、信息安全等重点领域的关键技术突破，加强对该领域的人才培养，完善教育体系，发挥人才的自主技术创新。一方面，加强核心数字技术供给和加快绿色技术创新的整体布局，积极发挥数字技术在企业绿色技术创新中的基础性作用，深入推进数字技术与绿色技术融合发展。另一方面，积极探索数字技术在绿色技术创新领域的应用场景，加快数字技术同能源挖掘、新能源开发、清洁技术、绿色制造、污染控制、资源回收等各个领域的深度融合，不断提升绿色技术中的数字含量。

参考文献

［1］蔡延泽，龚新蜀，靳媚．数字经济、创新环境与制造业转型升级［J］．统计与决策，2021，37（17）：20-24.

［2］蔡跃洲，陈楠．新技术革命下人工智能与高质量增长、高质量就业［J］．数量经济技术经济研究，2019，36（5）：3-22.

［3］蔡跃洲，牛新星．中国数字经济增加值规模测算及结构分析［J］．中国社会科学，2021（11）：4-30+204.

［4］高文书．数字经济的人力资本需求特征研究［J］．贵州社会科学，2021（3）：114-120.

［5］郭峰，王靖一，王芳，孔涛，张勋，程志云．测度中国数字普惠金融发展：指数编制与空间特征［J］．经济学（季刊），2020，19（4）：1401-1418.

［6］韩晶，陈曦．数字经济赋能绿色发展：内在机制与经验证据［J］．经济社会体制比较，2022（2）：73-84.

［7］黄群慧，余泳泽，张松林．互联网发展与制造业生产率提升：内在机制与中国经验［J］．中国工业经济，2019（8）：5-23.

［8］惠宁，杨昕．数字经济驱动与中国制造业高质量发展［J］．陕西师范大学学报（哲学社会科学版），2022，51（1）：133-147.

［9］江小国，何建波，方蕾．制造业高质量发展水平测度、区域差异与提升路径［J］．上海经济研究，2019（7）：70-78.

［10］焦帅涛，孙秋碧．我国数字经济发展对产业结构升级的影响研究［J］．工业技术经济，2021，40（5）：146-154.

［11］梁小甜，文宗瑜．数字经济对制造业高质量发展的影响［J］．统计与决策，2022，38（11）：109-113.

［12］刘丽，丁涛．数字经济与产业绿色高质量发展——作用机制及区域异质研究［J］．技术经济与管理研究，2022（3）：106-110.

［13］罗序斌，黄亮．中国制造业高质量转型升级水平测度与省际比较——基于"四化"并进视角［J］．经济问题，2020（12）：43-52.

［14］秦建群，赵晶晶，王薇．数字经济对产业结构升级影响的中介效应与经验证据［J］．统计与决策，2022，38（11）：99-103.

［15］曲立，王璐，季桓永．中国区域制造业高质量发展测度分析［J］．数量经济技术经济研究，2021，38（9）：45-61.

[16] 万晓榆, 罗焱卿, 袁野. 数字经济发展的评估指标体系研究——基于投入产出视角 [J]. 重庆邮电大学学报 (社会科学版), 2019, 31 (6): 111-122.

[17] 万晓榆, 罗焱卿. 数字经济发展水平测度及其对全要素生产率的影响效应 [J]. 改革, 2022 (1): 101-118.

[18] 王贵铎, 崔露莎, 郑剑飞, 王春枝. 数字经济赋能制造业转型升级: 异质性影响机理与效应 [J]. 统计学报, 2021, 2 (5): 9-23.

[19] 王军, 朱杰, 罗茜. 中国数字经济发展水平及演变测度 [J]. 数量经济技术经济研究, 2021, 38 (7): 26-42.

[20] 王奇艳, 翟鑫炎, 姜雪彬. 熵值法下我国数字经济发展水平动态评价研究——基于省际面板数据 [J]. 北方经贸, 2020 (1): 35-39.

[21] 韦庄禹, 李毅婷, 武可栋. 数字经济能否促进制造业高质量发展？——基于省际面板数据的实证分析 [J]. 武汉金融, 2021 (3): 37-45.

[22] 韦庄禹. 数字经济发展对制造业企业资源配置效率的影响研究 [J]. 数量经济技术经济研究, 2022, 39 (3): 66-85.

[23] 温忠麟, 叶宝娟. 中介效应分析: 方法和模型发展 [J]. 心理科学进展, 2014, 22 (5): 731-745.

[24] 吴传清, 张冰倩. 长江经济带制造业绿色发展效率研究 [J]. 学习与实践, 2022 (5): 32-40.

[25] 吴非, 胡慧芷, 林慧妍, 任晓怡. 企业数字化转型与资本市场表现——来自股票流动性的经验证据 [J]. 管理世界, 2021, 37 (7): 10+130-144.

[26] 肖远飞, 周萍萍. 数字经济、产业升级与高质量发展——基于中介效应和面板门槛效应实证研究 [J]. 重庆理工大学学报 (社会科学), 2021, 35 (3): 68-80.

[27] 徐志向, 丁任重. 新时代中国省际经济发展质量的测度、预判与路径选择 [J]. 政治经济学评论, 2019, 10 (1): 172-194.

[28] 阎世平, 武可栋, 韦庄禹. 数字经济发展与中国劳动力结构演化 [J]. 经济纵横, 2020 (10): 96-105.

[29] 中国电子信息产业发展研究院. 2020 中国数字经济发展指数白皮书 [OL]. https://www.ccidgroup.com/info/1096/21309.htm.

[30] Bureau of Economic Analysis (BEA). Measuring the Digital Economy: An Update Incorporating Data from the 2018 Comprehensive Update of the Industry Economic Accounts [R]. BEA, April, 2019.

[31] Nunn N., N. Qian. U.S. Food Aid and Civil Conflict [J]. American Economic Review, 2014, 104 (6): 1630-1666.

[32] S. Qiao. Analysis of the Impact of Digital Economy on Industrial Structure Upgrading Based on Stata [R]. 2021 2nd International Conference on Big Data Economy and Information Management (BDEIM), 2021.

[33] Tapscott D. Growing up Digital [M] // The Rise of the Net Generation. New York: McGraw Hill, 1998.

[34] Z. Li, Y. Liu. Research on the Spatial Distribution Pattern and Influencing Factors of Digital Economy Development in China [J]. IEEE Access, 2021, 9: 63094-63106.

金融地理结构、传统金融可得性与企业数字化转型

李剑培　刘振鹏　顾乃华

[摘要] 企业数字化转型是我国产业数字化的重要一环，是提升数字经济核心竞争力，推动经济高质量发展的必由之路。随着数字经济下企业创新、产业升级的迭代加快，稳定且充足的外源性融资对企业的发展转型越发关键。本文基于金融地理结构视角，探究在数字金融发展的冲击下，传统金融可得性对实体企业数字化转型的影响及其机制。研究发现：传统金融可得性的提升可以有效促进实体企业数字化转型，并且在"效率优势"或"创新优势"企业中这一影响更为显著。融资约束和信息不对称程度的降低是传统金融可得性促进企业数字化转型的作用机制，而金融错配具有负向调节作用。笔者进一步考察数字金融发展的冲击，发现传统金融目前仍然是实体企业数字化转型的重要信贷来源。本文为深入推进金融体制改革提供了新证据，为加速推进企业数字化转型提供了新启示。

[关键词] 金融地理结构；传统金融；企业数字化转型；数字金融

一、引言

金融是制造业企业发展的关键因素（蔡庆丰等，2020）。企业效率（Beck et al.，2004）、企业创新（鞠晓生等，2013）等方面均受到金融，特别是传统信贷资源的影响。习近平总书记多次强调了金融对实体经济的重要意义，指出"经济是肌体，金融是血脉，两者共荣共生。"在国际形势动荡的冲击下，我国经济面临需求收缩、供给冲击、预期减弱的三重压力，金融资源对于实体经济的支撑更为重要，特别是在"数字中国"的战略部署下，要"协同推进数字产业化和产业数字化，赋能传统产业转型升级"，金融之于制造业企业数字化转型的意义更加凸显。然而，我国金融与实体经济关联度提升缓慢（陆江源等，2018），传统银行信贷依然向国有企业倾斜（罗伟和吕越，2015）。作为中国经济压舱石，制造业是我国经济高质量发展的根基，而其数字化转型将极大地提升实体经济的生产质量与生产效率。制造业数字化转型的成功与否也成为我国能否化解这一压力并顺利步入高质量发展的关键。那么，如何利用金融支持制造企业数字化转型成为当前理论界和实务界共同关注的焦点。

现阶段，我国企业数字化转型势头良好（唐松等，2020），但仍面临诸多问题。例如，大多数企业的数字化转型仍处于初级"上云"层次、转型过程中的数字化技术质量也处于较低水平等（吴非等，2021a），我国整体的企业数字化转型水平也依然处于初期的起步阶段（史宇鹏等，2021）。这既要归功于金融对实体经济的服务，也要归咎于金融市场化改革的滞后。对于我国而言，银行体系是金融系统的核心（李志生等，2020），银行掌握着贷款资源的命脉，更是我国大

[作者简介] 李剑培，暨南大学产业经济研究院博士研究生，研究方向：产业经济与数字经济；刘振鹏，暨南大学产业经济研究院博士研究生，研究方向：产业经济和反垄断经济；顾乃华，暨南大学产业经济研究院教授、博士生导师，国家社会科学基金重大项目首席专家，研究方向：产业经济和服务经济。

[基金项目] 国家社会科学基金重大项目"粤港澳大湾区产业融合发展的机制与政策研究"（19ZDA079）。

多数企业赖以生存的生命线，但同时也是纯粹的风险厌恶型金融业态。企业数字化的转型发展往往伴随着较高的失败风险，特别对于中小企业而言，转型失败意味着银行损失。近十几年来，由于金融体制的倾向性和政府的信贷管制（宋敏等，2021），银行拨给大型国有企业的贷款占比高达80%以上，而民营企业的贷款金额比例不到20%（宁薛平和张庆君，2020）。企业较好的成长性不代表其贷款风险性低于银行阈值，由此可见，我国以银行为主导的金融体系的投放结构失衡和银企信任危机极大制约了制造业企业数字化转型升级的进一步发展。因此，探讨如何更好发挥金融在企业数字化转型中的积极作用，寻求解决金融市场化改革滞后于数字化转型发展的治理方案，关键在于厘清金融资源对于制造业企业数字化转型的影响和作用机理。

鉴于此，本文从金融地理结构视角出发，聚焦于我国制造业企业，系统考察了在数字金融发展冲击下传统金融可得性对企业数字化转型的影响效应和内在机理。研究发现，传统金融可得性的提升有效促进了企业的数字化转型。融资约束的下降和信息透明度的上升是传统金融可得性影响企业数字化转型的两种作用机制，上述影响主要体现在融资需求高或信息更为透明的企业样本中，这在一定程度上阻碍了实体经济的脱实向虚和银行的关系型借贷问题。然而，传统金融可得性对企业数字化转型的影响在一定程度上具有由金融错配导致的挤出效应。此外，生产率水平和创新能力较高的企业在数字化转型过程中对传统金融可得性更为敏感且更为受益。笔者进一步考察数字金融发展的冲击，发现传统金融目前仍然是实体企业数字化转型的重要信贷来源。

本文可能的边际贡献主要体现在以下三个方面：第一，本文基于金融地理结构视角，从融资约束、信息不对称、金融错配、企业特征和能力等多个维度系统地考察了传统金融可得性对企业数字化转型的影响，不仅弥补了现有研究对如何促进企业数字化转型分析的不足，加深了对近年来在中国发展数字经济背景下企业数字化转型驱动因素的理解，而且拓宽了现有关于金融地理结构的研究，刻画了企业面临的传统金融可得性，为深入探究金融服务实体企业数字化转型提供了理论支撑。第二，本文能够为银行分支机构的撤并提供经验证据。受数字金融的冲击，传统金融机构网点的撤并问题成为学术界和业界争论的焦点。然而，现阶段银行线下网点并非简单的收缩，而是不断优化网点密度和覆盖率。本文研究表明：传统金融可得性的提升能够有效促进实体企业数字化转型，并且金融机构网点布局存在一个最优半径。第三，本文能够为推动当前金融市场化改革、推动数字金融发展提供政策参考。本文研究既表明了银行竞争所带来的传统金融可得性对企业数字化转型的重要意义，同时也表明了在数字金融发展落后的地区，传统金融依旧是企业寻求数字化转型的重要信贷来源。研究结论为我们厘清数字经济发展背景下传统金融与数字金融如何更好地协同、更好地服务实体经济提供了经验解释和新的启示。

二、理论分析与研究假设

由于金融资源在地理空间上有限的流动性和替代性（Klagge and Martin，2005），金融地理结构是影响企业所能获取的金融资源的主要外部因素，对微观市场主体具有重要影响（陶锋等，2017）。在我国典型的、"加强版"的以商业银行为主导的金融体系环境下（蔡庆丰等，2020），银行分支机构成为了金融地理结构的主体。在金融地理结构理论中，企业周围银行分支数量越多，企业的传统金融可得性越高，银行竞争也越为激烈，而竞争则意味着效率。一方面，企业周围银行分支数量的增加，削弱了银行的相对市场地位，银行向企业收取的利率更低；另一方面，企业周围银行分支数量的增加也缩短了银行与企业之间的相对距离，银企之间的"鞋底成本"更低，沟通更为频繁，从而使银企间的信息不对称问题得到缓解（许和连等，2020）。除审计信息和披露信息等"硬"金融信息外，银行可以更好掌握主要通过长期、面对面沟通而获得的具有明显本地化属性的企业非标准化"软"金融信息，降低由于信息不完全产生的银行放贷前的信贷风险与审查成本以及放贷后的企业道德风险和监管成本（戴美虹，2022）。银行信贷成本降低，给予激烈市场竞争下的贷款利率进一步下降的空间。另外，银行分支机构的增加也意味着企业可以匹配到多家近距离银行，银企融资匹配率得以提高，即银行的信贷配给措施对企业融资的影响更小。因此，企业周围金融机构网点数量的增加意味着企业可以更好地获得银行信贷。

企业数字化转型是企业由"工业化"商业模式转向"数字化"商业模式的重要变革（刘淑春等，2021），是对企业员工能力、生产流程、组织架构和业务模式等的重新定义，是传统企业的颠覆式创新过程。而这一过程往往需要充足且高效的创新要素、技术要素、人才要素的支撑，因此企业的数字化转型对资金的需求量极大。企业的资金来源分为内源性融资和外源性融资两种来源（张烁珣和独旭，2019），前者是企业经营活动所产生的资金，往往面临着宏观经济波动等所带来的不确定性问题，资金的稳定性较差且资金的积累所需时期较长；后者是企业向资本市场进行直接或间接融资所获得的资金，银行贷款是我国最为主要、成本较低的外源性融资方式。在数字化转型的阵痛期，面对高昂的转型成本，既要保证资金的充足性，也要保证资金的持续性。因此，银行信贷这一传统金融资源对我国企业的数字化转型至关重要，其可减少企业"不会转""没钱转""不敢转"等情况的发生（刘淑春等，2021），让企业更高程度、更高效率地加大创新投入，加速企业人才、技术等各类要素的聚集，加大企业创新动能，铸牢企业数字化转型所需的颠覆性创新基础，促使企业数字化转型的成功实现。基于此，笔者提出：

假说1：传统金融可得性的提升可以促进企业数字化转型。

现有研究表明，包括上市公司在内的大多数企业均普遍存在着融资约束问题（蔡庆丰等，2020；饶华春，2009；张璇等，2019）。信息技术应用和信息设备购进等都会带来高额成本，这让转型阶段的企业身处融资约束困境（吴非等，2021a）。与传统转型不同，数字化转型要求企业对底层硬件、技术创新、组织架构、制度模式等层面的全面优化，因而所需投入的资源和产生的费用对企业的数字化转型提出了更大挑战，这也迫使企业需要寻找稳定的外部融资渠道而获得充裕的资金（蔡庆丰等，2020）。由于企业面临着较强的融资约束，部分企业可能囿于现金流的缺乏和不确定性而降低在数字化转型方面的努力（王冠男等，2022）。然而，传统金融机构往往对除大型企业和国有企业外的其他企业不置可否甚至避而远之，致使这类企业"融资难""融资贵"的现象普遍存在（王冠男等，2022）。因而，对于融资约束较高的企业而言，传统金融可得性的提高对缓解企业融资约束问题至关重要，而融资约束的降低可以加快促进其数字化转型进程。基于此，笔者提出：

假说2：传统金融可得性的提升通过降低高融资约束企业面临的融资约束，进而推动企业的数字化转型。

当企业面临的传统金融可得性较弱时，由于信息不对称问题，部分企业难以获得价格低廉且充足的信贷支持，企业往往愿意与一家银行保持长期联系，缓解银企间的信息问题（Berger and Udell，1995），建立起关系型信贷模式（López-Espinosa et al.，2017；邓超等，2010）。企业周围银行分支机构数量的增加，其面临的银行竞争环境更加激烈，信息不对称已然得到了较大改善，银行难以内部化与信息不透明企业间进行关系型借贷所带来的收益与风险，进行关系型借贷的动机由此削弱（Fungáčová et al.，2017），关系型借贷现象减少，企业信息更加透明公开，信息不透明或不愿公开信息的企业将难以获得银行贷款。另外，在市场化程度较高的中国市场中，企业的信息透明与信息对称可以放大企业感知创新机会的范围与可行性（唐宜红等，2019），综合来看，由于传统金融可得性的提升，企业周围的银行竞争程度加大，银企间信息不对称程度降低，银企间的关系型借贷得到显著抑制，从而企业可以更好地实现企业数字化转型。基于此，笔者提出：

假说3：对于信息透明度高的企业，传统金融可得性的提升可以有效促进企业的数字化转型。

三、实证模型设计

（一）实证模型

结合现有研究和本文的研究问题，实证模型设定如下：

$$DT_{it} = \beta_0 + \beta_1 \cdot lnnum_{it-1} + \varphi_i \cdot control_{it} + \gamma_t + \delta_i + \varepsilon_{it} \tag{1}$$

其中，DT_{it} 代表企业 i 在 t 年的数字化转型程度（Digital Transformation）；$lnnum_{it-1}$ 代表企业 i 在 t-1 年面临的传统金融可得性，本文用企业注册地址一定半径范围内的金融机构数量来构造传统金融可得性指标，为降低反向因果问题以及考虑金融影响的时滞性，将核心解释变量滞后一期；$control_{it}$ 为可能影响企业数字化转型的因素，γ_t 为年份固定效应，δ_i 为企业固定效应，ε_{it} 为随机扰动项。在双向固定效应的基础上，本文进一步控制了城市年份趋势项和行业年份趋势项，同时采取聚类到企业层面的稳健标准误。

（二）变量说明

1. 被解释变量

企业数字化转型（DT）：采用文本分析法对上市公司年报进行数字化词频挖掘是测度企业数字化转型的主流方法（吴非等，2021b；袁淳等，2021）。吴非等（2021b）在现有文献中利用上市公司年报有关企业数字化转型词频数量来刻画企业数字化转型程度的方法基础上，全面刻画了企业数字化转型的关键特征，这一方法得到了学术界的广泛应用。值得注意的是，现有研究主要利用词频数量来刻画企业数字化转型，然而每个企业的年报总词数是不一样的，有些公司年报中数字化转型词频数虽然较多，但是年报总的词数也可能是较多的，直接用词频总数来刻画企业数字化转型可能会夸大数字化转型在年报总文本中的重要性。因此，参考吴非等（2021b）的研究，本文在沿用企业数字化转型词频数作为企业数字转型程度的衡量变量上，同时构建了数字化词频数占年报总词数的比值来衡量企业的数字化转型程度。企业数字化转型是一个谱系概念，包含着不同结构特征的技术差异（吴非等，2021b）。为了更进一步精细化企业数字化转型，在后续的稳健性分析中本文相继用企业数字化转型词频数占年报总字数、企业数字化转型词频数占年报总句数、人工智能词频数、区块链词频数、云计算词频数、大数据词频数和数字化应用词频数等来刻画企业数字化转型程度。由于词频数统计分布上具有明显的右偏倾向，本文将数字化词频数和四类分指数词频数进一步取自然对数处理。

2. 核心解释变量

传统金融可得性（lnnum）：由于金融资源在地理空间上有限的流动性和替代性（Klagge and Martin，2005），金融地理结构是影响企业所能获取的金融资源的主要外部因素，对微观市场主体具有重要影响（陶锋等，2017）。在我国典型的、"加强版"的以商业银行为主导的金融体系环境下（蔡庆丰等，2020），银行分支机构成为金融地理结构的主体。现有研究认为我国银行分支机构网点布局与企业之间的区域位置和地理距离是影响企业获得银行提供的传统信贷资源的重要因素（蔡庆丰等，2020），企业周围银行分支数量越多，企业的传统金融可得性越高。因此，参考蔡庆丰等（2020）、戴美虹（2022）、李志生等（2020）、盛斌和王浩（2022）、张伟俊等（2021）等的研究，本文从企业层面构造传统金融可得性的测度指标，即以企业注册地址一定半径范围内金融机构网点的数量来衡量企业面临的传统金融可得性。具体地，利用高德地图API接口，获取全国20多万家金融机构网点地址的经纬度数据和A股上市制造业企业注册地址的经纬度数据，通过计算企业注册地址周围不同半径范围内（3千米、5千米、10千米、15千米、20千米、30千米、50千米、100千米）金融机构数量来衡量企业面临的传统金融可得性水平，该数值反映了以企业为第一视角所刻画的企业所处环境中的传统金融集聚环境，以点对点的形式衡量了企业面临的外部融资环境（见图1）。

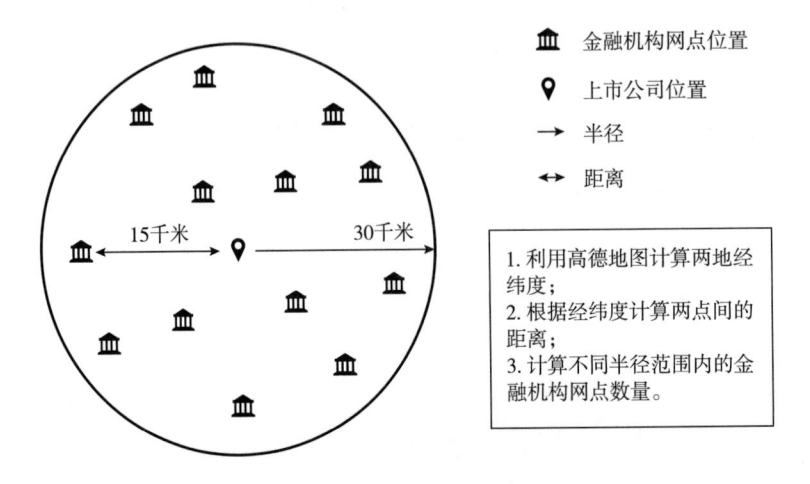

图1　传统金融可得性计算过程示意图

3. 控制变量

本文控制了可能影响企业数字化转型的因素。企业年龄，通过计算企业观测年份减去注册年份再加1得到；总资产报酬率，通过计算净利润与总资产的比值得到；资产负债率，通过计算企业总负债与总资产的比重来衡量；劳动力投入，采用企业员工数量的自然对数值来衡量；企业规模，采用企业总资产的自然对数值来衡量。并且，包括无形资产占总资产比重、固定资产净额占总资产比重、董事会规模、总资产增长率、每股收益和每股净资产等控制变量。

（三）数据来源与处理

本文以2009~2019年沪深A股上市制造企业为研究样本，样本企业的基本信息和财务数据来源于国泰安（CSMAR）和万得（Wind）数据库，金融机构网点信息来源于中国银行保险监督委员会官网，数字金融指数来源于北京大学"数字普惠金融指数"（郭峰等，2020）。在基础数据上，本文删除了样本期退市、ST类和主要变量严重缺失的企业样本，并对所有连续变量进行首尾1%缩尾处理。主要变量的描述性统计结果如表1所示。

表1　主要变量描述性统计分析

变量名	均值	标准差	最小值	最大值	样本量
数字化转型词频数占年报总词数比重	0.097	0.138	0	0.801	15577
ln数字化转型词频数	2.499	1.260	0	5.412	15581
lnnum3	2.615	1.372	0	5.485	15581
lnnum5	3.493	1.324	0	6.286	15581
lnnum8	4.299	1.236	1.099	6.992	15581
lnnum10	4.669	1.187	1.609	7.292	15581
lnnum15	5.302	1.138	2.303	7.758	15581
lnnum20	5.730	1.116	2.708	7.976	15581
lnnum30	6.274	1.053	3.466	8.206	15581
lnnum50	6.915	0.930	4.248	8.391	15581
lnnum100	7.830	0.813	5.024	9.010	15581

续表

变量名	均值	标准差	最小值	最大值	样本量
ln 资产总计	21.96	1.142	19.71	25.31	15581
无形资产占总资产比重	4.560	3.475	0.0857	20.26	15581
固定资产净额占总资产比重	23.18	13.68	1.560	63.06	15581
企业年龄	17.26	5.449	4	31	15581
ln 员工人数	7.722	1.121	5.182	10.790	15581
ln 董事会规模	2.238	0.169	1.792	2.708	15581
资产负债率	0.398	0.196	0.0483	0.890	15581
总资产报酬率	0.043	0.062	-0.206	0.228	15581
总资产增长率	0.182	0.361	-0.272	2.521	15581
每股收益	0.364	0.555	-1.350	2.723	15581
每股净资产	4.869	2.861	0.421	16.520	15581

四、实证结果与分析

(一) 基准回归

1. 不同半径范围衡量的传统金融可得性

首先，以企业周围多少半径范围内的金融机构数量衡量传统金融可得性是否合理？半径划分过大，可能会高估传统金融的作用，并且这样构成的指标可能混杂了更多地区层面的干扰项以及其他难以观测到的影响因素；而半径划分过小可能会低估传统金融的作用。因此，在进行实证分析前有必要讨论以多少半径来衡量传统金融可得性。现有研究中，戴美虹（2022）研究发现企业周围3千米、5千米和10千米半径范围内银行分支机构数量的增加有助于降低企业成为失信被执行人的概率，即银行竞争有助于增强企业信用；蔡庆丰等（2020）也发现企业周围3千米、5千米和10千米银行网点数量构建的金融资源可得性的作用是显著的；李志生等（2020）研究发现5千米、10千米和20千米银行分支机构数量能够显著影响企业杠杆率；张伟俊等（2021）的研究表明企业临近银行网点数的系数值在30千米范围内影响显著，随着考察企业附近特定地理距离不断扩大，尤其超过35千米后，系数值逐渐不显著。

综合现有研究，本文尝试以企业周围3千米、5千米、10千米、15千米、20千米、30千米、50千米、100千米半径范围内金融机构数量来刻画传统金融可得性，进而挑选出一个比较合理的半径进行后续的分析。结果如表2所示，Panel A 表示用数字化转型词频占年报总词数比重来衡量企业数字化转型程度，Panel B 表示用数字化转型词频数的自然对数值来衡量企业数字化转型程度。可以看到，当半径从3千米扩大到8千米时，传统金融可得性的系数绝对值和显著性逐渐增大，当半径从8千米扩大到10千米时，传统金融可得性的系数绝对值略微下降，紧接着当半径从10千米扩大到30千米时，传统金融可得性的系数绝对值逐渐上升到最大值，而紧接着当半径从30千米扩大到100千米时，传统金融可得性的系数绝对值逐渐降低，其显著性也逐渐下降，甚至不显著。这表明以企业周围一定半径范围内金融机构网点数量刻画的传统金融可得性存在一个最优半径区间，在本文的研究中这个最优半径区间为 [10千米, 30千米]。因此，金融机构网点布局既需要考虑密度也需要考虑广度，即网点布局需要在一定的半径范围内进行选址扩张，在合理的广度范围内，结合企业的需求优化网点布局，从而可以有效服务实体企业。结合前人的研究以及在本文的研究中得出的最优半径区间，在后续的分析中本文选取企业周围

15千米半径范围内的金融机构网点数量作为传统金融可得性的衡量指标。

表2 不同半径测度下的传统金融可得性与企业数字化转型

变量	(1) 3千米	(2) 5千米	(3) 8千米	(4) 10千米	(5) 15千米	(6) 20千米	(7) 30千米	(8) 50千米	(9) 100千米
Panel A	Y=数字化转型词频数占年报总词数比重									
传统金融可得性	0.0144* (0.0082)	0.0146* (0.0082)	0.0254** (0.0102)	0.0220** (0.0110)	0.0341*** (0.0119)	0.0355*** (0.0128)	0.0457*** (0.0151)	0.0455** (0.0184)	0.0180 (0.0223)
控制变量	是	是	是	是	是	是	是	是	是
城市年份趋势项	是	是	是	是	是	是	是	是	是
行业年份趋势项	是	是	是	是	是	是	是	是	是
公司固定效应	是	是	是	是	是	是	是	是	是
年份固定效应	是	是	是	是	是	是	是	是	是
N	15577	15577	15577	15577	15577	15577	15577	15577	15577
Adj. R^2	0.1746	0.1745	0.1751	0.1747	0.1753	0.1753	0.1757	0.1753	0.1742
Panel B	Y=ln 数字化转型词频数								
传统金融可得性	0.0888 (0.0692)	0.1336* (0.0784)	0.2531*** (0.0977)	0.2382** (0.1038)	0.3873*** (0.1128)	0.4329*** (0.1192)	0.4666*** (0.1347)	0.4417*** (0.1599)	0.3549* (0.1931)
控制变量	是	是	是	是	是	是	是	是	是
城市年份趋势项	是	是	是	是	是	是	是	是	是
行业年份趋势项	是	是	是	是	是	是	是	是	是
年份固定效应	是	是	是	是	是	是	是	是	是
公司固定效应	是	是	是	是	是	是	是	是	是
N	15581	15581	15581	15581	15581	15581	15581	15581	15581
Adj. R^2	0.3788	0.3790	0.3795	0.3793	0.3801	0.3803	0.3802	0.3797	0.3791

注：括号内是聚类到企业层面的稳健标准误，其中*、**、***分别表示在10%、5%、1%的水平上显著。本文进一步控制了可能影响企业数字化转型的因素，控制变量包括：企业总资产、无形资产占总资产比重、固定资产净额占总资产比重、成立年龄、员工人数、董事会规模、资产负债率、总资产报酬率、总资产增长率、每股收益和每股净资产。如无特别说明，下表同。

2. 传统金融可得性与企业数字化转型

表3 Panel A 显示的是用数字化转型词频占年报总词数比重来刻画企业数字化转型程度（被解释变量），表3 Panel B 显示的是用数字化转型词频数的自然对数值来刻画企业数字化转型程度（被解释变量）。第（1）~（6）列表示在回归模型中逐渐加入控制变量、城市年份趋势项、行业年份趋势项、年份固定效应、个体固定效应的回归结果，可以看到核心解释变量的系数始终在1%水平上显著为正，这表明传统金融可得性的提升显著促进了企业数字化转型。以第（6）列基准回归结果来看，其经济学含义在于：当传统金融可得性增加一个标准差（1.138），则以数字化转型词频数占年报总词数比重衡量的企业数字化转型程度增加0.2812（0.0341×1.138÷0.138）个标准差，以数字化转型词频数衡量的企业数字化转型程度则增加0.3498（0.3873×1.138÷1.260）个标准差。因此，本文的假说1得到验证，即传统金融可得性的提升可以促进企业数字化转型。

表3 传统金融可得性与企业数字化转型

变量	(1)	(2)	(3)	(4)	(5)	(6)
Panel A	\multicolumn{6}{c}{Y＝数字化转型词频数占年报总词数比重}					
传统金融可得性	0.0195***	0.0112***	0.0112***	0.0090***	0.0091***	0.0341***
	(0.0009)	(0.0009)	(0.0009)	(0.0009)	(0.0009)	(0.0119)
控制变量	否	是	是	是	是	是
城市年份趋势项	否	否	是	是	是	是
行业年份趋势项	否	否	否	是	是	是
年份固定效应	否	否	否	否	是	是
公司固定效应	否	否	否	否	否	是
N	15577	15577	15577	15577	15577	15577
Adj. R^2	0.0259	0.0969	0.0968	0.1167	0.1580	0.1753
Panel B	\multicolumn{6}{c}{Y＝ln 数字化转型词频数}					
传统金融可得性	0.1930***	0.0979***	0.0963***	0.0731***	0.0763***	0.3873***
	(0.0087)	(0.0086)	(0.0086)	(0.0086)	(0.0078)	(0.1128)
控制变量	否	是	是	是	是	是
城市年份趋势项	否	否	是	是	是	是
行业年份趋势项	否	否	否	是	是	是
年份固定效应	否	否	否	否	是	是
公司固定效应	否	否	否	否	否	是
N	15581	15581	15581	15581	15581	15581
Adj. R^2	0.0305	0.1433	0.1434	0.1714	0.3051	0.3801

（二）内生性问题与稳健性检验

1. 内生性问题

本文基于企业和金融机构的地理位置构建了传统金融可得性指标，能在一定程度上缓解内生性问题。此外，本文可能存在的内生性问题的两大来源：一是企业发展水平越高的地区，往往越吸引银行前来设立分支网点，这可能会造成一定的反向因果。二是企业周围金融机构网点数量可能与未观测到的企业特征相关。首先，参考李志生等（2020）的研究，将当期企业周围金融机构网点数量对上一期企业数字化转型进行回归，提取回归的残差项（Residual）。可以认为，回归残差项为当期金融机构网点数量中不受上一期企业数字化转型影响的部分。因此，用残差项作为解释变量进行回归分析，可以控制企业数字化转型对金融机构网点数量带来的影响。表4第（1）、（4）列的回归结果显示，残差项对数字化转型词频数占年报总词数比重和企业数字化转型词频数这两个变量的回归系数均在1%的水平上显著为正，这表明在控制了双向因果关系的干扰后，传统金融可得性能够有效促进企业数字化转型，本文的结果仍然稳健。

表4 内生性问题

变量	(1)	(2)	(3)	(4)	(5)	(6)
	Y＝数字化转型词频数占年报总词数比重			Y＝ln 数字化转型词频数		
		2SLS 第一阶段	2SLS 第二阶段		2SLS 第一阶段	2SLS 第二阶段
Residual	0.5784***			0.3819***		
	(0.0228)			(0.0127)		

续表

变量	(1)	(2)	(3)	(4)	(5)	(6)
	Y=数字化转型词频数占年报总词数比重			Y=ln 数字化转型词频数		
		2SLS 第一阶段	2SLS 第二阶段		2SLS 第一阶段	2SLS 第二阶段
传统金融可得性			0.0777*** (0.0287)			0.6017** (0.2644)
工具变量 1		0.1001*** (0.0155)			0.1000*** (0.0154)	
工具变量 2		0.3333*** (0.0161)			0.3334*** (0.0161)	
控制变量	是	是	是	是	是	是
城市年份趋势项	是	是	是	是	是	是
行业年份趋势项	是	是	是	是	是	是
年份固定效应	是	是	是	是	是	是
公司固定效应	是	是	是	是	是	是
Kleibergen-Paap rk LM statistic			417.296 [0.0000]			417.349 [0.0000]
Kleibergen-Paap rk Wald F statistic 10%临界值			261.721 {19.93}			261.878 {19.93}
Hansen J statistic			0.131 [0.7176]			0.123 [0.7253]
N	15571	9971	9971	15581	9974	9974
Adj. R²	0.4234		0.1369	0.4743		0.3557

注："[ ]"内是 P 值，"{ }"是 10%临界值。

紧接着，本文采取工具变量法来解决可能存在的遗漏变量引起的内生性问题。首先，本文通过构造城市层面金融机构网点密度与地理坡度的乘积作为本文的第一个工具变量，由于城市层面金融机构网点密度越大，说明企业所在的地区中金融机构网点较多，因此与传统金融可得性相关。而地理坡度是地表单元陡缓的程度，一方面地理坡度是完全外生的地理变量；另一方面地理坡度也影响到企业的选址问题，与本文的研究问题相关。其次，本文将传统金融可得性的滞后三期作为当期传统金融可得性的第二个工具变量。一方面，滞后三期的传统金融可得性与当期金融可得性是相关的；另一方面，由于时间滞后三期，当期的值并不能影响过去三期的值，因此满足外生性要求。结合这两个工具变量，回归结果如表 4 所示。第（3）、（5）列表示第一阶段回归的结果，第（4）、（6）列表示第二阶段回归的结果，可以看到 Kleibergen-Paap rk LM statistic 显著，表明工具变量是可识别的，Kleibergen-Paap rk Wald F statistic 值也远大于 10%临界值 19.93，Hansen J statistic 统计量接受原假设"工具变量为外生，不存在过度识别问题"。因此本文的工具变量选取是合理的。从结果可以看出，在采取工具变量法后，传统金融可得性的提升依旧显著促进了企业数字化转型，表明在考虑了内生性问题后本文基准回归结果是稳健的。

2. 稳健性检验

（1）更换被解释变量。本文分别以数字化转型词频数占年报总字数比重、数字化转型词频数占年报总句数比重以及数字技术运用词频数、人工智能技术词频数、大数据技术词频数和云计算技术词频数的自然对数值来衡量企业的数字化转型程度，回归结果如表5第（1）~（6）列所示，可以看到传统金融可得性的系数依旧显著为正，表明传统金融可得性的提升能够有效促进企业数字化转型，与基准回归一致。

表5 稳健性检验（更换被解释变量）

变量	（1）数字化转型词频数占年报总字数比重	（2）数字化转型词频数占年报总句数比重	（3）数字技术运用词频数	（4）人工智能技术词频数	（5）大数据技术词频数	（6）云计算技术词频数
传统金融可得性	0.0156***	0.5369***	0.3530***	0.1362**	0.1776**	0.1404**
	（0.0054）	（0.2034）	（0.1123）	（0.0529）	（0.0777）	（0.0712）
控制变量	是	是	是	是	是	是
城市年份趋势项	是	是	是	是	是	是
行业年份趋势项	是	是	是	是	是	是
年份固定效应	是	是	是	是	是	是
公司固定效应	是	是	是	是	是	是
N	15577	15577	15581	15581	15581	15581
Adj. R^2	0.1796	0.1563	0.3467	0.1804	0.2156	0.1395

（2）更换解释变量。首先，由于商业银行是企业贷款的主要资金来源方，因此本文进一步剔除了政策类银行、农村商业银行以及其他类型的金融机构网点数据，重点考察企业周围商业银行网点数量对其数字化转型的影响，结果如表6第（1）、（3）列所示，可以看到以企业周围商业银行网点数量衡量的传统金融可得性的回归系数符号和显著性与基准回归一致，验证了本文基准回归结果的稳健性。其次，由于金融机构总行和一二级分行的数量较少，并且这些较高等级的银行部门往往相比支行权利更大，可能会影响本文的回归结果，因此本文进一步剔除了总行和一二级分行的影响，考察了支行的影响，结果如表6第（2）、（4）列所示，可以看到以企业周围支行的数量来衡量的传统金融可得性的作用与基准回归结果保持一致。

表6 稳健性检验（更换解释变量）

变量	（1）	（2）	（3）	（4）
	Y=数字化转型词频数占年报总词数比重		Y=ln 数字化转型词频数	
传统金融可得性（商业银行）	0.0337***		0.3799***	
	（0.0122）		（0.1141）	
传统金融可得性（支行）		0.0263**		0.2866***
		（0.0120）		（0.1110）
控制变量	是	是	是	是
城市年份趋势项	是	是	是	是
行业年份趋势项	是	是	是	是
年份固定效应	是	是	是	是
公司固定效应	是	是	是	是
N	15577	15577	15581	15581
Adj. R^2	0.1753	0.1749	0.3800	0.3795

（三）作用机制分析

理论分析表明，金融机构网点数量增加导致的银行间的竞争加剧，带来了企业传统金融可得性的提升，传统金融可得性一方面在"量"上降低了企业融资约束；另一方面在"质"上改善了企业信息水平，从而促进了企业的数字化转型。然而，银行在信贷资源的配置过程中的金融错配现象依然存在，这也意味着传统金融可得性促进数字化转型效率的降低。遵循这一逻辑，本文将进一步验证传统金融可得性对企业数字化转型影响中融资约束和信息不对称的渠道机制以及金融错配现象的调节机制。

1. 融资约束

中国工业和信息化部公布的数据显示，中国企业推动数字化转型过程中仍然面临转型成本高而出现的"不愿转"现象（刘淑春等，2021），高成本为转型期的企业带来了"不可承受之重"。同时，企业数字化转型的颠覆性创新过程面临着更高的不确定性，资金的不可持续性也进一步恶化了这一现象。因此，本文进一步探究传统金融可得性的提升能否通过降低企业融资约束进而助推企业数字化转型。借鉴张璇等（2019）的研究，本文以SA指数来衡量企业面临的融资约束，SA指数为负且绝对值越大，说明企业受到的融资约束程度越严重。本文根据融资约束各年份的分位数将样本划分为低融资约束和高融资约束两组样本，进而可以探究传统金融可得性在不同融资约束环境下的内在作用机理。表7第（1）、（2）列的被解释变量为企业面临的融资约束，探究了不同融资约束环境差异下传统金融可得性对企业融资约束的影响，可以看到在低融资约束企业中，传统金融可得性的系数值虽然为负，但是不显著，这表明传统金融可得性的增加并不能显著影响低融资约束企业的融资约束；而在高融资约束企业中，传统金融可得性的增加则显著降低了企业的融资约束，这表明面临较高融资约束的企业，当传统金融可得性提升时，可以有效缓解其融资约束，进而可以为企业数字化转型提供资金支撑。因此，本文的假说2得到验证，即传统金融可得性的提升通过降低高融资约束企业面临的融资约束，进而推动企业的数字化转型。

表7 融资约束与金融错配的机制分析

变量	(1)	(2)	(3)	(4)
	Y=融资约束	Y=融资约束	Y=数字化转型词频数占年报总词数比重	Y=ln 数字化转型词频数
	低	高		
传统金融可得性	−0.0139	−0.0154*	0.0328**	0.4122***
	(0.0105)	(0.0087)	(0.0133)	(0.1329)
传统金融可得性×金融错配			−0.0010**	−0.0085**
			(0.0004)	(0.0039)
控制变量	是	是	是	是
城市年份趋势项	是	是	是	是
行业年份趋势项	是	是	是	是
年份固定效应	是	是	是	是
公司固定效应	是	是	是	是
N	7480	8101	11667	11671
Adj. R^2	0.9112	0.9375	0.1673	0.3539

2. 金融错配的调节效应

我国金融资源错配现象严重，存在"属性错配""领域错配""阶段错配"等结构性问题

（唐松等，2020），需要外源性融资进一步提质增效的高效率企业只能主要依靠波动性较大的少量内源性融资而无法获得有效的金融支持（李旭超等，2017）。某些大型低效率企业则可以不断获得外源性融资，并利用这部分资金进行短期投资获益，并未将其投入长期的研发创新当中，这可能会导致"想转而没钱转，不想转却有钱"的局面发生。虽然"脱实向虚"问题近年来得到了高度重视并有所缓解，但是我国金融错配水平仍然处于较高位置，银行对大型企业的偏好程度依然较高。因此，金融错配将削弱传统金融可得性对企业数字化转型的影响，金融错配下的传统金融可得性可能关注短期收益，而削弱对企业长期数字化生产经营效率的重视程度。

进一步地，由于金融资源错配是影响企业信贷需求与可获得性的重要因素，本文基于金融错配的视角来考察金融资源可得性对企业数字化转型的作用机理。参考邵挺（2010）的研究，本文采用金融错配负担水平来衡量金融错配，即计算企业的资金使用成本与所在行业平均资金使用成本的偏离度。企业的资金使用成本与行业平均资金使用成本偏离度越大，说明成本被抬高或压低得越多，企业所承担的金融错配程度越大。在回归中取绝对值，数值越大，金融错配程度越高。结果如表7第（3）、（4）列所示，可以看到传统金融可得性与金融错配的交互项显著为负，说明随着企业的金融错配程度上升，传统金融可得性对企业数字化转型的促进作用逐渐减弱，表明较高程度的金融错配弱化了传统金融可得性对企业数字化转型的促进效应；另外，传统金融可得性的增加则可以降低金融错配给企业数字化转型带来的不良影响。

3. 信息不对称

企业信息是外界对企业"质"的直观体验，信息不对称将企业的"质"大打折扣。随着我国市场化进程的不断加快，无论从企业自身角度还是从银企关系角度，信息透明度的提升能为企业创造出更多的创新机会和融资机会，对企业的数字化转型的影响可能也同样重要。因此，对于信息不对称的渠道机制，本文参考李志生等（2020），以管理费用率（管理费用/营业成本）作为企业信息透明度的代理指标，根据企业管理费用率各年度的分位数，将样本划分为信息不透明度低和高两组样本。根据理论分析，企业的管理费用率越高，表明企业存在较高的信息不透明度，由于银企间存在较高的信息不对称，金融机构基于风险规避的考虑可能会对企业的借贷行为进行严格的审查，从而影响到企业的信贷资源获批概率。表8第（1）~（4）列的回归结果表明，在信息不透明度低的企业中，传统金融可得性的提升可以有效促进企业数字化转型，而在信息不透明度高的企业中，传统金融可得性的系数并不显著。这表明如果企业的信息不透明度较高，金融机构降低了从事关系型借贷业务的动力，因而金融机构更加愿意将信贷资源放贷给信息透明的企业。综合来看，由于传统金融可得性的提升，企业周围的银行竞争程度加大，降低银企间信息不对称，银企间的关系型借贷得到显著抑制，从而助力企业数字化转型。因此，本文的假说3得到验证，即对于信息透明度高的企业，传统金融可得性的提升可以有效促进企业的数字化转型。

表8 信息不对称的机制分析

变量	(1)	(2)	(3)	(4)
	Y=数字化转型词频数占年报总词数比重		Y=ln 数字化转型	
	信息不透明低	信息不透明高	信息不透明低	信息不透明高
传统金融可得性	0.0461***	0.0133	0.5427***	0.2379
	(0.0141)	(0.0206)	(0.1570)	(0.1743)
控制变量	是	是	是	是
城市年份趋势项	是	是	是	是
行业年份趋势项	是	是	是	是
年份固定效应	是	是	是	是

续表

变量	(1)	(2)	(3)	(4)
	\multicolumn{2}{c	}{Y=数字化转型词频数占年报总词数比重}	\multicolumn{2}{c}{Y=ln 数字化转型}
	信息不透明低	信息不透明高	信息不透明低	信息不透明高
公司固定效应	是	是	是	是
N	7886	7689	7889	7690
Adj. R²	0.1991	0.1566	0.3838	0.3592

（四）异质性分析

1. 企业生产率水平

数字技术重塑企业的生产流程、组织架构和商业模式（何帆和刘红霞，2019），企业数字化转型的动因主要来源于技术驱动力和价值驱动力（Moreira et al.，2018），在当前数字技术推动力已经起到基础性作用的前提下，价值驱动力将成为企业数字化转型的核心动能。生产效率的高低将影响到企业推动数字化转型的内在动力。企业效率较低一般有两种原因：其一为企业仍处于发展的初期阶段，此类企业不具备数字化转型的必要性；其二为企业疏于对生产经营活动的管理，此类企业没有进行数字化转型的动机，只有生产效率较高的企业既有动机又有必要进行数字化转型以实现企业的赶超或保持领先地位，以实现企业可持续发展。

因此，本文进一步考察不同生产效率差异下，传统金融可得性对企业数字化转型的异质性影响。本文借鉴鲁晓东和连玉君（2012）的研究，采用OP法（Olley and Pakes，1992）来测算企业全要素生产率，进而衡量不同企业的生产效率。根据企业TFP各年度的1/3分位数，将样本划分为低生产率和中高生产率两组样本。结果如表9所示，第（1）、（3）列结果表明，在生产效率较低的企业中，传统金融可得性的提升并未显著影响企业数字化转型，而第（2）、（4）列的结果表明，在生产效率较高的企业中，传统金融可得性的提升则可以显著促进企业数字化转型。此即企业数字化转型中的"效率优势"。这一结果表明企业实施数字化转型战略需要修炼"内功"，夯实生产活动基本功，优化生产效率，才能切实提升企业数字化转型实效。

表9 不同生产效率下的异质性分析

变量	(1)	(2)	(3)	(4)
	\multicolumn{2}{c	}{数字化转型词频数占年报总词数比重}	\multicolumn{2}{c}{ln 数字化转型}
	低生产率	中高生产率	低生产率	中高生产率
传统金融可得性	0.0272	0.0436***	0.2291	0.4360***
	(0.0255)	(0.0135)	(0.2160)	(0.1369)
控制变量	是	是	是	是
城市年份趋势项	是	是	是	是
行业年份趋势项	是	是	是	是
年份固定效应	是	是	是	是
公司固定效应	是	是	是	是
N	4808	10338	4808	10338
Adj. R²	0.1286	0.1815	0.2827	0.4026

注：同表2。

2. 企业创新水平

企业数字化转型是企业在数据驱动下利用人工智能、区块链、云计算、大数据等数字技术深耕自身核心能力的高层次转型。高层次转型决定了企业的数字化转型对企业的创新能力的较高要求。数字化转型活动是以底层的数字技术为依托的，企业在实践中面临着企业专项的研发投入不足和企业数字化转型所依赖的底层技术更容易被外界所模仿的困境（王冠男等，2022）。上述人工智能、区块链、云计算、大数据等技术都是现阶段最为前沿的数字技术，创新水平较低的企业不具备突破这些技术的基本实力。相比之下，具有一定创新实力的企业，无论从基础能力还是从发展方向来看，进行颠覆式创新的企业数字化转型是企业突破当下瓶颈、面临激烈的市场竞争的良好战略选择。因此，有必要探究不同创新水平下，传统金融可得性对企业数字化转型的异质性影响。

本文用企业发明专利申请量作为企业创新水平的衡量。根据企业发明专利申请量各年度的1/3分位数，将样本划分为低创新水平和中高创新水平两组样本。结果如表10所示。第（1）、（3）列的结果表明在创新水平较低的企业中，传统金融可得性的系数显著性并不稳定，而第（2）、（4）列的结果表明在创新水平较高的企业中，传统金融可得性的系数则显著为正。表明当企业拥有较高创新水平时，传统金融可得性的提升能够有效促进企业数字化转型，而当企业的创新能力不足时，企业数字化转型的技术基础较为薄弱，传统金融的作用逐渐削弱。企业创新水平的提升可以给企业数字化转型打造坚实的技术基础，传统金融可得性的提升增强企业的创新动能后，必然会在数字化转型进程中有效地提供技术与创新要素支撑。因此，企业实施数字化转型战略需要加大创新投入，提升创新水平才能切实提升企业数字化转型实效。

表10 不同创新水平的异质性分析

变量	（1）	（2）	（3）	（4）
	数字化转型词频数占年报总词数比重		ln 数字化转型	
	低创新水平	中高创新水平	低创新水平	中高创新水平
传统金融可得性	0.0211	0.0369***	0.6268***	0.2688**
	(0.0214)	(0.0143)	(0.1980)	(0.1284)
控制变量	是	是	是	是
城市年份趋势项	是	是	是	是
行业年份趋势项	是	是	是	是
年份固定效应	是	是	是	是
公司固定效应	是	是	是	是
N	5120	10451	5120	10451
Adj. R^2	0.1686	0.1895	0.3752	0.3859

五、进一步分析

随着技术在金融领域的应用，数字金融在国内得到快速发展，冲击着传统金融机构的业务和地理格局。因此，本文进一步探究在数字金融发展的冲击下传统金融对实体企业数字化转型的影响。

（一）传统金融可得性、数字金融发展与企业数字化转型

数字技术的不断深入，也让数字技术与金融服务不断地有机结合，数字金融得到了迅猛发

展，引发了支付、借贷等多领域的巨大变革（王诗卉和谢绚丽，2021），不断重塑着我国金融结构（战明华等，2020）。数字金融提升了搜集和处理海量数据的可行性，对成本和风险进行了优化（Gomber et al., 2018）。数字金融的发展一方面克服了传统金融机构网点布局的物理局限性，可以将金融服务通过手机客户端链接到经济落后地区或是传统金融网点不能覆盖的区域，另一方面也促进了传统金融的转型升级（郭峰等，2020）。数字金融的兴起弥补了传统金融体系的缺陷，相比传统金融，数字金融拓展了企业融资渠道，催生出供应链金融等多元化融资方式（唐松等，2020），减少金融市场中存在的信息不对称和资源错配行为（Gomber et al., 2018；田杰等，2021），为企业的融资提供了新的模式和资金支持，在企业数字化转型中扮演着与传统金融同样重要的角色（王宏鸣等，2022）。

因此，借助"北京大学数字普惠金融指数"（郭峰等，2020），本文进一步同时考察传统金融可得性和数字金融发展对企业数字化转型的影响。结果如表11所示，第（1）~（8）列分别表示以数字化转型词频数占年报总词数比重、数字化转型词频数占年报总字数比重、数字化转型词频数占年报总句数比重以及数字化转型词频数、数字技术运用词频数、人工智能技术词频数、大数据技术词频数和云计算技术词频数的自然对数值来衡量企业的数字化转型，结果表明传统金融可得性和数字金融发展都可以有效促进企业数字化转型，而数字金融的促进作用初现苗头，但相比较而言，传统金融可得性对企业数字化转型的作用更加显著且稳定。不管是宏观层面的数字金融发展水平还是微观层面企业直接面临的传统金融可得性，这二者的提升都可以促进企业数字化转型。

表11 传统金融可得性、数字金融发展与企业数字化转型

变量	(1) 数字化转型词频数占年报总词数比重	(2) 数字化转型词频数占年报总字数比重	(3) 数字化转型词频数占年报总句数比重	(4) 数字化转型	(5) 数字技术运用	(6) 人工智能技术	(7) 大数据技术	(8) 云计算技术
传统金融可得性	0.0381*** (0.0144)	0.0174*** (0.0066)	0.6020** (0.2487)	0.3994*** (0.1341)	0.3546*** (0.1342)	0.1626** (0.0654)	0.2296** (0.0922)	0.2142** (0.0846)
数字金融发展	0.0004** (0.0002)	0.0002** (0.0001)	0.0055* (0.0031)	-0.0002 (0.0017)	-0.0006 (0.0017)	0.0045*** (0.0009)	0.0029** (0.0012)	0.0039*** (0.0011)
控制变量	是	是	是	是	是	是	是	是
城市年份趋势项	是	是	是	是	是	是	是	是
行业年份趋势项	是	是	是	是	是	是	是	是
年份固定效应	是	是	是	是	是	是	是	是
公司固定效应	是	是	是	是	是	是	是	是
N	13697	13697	13697	13702	13702	13702	13702	13702
Adj. R^2	0.1648	0.1696	0.1480	0.3578	0.3211	0.1875	0.2114	0.1386

注：同表2。

（二）数字金融发展冲击下传统金融可得性与企业数字化转型

数字金融的飞跃式发展强烈影响着中国金融的广度和深度，对传统金融也具有一定的冲击效应（谢平等，2015）。一方面，数字金融可以促进金融地理结构的优化，进一步解决信息不对称问题，促进传统金融结构的转型升级（Lorente and Schmukler, 2018），从而提升传统金融对企业数字化转型的驱动效率；但另一方面，数字金融的"增量补充"和"存量优化"功能与传统金融形成竞争关系，挤占银行外源融资业务（顾海峰和高水文，2022）。那么，在数字金融的冲

击下,传统金融可得性的作用是否会保持一致呢?

为探讨这一问题,本文进一步探究了数字金融发展冲击下传统金融可得性对企业数字化转型的作用差异。根据地区数字金融发展指数各年度的分位数,将数字金融发展水平分为低和高两组样本。结果如表 12 所示,第(1)、(2)列显示的是数字金融总指数的影响,可以看到在数字金融发展水平较低的地区,传统金融可得性对企业数字化转型的作用是显著为正的,而在数字金融发展水平较高的地区,传统金融可得性并未对企业数字化转型产生显著影响。进一步地,由第(3)~(6)列可知,数字金融发展无论是由数字金融覆盖广度指数还是使用深度指数来衡量,在数字金融发展水平较低的地区,传统金融可得性的提升对企业数字化转型的影响均是显著且持续存在的,而在数字金融发展较好的地区,传统金融可得性的作用并不显著。一方面,随着数字技术的发展以及数字金融的普及,传统金融特别是银行物理网点的作用逐渐被削弱,数字金融的基站效应明显;另一方面,在数字金融发展落后的地区,传统金融依旧是企业寻求数字化转型的重要信贷来源。综合来看,现阶段我国数字金融对企业的普及率和应用率仍处于较低水平,传统金融的普遍性保证了传统金融可得性在企业数字化转型的金融支持中的基础地位,发挥"雪中送炭"的作用;而相比之下,在发达地区数字金融可得性更高,对企业数字化转型的促进作用也随之凸显,因而数字金融在现阶段更多扮演了"锦上添花"的角色。

表 12 数字金融冲击下传统金融可得性与企业数字化转型

变量	(1)	(2)	(3)	(4)	(5)	(6)
	数字普惠金融总指数		覆盖广度指数		使用深度指数	
	低	高	低	高	低	高
Panel A	Y=数字化转型词频数占年报总词数比重						
传统金融可得性	0.0549***	-0.0040	0.0465***	0.0065	0.0509***	0.0130
	(0.0188)	(0.0289)	(0.0163)	(0.0267)	(0.0169)	(0.0296)
N	6920	6763	6917	6766	6894	6789
Adj. R²	0.1538	0.1803	0.1534	0.1832	0.1554	0.1780
Panel B	Y=ln 数字化转型词频数						
传统金融可得性	0.6061***	-0.1455	0.6081***	0.0139	0.5445***	0.0992
	(0.1667)	(0.2370)	(0.1640)	(0.2480)	(0.1637)	(0.2275)
N	6918	6765	6919	6768	6896	6791
Adj. R²	0.1537	0.1805	0.3578	0.3595	0.3556	0.3607
控制变量	是	是	是	是	是	是
城市年份趋势项	是	是	是	是	是	是
行业年份趋势项	是	是	是	是	是	是
年份固定效应	是	是	是	是	是	是
公司固定效应	是	是	是	是	是	是

六、结论与政策启示

制造业作为中国经济压舱石,是我国实现经济高质量发展的根基所在。企业数字化转型作为我国产业数字化的重要一环,是提升数字经济核心竞争力,推动经济高质量发展的必由之路。数字技术的发展为实体企业和金融机构带来了重大冲击,在数字金融发展浪潮冲击下,传统金融如何助力企业数字化转型是值得研究的问题。本文利用 2009~2019 年中国 A 股上市制造企业数据和中国20万+金融机构网点信息，通过计算企业周围一定半径范围内金融机构网点数量来刻画企业面临的传统金融可得性，基于上市公司年报数字化转型词频来刻画企业数字化转型程度，借助北京大学数字普惠金融发展指数刻画地区数字金融发展水平，进而考察了在数字金融发展的冲击下，传统金融可得性影响企业数字化转型的内在机理。主要研究结论如下：

第一，传统金融可得性的提升可以有效促进企业数字化转型，经过工具变量法、更换被解释变量、更换解释变量等一系列内生性和稳健性检验后结论依然成立。第二，一方面，传统金融可得性的提升可以降低企业的融资约束，金融错配的降低则进一步强化了传统金融可得性对企业数字化转型的正向促进作用；另一方面，银企间信息透明度更高的企业，传统金融可得性对企业数字化转型的促进效应更强。第三，异质性分析表明，当企业拥有较高生产效率或较高创新水平时，传统金融可得性的提升能够有效促进企业加大数字化转型，表明企业实施数字化转型战略需要修炼"内功"，夯实生产活动基本功、优化生产效率并加大创新投入、提升创新水平，才能切实提升企业数字化转型实效。第四，传统金融可得性的提升对企业数字化转型的影响在数字金融发展水平较低的地区显著且持续存在，而在数字金融发展水平较高的地区，传统金融可得性的作用并不显著，表明在数字金融发展落后的地区，传统金融依旧是企业寻求数字化转型的重要资金来源。

本文研究对金融服务实体经济和企业数字化转型有以下几点启示：

第一，优化传统金融机构网点布局，切实推动企业数字化转型。各地政府应顺数字化之势而为，赋能传统制造产业，以传统金融可得性为切入点，强化企业的数字化转型意愿与能力，促进企业创新，激发企业活力，实现金融与实体经济的共荣共生，切实推进企业数字化转型过程。第二，畅通银企间信息渠道，打破银企信息壁垒。应用数据脱敏等方法，建立银企沟通桥梁，降低银行贷款风险，提升放贷意愿，纾解企业资金困境，引导企业更加注重长期发展规划，积极布局数字化发展战略。第三，大力发展数字金融，推动传统金融与数字金融的协同发展。在防范金融系统性风险的前提下，应给予数字金融这一新兴金融业态更多的政策支持，如制定科学的征信数据标准、健全数字金融征信体系和征信数据资源的共享机制，为数字金融服务实体经济营造良好的信用环境。

参考文献

[1] 蔡庆丰，陈熠辉，林焜. 信贷资源可得性与企业创新：激励还是抑制？——基于银行网点数据和金融地理结构的微观证据 [J]. 经济研究，2020，55（10）：124-140.

[2] 戴美虹. 金融地理结构、银行竞争与营商环境——来自银行分支机构数量和企业失信的经验证据 [J]. 财贸经济，2022，43（5）：66-81.

[3] 邓超，敖宏，胡威，王翔. 基于关系型贷款的大银行对小企业的贷款定价研究 [J]. 经济研究，2010，45（2）：83-96.

[4] 顾海峰，高水文. 数字金融是否影响商业银行风险承担——基于中国170家商业银行的证据 [J]. 财经科学，2022（4）：15-30.

[5] 郭峰，王靖一，王芳，等. 测度中国数字普惠金融发展：指数编制与空间特征 [J]. 经济学（季刊），2020，19（4）：1401-1418.

[6] 何帆，刘红霞. 数字经济视角下实体企业数字化变革的业绩提升效应评估 [J]. 改革，2019（4）：137-148.

[7] 黄群慧，贺俊. 中国制造业的核心能力、功能定位与发展战略——兼评《中国制造2025》[J]. 中国工业经济，2015（6）：5-17.

[8] 鞠晓生，卢荻，虞义华. 融资约束、营运资本管理与企业创新可持续性 [J]. 经济研

[9] 李旭超,罗德明,金祥荣.资源错置与中国企业规模分布特征[J].中国社会科学,2017(2):6+25-43+205.

[10] 李志生,金凌,孔东民.分支机构空间分布、银行竞争与企业债务决策[J].经济研究,2020,55(10):141-158.

[11] 刘淑春,闫津臣,张思雪,等.企业管理数字化变革能提升投入产出效率吗[J].管理世界,2021,37(5):13+170-190.

[12] 鲁晓东,连玉君.中国工业企业全要素生产率估计:1999—2007[J].经济学(季刊),2012,11(2):541-558.

[13] 陆江源,张平,袁富华,傅春杨.结构演进、诱致失灵与效率补偿[J].经济研究,2018,53(9):4-19.

[14] 罗伟,吕越.金融市场分割、信贷失衡与中国制造业出口——基于效率和融资能力双重异质性视角的研究[J].经济研究,2015,50(10):49-63+133.

[15] 宁薛平,张庆君.企业杠杆率水平、杠杆转移与金融错配——基于我国沪深A股上市公司的经验证据[J].南开管理评论,2020,23(2):20+98-107.

[16] 饶华春.中国金融发展与企业融资约束的缓解——基于系统广义矩估计的动态面板数据分析[J].金融研究,2009(9):156-164.

[17] 邵挺.金融错配、所有制结构与资本回报率:来自1999~2007年我国工业企业的研究[J].金融研究,2010(9):51-68.

[18] 盛斌,王浩.银行分支机构扩张与企业出口国内附加值率——基于金融供给地理结构的视角[J].中国工业经济,2022(2):99-117.

[19] 史宇鹏,王阳,张文韬.我国企业数字化转型:现状、问题与展望[J].经济学家,2021(12):90-197.

[20] 宋敏,周鹏,司海涛.金融科技与企业全要素生产率——"赋能"和信贷配给的视角[J].中国工业经济,2021(4):138-155.

[21] 唐松,伍旭川,祝佳.数字金融与企业技术创新——结构特征、机制识别与金融监管下的效应差异[J].管理世界,2020,36(5):52-66+9.

[22] 唐宜红,俞峰,李兵.外商直接投资对中国企业创新的影响——基于中国工业企业数据与企业专利数据的实证检验[J].武汉大学学报(哲学社会科学版),2019,72(1):104-120.

[23] 陶锋,胡军,李诗田,等.金融地理结构如何影响企业生产率?——兼论金融供给侧结构性改革[J].经济研究,2017,52(9):55-71.

[24] 田杰,谭秋云,靳景玉.数字金融能否改善资源错配?[J].财经论丛,2021(4):49-60.

[25] 王冠男,吴非,曹铭.对外开放对企业数字化转型驱动效应研究[J].亚太经济,2022(1):102-110.

[26] 王宏鸣,孙鹏博,郭慧芳.数字金融如何赋能企业数字化转型?——来自中国上市公司的经验证据[J].财经论丛,2022(10):3-13.

[27] 王诗卉,谢绚丽.知而后行?管理层认知与银行数字化转型[J].金融评论,2021,13(6):78-97+119-120.

[28] 吴非,常曦,任晓怡.政府驱动型创新:财政科技支出与企业数字化转型[J].财政研究,2021a(1):102-115.

[29] 吴非,胡慧芷,林慧妍,等.企业数字化转型与资本市场表现——来自股票流动性的

经验证据 [J]. 管理世界, 2021b, 37 (7): 10+130-144.

[30] 谢平, 邹传伟, 刘海二. 互联网金融的基础理论 [J]. 金融研究, 2015 (8): 1-12.

[31] 许和连, 金友森, 王海成. 银企距离与出口贸易转型升级 [J]. 经济研究, 2020, 55 (11): 174-190.

[32] 袁淳, 肖土盛, 耿春晓, 等. 数字化转型与企业分工: 专业化还是纵向一体化 [J]. 中国工业经济, 2021 (9): 137-155.

[33] 战明华, 汤颜菲, 李帅. 数字金融发展、渠道效应差异和货币政策传导效果 [J]. 经济研究, 2020, 55 (6): 22-38.

[34] 张烁珣, 独旭. 银行可得性与企业融资: 机制与异质性分析 [J]. 管理评论, 2019, 31 (5): 3-17.

[35] 张伟俊, 袁凯彬, 李万利. 商业银行网点扩张如何影响企业创新: 理论与经验证据 [J]. 世界经济, 2021, 44 (6): 204-228.

[36] 张璇, 李子健, 李春涛. 银行业竞争、融资约束与企业创新——中国工业企业的经验证据 [J]. 金融研究, 2019 (10): 98-116.

[37] Beck T., A. Demirgüç-Kunt, V. Maksimovic. Bank Competition and Access to Finance: International Evidence [J]. Journal of Money, Credit and Banking, 2004, 36 (3): 627-648.

[38] Berger A. N., G. F. Udell. Relationship Lending and Lines of Credit in Small Firm Finance [J]. Journal of Business, 1995, 68 (3): 351-381.

[39] Fungáčová Z., A. Shamshur, L. Weill. Does Bank Competition Reduce Cost of Credit? Cross-Country Evidence from Europe [J]. Journal of Banking and Finance, 2017, 83: 104-120.

[40] Gomber P., R. J. Kauffman, C. Parker, et al. On The Fintech Revolution: Interpreting the Forces of Innovation, Disruption, and Transformation in Financial Services [J]. Journal of Management Information Systems, 2018, 35 (1): 220-265.

[41] Hsieh C.-T., P. J. Klenow. Misallocation and Manufacturing TFP in China and India [J]. The Quarterly Journal of Economics, 2009, 124 (4): 1403-1448.

[42] Klagge B., R. Martin. Decentralized Versus Centralized Financial Systems: Is There a Case for Local Capital Markets? [J]. Journal of Economic Geography, 2005, 5 (4): 387-421.

[43] Lorente J. C., S. L. Schmukler. The Fintech Revolution: A Threat to Global Banking? [J]. World Bank Research and Policy Briefs, 2018: 125038.

[44] López-Espinosa G., S. Mayordomo, A. Moreno. When Does Relationship Lending Start to Pay? [J]. Journal of Financial Intermediation, 2017, 31: 16-29.

[45] Moreira F., M. J. Ferreira, I. Seruca. Enterprise 4.0-The Emerging Digital Transformed Enterprise? [J]. Procedia Computer Science, 2018, 138: 525-532.

[46] Olley S., A. Pakes. The Dynamics of Productivity in the Telecommunications Equipment Industry [Z]. National Bureau of Economic Research Cambridge, Mass., USA. 1992.

绿色发展

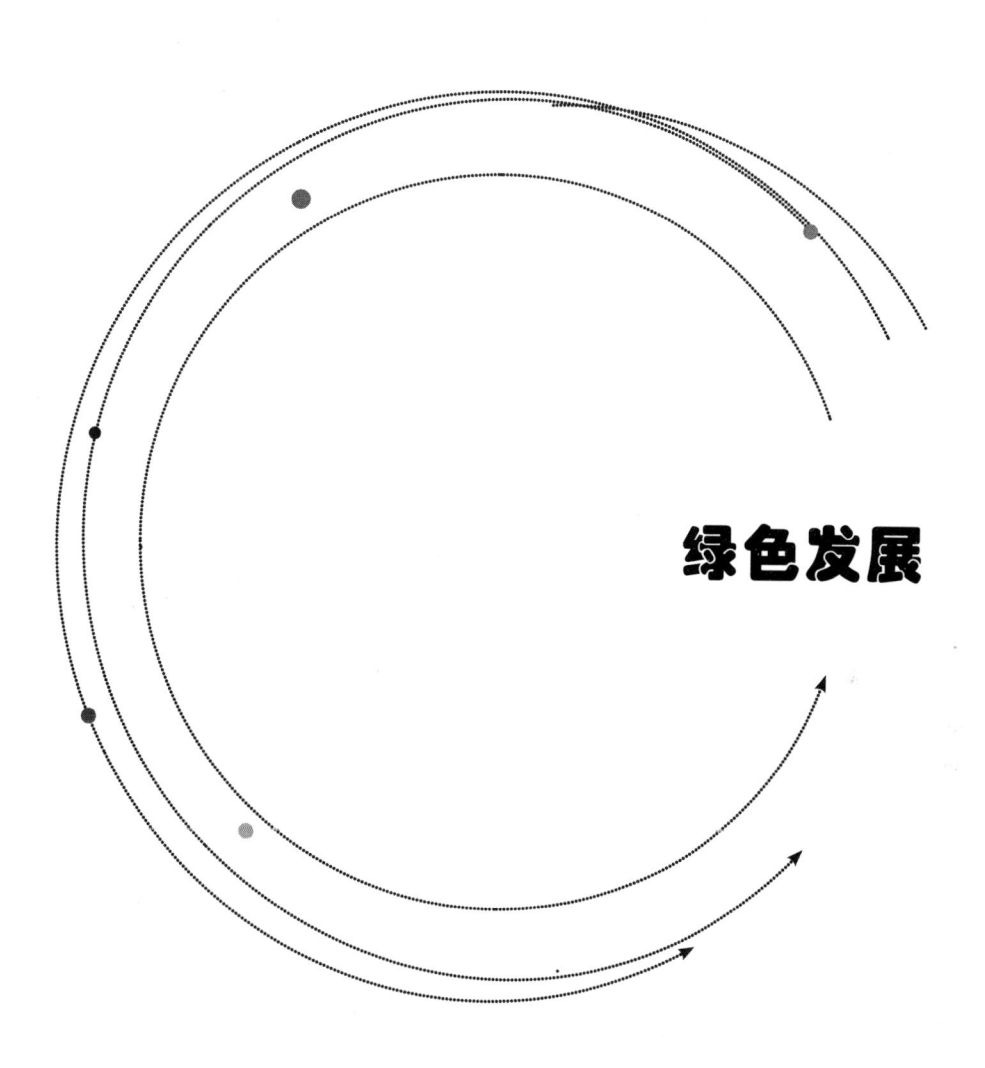

在平衡中推动绿色发展：偏向西部的区域协调发展是否促进污染物减排？

韩超 陈震

[摘要] 发展不平衡不充分是中国经济发展所面临的关键问题，因此实现区域协调发展意义重大，中国已经形成并完善了中国特色区域协调发展战略。然而，这一发展战略是否实现了绿色发展，又通过何种路径实现绿色发展，有待深入研究。本文以西部大开发为例，研究了区域协调发展战略是否会降低污染物排放以及产生的内在影响机制。研究发现：西部大开发战略下存在显著的污染减排效应，经过一系列稳健性检验之后结果依然成立。在考察区域协调政策与污染减排之间的机制时发现：区域协调发展通过增加县区建设投资、产业结构调整以及资源再配置效应实现减排，且区域协调发展并不是通过加强环境规制、内生的自主创新来实现绿色发展，而是通过技术溢出的方式促使企业提升自身技术效率以降低污染物排放。进一步研究发现：不同产出水平的企业拥有不同的减排路径，高产出水平的企业选择通过提升技术效率的方式进行污染减排，而低产出水平的企业则更加注重增加治理投资。本文认为未来要想实现区域协调发展与绿色转型长久共存，除更好地发挥技术溢出效应外，还应当更多地思考如何通过技术溢出带动本地的自主创新，最终推动绿色、协调、可持续的高质量发展。

[关键词] 环境规制；区域协调发展；西部大开发；绿色发展；技术溢出

一、问题的提出

发展不平衡不充分问题已经成为中国经济健康发展亟待解决的关键问题，而区域间协调发展战略为此提供了重要解决路径。党的十九大提出："我国的社会主要矛盾已转化为人民日益增长的美好生活需要和不平衡不充分的发展之间的矛盾。"中国区域间差距是全方位的，既反映在基本公共服务以及经济发展，也反映在生态文明建设上。区域之间发展不平衡一直是悬在中国经济发展上空的"尖刀"，尤其自改革开放以来，东部地区依托政策扶植和优越的地理自然条件而飞速发展，地区间发展不平衡问题日益严峻。区域间面临"强者恒强、弱者恒弱"的发展不平衡问题所带来的社会冲突与矛盾，已经对社会稳定、社会公平与正义、经济增长以及绿色发展等方面带来不可回避的影响。区域协调发展作为新发展理念的重要一环，不仅事关解决发展不平衡问题，还事关全面建成小康社会和实现共同富裕，是实现经济高质量发展的重要推动力，也是解决中国社会主要矛盾的关键因素，其重要性不言而喻。为针对解决中国区域发展不平衡的情况，中国在不同时期都出台过各种促进区域经济协调发展的政策，包括西部大开发战略、东北地区老工业基地振兴、中部地区崛起等，主要目标在于促进欠发展地区加快发展进程。

目前，国内外众多学者已对区域导向型政策（Place-based Policy）进行过研究。国外学者

---

* 本文原刊于《经济学（季刊）》2023年第3期，948-964页。

[作者简介] 韩超，东北财经大学产业组织与企业组织研究中心研究员；陈震，东北财经大学产业组织与企业组织研究中心博士研究生。

[基金项目] 国家自然科学基金面上项目（72173015；71774028）、国家社会科学基金重大项目（18ZDA042）。

对区域政策的定义并不限定于一国针对欠发达地区的扶植政策，还包括开发区、企业园区等，这些研究大多将关注的重点放在政策的有效性上。Kline和Moretti（2014）研究美国田纳西河流域发展政策，发现该政策带动了农业和制造业的就业水平，提高了地区总收入。Criscuolo等（2012）通过对英国区域性选择援助计划分析，发现该计划对投资、就业有着积极影响。Givord等（2012）对法国企业园区项目的研究中也发现了正向影响，而其他对法国企业园区项目的研究则认为该政策所带来的就业以及经济增长的影响有限（Briant et al.，2015；Gobillon et al.，2012）。Neumark和Kolko（2014）针对加州的企业区研究也得出了类似的结论。对于中国区域协调发展的研究集中于西部大开发、东北振兴等战略。现有研究或者聚焦于地区生产总值的增长（刘生龙等，2009；刘瑞明和赵仁杰，2015；Jia et al.，2020；董香书和肖翔，2017），或者聚焦于偏向性发展带来的资源配置效率损失等问题（陆铭等，2015），但对于经济增长外其他问题的关注较为缺乏。诚然，地区经济增长以及整体经济的资源配置效率等是探析区域协调发展战略影响中必须考虑的重要方面，但仍有其他诸如生态发展、绿色转型等问题值得关注。对于进入新发展时期的中国来说，传统的单纯追求GDP增速已不符合当前的经济社会发展目标。根据新发展理念的内涵，发展既要解决发展不平衡问题，也要注重包括解决生态环境污染在内的其他社会问题，科学综合地评判中国特色区域协调发展战略，需要将绿色发展维度考虑进去，关注区域协调发展所可能带来的污染物排放变动情况以及其影响路径。

针对环境污染方面的研究包括分析环境政策有效性（Greenstone，2004；李永友和沈坤荣，2008；包群等，2013）、外商直接投资与环境污染的关系（Eskeland and Harrison，2003；盛斌和吕越，2012）和环境污染对健康的影响（Chen et al.，2013）；等等。中国区域协调发展战略的本质是经济发展战略，该战略的实施将直接改变当地的经济发展水平，而经济发展水平影响绿色发展的理论主要与环境库兹涅茨曲线有关。传统文献认为，经济发展与环境污染物排放之间存在库兹涅茨倒"U"形关系（Galeotti et al.，2006；Cole，2004；Grossman and Krueger，1995；聂飞和刘海云，2015；王敏和黄滢，2015；Lopez，1994；Brock and Taylor，2010）。同时，也有文献指出中国经济发展与环境污染之间并不是不可调和的（郑新业和张阳阳，2019），通过带动技术升级和产业结构转型，中国在实现经济增长的同时仍有很强的污染减排潜力（余泳泽和杜晓芬，2013），而不完善的官员晋升制度、地方政府与污染企业的合谋则加重了地区发展与生态环境之间的矛盾（韩超等，2021；郭峰和石庆玲，2017；梁平汉和高楠，2014）。本文关注的是，除了现有文献提到的增长等方面外，中国的区域协调发展战略在绿色发展方面发挥了什么作用？按照常规以及直观的理解，西部等欠发达地区在区域协调发展中往往会承接东部发达地区的高污染密集型产业，从而带来污染恶化问题，得出这一判断的基本依据是污染避难所理论。污染避难所理论认为，环境污染的成本是企业进行选址的重要因素（Copeland and Taylor，1994）。按照污染避难所理论，随着中国区域协调发展战略的实施，欠发达地区将势必会成为污染企业的"天堂"，想当然地认为中国区域协调发展战略的经济发展是以生态环境为代价。然而，事实发展结果却不一定如此。中国区域协调发展战略究竟能否对绿色发展产生影响还需要科学审慎地思考和研究，不能仅凭简单地依赖直觉进行回答。

中国的区域协调发展战略并不是单纯的经济增长，其并不止于环境库兹涅茨曲线的逻辑，还包含协调各地区之间以及城乡之间的差距、生态建设和环境保护、产业调整、科技进步等，是一个多维度、多方面发展的政策。本文基于典型的区域协调发展战略，即以西部大开发为例，结合中国县域统计年鉴和中国企业排放数据库，探究区域协调发展战略是否以及如何引致污染物排放的变动，并通过"以小见大"的方式解析中国特色区域协调战略中内涵的生态经济观。在新发展理念、追求经济高质量发展和美丽中国的背景下，本文着重探析是否存在一条区域协调发展与经济绿色转型的共赢之路？在区域经济发展的政策下能否实现生产生活绿色转型、主要污染物排放量持续减少？而其内在影响机制又如何发挥作用？通过以上问题的回答，希望可以为未来更好地实施中国特色区域协调发展战略提供经验支撑与启示。

相较于现有研究，本文可能在以下几点存在边际贡献：给出了以西部大开发为代表的中国特色区域协调发展战略推进绿色发展的证据，并解析了其中的内在逻辑与机制，为进一步实施区域协调发展与西部生态文明建设提供了经验依据。本文的余下内容安排如下：第二部分梳理凝练中国特色区域协调发展战略的实施及典型性事实；第三部分为研究设计与样本说明；第四部分为基准分析与稳健性检验；第五部分为机制探析与异质性分析；第六部分总结全文并给出进一步启示。

二、区域协调与绿色发展：西部大开发与污染减排的内在关系

中国的区域发展战略经历了从不平衡发展—平衡发展、单一发展目标—重视经济效益与生态效益并存的发展过程。改革开放之初（1978~1990年），中国实施向东倾斜的区域发展方针。此时的区域发展战略是单一的以经济发展为主的政策，并没有将生态环境建设、绿色发展考虑进来。随着东部沿海地区的改革开放的蓬勃发展，沿海地区与内地之间的差异日渐扩大，地区间发展不平衡问题开始制约经济发展。随着改革开放的深入，中国区域协调发展与生态环境兼顾理念的雏形初见（1991~1998年）。在这一时期，中国已经开始思考在区域协调发展中要重视生态环境的问题。1997年在党的十五大报告中将"可持续发展战略"确认为中国现代化建设必须实施的重大战略，经济从追求速度开始转变到追求效益。具体的区域协调发展战略虽没有直接提出污染防治要求，但是改善城市和地区的环境质量已经在各区域开始实施。进一步地，在1999~2012年，中国特色区域协调发展战略进入全面展开、贯彻实施阶段，先后出台了西部大开发、振兴东北老工业基地、促进中部崛起以及主体功能区等战略。"西部大开发"明确提出"加强生态环境保护和建设""高度重视社会效益和生态效益，特别是要加强生态建设和环境保护"等要求。此时的中国区域发展战略，不仅包含地区经济增长，也包括生态环境建设和绿色发展，在促进区域协调发展的同时兼顾生态环境建设，体现了经济发展和生态环境之间的平衡。党的十八大以后，中国的区域经济发展进入新阶段（2013年至今），中国在继续推进原有的区域协调发展战略布局的同时，还加大力度支持革命老区、民族地区等地区的发展，并将"绿水青山就是金山银山"理念贯彻实施于各项区域发展战略之中。

西部大开发是中国最早提出并实施的区域协调发展政策，且是影响最大的区域性战略，其覆盖面积最广、实施时间最长（Goodman，2004；刘瑞明和赵仁杰，2015；罗鸣令等，2019）。不同于东北振兴与中部崛起战略，西部大开发是典型的政策向欠发达地区，且在经济禀赋、生态禀赋等方面与东、中部存在显著差异的地区倾斜。在西部大开发战略实施前，西部大开发的区域占中国总面积的71.4%，占总人口的28.8%，而只占经济总产出的17.5%（Jia et al.，2020）。此外，东部与西部之间区域发展的不平衡性也最为严重，二者之间的地区差异自改革开放以来日益加剧：到2000年，东部地区的生产总值占GDP的份额由44.1%上升至52.8%，西部地区的份额由20.1%下降到17.1%。2000年1月，国务院西部地区开发领导小组正式成立，并于同年3月正式开始运作，确定西部大开发的政策范围为山西、甘肃、宁夏等12个省（自治区、直辖市）以及3个民族自治州。西部大开发不是对传统经济发展方式、资源开发方式的重复，它将生态环境保护放在重要位置，同时也重视经济、基础设施、公共服务、科技和教育的全面发展（王洛林和魏后凯，2003a）。2000年《关于实施西部大开发若干政策措施的通知》，提出优先布局发展基础设施建设、生态环境建设、高新技术等项目，同时提出一系列资金投入等援助措施，对西部地区国家鼓励类内外资企业减免15%企业所得税，增加金融信贷支持等。2002年《"十五"西部开发总体规划》要求加快基础设施建设、加强生态建设和环境保护、巩

固和加强农业基础地位、积极调整产业结构等,并提出"高度重视社会效益和生态效益,特别是要加强生态建设和环境保护"。2006 年《西部大开发"十一五"规划》提出经济又好又快发展和人民生活水平持续提高、基础设施和生态建设取得新突破、重点地区和重点产业的发展达到目标。"十五"以及"十一五"时期西部大开发主要目标如表 1 所示,从中可见,西部大开发是在生态环境建设和绿色发展中促进地区经济增长、实现区域协调发展。实现区域协调发展并不只是经济增长速度的提升,而实现环境污染绩效的提升、资源配置效率提高等的多方位发展同样是其政策实施的目标。因而,从西部大开发战略入手,分析区域协调发展是否带来更好的环境污染物排放绩效更具有代表性和现实意义。

表 1 "十五"和"十一五"时期西部大开发的主要任务

"十五"时期(2001~2005 年)	"十一五"时期(2006~2010 年)
加快基础设施建设 加强生态建设和环境保护 巩固和加强农业基础地位 积极调整产业结构 加快发展科技教育 促进社会事业发展	经济又好又快发展和人民生活水平持续提高 基础设施和生态建设取得新突破 重点地区和重点产业的发展达到水平 实现基本公共服务均等化

资料来源:笔者整理而成。

加强生态环境的保护和建设,在西部大开发中贯穿始终(王洛林,2002)。为了实现西部地区的可持续、绿色发展,国家实施了一系列相关政策,对西部大开发相关生态环境保护和资金援助措施按照时间顺序进行了梳理(见表 2)。通过表 2 的政策梳理可以明显看出,中央政府对生态建设和环境保护,尤其是江河湖泊等水域系统的污染防治和治理提出了大量的政策措施。同时,为了防止东部高污染、落后产能向西部地区转移,政府也出台政策进行明令禁止。除了中央政府的政策,西部地区各地方政府也出台了保护生态环境的相关政策。陕西省政府在 2000 年提出对省内重要江河源头和流域制订环境保护计划,禁止建设有污染的项目,推进黄河水污染防治工作,改善黄河干支流水质,并在 2001 年政府工作计划中提出加强对生态环境的投资,计划安排投资 16 亿元[1]。类似的政策安排在贵州、内蒙古等省份也存在,内蒙古在西部大开发起始就出台文件将生态环境保护和建设作为开发的根本措施,摒弃高消耗、重污染的增长方式,调整产业结构[2]。在现有的研究中,一部分文献将关注点聚焦于西部大开发的经济增长实施效果上:刘生龙等(2009)、Jia 等(2020)、魏后凯和孙承平(2004)发现西部大开发对地区增长有明显的拉动作用;刘瑞明和赵仁杰(2015)认为西部大开发存在政策陷阱,未能推动地区经济快速增长;才国伟和舒元(2008)认为需要中央政府更大的政策支持才能发挥作用。从具体政策的相关研究出发,吴辉航等(2017)发现相应的减税政策提升了企业生产率;罗鸣令等(2019)发现西部大开发的税收优惠政策显著减少了西部地区的所得税收入。另外,还有一部分文献关注西部大开发对产业结构(施文鑫等,2017)、收入差距(毛其淋,2011)、旅游业(Deng et al.,2019)的影响。那么,问题的重点则是西部大开发战略是否能如其目标制定和政策实施的那样,实现生态环境保护和污染物排放降低?同时,在这一过程中的地方政府与企业的应对行为是什么?这些问题仍有待进一步地研究。

---

[1] 《陕西省人民政府关于加强生态保护工作的通知》《陕西省人民政府关于印发黄河经济协作区在西部大开发中进一步加强联合与协作的实施意见》《陕西省人民政府关于印发陕西省 2001 年国民经济和社会发展计划的通知》。
[2] 《贵州省政府办公厅关于做好 2003 年西部开发工作的意见》《2005 年贵州省人民政府工作报告》《内蒙古自治区人民政府关于在西部大开发中加强环境保护工作的措施》。

表 2　西部大开发政策目标及措施梳理

时间	主要目标与措施	文件名称
2000 年 10 月	1. 提高中央财政建设资金用于西部地区的比例 2. 加大财政转移支付力度 3. 设在西部地区国家鼓励类产业的内资企业和外商投资企业，减按 15% 的税率征收企业所得税 4. 将生态环境建设设为优先布局项目 5. 增加对西部地区农业、生态环境保护建设信贷支持	《国务院关于实施西部大开发若干政策措施的通知》
2001 年 12 月	以西部地区为重点，大力进行生态环境保护和建设，鼓励和支持各类社会资金投向环境保护	《国务院关于国家环境保护"十五"计划的批复》
2001 年 12 月	1. 对设在西部地区国家鼓励类产业内外资企业，在 2001 年至 2010 年期间，减按 15% 的税率征收企业所得税 2. 民族自治地方的内资企业可以定期减征或免征企业所得税，外资企业可以减征或免征地方所得税	《财政部、国家税务总局、海关总署关于西部大开发税收优惠政策问题的通知》
2002 年 2 月	1. 加强生态建设和环境保护被列为"十五"期间西部大开发的主要任务 2. 推广与应用生态环境建设相关应用技术，包括污水处理、节能降耗	《"十五"西部开发总体规划》
2002 年 12 月	1. 进一步加强生态环境保护，实施江河湖泊水污染治理、城市大气污染及酸雨治理、矿山环境恢复治理等环境保护工程 2. 防止东部地区污染企业、被淘汰的落后工业设备向西部地区转移	《国务院办公厅关于做好 2003 年西部开发工作的通知》
2004 年 3 月	1. 生态建设和环境保护是西部大开发的重要任务和切入点，加强工业污染防治 2. 严格控制被淘汰的生产工艺、设备转移到西部地区	《国务院关于进一步推进西部大开发的若干意见》
2007 年 1 月	1. 发展优势产业，集约发展矿产资源开采及加工业、发展高技术产业 2. 主要污染物排放总量降低 10%，加大水污染综合防治力度 3. 进一步加强对西部的转移支付、税收优惠政策，加大对西部金融支持	《西部大开发"十一五"规划》
2007 年 8 月	优先安排中西部地区经济技术开发区污水、生态环境建设项目的财政贴息资金	《中西部等地区国家级经济技术开发区基础设施项目贷款财政贴息资金管理办法》
2010 年 8 月	1. 加强生态建设，注重环境保护，强化污染防治，严禁污染产业和落后生产能力转入 2. 鼓励企业采用节能、节水、节材、环保先进适用技术，严格执行污染物排放总量控制制度，实现污染物稳定达标排放 3. 在财税、金融、投资、土地等方面给予必要的政策支持	《国务院关于中西部地区承接产业转移的指导意见》

资料来源：笔者整理而成。

尽管在西部大开发的战略目标中已经蕴含了"环境保护"的内涵，但是在数据层面是否可以得到一定的初步结论，需要进一步深入分析。在进行详细的分析之前，可以通过示意性的区域间污染物排放强度趋势变动（见图 1、图 2）得到一定启发。图 1、图 2 显示，无论是化学需氧量（Chemical Oxygen Demand，COD）还是二氧化硫，随着西部大开发的深入实施，其均在下降，且西部的下降幅度显著大于东、中部。尽管这一结论不是决定性的，但从中依然可以推测，西部大开发可能产生了减排效应。从战略目标上具有"环境保护"的内涵并不能深入完整地去解释以上可能的减排效应，那么西部大开发为什么可能会产生减排效应？为此，在科学的经验分析前，本文结合相关具体措施、措施产生的直接影响以及由此蕴含的经济效应等角度，尝试去梳理"西部大开发"可能产生减排效应的影响机制，并绘制图 3。

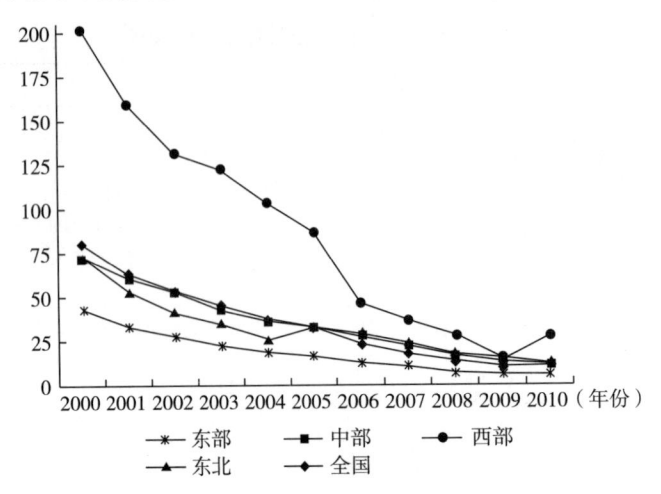

图 1 区域间化学需氧量排放强度变动趋势

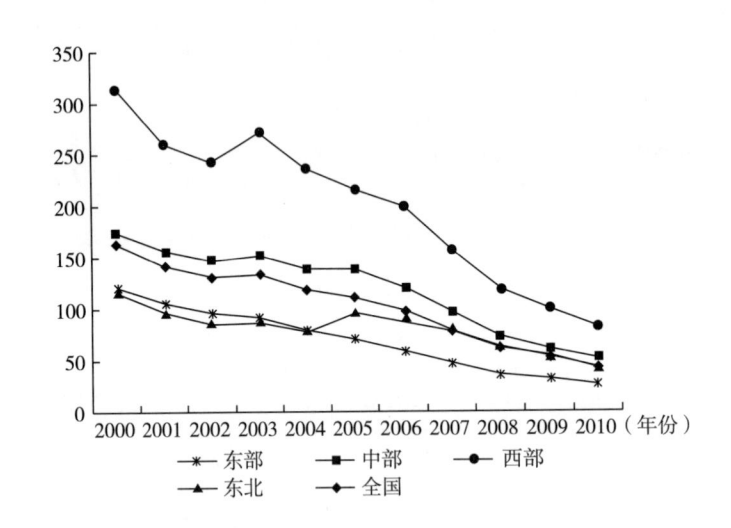

图 2 区域间二氧化硫排放强度变动趋势

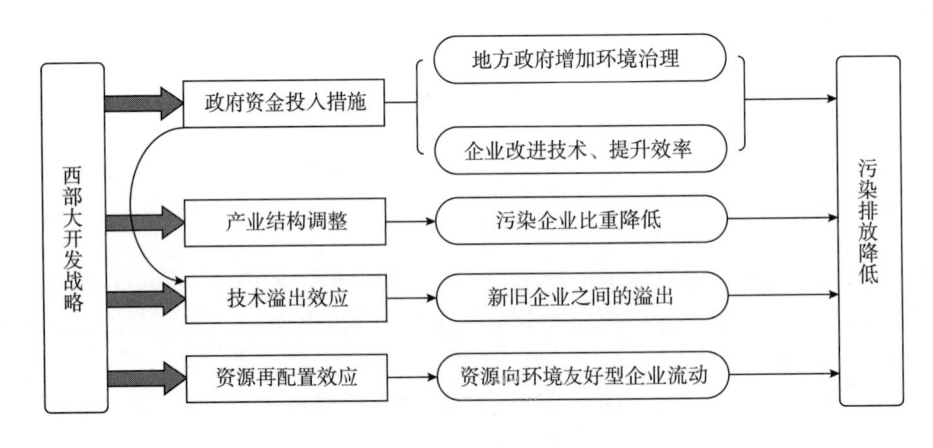

图 3 西部大开发战略影响机制

（1）西部大开发实施的税收优惠与转移支付等政策工具有助于企业与地方政府加强环境治理。西部大开发加大了中央对地方政府的转移支付，同时提高中央财政投入资金，这些措施有助于缓解地方财政压力，提升了地方政府进行环境治理的"空间"。在相对更为宽松的财政状况下，地方政府可能会增加其进行环保治理投资的倾向，无论是设立污水处理厂还是建设污水处理系统,都会降低地区的污染排放。同理,在企业层面,西部大开发实施中采取的税收优惠政策也将在客观上提高其环境治理的能力。对于西部地区的企业来说,所得税税负的减少将会促进企业改进生产技术。企业将更有可能利用资金购买新设备、新技术、进行技术升级以提升效率抑或是投入到创新研发中去,进而促进企业污染排放降低,而这一逻辑已在现有研究中得以验证(Pearce,1991;Potoski,2001;Dungumaro and Madulu,2003;Ogawa and Wildasin,2009)。当然,无论是企业还是政府,在融资约束放松后其并不必然地将资金投向与环境治理相关的领域,但是在西部大开发重视生态环境背景下,其仍然可能存在一定污染治理效应。

(2)西部大开发出台的相关政策在生态环保的背景下具有向清洁型产业结构方向调整的可能。通过上文梳理发现,在历次西部大开发的目标中都强调要调整西部地区产业结构,严格限制被淘汰的落后产能转移到西部地区。一般认为,产业结构调整是影响地区污染排放的一个可能因素。一般认为,当产业结构升级,县区生产发展的经济重心将转移到第三产业等高端技术产业或服务业,工业比重降低,将会实现地区污染排放的降低。但是这种产业结构调整对污染的影响分析方式并不适用于西部地区,西部地区工业发展底子薄、起步慢,农业比重高,工业发展正处于蓬勃发展阶段。产业结构向第三产业转移将会降低地区污染水平,事实上在第二产业内部的产业结构调整也可能会促进地区环境质量的改善(Jalil and Feridun,2011;韩永辉等,2015)。因此,本文认为地区产业结构的调整可能是"西部大开发"驱动污染减排的一个影响机制。

(3)西部大开发出台的相关政策以引导为主,未发现明显的"命令控制型"环境规制政策,那么技术效率提升而非污染处理效率提升可能是影响污染减排的一个渠道。西部大开发的相关支持政策中,多次提到通过减税、加大转移支付等资金援助措施来带动发展。同时,也明确提出要加强科技发展,发展高新技术,为生态环境建设开发相关的应用技术。"技术效率"层面的污染减排一般指生产过程中的清洁化,"技术效率"的提升被认为是企业环境绩效改善的重要方面(Levison,2009;Gutiérrez and Teshima,2018;Liu et al.,2018)。理论上,"技术效率"提升主要来自两个途径:企业创新能力提升以及受其他企业影响的溢出效应。由于西部大开发在政策制定时已将生态环境考虑进去,一般而言新进入的企业技术效率更高,污染排放少,在市场上更有竞争力。企业间的模仿—示范效应与竞争效应可能会推动技术溢出,而行业相似度较高的行业内部和地理位置更临近的企业之间更容易产生技术溢出效应。

(4)西部大开发的相关优惠政策在驱动企业自身行为变动,进而影响企业层面环境绩效的同时,其引起的资源再配置效应也有可能驱动加总层面的污染减排,提升环境绩效。地区的环境绩效,不仅取决于企业层面的行为变化,还取决于企业的进入与退出,还与在位企业之间成长差异及相对位置变化有关。例如,西部大开发对处于西部的国家鼓励类产业的内资企业和外商投资企业,减按15%的税率征收企业所得税,同时鼓励和支持各类社会资金投向环境保护领域以及相关产业,这类政策具有明显的偏向性的导向,势必会在不同企业间产生资源再配置效应。因此,在考虑企业自身变动带来的环境绩效后,在"生态环保"导向下,"西部大开发"相关优惠政策对在位企业产生了非对称的影响,而这一影响可能产生资源再配置效应也是本文重点分析的潜在减排机制。

三、研究设计与样本说明

本文选取中国区域协调发展战略中的典型政策"西部大开发"来研究区域经济发展下,西部地区是否存在污染物排放降低、环境绩效改善的情况。然而,中国东部地区与西部地区之间社会经济差异较大,污染排放情况也不同,如果采用双重差分法(DID)将处在西部地区的县区设为处理组,在东部地区的县区设为控制组可能无法满足共同趋势假设。针对这一情况相关研究选择采用基于匹配基础上的双重差分法（PSM-DID）和将样本数据限制在西部大开发边界线两侧后进行双重差分估计（刘瑞明和赵仁杰，2015；罗鸣令等，2019）。然而，PSM-DID方法可能会受到匹配变量的影响，且本文受限于数据只用有西部大开发实施前两年的样本，因而DID方法可能无法满足本文的研究需要。幸运的是，本文在研究方法上可以采取更接近随机实验的断点研究设计方法。西部大开发在政策制定时选取了12个省份以及3个民族自治州，根据行政区划的分布由此自然地形成了分界线，这为采用断点回归设计（Regression Discontinuity，RD）提供了便利的基础条件。西部大开发所形成的分界线是自然地理分界线，不存在分界线两侧的县区人为干预分界线划定的情况，即在断点处的个体没有精确操纵驱动变量的可能。由此可见，在分界线间断点附近更加接近于局部随机实验，可以解决双重差分法中共同趋势无法满足的问题，采用断点回归方法研究西部大开发与环境绩效之间的因果关系所得到的结果较为可信。此外，由于中国特色区域协调发展战略的复杂性，对其进行政策影响的因果识别存在一定困难，这也是本文选择以"西部大开发"为代表进行分析的一个原因所在。与王艳丽和马光荣（2018）以及Jia等（2020）做法类似，本文也将传统的中西部分界线外扩，纳入了湘西和恩施两个自治州的边界线，而延边州由于地理位置距分界线太远，并不纳入本文的研究范围。

为了识别西部大开发对环境的影响，本文聚焦工业污染物的排放进行分析，首先聚焦于地区层面观察西部大开发是否带来环境绩效的提升，采用式（1）的设定来进行研究：

$$Y_{ct} = \alpha + \beta GWD_c + f(dis_c) + GWD_c \times f(dis_c) + \sum_{s=1}^{15} \gamma_s Seg_s + \delta X_{ct} + \theta_t + \varepsilon_{ct} \quad (1)$$

其中，Y_{ct} 为县区各污染物排放量的自然对数，主要研究对象为COD（化学需氧量）污染物排放量。之所以选取COD排放量作为污染物排放指标的原因在于：一是西部大开发政策中曾多次提到要加强对各河流流域的水源污染防治工作，水污染的治理是西部大开发中重要的一环；二是由于本文使用的是地理边界，二氧化硫、氮氧化物等污染气体在边界附近存在扩散现象，受大气污染的空间外部性影响下可能存在策略性减排行为，从而干扰因果效应的识别，聚焦于COD则可尽量得到较为干净的结果；三是COD是中国主要采用的水污染指标，所有行业都会报告COD排放情况（Lin，2013），而二氧化硫等污染物排放往往集中在某一地区且不由县级地方政府控制（He et al.，2020a）。GWD_c 为县区是否被纳入西部大开发政策的虚拟变量，分界线左侧的县区 $GWD_c = 1$，否则 $GWD_c = 0$。dis_c 为驱动变量，代表县区c距分界线的最短距离，在西部大开发的县区的距离为正值，不在西部大开发的县区的距离为负值。同时，参考Dell（2010）和Jia等（2020）的做法，本文对边界线进行分区，共分成15个小段。如果县区c靠近某一分段s，则 $Seg_s = 1$，否则 $Seg_s = 0$。控制分区变量能够比较在边界上同一分段左右两侧的县区的污染物排放情况，以降低估计偏差。θ_t 为时间固定效应，ε_{ct} 为误差项。为控制其他影响县区污染物排放的因素，回归模型中纳入了控制变量 X_{ct}，包括地区生产总值lngdp（地区实际生产总值取对数）、第二产业比重Industry（第二产业增加值占GDP的比重）、人口密度pop_density（总人口比土地面积取对数）、城市化水平urban（城市人口占总人口比重）。以上所有以货币单位的名义变量均采用以2000年为基期的省级层面价格指数进行平减，以消除价格因素的影响。

对式（1）的估计主要有两种方式：参数的全局多项式方法和非参数的局部线性回归。本文主要分析中采用局部线性回归进行估计，并在稳健性检验中采用全局多项式方法进行检验。原因在于全局多项式方法的估计结果容易受到阶数选择的影响（Gelman and Imbens，2019），局部线性回归能够避免边界上收敛速度慢的问题（Imbens and Lemieux，2008；Lee and Lemieux，2010）。对于带宽选择问题，由于本文采用县域层面数据进行基准分析，使用企业层面数据探寻影响机制，为保持前后研究带宽的统一性，将带宽设置到100千米、150千米和200千米，100千米带宽为主要研究结果。同时，在稳健性研究部分使用不同带宽选择方法重新进行回归，以检验结果的稳健性。

在进行精确的估计之前，本文绘制了自2000年西部大开发实施后，分界线两侧的县区到分界线的距离与 COD 污染物排放量之间的关系，以示意性描述西部大开发政策下，各县区污染物排放变动的情况。如图 4 所示，图中的垂直线表示是否在西部大开发政策范围内的分界线，分界线左侧为控制组，即不在西部大开发政策影响范围内的县区；右侧为处理组，即受到西部大开发影响的县区。从中可以明显看到，在西部的县区 COD 排放量明显低于控制组县区，处理组和控制组之间在污染物排放上存在明显的断点。断点的存在可能预示着在西部大开发政策影响下，存在污染物排放降低的情况，区域协调发展可能有助于实现污染物排放的减少。

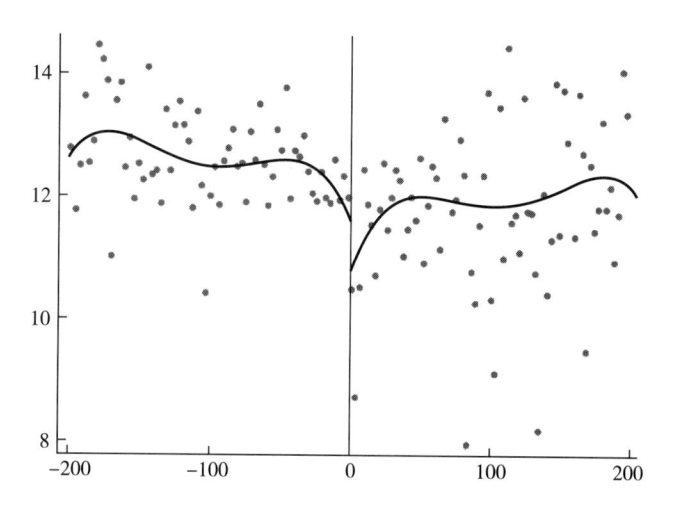

图 4 COD 排放量在断点处的跳跃

本文使用的数据主要由三部分数据库组成：2000~2009 年的《中国县域统计年鉴》《中国区域经济统计年鉴》和中国企业排放数据库。《中国县域统计年鉴》和《中国区域经济统计年鉴》包含县级层面的相关主要经济数据，例如，GDP、第二产业增加值、人口总数等，但是缺乏县级层面的污染物排放数据。鉴于此，本文利用中国企业排放数据库，按照县—年份层面对污染物数据进行加总，从而形成各县区的污染物排放指标。中国企业排放数据库在"十五"时期统计了占污染负荷 85% 的工业企业，在"十一五"时期统计了占地区排放的 85% 以上的工业企业。因此，对中国企业排放数据库进行加总而形成的各县区污染物排放数据可以很好地代表各县区污染物排放情况。同时，中国企业排放数据库具有详细的企业污染物排放及处理指标，是分析"西部大开发"对污染物排放影响的内在机制的有力支撑。本文采用 ArcGis 软件测算各县区到西部大开发边界线的最短距离。由于 2010 年的中国企业排放数据库在企业开业时间数据上存在大部分缺失，因而将样本时间限定在 2000~2009 年。表 3 给出了主要变量的描述性统计。

表 3 主要变量的描述性统计

变量	（1）样本量	（2）均值	（3）标准差	（4）最小值	（5）最大值
COD_emission	16586	12.3845	2.3500	0.0000	15.6637
COD_residual	16292	0.0000	2.0120	-12.4974	5.6919
lngdp	19625	7.7181	1.2150	3.2229	12.0338
Industry	19625	37.7842	15.9949	0.0028	89.6462
pop_density	19546	5.0055	1.5314	-4.0071	12.1381
urban	19322	0.1840	0.1426	0.0000	1.0000

四、基准分析与稳健性检验

（一）基准结果

本文探究西部大开发政策所可能带来的对分界线两侧县区污染物排放的影响，以COD排放量（COD_emission）为主要污染物研究对象，结果如表4所示。表4的第（1）、（3）、（5）列为控制分区变量和年份固定效应下的不同带宽的估计结果，而第（2）、（4）、（6）列则是继续添加其他控制变量下的不同带宽的估计结果，包括控制各县区的地区生产总值、第二产业比重、人口密度和城市化水平。结果显示，在不同带宽下，估计系数均为负，并且都通过了显著性水平检验，这表明西部大开发政策显著降低了地区污染物排放水平。

表4 基准结果

变量	(1)	(2)	(3)	(4)	(5)	(6)
	<100千米		<150千米		<200千米	
COD_emission	-0.8399**	-0.7095**	-0.7774***	-0.6703**	-0.8198***	-0.6349***
	(0.3446)	(0.3156)	(0.2969)	(0.2674)	(0.2667)	(0.2410)
Observations	2898	2819	4041	3926	5157	5012
R-squared	0.1628	0.2398	0.1581	0.2446	0.1768	0.2591
分区变量	控制	控制	控制	控制	控制	控制
年份变量	控制	控制	控制	控制	控制	控制
控制变量	不控制	控制	不控制	控制	不控制	控制

注：*、**、***分别表示10%、5%、1%的显著性水平；括号内为在县区层面聚类的标准误。

为了尽可能避免相关控制变量在断点处可能存在跳跃的情况（在后文的稳健性检验中将进一步进行检验），排除控制变量等因素对结果的影响，更好地估计分界线临近两侧县区污染物排放的差异，本文采用COD排放量残差（COD_residual）作为式（1）的Y_{ct}重新进行估计，这样用变量的残差进行回归分析可以提高估计的精确度（Lee and Lemieux，2010）。具体做法是将分区变量、年份变量以及其他控制变量对COD排放量进行回归，回归后所得到的COD排放的残差再进行断点回归分析，结果如表5所示。无论是选取距离分界线最近的100千米、150千米还是200千米的县区，估计系数均为负且显著，西部大开发政策能够显著地降低边界线附近县区的COD排放的程度，即区域协调发展政策具有污染减排效应。根据表5中的估计结果显示，在西部大开发实施的十年里，地区COD排放量降低了54.21%（$e^{-0.7812}-1$）。由于对变量的残差进行断点回归估计可以提高估计的精确度，在本文后续的稳健性检验中均采用污染物排放量的残差进行分析。对于西部大开发如何降低污染物排放，其内在发生机制与影响途径将会在下文进行阐述。

表5 基准结果——采用残差进行分析

变量	(1)	(2)	(3)
	<100千米	<150千米	<200千米
COD_residual	-0.7812**	-0.6807**	-0.6497***
	(0.3329)	(0.2818)	(0.2492)
Observations	2819	3926	5012

续表

变量	（1）	（2）	（3）
	<100 千米	<150 千米	<200 千米
R-squared	0.0144	0.0106	0.0076
分区变量	控制	控制	控制
年份变量	控制	控制	控制
控制变量	控制	控制	控制

注：*、**、***分别表示10%、5%、1%的显著性水平；括号内为在县区层面聚类的标准误。

基准结果发现西部大开发导致污染物排放的减少，但这一分析反映的是局部平均处理效应。为了更清楚地展现西部大开发政策对污染物排放的影响是如何随着时间的推移而变化的，本文将对表5的结果进一步地按年度进行动态分析。将模型（1）进行微调，得到模型（2）：

$$Y_{ct} = \alpha + \beta_k \sum_{t=2000}^{2009} GWD \times D_t + \sum_{t=2000}^{2009} f(dis_c) \times D_t + \sum_{t=2000}^{2009} GWD \times f(dis_c) \times D_t + \sum_{s=1}^{15} \gamma_s Seg_s + \delta X_{ct} + \theta_t + \varepsilon_{ct} \quad (2)$$

其中，D_t为年份虚拟变量，仅在当年取值为1，其他年份取值为0。例如，在估计2000年的动态效应时，在2000年设定$D_{2000}=1$，其他年份取0，这里将1999年作为基准年份，其他设定与模型（1）一致。西部大开发政策的分年动态效应如表6所示。从表6中可以发现，COD排放量均在西部大开发政策实施后存在显著下降的趋势，在2000~2002年，污染物排放显著降低，而2003~2005年，污染物排放减少的趋势减缓。此后，在2006年之后，COD排放量进一步显著降低，这与中国在"十一五"规划中明确提出COD排放总量减排10%的目标密切相关。"十五"计划中，中国只提出了减少污染物排放，并没有提出具体的减排目标，这也许就是2003~2005年污染物排放减缓的原因。同时，这一结果也表明，西部大开发不仅具有降低排放的作用，其在环境规制加强的背景下，相对地更加体现减排效应，即污染避难所效应并没有在此发挥决定性作用。为了避免不同的带宽对估计结果的影响，本文将距边界线的带宽扩宽到150千米和200千米，估计结果均稳健地表现出类似的变动趋势。

表6 西部大开发政策影响污染物排放的分年动态效应

变量	（1） COD_residual	（2） COD_residual	（3） COD_residual
GWD2000	-0.8764 (0.5635)	-0.2798 (0.4654)	-0.0221 (0.4006)
GWD2001	-1.1313** (0.5397)	-1.1983*** (0.4408)	-1.0371** (0.4083)
GWD2002	-0.9381** (0.4371)	-0.7734** (0.3720)	-0.8511*** (0.3204)
GWD2003	-0.6323 (0.5134)	-0.4091 (0.4256)	-0.3238 (0.3576)
GWD2004	-0.1745 (0.4798)	-0.0324 (0.3967)	0.0537 (0.3500)
GWD2005	-0.7658* (0.4554)	-0.4244 (0.3920)	-0.4062 (0.3326)

续表

变量	(1) COD_residual	(2) COD_residual	(3) COD_residual
GWD2006	-0.8342 (0.5264)	-0.9112** (0.4520)	-0.8222** (0.4045)
GWD2007	-0.8308* (0.4278)	-0.9642*** (0.3668)	-0.9192*** (0.3272)
GWD2008	-0.8334* (0.4694)	-0.9436** (0.3957)	-0.9786*** (0.3394)
GWD2009	-0.9013** (0.4034)	-0.9265*** (0.3453)	-1.0702*** (0.3044)
Observations	2819	3926	5012
R-squared	0.0255	0.0227	0.0191
分区变量	控制	控制	控制
年份变量	控制	控制	控制
控制变量	控制	控制	控制
带宽	100千米	150千米	200千米

注：*、**、***分别表示10%、5%、1%的显著性水平；括号内为在县区层面聚类的标准误。

（二）其他污染物排放情况

在基准回归中，为了准确地估计西部大开发带来的环境绩效变动，本文选取COD排放量进行分析。尽管其他指标存在一定的问题，尤其在因果识别上面存在一些缺陷，但是本文仍然希望观察其结果，以得到一个综合的环境绩效影响情况。为此，进一步选取了其他污染物排放指标进行断点分析，包括二氧化硫（SO_2_residual）、废气（WG_residual）、废水（WW_residual）、一氧化氮（NO_residual）、氮氢化物（NH_residual），研究西部大开发是否对这些污染物排放产生影响。从表7中可以发现，尽管受一些策略性反应行为以及污染物本身特点的影响，部分污染物分析的结果不显著，但仍然可以看到西部大开发下工业污染物的排放量整体存在明显的降低。综合来看，西部大开发一定程度上能够提升边界线附近县区的环境绩效。

表7 其他污染物排放情况

变量	(1) SO_2_residual	(2) WG_residual	(3) WW_residual	(4) NO_residual	(5) NH_residual
GWD	-0.2578 (0.2033)	-0.3016 (0.2154)	-0.6188** (0.2598)	-0.0469 (0.2315)	-0.4514 (0.4387)
Observations	3056	3056	3056	1178	1916
R-squared	0.0054	0.0102	0.0299	0.0022	0.0123
分区变量	控制	控制	控制	控制	控制
年份变量	控制	控制	控制	控制	控制
控制变量	控制	控制	控制	控制	控制

注：*、**、***分别表示10%、5%、1%的显著性水平；带宽均控制在100千米；括号内为在县区层面聚类的标准误。

(三) 稳健性检验

1. 使用全局多项式方法进行估计

在基准分析中，本文采用的是局部线性回归方法来进行断点分析。那么，以上结果是否会因为估计方法的不同而产生显著差异的结果，为此对模型（1）重新采用全局多项式方法进行估计，回归结果如表 8 所示。表 8 采用的是全样本的多项式回归估计，其中的第（1）~（3）列分别对应二次、三次和四次多项。表 8 的结果显示，无论是多项式的阶数如何变化，西部大开发均会使县区的 COD 污染物排放量减少，且估计系数显著，表明本文的基准结果不依赖于估计方法的选择，结果整体上是稳健的。

表 8　采用全局多项式方法进行断点估计

变量	（1）COD_residual	（2）COD_residual	（3）COD_residual
GWD	-0.4642***	-0.4679**	-0.5717**
	(0.1585)	(0.1953)	(0.2329)
Observations	16292	16292	16292
R-squared	0.0090	0.0115	0.0117
分区变量	控制	控制	控制
年份变量	控制	控制	控制
控制变量	控制	控制	控制
多项式阶数	二次	三次	四次

注：*、**、***分别表示 10%、5%、1%的显著性水平；括号内为在县区层面聚类的标准误。

2. 控制变量的连续性检验

断点回归估计要求控制变量满足连续性假设，即模型中的控制变量在西部大开发边界线上是连续的，不存在间断点。如果这些控制变量在西部大开发边界上存在断点，那么则可能意味着本文的断点回归设计存在问题，边界线两侧的县区污染物排放之间的跳跃可能不单单是西部大开发政策所导致的，而是存在其他因素的影响，那么本文的估计结果是有偏的。因此，在本节中对控制变量的连续性进行检验，结果如表 9 所示。表 9 报告了边界线附近 100 千米内的县区的相关控制变量的回归结果，结果显示在以控制变量为被解释变量的断点回归中，所有估计系数均不显著，这说明各控制变量在西部大开发边界线处不存在断点，满足断点回归的假设条件，意味着本文的基准结果是稳健的。

表 9　控制变量的连续性检验

变量	（1）地区产值	（2）第二产业比重	（3）人口密度	（4）城市化水平
GWD	-0.1120	2.8386	-0.1171	0.0236
	(0.1355)	(2.5036)	(0.1144)	(0.0189)
Observations	3345	3345	3340	3264
R-squared	0.4978	0.2346	0.4603	0.2867
分区变量	控制	控制	控制	控制
年份变量	控制	控制	控制	控制
带宽	100 千米	100 千米	100 千米	100 千米

注：*、**、***分别表示 10%、5%、1%的显著性水平；括号内为在县区层面聚类的标准误。

3. 排除企业迁移对结果的影响

本文的研究设计是建立在西部大开发政策只影响西部地区，而不会影响东部地区这一假设上的。然而，在政策的影响下，企业如果存在从东部地区向西部地区进行迁移的现象，那么将会影响本文的基准结果。一般来说，企业的迁移成本会随着距边界线的距离增加而提高。因此，通过剔除距离边界线距离最近的县区，可以排除最有可能受政策影响而改变选址的企业，从而避免由于企业选址的改变而造成估计结果有偏的情况。具体做法参考 Ehrlich 和 Seidel（2018），分别去掉距离边界线最近10千米和30千米的县，然后重新进行断点回归，结果如表10所示。表10的第（1）、（2）列分别是去掉距边界线最近10千米县区和边界线最近30千米县区后COD排放量的结果。估计结果显示，所有估计系数均为负且显著，表明本文的基准结论是稳健的，不太可能受到企业迁移的影响。

表10 去掉边界附近的县区

变量	（1）COD_residual	（2）COD_residual
GWD	-0.6857*	-1.3482*
	(0.3854)	(0.7372)
Observations	2603	1842
R-squared	0.0092	0.0190
分区变量	控制	控制
年份变量	控制	控制
控制变量	控制	控制
带宽	100千米	100千米
Delete	10千米	30千米

注：*、**、***分别表示10%、5%、1%的显著性水平；括号内为在县区层面聚类的标准误。

4. 排除同期其他政策的影响

在估计"西部大开发"对污染物排放的影响过程中，可能会受到同期其他政策的影响，从而造成基准结果产生偏差。中国的区域发展不平衡不只是西部地区与东部地区之间存在差异，中部地区的发展水平也处在中低水平。在2006年出台的《中共中央 国务院关于促进中部地区崛起的若干意见》中，中部地区包括山西、河南、安徽、湖北、湖南和江西。政策中提出推进农业发展、工业结构优化升级、扩大对内对外开放、加强生态环境建设，等等。中部崛起战略在实施时间上与本文的样本时间存在重叠，且与西部大开发一样均为区域协调发展政策。按照以上逻辑，中部崛起是对中部的政策扶持，即使存在中部崛起干扰下，其对本文的基准结果的影响只能是低估，而非高估西部大开发对地区环境绩效的影响。尽管如此，为了尽可能得到科学的因果结论，本文将样本时间在2006年之后的样本删除，即仅保留中部崛起战略实施前的样本，估计结果如表11所示。表11第（1）～（3）列显示，所有的估计系数为负，COD排放量在带宽100千米、150千米和200千米结果均显著。此外，还可以进一步从样本中删除中部六个省份，以更严格的方式排除中部崛起战略的影响。将带宽设置到200千米，重新进行回归，结果如表11第（4）列所示，结果依然均为负且显著。通过以上处理，即使考虑中部崛起战略，本文的结论依然是稳健的。

表11 排除其他政策影响

变量	（1）<100千米	（2）<150千米	（3）<200千米	（4）删除中部六省
COD_residual	-0.7547**	-0.5523*	-0.4726*	-0.5714*
	(0.3625)	(0.3050)	(0.2671)	(0.3358)

续表

变量	（1） <100 千米	（2） <150 千米	（3） <200 千米	（4） 删除中部六省
Observations	1618	2260	2904	3212
R-squared	0.0109	0.0049	0.0029	0.0053
分区变量	控制	控制	控制	控制
年份变量	控制	控制	控制	控制
控制变量	控制	控制	控制	控制
带宽	100 千米	150 千米	200 千米	200 千米

注：*、**、***分别表示10%、5%、1%的显著性水平；括号内为在县区层面聚类的标准误。

5. 不同带宽选择方法

由于本文采用县域数据进行基准分析，用企业层面数据进行影响机制和作用途径分析，为了保持基准回归与机制检验之间带宽一致，本文选取了100千米、150千米和200千米的带宽进行断点回归分析。为进一步检验本文的基准结果不受断点带宽选择方式的影响，在此选择不同带宽选择方式重新进行断点回归，结果如表12所示。表12第（1）~（4）列分别为断点两侧选择均方误差最小的共同带宽（MSE）、断点两侧分别使均方误差最小的带宽（MSE-Two）、断点两侧选择覆盖误差率最小的共同带宽（CER）和断点两侧分别使覆盖误差率最小的带宽（CER-Two）。根据结果显示，无论采用何种带宽选择方法，对COD排放量的估计系数均为负且结果显著。由此可以得出结论，带宽选择方法的不同也不会显著影响本文的基准结果。

表12 不同带宽选择方法

变量	（1） MSE	（2） MSE-Two	（3） CER	（4） CER-Two
COD_residual	-0.6070***	-0.6595***	-0.7119**	-0.7223**
	(0.2227)	(0.2482)	(0.2765)	(0.3101)
Observations	6361	5037	4124	3289
R-squared	0.0071	0.0076	0.0097	0.0116
分区变量	控制	控制	控制	控制
年份变量	控制	控制	控制	控制
控制变量	控制	控制	控制	控制

注：*、**、***分别表示10%、5%、1%的显著性水平；括号内为在县区层面聚类的标准误。

6. 采取双重差分方法进行分析

结合本文的研究背景以及数据结构特征，本文除了采取RD的研究设计外，也可以考虑用双重差分（DID）的研究设计进行分析。然而，由于西部大开发战略实施前的样本只有两年，因而采用DID的研究设计可能会影响研究的准确性。为了更完整地呈现西部大开发对地区环境绩效的影响，本文进一步采用DID法将西部地区的全部县区样本纳入进来，来进一步检验基准结果的稳健性。数据样本时间为1998~2009年，生成变量Treat=GWD×post，2000年之后的样本时间post=1，结果如表13所示。表13中DID的估计结果显著为负，西部地区的污染排放降低，基本结果依旧稳健。相较DID而言，RD是现实中更接近随机试验的一种研究设计，因此本文的主要结论与分析框架依然基于RD的设计进行分析。

表 13 采用双重差分方法进行分析

变量	(1) COD_residual
Treat	-0.2059**
	(0.1026)
GWD	0.3175***
	(0.1158)
post	0.0793
	(0.0558)
Observations	18940
R-squared	0.0261
分区变量	控制
年份变量	控制
控制变量	控制

注：*、**、*** 分别表示 10%、5%、1% 的显著性水平；括号内为在县区层面聚类的标准误。

五、机制探析与异质性分析

上文表明，在以西部大开发代表的中国特色区域协调发展战略具有显著的污染减排效果，即在促进区域协调发展的同时，可以实现污染物排放的降低，区域协调发展与污染减排之间可以并存。然而，西部大开发政策通过怎样的机制途径实现污染物排放降低，内在影响机制和路径是如何发挥作用的，这一点还仍旧有待进一步深入研究和分析。在第二部分中本文探讨了西部大开发对污染影响的可能传导机制和路径。在此，本文将对这些传导机制进行逐一验证和研究，以分析这些影响机制是否的确能发挥其作用，促使了污染排放的降低。为了全面、细致地分析内在影响机制，本文将从县区层面和企业层面两方面视角入手进行探究。

（一）县区层面的区域协调发展政策促进污染物减排的机制探析

1. 县区层面建设投资额的增加和产业结构的调整

西部大开发政策制定之初就提出了对西部地区投入中央专项资金，带动西部地区进行发展。生态环境建设和环境保护治理作为"西部大开发"政策的重要任务，西部地区各省对环境保护的投入不断增加。陕西省政府 2001 年计划安排投资 16 亿元于环境保护建设上[①]；内蒙古政府在 2002 年全年共落实国家生态建设投资 30.2 亿元，并计划在 2003 年落实生态建设投资 35 亿元[②]。可见，西部大开发对环境保护的要求并不仅仅停留于政策文件上，西部省份也对生态环境保护给予了重视。当政府对环保进行资金拨款，无论是对河流设立污水处理厂还是在城市建设污水处理系统，都会降低地区的污染排放，问题在于西部大开发政策是否真的促进了西部地区的各县区建设投资的增加。由于缺乏县域层面生态环保治理投资，本文将先检验西部大开发对基本建设投资的影响，只有当基本建设投资增加时，相应的生态环保投资才会有更大的可能增加。本文采用县域数据中基本建设投资额（capital）指标平减后的对数形式进行分析。回归结果如表 14 第（1）～（3）列所示，在不同带宽下的估计系数均显著为正，表明西部大开发显著提高了

---

① 详见《陕西省人民政府关于印发陕西省 2001 年国民经济和社会发展计划的通知》。
② 详见《内蒙古自治区人民政府关于印发 2002 年西部大开发战略实施情况及 2003 年工作重点的通知》。

西部各县区的建设投资额,各县区政府有资金投入到环境保护建设中去,进而影响了污染物排放的降低。

基本建设投资的增加只是可能性地提高生态环保治理投资,其与生态环境绩效提升而言是采取"堵"的方式,受数据限制原因,本文无法直接检验这一机制。在治理投资最优化的选择下,除了采用生态环保治理的增加,还可以选择通过"疏"的方式提升环境绩效,即其更可能在产业结构上倾向于选择一些清洁的产业,对其进行引导发展。产业结构调整是影响地区污染排放的一个可能因素。一般认为,当产业结构升级,县区生产发展的经济重心将转移到第三产业等高端技术产业或服务业,工业比重降低,将会实现地区污染排放的降低。但是这种产业结构调整对污染的影响分析方式并不适用于西部地区,西部地区工业发展底子薄、起步慢,农业比重高,工业发展正处于蓬勃发展阶段。因此,本文采用清洁行业产值与污染行业产值之间的比值来分析产业结构调整的影响。具体而言,本文采用沈能(2012)的方式来划分清洁行业和污染行业,并按照年—县区层面加总清洁行业和污染行业的产值到县区层面,构造产业结构变量 clean_pollu_ratio(清洁行业产值的对数比污染行业产值的对数)进行断点回归分析,结果如表14第(4)~(6)列所示。估计结果显示,无论在何种带宽下,清洁行业产值比重均显著高于污染行业,说明西部各县区清洁行业生产的比重在提高,地区生产在向清洁发展方向靠近。当产业结构调整到清洁行业,地区的污染物排放将会较低,西部大开发存在产业结构调整效应,进而促使地区污染排放减少。

表14 县区的建设投资和产业结构调整

变量	(1) capital	(2) capital	(3) capital	(4) clean_pollu_ratio	(5) clean_pollu_ratio	(6) clean_pollu_ratio
GWD	0.3105*** (0.0885)	0.2922*** (0.0749)	0.3502*** (0.0650)	0.1026* (0.0537)	0.0978** (0.0435)	0.1009*** (0.0370)
Observations	3244	4482	5675	2986	4156	5262
R-squared	0.7626	0.7607	0.7632	0.0563	0.0499	0.0515
分区变量	控制	控制	控制	控制	控制	控制
年份变量	控制	控制	控制	控制	控制	控制
控制变量	控制	控制	控制	控制	控制	控制
带宽	100千米	150千米	200千米	100千米	150千米	200千米

注:*、**、***分别表示10%、5%、1%的显著性水平;括号内为在县区层面聚类的标准误。

2. 县区层面的税收效应和转移支付

税收优惠政策是西部大开发中的重要政策,西部大开发实施对政府鼓励发展的内外资企业减征15%企业所得税,降低了企业的税收负担。税负负担的降低具有两方面的作用:一方面,当地区企业税收负担相对其他地区降低,相应地提高了企业在该地区投资的积极性,同时在西部大开发的生态环境保护的宗旨下,就会吸引相对清洁环保的产(企)业项目进驻;另一方面,税收负担的降低提升了企业自有资金,企业将有更大可能将资金运用到技术提升或者治理投资上去,进而实现污染排放的降低。相应地,转移支付亦是如此。当各县区接到中央的转移支付金额提高,一方面会将转移支付给予当地的企业;另一方面也可以降低地方的支出负担,从而更大可能进行环保治理或者将更多精力放到生态环境建设上来。本文使用"全国地市县财政统计资料"① 与县域数据合并，研究西部大开发下各县区所得税和转移支付的变动情况。企业所得税（ftax）与县区转移支付（lntan）均为平减后的对数形式。表 15 第（1）~（3）列为不同带宽下对 ftax 的估计结果，估计系数均为负且显著，表明西部大开发下企业所得税显著减少，企业可能通过税负的降低进行技术效率提升和治理投资增加实现污染减排效应。表 15 第（4）~（6）列则为不同带宽下对 lntran 的回归结果，结果显示西部大开发没有造成西部地区转移支付显著的变化。转移支付虽然作为政府帮助落后地区的重要手段，但是其发挥的作用一直不明显，并不能带动地区发展，且转移支付中东部地区所占比重仍占优势（王洛林和魏后凯，2003b）。由此可知，转移支付在回归结果中的不显著可能与上述背景有关，转移支付作用的有限性使其可能无法成为西部大开发与污染排放之间影响的路径。

表 15 县区的所得税和转移支付

变量	(1) ftax	(2) ftax	(3) ftax	(4) lntran	(5) lntran	(6) lntran
GWD	-0.5188***	-0.4511***	-0.4599***	0.0127	-0.0561	-0.0930
	(0.1565)	(0.1410)	(0.1236)	(0.1191)	(0.1055)	(0.0941)
Observations	2366	3256	4081	1439	1969	2516
R-squared	0.7510	0.7521	0.7499	0.6328	0.5674	0.5623
分区变量	控制	控制	控制	控制	控制	控制
年份变量	控制	控制	控制	控制	控制	控制
控制变量	控制	控制	控制	控制	控制	控制
带宽	100 千米	150 千米	200 千米	100 千米	150 千米	200 千米

注：*、**、***分别表示 10%、5%、1%的显著性水平；括号内为在县区层面聚类的标准误。

（二）企业层面的区域协调发展政策促进污染物减排的机制探析

在本文以上的研究中，均采用县域数据进行分析，发现西部大开发政策下，边界线附近的县区在污染物排放量上存在跳跃，西部地区的县区污染物排放量降低。而在此，本文将使用中国企业排放数据库这一微观数据库，从企业层面分析西部大开发与污染排放之间的影响作用发挥的路径。这样做的目的在于，中国企业排放数据库里含有企业污染量、污染物处理量以及治理投入等相关指标，可以更好地剖析其中的影响机制和途径。具体研究方法与模型（1）类似，将断点研究设计聚焦在企业层面，主要采用如下模型设定来进行研究：

$$F_{it} = \alpha + \beta GWD_i + f(dis_i) + GWD_i \times f(dis_i) + \sum_{s=1}^{15} \gamma_s Seg_s + \delta lny_{it} + \theta_t + \mu_\rho + \varepsilon_{ct} \quad (3)$$

其中，F_{it} 为企业各项可能影响污染排放的机制，包括 COD 产生量、COD 去除率、专利数量等变量。同时控制企业规模 lny_{it}，由企业总产值来衡量。μ_ρ 为行业固定效应，控制四位数行业。此外，将标准误聚类到县区—四位数行业层面。其他与模型（1）一致。

1. 排除环境规制加强和减产的影响

如表 16 所示，即使在 2006 年施加更严格的环境规制后，西部大开发依然发挥了显著的环境绩效提升效应，那么是否存在西部比东、中部地区面临的环境规制更高的情况？尽管这个设想与中国现实的实践不一致，但是为了排除这一可能性，本文也尝试性地做了一些检验。结合数据可得性，在本文样本时间内，除了西部大开发的实施还存在其他环境规制政策可能影响县区

---

① 本文拥有的"全国地市县财政统计资料"的样本区间只有 2000~2007 年，其中，2004~2005 年数据来源于罗鸣令等（2019），2008~2009 年的企业所得税数据由中国工业企业数据库按照县区—年份加总而来。

污染物排放情况，其中最直接的是国务院于 2003 年颁布并实施的《排污费征收使用管理条例》。为此，本文以排污费征收强度作为环境规制强度的度量，以此排除在西部实施了更为严格的环境规制。企业被征收排污费可能会影响企业污染物的排放量，进而影响西部开发分界线附近地区污染物排放情况。有鉴于此，本文以排污费的征收来检验环境规制程度加强是否为西部地区污染排放量降低的可能因素。由于缺乏全样本时间的企业排污费数据，本文使用 2004 年中国工业企业数据库中排污费（fee）数据进行分析，回归结果见表16 第（1）~（3）列。结果显示，西部大开发边界线附近的企业的排污费并没有显著提高，进而有理由相信排污费的征收不会显著地影响企业污染物的排放，也有理由相信西部大开发边界线附近县区的污染物排放情况不会显著地受到排污费征收的影响，即西部大开发并没有通过加强环境规制来降低污染物排放。

表 16 排除排污费的征收所带来的影响

变量	（1）fee	（2）fee	（3）fee	（4）lny	（5）lny	（6）lny
GWD	8.1698	16.9834	5.6030	-0.0524	0.0089	0.0127
	(49.7746)	(35.8111)	(25.6881)	(0.1054)	(0.0976)	(0.0921)
Observations	8846	15767	28986	42685	67901	96816
R-squared	0.0615	0.0681	0.0711	0.3760	0.3438	0.3333
分区变量	控制	控制	控制	控制	控制	控制
四位数行业	控制	控制	控制	控制	控制	控制
企业规模	控制	控制	控制	不控制	不控制	不控制
带宽	100 千米	150 千米	200 千米	100 千米	150 千米	200 千米

注：*、**、***分别表示 10%、5%、1%的显著性水平；括号内为在县区—四位数行业层面聚类的标准误。

进一步地，本文采用企业的产出量（lny）来分析西部地区的企业是否存在减产的情况。一般而言，企业如果面临强有力的环境规制时，为了达到环境减排要求，被迫采取减产的方式以降低污染排放水平，以实现规制目标。因此，检验企业是否存在产出的减少可以进一步排除西部面临严格环境规制的情况。结果显示，西部大开发边界线附近的企业并没有出现明显的减产的情况，可以排除企业产出减少进而污染排放降低的情况，进一步证明西部大开发没有通过严格的环境规制来促使企业减少排放。

2. 污染治理投资方向：技术效率提升的证据

污染物的排放量是污染物的产生量去掉污染物去除量的结果，污染物产生量的降低蕴含着企业生产过程中的技术效率提升。当生产技术效率水平提高，继而生产过程中污染产生量就相应减少，代表了企业通过技术因素降低排放的机制。由于本文研究的重心在 COD 这一污染物上，相应地，重复用水量的增多也是企业通过技术效率提升进而减排的机制之一。此外，污染物去除量的提升则蕴含着企业为降低污染物排放所进行的末端处理，在污染物排放前通过减排设备直接处理污染物，代表了企业对污染物治理投资的增加。当企业增加污染治理投资，则会购买相应的污染处理设施，增加污染物的去除量进而降低污染排放量。

为此，本文沿着生产技术效率提升和治理投资增加这两条路径探寻西部大开发政策下可能的污染减排的影响机制。本文利用 COD 产生量、重复用水量占比、COD 去除量以及废水治理设施数来分析 COD 排放量的降低是否是技术效率提升和治理投资增加带来的影响。一般而言，企业技术效率提升的进程相对缓慢，在西部大开发的影响下，企业拥有更多的资金，面临的生存压力降低，从而更有可能进行生产技术的改进、购买新设备和增加治理投资来治理污染。表 17 第（1）~（4）列分别为带宽 100 千米情况下对 COD 产生量（COD_production）、重复用水占工业总用水量比重（wcr）、COD 去除率（COD_treatment）和废水治理设施数（water_facility）的断点回归估计结果。根据结果显示，GWD 对 COD_production 的估计系数为负且通过显著性水平检验，而对 wcr 的回归结果为正也通过显著性检验，表明企业的 COD 产生量显著降低、重复用水量占比显著提高，有理由相信在西部大开发背景下企业是通过提升技术效率来降低污染物排放的。另外，对 COD 去除量的估计系数为正而结果却不显著，对废水治理设施的回归结果也亦如此，从侧面也可以反映企业有一定可能通过增加治理投资来降低排放，但其作用不明显。这可能与未施加更严格的环境规制有关，这与表 16 中西部大开发未通过环境规制来推动污染减排的结果是一致的，而技术效率途径则显著降低了污染排放。产生以上结果与西部大开发采取的具体措施具有一定关联：西部大开发实施中更强调提升生产技术、淘汰落后生产工艺，且并未对以污染物处理的规制加强做出明确要求。

表 17 COD 的产生与去除

变量	(1) COD_production	(2) wcr	(3) COD_treatment	(4) water_facility
GWD	−0.8351***	0.0162***	0.1252	0.0029
	(0.2652)	(0.0046)	(0.2162)	(0.0739)
Observations	26328	22359	26660	30240
R-squared	0.5374	0.2144	0.4990	0.1777
分区变量	控制	控制	控制	控制
四位数行业	控制	控制	控制	控制
年份变量	控制	控制	控制	控制
企业规模	控制	控制	控制	控制

注：*、**、*** 分别表示 10%、5%、1% 的显著性水平；括号内为在县区—四位数行业层面聚类的标准误。

3. 寻找技术效率提升的来源：是否存在内生的技术进步与创新

在西部大开发的相关支持政策中，多次提到通过减税、加大转移支付等资金援助措施来带动发展。同时，也明确提出要加强科技发展，发展高新技术，为生态环境建设开发相关的应用技术。表 18 发现，西部大开发中技术效率提升对污染减排发挥了显著作用，这一结论在其他研究已有发现：技术水平的提升可能是影响污染物排放的关键因素（Gutiérrez and Teshima，2018），技术的改变能够推动生态环境的改善（Levison，2009；Shapiro and Walker，2018）。那么，技术效率提升到底来自于哪个方面？是否来自于内生的技术进步与创新？为此，要检验西部大开发是否推动了企业的技术进步与创新，从而降低污染物排放的情况，结果如表 18 所示，带宽均设置在 100 千米。表 18 第（1）列为 GWD 对全要素生产率（TFP）的断点回归结果。结果显示，相较于西部大开发边界线东部的企业，在边界线以西的企业全要素生产率更好，技术水平更好，然而这个结果并不显著，无法得到决定性的结论。进一步地，采用企业发明专利数量（patent_num）以及发明专利质量（median_quality、mean_quality）[①] 来分析企业是否存在创新和科技进步的情况，结果如表 18 第（2）~（4）列所示。从结果中可以发现，专利数量 patent_num 的系数为负但结果没有通过显著性检验，衡量专利质量的 median_quality 与 mean_quality 的系数均为负且显著，这表明西部大开发政策并没有促进企业的内生创新，Jia 等（2020）的研究也得出了类似的结论。这一结果在一定程度上也是可理解且合理的，企业从事科技创新需

---

① 本文参考 Aghion 等（2018）、Akcigit 等（2016）的专利质量构造思路，并参照产业集中度的测算方法，利用国际专利分类号（IPC 分类号）的大组层面信息加权计算。最后采用中位数法和均值法将专利质量加总到企业层面。

要大量的人力与物力的投入,而西部地区的企业科研实力与人才积累均相对薄弱,当有政策扶植的情况下,最优发展策略可能是资金用于购买新技术和设备,而非投入到企业自身的技术创新中去。

表18 技术进步与创新

变量	(1) TFP	(2) patent_num	(3) median_quality	(4) mean_quality
GWD	0.1053	-0.0176	-0.0049**	-0.0045**
	(0.0694)	(0.0451)	(0.0019)	(0.0018)
Observations	7025	12585	12585	12585
R-squared	0.5208	0.0314	0.0447	0.0471
分区变量	控制	控制	控制	控制
四位数行业	控制	控制	控制	控制
年份变量	控制	控制	控制	控制
企业规模	控制	控制	控制	控制

注:*、**、***分别表示10%、5%、1%的显著性水平;括号内为在县区—四位数行业层面聚类的标准误。

4. 寻找技术效率提升的来源:技术溢出与学习效应

表18表明,技术效率提升的来源不是内部的技术创新,那么其是否来自于技术溢出与学习效应?如果在"西部大开发"下,发现污染较重的企业相对清洁企业的污染产生量更低,那么可以从中得到两个间接的推测:一方面可以进一步佐证通过技术效率提升途径推动污染减排的结论;另一方面可以说明污染企业通过技术效率提升推动减排的效应更突出,一定程度侧面推论得到污染企业相对清洁企业具有更低的技术效率,更容易通过技术(学习)溢出效应方式提升自身的技术效率水平。本文采用沈能(2012)对污染行业和清洁行业的划分,按照两位数行业代码对企业进行划分,生成变量pollu代表企业是否为污染企业,是污染企业则pollu=1,pollu与GWD项交乘后进行断点回归分析,结果如表19所示。结果显示,污染企业相较于清洁企业在COD产生量上更少、重复用水量占比增多且结果通过显著性检验,在COD去除量上结果为正但不显著,废水处理设施数也没有显著变化。这意味着相较于清洁企业,西部地区的污染企业在技术效率提升方面表现更好,同时相较于清洁企业而言,污染企业在技术效率水平方面与前沿距离更大,其更有利于通过学习效应和技术溢出提升技术效率水平。

表19 污染企业和清洁企业环境绩效差异

变量	(1) COD_production	(2) COD_treatment	(3) wcr	(4) water_facility
GWD×pollu	-1.1261***	0.0143	0.0159***	-0.0525
	(0.2693)	(0.2220)	(0.0057)	(0.0976)
Observations	26328	26660	22359	30240
R-squared	0.5374	0.4990	0.2128	0.1774
分区变量	控制	控制	控制	控制
四位数行业	控制	控制	控制	控制
年份变量	控制	控制	控制	控制
企业规模	控制	控制	控制	控制

注:*、**、***分别表示10%、5%、1%的显著性水平;括号内为在县区—四位数行业层面聚类的标准误。

通过西部大开发的政策背景可知，其比较突出的政策即所得税等税收方面优惠：2000年国务院出台《关于实施西部大开发若干政策措施的通知》，提出要对西部地区实施税收政策，"在一定期限内，按减征15%的税率征收企业所得税"。企业所得税的减征对于新企业进入发挥显著的助推器作用。在西部大开发更为重视"生态环境保护"的背景下，西部大开发新进入的企业更多的是较为清洁的企业，其在技术效率方面可能更有优势。新企业与老企业在污染减排机制上可能会出现不同的选择，年轻的企业更有可能提升技术水平来进行减排，而老企业由于沉没成本的存在，相较而言倾向于通过技术效率提升减少污染排放的可能性较小（He et al., 2020a; Heutel, 2011）。本文对新企业和老企业进行区分，成立时间在2000年及之后的企业为新企业，2000年之前成立的企业则为老企业，研究二者在COD产生量和去除量上的区别，以此来分析西部大开发政策下带来的污染物排放降低是否由于新老企业之间的差异所带来的学习与技术溢出效应导致的。具体做法是在断点回归的基础上乘以企业是否为新企业（new）的虚拟变量，得到模型

$$Y_{it} = \alpha + \beta GWD_i \times new + f(dis_i) \times new + GWD_i \times f(dis_i) \times new + \sum_{s=1}^{15} \gamma_s Seg_s + \delta \ln y_{it} + \theta_t + \varepsilon_{it} \quad (4)$$

其中，Y_{it}代表企业COD产生量和COD去除量，回归结果如表21所示。由于数据所限，本文无法直接测度学习与技术溢出效应，为了尽可能体现溢出效应内涵，可以考虑验证不同范围内的新老企业间技术效率水平（污染物产生量）的差异，具体思路是：本文认为企业的学习与技术溢出效应与所处的空间和行业具有紧密联系，行业差异越小、地理越近那么其学习与技术溢出效应突出。表20为新、老企业在COD产生量和COD去除量上的差异，带宽设定在100千米，其中，第（1）、（4）列控制四位数行业固定效应，比较的是同一行业之间在西部大开发影响下，西部新成立的企业相较于原先的企业在环境污染表现上的不同；第（2）、（5）列控制了城市固定效应，分析的是同一城市之间，在西部大开发政策下，西部新成立的企业相较于原先的企业在污染处理上的不同；第（3）、（6）列则进一步控制城市—行业联合固定效应，研究的是西部大开发影响下，身处同一城市同一行业的新企业与老企业在环境绩效表现上的不同。估计结果表明：

首先，新企业比老企业更为清洁，表现出更高技术效率水平。从表20第（1）~（3）列的估计结果中可以明显看出新企业的COD产生量相较于老企业要显著更少，同时第（7）列表明新企业相对老企业污染物排放也更少。综合以上结果可以发现，新企业比老企业更清洁，新企业技术效率水平更高，更愿意通过内在技术效率提升来降低污染物排放。

其次，新、老企业之间存在显著的学习与技术溢出效应，距离越近、行业特征越相似那么其学习与技术溢出越明显。表20第（3）列的结果显示，当控制城市—行业联合固定效应之后，估计结果依旧显著为负，通过对比系数可以发现，这一差异相比于身处同一行业[表20第（1）列]或者同一城市[表20第（2）列]的新、老企业技术效率的差异要更小。这一结果符合上文的预期，意味着在地理位置更加邻近且处于更相似的行业时，新企业对老企业更有可能存在溢出效应，这一系列结果能够一定程度上间接表明新、老企业间存在学习与技术溢出效应。另外，第（4）~（6）列则是新老企业在COD去除量上的差异，结果显示新企业并没有在污染物去除量上的表现好于老企业，再次佐证上文关于政策并未对以"末端处理"为代表的规制行为产生显著影响。

表20 新、老企业在COD产生量和去除量的不同

变量	(1)	(2)	(3)	(4)	(5)	(6)	(7)
	COD_production			COD_treatment			COD_emission
GWD_new	-0.8260***	-0.6982**	-0.3849**	-0.2748	-0.3444	-0.1320	-0.2400*
	(0.2069)	(0.3015)	(0.1758)	(0.1949)	(0.2301)	(0.1763)	(0.1235)

续表

变量	(1)	(2)	(3)	(4)	(5)	(6)	(7)
	COD_production			COD_treatment			COD_emission
Observations	26238	26385	25258	26570	26718	25580	23311
R-squared	0.5371	0.2901	0.6984	0.4991	0.3560	0.6672	0.6288
城市变量	不控制	控制	不控制	不控制	控制	不控制	不控制
四位数行业	控制	不控制	不控制	控制	不控制	不控制	不控制
城市-行业变量	不控制	不控制	控制	不控制	不控制	控制	控制
分区变量	控制	控制	控制	控制	控制	控制	控制
年份变量	控制	控制	控制	控制	控制	控制	控制
企业规模	控制	控制	控制	控制	控制	控制	控制

注：*、**、***分别表示10%、5%、1%的显著性水平；括号内为在县区—四位数行业层面聚类的标准误。

最后，新、老企业之间学习与技术溢出效应随着时间推移越来越小。为了进一步佐证新企业对老企业产生的学习与技术溢出效应，本文对表20第（3）列所得结果按年份进行分年动态效应估计，以分析新企业是否对老企业产生溢出效应，结果如图5所示。从图5中可以明显看出，在西部大开发开始实施时估计系数值较大，而随着时间的变化，估计系数逐渐变小。这意味着，随着时间的推移，新企业在COD产生量的表现与老企业之间的差异逐渐缩小。在一定程度上说明，处在相近地理位置且同一行业的新企业对老企业存在技术效率溢出的情况。老企业受到新企业的影响从而技术效率得到提升，COD产生量降低，随着新、老企业的技术效率共同提升导致地区污染物产生量降低，进而促使地区环境绩效转好。

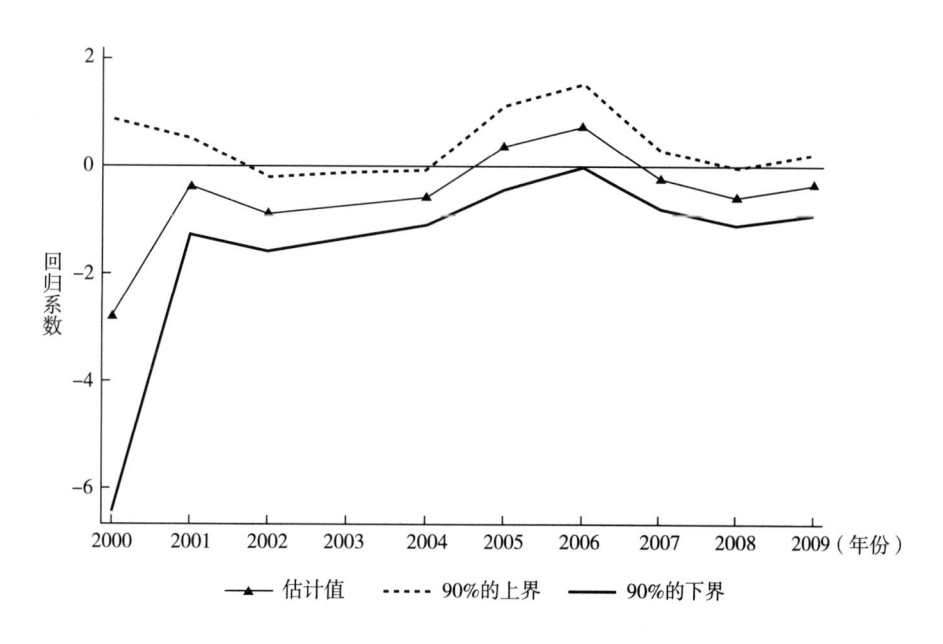

图5　新、老企业之间COD产生量差异分年动态

5. 地区层面发生的资源配置效应

在上文中已经检验了企业存在技术效率提升，污染企业和新进入企业拥有更好的技术效率是促进污染排放降低的重要影响机制。目前已经讨论的机制都是企业层面而言的，并没有探讨企业之间资源配置效应所产生的可能影响路径。鉴于此，本文将企业污染排放数据加总到年度—县区—行业层面（依据企业产出份额加总），参考 Olley 和 Pakes（1996）和 Bartelsman 等（2013）的做法，将加总的污染排放分解为未加权平均排放变动和资源配置效应，如式（5）所示：

$$TotalCOD\_emission_{ict} = \overline{emission_{ict}} + \sum (s_f - \overline{s_{ict}})(emission_f - \overline{emission_{ict}}) \quad (5)$$

其中，s_f 表示企业的产量份额，$\overline{s_{ict}}$ 表示部门内所有企业的平均产量份额，$emission_f$ 表示企业的污染排放量，$\overline{emission_{ict}}$ 表示部门内所有企业的平均污染排放量。式（5）等式右侧第一项的变化代表的是企业技术效率的改善，右侧第二项的变化则代表不同污染排放水平的企业市场份额变化的影响。通过式（5）可以很好地将企业之间的资源配置效应分解出来。本文将被解释变量替换为加总 COD 排放量（COD_emission_G）、未加权平均排放变动（COD_emission_A）以及 OP 协方差项（cov_S）进行回归，同时控制分区—年份、行业—年份的联合固定效应，为了更好研究资源配置效应的作用，将带宽设定在 200 千米，回归结果见表 21。表 21 的第（3）列的回归系数为负且显著，说明西部大开发政策影响下，存在企业之间资源再配置效应发挥作用，资源从污染排放较重的企业转移到较为清洁的企业，产生了污染减排效应。另外，第（1）列的结果表明西部大开发显著降低了加总层面 COD 排放量，这与本文基准结果一致；第（2）列估计结果显著为负，说明存在企业技术效率的提升促使污染减排。简言之，企业之间的资源再配置效应是西部大开发政策下污染排放量降低的影响机制之一。

表 21 资源再配置效应

变量	(1) COD_emission_G	(2) COD_emission_A	(3) cov_S
GWD	-0.5171***	-0.1853*	-0.0331**
	(0.1619)	(0.1093)	(0.0168)
Observations	24319	17283	24319
R-squared	0.4197	0.3518	0.1184
分区-年份变量	控制	控制	控制
行业-年份变量	控制	控制	控制
带宽	200 千米	200 千米	200 千米

注：*、**、***分别表示 10%、5%、1%的显著性水平；括号内为在县区—四位数行业层面聚类的标准误。

（三）异质性分析

在前文的机制分析部分经过研究发现，在西部大开发这一中国特色区域协调发展战略影响下，企业通过资源再配置、产业结构调整以及技术效率的提升，尤其是来自于新企业的溢出与学习效应等方式来降低污染物排放，内在创新、环境规制等路径则没有发挥作用。然而，行业内企业在产出特征上的差异，在污染减排机制上也会存在一定不同。因此，本文进一步分析行业内不同特征企业在减排影响路径上的区别。

一般而言，不同产出水平的企业拥有不同的污染排放水平，因而对于不同产出水平的企业所选取的污染减排路径也就存在异质性。按照企业产出水平的不同，在行业-年-是否处于西部上对企业产出水平进行四分位数处理，构建 ytile_i(i=1, 2, 3, 4)，分别代表企业在产出水平上不同的分位数，将 GWD 与 ytile_i 做交互项进行断点回归，结果如表 22 所示。表 22 为不同产出水平的企业在 COD 产生量与去除量的回归结果。第（1）~（3）列显示，处在产出水平最低四分位数的企业 COD 产生量为负但结果不显著，而处在产出水平较高四分位数的企业的 COD 产生量为负且结果显著。这意味着产出水平较高的企业主要通过技术效率的提升来降低污染物排放，产出水平低的企业技术效率较低，没有选择通过提升技术效率的方式来降低污染物排放。第（4）～（6）为COD去除量的估计结果，处在产出水平较低两个分位数的企业COD去除量为正，且处在最低四分位数的企业结果显著，而处在产出水平最高四分位数的企业COD去除量为负且不显著。这表明，低产出水平的企业更倾向于通过增加治理投资来治理污染物排放问题。由此，在西部大开发政策下，高产出水平的企业选择内生的减排路径，拥有更有效的生产技术，环境绩效表现更好，将资金投入到技术效率提高上可以带动企业竞争力的提升，从而扩大企业发展。对于低产出水平的企业来说，生产效率低下，想要提升现有的生产技术效率不是一蹴而就的，而增加治理投资、购买末端污染处理设备则相应的更加便宜且容易完成。这也就是二者之间污染减排机制发挥作用存在差异的原因。

表22 不同产出的企业在COD产生量与去除量的差异

变量	(1) COD_production	(2) COD_production	(3) COD_production	(4) COD_treatment	(5) COD_treatment	(6) COD_treatment
GWD×ytile_1	-0.3059 (0.2844)	-0.1134 (0.2530)	-0.1684 (0.2288)	0.9223*** (0.2798)	0.8497*** (0.2331)	0.8718*** (0.2063)
GWD×ytile_2	-0.9204*** (0.2313)	-0.6952*** (0.1978)	-0.5841*** (0.1749)	0.1276 (0.2240)	0.0920 (0.1914)	0.2272 (0.1747)
GWD×ytile_3	-1.0416*** (0.2834)	-0.6002** (0.2426)	-0.5113** (0.2113)	-0.1507 (0.2677)	0.0353 (0.2283)	0.1022 (0.1996)
GWD×ytile_4	-1.0088*** (0.2909)	-0.6873*** (0.2590)	-0.3930* (0.2304)	-0.2663 (0.3099)	-0.1834 (0.2604)	-0.1745 (0.2243)
Observations	26328	41527	61481	17641	27445	41918
R-squared	0.5383	0.5293	0.5328	0.3891	0.3631	0.3370
分区变量	控制	控制	控制	控制	控制	控制
四位数行业	控制	控制	控制	控制	控制	控制
年份变量	控制	控制	控制	控制	控制	控制
企业规模	控制	控制	控制	控制	控制	控制
带宽	100千米	150千米	200千米	100千米	150千米	200千米

注：*、**、***分别表示10%、5%、1%的显著性水平；括号内为在县区层面聚类的标准误。

六、结论与启示

解决发展不平衡不充分问题是中国经济未来发展的重中之重，而区域协调发展战略作为解决发展不平衡问题的关键政策，自改革开放以来经历了不平衡发展到平衡发展的战略转变，同时从单一的追求区域经济增长到经济发展与生态建设并行的高质量发展的目标转变。随着中国社会主义建设进入新时期，在新发展理念和建设美丽中国的背景下，是否真的如政策目标那样，实现区域经济发展与生态建设、污染减排以及生产生活方式绿色转型并存？由此，本文依托西部大开发战略的实施，尝试研究区域协调发展可能存在的污染减排效应并探寻其影响机制与路径。经过研究发现，西部大开发能够显著降低西部地区的污染物排放，实现区域协调发展与经济绿色转型共存。经过对影响机制的探究，发现西部大开发引起的污染减排效应通过政策引入的相关资金援助措施促进县区政府增加生态环境保护支出，同时在政策的影响下产业结构优化，清洁生产企业比重增加，进而推进地区污染表现转好。一方面，通过政策的相关援助，西部地区的企业能够有资金投入到技术效率提升当中，从而降低了污染物的排放量；另一方面，清洁企业与污染企业之间、新、老企业之间环境绩效差异以及企业之间资源再配置效应也是减排的影响因素。研究还发现，更严格的环境规制、企业的自主研发创新并非西部大开发推进绿色发展的影响机制。西部大开发实施后，新进入的企业具有更好的技术效率，对老企业产生了显著的技术溢出效应。同时发现，不同产出水平的企业，在污染减排的影响机制上也存在差异。高产出水平倾向于选择提升技术效率的方式减排，而低产出水平则偏好治理投资的增加来降低排放。通过以上研究结论，为了实现区域协调发展与绿色转型，可能需要在以下几个方面进行思考：

第一，在稳定可预期的环境治理的背景下，区域协调发展战略实施中未必要采用命令性的规制方式推动绿色发展。综合本文以及其他研究，生态文明的建设并不一定完全依靠于严格的环境规制措施，地区经济的发展也不一定就是以环境损失为代价。中国特色区域协调发展战略，在具体实施中并没有对各省市、各企业提出明确且更强有力的规制强度，但是通过对企业进行税收减负，促进企业将资金投入于提升技术效率，在区域经济增长的同时实现了生态环境转好、污染排放量降低。当然，可以这么处理的一个背景是，中国具有已经建立起来一个稳定可预期的环境规制政策体系，绿色发展已经作为纲领性的指导方向加以明确。与其说对地区、对企业制定严格的减排目标，区域协调发展更应该考虑如何带动企业进行转型升级、提升技术效率和增强污染末端处理水平，减少高目标的环境规制对企业的损害，实现企业活力的提升与污染减排共赢。

第二，区域协调发展战略实施中应更加关注政策对技术吸收的作用，充分发挥区域不平衡中的后发优势，利用技术代差推动转型升级，尤其是与绿色相关的技术转型升级。相关政策设计要充分利用新、老企业间的技术差距，通过政策引导，尽量打开技术壁垒，破除技术溢出的制度障碍，创新技术溢出的渠道。中国特色的区域协调发展战略不仅需要中央对地方、东部对西部的直接援助与扶持，还应当创造机制，关注企业之间的影响，有效刺激并发挥区域协调战略实施后区域内的企业之间的学习效应。同时，要进一步消除市场壁垒，完善市场运行机制，鼓励要素资源顺畅流动，促进资源向低污染、高精尖行业流动。通过政策工具以及制度环境等多方面的改革完善，实现技术、研发成果等方面自由流通，从微观、宏观两方面入手，走高质量的区域发展之路。

第三，区域协调发展战略实施中对自主创新的关注度不够，未来需要进行综合的探索，研究如何在区域协调发展中激发内在的创新动力，尤其是结合协调发展中的生态禀赋，引导其进行偏向环境的自主创新。企业进行创新，以创新带动发展、提高企业生产力和竞争力是未来实现绿色发展的根本推动力。现有的区域协调发展未在自主创新方面体现出显著的作用，未来相关的扶持资金、政策优惠可以考虑偏向企业自主创新，鼓励研发投资，推动企业进行新技术研发，促使企业进行转型升级。研究中发现，西部地区的企业主要都是通过购买新设备来提升生产效率和增加污染治理投资来治理污染物排放问题，这些都只是暂时实现生态环境转好。要想实现生产生活方式全面可持续的绿色转型，唯有依赖企业提高创新能力和产业升级，这是实现区域协调发展和美丽中国建设的长久之路。

作为一项探索性科学研究，尽管本文进行了一定的分析。然而，受断点回归方法的局限，其更主要的作用是揭示断点附近的因果效应，对于结论推行到中国整个西部地区，还需要谨慎对待。尽管如此，相关结论也可以为未来中国实现全面绿色发展提供相关政策建议和启示。

参考文献

[1] 包群，邵敏，杨大利. 环境管制抑制了污染排放吗？[J]. 经济研究，2013，48（12）：

42-54.

[2] 才国伟, 舒元. 对"两个大局"战略思想的经济学解释[J]. 经济研究, 2008（9）: 106-114.

[3] 董香书, 肖翔. "振兴东北老工业基地"有利于产值还是利润？——来自中国工业企业数据的证据[J]. 管理世界, 2017（7）: 24-34+187-188.

[4] 郭峰, 石庆玲. 官员更替、合谋震慑与空气质量的临时性改善[J]. 经济研究, 2017, 52（7）: 155-168.

[5] 韩超, 孙晓琳, 李静. 环境规制垂直管理改革的减排效应[J]. 经济学（季刊）, 2021, 21（1）: 335-360.

[6] 韩永辉, 黄亮雄, 王贤彬. 产业结构升级改善生态文明了吗——本地效应与区际影响[J]. 财贸经济, 2015（12）: 129-146.

[7] 李永友, 沈坤荣. 我国污染控制政策的减排效果——基于省际工业污染数据的实证分析[J]. 管理世界, 2008（7）: 7-17.

[8] 梁平汉, 高楠. 人事变更、法制环境和地方环境污染[J]. 管理世界, 2014（6）: 65-78.

[9] 刘瑞明, 赵仁杰. 西部大开发: 增长驱动还是政策陷阱——基于PSM-DID方法的研究[J]. 中国工业经济, 2015（6）: 32-43.

[10] 刘生龙, 王亚华, 胡鞍钢. 西部大开发成效与中国区域经济收敛[J]. 经济研究, 2009, 44（9）: 94-105.

[11] 陆铭, 张航, 梁文泉. 偏向中西部的土地供应如何推升了东部的工资[J]. 中国社会科学, 2015（5）: 59-83+204-205.

[12] 罗鸣令, 范子英, 陈晨. 区域性税收优惠政策的再分配效应——来自西部大开发的证据[J]. 中国工业经济, 2019（2）: 61-79.

[13] 毛其淋. 西部大开发有助于缩小西部地区的收入不平等吗——基于双倍差分法的经验研究[J]. 财经科学, 2011（9）: 94-103.

[14] 聂飞, 刘海云. FDI、环境污染与经济增长的相关性研究——基于动态联立方程模型的实证检验[J]. 国际贸易问题, 2015（2）: 72-83.

[15] 沈能. 环境效率、行业异质性与最优规制强度——中国工业行业面板数据的非线性检验[J]. 中国工业经济, 2012（3）: 56-68.

[16] 盛斌, 吕越. 外国直接投资对中国环境的影响——来自工业行业面板数据的实证研究[J]. 中国社会科学, 2012（5）: 54-75+205-206.

[17] 施文鑫, 魏后凯, 赵勇. 西部地区产业转型升级策略[J]. 北京航空航天大学学报（社会科学版）, 2017, 30（4）: 83-86.

[18] 王丽艳, 马光荣. 财政转移支付对地区经济增长的影响——基于空间断点回归的实证研究[J]. 经济评论, 2018（2）: 3-14+73.

[19] 王洛林, 魏后凯. 中国西部大开发政策[M]. 北京: 经济管理出版社, 2003a.

[20] 王洛林, 魏后凯. 我国西部大开发的进展及效果评价[J]. 财贸经济, 2003b（10）: 5-12+95.

[21] 王洛林. 未来50年中国西部大开发战略[M]. 北京: 北京出版社, 2002.

[22] 王敏, 黄滢. 中国的环境污染与经济增长[J]. 经济学（季刊）, 2015（2）: 145-166.

[23] 魏后凯, 孙承平. 我国西部大开发战略实施效果评价[J]. 开发研究, 2004（3）: 21-25.

[24] 吴辉航, 刘小兵, 季永宝. 减税能否提高企业生产效率? ——基于西部大开发准自然实验的研究 [J]. 财经研究, 2017 (4): 55-67.

[25] 余泳泽, 杜晓芬. 经济发展、政府激励约束与节能减排效率的门槛效应研究 [J]. 中国人口·资源与环境, 2013, 23 (7): 93-99.

[26] 郑新业, 张阳阳. "两山"理论与绿色减贫——基于革命老区新县的研究 [J]. 环境与可持续发展, 2019, 44 (5): 51-53.

[27] Aghion P., U. Akcigit, A. Bergeaud, R. Blundell, D. Hémous. Innovation and Top Income Inequality [J]. The Review of Economic Studies, 2018, 86 (1): 1-45.

[28] Akcigit U., S. Baslandze, S. Stantcheva. Taxation and the International Mobility of Inventors [J]. American Economic Review, 2016, 106 (10): 2930-2981.

[29] Bartelsman E., J. Haltiwanger, S. Scarpetta. Cross-Country Differences in Productivity: The Role of Allocation and Selection. The American Economic Review, 2013, 103 (1): 305-334.

[30] Briant A., M. Lafourcade, B. Schmutz. Can Tax Breaks Beat Geography? Lessons from the French Enterprise Zone Experience [J]. American Economic Journal: Economic Policy, 2015, 7 (2): 88-124.

[31] Brock W., M. Taylor. The Green Solow Model [J]. Journal of Economic Growth, 2010, 15 (2): 127-153.

[32] Chen Y., A. Ebenstein, M. Greenstone, H. Li. Evidence on the Impact of Sustained Exposure to Air Pollution on Life Expectancy from China's Huai River Policy [J]. Proceedings of the National Academy of Sciences, 2013, 110 (6): 12936-12941.

[33] Cole M. A. Trade, the Pollution Haven Hypothesis and the Environmental Kuznets Curve: Examining the Linkages [J]. Ecological Economics, 2004, 48 (1): 71-81.

[34] Copeland R., S. Taylor. North-South Trade and the Environment [J]. Quarterly Journal of Economics, 1994 (3): 755-787.

[35] Criscuolo C., R. Martin, H. Overman, J. van Reenen. The Causal Effects of an Industrial Policy [R]. NBER Working Paper, 2012.

[36] Dell M. The Persistent Effects of Peru's Mining Mita. Econometrics, 2010, 78 (6): 1863-1903.

[37] Deng T., Y. Hu, M. Ma. Regional Policy and Tourism: A Quasi-natural Experiment [J]. Annals of Tourism Research, 2019, 74: 1-16.

[38] Dungumaro M., N. Madulu. Public Participation in Integrated Water Resources Management: the Case of Tanzania [J]. Physics and Chemistry of the Earth Parts, 2003, 28 (20-27): 1009-1014.

[39] Ehrlich M., T. Seidel. The Persistent Effects of Place-based Policy: Evidence from the West-German Zonenrandgebiet [J]. American Economic Journal: Economic Policy, 2018, 10 (4): 344-374.

[40] Eskeland G. S., A. E. Harrison. Moving to Greener Pastures? Multinationals and Pollution Haven Hypothesis [J]. Journal of Development Economics, 2003, 70 (1): 1-23.

[41] Galeotti M., A. Lanza, F. Pauli. Reassessing the Environmental Kuznets Curve for CO_2 Emissions: A Robustness Exercise [J]. Ecological Economics, 2006, 57 (1): 52-163.

[42] Gelman A., G. Imbens. Why High-order Polynomials Should Not Be Used in Regression Discontinuity Designs [J]. Journal of Business and Economic Statistics, 2019, 37 (3): 447-456.

[43] Givord P., R. Rathelot, P. Sillard. Place-based Tax Exemptions and Displacement Effects:

An Evaluation of the Zones Franches Urbaines Program [J]. Regional Science and Urban Economics, 2013, 43 (1): 151-163.

[44] Gobillon L., T. Magnac, H. Selod. Do Unemployed Workers Benefit from Enterprise Zones? The French Experience [J]. Journal of Public Economics, 2012, 96 (9): 881-892.

[45] Goodman D. The Campaign to "Open Up the GWD": National, Provincial-level and Local Perspectives [J]. The China Quarterly, 2004, 178: 317-334.

[46] Greenstone M. Did the Clean Air Act Cause the Remarkable Decline in Sulfur Dioxide Concentrations? [J]. Journal of Environmental Economics and Management, 2004, 47 (3): 585-611.

[47] Grossman G. M., A. B. Krueger. Economic Growth and the Environment [J]. The Quarterly Journal of Economics, 1995, 110 (2): 353-377.

[48] Gutiérrez E., K. Teshima. Abatement Expenditures, Technology Choice, and Environmental Performance: Evidence from Firm Responses to Import Competition in Mexico [J]. Journal of Development Economics, 2018, 133: 264-274.

[49] He G., S. Wang, B. Zhang. Watering Down Environmental Regulation in China [J]. The Quarterly Journal of Economics, 2020, 133 (4): 2135-2185.

[50] Heutel G. Plant Vintages, Grandfathering, and Environmental Policy [J]. Journal of Environmental Economics and Management, 2011, 61 (1): 36-51.

[51] Imbens G., T. Lemieux. Regression Discontinuity Designs: A Guide to Practice [J]. Journal of Econometrics, 2008, 142 (2): 615-635.

[52] Jalil A., M. Feridun. The Impact of Growth, Energy and Financial Development on the Environment in China: A Cointegration Analysis. Energy Economics, 2011, 33 (2): 284-291.

[53] Jia J., G. Ma, C. Qin, L. Wang. Place-based Policies, State-led Industrialisation, and Regional Development: Evidence from China's Great Western Development Programme [J]. European Economic Review, 2020 (123): 103398.

[54] Kline P., E. Moretti. Local Economic Development, Agglomeration Economies, and the Big Push: 100 Years of Evidence from the Tennessee Valley Authority [J]. The Quarterly Journal of Economics, 2014, 129 (1): 275-331.

[55] Lee D. S., T. Lemieux. Regression Discontinuity Designs in Economics [J]. Journal of Economic Literature, 2010, 48 (2): 281-355.

[56] Levinson A. Technology, International Trade, and Pollution from US Manufacturing. American Economic Review, 2009, 99 (5): 2177-2192.

[57] Lin L. Enforcement of Pollution Levies in China [J]. Journal of Public Economics, 2013, 98: 32-43.

[58] Liu M., B. Zhang, Q. Geng. Corporate Pollution Control Strategies and Labor Demand: Evidence from China's Manufacturing Sector [J]. Journal of Regulatory Economics, 2018, 53 (3): 298-326.

[59] Lopez R. The Environment as a Factor of Production: The Effects of Economic Growth and Trade Liberalization [J]. Journal of Environmental Economics and Management, 1994, 27 (2): 163-184.

[60] Neumark D., J. Kolko. Do Enterprise Zones Create Jobs? Evidence from California's Enterprise Zone Program [J]. Journal of Urban Economics, 2010, 68 (1): 1-19.

[61] Ogawa H., D. Wildasin. Think Locally, Act Locally: Spillovers, Spillbacks, and Efficient Decentralized Policymaking. American Economic Review, 2009, 99 (4): 1206-1217.

[62] Olley G., A. Pakes. The Dynamics of Productivity in the Telecommunications Equipment Industry [J]. Econometrica, 1996, 64 (6): 1263-1297.

[63] Pearce D. The Role of Carbon Taxes in Adjusting to Global Warming [J]. The Economic Journal, 1991, 101 (407): 938-948.

[64] Potoski M. Clean Air Federalism: Do States Race to Bottom [J]. Public Administration Review, 2001, 61 (3): 335-342.

[65] Shapiro J. S., R. Walker. Why is Pollution from US Manufacturing Declining? The Roles of Environmental Regulation, Productivity, and Trade [J]. American Economic Review, 2018, 108 (12): 3814-3854.

随机环境库兹涅茨前沿视角下"一带一路"沿线国家碳达峰的质量评估

——兼对"公平—污染困境"理论的实证检验

刘自敏　韩威鹏　慕天媛　邓明艳

[摘要] 如何平衡经济持续增长与碳减排目标，同时厘清收入不平等与碳排放关系，是全面提升"一带一路"倡议发展质量的核心问题。本文以1971~2019年109个沿线国家为研究对象，把随机前沿方法融入环境库兹涅茨曲线构造碳效率前沿，然后通过开发一项基于距离因子的测度方法，在考虑到沿线国家经济增长需求的基础上对各国碳达峰潜力和质量进行二维评估，并进一步考察了沿线国家是否存在"公平—污染困境"。研究发现：①"一带一路"沿线国家碳排放与经济发展之间存在倒"U"形关系，沿线国家实现碳达峰所对应的人均GDP为2.53万美元，同时各国需要加强二氧化碳以外温室气体如氟化物等的减排力度；②沿线国家碳效率在考察期内呈"W"形波动且具有一定的收敛态势，在使用距离因子修正后，欧洲地区碳效率仍然位居第一，非洲区域紧随其后，亚洲地区具有较大的碳减排空间；③不同国家需要采取差异化方法来实现高质量碳达峰，其中，冲刺组国家重点在于采用绿色技术和产业优化，潜力组国家需兼顾经济发展目标并加强气候融资，边缘组国家十分容易陷入达峰陷阱；④中高—高收入组国家存在"公平—污染困境"，基尼系数每下降1个单位，人均碳排放增加最高可达0.89%，在中低—低收入国家则未发现明显证据。本研究对于分析解决"一带一路"沿线国家高质量发展问题具有重要的理论价值和现实意义。

[关键词] 随机环境库兹涅茨前沿；距离因子；碳减排潜力；高质量碳达峰；公平—污染困境

一、引言

推动经济增长、降低收入不平等与减少环境污染是人类社会实现高质量发展、迈向共同富裕的永恒主题，其中以碳排放为核心的环境问题在近年来更是得到了全球各国前所未有的关注，2015年《巴黎协定》签订以来，全球近140个国家相继制定了碳达峰、碳中和等气候目标。一方面，碳达峰不是攀高峰，碳排放总量与碳达峰时点会直接决定碳中和目标的实现难度（Wei et al.，2022）；另一方面，经济增长与碳减排存在"两难困境"（Li et al.，2017），而保持经济持续增长是发展中国家未来发展的关键所在（Cantore et al.，2016）。如何在稳步实现经济增长的基础上，对各国碳达峰时点与碳减排潜力进行评估，对于经济持续增长和实现高质量"低位

[作者简介] 刘自敏，西南大学经济管理学院教授；韩威鹏，西南大学经济管理学院经济学硕士研究生；慕天媛，西南大学经济管理学院农业经济管理硕士研究生；邓明艳，西南大学经济管理学院农林经济管理博士研究生。

[基金项目] 国家社会科学基金一般项目"碳达峰碳中和目标下的电碳关联市场设计与资源配置机制创新研究"（21BJL080）；重庆市社会科学规划英才计划项目"中国家庭能源贫困问题研究：监测、机制与治理"（2021YC016）；重庆市研究生科研创新项目"双碳目标下中国与'一带一路'国家低碳协同治理的影响机理及路径优化"（CYS22160）。

达峰"具有重要的理论与现实意义。除此之外，在降低收入不平等过程中，不同收入群体碳排放量的变化方向可能并不相同（Uzar and Eyuboglu，2019；Langnel et al.，2021），收入不平等与碳排放之间的关系并不明晰（Islam，2015），厘清收入不平等与碳排放之间的关系对于增强居民幸福感、获得感，实现经济绿色高质量发展同样颇为重要。

在制定碳达峰、碳中和等气候目标的近 140 个国家中，有 2/3 以上为"一带一路"沿线国家，这其中又以发展中国家为主要组成部分，其经济社会具有明显的"发展水平低""污染排放高""收入差距大"等特征。一方面，2019 年"一带一路"沿线国家二氧化碳排放总量全球占比 58%，同期 GDP 总量全球占比为 38.3%，单位 GDP 碳排放高出世界平均水平 1/2 以上；另一方面，在中国和俄罗斯等主要"一带一路"沿线国家中，收入前 10% 的人口占有了 30% 左右的财富，而在非洲各国，甚至达到 40% 以上；[①] 因此，"一带一路"沿线国家面临着十分严峻的经济、环境与社会等多重目标约束。全球社会与中国政府一贯重视"一带一路"的高质量发展，2016 年，"一带一路"倡议被写入联合国大会决议；2017 年，中国共产党将推进"一带一路"建设写入《中国共产党章程》。在此背景下，本文以"一带一路"沿线国家为研究对象，对上述以减少碳排放为核心的经济增长、收入不平等问题进行探究和回答，不仅有利于全面提升"一带一路"区域发展质量，更可以在气候危机日益严重的背景下，为解决全球经济、环境与社会问题发出中国声音，提供中国方案，助力中国政府打造人类命运共同体和人与自然生命共同体。

"一带一路"沿线国家大多处于快速发展阶段，经济发展潜力巨大，据估计其对全球经济增长贡献率有望达 50% 以上，沿线探明煤炭、石油与天然气储量分别占全球 35%、83% 和 84%，这成为各国推进工业化的重要驱动，但也导致碳排放量长期居高不下（Internation Energy Agency，2019）。为了提升沿线绿色化水平、减少各国对化石能源的依赖，中国在 2017 年发布《关于推进绿色"一带一路"建设的指导意见》，在 2019 年发起成立"一带一路"绿色发展国际联盟，同时不断加大对各国可再生能源投资力度；2020 年上半年，中国对"一带一路"沿线国家可再生能源投资首次超过化石能源，达 58%；2021 年，中国承诺不再新建海外煤电项目，旨在进一步提升对"一带一路"沿线国家可持续发展和全球气候治理的贡献度。然而从消费端来看，"一带一路"沿线国家对化石能源仍然具有强烈的路径依赖（Dianat et al.，2022），消费占比仍然在 90% 左右。在这种"碳锁定"效应下，碳减排与经济增长之间仍然面临着十分尖锐的矛盾。

平衡经济增长与碳减排目标，同时厘清收入不平等与碳排放之间的关系，对于统筹实现经济目标、气候目标与社会目标具有十分重要的意义。既有文献主要从环境库兹涅茨曲线假说、碳达峰与碳减排分析、收入不平等与环境污染关系三方面展开。

现阶段关于碳达峰与经济增长关系的理论基础主要是环境库兹涅茨曲线假说，即经济发展的结构效应会推动经济体在实现经济高质量增长的同时实现碳排放量下降（Grossman and Krueger，1995；Stern，2004；Turner and Hanley，2011），因此倒"U"形环境库兹涅茨曲线转折点可被近似视为实现碳达峰的时点（Wei，2022）。加强温室气体减排、提升碳排放效率是全球各国实现气候目标的必由之路（Sun and Huang，2020；He et al.，2021）[②]，而现有关于环境库兹涅茨曲线的研究多集中在拐点的检验与影响因素分析（Zhang et al.，2017；Haseeb et al.，2018；Dogan and Inglesi-Lotz，2020；Pata and Caglar，2021；崔鑫生和韩萌，2019；张越杰和闫佳惠，2022），因此目前在关于碳达峰和碳减排的研究中，国内外学者主要采用了情景比较与冗余测度两种范式。

在情景比较方面，现有研究通过计算比较基准情景与模拟情景下的碳排放水平，来对碳减排潜力和碳达峰时点进行评估与预测。例如，邵帅等（2017）、Li 等（2020）、Li 和 Li（2022）

---

① 二氧化碳数据来源：Paris Reality Check；GDP 数据来源：世界银行；由于二氧化碳排放数据仅更新至 2019 年，为方便比较，此处 GDP 数据也为 2019 年数据。收入占比数据来源：标准化世界不平等数据库。

② 以下简称"碳效率"。

使用"指数分解模型+情景分析"对中国制造业、建筑业以及黄河流域的碳排放潜力与碳达峰时点进行了分析和预测。除此之外，常见的模型还有 LEAP 模型（Duan et al.，2019；Zhang et al.，2020；洪竞科等，2021；周伟铎和庄贵阳，2021）、STIRPAT 模型等（吴青龙等，2018；王勇等，2019；Su and Lee，2020；Zhang et al.，2022）。在冗余测度方面，学者主要基于 DEA 计算碳排放的无效率水平，来表征碳减排最大潜力（Zhang et al.，2018；Xia et al.，2018；屈秋实等，2021）。为了在碳减排过程中兼顾公平原则，Wei 等（2012）通过计算碳排放的影子价格，将经济发展水平与碳减排份额相匹配，构造了一项碳减排潜力指数，并得到了诸多学者的借鉴和运用（王文举和陈真玲，2019；Wu et al.，2020；Li et al.，2020；Cui et al.，2021；Shen et al.，2021）。

有关收入不平等与环境污染的研究主要从理论和实证两方面展开。在理论研究方面，Boyce（1994）基于政治经济学分析范式，认为收入不平等会影响不同群体间的政治权利分配以及时间偏好率，进而通过社会选择加剧环境污染水平。但是 Scruggs（1998）认为这种社会选择来源于不同群体偏好的相互作用和社会制度对群体偏好的汇总，因此不平等与环境污染之间可能并不存在必然联系。Ravallion 等（2000）从边际排放倾向（Marginal Propensity to Emit，MPE）视角出发，认为收入不平等对碳排放的影响方向取决于穷人与富人群体的边际排放倾向，如果低收入者的边际排放倾向小于高收入者，那么缩小收入不平等将有助于减少碳排放。在实证方面，部分学者发现收入不平等的扩大会显著加剧环境污染、碳排放水平（Masud et al.，2018；Baloch et al.，2020；Ekeocha，2021；肖权等，2020；井波等，2021），因此一国在经济发展过程中可以兼顾环境目标与社会目标。然而，Wolde-Rufael 和 Idowu（2017）、Demir 等（2018）、Liu 等（2018）、Langnel（2021）则发现收入不平等的加剧可以降低二氧化碳排放、改善环境水平。一方面，这可能是由于其研究方法、经济指标的差异；另一方面，也可能是由于收入不平等对环境的影响具有异质性。一般而言，在中低收入群体中收入不平等的加剧往往会增加环境污染与碳排放水平，而在中高收入群体中则相反（Grunewald et al.，2017；占华，2018）。

综上所述，既有文献对碳达峰与碳减排研究较为充分和全面，回答了"如何达峰"和"如何减排"的问题，但是仍然无法较好地将达峰与减排问题有效连接起来，特别地，碳达峰并不意味"攀高峰"，更不意味着经济的停滞，各国必须在保证经济持续增长的前提下挖掘碳减排潜力，优化达峰路径，努力实现高质量的"低位达峰"，现有文献往往难以对碳达峰的实现质量进行精准评估。此外，实现碳达峰目标也要解决经济持续增长与碳减排矛盾，"一带一路"倡议以发展中国家为主要组成部分，这决定了沿线仍然具有强烈的经济增长和转型需求，为实现经济的持续增长，仅亚洲国家在未来 10 年内基础设施建设资金缺口便达 22.6 万亿美元，如果要同时实现"将全球气温上升幅度控制在 2℃ 以内"的最低气候目标，这一资金需求最少将增加到 26 万亿美元以上（ADB，2017），对于沿线国家而言无疑是一项长期且艰巨的任务。碳减排潜力指数虽然体现了公平原则，但是这种减排潜力评估并非建立在经济持续增长基础之上。

基于以上分析，本文首先将随机前沿方法融入传统环境库兹涅茨曲线，利用经验数据构造了一条代表最佳碳效率的随机环境库兹涅茨前沿曲线（Stochastic Environment Kuznets Frontier Curve，SEKFC）；其次本文为不同发展阶段的国家开发了一项距离因子，通过重构其效率改进方向，在兼顾各国经济增长需求的基础上，对"一带一路"沿线国家碳达峰潜力和达峰质量进行二维评估，这体现了"共同但有区别的减排责任"这一基本原则（United Nations，1992），回答了"何时达峰"和"如何高质量达峰"的问题；最后，文章使用基尼系数对无效率方差进行参数化处理，对"一带一路"沿线国家可能存在的"公平—污染困境"进行考察。本研究可能的贡献与创新点在于：①本文促进了传统环境库兹涅茨假说与效率分析框架的有效融合，实现了将经济增长、碳达峰评估与收入不平等分析置于同一个框架下，不仅回答了"一带一路"沿线国家碳排放是否存在达峰点，也为各国努力提升碳效率水平、实现高质量达峰提供了一种全新的理论支撑和方法指导。②本文通过开发一项距离因子，重构了"一带一路"沿线国家碳效率的评价体系，这与沿线处于快速工业化的特征事实更加相符，体现了"共同但有区别的减排责任"这一基本原则。③本文为研究环境污染、经济增长与社会公平问题提供了一套全新的理论框架和相关实证支持，为各国协同解决经济—社会—环境问题、打造人类命运共同体、人与自然生命共同体提升了一个全新视角和一系列切实可行的政策建议。

本文余下部分安排如下：第二部分为理论分析，在理论层面对随机环境库兹涅茨前沿曲线、距离因子及"公平—污染困境"进行分析；第三部分介绍了本文所使用的实证模型及数据；第四部分为对随机环境库兹涅茨前沿曲线的估计以及碳减排潜力的分析；第五部分则对各国碳达峰潜力和质量进行了评估，同时对沿线可能存在的"公平—污染困境"进行检验和量化；第六部分则是本文的结论和政策建议。

二、理论分析框架

基于以上分析，本部分从效率视角出发，对随机环境库兹涅茨前沿进行了理论分析，并在此基础上阐明了如何构造距离因子以兼顾沿线经济增长需求，然后对"公平—污染困境"进行了理论分析和模型推导，在随机环境库兹涅茨前沿框架下将基尼系数变动与碳排放水平有效连接起来。

(一) 随机环境库兹涅茨前沿曲线 (SEKFC) 及其距离因子

碳达峰指二氧化碳排放量停止增长然后经过平台期后逐步下降（Pineda et al., 2020），这反映了碳排放与经济发展之间的倒"U"关系，即环境库兹涅茨曲线（Grossman and Krueger, 1992; Panayotou, 1993）。① 从宏观上看，这种倒"U"主要是由于规模效应、结构效应与技术效应（Panayotou, 1993; Grossman and Krueger, 1995）。在经济发展初期，经济增长主要依靠要素驱动，经济的规模效应要求资源要素的持续投入，导致碳排放水平不断上升；随着经济发展水平的不断提高，结构效应促使投入与产出结构不断优化，这有利于经济结构从制造业转向信息服务业，进而推动排放水平的下降（Marsiglio et al., 2016）；技术效应则有利于清洁技术的研发与推广和能源效率的提升，这进一步推动了产业结构的优化和环境质量的改善（Stern, 2004; Turner and Hanley, 2011）。上述三种效应的依次主导作用导致碳排放伴随着经济发展呈先上升后下降趋势。

以环境库兹涅茨曲线的转折点为碳达峰点，那么这种碳达峰实际上是通过经济转型和优化实现碳排放量的下降，即结构达峰。然而由于经济发展模式、能源利用水平以及产业结构等方面的差异，各国碳效率存在巨大鸿沟，其环境库兹涅茨曲线形态，即达峰路径也不尽相同。以图1为例，EKC_1、EKC_2 和 EKC_3 分别代表了三个国家的环境库兹涅茨曲线。给定经济发展水平，EKC_3 在经济发展初期的环境污染水平相较另外两条最小；而在经济发展中期和后期，EKC_2 和 EKC_1 分别实现了相同经济发展水平下的最低污染水平。从成本视角出发，将二氧化碳视为经济发展的环境成本，基于上述三条环境库兹涅茨曲线，构造代表最佳碳效率的SEKFC，如图1所示。

一方面，SEKFC转折点所对应的经济发展水平为各国家碳排放实现结构达峰的时点，过早地实现碳达峰目标意味着本国经济增长的放缓甚至停滞，而过晚实现达峰目标则不利于本国气候目标的实现和经济结构转型；另一方面，SEKFC所对应的碳排放量为不同经济发展水平下的最低碳排放量，代表了最佳碳效率前沿，意味着经济发展—碳排放最佳路径，若一国碳达峰进

---

① 如果以碳排放作为环境指标，环境库兹涅茨曲线也被称为碳库兹涅茨曲线。

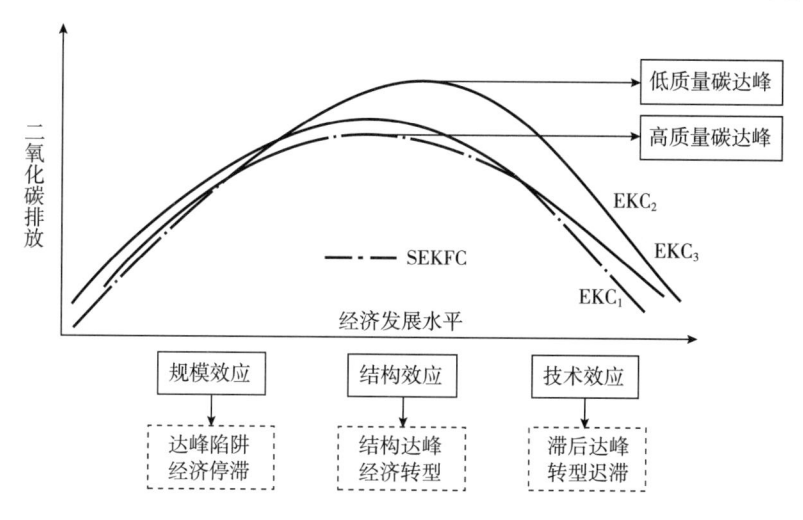

图 1　传统环境库兹涅茨曲线和 SEKFC

程偏离此路径，则为低质量达峰，其碳排放仍然具有削减空间。因此本文通过将随机前沿方法融入环境库兹涅茨曲线，构造碳效率前沿，实现了将碳达峰分析与碳减排潜力评估置于同一个框架下。

为了实现高质量碳达峰目标，位于前沿曲线上方的国家可以通过技术革新、资源整合等方式降低碳排放，实现碳效率最佳。如图 2（a）所示，国家 A 可以通过降低排放水平至 A_1 从而实现效率最优，减排量为 AA_1，此时其经济发展水平位于 M_1 点；同理，国家 C 的减排量为 CC_1，经济发展水平位于 N_1 点。然而碳排放代表着发展权（丁仲礼等，2009），对于已经越过转折点实现经济转型的国家而言，固然可以把碳减排目标置于首位，但是对于尚处在转折点左侧的国家而言，以提升碳效率为首要目标往往意味着经济发展速度的放缓甚至停滞，因此在推进碳减排过程中必须兼顾经济发展水平。如图 2（b）所示，国家 A 可以通过沿垂直于前沿的方向，降低二氧化碳排放水平至点 A_2，这保证了国家 A 在提升碳效率的同时，兼顾了经济的持续发展（由 M_1 至 M_2），AA_2 为国家 A 提升碳效率的最佳路径；国家 C 则仍然沿垂直于横轴的方向降低排放水平至 C_1 点，这体现了"共同但有区别的责任"。

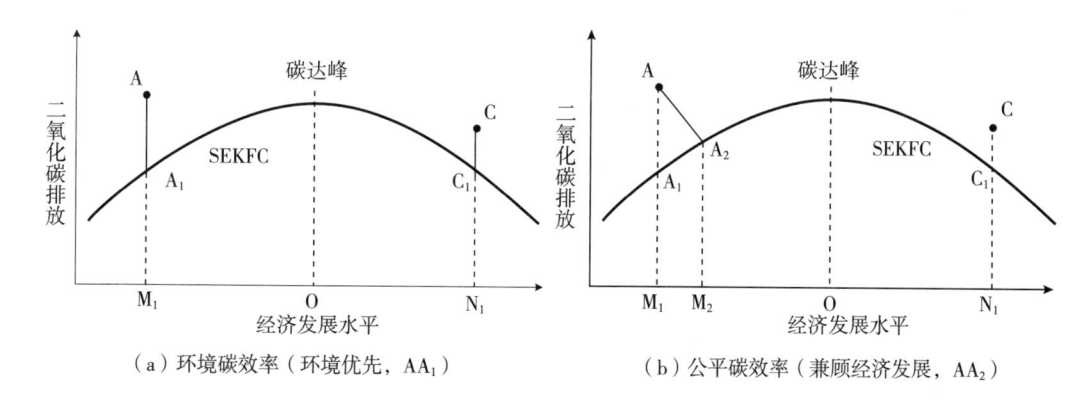

（a）环境碳效率（环境优先，AA_1）　　（b）公平碳效率（兼顾经济发展，AA_2）

图 2　SEKFC 中各国碳效率提升方向

为了计算环境碳效率水平和公平碳效率水平，本文借鉴 Badunenko 等（2021）思路，为各国开发了一项距离因子。假定第 i 个国家在 t 时点的经济发展与碳排放水平处于 A 点，A 点位于转折点左侧，坐标为（x_1，y_1）。如图 3（a）所示，点 A 在竖直方向与抛物线的交点为 A_1，此时 AA_1 即为环境优先的无效率水平，记为 μ，据此可以计算环境碳效率；该国家在提升碳效率同时为了兼顾经济发展,实际减排方向为 AA_2,点 A_2 位于抛物线上,设其坐标为 (x, y),同时假定该抛物线方程为 $y=\alpha_0+\alpha_1 x+\alpha_2 x^2$,则 AA_2 长度为:

$$AA_2=\sqrt{(x_1-x)^2+(y_1-y)^2}=\sqrt{(x_1-x)^2+(y_1-\alpha_0-\alpha_1 x-\alpha_2 x^2)^2} \tag{1}$$

对上述公式求导并令之等于 0,便可得到点 A 到抛物线的最短垂直距离 AA_2,即兼顾公平的无效率水平,记为 μ^*,据此可计算公平碳效率 $EFFI_{fair}=\exp(-u^*)$。

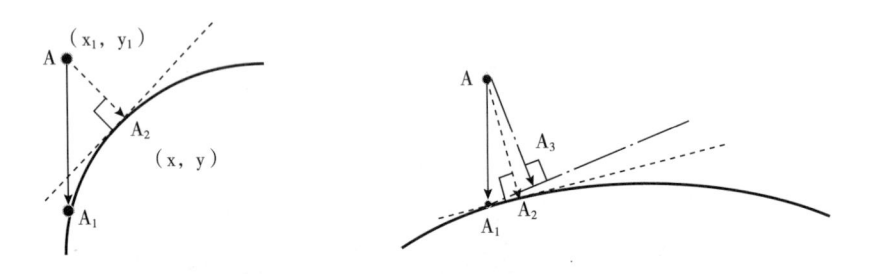

(a) 碳效率最佳提升路径 AA_2(存在求解困难)　　(b) 碳效率最佳提升路径 AA_3(近似解)

图 3　碳效率最佳提升路径求解

由于式(1)存在求解困难,本文考虑计算其近似值。具体而言,当二次项系数较小,即抛物线较为平滑时,使用点 A_3 代替点 A_2,如图 3(b) 所示。首先求得抛物线在点 A_1 处切线,进而计算点 A 到该切线的垂直距离 AA_3,作为 AA_2 的近似值。由于点 A_1 位于抛物线上且与点 A 具有相同的横坐标,不难得到:

$$AA_3=\frac{AA_1}{\sqrt{(2\alpha_2 x_1+\alpha_1)^2+1}} \tag{2}$$

那么距离因子 $h_{it}=\frac{1}{\sqrt{(2\alpha_2 x_1+\alpha_1)^2+1}}$,且 $\mu_{it}^*=h_{it}\times\mu_{it}$。$h_{it}$ 越小表明国家 i 在 t 时刻的经济发展水平越低。对于处于转折点右侧的国家,则 $h_{it}=1$,即:

$$\begin{cases} h=\dfrac{1}{\sqrt{(2\alpha_2 x_1+\alpha_1)^2+1}}; & x_1<\text{转折点} \\ h=1; & \text{其他} \end{cases} \tag{3}$$

(二)"公平—污染困境"理论及量化分析策略

"公平—污染困境"即在缩小收入不平等过程中,低收入群体碳排放增加量大于高收入群体的减少量,因此可能导致社会总体碳排放水平的上升(Sager, 2019),起源于资本—环境之间的权衡引致的代际公平问题(Becker, 1982),在应对气候变化上,诺德豪斯(Nordhaus)也认为:人类应该平衡经济发展与应对气候变化的关系。为了对"公平—污染困境"进行量化,本文借鉴 Caudill 等(1995)、Hadri(1999)等的做法,在 SEKFC 框架下,使用基尼系数表征收入不平等程度,将无效率方差表示为基尼系数的函数,通过对无效率方差参数化处理,探究收入不平等对碳效率的影响方向和水平。具体而言,假定第 i 个国家的无效率项满足 $\mu_i\sim N^+(0, \sigma_{\mu_i}^2)$,且其基尼系数为 G_i,将 G_i 视为 $\sigma_{\mu_i}^2$ 的函数:

$$\sigma_{\mu_i}^2=\exp\left(\frac{1}{2}(\beta_1+\beta_2 G_i)\right) \tag{4}$$

其中,采用指数的方式保证了方差恒为正,无效率水平与收入不平等的关系取决于待估计参数 β_2,如果 β_2 为负,那么收入不平等的缩小会加剧无效率水平,进而增加人均碳排放水平,说明沿线存在"公平—污染困境"。进一步估算收入不平等对无效率水平的边际影响：

$$\frac{\partial \mu_{it}}{\partial G_i} \approx \frac{\partial E(\mu_i)}{\partial G_i} = \sqrt{\frac{2}{\pi}} \frac{\partial \sigma_{\mu_i}^2}{\partial G_i} = \frac{1}{\sqrt{2\pi}} \beta_1 \exp(\beta_1 + \beta_2 G_i) \tag{5}$$

由 $\mu_{it}^* = h_{it} \times \mu_{it}$，计算收入不平等对人均二氧化碳排放量的边际影响：

$$\frac{\partial \ln co2pc_{it}}{\partial G_i} = h_{it} \frac{\partial u_{it}}{\partial G_i} = h_{it} \times \frac{1}{\sqrt{2\pi}} \beta_2 \exp(\beta_1 + \beta_2 G_{it}) \tag{6}$$

上式的经济意义在于，基尼系数每变动 1 个单位，人均碳排放水平将会变动 $h_{it} \frac{1}{\sqrt{2\pi}} \beta_2 \exp(\beta_1 + \beta_2 G_{it}) \times 100\%$。

综上所述，本研究通过将环境库兹涅茨假说与随机前沿方法相融合，构造了一条 SEKFC，在此框架下主要进行了两项工作：①在计算碳达峰时点和碳减排潜力的基础上，对各国碳达峰进行评估，这包括横向潜力评估和纵向质量评估两个维度；②使用基尼系数对无效率方差进行参数化处理，进而计算收入不平等对碳排放水平的影响方向和影响大小，由此对可能存在的"公平—污染困境"进行检验和量化。通过上述两项工作，本研究实现了将经济增长目标、环境目标、社会目标纳入一个统一的分析框架，其理论分析框架如图 4 所示。

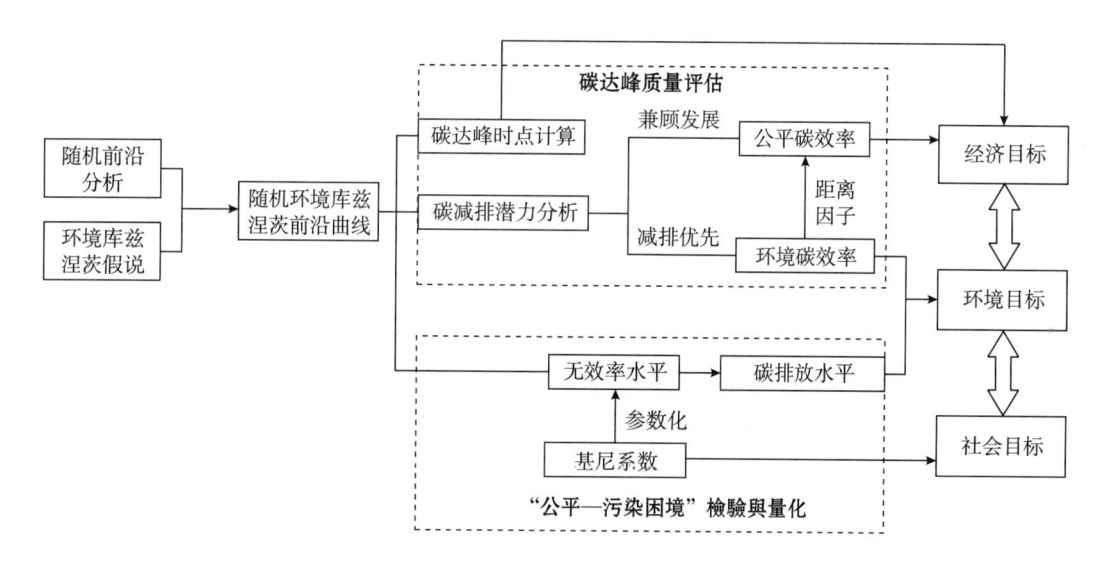

图 4　理论分析框架

三、实证策略

（一）模型设定

为了计算"一带一路"沿线国家碳效率水平，并在此基础上对"公平—污染困境"进行检验和量化，本文需要使用随机前沿方法对 SEKFC 进行刻画。在模型选取方面，考虑到本研究时间跨度为 1971~2019 年，且研究对象涵盖了不同发展阶段以及不同经济体量的国家，本文采用 Greene（2005）所提出的"真实固定效应"随机前沿模型作为估计模型，该模型假定所有无效率因素在考察期内具有时变特征，且充分考虑了个体异质性成分；在模型形式方面，倒"U"形环境库兹涅茨曲线很可能只是经济—环境关系的一种特例，例如，Galeotti 等（2006）、Lee 等（2009）先后发现二氧化碳与经济发展之间存在"N"形关系，Yang G 等（2015）同样发现倒

"N"形或"M"形关系可能比倒"U"形更具有解释力。因此在选择模型形式时有必要遵循"通用—特定"范式（Hasanov et al., 2021），即首先在模型中包含高次项，如果高次项不适用，再将高次项依次剔除，直至模型中的最高次项显著且符合经济意义，则为最佳估计模型。遵循此思路，本文模型如式（7）所示：①

$$\ln co_2 pc_{it} = \alpha_i + \alpha_1 \ln gdppc_{it} + \alpha_2 (\ln gdppc_{it})^2 + \alpha_3 (\ln gdppc_{it})^3 + \alpha_4 (\ln gdppc_{it})^4 + \gamma control + v_{it} + \mu_{it} \quad (7)$$

其中，下标 i 和 t 分别表示国家和时间，$\ln co_2 pc$ 为人均二氧化碳排放量的对数；$\ln gdppc$ 为人均 GDP 的对数，用来表征经济发展水平；control 表示系列控制变量；α_1、α_2、α_3、α_4、γ 为待估计参数；v_{it}、μ_{it} 分别表示随机干扰项和无效率水平，分别满足 $N(0, \sigma_v^2)$、$N^+(0, \sigma_{\mu_i}^2)$，其中，$\sigma_{\mu_i}^2$ 表示技术无效率方差在各国具有异质性；α_i 为个体异质性成分。各系数显著性、符号及其所反映的曲线形态如表1所示。

表 1　系数显著性、符号及所对应的曲线形态

显著性	符号	环境库兹涅茨曲线形态
α_4 显著	$\alpha_4 > 0$	"W"形
	$\alpha_4 < 0$	"M"形
α_4 不显著，α_3 显著	$\alpha_3 > 0$，$\alpha_2 < 0$，$\alpha_1 > 0$	"N"形
	$\alpha_3 < 0$，$\alpha_2 > 0$，$\alpha_1 < 0$	倒"N"形
α_4、α_3 不显著，α_2 显著	$\alpha_2 > 0$	"U"形
	$\alpha_2 < 0$	倒"U"形
α_4、α_3、α_2 不显著，α_1 显著	$\alpha_1 > 0$	单调递增
	$\alpha_1 < 0$	单调递减

注：如果高次项不显著，则将高次项剔除再进行拟合，而非将其保留。

（二）数据说明

本文涵盖了全球 109 个样本国家，包含 36 个亚洲国家、36 个欧洲国家、31 个非洲国家、4 个美洲国家、2 个大洋洲国家。其中，有 96 个国家已与中国签署"一带一路"倡议相关合作文件，除中国外其余 12 个国家分别为摩洛哥、比利时、瑞士、德国、丹麦、西班牙、芬兰、法国、冰岛、荷兰、瑞典、日本，时间跨度为 1971~2019。② 相关数据见表2。

表 2　样本国家分布　　　　　　　　　　　　单位：个

区域	国家数量	"一带一路"合作国数量
亚洲	36	35
欧洲	36	26
非洲	31	30
美洲	4	4
大洋洲	2	2
合计	109	97

资料来源：中国"一带一路"网。

---

① 现有关于环境库兹涅茨曲线的研究加入的最高次项为 4 次项，本文遵循此思路，不考虑 5 次项及以上。
② 其中摩洛哥为非洲前五大经济体，其余 11 个国家均为发达国家，为使本文所构造的碳效率前沿面更加精准，故而将这 12 个国家纳入研究范围。同理，将美洲和大洋洲共 6 个"一带一路"沿线国家加入在内也是为了提升碳效率前沿面的精确性，本文的主要研究对象为亚欧非国家。

此外，本研究所使用的数据来源于多个数据库。其中，人均 GDP 和系列控制变量来源于世界银行，控制变量分别包括工业增加值占 GDP 比重（Jayanthakumaran et al., 2012; Zhang and Zhao, 2014）、人口密度（Akbostancl et al., 2009; Dutt, 2009; Yang H et al., 2015）以及商品服务进口比重（Agras and Chapman, 1999; Atici, 2009; Yang et al., 2015）。[①] 人均二氧化碳排放量来源于 Paris Reality Check，该数据集涵盖了全球最大时空范围的二氧化碳排放数据，包括基于国家自主报告（HIST-Country Report，HISTCR）和第三方报告（HIST-Third Report，HISTTR）的两组排放数据，为确保数据的可比性和科学性，本文采用第三方报告数据。其中，人均 CO_2 排放与人均 GDP 的两个核心变量的散点图如图 5 所示。由图 5 可以发现沿线国家人均收入水平大多集中在 0~6 万美元区间，人均 CO_2 大多排放量处于 10 吨以下，初步显示二者之间可能存在倒"U"形关系。

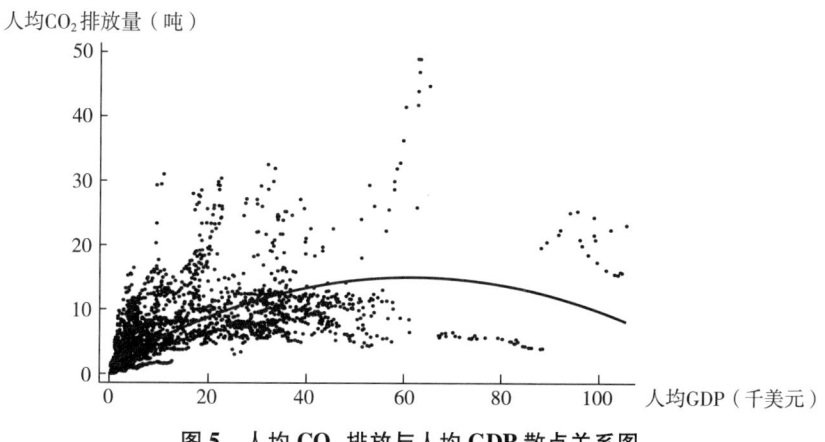

图 5　人均 CO_2 排放与人均 GDP 散点关系图

本研究采用基尼系数来表征各国收入不平等水平，为使基尼系数在横向与纵向上具备可比性，同时最大限度减少数据损失，本文使用的基尼系数来自 Solt（2009）所构造的标准化世界不平等数据库（Standard World Income Inequality Database，SWIID）。该数据库包含基于市场收入的基尼系数与基于再分配收入的基尼系数，前者基于税前与转移支付前的收入水平数据进行计算，反映了由市场力量导致的贫富差距水平，后者基于税后与转移支付后的收入数据进行计算，反映了实际贫富差距水平，本文在此使用后者。

本文首先将被解释变量、解释变量与控制变量进行匹配，最终得到 3760 个样本，用来对 SEKFC 进行刻画；在此之后，本文使用有限数量的基尼系数数据与第一步的面板数据进行合并，进而得到第二组面板数据，共包含 2768 个样本，用以估算收入不平等对人均碳排放的影响大小和方向。各变量描述性统计如表 3 所示。

表 3　变量描述性统计

	变量	观察值	均值	标准差	最小值	最大值
被解释变量	人均 CO_2 排放（千克/人）	3760	4969.2220	5725.4560	19.1461	48963.0400
解释变量	人均 GDP（美元/人）	3760	11097.5900	15801.8000	204.0241	105454.7000
控制变量	工业增加值比重（%）	3760	29.1759	13.1472	4.5559	90.5130
	人口密度（人/平方千米）	3760	203.6658	656.6600	1.1158	8044.5260
	进口占 GDP 比重（%）	3760	42.4996	25.6439	0.0156	208.9306
收入不平等	基尼系数	2768	0.3676	8.5448	0.2030	0.6640

注：人均 GDP 为 2015 年不变价美元。

[①] 影响二氧化碳排放的控制变量不止上述三个，其中较为重要的控制变量还包括能源价格、政府效能等，但是由于本文所涉及到的时间尺度较大，导致其他控制变量缺失值十分严重，而通过缩小时间尺度来增加控制变量会导致样本量大幅减少，降低成本前沿的精确度。

由表3可以发现，各国相关指标之间存在巨大差异。具体来看，人均 CO_2 排放量和人均 GDP 的最大值分别为 48963.04 千克、105454.70 美元，这对应着 2014 年的卡塔尔和 2007 年卢森堡；而最小值则分别对应着 1973 年的卢旺达和 1992 年的莫桑比克。基尼系数最大值为 0.66，最小值为 0.20，对应着 2007 年的纳米比亚和 1981 年的瑞典。在控制变量中，工业增加值比重、人口密度以及进口占 GDP 比重均呈现较大差异，这表明沿线资源禀赋相对多样，且各国所处发展阶段相差较大，这些都为本研究提供了良好的异质性基础。

四、随机库兹涅茨前沿及碳减排潜力

本部分基于异质性随机前沿方法，构造了代表沿线最佳碳效率的 SEKFC，同时将其与最小二乘估计进行了比较；在此基础上通过计算 1971~2019 年各国碳效率水平来对各国碳减排潜力进行分析；然后分别计算了亚欧非三大区域的 SEKFC，来进行异质性分析；最后进一步扩大了被解释量范围，逐步将其他温室气体考虑在内，并计算了其碳达峰时点。

（一）随机库兹涅茨前沿曲线

为了确定 SEKFC 的最佳形态，本节基于"通用—特定"范式，使用异质性随机前沿方法，对式（7）进行了估计，为便于比较，本节同时使用了 OLS 对环境库兹涅茨曲线进行了估计，相关结果如表 4 所示。

表 4 SEKFC 以及 OLS 估计结果

变量	SEKFC (1) 四次方	SEKFC (2) 三次方	SEKFC (3) 二次方	OLS (4) 四次方	OLS (5) 三次方	OLS (6) 二次方
ln（人均 GDP）	1.1384 (3.6010)	-2.3690*** (0.5590)	2.3483*** (0.0962)	9.0269** (3.6512)	-1.9147*** (0.5701)	2.2495*** (0.0952)
ln（人均 GDP）^{2}	0.1784 (0.6676)	0.4690*** (0.0678)	-0.1094*** (0.0058)	-1.6345** (0.6769)	0.4085*** (0.0693)	-0.1029*** (0.0058)
ln（人均 GDP）^{3}	0.0287 (0.0543)	-0.0232*** (0.0027)		0.1462*** (0.0550)	-0.0205*** (0.0028)	
ln（人均 GDP）^{4}	-0.0015 (0.0016)			-0.0050*** (0.0017)		
ln（工业增加值比重）	0.2490 (0.0211)	0.2452*** (0.0206)	0.2565*** (0.0207)	0.2538 (0.0214)	0.2475*** (0.0213)	0.2541*** (0.0214)
ln（人口密度）	0.1892 (0.0287)	0.1749*** (0.0287)	0.1741*** (0.0291)	0.1878 (0.0291)	0.1900*** (0.0291)	0.1927*** (0.0293)
ln（进口占 GDP 比重）	0.0209 (0.0116)	0.0216 (0.0126)	0.0158 (0.0125)	0.0200** (0.0118)	0.0209* (0.0118)	0.0176 (0.0119)
时间趋势项	-0.0116 (0.0124)	0.0113 (0.0123)	0.0083 (0.0125)	-0.0096 (0.0126)	-0.0126 (0.0125)	-0.0143 (0.0126)
个体效应	固定	固定	固定	固定	固定	固定
$\ln\sigma_\mu^2$	-9.7100 (91.5674)	-2.5948*** (0.0857)	-2.6539*** (0.0939)	—	—	—

续表

变量	SEKFC (1) 四次方	SEKFC (2) 三次方	SEKFC (3) 二次方	OLS (4) 四次方	OLS (5) 三次方	OLS (6) 二次方
$\ln\sigma_v^2$	-2.8440*** (0.0418)	-3.4786*** (0.0666)	-3.4020*** (0.0654)	—	—	—
λ	0.0323 (0.3608)	1.5557*** (0.0168)	1.4536*** (0.0177)	—	—	—
个体	109	109	109	109	109	109
观测值	3760	3760	3760	3760	3760	3760
曲线形态	—	倒"N"形	倒"U"形	"M"形	倒"N"形	倒"U"形
转折点	—	3.3645 10.1330	10.7340	1.4174	3.0387 10.2486	10.9349
对应人均GDP	—	29；25366①	45889	4	21；28240	56100

注：***、**、*分别表示在1%、5%、10%水平上显著，括号内为标准误；第（4）列"M"形曲线存在3个转折点，其中两个分别是-222.487、-1.426，与经济意义不符，故未在表中列出；$\lambda=\dfrac{\sigma_\mu}{\sigma_v}$；转折点对应人均GDP=$e^{\text{转折点}}$，下同。

表4第（1）~（3）列汇报了基于异质性随机前沿方法所测算的SEKFC。由第（1）列可知，在将人均GDP的四次项纳入SEKFC之后，所有解释变量均不显著，这表明"一带一路"碳排放与人均GDP之间不存在"W"形或"M"形关系。由第（2）列可知，在将人均GDP的四次项剔除之后，人均GDP的所有次项与无效率项均在1%水平上显著，且人均GDP一次项、三次项系数为负，二次项系数为正，这表明"一带一路"沿线国家碳排放与经济发展之间存在倒"N"形关系，且存在无效率因素，进一步计算得知两个转折点所对应的人均GDP分别为29美元、25366美元，这实际上等价于倒"U"形关系，其经济含义为："一带一路"沿线国家完成经济转型进而实现碳达峰所对应的人均GDP为25366美元；②在控制变量中，人口密度与工业增加值比重系数为正且均在1%水平上显著，即工业化过程和人口集聚均会对碳排放产生正向影响。为了对上述近似的倒"U"形状进行验证，同时说明加入人均GDP三次项的必要性，第（3）列只保留了人均GDP的二次项与一次项，结果显示人均碳排放与人均GDP的倒"U"形关系仍然十分显著，但是对SEKFC的无效率水平有所低估，而且其转折点达到45889美元。③

作为对比，表4第（4）~（6）列汇报了使用OLS对环境库兹涅茨曲线进行拟合的结果。第（4）列结果显示，人均GDP的四次项系数虽然在1%水平上显著，但是对应的人均GDP转折点分别为-222美元、-1美元和4美元，这与经济意义并不相符，因此这种关系同样并不成立。第（5）列结果显示，在将人均GDP四次项剔除后，人均GDP所有次项均在1%水平上显著，其转折点分别为21美元、28420美元，这表明人均碳排放与人均GDP之间的倒"N"形关系依然成立，这进一步验证了上述SEKFC的转折点，但是需要指出的是，由OLS得到的环境库兹涅茨曲线仅仅是对"一带一路"沿线国家碳排放对人均GDP的均值回归，无法体现各国二氧

---

① 由于"W"形或者"N"形黑白点有多个，因此对应的人均GDP水平有多个，故用分号隔开。

② 对于这种名义上的倒"N"形关系，而实质上是倒"U"形关系的SEKFC，依据上文分析不难得到，当人均GDP>29美元时，其距离因子 $h_{it}=\dfrac{1}{\sqrt{(3\alpha_3 x^2+2\alpha_2 x+\alpha_1)^2+1}}$。

③ 本文在这里选择三次项曲线所对应的25366美元，作为完成经济转型所需实现的人均GDP水平，而没有选择45889美元，一方面是遵循"通用—特定"范式；另一方面，若以45889美元为标准，则只有卢森堡、瑞典、芬兰以及冰岛等少数北欧国家达到标准，这与事实并不相符。

化碳排放过程中无效率水平的大小。

综上所述,在随机环境库兹涅茨前沿框架下,"一带一路"沿线国家碳排放与经济发展之间存在名义为倒"N"形而实际上为倒"U"形的环境库兹涅茨曲线,各国实现碳达峰所对应的人均GDP为25366美元(2015年不变价),工业增加值比重与人口密度均会对碳排放产生正向影响,各国碳排放存在显著的无效率因素,具有潜在的减排空间。

(二)碳减排潜力分析

在确定SEKFC形状的基础上,本文接下来试图计算"一带一路"沿线国家碳效率水平,从而对各国碳减排潜力进行分析。在此之前,本文根据式(2)对1971~2019年各国距离因子进行了计算,在SEKFC既定情况下,距离因子取决于人均GDP水平,人均GDP水平越高,距离因子越大,当人均GDP超过SEKFC的转折点,距离因子达到最大值1。本文利用核密度法,以1971年、1981年、1991年、2001年、2011年以及2019年为剖面,分别展示了"一带一路"沿线国家环境碳效率、距离因子以及公平碳效率在考察期间的动态演进过程,结果如图6所示。

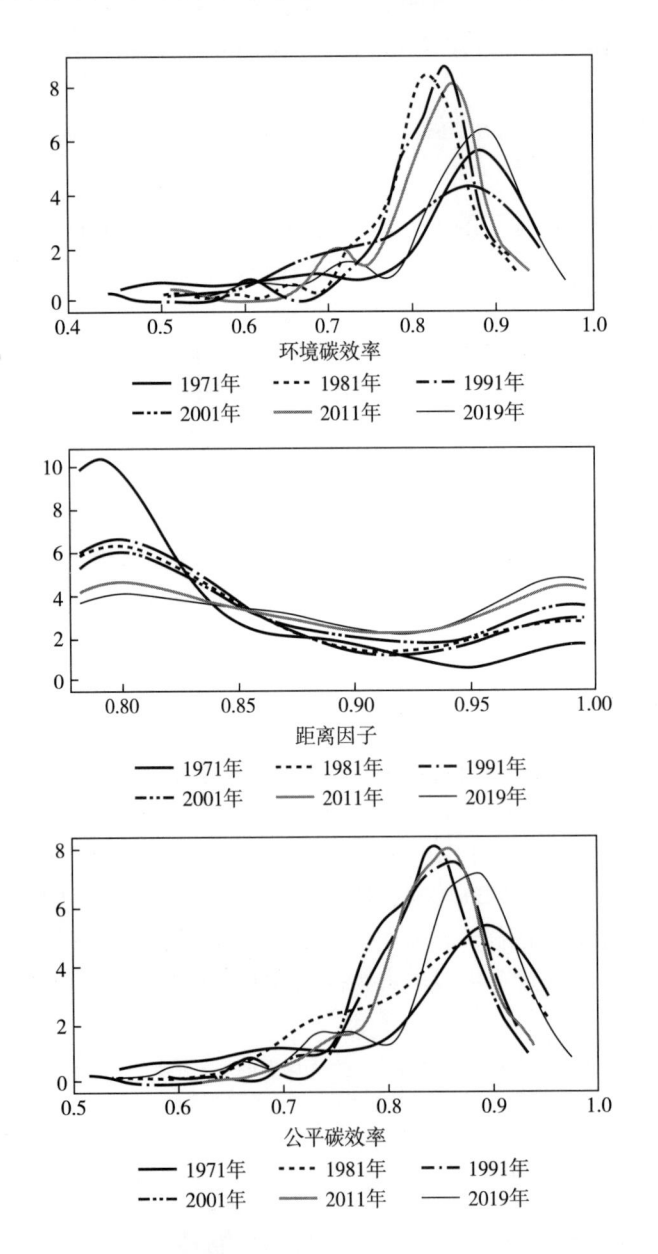

图6 "一带一路"沿线国家环境碳效率、距离因子以及公平碳效率核密度

由图6可以发现：①考察期内距离因子核密度图的双峰特征逐渐明显，但是双峰均较为扁平，这表明"一带一路"沿线人均GDP水平出现一定程度的"分化"，但是程度较低。②碳效率核密度图在考察期内发生向右移动，这表明"一带一路"沿线整体碳效率水平在考察期内有所提升；效率核密度图在X=0.90附近存在一处高峰，且高峰垂直在考察期内呈上升态势，这表明"一带一路"沿线国家碳效率水平在此处具有一定的动态收敛态势，这可能得益于绿色技术、管理经验在沿线的扩散与传播。③与环境碳效率相比，公平碳效率核密度图整体更加偏右，位于0.50~1区间，这表明经过距离因子修正之后，各国公平碳效率有所提升，特别是环境碳效率处于末端的国家，其提升幅度较为明显。

为进一步把握"一带一路"沿线区域碳效率水平演化特征和碳减排潜力，同时直观呈现距离因子对环境碳效率的改进，本文绘制了1971~2019年"一带一路"沿线国家整体和分区域的碳效率时间趋势图，如图7所示。

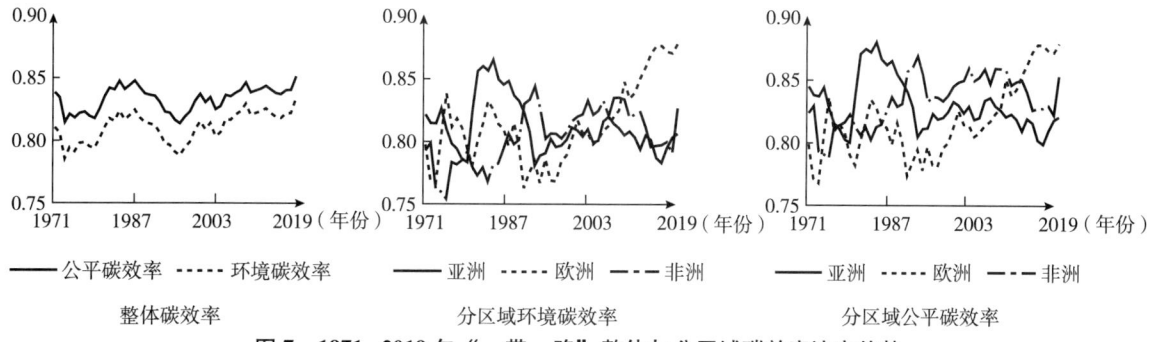

图7　1971~2019年"一带一路"整体与分区域碳效率演变趋势

首先，从碳效率演进特征来看，"一带一路"整体碳效率呈"W"形波动且在考察期内微弱上升，这种特征在分区域后更加突出，其中，亚欧国家碳效率在1983~1986年保持高位波动，但是此后急转直下，在1991年左右跌至低谷，这意味着其较大的减排潜力；非洲国家碳效率高位点则出现在1991年左右。各区域碳效率出现上述波动可能和20世纪70年代末80年代初以来的石油危机、国际政治剧变有关。其中，1979~1981年第二次石油危机所催化的高油价大幅增加了伊拉克、阿曼、瑞典、芬兰等出口国的GDP，使得其碳效率一度高涨；在此之后，20世纪80年代末的东欧剧变则造成东欧、中亚等国家经济发展失衡，生产活动均遭到不同程度破坏，导致这些国家碳效率水平显著下降；而非洲部分国家则受益于20世纪90年代初短暂的高油价与相对稳定的生产环境，碳效率在1991年左右出现高点。

其次，从碳效率排名来看，欧洲地区两种碳效率水平长期处于末位，减排潜力较大，1995年后其碳效率上升态势十分明显，2010年前后一跃居于沿线首位且持续上升，一方面，这可能得益于欧盟的成立，有效促进了区域内部资源的进一步整合和绿色技术研发，使得其碳效率水平得以提升；另一方面，这也有可能是由于经济全球化的加速，欧洲各国可以通过污染转移和商品进口降低国内碳排放水平。亚洲地区从20世纪末开始便呈波动下降趋势，其碳效率自2007年之后降落至末位，这主要是由于以中国为代表的亚洲各国在考察期内处于快速工业化阶段，其碳效率长期位于较低水平。而非洲地区碳效率则在较长一段时间内居于首位，2011年开始其碳效率水平降至第二，这一特征在公平碳效率中更为明显。

（三）异质性分析

"一带一路"的核心和最大特点在于其包容性与全球性（贾秀东，2015），2014年以来，中国以传统丝绸之路为依托，共与全球149个国家签署了共建"一带一路"合作文件，[①] 但由于资

[①] 资料来源：中国一带一路网，https://www.yidaiyilu.gov.cn/。

源禀赋、自然条件、社会历史等方面的不同，导致区域间系统性差异较为明显。在欧洲区域，各国经济发展水平整体较高，区域人均GDP在2.5万美元左右，其经济结构多以高新技术与信息服务业为主，科技研发投入居于全球首位，各主要经济体已经或开始迈入后工业化阶段，同时通过进口碳密集产品等途径降低国内碳排放水平，进口占GDP比重在60%以上。在亚洲区域，人均GDP接近1万美元，各国政府大多致力于推进本国工业化进程，工业占比在35%左右，少数国家已经实现碳达峰。而在非洲区域，人均GDP水平尚不足3000美元，其经济结构仍以农业、采矿业等为主，工业化水平十分低下，多数国家尚未开始经济转型进程。因此，本文接下来以区域为划分标准，分别计算了亚洲、欧洲与非洲三大区域的SEKFC，从而更加精准识别碳排放与经济发展之间关系，相关结果如表5所示。

表5 分区域SEKFC

变量	(1) 亚洲	(2) 欧洲	(3) 非洲
ln（人均GDP）	−3.6337*** (0.9380)	−1.9283 (1.5862)	8.3771*** (2.2385)
ln（人均GDP）^{2}	0.5839*** (0.1133)	0.3837** (0.1793)	−1.0856*** (0.3115)
ln（人均GDP）^{3}	−0.0265*** (0.0045)	−0.0184*** (0.0067)	0.0516*** (0.0143)
ln（工业增加值比重）	0.4059*** (0.0429)	0.277*** (0.0354)	0.0905** (0.0332)
ln（人口密度）	0.0529 (0.0523)	0.866*** (0.1121)	0.0693 (0.0526)
ln（进口比重）	0.0438* (0.0188)	−0.241*** (0.0319)	0.0786** (0.0247)
时间趋势项	0.1483*** (0.0239)	−0.133*** (0.0217)	0.0314 (0.0226)
个体效应	控制	控制	控制
$\ln\sigma_u^2$	−2.0721*** (0.0934)	−10.9191 (64.8090)	−2.3476*** (0.1350)
$\ln\sigma_v^2$	−4.0857*** (0.1666)	−3.7022*** (0.0655)	−3.2151*** (0.1038)
λ	2.7369*** (0.0258)	0.0261 (0.1590)	1.5431*** (0.0295)
个体	36	36	31
观测值	1239	1097	1185
曲线形态	倒"N"形	倒"N"形	单调递增
转折点	4.4809 10.1794	3.3045 10.5876	—
对应人均GDP	88；26354	27；39640	—

注：***、**、*分别表示在1%、5%、10%水平上显著，括号内为标准误；加入四次项后结果与经济意义不符，限于篇幅此处未列出，下表同。

根据表5可知，在前沿曲线形态方面，倒"N"形SEKFC在亚洲和欧洲地区仍然成立，但是在亚洲区域更为显著；非洲地区人均碳排放水平在考察期内随人均GDP增长而上升，拐点尚未出现,各国达峰目标面临十分艰巨的挑战。在控制变量方面,欧洲地区进口比重系数为负且在1%水平上显著,这一定程度上印证了欧洲国家可以通过进口实现"污染转移",从而降低国内碳排放水平。在无效率水平方面,亚洲地区和非洲地区无效率项均在1%水平上显著,而欧洲地区无效率项并不显著,这说明欧洲各国发展模式、产业结构等特征十分相似,以区域内部构造前沿曲线,各国基本不存在无效率项。

(四) 进一步讨论

除二氧化碳外,1997年《京都议定书》还将甲烷、氧化亚氮、氢氟碳化合物、全氟碳化合物、六氟化硫五类气体纳入温室气体范畴。随着二氧化碳减排边际成本逐渐上升,加强非二氧化碳温室气体减排力度,可以显著降低气候目标的实现成本,同时为温室气体减排提供更广阔的空间(IPCC,2015),因此本文接下来试图探究人均GDP与其他温室气体之间的关系,以期为"一带一路"沿线国家加强其他温室气体减排提供有益参考。

在各类温室气体中,二氧化碳自工业革命以来对全球温度上升的贡献度将近70%,在单一温室气体中居于首位;其次则是甲烷和氧化亚氮,贡献度分别达到16%、7%。① 人类活动所导致的甲烷排放占据了甲烷排放总量的60%,其中化石燃料的开采加工与消费、垃圾处理和农业生产三项占据了九成以上(United Nations and Climate And Clean Air Coalition,2021);在氧化亚氮方面,人类活动占据了氧化亚氮排放的40%左右。截至2020年底,全球二氧化碳浓度比工业革命前高149%,达413000ppb;甲烷浓度比工业革命前高262%,达890ppb,氧化亚氮则高123%,达333ppb(World Meteorological Organization,2021),② 氧化亚氮更是由于其变暖潜能全球变暖潜能(Global Warming Potential,GWP)高出二氧化碳近300倍、高出甲烷近12倍而被称为"超级温室气体"。因此本文接下来分别以甲烷和氧化亚氮,甲烷、氧化亚氮和氟化物,所有温室气体为被解释变量,③ 以此计算沿线国家SEKFC的转折点,并检验其是否存在无效率项,结果如表6所示。

表6 扩大被解释变量范围:加入其他温室气体

变量	(1) 甲烷+氧化亚氮	(2) 甲烷+氧化亚氮+氟化物	(3) 所有温室气体
ln(人均GDP)	-3.1661*** (0.7124)	-2.9853*** (0.3461)	-6.4577*** (0.3456)
ln(人均GDP)^2	0.4414*** (0.0866)	0.3934*** (0.0423)	0.8757*** (0.0423)
ln(人均GDP)^3	-0.0191*** (0.0025)	-0.0156*** (0.0017)	-0.0364*** (0.0017)
ln(工业增加值比重)	0.1811*** (0.0277)	0.0085 (0.0136)	0.0707*** (0.0137)
ln(人口密度)	-0.4024*** (0.0373)	-0.1317*** (0.0182)	-0.0774*** (0.0187)
ln(进口比重)	0.0239 (0.0149)	0.0433*** (0.0065)	0.0257*** (0.0074)

---

① 工业革命以来一般指1750年以来;温室气体占比最高的是水蒸气,但是由于空气中水蒸气总体水平基本不变,因此水蒸气对温度上升的贡献度几乎为0。

② ppb=part per billion,为浓度单位。此处指干空气中每10^9个分子中CO_2、N_2O、CH_4的数量。

③ 甲烷与氧化亚氮根据GWP转换为CO_2当量,其中甲烷的GWP值为25,氧化亚氮为296;除此之外,数据库提供了以CO_2计的温室气体排放总量,本文在此直接使用。

续表

变量	(1) 甲烷+氧化亚氮	(2) 甲烷+氧化亚氮+氟化物	(3) 所有温室气体
时间趋势项	-0.0167 (0.0160)	-0.0630*** (0.0078)	-0.0233*** (0.0084)
个体效应	控制	控制	控制
$\ln\sigma_\mu^2$	-29.6687 (150739)	-3.3622*** (0.0788)	-3.6701*** (0.1641)
$\ln\sigma_v^2$	-2.4433*** (0.0242)	-4.7140*** (0.0899)	-4.4674*** (0.1186)
λ	1.22e-06 (0.0274)	1.9929*** (0.0111)	1.4898*** (0.0192)
个体	109	109	109
观测值	3417	3417	3417
曲线形态	倒"N"形	倒"N"形	倒"N"形
转折点	5.6679 9.7671	5.7675 11.0894	5.7468 10.2881
对应人均GDP	289；17449	313；65473	313；29380

注：***、**、*分别表示在1%、5%、10%水平上显著，括号内为标准误；部分国家氧化亚氮排放数据存在部分异常值，为确保结果的稳健性，本文将异常值予以剔除，故剩余3417个样本值。

表6第（1）列汇报了将甲烷和氧化亚氮一并作为被解释变量之后的结果，结果显示人均GDP的二次项系数为正，一次项系数和三次项系数为负，且均在1%水平上显著，这表明上述两类温室气体排放总量与人均GDP仍然呈倒"N"形关系，但不存在无效率因素；工业增加值比重系数为正，人口密度系数为负，这表明工业化进程不仅会增加二氧化碳排放，也会增加甲烷与过氧化氮等温室气体排放，但是人口密度的增加则有利于减少甲烷与二氧化氮等温室气体的减少。进一步计算发现，二氧化碳和氧化亚氮排放达峰所对应的人均GDP是17449美元，这远低于碳达峰所对应的人均GDP。

第（2）列在甲烷和过氧化氮的基础上，加入了氢氟碳化合物、全氟碳化合物、六氟化硫等氟化物，结果显示所有系数均在1%水平上显著，倒"N"形关系仍然成立，转折点达到了65473美元，其排放存在显著的无效率因素；第（3）列在第（2）列的基础上加入了二氧化碳，使用所有温室气体排放作为被解释变量，结果同样证实了倒"N"形关系和无效率因素的存在，但是转折点降至29380美元。上述结果表明，对全部温室气体而言，其达峰所对应的人均GDP水平与碳达峰相差无几，碳达峰仍然是实现温室气体达峰的核心。但是对除二氧化碳之外的其他温室气体而言，特别是对系列氟化物，其单独达峰所对应的人均GDP水平较高，排放水平具有一定的持久性，各国关注度普遍不足。因此在碳减排边际成本不断上升的背景下，各国须加强对氟化物等温室气体的减排力度，这有利于降低气候目标的实现成本。

五、碳达峰评估和"公平—污染困境"分析

在确定SEKFC的转折点，以及对各国碳减排潜力进行分析的基础上，本部分首先对各国碳达峰进行评估，并据此为处于不同阶段的国家实现碳达峰提供针对性的改进对策；其次将标准化基尼

系数与样本进行匹配,以期对"一带一路"沿线国家可能存在的"公平—污染困境"进行检验和量化。

(一)碳达峰评估

基于上述分析,本文从以下两方面对各国碳达峰进行评估:一方面,本文以 SEKFC 转折点 25366 美元为参照,通过对比"一带一路"沿线国家在末期的人均 GDP 水平与转折点之间的差距,对各国碳达峰进行横向潜力评估;另一方面,碳达峰并非攀高峰,实现碳达峰目标必须加强对碳排放总量控制、切实提升碳效率,因此本文基于公平碳效率水平对各国达峰路径进行纵向质量评估。在此之前,为直观展示"一带一路"沿线国家人均 GDP 水平以及公平碳效率水平,本文绘制了"一带一路"沿线国家 SEKFC 和各国公平碳效率散点图,如图 8 所示。

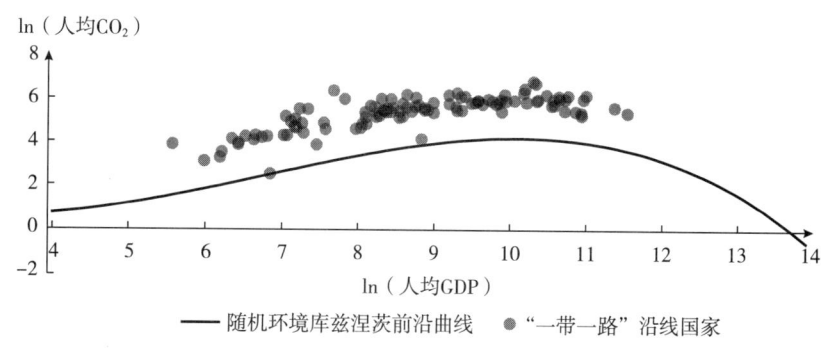

图 8 "一带一路"沿线国家 SEKFC 与公平碳效率散点图

在图 8 中,"一带一路"沿线国家与前沿曲线的距离大致在转折点附近达到最大,这说明了"一带一路"沿线较为粗放的经济转型进程和碳达峰路径。最接近效率前沿的前三个国家分别是坦桑尼亚、加蓬和刚果布,其碳效率水平分别达 0.99、0.98、0.97;距离前沿最远的三个国家分别是文莱、柬埔寨和斐济,其碳效率水平均不足 0.60。接下来,为了对各国碳达峰进行更加精准的二维评估,本文在横向上以 2030 年为碳达峰目标时点①,计算了各国人均 GDP 为实现碳达峰所需满足的复合年均增长率,本文在纵向上以沿线平均碳效率为临界值,对各国碳达峰路径进行评价,并提出相应的政策建议。相关结果如表 7 所示。

表 7 "一带一路"沿线国家碳达峰潜力和质量评估②

组别	成员	人均 GDP 年均增长率目标	达峰路径质量	政策建议
示范组	丹麦、新加坡、法国、瑞典、意大利、芬兰、瑞士、卢森堡、德国、西班牙、日本、比利时、荷兰	无(已达标)	高	加强绿色技术、政策的引领与示范;加大全球绿色产业投资
改进组	冰岛、奥地利、新西兰、塞浦路斯、韩国、马耳他		低	加大绿色技术运用 加强环境规制力度
优化组	阿联酋、卡塔尔、科威特		高	改变单一产业结构
	文莱		低	提升能源利用效率

---

① 95%以上的"一带一路"沿线国家计划实现碳中和等气候目标的时点为 2050 年或 2060 年,碳达峰时点直接决定了碳中和实现难度,本文在此设定沿线达峰时点与中国相同,为 2030 年。

② 此处意在说明如果按照历史经验数据,各国为实现碳达峰人均 GDP 增长率需满足何种目标,即实现碳达峰的难度有多大,在全球越来越重视气候问题且各国参与度越来越高的背景下,各国实现碳达峰目标并非一定要满足目标增长率,此处的政策建议便是在实现难度既定的情况下,各国为努力实现碳达峰所需要采取的政策措施。

续表

组别	成员	人均GDP年均增长率目标	达峰路径质量	政策建议
冲刺组	罗马尼亚、斯洛伐克、斯洛文尼亚、波兰、俄罗斯、匈牙利、葡萄牙、希腊、克罗地亚、哈萨克斯坦、巴林、爱沙尼亚、中国、捷克、马尔代夫、沙特阿拉伯、阿曼	0%~10%	高	优化产业结构，加快第三产业发展，优化资源配置；加大绿色技术采用和绿色能源比重
	哥斯达黎加、拉脱维亚、立陶宛、马来西亚、土耳其		低	优化产业结构；加快推进能源系统转型；建立完善碳交易制度
潜力组	阿塞拜疆、保加利亚、白俄罗斯、摩尔多瓦、黑山、塞尔维亚、加蓬、安哥拉、北马其顿、赤道几内亚、南非、黎巴嫩、埃及、多米尼加、伊拉克、厄瓜多尔、格鲁吉亚、突尼斯、亚美尼亚、菲律宾	10%~20%	高	加强气候适应性融资；加大外资引入力度；积极推进工业化进程
	印度尼西亚、阿尔巴尼亚、阿尔及利亚、泰国、波黑、斯里兰卡、纳米比亚、伊朗、蒙古国、斐济、老挝		低	加强气候减缓融资；实施清洁能源替代战略；推动实施产业发展多元化战略
边缘组	乌克兰、塔吉克斯坦、坦桑尼亚、刚果布、乌兹别克斯坦、刚果金、卢旺达、吉布提、肯尼亚、加纳、吉尔吉斯斯坦、埃塞俄比亚、中非共和国、几内亚、尼日尔、苏丹、几内亚比绍、塞内加尔、巴基斯坦、冈比亚	>20%	高	增强经济可持续发展能力；大力发展绿色产业，建立绿色工业体系
	摩洛哥、塞拉利昂、赞比亚、孟加拉国、莫桑比克、缅甸、科摩罗、马里、布隆迪、越南、贝宁、柬埔寨		低	大幅引进国际先进技术与资金，提高产业附加值；推动本国能源系统转型

注：之所以将人均GDP增长率已达标的国家分为三组，是因为示范组与改进组成员国实际上确已完成碳达峰目标，但是优化组成员实际尚未实现达峰目标。在冲刺组、潜力组和边缘组中，也有大量国家已实现碳达峰目标，但是这种达峰实际上只是提前达峰，所对应的人均GDP水平较低，并非通过经济转型所实现的结构达峰。①

表7将"一带一路"沿线国家共分为六组：示范组、改进组、优化组、冲刺组、潜力组和边缘组。具体来看，示范组成员与改进组成员人均GDP已越过转折点，且已实现碳达峰目标，其中示范组成员碳效率水平高于沿线均值，属于高质量碳达峰，因此其在沿线主要扮演"溢出人"的角色，一方面要通过国际贸易等途径加强本国先进绿色技术扩散传播；另一方面要加大对全球绿色产业投资，加快其他国家绿色化步伐。改进组成员虽已实现碳达峰目标，但是其达峰质量较低，因此需要进一步加大绿色技术的研发和采用，同时加强环境监管力度，以期进一步提升本国碳效率水平。优化组成员人均GDP水平已越过转折点，但是尚未实现碳达峰，这与其国内单一的产业结构有关，优化组成员要以本国良好的资源禀赋为基础，着力优化本国产业结构，大力发展工业和服务业。

对于冲刺组国家来说，要实现2030年碳达峰目标，人均GDP水平需满足年均0%~10%的复合增长率，这对各成员国来说难度较大，因此各国必须通过产业结构优化、开发新的绿色增长点以及加大绿色技术与能源采用等方式，降低碳达峰实现难度；对于达峰路径质量较低的成员国来说，还要加快推动本国能源系统转型升级，通过碳交易、绿色税收补贴等方式切实缩小本国与效率前沿的距离。对于潜力组成员来说，其人均GDP年均复合增长率水平需保持在10%~20%区间，这对于各国来说几无可能，因此各国必须加强气候融资，通过大规模绿色技术

---

① 关于各国碳达峰目标实现情况，详见附表，数据来源：World Resource Institute。

产业的运用寻求实现本国经济增长与碳达峰目标的双赢。最后，对于边缘组来说，其人均GDP水平与25366美元相差甚远，并无希望在2030年达到此目标，必须在寻求国际援助的同时，寄希望于二氧化碳捕集封存、核能源零碳技术的大规模推广与运用，否则其完成碳达峰目标几无可能，从而将陷入低水平的达峰陷阱。

（二）"公平—污染困境"分析

本部分在上述分析的基础上，试图探究"一带一路"沿线国家是否存在"公平—污染困境"，并对其进行量化。基于1971~2019年104个国家的2768个有限样本集，使用基尼系数对无效率方差进行参数化处理，结果如表8第（1）列所示，为了说明结果的可靠性，表8第（2）列同时汇报了基于此样本集且未纳入基尼系数的结果。

表8 是否纳入基尼系数的无效率方差函数比较

变量	（1）纳入基尼系数	（2）未纳入基尼系数
ln（人均GDP）	-4.4835*** (0.5833)	-4.6193*** (0.5853)
ln（人均GDP）^{2}	0.7125*** (0.0698)	0.7355*** (0.0696)
ln（人均GDP）^{3}	-0.0324*** (0.0028)	-0.0336*** (0.0027)
ln（工业增加值比重）	0.3499*** (0.0232)	0.3401*** (0.0231)
ln（人口密度）	0.5005*** (0.0364)	0.5013*** (0.0363)
ln（进口占GDP比重）	0.0929*** (0.0170)	0.0857*** (0.0170)
时间趋势项	-0.1031*** (0.0149)	-0.0856*** (0.0150)
个体效应	控制	控制
$\ln\sigma_u^2$		-3.3760*** (0.1552)
基尼系数	-0.4624*** (0.1451)	
常数	5.7348* (3.4404)	
$\ln\sigma_v^2$	-3.4068*** (0.0270)	-3.8612*** (0.8623)
λ		1.2746*** (0.0201)
个体	104	104
观测值	2768	2768
曲线形态	倒"N"形	倒"N"形
转折点	4.5636 10.1181	4.5716 10.0172
对应人均GDP	96；24788	97；22408

注：***、**、*分别表示在1%、5%、10%水平上显著，括号内为标准误。

表 8 第（1）列显示，在使用基尼系数对无效率方差进行参数化处理之后，达峰点所对应的人均 GDP 为 24788 美元，基尼系数所对应的系数值为负，且在 1% 水平上显著，这表明在人均 GDP 水平不变的情况下，缩小"一带一路"沿线国家的收入差距会加剧碳排放的无效率水平，进而增加人均碳排放量，沿线存在"公平—污染困境"。表 8 第（2）列显示，所有变量均在 1% 水平上显著，SEKFC 形态仍然呈倒"N"形，达峰点所对应的人均 GDP 为 22408 美元，与全样本下得到的结果相差不大，这说明了该有限样本集的稳健性。

一方面，收入不平等往往和经济发展水平密切相关，在"一带一路"沿线高收入国家中，得益于强有力的税收制度及全面的社会保障制度，其收入不平等程度总体较低，基尼系数平均水平在 0.29 左右；而在低收入国家，由于缺乏有效的再分配制度，加之劳动报酬占 GDP 比重往往较低，导致收入不平等程度长期在高位波动，基尼系数平均值达 0.43 以上。另一方面，在低收入国家中，收入差距的缩小可能会增强贫困群体对清洁、高质量能源的消费能力，进而降低污染排放（Finco，2009；Shuai et al.，2019）；而在高收入国家，由于居民贫困发生率较低，缩小收入差距很有可能会增加居民对碳密集产品的消费，进而加剧碳排放水平；因此，在不同收入层次缩小收入差距对碳排放的影响很可能存在异质性（Grunewald，2017）。鉴于此，本文接下来以收入水平为划分依据，将样本分为中高—高收入组与中低—低收入组，来探讨缩小收入差距对碳效率以及碳排放的影响，相关结果如表 9 所示。①

表 9　按收入水平将基尼系数纳入无效率方差函数

变量	（1）中高—高收入	（2）中低—低收入
ln（人均 GDP）	-9.8195*** (0.8388)	-4.5830*** (0.2210)
ln（人均 GDP）^{2}	1.2982*** (0.0970)	0.9418*** (0.0529)
ln（人均 GDP）^{3}	-0.0539*** (0.0037)	-0.0508*** (0.0034)
ln（工业增加值比重）	0.4487*** (0.0330)	0.2722*** (0.0250)
ln（人口密度）	0.7511*** (0.0463)	-0.0592 (0.0634)
ln（进口比重）	0.1095*** (0.0240)	0.1185*** (0.0096)
时间趋势项	-0.0726*** (0.0182)	0.0547** (0.0227)
个体效应	控制	控制
$\ln\sigma_u^2$		
基尼系数	-0.4637*** (0.2295)	-0.0056 (0.0069)
常数	6.1332 (5.2473)	-1.4691*** (0.2894)
$\ln\sigma_v^2$	-3.7230*** (0.0348)	-21.8261*** (3.4734)

---

① 对高收入、低收入、中低收入与中高收入的划分来源于联合国官方数据，考虑数据量限制，本文在此没有按照收入将样本分为四组。

续表

变量	（1）中高—高收入	（2）中低—低收入
个体	63	41
观测值	1720	1048
曲线形态	倒"N"形	倒"N"形
转折点	6.0928 9.9709	1.5848 9.1221
对应人均GDP	442；21393	28；8340

注：***、**、*分别表示在1%、5%、10%水平上显著，括号内为标准误。

表9第（1）列汇报了基于中高—高收入国家的无效率方差参数化结果，结果显示基尼系数的系数为负且在1%水平上显著，同时其系数大小高于分组前的系数值；第（2）列汇报了基于中低—低收入国家的方差参数化结果，结果显示基尼系数并不显著且绝对值很小。以上结果说明，收入不平等对碳效率和碳排放的影响存在异质性，在中高—高收入国家，由于经济发展水平整体较高，缩小收入差距可能会促进居民对高排放产品的消费，从而加剧碳排放无效率，进而增加碳排放水平，而在中低—低收入组，没有足够证据证明缩小收入差距会加剧人均碳排放水平，[①] 这为处于不同发展阶段的国家统筹实现环境与社会目标提供了重要支持。接下来，本文依据式（4）~（6）量化基尼系数对中高—高收入组国家人均碳排放的影响大小，并列出了基尼系数变化对人均碳排放影响最大的前10位国家和影响最小的后10位国家，如表10所示。[②]

表10 中高—高收入组国家基尼系数变化对人均碳排放量的边际影响

排名	国家	人均碳排放变化（%）	排名	国家	人均碳排放变化（%）
1	芬兰	0.8886	54	哥斯达黎加	0.0086
2	丹麦	0.7985	55	马来西亚	0.0082
3	瑞典	0.7674	56	多米尼克	0.0058
4	斯洛文尼亚	0.7239	57	多米尼加	0.0048
5	白俄罗斯	0.6421	58	厄瓜多尔	0.0038
6	斯洛伐克	0.6270	59	巴林	0.0031
7	捷克	0.6066	60	沙特阿拉伯	0.0029
8	荷兰	0.5285	61	文莱	0.0025
9	比利时	0.4329	62	赤道几内亚	0.0021
10	奥地利	0.3880	63	南非	0.0001

注：此处使用了各国基尼系数和距离因子的平均值进行计算。

由表10可知，在中高—高收入组中，基尼系数每下降0.01，人均碳排放会上升0.0001%~0.8886%，其中变化幅度最大的国家为芬兰、丹麦、瑞典等10个国家，变动水平在0.3%以上；变化幅度最小的为南非、赤道几内亚等10个国家，其变动幅度在0.0001%~0.0086%。[③] 因此，各国在缩小收入不平等的同时必须重视由此带来的碳排放增加问题，注重采用税收等方式调节

[①] 这和Ehigiamusoe等（2022）所得出的结论相似。

[②] 为了方便解释，本文在计算式（6）时所使用的基尼系数G_{it}为经过百分比处理过的两位数，例如，0.45则记为45，因此G_{it}每下降1个单位（45→44），即为基尼系数下降0.01（0.45→0.44）。

[③] 这与Rojas-Vallejos和Lastuka（2020）同样采用SWIID数据库所计算的结果相差不大。

居民对碳密集产品的消费倾向，同时促进低收入群体树立低碳消费观念，优化消费结构，减少非清洁商品及服务的比重。此外，各国还可以通过鼓励相关产品生产部门大力研发低碳产品，降低产品碳含量，进一步降低人均碳排放水平。

六、结论和政策建议

如何平衡经济增长与碳减排目标以实现高质量碳达峰，同时厘清收入不平等与碳排放的关系，对于统筹实现经济、环境与社会目标、构建人类命运共同体和人与自然生命共同体具有重要的理论意义和现实意义。本文基于1971~2019年"一带一路"109个沿线国家的非平衡面板数据，将随机前沿方法与环境库兹涅茨曲线相融合，构造了一条反映沿线最佳碳效率的随机环境库兹涅茨前沿曲线，然后通过开发一项距离因子，在兼顾沿线各国经济增长需求的同时对各国碳减排潜力进行了评估，在此基础上对各国碳达峰潜力和质量进行二维评估，最后本文使用标准化的世界不平等数据库，利用基尼系数对技术无效率方差进行参数化处理，对沿线可能存在的"公平—污染困境"进行检验和量化。相关结论和政策建议如下：

首先，"一带一路"沿线国家碳排放与经济发展之间存在名义为倒"N"形实质为倒"U"形的环境库兹涅茨曲线，且沿线碳排放存在显著无效率因素。经验数据显示，各国通过经济增长与结构优化实现人均二氧化碳排放量下降的人均GDP为2.53万美元（2015年不变价美元）。各国在推动经济增长与结构转型过程中必须合理制定本国碳达峰、碳中和路线图，协同推进经济增长与减排计划。过高的达峰目标必然会对本国经济持续增长和产业结构转型造成阻碍，实质上是为经济发展人为设置了天花板；过低的减排要求则加剧了对气候与环境的不良影响，同时不利于本国经济与能源转型。沿线温室气体达峰所对应的人均GDP与碳达峰相差不大，但是氟化物等其他温室气体达峰点过高，达6万美元以上，各国对于二氧化碳以外的温室气体减排关注度大多不足，因此各国需要在工业、农业等领域加强甲烷、过氧化氮以及氟化物的减排力度，这可以降低气候目标的实现成本和实现难度。

其次，在随机环境库兹涅茨前沿框架下，"一带一路"沿线碳效率在考察期内呈"W"形波动，且具有一定的收敛态势，在经过距离因子修正后，欧洲地区碳效率水平仍然居于第一，非洲地区紧随其后，亚洲地区则仍然具有巨大的减排空间。区域气候目标的达成是实现全球气候目标的必要条件，欧洲地区要从整体出发，加强绿色技术和先进理念溢出，此外欧洲地区要进一步加强可再生能源的研发与推广，降低对传统化石能源的依赖度，以减少本国碳效率水平的波动；而亚洲各国由于处于快速工业化且碳排放比重居于沿线第一，因此要从本国国情出发大力推进本国能源系统转型升级；非洲地区较高的碳效率建立在本国经济发展水平较低的客观事实上，各国在推进工业化进程的过程中要利用自身后发优势，淘汰落后生产方式，将先进技术、管理经验运用到本国工业化进程之中。

再次，以2030年为实现高质量碳达峰的目标时点，沿线国家可以被划分为示范组、改进组、优化组、冲刺组、潜力组与边缘组。其中示范组成员已经完成碳达峰目标且达峰质量较高，其人均GDP与碳效率水平均处于领先地位，其成员要进一步加强绿色技术研发与全球投资，在沿线各国形成示范作用，在保持经济持续增长的基础上助力沿线碳效率水平向高位趋同。改进组国家业已完成碳达峰目标，但是其达峰质量较低，故各国必须加大绿色技术采用，同时加强环境规制力度。优化组成员人均GDP水平已达标，但各国大多依赖本国资源禀赋实现高收入，其碳排放尚未达峰甚至居高不下，因此各国必须加快推进本国产业结构的优化，同时努力加快本国能源系统转型。

同理，对于冲刺组成员来说，其实现高质量碳达峰目标需满足人均GDP年均0%~10%的复合增长率，目标难度较小，各国要进一步优化产业结构、推进本国能源转型，稳步提升碳效率水平。但是对于潜力组来说，年均10%~20%的增长率目标在绿色技术缺乏重大突破的情况下，其压力不容小觑，各国必须认真发展本国工业产业，同时加强气候融资，推动工业化进程。最后，对于边缘组而言，其成员国想要实现高质量碳达峰目标，人均GDP年均复合增长率需满足大于20%，即使绿色技术出现重大突破，其实现难度仍然非常巨大，各国必须努力平衡经济增长与碳减排目标，通过切实提升本国发展水平实现减排，否则极易陷入低水平达峰陷阱，导致本国经济发展进程难以为继。

最后，"一带一路"沿线中高—高收入组国家存在"公平—污染困境"，具体而言，在人均GDP不变的条件下，基尼系数每下降0.01，人均碳排放会增加0.0001%~0.8886%，而在中低—低收入国家则未发现明显证据。因此中高—高收入国家在缩小收入差距的同时，要注意可能造成的碳排放增加。换言之，各国必须协同推进缩小收入不平等与碳减排目标，不能将气候政策与收入分配政策割裂开来。

由于数据限制，本研究仅使用了有限样本研究收入不平等对人均二氧化碳排放的影响，且模型缺少进一步的控制变量。下一步，本文将考虑搜集更为全面的不平等方面的数据，同时构造、寻找其他替代变量来增加控制变量，以增强本文的科学性和稳健性。

参考文献

[1] 崔鑫生，韩萌，方志. 动态演进的倒"U"型环境库兹涅茨曲线 [J]. 中国人口·资源与环境，2019，29（9）：74-82.

[2] 丁仲礼，段晓男，葛全胜，张志强. 国际温室气体减排方案评估及中国长期排放权讨论 [J]. 中国科学：地球科学，2009（12）：1659-1671.

[3] 洪竞科，李沅潮，蔡伟光. 多情景视角下的中国碳达峰路径模拟——基于RICE-LEAP模型 [J]. 资源科学，2021（4）：639-651.

[4] 贾秀东. "一带一路"最大特点是包容 [N]. 人民日报海外版，2015-03-30（001）.

[5] 井波，倪子怡，赵丽瑶，刘凯. 城乡收入差距加剧还是抑制了大气污染？[J]. 中国人口·资源与环境，2021，31（10）：130-138.

[6] 屈秋实，王礼茂，王博，向宁. 中国有色金属产业链碳排放及碳减排潜力省际差异 [J]. 资源科学，2021（4）：756-763.

[7] 邵帅，张曦，赵兴荣. 中国制造业碳排放的经验分解与达峰路径——广义迪氏指数分解和动态情景分析 [J]. 中国工业经济，2017（3）：44-63.

[8] 王文举，陈真玲. 中国省级区域初始碳配额分配方案研究——基于责任与目标、公平与效率的视角 [J]. 管理世界，2019，55（3）：81-98.

[9] 王勇，许子易，张亚新. 中国超大城市碳排放达峰的影响因素及组合情景预测——基于门限-STIRPAT模型的研究 [J]. 环境科学学报，2019，39（12）：4284-4292.

[10] 吴青龙，王建明，郭丕斌. 开放STIRPAT模型的区域碳排放峰值研究——以能源生产区域山西省为例 [J]. 资源科学，2018（5）：1051-1062.

[11] 肖权，方时姣，赵路. 收入差距扩大是否加剧居民环境健康风险——基于CHARLS三期数据的经验分析 [J]. 山西财经大学学报，2020，42（6）：15-29.

[12] 占华. 收入差距对环境污染的影响研究——兼对"EKC"假说的再检验 [J]. 经济评论，2018（6）：100-112+166.

[13] 张越杰，闫佳惠. 中国肉牛产业碳排放的达峰假象——基于EKC理论的实证分析与检验 [J]. 农业经济问题，2022（6）：93-105.

［14］周伟铎，庄贵阳. 雄安新区零碳城市建设路径［J］. 中国人口·资源与环境，2021，31（9）：122-134.

［15］ADB. Meeting Asia's Infrastructure Needs［EB/OL］. https：//www. adb. org/publications/asia-infrastructure-needs，2017.

［16］Agras J.，D. Chapman. A Dynamic Approach to the Environmental Kuznets Curve Hypothesis［J］. Ecological Economics，1999，28（2）：267-277.

［17］Akbostancl E.，S. Türüt-Aşlk，G. O. Tunç. The Relationship between Income and Environment in Turkey：Is There an Environmental Kuznets Curve？［J］. Energy Policy，2009，37（3）：861-867.

［18］Atici C. Carbon Emissions in Central and Eastern Europe：Environmental Kuznets Curve and Implications for Sustainable Development［J］. Sustainable Development，2009，17（3）：155-160.

［19］Badunenko O.，M. Galeotti，L. C. Hunt. Better to Grow or Better to Improve？Measuring Environmental Efficiency in OECD Countries with a Stochastic Environmental Kuznets Frontier［R］. NBER Working Paper，2021.

［20］Baloch M. A.，S. U. Khan，Danish，Z. Ş. Ulucak. Poverty and Vulnerability of Environmental Degradation in Sub-Saharan African Countries：What Causes What？［J］. Structural Change and Economic Dynamics，2020，54：143-149.

［21］Becker R. A. Intergenerational Equity：The Capital-environment Trade-off［J］. Journal of Environmental Economics and Management，1982，9（2）：165-185.

［22］Boyce J. K. Inequality as a Cause of Environmental Degradation［J］. Ecological Economics，1994，11（3）：169-178.

［23］Cantore N.，M. Calì，D. W. Te Velde. Does Energy Efficiency Improve Technological Change and Economic Growth in Developing Countries？［J］. Energy Policy，2016，92：279-285.

［24］Caudill S. B.，J. M. Ford，D. M. Gropper. Frontier Estimation and Firm-specific Inefficiency Measures in the Presence of Heteroscedasticity［J］. Journal of Business and Economic Statistics，1995，13（1）：105-111.

［25］Cui Y.，S. U. Khan，Y. Deng. Environmental Improvement Value of Agricultural Carbon Reduction and Its Spatiotemporal Dynamic Evolution：Evidence from China［J］. Science of the Total Environment，2021，754：142170.

［26］Demir C.，R. Cergibozan，A. Gök. Income Inequality and CO_2 Emissions：Empirical Evidence from Turkey［J］. Energy and Environment，2018，30（3）：444-461.

［27］Dianat F.，V. Khodakarami，S. Hosseini. Combining Game Theory Concepts and System Dynamics for Evaluating Renewable Electricity Development in Fossil-fuel-rich Countries in the Middle East and North Africa［J］. Renewable Energy，2022，190：805-821.

［28］Dogan E.，R. Inglesi-Lotz. The Impact of Economic Structure to the Environmental Kuznets Curve（EKC）Hypothesis：Evidence from European Countries［J］. Environmental Science and Pollution Research，2020，27（11）：12717-12724.

［29］Duan H.，S. Zhang，S. Duan. Carbon Emissions Peak Prediction and the Reduction Pathway in Buildings During Operation in Jilin Province Based on LEAP［J］. Sustainability，2019，11（17）：4540.

［30］Dutt K. Governance，Institutions and the Environment-income Relationship：A Cross-country Study［J］. Environment，Development and Sustainability，2009，11（4）：705-723.

［31］Ehigiamusoe K. U.，M. T. Majeed，E. Dogan. The Nexus Between Poverty，Inequality and

Environmental Pollution: Evidence Across Different Income Groups of Countries [J]. Journal of Cleaner Production, 2022, 341: 130863.

[32] Ekeocha D. O. Urbanization, Inequality, Economic Development and Ecological Footprint: Searching for Turning Points and Regional Homogeneity in Africa [J]. Journal of Cleaner Production, 2021, 291: 125244.

[33] Finco M. Poverty-environment Trap: A Non Linear Probit Model Applied to Rural Areas in the North of Brazil. [J]. American-Eurasian Journal of Agricultural and Environmental Science, 2009, 5 (4): 533-539.

[34] Galeotti M., A. Lanza, F. Pauli. Reassessing the Environmental Kuznets Curve for CO_2 Emissions: A Robustness Exercise [J]. Ecological economics, 2006, 57 (1): 152-163.

[35] Greene W. Fixed and Random Effects in Stochastic Frontier Models [J]. Journal of Productivity Analysis, 2005, 23 (1): 7-32.

[36] Grossman G. M., A. B. Krueger. Environmental Impacts of a North American Free Trade Agreement [J]. CEPR Discussion Papers, 1992, 8 (2): 223-250.

[37] Grossman G. M., A. Krueger. Pollution and Growth: What Do We Know [J]. The Economics of Sustainable Development, 1995, 19: 41.

[38] Grunewald N., S. Klasen, I. Martínez-Zarzoso. The Trade-off between Income Inequality and Carbon Dioxide Emissions [J]. Ecological Economics, 2017, 142: 249-256.

[39] Hadri K. Estimation of A Doubly Heteroscedastic Stochastic Frontier Cost Function [J]. Journal of Business and Economic Statistics, 1999, 17 (3): 359-363.

[40] Hasanov F. J., L. C. Hunt, J. I. Mikayilov. Estimating Different Order Polynomial Logarithmic Environmental Kuznets Curves [J]. Environmental Science and Pollution Research, 2021, 28 (31): 41965-41987.

[41] Haseeb A., E. Xia, M. A. Baloch. Financial Development, Globalization, and CO_2 Emission in the Presence of EKC: Evidence from BRICS Countries [J]. Environmental Science and Pollution Research, 2018, 25 (31): 31283-31296.

[42] He A., Q. Xue, R. Zhao. Renewable Energy Technological Innovation, Market Forces, and Carbon Emission Efficiency [J]. Science of The Total Environment, 2021, 796: 148908.

[43] Intergovernmental Panel on Climate Change. Assessing Transformation Pathways [A] //Climate Change 2014: Mitigation of Climate Change: Working Group Ⅲ Contribution to the IPCC Fifth Assessment Report [R]. Cambridge: Cambridge University Press, 2015.

[44] Internation Energy Agency. World Energy Statistics 2019 [DB/OL]. 2019.

[45] Islam S. N. Inequality and Environmental Sustainability [R]. DESA Working Paper No. 145, 2015.

[46] Jayanthakumaran K., R. Verma, Y. Liu. CO_2 Emissions, Energy Consumption, Trade and Income: A Comparative Analysis of China and India [J]. Energy Policy, 2012, 42: 450-460.

[47] Langnel Z., G. B. Amegavi, P. Donkor. Income Inequality, Human Capital, Natural Resource Abundance, and Ecological Footprint in ECOWAS Member Countries [J]. Resources Policy, 2021, 74: 102255.

[48] Lee C. C., Y. B. Chiu, C. H. Sun. Does one Size Fit All? A Reexamination of the Environmental Kuznets Curve Using the Dynamic Panel Data Approach [J]. Applied Economic Perspectives and Policy, 2009, 31 (4): 751-778.

[49] Li B., S. Han, Y. Wang. Feasibility Assessment of the Carbon Emissions Peak in China's

Construction Industry: Factor Decomposition and Peak Forecast [J]. Science of the Total Environment, 2020, 706: 135716.

[50] Li F., A. Emrouznejad, G. Yang. Carbon Emission Abatement Quota Allocation in Chinese Manufacturing Industries: An Integrated Cooperative Game Data Envelopment Analysis Approach [J]. Journal of the Operational Research Society, 2020, 71 (8): 1259-1288.

[51] Li J., M. Li. Research of Carbon Emission Reduction Potentials in the Yellow River Basin, Based on Cluster Analysis and the Logarithmic Mean Divisia Index (LMDI) Method [J]. Sustainability, 2022, 14 (9): 5284.

[52] Li P., H. Qian, W. Zhou. Finding Harmony between the Environment and Humanity: An Introduction to the Thematic Issue of the Silk Road [J]. Environmental Earth Sciences, 2017, 76 (3): 1-4.

[53] Liu Q., S. Wang, W. Zhang. Income Distribution and Environmental Quality in China: A Spatial Econometric Perspective [J]. Journal of Cleaner Production, 2018, 205: 14-26.

[54] Marsiglio S., A. Ansuategi, M. C. Gallastegui. The Environmental Kuznets Curve and the Structural Change Hypothesis [J]. Environmental and Resource Economics, 2016, 63 (2): 265-288.

[55] Masud M. M., F. B. Kari, H. Banna. Does Income Inequality Affect Environmental Sustainability? Evidence from the ASEAN-5 [J]. Journal of the Asia Pacific Economy, 2018, 23 (2): 213-228.

[56] Panayotou T. Empirical Tests and Policy Analysis of Environmental Degradation at Different Stages of Economic Development [R]. World Employment Programme Research, 1993.

[57] Pata U. K., A. E. Caglar. Investigating the EKC Hypothesis with Renewable Energy Consumption, Human Capital, Globalization and Trade Openness for China: Evidence from Augmented ARDL Approach with a Structural Break [J]. Energy, 2021, 216: 119220.

[58] Pineda A., A. Chang, P. Faria. Foundations for Science-based Net-zero Target Setting in The Corporate Sector Version 1.0 [R]. Science Based Targets, 2020.

[59] Ravallion M., M. Heil, J. Jalan. Carbon Emissions and Income Inequality [J]. Oxford Economic Papers, 2000, 52 (4): 651-669.

[60] Rojas-Vallejos J., A. Lastuka. The Income Inequality and Carbon Emissions Trade-off Revisited [J]. Energy Policy, 2020, 139: 111302.

[61] Sager L. Income Inequality and Carbon Consumption: Evidence from Environmental Engel Curves [J]. Energy Economics, 2019, 84: 104507.

[62] Scruggs L. A. Political and Economic Inequality and the Environment [J]. Ecological Economics, 1998, 26 (3): 259-275.

[63] Shen Z., R. Li, T. Baležentis. The Patterns and Determinants of the Carbon Shadow Price in China's Industrial Sector: A By-production Framework with Directional Distance Function [J]. Journal of Cleaner Production, 2021, 323: 129175.

[64] Shuai J., X. Cheng, X. Tao. A Theoretical Framework for Understanding the Spatial Coupling between Poverty and the Environment: A Case Study from China [J]. Agronomy Journal, 2019, 111 (3): 1097-1108.

[65] Solt F. Standardizing the World Income Inequality Database [J]. Social Science Quarterly, 2009, 90 (2): 231-242.

[66] Stern D. I. The Rise and Fall of the Environmental Kuznets Curve [J]. World Development,

2004, 32 (8): 1419-1439.

[67] Su K., C. Lee. When will China Achieve its Carbon Emission Peak? A Scenario Analysis Based on Optimal Control and the STIRPAT Model [J]. Ecological Indicators, 2020, 112: 106138.

[68] Sun W., C. Huang. How Does Urbanization Affect Carbon Emission Efficiency? Evidence from China [J]. Journal of Cleaner Production, 2020, 272: 122828.

[69] Turner K., N. Hanley. Energy Efficiency, Rebound Effects and the Environmental Kuznets Curve [J]. Energy Economics, 2011, 33 (5): 709-720.

[70] United Nations and Climate and Clean Air Coalition. Global Methane 2021. Assessment: Benefits and Costs of Mitigating Methane Emissions [R]. Nairobi: United Nations Environment Programme, 2021.

[71] United Nations. United Nations Framework Convention on Climate Change [Z/OL]. https://unfccc.int/sites/default/files/convchin.pdf, 1992.

[72] Uzar U., K. Eyuboglu. The Nexus between Income Inequality and CO_2 Emissions in Turkey [J]. Journal of Cleaner Production, 2019, 227: 149-157.

[73] Wei C., J. Ni, L. Du. Regional Allocation of Carbon Dioxide Abatement in China [J]. China Economic Review, 2012, 23 (3): 552-565.

[74] Wei Y., K. Chen, J. Kang. Policy and Management of Carbon Peaking and Carbon Neutrality: A Literature Review [J]. Engineering, 2022.

[75] Wolde-Rufael Y., S. Idowu. Income Distribution and CO_2 Emission: A Comparative Analysis for China and India [J]. Renewable and Sustainable Energy Reviews, 2017, 74: 1336-1345.

[76] World Meteorological Organization. Greenhouse Gas Bulletin: The State of Greenhouse Gases in the Atmosphere Based on Global Observations through 2020 [Z]. 2021.

[77] Wu J., Y. Yao, M. Chen. Economic Uncertainty and Bank Risk: Evidence from Emerging Economies [J]. Journal of International Financial Markets, Institutions and Money, 2020, 68: 101242.

[78] Xia Q., M. Jin, H. Wu. A DEA-based Decision Framework to Determine the Subsidy Rate of Emission Reduction for Local Government [J]. Journal of Cleaner Production, 2018, 202: 846-852.

[79] Yang G., T. Sun, J. Wang. Modeling the Nexus Between Carbon Dioxide Emissions and Economic Growth [J]. Energy Policy, 2015, 86: 104-117.

[80] Yang H., J. He, S. Chen. The Fragility of the Environmental Kuznets Curve: Revisiting the Hypothesis with Chinese Data Via An "Extreme Bound Analysis" [J]. Ecological Economics, 2015, 109: 41-58.

[81] Zhang B., B. Wang, Z. Wang. Role of Renewable Energy and Non-renewable Energy Consumption on EKC: Evidence from Pakistan [J]. Journal of Cleaner Production, 2017, 156: 855-864.

[82] Zhang D., M. Li, X. Ji. Revealing Potential of Energy-saving Behind Emission Reduction: A DEA-based Empirical Study [J]. Management of Environmental Quality: An International Journal, 2018, 30 (4): 714-730.

[83] Zhang S., Z. Huo, C. Zhai. Building Carbon Emission Scenario Prediction Using STIRPAT and GABP Neural Network Model [J]. Sustainability, 2022, 14 (15): 9369.

[84] Zhang X., Y. Chen, P. Jiang. Sectoral Peak CO_2 Emission Measurements and A Long-term Alternative CO_2 Mitigation Roadmap: A Case Study of Yunnan, China [J]. Journal of Cleaner Production, 2020, 247: 119171.

附表

"一带一路"沿线国家碳达峰目标完成情况

组别	成员	碳达峰目标实际状态
示范组	丹麦、新加坡、法国、瑞典、意大利、芬兰、瑞士、卢森堡、德国、西班牙、日本、比利时、荷兰	已达峰（结构达峰）
优化组	冰岛、奥地利、新西兰、塞浦路斯、韩国、马耳他	
	阿联酋、卡塔尔、科威特	未达峰
	文莱	
冲刺组	罗马尼亚、斯洛伐克、斯洛文尼亚、波兰、俄罗斯、匈牙利、葡萄牙、希腊、克罗地亚、哈萨克斯坦	已达峰（提前达峰）
	哥斯达黎加、拉脱维亚、立陶宛	
	巴林、爱沙尼亚、中国、捷克、马尔代夫、沙特阿拉伯、阿曼	未达峰
	马来西亚、土耳其	
潜力组	阿塞拜疆、保加利亚、白俄罗斯、摩尔多瓦、黑山、塞尔维亚	已达峰（提前达峰）
	加蓬、安哥拉、北马其顿、赤道几内亚、南非、黎巴嫩、埃及、多米尼加、伊拉克、厄瓜多尔、格鲁吉亚、突尼斯、亚美尼亚、菲律宾	未达峰
	印度尼西亚、阿尔巴尼亚、阿尔及利亚、泰国、波黑、斯里兰卡、纳米比亚、伊朗、蒙古国、斐济、老挝	
边缘组	乌克兰、塔吉克斯坦	已达峰（提前达峰）
	坦桑尼亚、刚果布、乌兹别克斯坦、刚果金、卢旺达、吉布提、肯尼亚、加纳、吉尔吉斯斯坦、埃塞俄比亚、中非共和国、几内亚、尼日尔、苏丹、几内亚比绍、塞内加尔、巴基斯坦、冈比亚	未达峰
	摩洛哥、塞拉利昂、赞比亚、孟加拉国、莫桑比克、缅甸、科摩罗、马里、布隆迪、越南、贝宁、柬埔寨	

2030年碳达峰的可行性和挑战性

——以山东省为例

王俊杰　裘以峰

[摘要] 尽管中央政府和各省份均制定了碳达峰目标，但这并不意味着2030年碳达峰是容易实现的。各省份在2030年实现碳达峰的难度差别较大，山东省是难度较大的省份之一。使用山东省2000~2020年的数据，可以估计山东省的碳排放总量与人均地区生产总值、城镇人口数量、煤炭占一次能源消费比重和能源强度之间的函数关系。利用该函数设定2021~2060年人均收入等变量的六种典型且合理的情景，可以预测山东省碳排放总量的变化趋势。本文预测结果显示，在"中增长、高减排"情景下，山东省将在2030年实现碳达峰。为在2030年实现碳达峰，山东省需要在"十四五"期间将非化石能源消费比重由7.4%提高到15%，这需要在现有"十四五"规划的基础上增加54.7万千瓦太阳能装机量以及12.3万千瓦风电装机量；对应地，它们分别需要投入额外资金402亿元和60亿元，分别比"十四五"规划投资多约15%和10%。若要实现山东省制定的在2027年前碳达峰这一目标，则需要更大的减排力度和更多的资金投入。可见，2030年实现碳达峰虽然是可行的，但并不是水到渠成的。实现这一目标具有挑战性，它需要非常强的政策引导。山东省可以通过绿色金融、财政补贴和鼓励企业合作等方式激励减排和清洁能源投资。

[关键词] 碳达峰；山东省；能源结构；可行性分析

一、引言

"双碳"目标的确立是统筹新发展格局、走上经济发展深度脱碳转型、实现人与自然可持续发展路径的必然选择，对于全球气候治理和构建人类命运共同体具有重大意义。自改革开放以来，随着经济快速发展，我国能源消耗持续增长，二氧化碳排放日益剧增，2007年我国已成为世界第一大碳排放国。2009年，在哥本哈根大会上，中国政府提出了2020年单位国内生产总值（GDP）碳排放比2005年减少40%~45%的目标。2015年，中国政府在《中美气候变化联合声明》中郑重承诺，将在2030年达到碳排放峰值。2020年9月，习近平主席在第75届联合国大会一般性辩论上明确提出要提高中国的自主贡献力度，再一次重申了2030年碳达峰目标，并提出努力争取2060年前实现碳中和的新目标。此后，中国各省份都制定了碳达峰目标，一些省份规划的碳达峰时间比2030年早数年。那么，碳达峰是水到渠成和很容易实现的吗？一些地方政府认为，做一些规划就能实现碳达峰。这种想法可能是错误的。因此，有必要通过科学的方法加以分析。此外，中国地域辽阔，资源禀赋各异，各地区经济发展极不平衡导致了各地区的能

[作者简介] 王俊杰，经济学博士，江西财经大学经济学院副研究员；裘以峰，江西财经大学经济与社会发展研究院博士研究生。

[基金项目] 国家自然科学基金项目"基于生态足迹方法的自然资源资产负债表编制研究"（72063010）；国家自然科学基金项目"光伏并网发电系统中的短期功率预测与储能容量优化配置研究"（71861012）；江西省教育厅科技项目"中国国家自然资源资产负债表编制与应用"（GJJ210517）；国家社会科学基金重点项目"制造业碳达峰碳中和的实现机制与政策保障"（22AZD095）。

源消费结构和碳排放水平存在显著性差异。因此，有必要从省级层面研究实现碳达峰目标的可行性及所需的政策支持力度。

山东省是经济大省，2021年地区生产总值达8.31万亿元，位居全国第三；GDP增速达8.3%，高于8.1%的全国平均水平；2020~2021年两年平均增长5.9%，高于5.1%的全国平均水平。在能源消耗和碳排放方面，2020年山东省一次能源消费总量高达4.18亿吨标准煤，能源消费量位居全国第一，占全国总量的8.4%；2020年山东省煤炭占一次能源消费的比重为66.8%，远高于56.7%的全国平均水平；2020年碳排放总量8.6亿吨，居全国第一。本文选取山东省作为研究对象，一方面是由于山东省碳排放总量位居全国第一，另一方面是由于山东省能源消费结构以煤炭为主。这两个特征决定了山东省是一个碳达峰难度较大的省份，因此对于山东省碳达峰时间的研究能够为碳达峰难度较大的其他省份提供参考；而且，如果山东省能完成达峰目标，其他省份也应能完成。

现有关于碳达峰的研究在研究对象以及研究方法选取上有所不同，不过对于碳排放的影响因素看法较为一致。

在研究对象选取方面，近年来学者对于碳达峰的研究主要围绕中国整体碳达峰情况以及根据各省特点进行聚类分析而展开。林伯强和蒋竺（2009）均研究了中国整体的碳排放达峰问题，他们指出通过库兹涅茨曲线预测中国碳达峰时间的误差较大，需要考虑能源结构以及碳排放强度等因素的影响。王瑛和何艳芬（2020）采用了自然断点法对于省份进行分类，分析了各省份空间分异化特征以及不同类型省份应当采用的减排策略。也有部分学者从单个大型城市或者一个区域的角度对碳达峰问题进行讨论。杨秀等（2015）在研究北京的碳达峰问题时指出，测算碳排放峰值应考察一次能耗而不是终端能耗，应使用常住人口数据而不是户籍人口。刘晴川等（2017）研究了重庆的碳达峰问题，他们通过对数平均狄氏指数（LMDI）因素分解法将影响碳排放的因素分解为人口、人均GDP、产业结构、能源结构、能源强度和碳排放系数，根据各指标预测的不同分九种场景对于碳达峰情况进行了分析。

在研究方法方面，学者主要选取环境库兹涅茨曲线（EKC）模型、KAYA模型和STIRPAT模型这三种模型。KAYA模型是通过将碳排放因素进行因式分解选取碳排放影响因素的模型，最为常用（何建坤，2013）。由于STIRPAT模型能够较为全面地考察影响碳排放的因素，因此经常被用于碳达峰研究，学者们常常将STIRPAT模型与马尔科夫链相结合，通过马尔科夫链得到各碳排放影响因素的模拟结果，然后通过模拟结果对碳排放峰值进行估计（颜伟等，2021）。部分学者通过环境库兹涅茨曲线对于达峰时间进行预测，但是也有学者认为这一方法具有较大误差，只适合用于碳达峰时间的初步估计（林伯强和蒋竺均，2009）。

在碳排放影响因素选取方面，人口、人均GDP、碳排放强度和能源结构是学者选取较多的几种因素。张伟等（2016）借助KAYA公式对于碳排放影响因素进行了分解，对产业结构和碳排放强度这两个影响因素进行了重点分析，他们认为，能源结构转型是我国产业体系低碳化的主要动力。徐斌等（2019）使用了非参数可加回归模型，他们发现，线性角度下清洁能源发展不会影响碳减排，非线性角度下各地区的清洁能源发展对碳排放的影响具有异质性。Zhang和Tan（2016）通过STIRPAT模型发现，人口因素与碳排放正相关，关联程度在城乡之间存在明显差异。Dong等（2019）通过阈值回归模型发现，低城市化阶段城市化对于碳排放影响不显著，城市化中期二者负相关，城市化后期二者正相关。除了上述提及较多的四个影响因素之外，对外贸易、技术进步和研发投入也被一些学者认为是影响碳排放的因素。林伯强和徐斌（2020）认为，技术进步对于东部地区碳排放的影响不显著，在西部地区这一影响呈现倒"N"形，在中部这一影响呈现正"U"形。

关于如何降低碳排放，林伯强和刘希颖（2021）指出，中国城市化阶段有效控制碳排放的方式以节能减排为主，以发展清洁能源为辅，在不同的城市化阶段需要不同的减排策略。林伯强和李江龙（2015）指出，根据区域能源结构情况的不同分区域进行治理，能够更加有效地降低整体碳排放量。王瑛和何艳芬（2020）认为，降低碳排放量需要分区域、分时间和分行业考虑。颜伟等（2021）分九种不同情景对山东省半岛区域碳排放水平进行预测，着重提出了最优情景"中增长、高减排"下的减排建议。

综上所述，一方面，现有研究主要通过历史数据预测碳达峰时间，鲜有研究将历史数据与政府规划结合起来，探究2030年碳达峰的可行性；另一方面，现有研究主要关注全国层面或某个特定城市，对于某一特定省份的研究较少，也鲜有对山东省的碳排放的研究。本文选取山东省作为研究对象，将历史数据与山东省的"十四五"政府规划结合起来，研究山东省这一碳达峰难度较大的省份在2030年碳达峰的可行性。将历史数据与政府规划结合起来有助于我们更清晰地认识碳达峰目标的挑战性。

本文基本思路如下：首先，用最简单的库兹涅茨曲线估算山东省碳达峰时间，并指出该方法的缺陷；其次，通过KAYA公式分析影响碳排放总量的因素；再次，通过STIRPAT模型，估计山东省碳排放总量与人均收入、城镇人口、煤炭占一次能源消费比重和能源强度之间的函数关系；又次，通过情景分析法，设定2021~2060年人均收入等变量的数值，并利用估计出的函数预测山东省2021~2060年的碳排放量，根据模拟结果分析山东省碳达峰的最优路径；最后，将分析山东省满足最优路径时的能源消费结构调整策略和相应政策安排。

二、碳排放影响因素选取与数据说明

（一）碳排放影响因素选取

最简单的预测碳排放量的方法是环境库兹涅茨曲线（EKC）。EKC仅考虑人均GDP对碳排放总量的影响，它简单地描述了二氧化碳排放和人均收入之间的非线性关系，即碳排放量是人均GDP的一元二次函数。利用山东省往年的人均GDP和碳排放量数据，可以估计出山东省碳排放量的EKC。山东省EKC显示，山东省碳排放总量达峰时间为2017年，与山东省实际情况严重不符。学术界和政府部门都认为山东省2017年之后碳排放量的下降只是暂时的。因此，通过环境库兹涅茨曲线计算得到的达峰时间不太可能实现。这说明仅使用人均GDP这一个变量的库兹涅茨曲线无法准确预测山东省碳达峰时间，需要分析更多的变量对碳排放量的影响。

学术界也常常使用KAYA模型分析碳排放量的变化趋势。KAYA恒等式是Kaya等（2019）在联合国政府间气候变化专门委员会（IPCC）的研讨会上提出的，通常用于碳排放量变化的驱动因子分析。在KAYA公式中除了人均GDP因素外，还包括人口、能源强度和能源结构碳强度因素。理论上，人口总数、人均GDP、能源强度和能源结构碳强度这四个变量均与碳排放总量正相关。下面本文将根据山东省的实际情况以及KAYA公式选取预测因素。

1. 人口因素与人均GDP因素

KAYA公式的前两项为人口与人均GDP，库兹涅茨曲线已经证明了后者对于碳排放具有较大影响。现有研究多使用总人口的增量来分析人口对碳排放量的影响（何建坤，2013；张诗卉等，2021）。不过，总人口的变化只能反映人口要素影响碳排放量的一部分，人口要素对于碳排放量的影响还应当包括人口的城乡流动。郭芳等（2021）指出，城市是我国能源消费和温室气体排放的主要来源，贡献了全国85%的直接碳排放。因此，本文采用城镇常住人口而不是人口总数作为碳排放的驱动变量进行分析。这样做能够很好地考虑人口的城乡流动因素，同时不会忽略人口增加对于碳排放的影响。

2. 能源结构碳强度与能源强度因素

为实现"双碳"目标，我国将不得不主动改变能源消费结构，降低化石能源消费比重，增加非化石能源消费比重。因此，山东省的能源消费结构也将会发生较大的变化。除了考虑人均收入和城镇人口对碳排放的影响之外，本文还需要考虑能源结构碳强度对碳排放量的影响。能源结构碳强度指的是消费每单位能源的碳排放量，高碳排放能源的消费比重是影响这一指标的重要因素，因此能源结构碳强度与能源结构关联较大。

我国一次能源消费中，煤炭是比重最大的能源。山东省也是如此，煤炭占一次能源消费的比重自有统计以来一直在65%以上。一次能源消费中煤炭的比重下降是减少碳排放的重要途径，使用煤炭占一次能源消费的比重能够较好地体现山东省能源消费结构变化，有助于更准确地预测碳排放量。

能源强度即每万元GDP生产过程中的能源消费量。在当前的城市化发展阶段，山东省第二产业比重逐年下降，使得单位GDP能耗逐年下降。能源强度下降有助于在发展经济的同时降低碳排放量，因此该指标也有助于预测碳排放量。

（二）数据说明

本文人均GDP、城镇人口、人口总量、能源消费结构数据均来源于各年份《山东统计年鉴》，山东省清洁能源发电量以及清洁能源装机量数据来源于《中国能源统计年鉴》，山东省二氧化碳排放数据是根据山东省各类能源消费量测算得到。具体的碳排放测算方法参考了王锋等（2013），即用煤炭、汽油、煤油、柴油、燃料油和天然气这6种化石能源的消费量及相应的碳排放因子来计算碳排放量。

通过上述碳排放计算公式可以得到山东省往年碳排放量，如图1所示。山东省碳排放量整体呈上升趋势，在个别年份碳排放总量有所下降，近年来增速有所放缓。2020年山东省碳排放量为8.62亿吨，居全国第一。山东省碳排放量在2017~2020年下降明显，这与山东省碳排放量总体呈现上升的趋势不太一致。其中一个原因是受新冠病毒感染疫情冲击，不少企业停工停产导致山东省碳排放活动明显减少，因此山东省在2020年的碳排放量下降较多。不过，从山东省目前的经济发展水平、产业结构、能源消费结构等因素看，学者和政府部门都相信山东省碳排放量在未来数年依然会持续上升。

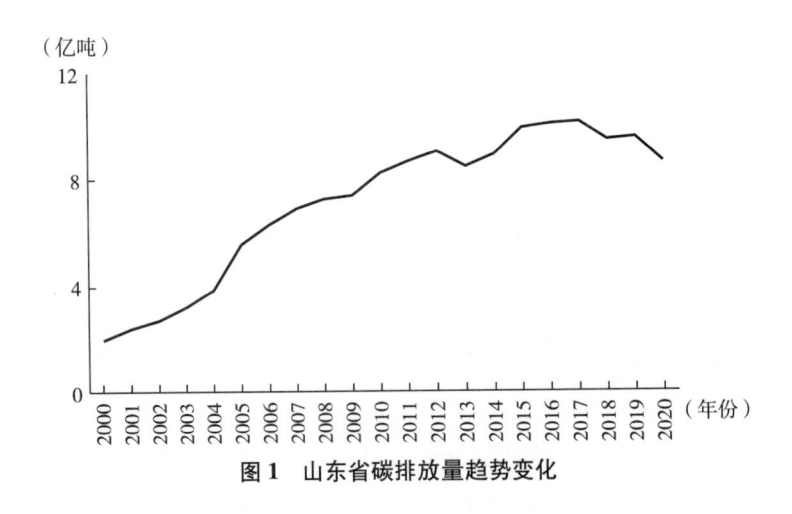

图1　山东省碳排放量趋势变化

三、模型与情景分析

（一）模型

1. 模型构建

通过KAYA模型可以确定影响碳排放的因素包括城镇常住人口数量、人均GDP、煤炭占一次能源消费比重以及能源强度。不过，这些因素对碳排放量的影响程度仍然需要进一步探究。York 等（2003）提出 STIRPAT 模型，用于分析环境变化的驱动因素，包括人口、经济发展水平和技术因素等。本部分通过 STIRPAT 模型测算各因素对于碳排放量的具体影响程度。STIRPAT 模型未包括能源强度和能源消费结构，但这两个因素也是中国人均碳排放变化的重要影响因素。因此本文将能源强度和能源消费结构纳入 STIRPAT 模型，并用于估计山东省碳排放量与城镇常住人口数量、人均 GDP、煤炭占一次能源消费比重、能源强度等因素间的函数关系。

2. 模型估计

宏观经济变量常常存在共线性，需要做共线性检验。通过对煤炭占一次能源消费比重等 4 个变量的共线性检验得到方差膨胀系数（VIF），其中人均地区生产总值和城镇人口的 VIF 均大于 10。VIF 大于 10 说明上述变量之间存在多重共线性。当变量之间存在多重共线性时，无法通过最小二乘法准确估计模型系数。为了得到各变量的准确系数，正确分析碳排放量影响因素，本文采用岭回归分析法进行模型拟合。岭回归是基于最小二乘法的改进估计方法，当自变量存在多重共线性时，岭回归方法在其标准化矩阵的元素主对角线上人为地加入一个非负因子 k。这种处理虽然使得回归系数的估计稍有偏差，但可以明显提高估计的稳定性。通过岭回归系数检验可知，本文中 k 值取 0.003 最佳。

使用岭回归方法估计改进后的 STIRPAT 模型可以得到以下结果：

$$\ln co_{2t} = -5.852 + 0.696\ln mt_t + 0.921\ln czrk_t + 0.599\ln rjgdp_t + 0.567\ln nyqd_t \tag{1}$$

其中，co_2、mt、$czrk$、$rjgdp$ 和 $nyqd$ 分别表示碳排放总量、煤炭占一次能源消费比重、城镇常住人口、人均 GDP 以及能源强度。方程调整后的为 0.99，所有变量的系数符号均大于零且显著，符合预期。这些结果表明碳排放量估计模型比较合理。

本文利用式（1）拟合了山东省的碳排放量，如图 2 所示。根据拟合方程计算的山东省 2000~2020 年碳排放模拟值与实际值在大多数年份高度吻合，说明使用式（1）预测山东省的碳排放量较为合理和准确。其中，2020 年的模拟值与实际值相差较大，这明显与新冠病毒感染疫情这一极端事件冲击有关。不过，这个误差不会影响模型的长期预测精度。

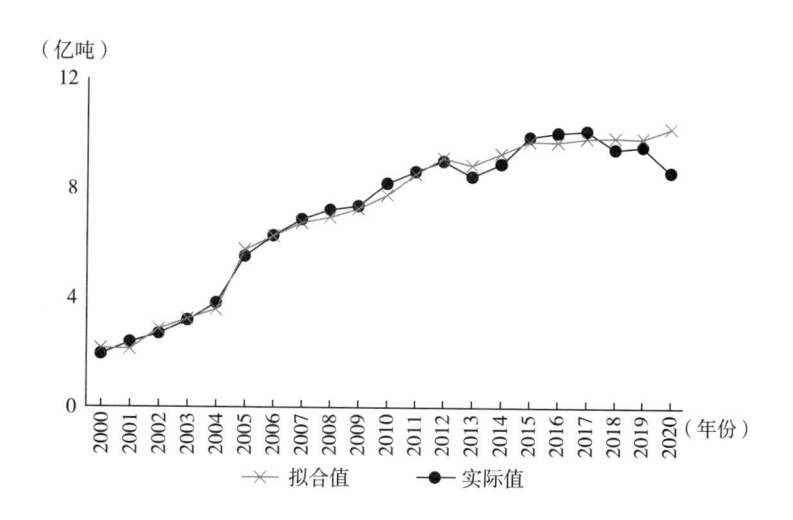

图 2 山东省碳排放拟合值与实际值

（二）情景模拟

本文使用上述函数式（1）预测山东省 2021~2060 年碳排放量，预测之前需要设定 2021~2060 年各年份的人均 GDP 增速、城镇人口增速、能源强度增速和能源消费结构变化趋势。本文采用情景分析法对模型各变量进行阶段性设定，各变量的设定充分考虑山东省的政策规划以及社会发展的历史规律以确保设定的合理性。参考学术界常用的方法，本文将预测周期分为包含若干年份的阶段，分别设定各阶段的情景。本部分将2021~2060年分为八个阶段，每阶段五年，分别是2021~2025年、2026~2030年、2031~2035年、2036~2040年、2041~2045年、2046~2050年、2051~2055年、2056~2060年。自变量中人均GDP与城镇人口为经济变量，体现的是地区的经济发展水平变化，设定为低增长、中增长、高增长三种情景。煤炭占一次能源消费比重与能源强度为减排变量，体现的是地区的执行碳减排政策带来的变化，在"双碳"目标背景下，需要较大的减排力度才能实现碳中和、碳达峰目标，故不大可能再实施低减排政策了；且山东省减排压力相对于其他省份更大，更不可能实施低减排政策了。因此，减排变量只设定中减排、高减排两种情景。上述设定的4个变量的不同情景进行组合可以得到36种不同情景，为了简化，本文只考虑以下六种典型情景（见表1）。

表1 情景分析法设置的六种情景

	人均GDP	城镇人口	煤炭比重	能源强度
低增长、中减排	低增长	低增长	中减排	中减排
中增长、中减排	中增长	中增长	中减排	中减排
高增长、中减排	高增长	高增长	中减排	中减排
低增长、高减排	低增长	低增长	高减排	高减排
中增长、高减排	中增长	中增长	高减排	高减排
高增长、高减排	高增长	高增长	高减排	高减排

1. 经济变量情景设定

《山东省国民经济和社会发展第十四个五年规划和2035年远景目标纲要》（以下简称《山东省"十四五"规划》）中提出"十四五"期间，山东省地区生产总值年均增长5.5%。2020年山东省人口总数变化幅度较小，较上一年增长0.5%。人均GDP=GDP/人口总数，故可以得到在《山东省"十四五"规划》的设定下，山东省人均GDP年均增速为5%。因此本文设定2021~2025年山东省人均GDP在高、中、低三种情景下增速分别为5.5%、5%、4.5%。根据历史经验，随着国民经济发展，人均GDP增速会逐渐下降。我国当前的人均GDP水平大约相当于G7国家1980年的人均GDP水平，因此可以简单预测我国2060年的人均GDP大约相当于G7国家2020年的水平，人均GDP增速也类似。G7国家在2010~2020年人均GDP增速都不到2%，考虑到我国经济制度的灵活性，预计我国在2060年前后人均GDP增速可能在2%~3%，山东省也类似。因此本文设定2056~2060年山东省人均GDP在高、中、低三种情景下增速分别为3%、2.5%、2%；并设定在上述8个五年阶段，人均GDP增速逐渐递减。详细设定如表2所示。

表2 经济变量年均增长率预测值　　单位:%

时间段	人均GDP增长率			城镇人口增长率		
	低增长	中增长	高增长	低增长	中增长	高增长
2021~2025年	4.5	5.0	5.5	1.0	1.5	2.0
2026~2030年	4.0	4.6	5.0	0.9	1.4	1.8
2031~2035年	3.5	4.2	4.5	0.8	1.2	1.6
2036~2040年	3.1	3.8	4.1	0.6	1.0	1.3
2041~2045年	2.8	3.5	3.8	0.4	0.7	1.0
2046~2050年	2.5	3.2	3.5	0.1	0.4	0.6
2051~2055年	2.2	2.9	3.2	0.01	0.1	0.2
2056~2060年	2.0	2.5	3.0	0.01	0.01	0.1

山东省 2019 年城镇人口为 6194 万人，2020 年城镇人口为 6401.43 万人，增速为 3.3%。城镇人口数量受城镇化率以及总人口变化的影响。2020 年山东省常住人口城镇化率为 61.8%，《山东省"十四五"规划》提出"十四五"时期末山东省常住人口城镇化率增长到 65%。2020 年山东省的人口增速为 0.5%。根据以上数据可以得到，在《山东省"十四五"规划》的设定下，城镇人口增速为 1.5%。因此，本文设定 2021~2025 年山东省城镇人口在高、中、低三种情景下的增速分别为 2%、1.5%、1%。随着山东省城镇化率的提高，城镇人口增速会有所放缓。预计山东省将在 2060 年左右达到城镇化率顶峰。本文设定在高、中、低三种情景下，山东省 2056~2060 年的城镇人口增长率分别为 0.1%、0.01%、0.01%；并设定在上述 8 个五年阶段，城镇人口增长率逐渐递减。详细设定如表 2 所示。

根据上述设定可以计算得到，在低增长情景下，2030 年和 2060 年山东省人均 GDP 将分别是 110102 元和 243576 元，它们分别是 2020 年的 1.52 倍和 3.35 倍；在中增长情景下，2030 年和 2060 年山东省人均 GDP 将分别是 116053 元和 311729 元，它们分别是 2020 年的 1.6 倍和 4.29 倍；在高增长情景下，2030 年和 2060 年山东省人均 GDP 将分别是 121132 元和 358399 元，它们分别是 2020 年的 1.67 倍和 4.94 倍。在低增长情景下，2030 年和 2060 年山东省城镇人口将分别是 7036.22 万人和 7743.93 万人，它们分别是 2020 年的 1.1 倍和 1.21 倍；在中增长情景下，2030 年和 2060 年山东省城镇人口将分别是 7392.6 万人和 8760.12 万人，它们分别是 2020 年的 1.15 倍和 1.37 倍；在高增长情景下，2030 年和 2060 年山东省城镇人口将分别是 7727.1 万人和 9809.31 万人，它们分别是 2020 年的 1.2 倍和 1.53 倍。根据发达国家的历史经验，这些结果都是非常有可能的，表明本文的上述设定具有一定合理性。

2. 减排变量情景设定

山东省 2020 年煤炭占一次能源消费比重为 66.8%，《山东省能源发展"十四五"规划》中提出煤炭比重到"十四五"末期降低到 60%，因此设定 2021~2025 年煤炭占一次能源比重增速为-2.2%较为合适[因为 0.668×(1-0.022)^5=0.60]。随着山东省煤炭占一次能源消费的比重不断下降，继续降低煤炭比重的难度会越来越大，煤炭占一次能源消费的比重降低速度必然逐渐放缓。同时由于碳中和碳达峰政策的原因，煤炭占一次能源消费比重的降低速度不会太慢，因此，低减排政策是不大可能采取的。于是，本文只考虑中减排和高减排情景。8 个五年阶段煤炭比重和能源强度变化率设定如表 3 所示。

表 3 减排变量年均变化率预测值   单位:%

时间段	煤炭占一次能源消费的比重变化率		能源强度变化率	
	中减排	高减排	中减排	高减排
2021~2025 年	-2.2	-3.2	-3.1	-3.5
2026~2030 年	-2.1	-3.0	-2.9	-3.2
2031~2035 年	-2.0	-2.8	-2.7	-2.9
2036~2040 年	-1.9	-2.6	-2.5	-2.6
2041~2045 年	-1.8	-2.4	-2.3	-2.4
2046~2050 年	-1.7	-2.2	-1.9	-2.2
2051~2055 年	-1.6	-2.0	-1.6	-2.0
2056~2060 年	-1.5	-1.8	-1.3	-1.8

2020 年山东省能源强度为 0.57 吨标准煤/万元，山东省"十四五"规划未对能源强度提出明确目标，于是本文根据能源强度计算公式对山东省能源强度进行预测和设定。能源强度即单位 GDP 的能源消耗量。《山东省能源发展"十四五"规划》中提出，山东省"十四五"期间能

源消费总量控制在 4.54 亿吨标准煤;《山东省"十四五"规划》中提出,山东省 GDP 2021~2025 年预期年均增长 5.5%。据此估计,山东省 2025 年 GDP 为 93333.19 万元,能源强度为 0.486。因此,本文设定,在中减排情景下,山东省 2021~2025 年能源强度增速为 -3.1% [因为 $0.57\times(1-0.031)^5=0.486$];在高减排情境下,2021~2025 年山东省能源强度增速为 -3.5%。此外,本文设定能源强度的变化率随时间变化逐渐减小,且由于低减排情景不符合碳中和碳达峰政策要求,因此不考虑低减排情景。

在中减排情景下,2030 年和 2060 年山东省煤炭占一次能源消费的比重将分别是 53.78% 和 31.67%,它们分别是 2020 年的 0.8 倍和 0.43 倍;在高减排情景下,2030 年和 2060 年山东省煤炭占一次能源消费的比重将分别是 48.78% 和 24.26%,它们分别是 2020 年的 0.73 倍和 0.36 倍。在中减排情景下,2030 年和 2060 年山东省能源强度将分别是 0.42 和 0.23 吨标准煤/万元,它们分别是 2020 年的 0.73 倍和 0.4 倍;在高减排情景下,2030 年和 2060 年山东省能源强度将分别是 0.41 和 0.2 吨标准煤/万元,它们分别是 2020 年的 0.71 倍和 0.35 倍。根据历史经验,这些结果都是非常有可能的,表明本文的上述设定具有一定合理性。

(三) 模拟结果

利用表 2 和表 3 的设定以及 2020 年山东省的人均 GDP、城镇人口数、煤炭占一次能源消费比重和能源强度数据,可以计算出六种情境下 2021~2060 年山东省这些变量的预测值,再利用这些变量的预测值就可以计算六种情境下各年份山东省碳排放的预测值。利用上文函数式(1)得到的六种情境下山东省 2021~2060 年碳排放量如表 4 所示。在这六种情境中,碳达峰时间最晚的是在"高增长、中减排",这种情景在 2060 年仍不能达峰;其次是"中增长、中减排"和"高增长、高减排"情景,这两种情景的达峰时间均为 2045 年;随后是"低增长、中减排"和"中增长、高减排",这两种情景的达峰时间均为 2030 年;达峰时间最早的是"低增长、高减排"情景,这种情景下 2021 年即达峰。

(1) 在"高增长、中减排"情景下,山东省到 2060 年碳排放量仍未达峰,显然是无法接受的。这意味着,山东省难以在保持高增长和不采取激进减排措施的情况下实现较早碳达峰。

(2) 在"中增长、中减排"情景下,山东省碳达峰时间为 2045 年,碳排放峰值为 11.810 亿吨。这一情景下无法实现 2030 年前碳排放达峰,也是无法接受的。这意味着,山东省难以在保持中增长和不采取激进减排措施的情况下实现较早碳达峰。

(3) 在"高增长、高减排"情景下,山东省碳达峰时间为 2045 年,碳排放峰值为 11.381 亿吨。这一情景下无法实现 2030 年前碳排放达峰,也是无法接受的。这意味着,在"双碳"目标的约束下,山东省难以采取积极的政策维持经济高速增长,当前的经济增速目标难以继续提高。

表 4 各情景下碳排放量预测结果   单位:亿吨

年份	低增长中减排	中增长中减排	高增长中减排	低增长高减排	中增长高减排	高增长高减排
2021	10.241	10.318	10.394	**10.145**	10.220	10.296
2022	10.264	10.417	10.572	10.071	10.221	10.373
2023	10.287	10.518	10.753	9.997	10.222	10.451
2024	10.309	10.619	10.937	9.925	10.223	10.529
2025	10.332	10.722	11.124	9.852	10.224	10.608
2026	10.335	10.811	11.283	9.775	10.225	10.672
2027	10.338	10.901	11.445	9.698	10.226	10.736
2028	10.341	10.992	11.608	9.622	10.227	10.801

续表

年份	低增长中减排	中增长中减排	高增长中减排	低增长高减排	中增长高减排	高增长高减排
2029	10.344	11.083	11.774	9.546	10.228	10.866
2030	**10.347**	11.175	11.943	9.471	10.229	10.932
2031	10.330	11.243	12.080	9.391	10.227	10.982
2032	10.313	11.311	12.218	9.311	10.224	11.031
2033	10.296	11.380	12.358	9.232	10.222	11.081
2034	10.279	11.449	12.500	9.154	10.219	11.132
2035	10.262	11.518	12.644	9.076	10.217	11.182
2036	10.222	11.562	12.748	8.991	10.210	11.213
2037	10.182	11.606	12.854	8.906	10.204	11.243
2038	10.143	11.651	12.961	8.822	10.198	11.273
2039	10.103	11.695	13.068	8.739	10.192	11.303
2040	10.064	11.739	13.177	8.656	10.185	11.334
2045	9.813	**11.810**	13.556	8.215	10.059	**11.381**
2050	9.471	11.794	13.782	7.722	9.812	11.269
2055	9.134	11.658	13.805	7.258	9.452	11.001
2060	8.865	11.481	13.853	6.870	9.079	10.766
达峰时间	2030年	2045年	2060年仍未达峰	2021年	2030年	2045年

（4）在"低增长、中减排"情景下，山东省碳达峰时间为2030年，碳排放峰值为10.347亿吨。这表明，如果在按照当前计划的减排措施，山东省只有以牺牲经济增长为代价才能实现2030年碳达峰。

（5）在"中增长、高减排"情景下，山东省碳达峰时间为2030年，碳排放峰值为10.229亿吨。这意味着，山东省可以在保持中增长和采取激进减排措施的情况下实现2030年碳达峰，当前的经济增长目标较为合适，不过可能还需加大减排力度。

（6）在"低增长、高减排"情景下，山东省碳排放量2021年即达峰，碳排放峰值为10.145亿吨。这种情景虽然能实现最快达峰，但是它一方面需要牺牲经济增长，另一方面需要非常激进的减排措施，这是舍本逐末，是非常不可取的。

综合上述六种情景可知，"中增长、高减排"是实现碳达峰最优路径。"低增长、中减排"这一情景虽然也能实现2030年碳达峰，但需要一定程度上以牺牲经济增长为代价，是不太可取的；而且，这种情景的峰值碳排放高于"中增长、高减排"情景，未来碳中和的难度更高。因此，"中增长、高减排"是最优选择。下文中，本文将进一步分析这种最优情景的可行性与政策选择。

四、可行性分析与政策选择

在2030年前实现碳达峰的约束条件下，"中增长、高减排"为山东省实现达峰的最优方案。表5为该情景下各变量的模拟变化数据。"中增长、高减排"情景中，2021~2025年人均GDP和城镇人口增速的设定与山东省"十四五"规划一致，不过，煤炭比重和能源强度的设定比山东省"十四五"规划更为严格。因此，为实现2030年碳达峰，需要对现有减排政策进行调整使其符合高减排情景，经济政策则不需要调整。本文针对"十四五"期间实现"中增长、高减排"情景提出关于降低煤炭占一次能源消费比重的具体措施。

表5 "中增长、高减排"情景各变量变化率数据设定　　　　　单位:%

	类型	2021~2025年	2026~2030年	2031~2035年	2036~2040年	2041~2045年	2046~2050年	2051~2055年	2056~2060年
人均GDP	中增长	5.00	4.60	4.20	3.80	3.50	3.20	2.90	2.50
城镇人口	中增长	1.50	1.40	1.20	1.0	0.70	0.40	0.10	0.01
煤炭比重	高减排	-3.20	-3.0	-2.80	-2.60	-2.40	-2.20	-2.0	-1.80
能源强度	高减排	-3.50	-3.20	-2.90	-2.60	-2.40	-2.20	-2.0	-1.80

为实现高减排目标，山东省需要将煤炭占一次能源消费比重在"十四五"期间的降低速度由山东省"十四五"规划的每年2.2%提高到每年3.2%，这意味着2025年煤炭占一次能源消费比重由山东省"十四五"规划的60%减少到56%；在山东省制定高减排政策的情景下，对外购电力的需求将会提高，因此本文设定2025年其他能源消费比重由山东省"十四五"规划的8%增加到10%；山东省规划到2025年将天然气和油品占比由19.2%调整为19%，这一调整幅度并不大，在高减排情景下这一比例也应当不会发生较大变化，天然气和油品占比为19%比较符合实际情况；山东省规划在"十四五"期间非化石能源（新能源及可再生能源）消费比重由7.4%提高到13%左右，这个增长速度无法满足"高减排"情景，非化石能源消费在2025年提高到15%才能够满足"中增长、高减排"情景下的能源结构变动需要。调整后的具体能源结构如图3所示。

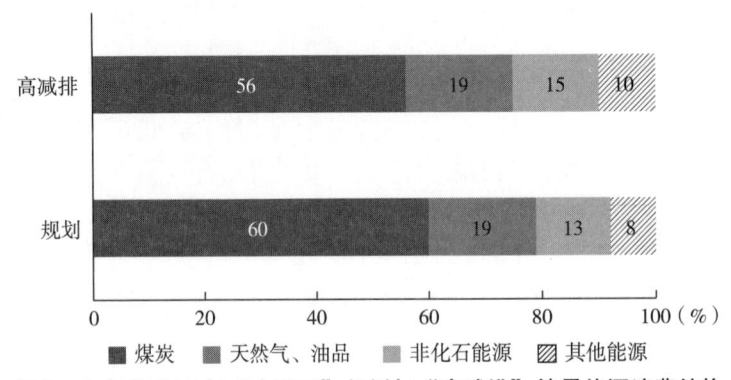

图3 山东省2025年"十四五"规划与"高减排"情景能源消费结构

注：其他能源是指从外省输入的化石能源电力。

在中增长情景下，GDP增速与规划一致。经济发展与能源需求具有较强的依存关系，因此中增长情境下能源需求与规划应大致相等。《山东省能源发展"十四五"规划》中计划2025年地区能源消费总量达到4.54亿吨标准煤，因此假设"中增长、高减排"情景下2025年地区能源消费总量为4.54亿吨标准煤。非化石能源消费占比的计算方式是：非化石能源电力消费量×电力折算标准煤等价系数÷地区能源消费总量。

其中，电力折算标准煤等价系数为4.04，单位为万吨标准煤/亿千瓦时。根据式（1）计算得到"中增长、高减排"情景下2025年非化石能源电力消费量为1685亿千瓦时。根据《山东省能源统计年鉴》，2020年山东省清洁能源发电量为824亿千瓦时，这意味着"中增长、高减排"情景下2025年山东省清洁能源发电量比2020年增加861亿千瓦时。另外，山东省规划2025年全社会用电总量8600亿千瓦时，于是可计算出"中增长、高减排"情景下山东省2025年山东省清洁电力占全社会用电量比重为19.6%，而在2020年这一比例为11.9%。这表明为了实现碳达峰目标，山东省需要大幅增加清洁电力比重。

根据《山东省能源发展"十四五"规划》，2025年清洁能源发电装机规模达到8000万~9000万千瓦，其中风电2500万千瓦，光伏发电5700万千瓦，核电570万千瓦，生物质能及其他发电400万千瓦。

下面本文通过2019年清洁能源装机量以及发电量计算清洁能源转化为电力的效率，并用此转化效率测算，在山东省"十四五"规划下2025年清洁能源实际发电量。其中，装机电力转化率=能源发电量/能源装机量。根据《中国能源统计年鉴》，山东省2019年山东省风能和太阳能发电量以及装机量如表6所示。核能以及生物质的装机电力转化率受自然环境影响较小，且2019年末山东省首座核电厂才开始供电，导致使用山东省自身的相关数据计算装机电力转化率会出现较大误差，因此核能以及生物质采用2019年全国数据进行核算较为合适。计算结果如表6所示。根据能源发电量=能源装机量×装机电力转化率，计算得到2025年清洁能源计划发电量为1618亿千瓦时，与上文设定的"中增长、高减排"情景下的清洁能源发电量1685亿千瓦时相差67亿千瓦时。这表明，目前规划的清洁能源装机容量还不能满足高减排情景的需求，为了实现2030年碳达峰，还需进一步增加清洁能源装机容量。

表6 2019年各清洁能源装机量与发电量与2025年预测值

年份	指标	核能	生物质	太阳能	风电	总发电量
2019	装机量（单位：万千瓦）	4988	2254	1619.5	1353.8	
	发电量（单位：亿千瓦时）	3662.43	1111	166.9	224.99	
	装机电力转化率	0.734	0.493	0.103	0.166	
2025	规划装机量（单位：万千瓦）	570	400	5700	2500	
	预计发电量（单位：亿千瓦时）	418.52	197.16	587.42	415.48	1618.58

《山东省能源发展"十四五"规划》提出要着重发展太阳能与风能，其中，太阳能规划新增装机量为3428万千瓦，风能规划新增装机量为767万千瓦，二者比例为4.47∶1。根据这一比例，为了增加67亿千瓦时清洁电力，太阳能发电量与风能发电量各需增加54.7亿千瓦时和12.3亿千瓦时。这意味着，太阳能装机量与风电装机量需要分别增加531万千瓦（54.7/0.103=531）和74万千瓦（12.3/0.166=74）。

本文根据《中国电力年鉴2019》整理计算了各地区装机费用，山东省所在的华东地区太阳能装机费用和风电装机费用分别为7570元/千瓦和8083元/千瓦。据此可以计算出，为了实现上述太阳能和风电装机目标，2021~2025年山东省需要比"十四五"规划多支出402亿元用于太阳能装机以及60亿元用于风电装机，即"十四五"期间每年分别增加80亿元和12亿元用于太阳能装机和风电装机。根据《山东省能源发展"十四五"规划》，"十四五"期间太阳能与风能平均每年装机花费529亿元与124亿元。模拟的"中增长、高减排"情景下，风电装机费用将比规划费用增加约9.7%，太阳能装机费用将比规划费用增加约15.2%。这两种情况加幅度都不小，但也不是不可能达到的。也就是说，为了实现2030年碳达峰，山东省需要加强减排力度，特别是需要提高清洁能源装机规模，这将是一项较为艰巨的任务。

综上所述，高减排情景需要实施非常积极的减排措施，这就需要大量的资金投入。这些资金将主要通过金融系统获得，也需要政府支持和引导。

五、结论与政策建议

（一）结论

本文采用KAYA公式选取预测碳排放总量的因素，分别为人均GDP、城镇人口总量、煤炭占一次能源比重以及能源强度，并使用STIRPAT模型估计上述因素对于山东省碳排放总量的具体影响。本文将2021~2060年分为8个时段，每段5年，对人均GDP增速和城镇人口总量增速分别设定高、中、低三种情景，对煤炭占一次能源比重和能源强度降速分别设定高、中两种情景，分别设定8个时段4个变量在不同情景下的数值，并选取其中6种典型情景做模拟分析，估算2021~2060年山东省的碳排放量。模拟结果表明：

（1）"中增长、高减排"情景为山东省实现碳达峰的最优情景，这种情景不需要以牺牲经济增长为代价，但需要实施较为激进的减排措施。在这种情景设定下，山东省2021~2025年人均GDP年均增速为5%，城镇人口年均增长1.5%，煤炭占一次能源消费比重年均下降3.2%，能源强度年均下降3.5%。该情景下山东省发展速度适中，符合山东省目前制定的发展规划；减排力度则大于目前制定的减排规划。在这种情景下，山东省达峰时间为2030年，达峰时碳排放量为10.229亿吨。这表明，山东省能够实现国家制定的2030年前实现碳达峰的目标，但是山东省政府制定的2027年前碳达峰的目标实现难度较大。

（2）为了实现在2030年碳达峰，政府需要重新制定减排力度更大的碳达峰政策。山东省需要提高清洁能源比重、推广分布式光伏、对减排企业提供更多的优惠政策。"中增长、高减排"情景下，山东省在"十四五"期间需要在现有减排规划基础上，增加54.7万千瓦太阳能装机量以及12.3万千瓦风电装机量。到2025年山东省需要比"十四五"规划多支出402亿元用于太阳能装机以及60亿元用于风电装机。

（3）山东省是一个实现碳达峰难度较大的省份，本文的模拟分析表明，山东省在2030年实现碳达峰是可行的，这也表明我国制定的2030年碳达峰目标是可行的。不过，对山东省的分析也表明，碳达峰并不是通过简单规划就能实现的，现有的规划并不一定能实现2030年碳达峰，它需要更加强有力的政策和资金支持。

（二）政策建议

本文的模拟分析表明，山东省需要大幅提高清洁能源的装机规模才能实现2030年碳达峰这一目标，这需要进一步增加资金投入。在大幅度增加清洁能源装机支出的情况下，山东省需要通过制定筹资政策，以减轻由于清洁能源装机量增加带来的短期财政负担。具体的政策建议如下：

（1）可以通过绿色金融获得清洁能源装机投资。绿色金融是指为支持环境改善、应对气候变化和资源节约高效利用的经济活动。清洁能源装机业务具有前期投入高且回报周期较长的劣势，容易面临前期投融资不足以及后期投资乏力的问题，绿色金融可以通过市场融资的方式在装机业务开展的前期给予资金支持，绿色金融市场的投资者对于优质装机项目能够给予持续的资金支持。发挥绿色金融市场的上述作用，建设更加活跃的绿色金融市场对政策提供支持，山东省需要从吸引资金进入绿色金融市场和规范绿色金融市场两方面制定政策。例如，山东省可以通过制定引导政策，引导更多的资金流向绿色金融市场，引导政策包括对绿色企业提供信贷优惠政策、限制非绿色企业贷款权限；山东省可以通过有约束力的绿色信息披露机制，增加资金流向绿色金融市场的动力，具体手段包括构建信息披露机制、构建可量化的绿色信息体系。

（2）提高政府对清洁能源装机的财政支出。一方面，政府可以增加对清洁能源装机的直接投资，如直接由政府投资装机量较大或者装机分布较集中的项目；另一方面，政府可以增加对清洁能源装机的间接投资，如降低清洁能源装机相关项目的税收征收力度、增加清洁能源装机相关项目的补贴资金投入。

（3）通过与企业合作的方式提高投资量。在开展清洁能源装机业务时与本土企业合作投资，或者将部分清洁能源装机相关业务分包出去。相较于绿色金融的筹资方式，与企业合作带来的投资更加稳定并且资金周期更长，可以作为绿色金融的补充手段。

（4）山东省有必要加大力度开展国土绿化工作，提高森林覆盖率，以提升森林的碳汇能力。保护森林、草地等自然资源有助于碳中和目标的实现，而编制自然资源资产负债表有助于摸清自然资源家底（王俊杰，2021）。山东省2021年底森林覆盖率仅为20.9%，低于全国平均水平（23.04%）。山东省有必要做好全省自然资源资产负债表编制工作，摸清自然资源家底，落实生态损害责任追究制度，加强自然资源保护。

参考文献

[1] 郭芳，王灿，张诗卉. 中国城市碳达峰趋势的聚类分析 [J]. 中国环境管理，2021 (1)：40-48.

[2] 何建坤. CO_2 排放峰值分析：中国的减排目标与对策 [J]. 中国人口·资源与环境，2013 (12)：1-9.

[3] 林伯强，蒋竺均. 中国二氧化碳的环境库兹涅茨曲线预测及影响因素分析 [J]. 管理世界，2009 (4)：27-36.

[4] 林伯强，李江龙. 环境治理约束下的中国能源结构转变——基于煤炭和二氧化碳峰值的分析 [J]. 中国社会科学，2015 (9)：84-107+205.

[5] 林伯强，刘希颖. 中国城市化阶段的碳排放：影响因素和减排策略 [J]. 经济研究，2010 (8)：66-78.

[6] 林伯强，徐斌. 研发投入、碳强度与区域二氧化碳排放 [J]. 厦门大学学报（哲学社会科学版），2020 (4)：70-84.

[7] 刘晴川，李强，郑旭煦. 基于化石能源消耗的重庆市二氧化碳排放峰值预测 [J]. 环境科学学报，2017 (4)：1582-1593.

[8] 王锋，冯根福，吴丽华. 中国经济增长中碳强度下降的省区贡献分解 [J]. 经济研究，2013，48 (8)：143-155.

[9] 王俊杰. 基于生态足迹法的自然资源资产负债表编制研究——以江西省土地资源为例 [J]. 当代财经，2021 (12)：15-27.

[10] 王瑛，何艳芬. 中国省域二氧化碳排放的时空格局及影响因素 [J]. 世界地理研究，2020 (3)：512-522.

[11] 徐斌，陈宇芳，沈小波. 清洁能源发展、二氧化碳减排与区域经济增长 [J]. 经济研究，2019 (7)：188-202.

[12] 颜伟，黄亚茹，张晓莹，高梦斐. 基于STIRPAT模型的山东半岛蓝色经济区碳排放预测 [J]. 济南大学学报（自然科学版），2021 (2)：125-131.

[13] 杨秀，付琳，丁丁. 区域碳排放峰值测算若干问题思考：以北京市为例 [J]. 中国人口·资源与环境，2015 (10)：39-44.

[14] 张伟，朱启贵，高辉. 产业结构升级、能源结构优化与产业体系低碳化发展 [J]. 经济研究，2016 (12)：62-75.

[15] 张诗卉，李明煜，王灿，安康欣，周嘉欣，蔡博峰. 中国省级碳排放趋势及差异化达峰路径 [J]. 中国人口·资源与环境，2021 (9)：45-54.

[16] Zhang C. G., Z. Tan. The Relationships between Population Factors and China's Carbon Emissions: Does Population Aging Matter? [J]. Renewable and Sustainable Energy Reviews, 2016 (65): 1018-1025.

[17] Dong F., et al. The Process of Peak CO_2 Emissions in Developed Economies: A Perspective of Industrialization and Urbanization [J]. Resources, Conservation and Recycling, 2019 (141): 61-75.

[18] Kaya Y., M. Yamaguchi, O. Geden. Towards Net Zero CO_2 Emissions without Relying on Massive Carbon Dioxide Removal [J]. Sustainability Science, 2019, 14 (6): 1739-1743.

[19] York R., E. A. Rosa, T. Dietz. STIRPAT, IPAT and ImPACT: Analytic Tools for Unpacking the Driving Forces of Environmental Impacts [J]. Ecological Economics, 2003, 46 (3): 351-365.

智慧降碳：数字经济发展对城市碳排放影响的效应与机制

秦炳涛　俞勇伟　葛力铭

[摘要] 数字经济成为中国经济发展重要引擎的同时，也深刻影响着中国的"双碳"进程。本文基于2006~2020年中国276个地级及以上城市面板数据，运用双重差分法、两阶段三步法和空间双重差分法，实证检验了数字化赋能视角下智慧城市建设的减碳效应。研究发现：数字经济发展显著降低了4%~13%的城市碳排放总量，通过调整时间窗宽、精选对照组等一系列稳健性检验后，该结论依旧成立。机制分析表明，智慧城市借由数字赋能来推动能源消费、生活方式和资源配置三大转型以实现减排，且量化分解结果显示上述机制贡献了超过80%的解释效果。异质性分析表明，数字经济发展的限温控碳成果在大型及其以上规模城市、东部和南方较发达地区以及人、财、物资源禀赋较高的城市更为凸显。此外，空间效应分析表明，在邻近省外关联矩阵下，数字经济发展的碳排放溢出效应虽显著为负，但作用效果最为微弱；在省内关联矩阵下，数字经济发展的碳减排溢出效应强于前者但仍有待提高；而相较于前两者，数字经济发展在省内和邻近省外关联嵌套矩阵下的碳减排溢出效应最为明显。本研究在对数字经济发展与碳排放治理的因果关系提供新的文献证据的同时，也对探索如何运用数字经济赋能绿色低碳转型，从而实现经济高质量发展具有重要的实践意义。

[关键词] 数字经济；城市碳排放；智慧城市试点；数字赋能

一、引言

数字经济已成为全球经济复苏和高质量发展的重要推力。联合国贸易与发展会议（UNCTAD）于2019年发布的报告显示，全球数字经济平均增加值占GDP的15.5%，其中美国作为最早一批发展数字经济的国家占比达到了21.6%，中国由于后发优势以及政策扶持这一数值更是高达30%。在全球传统服务贸易大幅萎缩之际，数字产品交易逆势而上（刘航等，2019）。2019年，全球数字化交付服务规模占当年全球服务贸易的一半，该数值在2020年新冠病毒感染疫情中大幅提升至64%，并且在未来还将保持其上升趋势（UNICATD，2019）。面对世界经济下行压力加剧，进一步释放数字经济红利，赋能经济加速复苏，已成为全球各国的基本共识。中国自党的十八大以来已逐渐成为全球数字经济发展较快的国家之一。《中国数字经济发展蓝皮书（2021年）》显示，中国数字经济规模从2011年的5万亿元增加到2020年的39.2万亿元，增速高达9.6%，当年规模更是占到GDP的38.6%。面对如此蓬勃发展的新型经济，中

[作者简介] 秦炳涛，上海理工大学管理学院副教授、硕士生导师；俞勇伟，上海理工大学管理学院硕士研究生；葛力铭，上海财经大学城市与区域科学学院博士研究生、新加坡国立大学李光耀公共政策学院联合培养博士。

[基金项目] 教育部人文社会科学青年基金项目"中国地级市层面的能效提高与节能技术进步：基于前沿理论与空间计量方法的研究"（16YJC790083）；上海市哲学社会科学规划项目"基于大数据综合指数测度法的'一体化示范区建设'指标体系构建、评价及优化研究"（2020BGL012）；上海财经大学研究生创新基金项目"新发展格局下污染产业转移对环境福利绩效的影响研究"（CXJJ-2022-419）。

国政府在近几年对推进数字经济发展给予了高度重视。2021年3月,《中华人民共和国国民经济和社会发展第十四个五年规划和2035年远景目标纲要》提出，要迎接数字时代，激活数据要素潜能，推进网络强国建设。紧随其后，中国工业和信息化部于同年11月发布了《"十四五"大数据产业发展规划》，明确指出将"发挥大数据特性优势"列为重点任务。这表明中国将进一步加强数字经济在国民经济发展当中的抓手作用，更体现出中国政府致力于通过数字化赋能中国经济发展向高质量转型的决心（赵昌文等，2015；汤铎铎等，2020；赵涛等，2020）。而将数字经济"变现"到城市发展中的智慧城市建设，借助数字经济发展的"东风"乘风而上，实现了智能化城市的初步目标。无论2009年迪比克市和IBM联合打造的世界首个智慧城市，还是近年中国启动的智慧城市试点计划，无不是运用诸如物联网、云计算等新一代信息技术的产物，通过数字技术与城市管理的有机融合来实现城市中物与物、人与人、人与物的全面互联、互通和互助，为城市发展与社会管理开辟了全新的视角，可以说智慧城市建设是数字经济理念落地的重大尝试。

与此同时，数字经济兴起正值全球应对气候变暖的关键时期（Rosenbloom and Markard, 2020）。自2015年《巴黎协定》确定了将平均温升控制在1.5℃~2℃这一目标之后，各国政府相继提出了减排计划。作为2007年后全球最大的能源消费和碳排放国家，中国政府积极承担责任并主动响应号召。2020年9月，习近平主席在第75届联合国大会上发表讲话，"中国二氧化碳排放力争于2030年前达到峰值，努力争取2060年前实现碳中和。"基于中国目前的产业生产惯性、经济发展模式和能源消费体量，这体现了中国政府致力于减缓全球气候危机的坚定决心。上述气候承诺的兑现不仅需要主观上的努力，更加需要客观上的计划。那么，一个亟待回答的问题是，数字经济发展作为帮助中国经济复苏的巨大推力，能否同时成为中国政府实现"双碳"目标的客观计划？若答案是肯定的，那么推动数字经济发展又是否会影响周边区域的碳排放？此外其减排的内在逻辑又是怎样？系统探究上述问题特别是厘清两者因果关系和作用机制，对于夯实数字经济发展成果，深入推进"双碳"目标进程，早日实现"数字强国"转型具有重要的现实意义。

数字经济的相关研究一直是前沿的学术话题。其中，数字经济发展的驱动因素以及边际效应引发了学术界的广泛讨论。针对前一问题，既有研究认为，数字经济的发展要素投入和发展环境支撑是其葳蕤前行的关键所在（裴长洪等，2018；Aguerre，2019；Goldfarb and Tucker, 2019）。因此，现有文献大多基于这两种角度，从人力资本水平、新型设施建设、政府制度保障、产业结构优化以及信息技术升级等方面寻求数字经济发展的影响因素（何菊香等，2015；钟春平等，2017；何大安和许一帆，2020）。而面对后一问题，现有研究主要从两种视角切入，一类主要考虑数字经济所带来的经济效应。聚焦于城市，企业以及就业，从理论和实证分别阐述了数字经济的兴起有效改善了城市的全要素生产率（郭家堂和骆品亮，2016），促进了经济高质量发展（荆文君和孙宝文，2019；赵涛等，2020），推动了企业内部升级（詹晓宁和欧阳永福，2018；王世强等，2020）并提升了地区的就业效应（戚聿东和褚席，2021），为我国现代化经济体系建设，加快新旧动能转换提供更好的现实依据（李晓华，2019）。后一类研究多集中在数字经济及其环境改善效应的讨论。一些研究认为数字经济主要通过升级生产技术驱动清洁产业发展，从而减少PM2.5等大气污染物的排放（李广昊和周小亮，2021；邓荣荣和张翱祥，2022）。此外也有部分研究通过实证发现数字经济能够提升生态效率，实现经济发展和环境改善的协调效应（何维达等，2022）。而直接分析数字经济与碳排放关系的研究较少。缪陆军等（2022）基于城市面板，指出数字经济对碳排放的影响呈现非线性特征且空间溢出效应较弱，然而有研究表明数字经济发展能够显著改善周边区域的碳排放，且在1100千米处达到峰值（徐维祥等，2022）。此外也有研究基于数字经济的核心要素信息技术视角探究与碳排放的关系。如有学者认为信息通信产业的发展将会导致电力消耗急剧攀升，从而增加碳排放量（Salahuddin et al.，2016），而有些研究却指出作为实现碳中和的关键路径，通信信息技术的发展有益于碳交易平台的高效运行并降低碳排放强度（Khan et al.，2018；Bhujabal et al.，2021）。

同时，作为数字经济理念有效落地的智慧城市建设也引起了学术界关注。Angelidou（2014）指出智慧城市是将物联网、云计算、区块链等信息技术融入城市治理，从而促进城市各个系统的高效运行和极速响应，实现绿色宜居和可持续发展。而伴随中国智慧城市试点的正式展开，中国学者也陆续探讨了智慧城市的概念与架构（夏昊翔和王众托，2017）、智慧城市建设的风险与防范（吴俊杰等，2020）以及智慧城市建设对城乡"数字鸿沟"（曾亿武，2022）、污染治理（石大千等，2018）、技术创新（何凌云和马青山，2021）、企业全要素生产率（石大千等，2020）、创业活力（湛泳和李珊，2021）等方面的影响。遗憾的是，除了黄建等（2019）通过分析智慧城市对单位生产总值能耗影响来间接评估智慧城市建设和低碳发展的关系之外，尚未有文献将从数字经济发展的角度审视智慧城市建设，研究智慧城市建设对城市排放的直接影响。

梳理上述文献可以发现，虽然现有研究已经开始关注数字经济对环境治理的影响，并逐步探究数字经济和碳排放的关系。但上述研究仍不能为数字经济对碳排放的影响提供直接证据，一方面，直接检验数字经济对碳排放影响的研究较少且结论并非一致，缺乏翔实的经验支撑；另一方面，现有研究针对数字经济如何影响碳排放的路径梳理较为笼统，其中的作用机制尚需进一步细化和甄别。因此本文基于现有研究不足展开分析，基于 276 个地级及以上城市 2006~2020 年的面板数据，从数字经济赋能技术创新的角度出发，探讨数字经济发展影响城市生活和生产活动、降低碳排放的潜在机理。

对比已有研究，本文可能存在的边际贡献有以下几点：第一，从研究视角来看，本文关注数字经济对城市碳排放的影响，缓解了以往评估数字经济发展的碳减排效应时存在的"主观选择"偏误，有效检验了数字经济对城市碳排放的净效应。尽管数字经济发展对城市碳排放影响的文献已有不少，但侧重构建数字经济发展指数衡量数字化，忽视了主观选择指标与碳排放间的潜在关联，本研究选取与数字经济发展相性的智慧城市试点作为外生冲击，利用这一客观发展战略衡量数字经济发展能更好地消除主观选择指标所带来的估计偏误，并且通过大量识别假定检验和稳健性检验，有效缓解了公共政策存在的内生性问题。第二，现有研究多采取直接效应检验数字经济对碳排放的内在机制，本文基于两阶段三步法构建数字经济减排的长路径，从数字经济影响技术创新的视角出发，验证了数字经济通过"新型城市—技术赋能—三大转型"的机制促进城市生产、生活以及资源的转型，从而实现城市碳减排。第三，本文创新性地将邻近矩阵分为邻近省外矩阵、省内关联矩阵以及邻近省外和省内关联嵌套矩阵并纳入空间双重差分模型，探讨了数字经济网络建设对省外城市、省内城市以及全范围城市碳排放的差异性溢出，丰富了数字经济碳减排的空间异质性研究。

二、理论分析与研究假说

联合国贸易与发展会议发布的《2019 年数字经济报告》对数字经济分别从狭义和广义的角度给出解释。根据狭义的定义，数字经济泛指以信息技术行业（ICT）和以技术为基础所提供的数字化服务为代表的数字产业。而广义的定义则基于狭义基础进行拓展，提出数字经济囊括数字产业的同时，也包括了借助数字化技术推动传统产业升级，提高生产效率的产业数字化过程。可见，无论从哪种定义来看，数字经济的核心驱动力总是技术创新。事实上数字经济发展和技术创新早已形成你中有我，我中有你的状态。一方面，数字经济内生于技术创新，构建数字时代基石的五大数字产业无不建立在新型技术革新基础之上；另一方面，数字经济本身作为一种由技术推动的新型经济形式，打破了信息壁垒，极大提高了信息在全社会传播与整合的效率。内生增长理论认为全社会知识积累所支撑的各领域的创新过程共同促进了经济的高速增长（Romer，1990；Barro，1991；Benhabib and Spiegel，1994），而信息的生产与传播效率又是决定全社会知识积累的关键因素。数字经济的发展突破了时空限制，提升了分布式信息整合的深度和传播的广度，其允许每一个经济个体借助数字平台实现信息共享，加深信息理解并进行信息再加工，通过这种信息交换和递增的循环过程，全社会的知识积累得以增加，最终推动技术创新（Czenich et al.，2011）。那么，推动数字经济建设所激发的技术创新潜能能否进一步成为实现"双碳目标"的主要抓手呢？答案应该是肯定的。大量文献对技术创新能否减少碳排放以及其中机理进行了深入研究，绝大部分研究证实了引致技术革新对碳排放存在抑制效果，并且通过构建不同的模型验证这一结论（Nordhaus，1993；Grubb，1995）。虽然也有学者基于内生增长模型提出技术革新能否降低碳排放主要取决于企业研发技术是否属于清洁型技术（Jaffe et al.，2002；Acemoglu et al.，2012），但随后有研究指出清洁和非清洁技术进步都会对环境质量产生直接作用（董直庆等，2014），而环境技术进步带来的碳减排效应虽然存在区域异质性，但总体降低了碳排放水平（张文彬和李国平，2015）。基于此，本文提出：

假设1：数字经济可以通过赋能技术创新对城市碳排放产生治理作用。

那么，数字经济发展所引致的技术创新又是通过何种细化路径进一步影响碳排放呢？本文通过梳理大量文献发现，数字经济发展使得中国正从要素驱动、投资驱动逐步转向创新驱动。在这种创新驱动下，数字经济拓宽了能源消费绿色化视角、引发了生活方式线上化转型、推动了资源配置合理化进程，最终改善地区的碳排放污染。详细分析如下：

第一，数字经济通过赋能技术创新拓宽了能源消费绿色化视角，进而影响目前的碳排放状况。"一煤独大"的能源格局在过去十年为中国经济的高速增长立下了"汗马功劳"，但这种粗放型的发展方式同时引致了大规模的能源消耗和二氧化碳排放（林伯强和蒋竺均，2009；陈诗一，2009），未能实现生态文明建设和经济稳步发展的"双赢"局面。究其原因，一方面，以煤炭为主的化石能源资源和价格优势完全契合过去中国增量的经济发展导向，使得处在初步工业化发展阶段的中国所投入的生产要素绝大部分来自能源要素，而生产要素投资又具有长期的排放锁定效应（Tong et al.，2019；张小丽等，2020），从而引致阶段性的能源刚性需求，最终造成严重的二氧化碳排放；另一方面，中国过去"赖以生存"的经济发展模式忽略了资源利用效率，一味地采取大规模要素资源投入的方式进行生产和扩大再生产（邬彩霞，2021），而面对同规模的期望产出，能源效率利用率的窘境迫使生产部门投入更多的能源要素，进一步致使碳排放的加剧。

基于以上分析可以看出，能源消费"量"的过犹不及和"质"的参差不齐共同将中国"送入"了碳排放首位大国的局面。而随着中国人口红利逐渐消失，能源约束持续收紧，传统粗放的生产方式难以维持（徐政等，2021）。从数字经济发展的实践来看，其赋能的技术创新可以较好地从供给侧路径改善上述能源问题，具体来说。一方面，面对趋严的碳排放约束，寻找非化石能源作为能源系统的新动力刻不容缓。已有许多研究表明，未来电力将作为非化石能源的主要利用形式（Yang et al.，2018；张希良等，2022）。而无论是业界公认的核心清洁能源风电光伏还是普通的煤电和电气改造，无一不需要数字化技术的介入。如CCS技术将改造未来煤电与电气（Rogelj et al.，2015），在大幅降低成本的同时，生物质的掺杂燃烧将使得部分机组实现零排放（Huang et al.，2020）。而对于风电光伏来说，技术创新所带来的规模效应和扩张效应同样使得发电成本进一步降低从而加速清洁能源替代化石能源的进程（林美顺，2017）。另外，基于全数字化和智能化操纵系统的新型能源汽车的生产不仅能够直接降低来自汽车尾气的二氧化碳排放，还可以间接倒逼厂商减少传统油车的生产数量。另一方面，数字经济推动的数字技术革新能够利用储能、数字化和智能化有效提高能源利用效率（林伯强，2022）。如大数据、云端计算和5G等数字技术可以纳入能源生产消费的各个流程，实现对各个节点、各个环节的全面感知，同时配备了数字技术的智能电网能将传统电网的人工化、经验化控制模式转向实时化、精确化、快速化的高度控制（陶莉等，2019），有效实现了电网"源网荷储"各环节的协同，极大提高了能源的利用效率。最终实现提质增效，去碳治污。

第二，数字经济通过赋能技术创新引发了居民生活方式线上化转型，从而降低碳排放。数字化时代推动了整个技术—经济范式的变革，在改变了中国传统能源消费观的同时，也对社会网络串联的幅度和频度产生了影响，进一步体现在现代人们生活方式、生活观念和常识的深刻转变（胡鞍钢和周绍杰，2002）。数字经济的发展赋能互联网技术飞速发展。基于大数据，人工智能等技术的电商平台、移动支付、远程教育得到飞速发展（罗珉和李亮宇，2015），为人们衣食住行提供了极大便利，大幅提高了公共交通效率并降低了机动车使用频率，尾气排放和道路扬尘的减少有效改善了城市碳排放和空气污染（林伯强和杜之利，2018）。此外，得益于数字通信技术的发展赋能，"互联网+"、云上平台等技术创新突破了各项开放平台的边界，实现了资源的深度交换和信息的充分共享，达到了全社会资源匹配的"帕累托最优"。如共享经济平台不断强化共享电车、共享单车以及共享油车的概念，吸引人们选择更加多样化的出行方式，提高出行体验，改变购车理念，有益于交通工具的能耗降低和尾气减排（Yu et al.，2017），进一步减少生活过程中的碳排放。最后，日趋完善的智能地图系统和各大导航软件也受益于数字化技术的变革，不仅能够实时报告道路异常状况，而且智能化系统还可以为用户规划最优路线，提高公共交通效率的同时有效缓解了道路拥堵，从而降低了源自尾气的碳排放和雾霾污染（Wrobel et al.，2000）。

第三，数字经济通过赋能技术创新推动了资源配置合理化进程，继而为低碳和绿色发展提供助力。如何实现经济发展和生态建设的平衡，究其根本在于如何配置各类生产要素的投入组合以及利用效率（Gawel et al.，2020）。工业化时代，粗放的发展模式意味着劳动、资本和土地等生产要素占主要地位，但受限于边际规模报酬递减的客观事实，这类生产要素所带来的经济增长逐渐放缓，同时现代城市和企业面临发展方式转型的压力也宣告传统生产要素组合不再适用。而数字经济时代，网络效应和"梅特卡夫法则"弱化了部门之间的生产边界性（韩先锋等，2019），打破了供需之间的信息壁垒，完善了价格机制，改变了传统交易和流通方式，最终提升资源配置的合理性。一方面，地方政府通过加大科研支出强度助力数字化发展，而数字化发展赋能的技术创新又将推动企业优化生产流程，改善能源消费结构，同时企业生产者也能借助大数据、物联网等新型数字技术深度挖掘当前消费者偏好以及市场需求（王俊豪和周晟佳，2021），从而制订有效且合理的生产计划，避免资源浪费，提高能源利用效率，继而改善碳排放；另一方面，碳排放的根本原因还是工业生产方式的粗放以及资源使用效率的低下，而推动数字经济发展外生的绿色环保、可持续发展的高质量经济范式（董敏杰等，2012），其带来的资源配置优化将一改能源利用效率低下并减少工业生产中的非期望产出。如推动数字经济发展赋能的技术创新加速了城市的智能化发展，壮大了高新技术产业的发展态势，从而形成对科技人才的刚性需求，实现重新配置人才、资本等资源要素的目标，再通过知识外溢推动企业产业结构向绿色化（宋德勇等，2021）、高端化发展，充分发挥数字化作为市场经济新兴资源配置工具的功能，最终完成资源配置和能源利用效率的双提高，有效改善碳污染。综合上述分析，本文提出：

假设2：通过赋能技术创新拓宽能源消费绿色化视角、驱动生活方式线上化转型和推进资源配置合理化进程是数字经济发展改善碳排放的主要传导路径。

数字经济的典型特征就是通过网络外部性加速了信息传递，压缩了时空距离并对社会经济生活、农业、工业多方面产生正向溢出，从而推动社会经济高质量发展（许宪春和张美慧，2020）。与传统资本、劳动等生产要素不同的是，数字这一生产要素具有的可无限复制、准确识别多样化需求等特性能够实现供给双方快速匹配，因此可以有效突破地理距离的限制，形成一定的范围经济和规模经济和促进不同地区之间的资源共享和跨时空传播（Borenstein and Saloner，2001）。国内外学者也对此进行了充分的研究和分析。有学者基于美国州级面板数据进行研究，发现信息化能够带动邻州的发展（Yilmaz et al.，2002）。随后的研究基于知识溢出和技术传播的视角，拓展了对其溢出距离的分析（Keller，2002）。而以中国社会发展为切入点，同样有不少研究支持以互联网、大数据为代表的数字经济具有空间溢出效应的结论（崔蓉和李国锋，2021；王俊豪和周晟佳，2021）。数字经济的网格效应打破了时空限制，对本地经济活动产生作用的同时，也能通过数字渗透对周边城市的要素生产率（杨慧梅和江璐，2021）、区域创新（徐辉和邱晨光，2021）以及金融发展（李苍舒和沈艳，2019）等方面产生显著的溢出效应。而聚焦于资源环境，同样也有不少研究通过理论和实证指出，借助网络技术和资源共享，可以有效实现城际减排联合治理从而对周边城市的生态环境形成空间溢出（郭峰和陈凯，2021；郭炳南等，2022）。因此，作为环境治理中重要一环的碳排放治理，理应也可以通过数字经济发展产生溢出效应（见图1）。基于此，本文提出：

假设3：数字经济可以通过空间溢出效应作用于周边城市的碳排放。

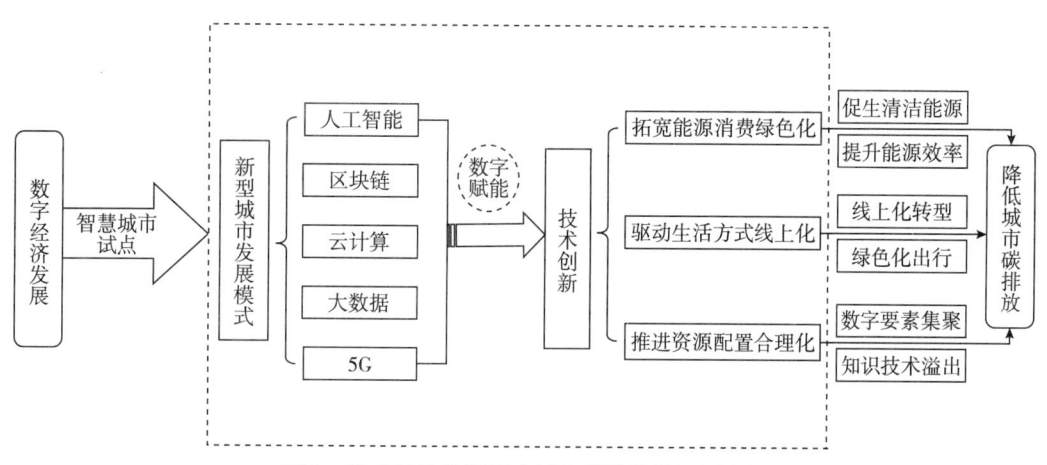

图 1　数字经济发展影响城市碳排放的机制分析

三、研究设计

（一）识别策略

本文的主要研究目的是探究基于国内"双碳"战略的大格局，数字经济的兴起能否为上述战略目标的实现提供助力，这就需要有效识别此两者之间的因果关系。究其本质，数字经济发展主要依赖新一代信息通信技术为支撑，这意味着区别于"铁公基"等传统基础设施的新型基础设施建设将决定数字经济的"命运"走向。一方面，新型基础设施建设在"产新"的同时，也会不断"改旧"，如5G基站建设和传统电网智能化改造等；另一方面，新型基础设施建设为数字经济发展提供了强有力的创新支撑，为培育现代化创新体系提供技术支持（Wang et al.，2020）。就此而言，内生于数字城市，又融合了城市化和移动技术发展（宋刚和邬伦，2012）、推广了大数据中心等新一代信息技术应用的智慧城市则可以视为新型基础设施建设的一次有效尝试，也是推动数字经济发展的一次重要实践。中国住房和城乡建设部于2012年正式印发了《国家智慧城市试点暂行管理办法》和《国家智慧城市（区、镇）试点指标体系（试行）》，正式开启了智慧城市建设试点，并于2012年、2013年以及2014年接连公布了三批城市作为智慧城市建设的"示范点"，力求通过新一代信息技术支撑构筑知识社会创新2.0环境下的城市形态，推动以用户创新、开放创新、大众创新、协同创新为特征的可持续创新和数字化发展。同时是否入选智慧城市试点主要取决于该城市的数字化程度和信息技术能力，从逻辑上来说不太可能受到当地碳排放强度的影响,进一步说明了智慧城市建设是一次外生的政策冲击,这也为本研究的实证工作开展提供了天然样本。

(二) 模型设定

鉴于前文所述,本文借助智慧城市试点这一良好的准自然实验,并运用双重差分法(DID)来评估数字经济发展与碳排放之间的因果关系。研究样本选取上,考虑到智慧城市试点覆盖不同行政层级的建制地区,且分批逐年设立,而本研究选用的是地级市层面数据,因此在处理组和对照组的选取上,本文做了如下处理:第一,部分地级市只有市域内的县或区被纳入智慧城市试点(如朔州市平鲁区、蚌埠市禹会区等),由于本文采用城市层面数据,如果将该类地区纳入处理组样本将会低估数字经济发展对碳排放的作用效果,因此本文剔除了这一类地级市;第二,借鉴已有研究(宋德勇等,2021),为了准确评估智慧城市试点政策的净效应、规避样本选择偏差以及尽量延长政策效应估计区间,本文仅将 2012 年发布的首批智慧城市试点作为处理组(样本为 31 个),非试点城市定义为对照组。同时为了保证结果的准确性和稳健性,本文使用 2013 年(59 个)和 2014 年(55 个)获批的智慧城市进行稳健性检验。

考虑到 DID 估计结果正确与否主要依赖于对照组的选取,即对照组能否客观地反映处理组在未被纳入智慧城市试点这一反事实条件下的碳排放状况。但由于中国不同城市发展异质性较大,不同地区难以满足处理组和对照组时间效应一致的条件。因此,需要尽量选择与实验组特征相似的非试点城市作为对照组来评估政策效果,而倾向得分匹配法(PSM)可以较为有效地缓解上述问题。因此,本研究在 DID 的基础上进一步采用 PSM-DID 模型评估数字经济发展的减排效应(石大千等,2018)。

综合上述讨论,本研究基于 DID 的回归模型设定如式(1)所示:

$$Y_{it} = \beta_0 + \beta_1 Smartcity_{it} + \lambda \sum X_{it} + trend_i + \mu_i + \gamma_t + \varepsilon_{it} \quad (1)$$

进一步地,本研究基于 PSM-DID 进行稳健估计,其回归模型设定如下:

$$Y_{it}^{PSM} = \beta_0 + \beta_1 Smartcity_{it} + \lambda \sum X_{it} + trend_i + \mu_i + \gamma_t + \varepsilon_{it} \quad (2)$$

其中,Y_{it} 为被解释变量,表征本文有关碳排放的各类指标;$Smartcity_{it}$ 为本文的核心解释变量,如果城市 i 在第 t 年入选了智慧城市试点取值为 1,否则取值为 0;X_{it} 为控制变量的集合;$trend_i$ 为城市时间趋势项;u_i 为城市固定效应,γ_t 为年份固定效应,ε_{it} 为随机扰动项。

(三) 变量选择与数据说明

(1) 被解释变量。城市的二氧化碳排放是本文的被解释变量。借鉴 Chen 等(2020)的计算方法,测算城市碳排放量(CO_2)、城市碳排放强度(CEI)和城市人均碳排放(CE),以上变量均取对数[①]。

(2) 核心解释变量。根据上文所述,核心解释变量是智慧城市虚拟变量(Smartcity),如果某城市在 2012 年被纳入智慧城市试点则为 1,否则为 0。

(3) 控制变量。为了更加有效地评估数字经济发展对碳排放的作用效果,本文还控制了其他可能影响城市碳排放的变量。产业结构(ind),用地区第二产业产值占地区生产总值的比重表示;城市人力资本水平(hc),用该城市每万人普通高等在校大学生数表示;人口密度(popu),用城市总人口占该城市行政土地面积比值表示;路网密度(rd),即地区道路里程数比

[①] 此处有两点值得说明。其一,Chen 等(2020)基于中国城市夜间灯光数据并采用粒子群优化—反向传播(PSO-BP)神经网络算法对城市碳排放量进行测算,并将原始数据提供给中国碳排放核算数据库,供研究者免费使用,但其数据年份只到 2017 年。本文借鉴上述算法对后续三年进行补充,具体过程限于篇幅此处不展开,感兴趣的读者可向笔者索取。其二,城市碳排放强度和人均碳排放数据均基于碳排总量基础进行测算,前者是指碳排放量与城市 GDP(万元)的比重,后者是指城市每万人碳排放量。

城市土地面积；基础设施（fra），用地区城市道路面积占地区土地面积的比重表示；对外开放程度（open），以当年实际进出口总额与地区生产总值的比值表示，其中进出口总额使用当年汇率中间价将外币转换成人民币；财政分权度（fiscal），用地区财政预算内收入与预算内支出的比值代替；金融发展水平（fe），用金融机构贷款总额占地区生产总值的比重表示。

（4）数据说明。考虑到数据可得性和统计口径的一致性，最终选择2006~2020年276个地级市的面板数据进行分析，个别数据缺失统一采用插值法补齐。数据来源于历年《中国城市统计年鉴》《中国城乡建设统计年鉴》、各省统计年鉴、各城市统计公报、Wind数据库和EPS数据库。限于篇幅，相关描述性统计未列出，笔者省略备索。

四、实证结果及分析

（一）平行趋势假设事前检验

双重差分法使用的有效前提是满足平行趋假定。即如果处在没有政策冲击的反事实下，实验组和控制组的结果变量变化趋势应该趋于一致。图2呈现出智慧城市试点政策冲击前后，智慧城市和非智慧城市碳排放量（对数）的趋势变化情况。可以发现，在政策最早实施的虚线左侧，智慧城市和非智慧城市的碳排放量随时间整体上呈现共同趋势，政策冲击之后，智慧城市的碳排放变化明显区别于非智慧城市，碳排放量整体呈现下降趋势，因此满足平行趋势假定①。

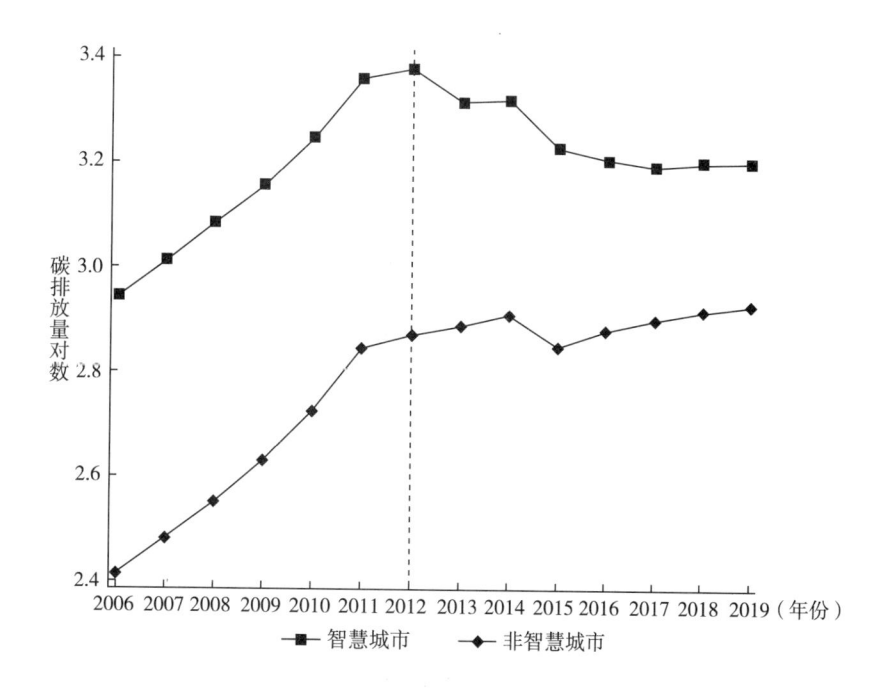

图2 智慧城市和非智慧城市碳排放变化趋势

（二）基准回归结果

本文的理论逻辑是智慧城市试点是数字经济发展的自然实验，数字经济发展会影响城市碳排放。同时，本文对除政策冲击虚拟变量外的非比值变量进行取对数处理，以缓解潜在的异方差问题。表1报告了回归结果。

---

① 本文还基于碳排放强度和人均碳排放指标进行了平行趋势检验，限于篇幅结果省略备索。

表1列示了三种碳排放指标分别在有无添加控制变量下的估计结果。可以发现，无论是否加入控制变量，核心解释变量Smartcity的估计系数均显著为负，这表明智慧城市试点显著降低了城市碳排放，即数字经济发展能够改善碳排放状况。且相较于非智慧城市而言，智慧城市试点显著降低了约2.75%的碳排放量和约5.48%的碳排放强度，同时也显著减少了约9.82%的人均碳排放量。数字经济发展通过赋能技术进步，借助数字化和智能化技术改善能源结构、转变生活方式并调整资源配置，从而促进碳排放状况的改善。由此，假设1得到初步验证。

表1 基准回归结果

变量	(1) CO_2	(2) CO_2	(3) CEI	(4) CEI	(5) CE	(6) CE
Smartcity	-0.0403*** (0.010)	-0.0275*** (0.010)	-0.0543*** (0.015)	-0.0548*** (0.014)	-0.1227*** (0.012)	-0.0982*** (0.011)
lnind		0.1368*** (0.028)		-0.3990*** (0.036)		0.1370*** (0.027)
lnhc		0.0531*** (0.008)		0.0580*** (0.011)		0.0829*** (0.010)
lnpopu		0.4530*** (0.087)		-0.1365* (0.076)		0.4272*** (0.097)
lnrd		0.0631** (0.027)		0.0917*** (0.028)		0.0974*** (0.027)
fra		0.0003* (0.000)		0.0003 (0.000)		0.0001 (0.000)
open		0.0828*** (0.019)		0.1261*** (0.025)		0.1276*** (0.022)
fiscal		-0.0256 (0.032)		-0.1717*** (0.036)		0.0299 (0.033)
fe		0.0022 (0.002)		0.0424*** (0.002)		0.0019 (0.002)
constant	2.8711*** (0.002)	-0.7643 (0.496)	1.2822*** (0.004)	2.8992*** (0.450)	1.7531*** (0.003)	-2.0449*** (0.550)
城市时间趋势项	是	是	是	是	是	是
年份效应	是	是	是	是	是	是
城市效应	是	是	是	是	是	是
N	2430	2430	2430	2430	2430	2430
Adj. R^2	0.9816	0.9836	0.8991	0.9460	0.9668	0.9716

注：*、**和***分别表示10%、5%和1%的水平上显著，括号内为聚类到城市年份的稳健标准误。下表中均控制了城市时间趋势项。

（三）基于PSM-DID方法的检验

为了缓解由于智慧城市和非智慧城市间的系统性差异所引致的DID模型估计偏误，本文进一步引入PSM方法来筛选与智慧城市特质最为接近的城市作为对照组进行双重差分估计。首先将智慧城市试点的虚拟变量对本文的控制变量进行Logit回归，之后运用卡尺设置为0.05、匹配比例为 1∶2 的卡尺最近邻匹配法来匹配倾向得分值最为接近的处理组和对照组样本。其次，在进行 PSM-DID 估计之前，还需要对模型有效性进行检验。其中一种是使用平衡性检验判断共同支撑假设是否成立，即处理组和对照组的控制变量均值在匹配后是否分布均匀。如果未出现显著性差异，则说明样本数据通过平衡性检验，可以使用 PSM-DID 方法。平衡性检验结果（见表 2）表明，匹配后所有控制变量均不存在显著性差异，即控制变量均值在匹配后分布均匀，本文使用 PSM-DID 方法合理。同时本文还通过构建匹配前后的倾向得分值密度函数图来估计处理组和对照组的匹配效果。结果显示，经过匹配之后，处理组和对照组倾向得分值已十分接近，匹配结果较为理想，进一步验证了本文使用 PSM-DID 方法的合理性和稳健性[①]。

表 2 PSM-DID 方法平衡性检验

变量	时期	处理组均值	对照组均值	差分	T 值	P 值
lnind	匹配前	3.9606	3.8002	70.7	11.82	0.0000***
	匹配后	3.9596	3.9546	2.2	0.39	0.6950
lnhc	匹配前	5.2123	4.1154	105.3	19.57	0.0000***
	匹配后	5.1517	5.1302	2.1	0.32	0.7510
lnpopu	匹配前	6.1757	5.5971	69.8	12.00	0.0000***
	匹配后	6.1452	6.1332	1.5	0.24	0.8070
lnrd	匹配前	4.7366	4.4056	58.6	10.08	0.0000***
	匹配后	4.7229	4.7200	0.5	0.08	0.9340
fra	匹配前	41.1010	14.3120	64.7	14.25	0.0000***
	匹配后	40.1580	37.3540	6.8	0.76	0.4490
open	匹配前	0.2540	0.1405	33.2	7.37	0.0000***
	匹配后	0.2553	0.2343	6.1	0.78	0.4340
fiscal	匹配前	0.6064	0.3910	103.5	20.21	0.0000***
	匹配后	0.5941	0.6182	-11.6	-1.61	0.1080
fe	匹配前	2.0581	1.8110	11.1	1.76	0.0780*
	匹配后	2.0364	1.8833	6.9	1.54	0.1240

注：原假设为处理组和对照组控制变量之间无显著差异。

表 3 报告了 PSM-DID 的估计结果。可以发现，在采用 PSM-DID 方法消除样本选择偏误后，核心解释变量的系数依旧显著为负，分别降低了 1.89% 的碳排放总量和 4.13% 的碳排放强度，以及 7.42% 的人均碳排放。PSM-DID 模型估计结果与 DID 回归结果基本保持一致，假设 1 得到了进一步证实，即数字经济发展有效改善了碳排放。

表 3 PSM-DID 方法估计结果

变量	(1) CO_2	(2) CO_2	(3) CEI	(4) CEI	(5) CE	(6) CE
Smartcity	-0.0262***	-0.0189*	-0.0285*	-0.0413***	-0.0950***	-0.0742***
	(0.010)	(0.010)	(0.017)	(0.014)	(0.012)	(0.011)
lnind		0.0696*		-0.4914***		0.1250***
		(0.036)		(0.039)		(0.032)
lnhc		0.0606***		0.0590***		0.1102***
		(0.013)		(0.015)		(0.015)

---

① 限于篇幅，文中未列示三类结果变量的倾向得分值概率分布密度函数图，笔者省略备索。

续表

变量	(1) CO₂	(2) CO₂	(3) CEI	(4) CEI	(5) CE	(6) CE
lnpopu		0.4780*** (0.083)		-0.1253 (0.081)		0.5972*** (0.094)
lnrd		0.0657** (0.029)		0.0497 (0.032)		0.0302 (0.029)
fra		0.0002 (0.000)		0.0002 (0.000)		0.0001 (0.000)
open		0.0496** (0.020)		0.1088*** (0.028)		0.1514*** (0.026)
fiscal		-0.0340 (0.033)		-0.1612*** (0.036)		0.0109 (0.034)
fe		0.0018 (0.002)		0.0413*** (0.002)		0.0014 (0.002)
constant	2.9472*** (0.002)	-0.6747 (0.504)	1.2527*** (0.004)	3.3750*** (0.484)	1.7946*** (0.003)	-2.8336*** (0.562)
年份效应	是	是	是	是	是	是
城市效应	是	是	是	是	是	是
N	2400	2400	2400	2400	2400	2400
Adj. R²	0.9832	0.9846	0.8963	0.9476	0.9693	0.9738

（四）识别假定检验

尽管上述发现表明数字经济发展能够较为有效地改善碳排放状况，但结果可能受到遗漏变量以及样本选择偏误等问题的干扰。同时 DID 方法的选择需要建立在一系列假设基础之上，因此为了进一步提高本文结论的合理性和可靠性，需进行多个识别假定检验。

1. 事件分析法

为了进一步对事前的平行趋势进行检验以及观测政策冲击的动态效应，本文遵循 Jacobso 等（1993）和 Lu 等（2013）的研究框架，借助事前分析法评估政策冲击的动态效应。具体来说，将基准回归式（1）中的 Smartcity$_{it}$ 替换成表示政策冲击前和冲击后若干年的哑变量，其余变量不变，对如下方程进行估计：

$$Y_{it} = \beta_0 + \sum_{s=-4+}^{4+} \beta_s Smartcity_s + \lambda \sum X_{it} + \mu_i + \gamma_t + \varepsilon_{it} \tag{3}$$

其中，Smartcity$_0$ 代表智慧城市实施当年年份的哑变量，S 取负值表示智慧城市试点前，正值表示智慧城市试点后；具体来说，Smartcity$_{4-}$ 表示智慧城市试点前 4 年及之前，Smartcity$_{4+}$ 表示智慧城市试点后第 4 年及之后。借鉴孙鹏博和葛力铭（2021）的做法，以政策冲击当年为基期进行回归。在式（3）中，本文关注刻画的变量是 Smartcity$_s$，表示智慧城市试点前（后）第 S 年对碳排放的影响。

图 3 报告了各年份哑变量的估计系数及 95% 置信区间的检验结果。不难看出，政策冲击前系数估计值均未通过 5% 水平的显著性检验，说明本文处理组和对照组满足平行趋势假定。因此，处理组相对对照组在 2012 年以后碳排放显著改善并非由于事前差异，而是智慧城市试点的影响。

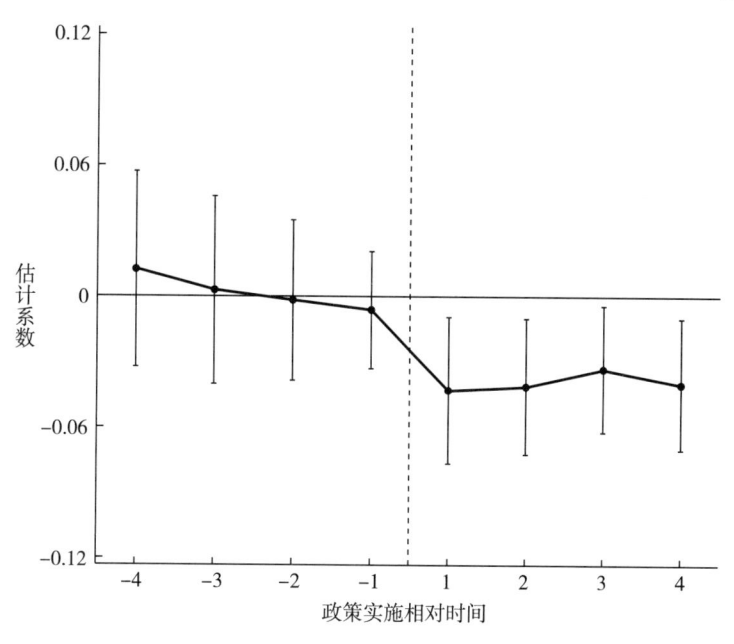

图 3　智慧城市试点（CO_2）的动态效应

2. 选择问题处理

为了进一步检验智慧城市试点时间的外生性，即试点时间的选取不受样本初期城市自身的碳排放水平影响。本文参考相关研究的做法（沈坤荣和金刚，2018），设置如下模型：

$$\text{Smartcity\_year} = \kappa Y_i^{2006} + \delta X_i^{2006} + \tau_i \tag{4}$$

其中，Smartcity_year 为城市被选入智慧城市试点的年份，Y_i^{2006} 为城市在 2006 年的碳排放状况，X_i^{2006} 为控制变量，都取 2006 年值，τ_i 为随机扰动项。此外为了验证结果的稳健性，本文另外又选取了 2008 年和 2010 年作为替代样本。由表 4 可以发现，无论 year 选取初期的 2006 年，还是选择其他政策实施前年份作为样本，三类表征碳排放水平的结果变量与政策试点年份之间的关系均不统计显著，充分说明了本文的基准回归结果不存在选择偏误问题。

表 4　试点年份选择偏误检验结果

解释变量	被解释变量：Smartcity_year								
	2006 年	2008 年	2010 年	2006 年	2008 年	2010 年	2006 年	2008 年	2010 年
CO_2	0.091 (0.203)	0.202 (0.199)	0.345 (0.219)						
CEI				0.537 (0.398)	0.515 (0.394)	0.486 (0.411)			
CE							0.416 (0.391)	0.555 (0.363)	0.635 (0.397)
控制变量	控制	控制	控制	控制	控制	控制	控制	控制	控制
N	162	162	162	162	162	162	162	162	162
R^2	0.284	0.289	0.295	0.296	0.296	0.291	0.291	0.301	0.301

注：括号里的值是对异方差稳健的标准误，控制变量系数省略，下表同。

3. 安慰剂检验

虽然上述识别检验已经初步解决 DID 模型设定的前提条件，但在理论上不能完全排除遗漏变量的干扰，因此本文借鉴 Chetty 等（2009）的做法进行安慰剂检验。具体来说，通过随机抽取部分城市作为处理组，其余城市作为对照组。基于上述做法，本文重复进行了 1000 次基准回归，图 4 绘制了回归系数的分布情况。可以发现，基于随机样本获取的估计系数均集中在 0 附近，并且 1000 次安慰剂检验估计系数小于基准回归估计系数的概率不高于 5%。因此，可以认为本文的基准回归结果真实反映了数字经济发展的碳减排效应①。

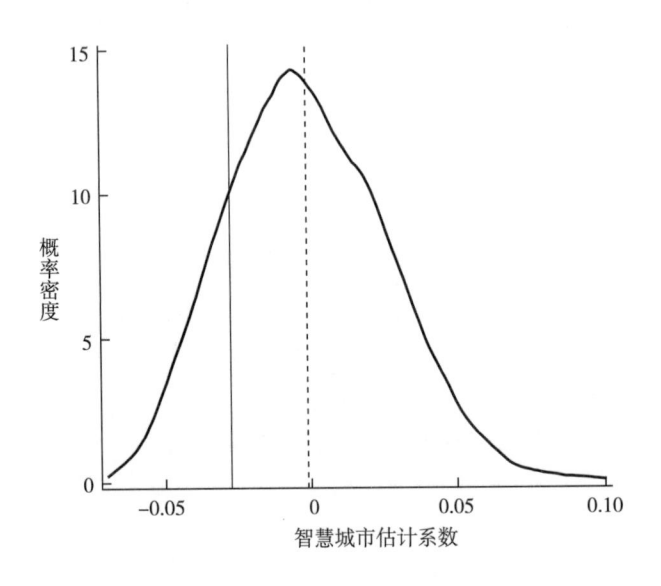

图 4 安慰剂检验

（五）稳健性检验

1. 指标测度

智慧城市试点作为一项哑变量，二值的局限使其难以测度数字经济发展对城市碳排放的边际效应，因此本文借助强度 DID 方法，寻求智慧城市试点的替代连续性变量进行稳健性分析。关于智慧城市试点的测度方式，我们基于孟庆国教授所提出的智慧城市"两大基因论"②，分别将城市信息技术水平和创新 2.0 作为智慧城市试点的代理变量，进行稳健性检验。其中，城市信息技术水平由互联网普及率表征，创新 2.0 由城市创新绩效表征③。结果如表 5 所示，不难发现，两种指标测度下的数字经济发展对城市碳排放均存在显著的负向边际效应，证明本文结论相对稳健。

2. 排除其他政策影响

在估计数字经济发展对碳排放的影响过程中，智慧城市政策难以避免地会受到其他环境政策的影响，致使政策评估效应出现高估或低估的情况。因此，为了解决上述情况导致的结果偏误，本文搜集并整理了智慧城市试点当年及其之后年份的环境政策事件，考虑到作为数字经济发展准自然实验的智慧城市试点是基于城市层面的政策，因此本文选取的事件也是基于城市层

---

① 限于篇幅，本文未报告 CEI 和 CE 的动态效应和安慰剂检验图，结果留存备索。
② 参见 http://www.mgov.cn/complexity/info1212.htm。
③ 此处有两点需要说明，首先，新一代信息技术包含范围较广，我们无法穷尽各项内容，但考虑到无论是物联网、云计算还是 5G，其基础和核心都是移动互联网技术，因此我们选取了城市互联网普及率作为衡量指标。其次，城市创新绩效指标源自复旦大学产业发展中心《中国城市和产业创新力报告》（寇宗来和刘学悦，2017），该指标作为一项综合指标，能够综合反映城市创新 2.0 的各个方面，但该指标数据缺失年份，我们采用了两种方法解决此问题，一是出于研究完整性考虑，我们利用已有数据对缺失年份进行外推获取完整年份数据；二是不改变指标数据时间跨度，我们将主样本数据进行截取并与指标数据进行匹配，构建新样本数据进行稳健性检验。限于篇幅，此处只报告方法 1 的实证结果。

表 5 稳健性检验：指标测度

代理变量	(1) CO_2	(2) CEI	(3) CE	(4) CO_2	(5) CEI	(6) CE
互联网普及率	-0.0409*** (0.008)	-0.0834*** (0.012)	-0.0594*** (0.010)			
城市创新绩效				-0.0011*** (0.000)	-0.0020*** (0.000)	-0.0021*** (0.000)
constant	-0.9650* (0.497)	2.4900*** (0.439)	-2.3594*** (0.571)	-0.8076 (0.492)	2.8197*** (0.438)	-2.1434*** (0.557)
控制变量	控制	控制	控制	控制	控制	控制
年份效应	是	是	是	是	是	是
城市效应	是	是	是	是	是	是
N	2430	2430	2430	2430	2430	2430
Adj. R^2	0.9838	0.9476	0.9713	0.9839	0.9472	0.9718

注：括号里的值是聚类到城市—年份的稳健标准误，下表同。

面的大型环境政策，包括 2012 年实施的第二批低碳城市试点政策[①]以及 2013 年起实施的碳排放权交易试点政策，并在回归方程中加入对应政策的虚拟变量（dlowcarbon、dco_2trade）。如果加入其他政策虚拟变量后，智慧城市试点变量的系数不显著，则说明数字经济发展的碳排放改善效应是不存在的，基准回归结果不稳健。反之，核心解释变量显著但系数大小出现改变，则说明本文结果存在一定的高估或低估，但并不影响数字经济发展能够改善碳排放的结论。表 6 列示了加入其他政策虚拟变量后的三类结果变量的回归结果，不难发现，无论是第（1）~（3）列的 dlowcarbon，还是第（4）~（6）列的 dco_2trade，其系数均显著为负，表明上述环境政策对于碳排放均具有一定改善作用。同时，第（1）~（6）的 Smartcity 系数仍然显著为负，并且系数变动均比基准回归结果有所提高。这表明数字经济发展所带来的碳排放改善效果存在低估。受其他"碳政策"的影响，数字经济发展的减排效应得到进一步调节，但对碳排放的治理效果依然存在且高度显著，证明本文研究结论是较为稳健的。

表 6 稳健性检验：排除其他"碳政策"的影响

变量	(1) CO_2	(2) CEI	(3) CE	(4) CO_2	(5) CEI	(6) CE
Smartcity	-0.0327*** (0.010)	-0.0638*** (0.014)	-0.1029*** (0.012)	-0.0329*** (0.010)	-0.0645*** (0.014)	-0.1048*** (0.011)
dlowcarbon	-0.0290*** (0.009)	-0.0509*** (0.012)	-0.0263*** (0.010)			
dco_2trade				-0.0593*** (0.008)	-0.1085*** (0.012)	-0.0738*** (0.009)
constant	-0.7352 (0.497)	2.9503*** (0.453)	-2.0186*** (0.555)	-0.8929* (0.496)	2.6639*** (0.449)	-2.2050*** (0.550)

① 需要说明的是，由于低碳城市第一批试点始于 2010 年，政策实施年份早于智慧城市试点时间，因此我们控制了第二批试点城市带来的影响。并且第一批低碳试点城市的"五省"面积较大，不利于政策实施到市，因此本文将"五省"中的城市纳入第二批试点城市。考虑到本文主要控制的是地市层面的环境政策，因此控制第二批低碳试点城市带来的影响较为合理。

续表

变量	(1) CO$_2$	(2) CEI	(3) CE	(4) CO$_2$	(5) CEI	(6) CE
控制变量	控制	控制	控制	控制	控制	控制
年份效应	是	是	是	是	是	是
城市效应	是	是	是	是	是	是
N	2430	2430	2430	2430	2430	2430
Adj. R^2	0.9837	0.9464	0.9716	0.9838	0.9472	0.9720

3. 加入2013年和2014年样本

考虑到智慧城市试点分三批逐年设立,因此本文将2013年和2014年的智慧城市试点(58个城市)也加入到基准回归样本以验证数字经济发展改善碳排放的稳健性。结果如表7所示,可以发现,加入余下两批试点城市的数字经济发展依然显著降低了城市碳排放。再次证明本文结论是相对稳健的。

表7 稳健性检验:加入2013年和2014年试点城市

变量	(1) CO$_2$	(2) CEI	(3) CE	(4) CO$_2$	(5) CEI	(6) CE
Smartcity	-0.0528*** (0.0087)	-0.0596*** (0.0137)	-0.1347*** (0.0118)	-0.0400*** (0.0091)	-0.0578*** (0.0134)	-0.1105*** (0.0108)
constant	2.8814*** (0.0018)	1.3113*** (0.0031)	1.7745*** (0.0019)	-1.6300*** (0.4132)	1.5457*** (0.4178)	-2.3410*** (0.4238)
控制变量	未控制	未控制	未控制	控制	控制	控制
年份效应	是	是	是	是	是	是
城市效应	是	是	是	是	是	是
N	3300	3300	3300	3300	3300	3300
Adj. R^2	0.9798	0.9034	0.9721	0.9823	0.9433	0.9757

4. 调整时间窗宽

本文的基准回归主要基于2006~2020年的全样本,而智慧城市试点始于2012年,试点前后的时期可能过长。为了稳健性起见,本文通过改变时间窗宽来评估试点对时间变化的敏感性。具体而言,本文以试点开始年份2012年为基准年,前后各选取1~3年的样本重新进行回归,如果回归结果并未发生显著变动,则说明基准结果是稳健的,反之,结论不稳健。表8列示了三类结果变量的回归结果,可以发现,在改变样本时间窗宽后,数字经济发展的碳排放改善效应均显著为负,与前文结果仍然维持一致,进一步证明本文结论是相对稳健的。

表8 稳健性检验:调整时间窗宽

变量	CO$_2$ 前后一年	CO$_2$ 前后两年	CO$_2$ 前后三年	CEI 前后一年	CEI 前后两年	CEI 前后三年	CE 前后一年	CE 前后两年	CE 前后三年
Smartcity	-0.0202*** (0.0068)	-0.0178** (0.0087)	-0.0187** (0.0091)	-0.0448*** (0.0162)	-0.0381*** (0.0139)	-0.0362** (0.0138)	-0.0208*** (0.0068)	-0.0332*** (0.0111)	-0.0528*** (0.0109)
constant	1.8586** (0.8728)	1.3238* (0.7818)	1.0948* (0.6448)	0.1752 (1.4687)	1.6743* (0.9401)	2.5352*** (0.6962)	1.1968 (0.9428)	-0.7832 (1.3581)	-0.5618 (0.9821)

续表

变量	CO$_2$			CEI			CE		
	前后一年	前后两年	前后三年	前后一年	前后两年	前后三年	前后一年	前后两年	前后三年
控制变量	控制	控制	控制	控制	控制	控制	控制	控制	控制
年份效应	是	是	是	是	是	是	是	是	是
城市效应	是	是	是	是	是	是	是	是	是
N	486	810	1134	486	810	1134	486	810	1134
Adj. R^2	0.9975	0.9947	0.9927	0.9813	0.9692	0.9678	0.9957	0.9905	0.9864

5. 反事实检验

基于相关研究（范子英和田彬彬，2013），本文进一步采用反事实方法对样本进行安慰剂检验，即通过人为选取政策冲击基准时期，对数字经济发展的碳减排效应进行检验。如果核心解释变量系数不显著，则说明数字经济发展具有改善效应，支持本文上述结论；如果回归系数显著，则说明碳排放的降低是由数字经济发展之外常规性的随机因素引起的。表9结果显示，在设置多个政策冲击时点后，核心解释变量系数均不显著，说明城市碳减排的确是由数字经济发展带来的，本文结论稳健。

表 9 稳健性检验：反事实检验

		（1）CO$_2$	（2）CEI	（3）CE
2006~2008 年 2007 年	Smartcity	0.0026 (0.0071)	−0.0075 (0.0112)	−0.0003 (0.0068)
2007~2009 年 2008 年	Smartcity	0.0009 (0.0038)	−0.0066 (0.0118)	−0.0032 (0.0048)
2006~2009 年 2009 年	Smartcity	−0.0060 (0.0048)	−0.0058 (0.0138)	−0.0082 (0.0058)
2008~2010 年 2010 年	Smartcity	−0.0045 (0.0038)	0.0098 (0.0182)	−0.1764 (0.1876)
2015~2017 年 2016 年	Smartcity	−0.0033 (0.0078)	−0.0134 (0.0181)	−0.0144 (0.0139)
2015~2018 年 2017 年	Smartcity	−0.0029 (0.0087)	−0.0180 (0.0172)	−0.0195 (0.0128)
2016~2018 年 2018 年	Smartcity	−0.0112 (0.0122)	−0.0030 (0.0192)	−0.0157 (0.0128)

注：第一列第一行为模拟智慧城市试点持续时间，第二行为模拟政策冲击时间点。

6. 更换估计模型

为了使结论更加稳健，本文进一步根据沈坤荣和金刚（2018）、Guo（2021）的做法，脱离 DID 的分析框架，转而借助面板 VAR 模型来评估政策冲击对碳排放的影响。图 5 绘制了 CO$_2$ 对智慧城市试点的脉冲响应函数图。其中上下两根实线表示 95% 的置信区间，中间线条表示响应系数。不难看出，政策冲击在当期对碳排放的影响显著为负，随后负向作用趋于减少但始终维持为负，表明面对数字经济发展的冲击，城市碳排放持续出现负向变动。可见即使更换估计模

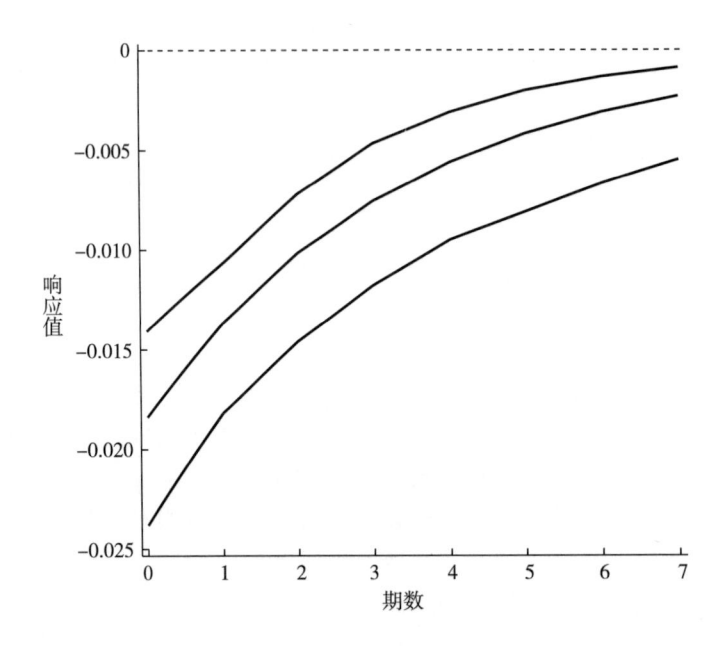

型，数字经济发展能够改善碳排放的结论依然得到支持[①]。

图5　CO$_2$对智慧城市试点的脉冲响应

7. 更换被解释变量

除了上述稳健性检验外，本文还借鉴韩峰和谢锐（2017）的做法，更换了三类碳排放变量的数据。表10列示了相关回归结果。可以发现，更换被解释变量后，核心解释变量的系数和显著性相较于基准回归并未出现显著差异，说明碳排放的改善是由数字经济发展带来的。

表10　稳健性检验：更换被解释变量

变量	(1) NewCO$_2$	(2) NewCEI	(3) NewCE	(4) NewCO$_2$	(5) NewCEI	(6) NewCE
Smartcity	-0.0580**	-0.0306**	-0.0294**	-0.0517**	-0.0380***	-0.0301*
	(0.0248)	(0.0137)	(0.0138)	(0.0261)	(0.0143)	(0.0148)
constant	5.7732***	0.5756***	0.8442***	0.8862	1.4236***	-1.1798**
	(0.0078)	(0.0041)	(0.0038)	(0.8881)	(0.5388)	(0.5712)
控制变量	未控制	未控制	未控制	控制	控制	控制
年份效应	是	是	是	是	是	是
城市效应	是	是	是	是	是	是
N	2430	2430	2430	2430	2430	2430
Adj. R^2	0.9044	0.7625	0.9108	0.9060	0.8215	0.9114

注：NewCO$_2$为新的城市碳排放量，NewCEI和NewCE分别代表新的碳排放强度和人均碳排放。

8. 精选对照组

考虑到基准回归对控制组样本的选择存在一定的随机性，并且处理组和控制组之间由于客观系统性差异也会对估计结果产生偏误。因此本文通过合成控制法在从未纳入智慧城市试点的

[①] 限于篇幅，未报告面板VAR模型的具体设定过程，感兴趣的读者可向笔者索取。CEI和CE对智慧城市试点的脉冲响应结果类似，笔者省略备索。

城市中为每个智慧城市（31个城市）合成一个虚拟对照组，最终产生了31个对照组样本并重新进行回归。从表11的结果可以看出，通过为每个试点城市合成一个对照组来消除样本间的异质性后，核心解释变量的系数依然显著为负，再次证明了结论的稳健性。至此，通过上述八个稳健性检验，可以证明本文的结论是十分稳健的。

表11 稳健性检验：精选对照组

变量	(1) CO_2	(2) CO_2	(3) CEI	(4) CEI	(5) CE	(6) CE
Smartcity	-0.0376*** (0.0108)	-0.0296** (0.0078)	-0.1025*** (0.0145)	-0.0946*** (0.0158)	-0.0681*** (0.0128)	-0.0649*** (0.0131)
constant	3.2851*** (0.0041)	-0.1040 (0.6652)	1.2034*** (0.0051)	4.5188*** (0.9268)	2.1162*** (0.0038)	-2.5997*** (0.6409)
控制变量	未控制	控制	未控制	控制	未控制	控制
年份效应	是	是	是	是	是	是
城市效应	是	是	是	是	是	是
N	868	868	868	868	868	868
Adj. R^2	0.9878	0.9894	0.9674	0.9713	0.9642	0.9754

五、基于碳排放改善效应的机制分析与分解

（一）机制分析

前述实证结果较为精确地识别了数字经济发展与碳排放的因果关系。那么，数字经济发展是通过何种传导机制影响城市碳排放水平呢？基于前文理论分析所阐述，数字经济发展通过赋能技术创新拓宽能源消费绿色化视角、驱动生活方式线上化转型和推动资源配置合理化进程（统称为三大变革），并通过上述变革改善城市碳排放。为识别这一机制，本文参考Baron和Kenny（1986）、石大千等（2018）的两阶段三步法来验证上述机制的存在性。具体而言，将实证检验步骤分为两个阶段。

第一阶段验证数字经济发展能否通过赋能技术创新拓宽能源消费绿色化视角、驱动生活方式线上化转型和推动资源配置合理化进程：①将核心解释变量（Smartcity）与技术创新进行回归，若Smartcity项的回归系数显著为正，则说明数字经济发展驱动了技术创新；②将Smartcity与三大变革分别进行回归，若Smartcity回归系数显著且符合预期，则表明数字经济发展推动了上述三大变革；③将Smartcity和技术创新同时放入模型并分别与三大变革进行回归，若Smartcity项回归系数不再显著或者显著但回归系数有所降低，则证明数字经济发展赋能技术创新推动了三大变革。

第二阶段则验证数字经济发展能否通过三大变革影响城市碳排放：①将Smartcity与三大变革分别进行回归，如果回归系数显著且符合预期，则说明数字经济发展对三大变革产生影响；②将Smartcity与城市碳排放进行回归，如果系数显著为负，则表明数字经济发展改善了城市碳排放；③将Smartcity、三大变革和城市碳排放共同进行回归，如果Smartcity回归系数变得不显著或者显著但回归系数降低了，则证明数字经济发展是通过三大变革来改善碳排放水平。根据上述检验步骤，本文机制验证模型设定如下：

第一阶段：

验证数字经济发展能否赋能技术创新：

$$\text{Innovate}_{it} = \beta_0 + \beta_1 \text{Smartcity}_{it} + \lambda \sum X_{it} + \mu_i + \gamma_t + \varepsilon_{it} \tag{5}$$

验证数字经济发展对三大变革的影响：

$$\text{energy}_{it}(\text{lifestyle}_{it},\ \text{resource}_{it}) = \beta_0 + \beta_1 \text{Smartcity}_{it} + \lambda \sum X_{it} + \mu_i + \gamma_t + \varepsilon_{it} \tag{6}$$

将 Smartcity 和三大变革同时分别放入方程：

$$\text{energy}_{it}(\text{lifestyle}_{it},\ \text{resource}_{it}) = \beta_0 + \beta_1 \text{Smartcity}_{it} + \beta_2 \text{Innovate}_{it} + \lambda \sum X_{it} + \mu_i + \gamma_t + \varepsilon_{it} \tag{7}$$

第二阶段：

验证数字经济发展对三大变革的影响：

$$\text{energy}_{it}(\text{lifestyle}_{it},\ \text{resource}_{it}) = \beta_0 + \beta_1 \text{Smartcity}_{it} + \lambda \sum X_{it} + \mu_i + \gamma_t + \varepsilon_{it} \tag{8}$$

验证数字经济发展对城市碳排放的影响：

$$Y_{it} = \beta_0 + \beta_1 \text{Smartcity}_{it} + \lambda \sum X_{it} + \mu_i + \gamma_t + \varepsilon_{it} \tag{9}$$

将 Smartcity 和三大变革分别同时放入方程：

$$Y_{it} = \beta_0 + \beta_1 \text{Smartcity}_{it} + \beta_2 \text{energy}_{it}(\text{lifestyle}_{it},\ \text{resource}_{it}) + \lambda \sum X_{it} + \mu_i + \gamma_t + \varepsilon_{it} \tag{10}$$

其中，Innovate 为技术创新指标，考虑到研究落脚点是碳排放这一环境因素，因此本文选取每万人绿色专利授权数度量技术创新。energy 为能源消费绿色化，分别用城市电力消费总量（Elec）和人均电力消费量（Popelec）衡量，上述变量是负向指标，传统电力消耗量下降表征清洁电力的发展以及工业能耗的降低，促进能源消费绿色化从而减少碳排放。lifestyle 为生活方式线上化，分别用邮政业务总量（Post）和互联网接入用户数（Inter）度量，其为正向指标，上述指标的上升意味着居民生活方式逐渐向线上化转型，外出频率降低意味着汽车等交通工具尾气排放的减少，助力生活方式线上化减少了碳排放。resource 为资源配置合理化，分别用科研支出强度（Scitec）和科研从业人员数（Sciemploy）表示，上述指标的上升意味着城市人力资本数量和质量的提高，吸引了科技人才和高新产业的集聚，从而推进资源配置合理化减少了碳排放。

表12报告了第一阶段的回归结果。第一步结果系数显著为正，表明数字经济发展驱动了技术创新。第二步回归结果显示，数字经济发展与能源消费绿色化回归系数显著为负，与生活方式线上化和资源配置合理化回归系数均显著为负，表明数字经济发展推动了三大变革。为进一步验证数字经济发展赋能技术创新推动三大变革，第三步结果显示，当同时加入技术创新和 Smartcity 项与三大变革分别回归后，能源消费绿色化和生活方式线上化系数变得不再显著，而表征资源配置合理化的科研支出强度（Scitec）系数显著但系数从 0.581 降低至 0.205，科研从业人员数（Sciemploy）系数则变得不显著。依据上述三步法的判别准则，可以认为数字经济发展确实能通过赋能技术创新驱动三大变革。进一步地，表13列示了第二阶段的回归结果。其中第一步回归结果表明，数字经济在快速发展过程中对三大变革均产生了正面影响，符合前文阐述数字经济与三大变革关系的推断。第二步回归结果表明，数字经济发展显著降低了碳排放水平，这一结果证明数字经济发展能够作用于城市对碳排放的治理。但是如何产生的治理效应，还需要第三步结果的验证。第三步回归结果表明，当同时将 Smartcity 和三大变革纳入回归方程后，可以发现，除了表征生活方式线上化的邮政业务总量（Post）不显著但也为负，其余机制变量符号均显著符合预期，这表明三大变革均显著降低了城市碳排放，此外，数字经济发展改善碳排放的效应依然显著为负，但系数大小均有不同程度的降低。有鉴于此，可以认为数字经济发展是通过拓宽能源消费绿色化视角、驱动生活方式线上化转型和推动资源配置合理化进程改善了城市碳排放。

表 12　数字经济发展影响城市碳排放的机制检验：第一阶段

解释变量	技术创新	energy		energy	
	Innovate	Elec	Popelec	Elec	Popelec
Smartcity	10.6051***	-0.0761**	-0.0792**	-0.0303	-0.0601
	(1.6728)	(0.0338)	(0.0378)	(0.0341)	(0.0387)
Innovate				-0.0042***	-0.0021***
				(0.0012)	(0.0013)
解释变量	技术创新	lifestyle		lifestyle	
	Innovate	Inter	Post	Inter	Post
Smartcity	10.6051***	0.1693***	0.7352**	0.0212	0.2263
	(1.6728)	(0.0412)	(0.3079)	(0.0308)	(0.2421)
Innovate				0.0144***	0.0472***
				(0.0012)	(0.0058)
解释变量	技术创新	resource		resource	
	Innovate	Scitec	Sciemploy	Scitec	Sciemploy
Smartcity	10.6051***	0.5808***	0.1718***	0.2048***	-0.0058
	(1.6728)	(0.0918)	(0.0417)	(0.0575)	(0.0368)
Innovate				0.0351***	0.0168***
				(0.0045)	(0.0018)
控制变量	控制	控制	控制	控制	控制
年份效应	是	是	是	是	是
城市效应	是	是	是	是	是
N	2430	2430	2430	2430	2430

注：限于页面，机制路径分成三个表格展示，表 13 同。

表 13　数字经济发展影响城市碳排放的机制检验：第二阶段

解释变量	energy		碳排放	碳排放	
	Elec	Popelec	CO_2	CO_2	CO_2
Smartcity	-0.0762**	-0.0791**	-0.0278***	-0.0251***	-0.0265***
	(0.0343)	(0.0381)	(0.0102)	(0.0101)	(0.0087)
Elec				0.0372***	
				(0.0058)	
Popelec					0.0468***
					(0.0068)
解释变量	lifestyle		碳排放	碳排放	
	Inter	Post	CO_2	CO_2	CO_2
Smartcity	0.1687***	0.7348**	-0.0278***	-0.0205**	-0.0187**
	(0.0412)	(0.3076)	(0.0101)	(0.0102)	(0.0098)
Inter				-0.0387***	
				(0.0076)	
Post					-0.0008
					(0.0009)

续表

解释变量	resource		碳排放	碳排放	
	Scitec	Sciemploy	CO_2	CO_2	CO_2
Smartcity	0.5812***	0.1723***	-0.0278***	-0.0213**	-0.0248***
	(0.0921)	(0.0417)	(0.0101)	(0.0088)	(0.0102)
Scitec				-0.0123***	
				(0.0038)	
Sciemploy					-0.0132***
					(0.0048)
控制变量	控制	控制	控制	控制	控制
年份效应	是	是	是	是	是
城市效应	是	是	是	是	是
N	2430	2430	2430	2430	2430

注：表中仅报告了基于CO_2的机制检验结果，基于CE和CEI分析结果基本一致，其余说明同表1。

综合两阶段的机制检验结果，可以发现：数字经济发展的确通过赋能技术创新来拓宽能源消费绿色化视角、驱动生活方式线上化转型和推动资源配置合理化进程，而能源消费绿色化、生活方式线上化以及资源配置合理化则进一步地在治理城市碳排放过程中承担着不可或缺的中介角色。至此，假设2得以验证。

（二）机制量化分解

上文通过定性分析检验了数字经济影响城市碳排放的相关机制，但上述机制在数字经济改善碳排放过程中所做出的贡献还需要进一步量化与检验。本文参考Heckman等（2013）和Gelbach（2016）的做法，对三大机制进行量化分解，分解公式如下：

$$Y_{it} = \beta_0 + \beta Smartcity_{it} + \lambda \sum X_{it} + \mu_i + \gamma_t + \varepsilon_{it} \tag{11}$$

$$M_{it}^j = \beta_0 + \delta^j Smartcity_{it} + \lambda \sum X_{it} + \mu_i + \gamma_t + \varepsilon_{it} \tag{12}$$

$$Y_{it} = \beta_0 + \sum \kappa^j M_{it}^j + \rho Smartcity_{it} + \lambda \sum X_{it} + \mu_i + \gamma_t + \varepsilon_{it} \tag{13}$$

其中，i表示城市，t表示年份，j表示机制；M_{it}^j表示城市i年份t的机制j；其他变量设定同式（1）。

进一步地，Gelbach证明：

$$\hat{\beta} = \hat{\rho} + \sum_j \hat{\kappa}^j \hat{\delta}^j \tag{14}$$

可以看出，本文机制能够解释的部分为$\hat{\kappa}^j \hat{\delta}^j$，剩下未解释的效果为$\hat{\rho}$。因此，机制在数字经济发展改善碳排放中所占的贡献度为$\hat{\kappa}^j \hat{\delta}^j / \hat{\beta}$。

基于上述理论，本文绘制了对应的量化结果图，将图6各个机制贡献比加总可得，数字经济通过能源消费绿色化（包括电力消费和人均电力消费）带来的碳排放改善效应的贡献度为23.6%，通过生活线上化转型（包括邮政业务总量和互联网接入用户数）带来碳排放改善效应的贡献度为24.1%，通过资源配置合理化（包括科研支出强度和科技从业人员数）所带来的贡献度为32.5%，总计解释了80.2%的效果。这一结果表明三大机制在数字经济发展降低碳排放过程中具有较强的作用效果与一定的解释力。

机制量化分解

- 电力消费
- 人均电力消费
- 互联网接入用户数
- 邮政业务总量

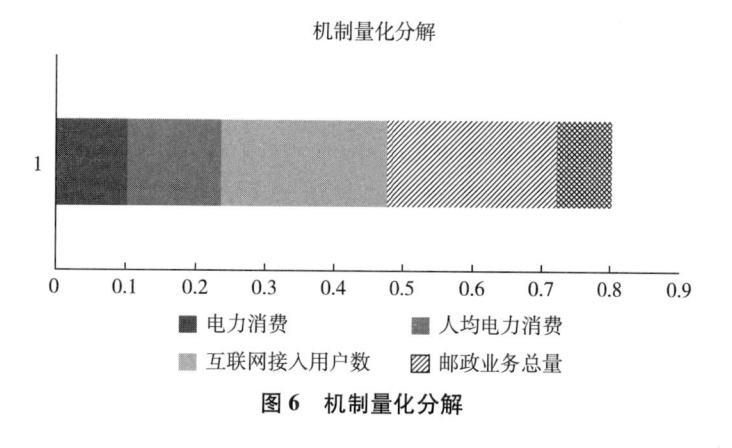

图 6 机制量化分解

六、拓展性分析

（一）异质性分析

前文讨论的主要是数字经济发展的平均效应和传导机制，但数字经济作为依赖于城市发展的新型经济，从逻辑上来说，城市具备的资源禀赋和区位条件应当会影响数字经济发展水平及其产生的治理效应，因此，有必要从异质性的角度分析数字经济发展对不同特征城市的影响效果。

1. 城市规模异质性

一般来说，城市扩张所带来的经济集聚效应和人才集中优势能够有效提高资源整合和利用效率，但同时，规模扩大不可避免地也会因为拥挤效应引致众多环境污染问题。而智慧城市作为数字经济发展的有效"变现"，一方面，可以借助数字经济赋能的新一代信息技术促进资源配置效率、优化治理模式，最大化地促显规模城市的集聚效应；另一方面，上文机制分析指出，数字经济发展可以有效推动居民生活方式的线上化转型，减弱传统城市规模扩张所导致的拥挤效应，进一步改善环境。基于上述讨论，本文认为数字经济发展的碳减排效应更可能在具有一定规模的城市凸显。因此，本文根据 2014 年国务院发布的《关于调整城市规模划分标准的通知》的相关标准对样本城市进行划分，由于样本中小规模城市数量过少予以省略，并同时将特大城市和超大城市进行合并处理。

表 14 表明，数字经济发展在中等城市规模下的减排效应较不显著。而大型城市数字经济发展显著降低了三类碳排放指标，表明大城市规模下数字经济发展具有显著的碳减排效应。进一步分析发现，不同类型的大城市碳减排效应存在一定差异，Ⅱ型和Ⅰ型大城市数字经济发展只能对某种碳排放指标产生显著影响。而反观特大型及以上城市的回归结果，数字经济发展产生的碳减排效应不仅显著高于Ⅱ型和Ⅰ型大城市，且对所有碳排放指标都能产生改善效应。这一结论强化了城市规模越大，数字经济发展的碳减排效应越明显，说明数字经济发展在城市快速扩张过程中不仅能够促显集聚效应，也可以通过技术革新解决"大城市病"，提高治理效率。同时，Ⅱ型和Ⅰ型大城市减碳结果也反映了碳排放问题解决的关键所在不是城市规模，而是城市技术创新能否深化发展，城市治理模式能否有效变革。

表 14 异质性分析：城市规模

变量	（1）中等城市 人口50万~100万	（2）大型城市 人口100万及以上	（3）Ⅱ型大城市 人口100万~300万	（4）Ⅰ型大城市 人口300万（含）~500万	（5）特大及以上城市 人口500万及以上
CO_2	-0.1383* (0.0092)	-0.0237** (0.0187)	-0.0143 (0.0118)	-0.0007*** (0.0128)	-0.0313*** (0.0108)

续表

变量	(1) 中等城市 人口50万~100万	(2) 大型城市 人口100万及以上	(3) Ⅱ型大城市 人口100万~300万	(4) Ⅰ型大城市 人口300万（含）~500万	(5) 特大及以上城市 人口500万及以上
CEI	−0.0250	−0.0537***	0.0201	−0.0394***	−0.0583*
	(0.0612)	(0.0141)	(0.0238)	(0.0238)	(0.0228)
CE	−0.1105	−0.0853***	−0.0715***	0.0105	−0.0938***
	(0.0687)	(0.0101)	(0.0182)	(0.0148)	(0.0148)
控制变量	控制	控制	控制	控制	控制
年份效应	是	是	是	是	是
城市效应	是	是	是	是	是
N	97	2145	845	660	606
R^2（CO_2）	0.9535	0.9838	0.9563	0.9916	0.9921
R^2（CEI）	0.9776	0.9460	0.9449	0.9575	0.9420
R^2（CE）	0.9580	0.9730	0.9590	0.9836	0.9849

2. 城市区位异质性

中国国土面积辽阔，城市发展不均匀，多数城市分布在东部沿海和中部地区，由于地理位置优势和国家政策倾斜等因素，东部沿海地区的经济基础和技术条件相较于中西部城市具有明显优势，数字经济发展对城市碳排放的改善效应可能因此存在区域差异。对此，本文将城市样本分为东部和中西部分别进行回归，估计减排效应。表15列示了相关结果，不难发现，数字经济发展显著改善了东部城市的碳排放水平，其中对碳排放强度（CEI）的改善程度更是达到15.77%，反观中西部城市，数字经济带来的碳排放改善效应并不显著。究其原因，东部城市相较于中西部地区，具有更好的资源禀赋和经济基础，借助于此城市能够源源不断地加大对信息技术产业的投入力度，充分发挥高端人才的知识优势，数字化和智能化技术得到进一步发展，从而环境效应更强。而中西部城市一方面由于技术创新能力和经济发展水平有限，以5G、云计算为代表的新兴产业在这些城市缺乏孕育条件，发展缓慢滞后，故无法有效支持数字经济的兴起，从而难以发挥数字经济的治理效应；另一方面，中西部城市受限于工资水平和就业条件，致使人才长期净流出，人力资本的匮乏进一步限制了地区数字经济的健康发展和减碳效应。

表15 异质性分析：城市区位（1）

变量	CO_2 东部	CO_2 中西部	CEI 东部	CEI 中西部	CE 东部	CE 中西部
Smartcity	−0.0407***	−0.0110	−0.1577**	0.3914	−0.0420***	−0.1825
	(0.0128)	(0.0158)	(0.0731)	(0.3442)	(0.0141)	(0.2308)
constant	−3.7433***	−0.6687	29.4626***	−24.5369	−2.2804**	−20.4277***
	(1.0081)	(0.5687)	(5.0831)	(15.0968)	(0.9608)	(7.8062)
控制变量	控制	控制	控制	控制	控制	控制
年份效应	是	是	是	是	是	是
城市效应	是	是	是	是	是	是
N	770	1358	770	1358	770	1358
Adj. R^2	0.9838	0.9829	0.9360	0.9027	0.9678	0.9655

本文还加入了秦岭—淮河和胡焕庸地理分界线，进一步考察城市区位对数字经济发展降低碳排放的影响。表16报告了相关结果，可以看出，数字经济发展显著降低了胡焕庸线右侧（东南部）城市的碳排放的水平，而胡焕庸线左侧（西北部）城市的系数不仅不显著，反而加剧了碳排放污染，原因可能在于西北部城市大多地处山地和高原，地理位置的禁锢使得交通运输较为困难，人力资本外流严重，高新产业难以发展，传统产业的高耗能和低能效也无法得到更新和优化，从而无法形成有效的数字经济发展链条，进一步加剧了碳排放水平。同样，以秦岭—淮河为界的南北方城市也存在显著差异，南方城市借助数字经济发展的风口，显著改善了城市碳排放水平，实现了污染治理，北方城市核心解释变量系数不负反正，说明利用新一代信息技术的数字经济发展并不能在北方城市发挥应有的效应。这一结果不难理解，数字经济通过赋能技术创新来改善能源消费结构和优化传统产业模式并不是一蹴而就的，而北方城市以火力发电为主和燃煤供暖的客观情况短期内难以改变，因此，相较于北方城市富煤的资源禀赋和高碳的能源结构，南方城市富气的资源禀赋和低碳的能源结构更加有助于数字经济发展相应工作的开展，因此数字经济发展的碳减排效应也相应较大。

表16 异质性分析：城市区位（2）

变量	CO_2		CO_2	
	胡焕庸线左侧城市	胡焕庸线右侧城市	北方城市	南方城市
Smartcity	0.1024	−0.0262***	0.0175	−0.0704***
	(0.0912)	(0.0081)	(0.0132)	(0.0142)
Constant	−1.9059*	0.0753	−0.6038	−0.2497
	(1.0278)	(0.3906)	(0.6287)	(0.7418)
控制变量	控制	控制	控制	控制
年份效应	是	是	是	是
城市效应	是	是	是	是
N	540	2052	1215	1215
Adj. R^2	0.9478	0.9891	0.9819	0.9828

注：胡焕庸线左侧定义为黑河（瑷珲）—腾冲线西北部，右侧指东南部。北方城市定义为秦岭—淮河线以北，南方城市类似。

3. 城市特征异质性

前文机制讨论指出，数字经济发展之所以能够推动三大变革进而改善城市碳排放，主要还是依赖内生于数字经济的技术创新。从实践层面来看，依托技术革新所研发的诸如物联网、云计算、大数据、5G等新一代信息技术，无不需要强大的人力资本、经济水平和硬软件基础等多方面支持，即使完成技术革新后，城市建设通过上述新型技术来完成对碳排放的治理也并非依靠某个系统能够独立完成，而是依赖整个城市系统性的协同运作，这也表明数字经济发展带来的减碳效应是多方协同作用的结果。因此，城市间资源禀赋的差异可能会对数字经济的减排效果带来影响，而现代城市发展依赖的资源禀赋主要分为三方面，人（人力资本）、财（经济活动和金融发展）、物（新基建建设），通过人、财、物等资源的共同支持和协同保障，数字经济才能够最大限度地发挥技术创新的能动力，从而提供城市减碳治污所需要的服务。有鉴于此，本文将从人、财、物三类资源入手，着重考察不同水平的城市特征是否会影响数字经济发展改善城市碳排放的作用。具体到实证过程中，本文使用每万人在校大学生数（缩小100倍）衡量城市人力资本水平，用地市在岗职工人均工资和金融机构存贷款余额占GDP的比值分别表示财力支持中的经济活动以及金融发展，最后用网络宽带接入数衡量新基建建设水平。本文将上述指标二等分区分高低组,取一等分组为低组水平,二等分组为高组水平分别进行检验。

表17结果表明,对于人力资本水平较低的城市,数字经济发展对不同指标表征的碳排放作用效果均不够显著,而人力资本水平较高的城市,数字经济发展所带来的减碳效应显著为负且作用强度较高。这表明人力资本水平对数字经济发展具有较强的支撑作用,能够显著提升数字经济发展的碳减排效果。这一结果不难理解,数字经济的发展主要依赖"知识革命"所带来的福利效应,而高精尖人才提供了现代信息技术研发的关键知识要素,即"知识革命"的主要推动者,因而,在一个高人力资本水平的城市,数字经济的"土壤"更加肥沃,相应推进工作也更易展开,其带来的碳减排效应也相应较大。财力支持方面,经济活动水平和金融发展水平较高的城市,数字经济发展均显著降低了城市碳排放,而经济基础较差的城市,碳减排效果则不甚理想,说明强劲的财力支持和良好的经济基础为信息技术有效应用到城市治理中提供了长期有序推进的保障和宽松有利的环境,当研发资金投入充裕和社会经济运转稳定时,数字经济发展能够更加高效地改善城市碳排放状况。物力支持方面,信息基础设施建设水平较高的城市更容易发挥数字经济的碳减排效应,这一结果与客观情况保持一致,数字经济赖以生存的便是"新基建"的建设强度和广度,与"铁公基"所带来的经济效应不同,"新基建"的战略目标是推动中国"网络强国"和"数字强国"的发展进程,这意味着新型基础设施建设水平高的城市,势必更加注重数字技术的研发和应用,自然这些城市会受到数字经济发展带来的更多红利,进一步地,信息基础设施完善的城市会为数字经济降低碳排放提供物质保障。上述结果证明了良好的资源配给和合理的统筹规划,数字经济发展能够更高效地通过赋能技术创新来实现城市碳减排。

表17 异质性分析:城市特征

变量	(1) 低人力资本	(2) 高人力资本	(3) 低经济水平	(4) 高经济水平	(5) 低金融发展	(6) 高金融发展	(7) 低信息基础设施	(8) 高信息基础设施
CO_2	0.0236 (0.0541)	-0.0262*** (0.0092)	-0.0213 (0.0168)	-0.0300** (0.0144)	-0.0163 (0.0136)	-0.0289** (0.0138)	-0.0236 (0.0221)	-0.0244** (0.0112)
CEI	0.6102 (1.5731)	-0.2341*** (0.0711)	0.0392 (0.0258)	-0.0505*** (0.0168)	-0.0086 (0.0212)	-0.0598*** (0.0182)	-0.0209 (0.0254)	-0.0482*** (0.0168)
CE	-0.0728 (0.0501)	-0.0691*** (0.0108)	-0.0337* (0.0186)	-0.0936*** (0.0158)	-0.0383* (0.0201)	-0.1185*** (0.0162)	0.0118 (0.0291)	-0.0582*** (0.0128)
控制变量	控制	控制	控制	控制	控制	控制	控制	控制
年份效应	是	是	是	是	是	是	是	是
城市效应	是	是	是	是	是	是	是	是
N	1215	1215	1215	1215	1215	1215	1215	1215
R^2 (CO_2)	0.9807	0.9865	0.9866	0.9845	0.9900	0.9809	0.9729	0.9828
R^2 (CEI)	0.0089	0.9192	0.9349	0.9600	0.9525	0.9588	0.9406	0.9321
R^2 (CE)	0.9765	0.9686	0.9766	0.9673	0.9795	0.9666	0.9629	0.9680

(二)数字经济发展的空间溢出效应分析

如上文机制所述,数字经济发展的网络外部性能够有效压缩时空距离,促进不同地区之间的资源共享和跨时空传播,从而通过技术和知识溢出对周边城市的碳排放治理产生影响。为验证上述假设,本文借鉴 Delgad 和 Florax(2015)、Diao 等(2017)的研究方法,构造空间双重差分模型(SLX-DID)检验数字经济发展对周边城市碳排放的影响。模型设定如下:

$$Y_{it} = \beta_0 + \beta_1 Smartcity_{it} + \beta_2 W \times Smartcity_{it} + \lambda \sum X_{it} + \mu_i + \gamma_t + \varepsilon_{it} \tag{15}$$

式（15）中，W 代表空间权重矩阵，为考察数字经济发展对不同区域碳排放的溢出效应，本文设置了三种邻近权重矩阵。第一种矩阵是省份内关联矩阵，即假设数字经济发展的影响范围囊括本市在内的本省份所有城市，评估数字经济发展对本省份其他地市碳排放水平的外部性影响。第二种矩阵是邻近省份外权重矩阵，即假设数字经济发展的影响区域局限于本市和邻近的省份外城市，考察数字经济发展对邻省份地市碳排放水平的溢出影响。第三种矩阵是联立二者的省内和邻近省份外关联嵌套矩阵，即假设数字经济的辐射范围囊括本市、本省份和周边省份所有邻近城市。具体公式如下：

$$W_{ij} = \begin{cases} 1/d_{ij}; & \text{城市 } i \text{ 与城市 } j \text{ 同一省份内相邻/不同省份内相邻/地域相邻} \\ 0; & \text{其他} \end{cases} \tag{16}$$

其中，三种相邻方式分别对应省份内关联矩阵、邻近省份外关联矩阵、省份内和邻近省份外关联嵌套矩阵。以上三种矩阵均经行标准化处理，对角线为 0。

全局 Moran'I 检验结果显示三类碳排放指标的 Moran 指数均大于 0，且 P 值小于 0.01 的同时 Z 值均高于 2.58，初步验证城市碳排放具有空间趋同的特征，即存在空间相关性[①]。进一步为了比较估计的稳健性，本文还列出了双重差分空间杜宾模型（SDM-DID）的估计结果[②]。表 18 结果显示，SLX-DID 模型中空间交互项 W×Smartcity 在三种权重矩阵下均显著为负，这表明数字经济发展不仅改善了本市的碳排放，而且对省内外邻近地市产生显著的溢出效应，降低了周边地市的碳排放水平。此外，省份内和邻近省份外关联嵌套矩阵在两种空间模型下碳减排溢出效应均最为明显。究其原因，数字经济网络建设需要多地协同铺设，构建合理的数字产业分工合作体系，因此网络覆盖面越广，分摊成本越低，减排效应越明显。进一步，本文使用变量变化的偏微分解释来缓解点回归估计产生的结果偏误，即运用 SDM-DID 模型下的间接效应来评估数字经济发展对其他地市碳排放的影响，从表 18 中不难发现，数字经济发展对城市碳排放的间接效应显著存在。基于上述，假设 3 成立。

表 18　数字经济发展影响城市碳排放空间模型的回归结果

变量	SLX-DID			SDM-DID		
	省份内关联	邻近省份外	省份内和邻近省外关联嵌套矩阵	省份内关联	邻近省份外	省份内和邻近省外关联嵌套矩阵
Smartcity	-0.0271***	-0.0332***	-0.0301***	-0.0253***	-0.0301***	-0.0223**
	(0.0102)	(0.0103)	(0.0102)	(0.0087)	(0.0089)	(0.0091)
W×Smartcity	-0.0801***	-0.0658***	-0.0952***	-0.0602***	-0.0631***	-0.0742***
	(0.0108)	(0.0168)	(0.0154)	(0.0112)	(0.0142)	(0.0138)
ρ				0.3491***	0.1002***	0.3941***
				(0.0452)	(0.0576)	(0.0387)
控制变量	控制	控制	控制	控制	控制	控制
时间固定	是	是	是	是	是	是
空间固定	是	是	是	是	是	是
直接效应				-0.0362***	-0.0312***	-0.0352***
				(0.0101)	(0.0091)	(0.0092)

---

① 限于篇幅，正文未报告详细的 Moran'I 检验结果，感兴趣的读者可向笔者索取。
② 限于篇幅，正文中省略了诸如 LM 和 Wald 检验等空间计量模型选择的相关内容，SDM-DID 的具体模型设定参考 Jia 等 （2021）。

续表

变量	SLX-DID			SDM-DID		
	省份内关联	邻近省份外	省份内和邻近省份外关联嵌套矩阵	省份内关联	邻近省份外	省份内和邻近省份外关联嵌套矩阵
间接效应				-0.0782***	-0.0331***	-0.1142***
				(0.0131)	(0.0081)	(0.0202)
总效应				-0.1142***	-0.0641***	-0.1492***
				(0.0191)	(0.0132)	(0.0273)
N	2430	2430	2430	2430	2430	2430
R^2	0.985	0.985	0.985	0.097	0.168	0.090

注：表中仅汇报了基于CO_2的空间溢出检验结果，基于其他因变量的实证结果基本相同，其余说明同表1。

七、结论与政策启示

打造"数字强国"和建设"双碳"格局是中国推动经济"绿色复苏"的重要举措。然而，此二者间的内在关系尚待探究。有鉴于此，本文以智慧城市试点作为数字经济发展的代理变量，基于2006~2020年中国276个地级及以上城市面板数据，运用双重差分法、两阶段三步法和空间双重差分法，实证检验了数字经济发展对城市碳排放影响的效应与机制。

本文结论表明：第一，数字经济发展显著改善了城市碳排放污染，已成为新时代下中国实现"双碳"目标的重要助力，运用面板VAR、精选对照组等一系列稳健性检验后，该结论依旧成立。第二，推动能源消费绿色化、生活方式线上化和资源配置合理化是数字经济降低城市碳排放的重要路径，而上述变革正是借由数字经济发展赋能技术创新所驱动。第三，数字经济发展的碳减排效应具有显著的异质性，其限温控碳成果在大型及其以上规模城市、东部和南方较发达地区以及人、财、物资源禀赋较高的城市更为凸显。第四，碳排放治理中数字经济的空间溢出效应也得到了验证，其溢出范围不仅局限于本市，同时会对省内地市和省外邻近地市产生显著的溢出效应，缓解了这些城市的碳排放污染，表明数字经济发展有助于建设城市间协调控碳的新格局。

如何实现绿色低碳转型和经济高质量发展的双赢局面一直是一个备受争议的问题。本文的结论除了为解答上述问题提供新的理论支撑和经验证据，同时具有以下政策启示：第一，数字经济发展需要雄厚的技术力量作为"靠背"。因此，加大对云计算、大数据等新一代信息技术的建设是政府推动数字经济昂扬挺进的核心任务。在技术创新的基础上，政府要借助数字经济推动能源消费的提质增效，充分发挥清洁生产和新型能源的减碳效应。第二，新型技术和科技人才作为数字经济发展的源动力，是支撑数字产业植根中国的重要保障。因此，政府在推进5G商用、人工智能应用和AR融合创新之外，还应着重加强对高级人才的培养，通过搭建创新研发平台来提供科研创新的"温床"，以此进一步巩固数字经济为绿色发展带来的红利优势。第三，数字经济发展应该因地制宜。鉴于数字经济发展对城市碳排放治理存在异质性特征，各地政府应构建与本市资源相匹配的政策框架，明确自身定位和角色，避免越位和缺位。对于城市规模偏小、城市区位偏远以及资源禀赋基础偏弱的地区，数字经济减碳效果还有待激发。因此，应以协调发展为基础，实施动态化、差异化的数字经济发展战略，让数字经济发展和城市减碳治理有机结合，为有效缓解城市发展不一致、治理不协调问题提供有力抓手。第四，数字经济发展的溢出效应表明，应该积极引导地区间协同治理，共同减污的步伐，充分激发数字经济对碳减排的空间贡献能力。在这一过程中，中央政府需要统筹兼顾各城市的结构性差异和比较优势，合理划分数字经济最优化发展的有效城市群范围,实现对资源的有效整合和分配,从而最大化邻近城市间数字经济协同减排的能力和效率。

虽然本文对数字经济影响城市碳排放的效应与机制进行了深入探讨,但尚有一些不足亟须未来完善。第一,本文使用智慧城市试点来代理数字经济发展虽然较好地规避了主观构建指数所引致的偏误,但无法细致地反映数字经济发展的各个维度和过程。第二,虽然本文从数字经济赋能技术创新的角度细化了数字经济发展降低城市碳排放的作用机制,但数字经济需要具备何种能级或量级才能赋能技术创新,尚未阙如,其中之理需要多学科系统性地协同探究。针对本文所存在的这些不足,我们期望在未来的研究中能够得到解决和完善。

参考文献

[1] 陈诗一. 能源消耗、二氧化碳排放与中国工业的可持续发展 [J]. 经济研究, 2009, 44 (4): 41-55.

[2] 崔蓉, 李国锋. 中国互联网发展水平的地区差距及动态演进: 2006~2018 [J]. 数量经济技术经济研究, 2021, 38 (5): 3-20.

[3] 邓荣荣, 张翱祥. 中国城市数字经济发展对环境污染的影响及机理研究 [J]. 南方经济, 2022 (2): 18-37.

[4] 董敏杰, 李钢, 梁泳梅. 中国工业环境全要素生产率的来源分解——基于要素投入与污染治理的分析 [J]. 数量经济技术经济研究, 2012, 29 (2): 3-20.

[5] 董直庆, 蔡啸, 王林辉. 技术进步方向、城市用地规模和环境质量 [J]. 经济研究, 2014, 49 (10): 111-124.

[6] 范子英, 田彬彬. 税收竞争、税收执法与企业避税 [J]. 经济研究, 2013, 48 (9): 99-111.

[7] 郭炳南, 王宇, 张浩. 数字经济发展改善了城市空气质量吗——基于国家级大数据综合试验区的准自然实验 [J]. 广东财经大学学报, 2022, 37 (1): 58-74.

[8] 郭峰, 陈凯. 空间视域下互联网发展对城市环境质量的影响——基于空间杜宾模型和中介效应模型 [J]. 经济问题探索, 2021 (1): 104-112.

[9] 郭家堂, 骆品亮. 互联网对中国全要素生产率有促进作用吗? [J]. 管理世界, 2016 (10): 34-49.

[10] 韩峰, 谢锐. 生产性服务业集聚降低碳排放了吗?——对我国地级及以上城市面板数据的空间计量分析 [J]. 数量经济技术经济研究, 2017, 34 (3): 40-58.

[11] 韩先锋, 宋文飞, 李勃昕. 互联网能成为中国区域创新效率提升的新动能吗 [J]. 中国工业经济, 2019 (7): 119-136.

[12] 何大安, 许一帆. 数字经济运行与供给侧结构重塑 [J]. 经济学家, 2020 (4): 57-67.

[13] 何菊香, 赖世茜, 廖小伟. 互联网产业发展影响因素的实证分析 [J]. 管理评论, 2015, 27 (1): 138-147.

[14] 何凌云, 马青山. 智慧城市试点能否提升城市创新水平?——基于多期DID的经验证据 [J]. 财贸研究, 2021, 32 (3): 28-40.

[15] 何维达, 温家隆, 张满银. 数字经济发展对中国绿色生态效率的影响研究——基于双向固定效应模型 [J]. 经济问题, 2022 (1): 1-8+30.

[16] 胡鞍钢, 周绍杰. 新的全球贫富差距: 日益扩大的"数字鸿沟" [J]. 中国社会科学, 2002 (3): 34-48+205.

[17] 黄建，冯升波，牛彦涛．智慧城市对绿色低碳发展的促进作用研究［J］．经济问题，2019（5）：122-129．

[18] 荆文君，孙宝文．数字经济促进经济高质量发展：一个理论分析框架［J］．经济学家，2019（2）：66-73．

[19] 李苍舒，沈艳．数字经济时代下新金融业态风险的识别、测度及防控［J］．管理世界，2019，35（12）：53-69．

[20] 李广昊，周小亮．推动数字经济发展能否改善中国的环境污染——基于"宽带中国"战略的准自然实验［J］．宏观经济研究，2021（7）：146-160．

[21] 李晓华．数字经济新特征与数字经济新动能的形成机制［J］．改革，2019（11）：40-51．

[22] 林伯强．碳中和进程中的中国经济高质量增长［J］．经济研究，2022，57（1）：56-71．

[23] 林伯强，杜之利．中国城市车辆耗能与公共交通效率研究［J］．经济研究，2018，53（6）：142-156．

[24] 林伯强，蒋竺均．中国二氧化碳的环境库兹涅茨曲线预测及影响因素分析［J］．管理世界，2009（4）：27-36．

[25] 林美顺．清洁能源消费、环境治理与中国经济可持续增长［J］．数量经济技术经济研究，2017，34（12）：3-21．

[26] 刘航，伏霖，李涛，等．基于中国实践的互联网与数字经济研究——首届互联网与数字经济论坛综述［J］．经济研究，2019，54（3）：204-208．

[27] 罗珉，李亮宇．互联网时代的商业模式创新：价值创造视角［J］．中国工业经济，2015（1）：95-107．

[28] 缪陆军，陈静，范天正，等．数字经济发展对碳排放的影响——基于278个地级市的面板数据分析［J］．南方金融，2022（2）：45-57．

[29] 裴长洪，倪江飞，李越．数字经济的政治经济学分析［J］．财贸经济，2018，39（9）：5-22．

[30] 戚聿东，褚席．数字生活的就业效应：内在机制与微观证据［J］．财贸经济，2021，42（4）：98-114．

[31] 沈坤荣，金刚．中国地方政府环境治理的政策效应——基于"河长制"演进的研究［J］．中国社会科学，2018（5）：92-115+206．

[32] 石大千，丁海，卫平，等．智慧城市建设能否降低环境污染［J］．中国工业经济，2018（6）：117-135．

[33] 石大千，李格，刘建江．信息化冲击、交易成本与企业TFP——基于国家智慧城市建设的自然实验［J］．财贸经济，2020，41（3）：117-130．

[34] 宋德勇，李超，李项佑．新型基础设施建设是否促进了绿色技术创新的"量质齐升"——来自国家智慧城市试点的证据［J］．中国人口·资源与环境，2021，31（11）：155-164．

[35] 宋刚，邬伦．创新2.0视野下的智慧城市［J］．城市发展研究，2012，19（9）：53-60．

[36] 孙鹏博，葛力铭．通向低碳之路：高铁开通对工业碳排放的影响［J］．世界经济，2021，44（10）：201-224．

[37] 汤铎铎，刘学良，倪红福，等．全球经济大变局、中国潜在增长率与后疫情时期高质量发展［J］．经济研究，2020，55（8）：4-23．

[38] 陶莉,高岩,朱红波,等.有可再生能源和电力存储设施并网的智能电网优化用电策略[J].中国管理科学,2019,27(2):150-157.

[39] 王俊豪,周晟佳.中国数字产业发展的现状、特征及其溢出效应[J].数量经济技术经济研究,2021,38(3):103-119.

[40] 王世强,陈逸豪,叶光亮.数字经济中企业歧视性定价与质量竞争[J].经济研究,2020,55(12):115-131.

[41] 邬彩霞.中国低碳经济发展的协同效应研究[J].管理世界,2021,37(8):105-117.

[42] 吴俊杰,郑凌方,杜文宇,等.从风险预测到风险溯源:大数据赋能城市安全管理的行动设计研究[J].管理世界,2020,36(8):189-202.

[43] 夏昊翔,王众托.从系统视角对智慧城市的若干思考[J].中国软科学,2017(7):66-80.

[44] 徐辉,邱晨光.数字经济发展提升了区域创新能力吗——基于长江经济带的空间计量分析[J].科技进步与对策,2021,37(11):1-10.

[45] 徐维祥,周建平,刘程军.数字经济发展对城市碳排放影响的空间效应[J].地理研究,2022,41(1):111-129.

[46] 徐政,左晟吉,丁守海.碳达峰、碳中和赋能高质量发展:内在逻辑与实现路径[J].经济学家,2021(11):62-71.

[47] 许宪春,张美慧.中国数字经济规模测算研究——基于国际比较的视角[J].中国工业经济,2020(5):23-41.

[48] 杨慧梅,江璐.数字经济、空间效应与全要素生产率[J].统计研究,2021,38(4):3-15.

[49] 翟淑萍,韩贤,毛文霞.数字经济发展能提高企业劳动投资效率吗[J].当代财经,2022(1):78-89.

[50] 詹晓宁,欧阳永福.数字经济下全球投资的新趋势与中国利用外资的新战略[J].管理世界,2018,34(3):78-86.

[51] 湛泳,李珊.智慧城市建设、创业活力与经济高质量发展——基于绿色全要素生产率视角的分析[J].财经研究,2022,48(1):4-18.

[52] 张文彬,李国平.异质性技术进步的碳减排效应分析[J].科学学与科学技术管理,2015,36(9):54-61.

[53] 张希良,黄晓丹,张达,等.碳中和目标下的能源经济转型路径与政策研究[J].管理世界,2022,38(1):35-66.

[54] 张小丽,崔学勤,王克,等.中国煤电锁定碳排放及其对减排目标的影响[J].中国人口·资源与环境,2020,30(8):31-41.

[55] 赵昌文,许召元,朱鸿鸣.工业化后期的中国经济增长新动力[J].中国工业经济,2015(6):44-54.

[56] 赵涛,张智,梁上坤.数字经济、创业活跃度与高质量发展——来自中国城市的经验证据[J].管理世界,2020,36(10):65-76.

[57] 钟春平,刘诚,李勇坚.中美比较视角下我国数字经济发展的对策建议[J].经济纵横,2017(4):35-41.

[58] 曾亿武,孙文策,李丽莉,等.数字鸿沟新坐标:智慧城市建设对城乡收入差距的影响[J].中国农村观察,2022(3):165-184.

[59] Acemoglu D., P. Aghion, L. Bursztyn, et al. The Environment and Directed Technical

Change [J]. American Economic Review, 2012, 102 (1): 131-166.

[60] Aguerre C. Digital Trade in Latin America: Mapping Issues and Approaches [J]. Digital Policy, Regulation and Governance, 2019, 21 (1): 2-18.

[61] Angelidou M. Smart City Policies: A Spatial Approach [J]. Cities, 2014, 41 (S1): 3-11.

[62] Baron R. M., D. A. Kenny. The Moderator-mediator Variable Distinction in Social Psychological Research: Conceptual Strategic and Statistical Considerations [J]. Journal of Personality and Social Psychology, 1986, 51 (6): 1173-1182.

[63] Borenstein S., G. Saloner. Economics and Electronic Commerce [J]. Journal of Economic Perspectives, 2001, 15 (1): 3-12.

[64] Barro R. J. Economic Growth in a Cross Section of Countries [J]. The Quarterly Journal of Economics, 1991, 106 (2): 407-443.

[65] Benhabib J., M. M. Spiegel. The Role of Human Capital in Economic Development Evidence from Aggregate Cross-country Data [J]. Journal of Monetary Economics, 1994, 34 (2): 143-173.

[66] Bhujabal P., N. Sethi, P. C. Padhan. ICT Foreign Direct Investment and Environmental Pollution in Major Asia Pacific Countries [J]. Environmental Science and Pollution Research, 2021, 28 (31): 1-21.

[67] Chetty R., A. Looney, K. Kroft. Salience and Taxation: Theory and Evidence [J]. American Economic Review, 2009, 99 (4): 1145-1177.

[68] Chen J., M. Gao, S. Cheng, et al. County-level CO_2 Emissions and Sequestration in China during 1997-2017 [J]. Scientific Data, 2020, 7 (1): 391.

[69] Czernich N., O. Falck, T. Kretschmer, et al. Broadband Infrastructure and Economic Growth [J]. The Economic Journal, 2011, 121 (552): 505-532.

[70] Khan D. N., M. A. Baloch, S. Saud, et al. The Effect of ICT on CO_2 Emissions in Emerging Economies: Does the Level of Income Matters? [J]. Environmental Science and Pollution Research, 2018, 25 (23): 22850-22860.

[71] Diao M., D. Leonard, T. F. Sing. Spatial-difference-in-differences Models for Impact of New Mass Rapid Transit Line on Private Housing Values [J]. Regional Science and Urban Economics, 2017, 67: 64-77.

[72] Delgado M. S., R. J. G. M. Florax. Difference-in-differences Techniques for Spatial Data: Local Autocorrelation and Spatial Interaction [J]. Economics Letters, 2015, 137: 123-126.

[73] Gelbach J. B. When Do Covariates Matter? And Which Ones and How Much? [J]. Journal of Labor Economics, 2016, 34 (2): 509-543.

[74] Grubb M., T. Chapuis, M. H. Duong. The Economics of Changing Course [J]. Energy Policy, 1995, 23 (4-5): 417-431.

[75] Gawel E., P. Lehmann. Killing Two Birds with One Stone? Green Dead Ends and Ways out of the COVID-19 Crisis [J]. Environmental and Resource Economics, 2020: 1-5.

[76] Guo S. How Does Straw Burning Affect Urban Air Quality in China? [J]. American Journal of Agricultural Economics, 2020, 103 (3): 1122-1140.

[77] Goldfarb A., C. Tucker. Digital Economics [J]. Journal of Economic Literature, 2019, 57 (1): 3-43.

[78] Heckman J., R. Pinto, P. Savelyev. Understanding the Mechanisms Through Which an Influential Early Childhood Program Boosted Adult Outcomes [J]. American Economic Review, 2013,

103（6）：2052-2086.

［79］Huang X., S. Chang, D. Zheng, et al. The Role of BECCS in Deep Decarbonization of China's Economy: A Computable General Equilibrium Analysis [J]. Energy Economics, 2020, 92, 104968.

［80］Jia R., S. Shao, L. Yang. High-speed Rail and CO_2 Emissions in Urban China: A Spatial Difference-in-differences Approach [J]. Energy Economics, 2021, 99, 105271.

［81］Jaffe A. B., R. G. Newell, R. N. Stavins. Environmental Policy and Technological Change [J]. Environmental and Resource Economics, 2002, 22 (1): 41-70.

［82］Jacobson L. S., R. J. LaLonde, D. G. Sullivan. Earnings Losses of Displaced Workers [J]. American Economic Review, 1993, 83 (4): 685-709.

［83］Keller W. Trade and the Transmission of Technology [J]. Journal of Economic Growth, 2002, 7 (1): 5-24.

［84］Lu Y., Z. Tao, Y. Zhang. How Do Exporters Respond to Antidumping Investigations? [J]. Journal of International Economics, 2013, 91 (2): 290-300.

［85］Nordhaus W. D. Optimal Greenhouse-gas Reductions and Tax Policy in the DICE Model [J]. American Economic Review, 1993, 83 (2): 313-317.

［86］Rogelj J., G. Luderer, R. C. Pietzcker, et al. Energy System Transformations for Limiting End-of-century Warming to Below 1.5℃ [J]. Nature Climate Change, 2015, 5 (6): 519-527.

［87］Romer P. M. Endogenous Technological Change [J]. Journal of Political Economy, 1990, 98 (5 Part 2): S71-S102.

［88］Rosenbloom D., J. Markard. A COVID-19 Recovery for Climate [J]. Science, 2020, 368 (6490): 447.

［89］Salahuddin M., K. Alam, I. Ozturk. The Effects of Internet Usage and Economic Growth on CO_2 Emissions in OECD Countries: A Panel Investigation [J]. Renewable and Sustainable Energy Reviews, 2016, 62: 1226-1235.

［90］Tong D., Q. Zhang, Y. Zheng, et al. Committed Emissions from Existing Energy Infrastructure Jeopardize 1.5℃ Climate Target [J]. Nature, 2019, 572 (7769): 373-377.

［91］UNCATD Trade Data for 2020 Confirm Growing Importance or Digital Technologies during COVID-19 [R]. UCTAD, 2021.

［92］Wang M., T. Zhou, D. Wang. Tracking the Evolution Processes of Smart Cities in China by Assessing Performance and Efficiency [J]. Technology in Society, 2020, 63: 101353.

［93］Wróbel A., E. Rokita, W. Maenhaut. Transport of Traffic-related Aerosols in Urban Areas [J]. Science of The Total Environment, 2000, 257 (2-3): 199-211.

［94］Yang Y., H. Zhang, W. Xiong, et al. Regional Power System Modeling for Evaluating Renewable Energy Development and CO_2 Emissions Reduction in China [J]. Environmental Impact Assessment Review, 2018, 73: 142-151.

［95］Yilmaz S., K. E. Haynes, M. Dinc. Geographic and Network Neighbors: Spillover Effects of Telecommunications Infrastructure [J]. Journal of Regional Science, 2002, 42 (2): 339-360.

［96］Yu B., Y. Ma, M. Xue, et al. Environmental Benefits from Ridesharing: A Case of Beijing [J]. Applied Energy, 2017, 191: 141-152.

开放与区域经济

中国共同富裕的测算与分解

尹向飞

[摘要] 科学、准确地测算共同富裕对扎实推动共同富裕意义重大。本文基于微观个体收入数据，提出了一种新的共同富裕测算方法，并对其进行分解，建立共同富裕和总体富裕、共享富裕效率之间的直接联系。利用该方法，笔者对 CFPS 微观数据进行了实证分析，得出如下结论：首先，我国共同富裕指数总体上呈现增长变化趋势，从 2010 年的 6034.79 元增至 2018 年的 9299.22 元，每两年增长 10.81%，其中总体富裕增长是主要推动力。其次，共同富裕程度在东部地区高于中部地区，中部地区高于西部地区；所有地区通过收入分配制度改革，能够提升共同富裕 40% 左右。东部、中部、西部地区共同富裕每两年分别增长 12.23%、9.64% 和 10.07%。东中部和东西部地区共同富裕差距都呈现扩大变化趋势，尤其是东西部地区差距悬殊。最后，北京、上海、天津和浙江为总体富裕和共同富裕较高的四个省份。只有浙江和上海在总体富裕、共同富裕、共享富裕效率方面都属于持续领先型，建议下一步在上海成立共同富裕示范区。

[关键词] 共同富裕；总体富裕；共享富裕；效率

中国历届政府高度重视共同富裕，毛泽东同志早在 1953 年的《关于发展农业生产合作社的决议》就提出"共同富裕"，并在《关于农业合作化问题》指出实现共同富裕的途径。邓小平同志强调"走社会主义道路，就是要逐步实现共同富裕"。党的十八大以来，党中央高度重视共同富裕问题，习近平总书记就共同富裕提出了一系列重要论述，指出"共同富裕是中国特色社会主义的根本原则"。2021 年在《求是》发表的文章《扎实推动共同富裕》中，习近平总书记更是深刻论述了实现共同富裕的原则和思路。在《中华人民共和国国民经济和社会发展第十四个五年规划和 2035 年远景目标纲要》中，明确将"全体人民共同富裕取得更为明显的实质性进展"，"全体人民共同富裕迈出坚实步伐"作为 2035 年远景目标，并通过打造浙江高质量发展建设共同富裕示范区、制定促进共同富裕行动纲要以及优化收入分配结构等方式，推动共同富裕进入具体实施阶段。但也要认识到，共同富裕是一个长远目标，不可能一蹴而就。实现共同富裕既需要持之以恒、久久为功，同时更需要明确共同富裕的推进现状，清楚地识别阻碍共同富裕的堵点，从而因地制宜地改进方法、提升效率。要明确我国共同富裕当前处于何种程度，取得何种进展，存在何种不足，在多大程度上具有提升空间和潜力；明确各个省份共同富裕的现状如何，推进水平如何，地区之间共同富裕差距有多大，差距主要体现在哪些方面，各自呈现何种变化趋势。而要对这些问题进行准确的界定和深入的研究，科学构建共同富裕的测算指标是必要前提。对于共同富裕的测算以及在此基础上的分解，有助于准确评价我国和各省市共同富裕进程，掌握地区之间共同富裕程度差距及其原因，动态监测、时时追踪，为推动我国共同富裕"取得更为明显的实质性进展"制定科学、合理的时间进度表，进而针对性地制定政策扎实推进共同富裕。而纵观已有研究，对中国共同富裕的量化研究极少，进一步对共同富裕的分解研究则少之又少，不仅如此，相关学者在共同富裕测算方法方面也存在不同的意见，这更凸显了本文的研究价值。

[作者简介] 尹向飞，湖南财政经济学院数学与统计学院院长、教授，研究方向：数量经济学。

一、文献综述

国外不乏类似共同富裕指标体系和测算方面的研究，如共享繁荣指数（Lakner et al.，2014）、人类发展指数（UNDP，1990）、包容性增长（Anand et al.，2013）等等，国内学者对共同富裕指标体系的构建和测算或多或少借鉴了这些学者的思想。

不少国内学者从富裕程度和富裕共享两个角度来构建指标体系，如万海远和陈基平（2021）认为UNDP（1990）中采用多维指标相加法存在默认指标之间完全替代的不足，借鉴人类发展指数构建方法，以及Klugman et al.（2011）的观点，利用人均国民收入度量发展程度，可支配收入基尼系数度量共享程度，然后采用几何相乘法将上述两个变量合成共同富裕指标，并对162个国家11年数据进行实证分析；李实（2021）利用收入、财产、基本公共服务度量富裕程度，收入差距、财产差距、基本公共服务均等化度量共享程度，给出了2035年、2050年两个阶段共同富裕指标体系；张金林等（2022）构建了包含物质富裕、精神富裕和社会共享3个一级指标，收入、财富等9个二级指标，人均消费、人均医疗资源等16个三级指标的指标体系，采用等权法将上述指标合成共同富裕指数；刘培林等（2021）从总体富裕程度和发展成果共享程度2个维度构建共同富裕指标体系，其中，总体富裕程度由人均国民收入水平等绝对量指标和以发达国家收入水平为参照点的相对指标构成，发展成果共享程度由人群差距、区域差距和城乡差距3个子维度近30个指标组成。也有很多学者从其他视角构建共同富裕指标体系，如李金昌和余卫（2022）从共同富裕过程和结果两个视角，构建了包括经济质效并增、全域美丽建设等6个一级指标在内的共同富裕过程性评价指标体系，包括共享性等3个一级指标在内的共同富裕结果性评价指标体系，并测算了浙江省2015~2020年的共同富裕程度；钞小静和任保平（2022）构建了由收入与财产、发展能力和民生福祉3个一级指标，居民收入分配、财产分配、人力资本积累等11个二级指标，中等收入群体占总人口比重、人均教育文化娱乐消费支出占比等13个三级指标组成的指标体系，利用五级分类法对13个三级指标进行评价，然后采用"横纵向拉开档次法—BP神经网络分析法"的复合方法构建共同富裕指数；解安和侯启缘（2022）基于2035年和2050年作为共同富裕后续发展过程中的重要节点，从精神生活、健康状况、就业与收入、生活质量等6个维度构建共同富裕指标体系；陈丽君等（2021）构建了包含发展性、共享性、可持续性3个一级指标，以及14个二级指标、81个三级指标在内的共同富裕指数模型；胡鞍钢和周绍杰（2022）构建了生产力、收入分配等5个一级指标，全员劳动生产率等20个二级指标在内的共同富裕指标体系。上述大多数研究构建的多指标体系能够更加接近共同富裕的内涵，但是可能导致"好心办坏事"（Ravallion，2012），违背现实逻辑（万海远和陈基平，2021）。同时通过对众多指标以相加或者相乘等方式构成的共同富裕指数，无具体的经济含义，不容易找到具体的参照，从而无法通过对比研究确定共同富裕所处的阶段和水平。

很多学者研究了共同富裕的实现路径。相关研究主要集中在如下三个方面：①通过提升低收入群体收入来实现共同富裕。例如，李实等（2022）认为"扎实推进共同富裕的关键是'提低'，即提高底层人群的收入、财产水平及享有的社会保障"；范从来（2017）强调益贫式增长在实现共同富裕中的作用，指出益贫式增长是在经济增长过程中穷人获得高于平均水平的收入增长率；厉以宁（2002）认为要扩大中等收入者的比重，提高低收入者的收入水平以实现共同富裕的目标；卫兴华（2003）认为实现低层次共同富裕，主要应该从保障和改善低收入阶层的生活状况入手。②通过经济社会发展来实现共同富裕。例如，程恩富和刘伟（2012）认为要通过国民共进、做强做优做大公有制经济以及确立以民生建设为导向的发展模式两条路径来促进共同富裕；逢锦聚（2021）提倡大力发展生产力来促进共同富裕；胡鞍钢和周绍杰（2022）认为应当通过高质量发展来促进共同富裕。③通过推进收入分配制度改革推进共同富裕。例如，李实和朱梦冰（2022）认为要构建公平合理的收入分配制度来推动共同富裕；洪银兴（2022）认为按劳分配能够实现共同富裕，建议完善实现效率与公平包容的要素报酬机制。上述大多数文献都突出提升居民收入在实现共同富裕中的重要作用，这为本文共同富裕指标选取提供了理论依据。

上述文献在共同富裕的指标测算以及实现路径的学理分析上均进行了深入的研究，为本文提供了很好的借鉴。相比于已有研究，本文的边际贡献如下：①提出了一种新的共同富裕测算与分解方法。不同于以往由众多指标构成的共同富裕指标体系，本文基于微观个体收入水平这一单一指标，构建一个共同富裕指数，然后从总体富裕程度和基于收入分配不平等指数的共享富裕效率两方面进行分解，方法更为直观简单，逻辑更为严谨。②本文的测算与分解方法是基于微观个体的收入指标。已有的大多数共同富裕研究采用宏观或者中观经济指标，这类指标由于加总或者平均处理消除了个体差异，由此构建的共同富裕指数很难消除"被平均"现象。本文采用的微观个体收入指标，在中国未来相当长的时间处于发展中国家阶段、大部分人口为低收入人群的背景下，是看得见、摸得到、真实可感的反映个体富裕程度指标。③对中国各省份共同富裕进行实证分析，也是本文边际贡献之一。已有研究侧重于共同富裕的内涵、实现路径和指标体系构建，鲜有实证分析。

二、共同富裕测算和分解模型

（一）指标选取的理论基础

本文选取的指标为个体年收入，在此基础上构建共同富裕指数，用于度量共同富裕程度。个人年收入既包括工资收入，也包括财产性收入、经营性收入、转移支付和其他收入。选取这一指标的主要理由如下：

首先，个人年收入是反映富裕程度最直接、有效的指标。个人年收入包括工资性收入、财产性收入、经营性收入、转移支付以及各类其他收入，既包含劳动投入、人力资本等要素产生的劳动力性收入，也包含资本、技术、管理等要素产生的财产性收入，从而较为全面地衡量了个人收入与财富水平。此外，个人在教育、医疗、社会保障等方面所接受的服务数量也会受到个人收入水平的影响，这表明个人年收入还在一定程度上反映了个体，尤其是低收入个体能够享有的基本公共服务水平。而对高收入的个体而言，能够以居住地迁徙等方式，通过"用脚投票"主动地选择公共服务的质量与数量。

其次，个人年收入指标体现了收入分配在推动共同富裕中发挥的作用。历届政府都十分重视收入分配在推动共同富裕中的作用。党的十三大明确而系统地阐述了"三步走"发展战略，每一阶段的战略部署都和收入分配有关。改革开放初期，邓小平同志在实现共同富裕的基本路径指出，"我们要允许一部分地区、一部分企业、一部分工人农民，由于辛勤努力成绩大而收入先多一些，生活先好起来……就会使整个国民经济不断地波浪式地向前发展，使全国各族人民都能比较快地富裕起来"。习近平总书记在《扎实推动共同富裕》中着重强调了收入分配在扎实推动共同富裕中的作用。可见，优化收入分配结构、完善收入分配制度是共同富裕的重要实现路径。个人年收入指标涵盖了工资性收入、财产性收入以及转移性收入，从而在初次分配和再分配两个层面关注了个人的收入水平，进而在共同富裕指标的测算中充分考虑了收入分配所发挥的积极作用。

再次，以个人收入指标为基础构建共同富裕指数，能够避免多指标体系测算造成的一系列问题。诚然，指标越多越能从不同维度反映共同富裕的内涵，但将过多指标融合为共同富裕指数，一方面使得该指数可能不满足一些公理化准则，导致违背现实逻辑（Ravallion，2011）；另一方面，利用多指标测算共同富裕指数将面临权重设置的问题，很难避免重选取的主观性。再者，很多指标高度相关，信息重叠，通过相加或者相乘构建的综合指数，将放大重叠部分信息的作用。因此很多学者大幅简化共同富裕指标体系，例如，Klugman 等（2011）在构建人类发展指数时，仅仅使用了健康、教育和生活水平三个指标，涉及人均 GDP、预期寿命、读写能力和毛入学率四个经济变量；万海远和陈基平（2021）仅仅使用人均国民收入和基尼系数两个指标量化共同富裕指数。

最后，现有国情决定了现阶段乃至未来 10 余年内个人收入水平仍将是最能反映个人富裕程度的指标。我国仍然是发展中国家，低收入群体近 9 亿人；区域发展不平衡不充分的问题突出，城乡差距仍然较大，地方财政尤其是基层财政较为困难决定了当前公共政策的重点仍是加强基础性、普惠性、兜底性民生保障建设，尚不能在省际间、城乡间建立均等化的基本公共服务体系。这些国情都决定个人富裕程度主要取决于个人收入的高低。

（二）模型构建

假设有 n 个人，第 t 期第 i 个人的所有收入为 $s_{i,t}$，i = 1, 2, …, n, t = 1, 2, …, T，那么 $s_{i,t}$ 代表该个体在第 t 期的富裕程度，正常情况下应该大于 0；如果为 0，则所有人的收入都加上一个很小的正数。由于共同富裕是全体人民的共同富裕，每个人的富裕程度在共同富裕指数中应该得到同等对待，因此在度量共同富裕程度时，应该给予相同的权重。本文构建的共同富裕指数（Common Prosperity，CP）如下：

$$CP_t = \prod_{i=1}^{n} s_{i,t}^{1/n} \tag{1}$$

其中，$\prod_{i=1}^{n} s_{i,t}^{1/n} = s_{1,t}^{1/n} \times s_{2,t}^{1/n} \times \cdots \times s_{n,t}^{1/n}$，该指数为个人收入的几何平均值，代表整个社会人民富裕程度的平均水平，在后文再论证用该指标度量共同富裕的合理性。设整个社会所有人在第 t 期的算术平均收入为 $\bar{s}_t$，即：

$$\bar{s}_t = \frac{1}{n}\sum_{i=1}^{n} s_{i,t} \tag{2}$$

其中，$\bar{s}_t$ 代表社会在第 t 期的总体富裕程度，该数值越高，表示总体富裕程度越高，本文称之为总体富裕指数；如果一个国家的国民收入都分配给人民，则 $\bar{s}_t$ 等于人均国民收入，那么本文的总体富裕指标和万海远和陈基平（2021）是一致的。根据几何平均小于等于算术平均的原理，$CP_t \leq \bar{s}_t$，只有当所有人的收入都相等时，该式才取等号。通过对式（1）进行如下变换：

$$CP_t = \bar{s}_t \prod_{i=1}^{n}\left(\frac{s_{i,t}}{\bar{s}_t}\right)^{1/n} = \bar{s}_t e^{-\frac{1}{n}\sum_{i=1}^{n}\ln\left(\frac{\bar{s}_t}{s_{i,t}}\right)} \tag{3}$$

设 $E_{0,t} = \frac{1}{n}\sum_{i=1}^{n}\ln\left(\frac{\bar{s}_t}{s_{i,t}}\right)$，这是第 t 期收入的泰尔零阶指数，代表的是收入不平等程度，其取值为 0 到 +∞；该数值越大，收入不平等程度越高；当其等于 0 时，表示总收入在所有人之间平均分配，实现了绝对平等。因此式（3）可以变为如下等式：

$$CP_t = \bar{s}_t e^{-E_{0,t}} \tag{4}$$

从式（4）可以看出，式（1）所构造的共同富裕指数既包含了"总体富裕"维度，又包含了以泰尔零阶指数度量的收入不平等在内的"共享富裕"维度，这和万海远和陈基平（2021）、李实（2021）等大多数学者从发展和共享两方面构建共同富裕是一致的，因此用其来测算共同富裕程度是合适的。相较于万海远和陈基平（2021）直接利用人均国民收入和基尼系数来构造共同富裕指数，本文的顺序是相反的，首先，笔者构造了一个在经济意义上合理、能够解释得通的经济变量。其次，通过推导，笔者发现其既包含了"总体富裕"维度，又包含了"共享富裕"维度,因此该共同富裕指数是科学合理的;在将"共享富裕"维度引入共享富裕指数时,万海远和陈基平(2021)选择幂函数形式,函数形式的选取容易受到主观性的影响;而本文通过推导,得出"共享富裕"维度是指数函数形式,避免了主观性。最后,笔者构造的共同富裕指数是直接建立在微观个体收入的基础上,并且"总体富裕"和"共享富裕"都是建立在相同的微观个体收入样本基础上,从而保证指标的统一性。

式(4)右边由两项构成,其中,$\bar{s}_t$代表社会在第t期的总体富裕程度,本文称之为总体富裕指数(Overall Prosperity)。$e^{-E_{0,t}}$代表社会在第t期的共享富裕程度,本文称之为共享富裕指数(Shared Prosperity);同时考虑到其代表由于收入分配不平等所造成的共同富裕程度和总体富裕程度的差异,本文也称之为收入分配的共享富裕效率(Common Prosperity Efficiency of Distribution,$CPED_t$),简称为共享富裕效率,其最大值为1,最小值为0。因此式(4)可以化为:

$$CP_t = \bar{s}_t \times CPED_t \tag{5}$$

根据式(5),我们可以给出各种共同富裕社会标准。例如按照中等收入群体标准为人均收入3.3万~16.7万元之间,① 以及给定的共享富裕效率标准(例如,比较均等的标准为0.8),② 我们可以给出中等收入的社会标准大概为2.54万~13.36万元。

由式(1)至式(5)可以得出如下性质:

性质1:共同富裕小于等于总体富裕,只有当收入实现完全平等分配时,二者才会相等。

性质2:在总体富裕程度一定时,收入的泰尔零阶指数越高,则收入分配不平等程度越大,共享富裕效率越低,共同富裕程度就越低,通过收入分配改革提升共同富裕的潜力越大。

性质3:在收入的泰尔零阶指数一定时,总体富裕程度越高,则共同富裕程度就越高。

性质4:当总体富裕程度较低时,应该通过提升总体富裕程度来实现共同富裕。当总体富裕程度很高时,应该通过缩小收入分配差距,提升共享富裕效率来实现共同富裕。

性质4成立的理由如下:由于共享富裕效率的取值范围为[0,1],因此当总体富裕程度较低时,即使通过收入分配政策,消除了不平等,共同富裕指数最大也就等于总体富裕指数,仍然处于较低水平,因此在这种情况下不可能实现共同富裕,只有通过提升总体富裕程度来实现共同富裕。当总体富裕程度很高时,泰尔零阶指数每降低0.01,那么共享富裕效率上升1%,共同富裕指数增加总体富裕的1%,这个数值是非常高的。这也验证了邓小平同志"先富共富"思想的正确性。

由于共同富裕是一个动态循序渐进的过程,因此很有必要从纵向上进行比较,分析在共同富裕方面取得的进展,并究其根源。本文利用几何增长率方法来测算共同富裕增长率,将式(5)代入后得到如下公式:

$$\ln(CP_t/CP_{t-1}) = \ln(\bar{s}_t/\bar{s}_{t-1}) + \ln(CPED_t/CPED_{t-1}) \tag{6}$$

从式(6)可以看出,共同富裕增长率来源于两个方面,第一个方面为总体富裕增长率,第二个方面为收入分配的共享富裕效率增长率。将$CPED_t = e^{-E_{0,t}}$代入式(6)可得式(7),从式(7)可以看出,共同富裕增长率等于总体富裕增长率减去不平等程度增加量。

$$\ln(CP_t/CP_{t-1}) = \ln(\bar{s}_t/\bar{s}_{t-1}) - (E_{0,t} - E_{0,t-1}) \tag{7}$$

区域间发展不平衡为中国突出问题,那么共同富裕是否也同样如此,因此很有必要从横向上对区域之间的共同富裕进行比较,分析区域间共同富裕水平差异及其根源。设地区k和l的共同富裕指数分别为$CP_{k,t}$和$CP_{l,t}$,总体富裕指数分别为$\bar{s}_{k,t}$和$\bar{s}_{l,t}$,共享富裕效率分别为$CPED_{k,t}$和$CPED_{l,t}$,那么三者存在式(5)的数量关系。利用两地区共同富裕指数相除,再取对数作为

---

① 2019年1月21日,时任国家统计局局长宁吉喆在国务院新闻办举行的新闻发布会上表示,国家统计局测算中等收入群体标准是,以中国典型的三口之家年收入在10万元至50万元之间。信息来源:https://baijiahao.baidu.com/s?id=1729627497468151783&wfr=spider&for=pc。

② 当然,共享富裕效率标准取值为0.8,存在较大主观性,很有必要深入分析,这里主要用于举例说明。

地区间共同富裕差异的度量，再考虑两地区的共同富裕、总体富裕、共享富裕效率三者之间的数量关系，可以得到如下公式：

$$\ln(CP_{k,t}/CP_{l,t}) = \ln(\overline{s_{k,t}}/\overline{s_{l,t-1}}) + \ln(CPED_{k,t}/CPED_{l,t-1}) \tag{8}$$

式（8）左边表示以地区 l 为参照的地区 k 和地区 l 共同富裕的相对差距，例如，地区 l 和地区 k 的共同富裕指数分别为 1 和 1.1，那么从算术百分比的角度来看，k 地区的共同富裕水平比 l 地区高 10%；从几何百分比的角度来看，k 地区比 l 地区高 $\ln(1.1/1) \approx 9.53\%$。从式（8）可以看出不同地区之间的共同富裕差距等于二者的总体富裕差距和共享富裕效率差距之和。

（三）数据来源和处理说明

本文研究的对象为中国 25 个省份共同富裕，[①] 数据来源于北京大学中国家庭追踪调查（CFPS）的家庭经济数据库，研究的时间为 2010 年、2012 年、2014 年、2016 年、2018 年。[②] 2010 年的家庭收入采用调整后的家庭纯收入，因为北京大学中国社会科学调查中心在最初设计 2010 年问卷时没有考虑到从事农业生产的家庭自家生产并由自家消费的农产品价值，后期对此数据进行了修正；其他年份的家庭收入采用与 2010 年可比的家庭纯收入；为了简单起见，在后文中对这两种数据统称为家庭纯收入。理论上家庭纯收入由工资性收入、经营性收入、财产性收入、转移性收入、其他收入五项组成，应该等于这五项的和，但是在对实际数据进行分析时，发现不少家庭存在不相等或者家庭纯收入缺失的情况。对于家庭纯收入数据缺失的样本，我们利用工资性收入、经营性收入、财产性收入、转移性收入、其他收入五项之和表示；对于家庭纯收入小于工资性收入、经营性收入等五项之和的样本，利用五项之和替代家庭纯收入；对于其他情况，本文将对应的家庭样本删除。通过上述数据处理后，考虑到实际情况，再删除家庭年度纯收入低于 100 元的样本。往往大多数家庭不止 1 人，本文利用家庭纯收入除以人数，作为每个人的收入，而且将每个人当作一个个体看待。[③] 在选取样本时，同时选中对应的省份变量。为了在纵向上具有可比性，本文利用 CPI 指数对每个个体收入进行平减，得到以 2010 年价格表示的收入。除了上述微观数据以外，本文还用到 2010 年、2012 年、2014 年、2016 年、2018 年各省份人口数据，相关数据来自于历年的《中国统计年鉴》。

三、实证结果

下面将从省级层面、地区层面和国家层面测算共同富裕、共同富裕增长率，并对其进行分解，研究中国共同富裕程度、增长率及其来源，以探究当前在推进共同富裕过程中存在的突出问题。

（一）省级层面

笔者利用模型（1）~（6）对 2010 年、2012 年、2014 年、2016 年、2018 年中国家庭追踪调查的家庭经济数据库进行分析，测算中国 25 个省份共同富裕指数、共同富裕增长率等指标，并进一步进行分解。

表 1 汇报了 2010~2018 年各省份共同富裕指数及其分解结果，从表 1 可以得出如下结论：①在四大直辖市中，北京市总体富裕指数在所有年份都稳居第一位，上海市稳居第二位，并且

[①] 不包含海南、新疆、西藏、宁夏、青海、内蒙古以及港澳台地区。之所以选择这 25 个省份，是因为 CFPS 的家庭经济调查数据中这 25 个省份的数据较为完整。

[②] 2020 年的 CFPS 数据库缺乏家庭经济数据库。

[③] 例如，一个家庭有 4 个成员，家庭纯收入为 400 元，那么在利用式（1）测算共同富裕指数时，算 4 个个体，每个个体的收入为 100 元。

这两个直辖市的收入分配不平等程度较低，共享富裕效率较高，基本上都在0.7以上，因此这两个直辖市共同富裕指数稳居前两位。在2014年之前，北京市的共享富裕效率一直高于上海市，由于总体富裕程度和共享富裕效率双重占优，在这些年份北京的共同富裕指数都高于上海市，在所有省市中排行第一。从2016年开始，上海市的泰尔零阶指数低于北京市，共享富裕效率高于北京市；2016年上海市总体富裕指数略低于北京市，但由于共享富裕效率较高，使得共同富裕指数超过北京市850.64元；2018年尽管上海市共享富裕效率高于北京市，但是总体富裕指数比北京市低4750.20元，导致共同富裕指数比北京低2684.17元。②天津市和浙江省的总体富裕指数、共同富裕指数基本上都排行在第三位和第四位。天津市在2016年之前总体富裕指数排行第三位，在2018年落后于浙江省，排行第四位；天津市的共同富裕指数在2014年之前排行第三位，但在2016年开始被浙江省超越，排行第四位。浙江省除了2018年总体富裕指数排第三位以外，在其他年份都排在第四位；共同富裕指数在2014年之前排行第四位，在2016年之后排行第三位。③作为直辖市之一的重庆市，收入分配不平等程度高于其他三个直辖市，导致其共享富裕效率在直辖市中最低；总体富裕指数和其他直辖市存在很大差距，这种双重差距导致总体的共同富裕指数差距更大，以2010年为例，重庆市的总体富裕指数为9423.41元，不足北京市的1/3，共享富裕效率不到北京市的80%，导致共同富裕指数仅为北京市的1/4；上海市和天津市总体富裕指数分别为重庆市的2.42倍和2.17倍，泰尔零阶指数都低于重庆市，导致共同富裕指数是重庆市的2.97倍和2.29倍。在25个省份排名中，重庆市的总体富裕和共同富裕水平处于中游水平。④即使去掉在经济上相对落后的新疆、西藏、宁夏、青海等省份，西部其他省份总体富裕指数和共同富裕指数排名仍然靠后，其中贵州省和四川省基本上排行倒数第一位和第二位，甘肃、云南、广西轮流排名倒数第三位。⑤省际之间的总体富裕水平、共享富裕效率和共同富裕之间相差很大，以排名第一的北京市和倒数第一的贵州省为例，前者的总体富裕指数是后者的4.5~5.7倍，共享富裕效率是后者的1.2倍以上，导致共同富裕相差更大，都在6.5倍以上。⑥通过收入分配制度改革，提升共享富裕效率进而促进共同富裕，存在较大的提升空间。2010年、2012年、2014年、2016年、2018年的平均共享富裕效率分别为0.67、0.54、0.63、0.62和0.62，离1有很大差距，离0.8也存在10%以上的潜力。

表1 2010~2018年中国25个省份共同富裕指数及其分解

省份	2010年				2012年			
	共同富裕指数（元）	总体富裕指数（元）	共享富裕效率	泰尔零阶指数	共同富裕指数（元）	总体富裕指数（元）	共享富裕效率	泰尔零阶指数
安徽	7159.54	10088.54	0.71	0.34	5293.78	9143.27	0.58	0.55
北京	21718.63	29403.58	0.74	0.30	21916.04	28923.60	0.76	0.28
福建	5919.83	7896.20	0.75	0.29	3252.62	7035.42	0.46	0.77
甘肃	3808.11	5902.17	0.65	0.44	3230.99	6321.87	0.51	0.67
广东	5146.82	8423.87	0.61	0.49	4180.41	8150.05	0.51	0.67
广西	4529.01	7664.64	0.59	0.53	2829.29	5722.64	0.49	0.70
贵州	3205.64	5534.70	0.58	0.55	2408.80	5119.05	0.47	0.75
河北	4802.51	7399.87	0.65	0.43	3797.98	6951.86	0.55	0.60
河南	4519.86	6257.61	0.72	0.33	4122.47	7703.07	0.54	0.63
黑龙江	7278.22	10416.92	0.70	0.36	6031.19	10316.25	0.58	0.54
湖北	9712.91	12838.45	0.76	0.28	6964.31	10250.89	0.68	0.39
湖南	7910.28	13757.35	0.57	0.55	4646.53	9875.39	0.47	0.75
吉林	6455.09	8645.70	0.75	0.29	5330.01	8538.43	0.62	0.47

续表

省份	2010年 共同富裕指数（元）	2010年 总体富裕指数（元）	2010年 共享富裕效率	2010年 泰尔零阶指数	2012年 共同富裕指数（元）	2012年 总体富裕指数（元）	2012年 共享富裕效率	2012年 泰尔零阶指数
江苏	9144.76	13280.16	0.69	0.37	6457.35	11180.45	0.58	0.55
江西	5721.92	7633.45	0.75	0.29	4230.92	7265.43	0.58	0.54
辽宁	7010.97	10391.14	0.67	0.39	5809.36	10469.49	0.55	0.59
山东	5789.10	8518.37	0.68	0.39	3939.36	7845.61	0.50	0.69
山西	4446.30	6830.78	0.65	0.43	3959.36	7574.09	0.52	0.65
陕西	4726.89	6983.13	0.68	0.39	3718.64	8219.17	0.45	0.79
上海	16358.09	22759.03	0.72	0.33	15589.44	24098.32	0.65	0.44
四川	3499.65	5857.14	0.60	0.51	2840.67	7203.84	0.39	0.93
天津	12605.61	20461.44	0.62	0.48	10182.32	16568.75	0.61	0.49
云南	4466.61	6443.84	0.69	0.37	2936.48	6377.04	0.46	0.78
浙江	11173.05	16024.74	0.70	0.36	6555.33	12782.38	0.51	0.67
重庆	5501.53	9423.41	0.58	0.54	3231.22	7015.66	0.46	0.78
平均值	7304.44	10753.45	0.67	0.40	5738.20	10026.08	0.54	0.63

续表1 2010~2018年中国25个省份共同富裕指数及其分解

省份	2014年 共同富裕指数（元）	2014年 总体富裕指数（元）	2014年 共享富裕效率	2014年 泰尔零阶指数	2016年 共同富裕指数（元）	2016年 总体富裕指数（元）	2016年 共享富裕效率	2016年 泰尔零阶指数
安徽	7019.67	11385.35	0.62	0.48	8252.82	13193.49	0.63	0.47
北京	25773.48	34186.21	0.75	0.28	24399.62	32685.09	0.75	0.29
福建	4869.48	10236.88	0.48	0.74	5905.68	11336.39	0.52	0.65
甘肃	4703.60	7837.06	0.60	0.51	4531.63	7844.77	0.58	0.55
广东	6982.54	11276.80	0.62	0.48	8534.40	16641.00	0.51	0.67
广西	4365.11	7314.68	0.60	0.52	4774.59	8110.98	0.59	0.53
贵州	3697.87	7178.10	0.52	0.66	3612.57	7224.40	0.50	0.69
河北	5585.65	8817.47	0.63	0.46	5935.38	9166.48	0.65	0.43
河南	6106.92	9153.92	0.67	0.40	5735.79	9302.94	0.62	0.48
黑龙江	8410.44	11636.31	0.72	0.32	9322.99	13232.20	0.70	0.35
湖北	10288.64	15407.83	0.67	0.40	10713.52	17137.02	0.63	0.47
湖南	8277.83	13795.68	0.60	0.51	9406.45	15524.26	0.61	0.50
吉林	6915.11	10699.68	0.65	0.44	7314.42	11180.13	0.65	0.42
江苏	10339.05	15822.47	0.65	0.43	11892.03	17367.56	0.68	0.38
江西	5301.20	8624.11	0.61	0.49	7679.50	10898.66	0.70	0.35
辽宁	9043.93	13155.95	0.69	0.37	7447.17	13535.13	0.55	0.60
山东	6108.22	9989.91	0.61	0.49	6698.89	11457.09	0.58	0.54
山西	4652.19	7924.33	0.59	0.53	5594.52	8956.95	0.62	0.47
陕西	6522.95	10523.76	0.62	0.48	7152.07	11561.97	0.62	0.48
上海	21818.08	28980.31	0.75	0.28	25250.27	32150.94	0.79	0.24

续表

省份	2014年 共同富裕指数（元）	总体富裕指数（元）	共享富裕效率	泰尔零阶指数	2016年 共同富裕指数（元）	总体富裕指数（元）	共享富裕效率	泰尔零阶指数
四川	3752.54	7043.79	0.53	0.63	3911.34	7473.38	0.52	0.65
天津	13959.19	18513.04	0.75	0.28	14900.15	24469.92	0.61	0.50
云南	4024.91	7450.54	0.54	0.62	4725.85	7813.64	0.60	0.50
浙江	13345.45	18301.61	0.73	0.32	15594.31	22483.78	0.69	0.37
重庆	6235.65	10093.79	0.62	0.48	8027.67	11906.90	0.67	0.39
平均值	8323.99	12613.98	0.63	0.46	9092.54	14106.20	0.62	0.48

续表1　2010~2018年中国25个省份共同富裕指数及其分解

2018年

省份	共同富裕指数（元）	总体富裕指数（元）	共享富裕效率	泰尔零阶指数	省份	共同富裕指数（元）	总体富裕指数（元）	共享富裕效率	泰尔零阶指数
安徽	10014.15	16201.13	0.62	0.48	江苏	15205.21	28153.25	0.54	0.62
北京	34582.00	45414.25	0.76	0.27	江西	7946.20	11882.94	0.67	0.40
福建	7865.42	12984.47	0.61	0.50	辽宁	10093.52	17533.53	0.58	0.55
甘肃	6094.59	9857.60	0.62	0.48	山东	9565.00	14679.19	0.65	0.43
广东	9299.68	16677.65	0.56	0.58	山西	6789.89	10534.33	0.64	0.44
广西	5587.02	9042.78	0.62	0.48	陕西	9059.94	14812.99	0.61	0.49
贵州	5249.98	9507.90	0.55	0.59	上海	31897.83	40664.05	0.78	0.24
河北	6920.99	11316.78	0.61	0.49	四川	5313.30	10212.73	0.52	0.65
河南	7305.64	11780.76	0.62	0.48	天津	15633.84	24871.01	0.63	0.46
黑龙江	11665.86	17763.75	0.66	0.42	云南	5766.18	10609.93	0.54	0.61
湖北	14142.14	22147.14	0.64	0.45	浙江	20302.36	28671.54	0.71	0.35
湖南	11245.48	17826.08	0.63	0.46	重庆	8250.46	15029.55	0.55	0.60
吉林	8039.83	13154.89	0.61	0.49	平均值	11353.46	17653.21	0.62	0.48

为了分析中国各省份在共同富裕方面取得的进展，本文测算了共同富裕指数、总体富裕指数和共享富裕效率三个指标的增长率，具体结果见表2。从表2可以得出如下结论：①2010~2012年，仅有7个省份总体富裕指数呈现正增长，其他18个省份呈现负增长；仅北京市共享富裕效率增长率和共同富裕增长率大于0，其他24个省份都小于0，这说明相对于2010年，绝大多数省份共同富裕程度不升反降。对于大多数省份，共享富裕效率的下降是导致共同富裕下降的主要原因。25个省份的总体富裕指数平均下降了6.03%，而共享富裕效率平均下降幅度达到22.47%，推动共同富裕下降28.50%。②2012~2014年，绝大多数省份实现了总体富裕和共享富裕效率双双大幅提升。仅有四川省的总体富裕程度小幅下降，北京市和湖北省的共享富裕效率小幅下降，其他省份上述两个指标都大幅增长，推动共同富裕大幅提升，其中大多数省份总体富裕提升是主要推动力。从平均来看，总体富裕指数增长23.26%，共享富裕效率增长16.15%，推动共同富裕增长39.41%。③2014~2016年，除了北京市以外的省份总体富裕都呈现正增长，但是大多数省份增长幅度比上一时期有了较大幅度的下调；大约有一半的省份共享富裕效率呈现负增长，一半呈现正增长。总体富裕平均增长10.90%，是共同富裕增长的主要推动力；共享富裕效率平均下降1.46%，共同富裕平均增长9.45%。④2016~2018年，所有省份总体富裕都

呈现正增长,并且大多数省份增长幅度高于上一时期;40%的省份共享富裕效率存在一定幅度的下降,其他省份存在小幅上升。同上一期一样,总体富裕平均增长 21.66%,是共同富裕增长的主要动力;共享富裕效率平均下降 0.21%,共同富裕平均增长 21.44%。⑤从整个时间段来看,所有省份总体富裕程度都呈现正增长,大多数省份每两年的平均增长率在 10% 以上,这说明大多数省份的富裕水平是提升的;存在 19 个省份共享富裕效率是下降的,这说明随着总体富裕水平的提高,大多数省份的收入分配不平等程度呈现扩大趋势。所有省份的共同富裕增长率的平均值都大于 0,并且各省的共同富裕进展比较显著。⑥从总体富裕、共享富裕效率对共同富裕增长的贡献来看,所有省份总体富裕增长率对共同富裕增长率的贡献都超过 70%,这说明 2010~2018 年,我国主要通过经济增长来推动共同富裕,且成效十分显著。

表2 共同富裕指数、总体富裕指数和共享富裕效率的增长率(%)

省份	2012年 共同富裕指数	2012年 总体富裕指数	2012年 共享富裕效率	2014年 共同富裕指数	2014年 总体富裕指数	2014年 共享富裕效率	2016年 共同富裕指数	2016年 总体富裕指数	2016年 共享富裕效率
安徽	-30.19	-9.84	-20.35	28.22	21.93	6.29	16.18	14.74	1.44
北京	0.90	-1.65	2.55	16.21	16.72	-0.50	-5.48	-4.49	-0.99
福建	-59.88	-11.54	-48.34	40.35	37.50	2.85	19.29	10.20	9.09
甘肃	-16.43	6.87	-23.30	37.55	21.48	16.07	-3.72	0.10	-3.82
广东	-20.80	-3.30	-17.49	51.30	32.47	18.83	20.07	38.91	-18.84
广西	-47.05	-29.22	-17.83	43.36	24.55	18.82	8.97	10.33	-1.37
贵州	-28.58	-7.81	-20.77	42.86	33.81	9.06	-2.33	0.64	-2.98
河北	-23.47	-6.25	-17.22	38.57	23.77	14.80	6.07	3.88	2.19
河南	-9.20	20.78	-29.98	39.30	17.26	22.04	-6.27	1.61	-7.88
黑龙江	-18.79	-0.97	-17.82	33.25	12.04	21.21	10.30	12.85	-2.55
湖北	-33.27	-22.51	-10.76	39.02	40.75	-1.73	4.05	10.64	-6.59
湖南	-53.20	-33.15	-20.05	57.75	33.43	24.32	12.78	11.80	0.98
吉林	-19.15	-1.25	-17.90	26.04	22.56	3.47	5.61	4.39	1.22
江苏	-34.80	-17.21	-17.59	47.07	34.73	12.34	13.99	9.32	4.68
江西	-30.19	-4.94	-25.25	22.55	17.14	5.41	37.06	23.41	13.65
辽宁	-18.80	0.75	-19.55	44.26	22.84	21.42	-19.43	2.84	-22.27
山东	-38.50	-8.23	-30.27	43.86	24.16	19.70	9.23	13.70	-4.47
山西	-11.60	10.33	-21.93	16.13	4.52	11.61	18.44	12.25	6.20
陕西	-23.99	16.30	-40.29	56.20	24.72	31.48	9.21	9.41	-0.20
上海	-4.81	5.72	-10.53	33.61	18.45	15.17	14.61	10.38	4.23
四川	-20.86	20.70	-41.56	27.84	-2.25	30.09	4.14	5.92	-1.78
天津	-21.35	-21.10	-0.25	31.55	11.10	20.45	6.52	27.90	-21.37
云南	-41.94	-1.04	-40.90	31.53	15.56	15.97	16.05	4.76	11.30
浙江	-53.32	-22.61	-30.72	71.09	35.89	35.20	15.57	20.58	-5.01
重庆	-53.22	-29.51	-23.71	65.74	36.38	29.36	25.26	16.52	8.74
平均值	-28.50	-6.03	-22.47	39.41	23.26	16.15	9.45	10.90	-1.46

续表2 共同富裕指数、总体富裕指数和共享富裕效率的增长率（%）

省份	2018年 共同富裕指数	2018年 总体富裕指数	2018年 共享富裕效率	平均值 共同富裕指数	平均值 总体富裕指数	平均值 共享富裕效率	贡献 共同富裕指数	贡献 总体富裕指数
安徽	19.34	20.54	-1.19	8.39	11.84	-3.45	141.16	-41.16
北京	34.88	32.89	1.99	11.63	10.87	0.76	93.45	6.55
福建	28.66	13.57	15.08	7.10	12.43	-5.33	175.03	-75.03
甘肃	29.63	22.84	6.79	11.76	12.82	-1.07	109.07	-9.07
广东	8.59	0.22	8.37	14.79	17.07	-2.28	115.45	-15.45
广西	15.71	10.87	4.84	5.25	4.13	1.11	78.76	21.24
贵州	37.38	27.47	9.91	12.33	13.53	-1.19	109.68	-9.68
河北	15.36	21.07	-5.71	9.14	10.62	-1.49	116.26	-16.26
河南	24.19	23.61	0.58	12.00	15.82	-3.81	131.76	-31.76
黑龙江	22.42	29.45	-7.03	11.79	13.34	-1.55	113.13	-13.13
湖北	27.77	25.65	2.12	9.39	13.63	-4.24	145.13	-45.13
湖南	17.86	13.83	4.03	8.80	6.48	2.32	73.65	26.35
吉林	9.46	16.27	-6.81	5.49	10.49	-5.00	191.19	-91.19
江苏	24.58	48.31	-23.73	12.71	18.78	-6.07	147.78	-47.78
江西	3.41	8.65	-5.23	8.21	11.06	-2.85	134.77	-34.77
辽宁	30.41	25.88	4.52	9.11	13.08	-3.97	143.56	-43.56
山东	35.62	24.78	10.83	12.55	13.61	-1.05	108.38	-8.38
山西	19.36	16.22	3.14	10.58	10.83	-0.25	102.32	-2.32
陕西	23.65	24.78	-1.13	16.26	18.80	-2.54	115.59	-15.59
上海	23.37	23.49	-0.12	16.70	14.51	2.19	86.91	13.09
四川	30.63	31.23	-0.60	10.44	13.90	-3.46	133.15	-33.15
天津	4.81	1.63	3.18	5.38	4.88	0.50	90.65	9.35
云南	19.90	30.59	-10.70	6.38	12.47	-6.08	195.26	-95.26
浙江	26.38	24.31	2.07	14.93	14.54	0.39	97.41	2.59
重庆	2.74	23.29	-20.55	10.13	11.67	-1.54	115.20	-15.20
平均值	21.44	21.66	-0.21	10.45	12.45	-2.00	119.12	-19.12

上述研究既从静态角度分析了各省市的总体富裕、共同富裕、共享富裕效率水平，也从动态角度分析了各指标的增长水平，但是，实现共同富裕，既关乎前期基础，也关乎动态增长，因此很有必要从静态与动态两个视角进行更为深入的研究。借鉴尹向飞和段文斌（2017）的思路，以2010年省份的各类指标平均值为静态指标分界点，以各类指标增长率的平均值为动态指标分界点，将各省份分为指标数值低于平均值的L组和高于平均值的H组，分别构建总体富裕、共享富裕效率以及共同富裕的前期基础—增长率矩阵，各个省份按相应指标可以分为四种类型，下面以共同富裕为例来加以说明：第一种类型（H/H）是共同富裕的前期基础和增长率都高于平均水平的省份，表示该省份初期共同富裕程度高，并且增长速度快，该省份在共同富裕方面会越来越领先其他省份，本文将其称为共同富裕持续领先型；第二种类型（L/H）是共同富裕的前期基础低于平均水平但增长率高于平均水平的省份，表示该省份尽管初期共同富裕低，但增长速度快，会逐步赶上其他省份，因此本文将其称为共同富裕后发追赶型；第三种类型（H/L）是共同富裕的前期基础高于平均水平，但增长率低于平均水平的省份，表示该省份尽管初期共同富裕高，但增长速度较慢，面临被其他省份赶上甚至超过，因此本文将其称为共同富

裕被追赶型；第四种类型（L/L）是共同富裕的前期基础低于平均水平，并且增长率也低于平均水平的省份，表示该省份初期共同富裕低，但增长速度较慢，同其他省份的差距会越来越大，因此本文将其称为共同富裕持续落后型。对于总体富裕和共享富裕效率，我们类似可以定义上述四种类型。

按照上述分类方法，对25个省份进行分类，结果见表3。从表3可以得出如下结论：①只有浙江省和上海市三种指标及其增长率都是H/H，表示这两个省份的总体富裕、共享富裕效率以及共同富裕的前期基础和增长速度都高于平均水平，在这三个方面都属于持续领先型，这两个省市最有可能先实现共同富裕，这说明中央率先支持浙江省高质量发展建设共同富裕示范区，是有理论依据的，同时建议下一步可以在上海市成立共同富裕示范区。②尽管北京市在总体富裕增长方面存在不足，江苏省在共享富裕效率增长方面存在不足，但在共同富裕方面属于持续领先型，因此能够比其他省份更早实现共同富裕。③广西壮族自治区、河北省和重庆市的共享富裕效率属于追赶型，总体富裕和共同富裕属于持续落后型，要和同其他省份同步实现共同富裕，需要从提高总体富裕增长率方面着手。④尽管黑龙江省、山东省在前期的总体富裕和共同富裕低于平均水平，但由于共享富裕效率和总体富裕二者的增长率都高于平均水平，推动共同富裕增长率高于平均水平，使得这些省共同富裕属于追赶型，能够缩小和其他省市共同富裕差距。甘肃省、贵州省的三种富裕指标都属于追赶型，同样也能够较早地实现共同富裕。⑤安徽、福建、吉林和江西四省份共享富裕效率为被追赶型，总体富裕和共同富裕属于持续落后型，这些省份在总体富裕和共同富裕方面和其他省份的差距会越来越大，要追上其他省份共同富裕的步伐，需要从促进总体富裕增长、加快缩小收入差距两个方面着手。⑥尽管辽宁省、云南省、四川省在总体富裕增长率方面存在优势，但在共享富裕效率增长率、前期总体富裕方面存在劣势，使得共同富裕属于持续落后型，因此需要制定政策，使收入差距以更快的速度下降。⑦尽管湖南省、天津市的前期总体富裕存在优势，共享富裕效率增长速度也高于平均水平，但是在总体富裕增长方面和其他省份相差较大，使得共同富裕属于被追赶型，存在被其他省份超过的风险。湖北省三个富裕指标前期都存在优势，但是在共享富裕效率增长率的劣势较大，使得其共同富裕也属于被追赶型，存在被其他省份超过的风险。

表3 各省总体富裕、共享富裕和总体富裕程度及其增长率情况

省份	共享富裕效率	总体富裕	共同富裕	省份	共享富裕效率	总体富裕	共同富裕
安徽	H/L	L/L	L/L	江苏	H/L	H/H	H/H
北京	H/H	L/L	H/H	江西	H/L	L/L	L/L
福建	H/L	L/L	L/L	辽宁	L/L	L/H	L/L
甘肃	L/H	L/H	L/H	山东	H/H	L/L	L/H
广东	L/L	H/L	H/L	山西	L/L	L/L	L/L
广西	L/H	L/L	L/L	陕西	H/L	L/L	L/L
贵州	L/H	L/H	L/H	上海	H/H	H/H	H/H
河北	L/H	L/L	L/L	四川	L/L	L/H	L/L
河南	H/L	L/L	L/L	天津	H/H	H/L	H/L
黑龙江	H/H	L/L	L/H	云南	H/L	L/H	L/L
湖北	L/L	H/H	H/L	浙江	H/H	H/H	H/H
湖南	L/H	H/L	H/L	重庆	L/H	L/L	L/L
吉林	H/L	L/L	L/L				

(二)地区层面

按照地理位置,笔者将上述 25 个省份分为东、中、西部三个地区。利用式(1)~式(6)对 CPFS 家庭经济库进行分析,构建地区层面的总体富裕等指标,存在测算偏误,因为 CPFS 家庭数据库里面的各省份人口比例和实际人口比例存在一定差距,为此,本文在测算地区层面共同富裕、总体富裕和共享富裕效率时,对式(1)、式(2)进行修正,具体如下:

$$CP_t = \prod_{j=1}^{n_j} CP_{j,t}^{\omega_{j,t}} \tag{9}$$

$$\overline{s_t} = \sum_{j=1}^{n_j} \omega_{j,t} \overline{s_{j,t}} \tag{10}$$

其中,j 表示所测算地区内的第 j 个省份,$\omega_{j,t}$ 表示第 t 期第 j 个省份人口在该地区总人口中所占的比重,利用历年的中国统计年鉴中各省份人口来进行测算。n_j 表示该地区省份个数,$\overline{s_{j,t}}$ 表示第 j 个省份总体富裕指数,$\overline{s_t}$ 表示地区总体富裕指数,这两个指标利用 CFPS 微观数据来进行测算。$CP_{j,t}$ 表示第 j 个省份共同富裕指数,CP_t 表示地区共同富裕指数。对于地区层面的总体富裕、共同富裕、共享富裕效率,同样存在式(3)~式(6)的函数关系。

根据式(9)和式(10)测算东、中、西部地区的总体富裕指数和共同富裕指数,再利用式(3)~式(6)测算共享富裕效率和泰尔零阶指数,具体结果见表 4。从表 4 可以看出,历年东部地区的共同富裕、总体富裕都高于中部地区,中部地区高于西部地区。从共享富裕效率来看,历年中部地区最高,东部地区排行第二,西部地区最低,也就是说西部地区收入分配差距最大,中部地区最小。所有地区共同富裕在大多数年份存在 40% 左右提升潜力。

表 4 2010~2018 年中国各地区共同富裕指数及其分解

年份	地区	共同富裕指数(元)	总体富裕指数(元)	共享富裕效率	泰尔零阶指数
2010	东部	7161.55	11555.18	0.62	0.48
	中部	6383.86	9580.52	0.67	0.41
	西部	4088.20	6676.78	0.61	0.49
2012	东部	5286.35	10622.53	0.50	0.70
	中部	4909.81	8818.77	0.56	0.59
	西部	2962.69	6635.58	0.45	0.81
2014	东部	8384.72	14009.88	0.60	0.51
	中部	6998.69	11203.91	0.62	0.47
	西部	4450.46	7966.94	0.56	0.58
2016	东部	9310.98	16379.25	0.57	0.56
	中部	7737.28	12493.98	0.62	0.48
	西部	4822.23	8578.67	0.56	0.58
2018	东部	11680.48	20649.80	0.57	0.57
	中部	9386.06	15271.51	0.61	0.49
	西部	6116.77	11034.73	0.55	0.59

表 5 汇报了各地区共同富裕增长率及其分解,从表 5 可以看出,所有地区共同富裕和总体富裕增长率都成波浪式变化趋势。2012 年所有地区总体富裕程度存在较小幅度的下降,但是共享富裕效率出现很大幅度下降,导致共同富裕指数以更大幅度下降。而 2014 年所有地区的总体富裕指数和共享富裕效率双双大幅增长,推动共同富裕指数以更大的幅度增长,与 2012 年相比,

2014年增长幅度最低的中部地区也达到了35.45%，最高的东部地区竟达到46.13%。2016年和2018年所有地区的共享富裕效率基本上呈现小幅下降趋势，但共同富裕指数仍然保持高速增长，推动共同富裕高速增长。从平均来看，东部地区的共同富裕和总体富裕增长速度都高于西部地区，西部地区高于中部地区；所有地区的共享富裕效率都呈现小幅负增长。从对共同富裕增长率的贡献来看，所有地区除了2012年共享富裕效率增长率是主要推动力以外，其他年份总体富裕是主要推动力，东部、中部和西部地区总体富裕增长率对共同富裕增长的平均贡献分别为84.76%、77.91%和61.24%，而共享富裕效率的平均贡献分别为15.24%、22.09%和38.76%。

表5 2010~2018年中国各地区共同富裕增长率及其分解　　　　　　　　单位：%

年份	地区	增长率			变化量	贡献	
		共同富裕指数	总体富裕指数	共享富裕效率	泰尔零阶指数	总体富裕增长率	共享富裕效率增长率
2012	东部	-30.36	-8.42	-21.94	21.94	27.72	72.28
2014	东部	46.13	27.68	18.45	-18.45	60.00	40.00
2016	东部	10.48	15.63	-5.15	5.15	149.12	-49.12
2018	东部	22.67	23.17	-0.50	0.50	102.19	-2.19
平均值		12.23	14.51	-2.28	2.28	84.76	15.24
2012	中部	-26.25	-8.28	-17.97	17.97	31.56	68.44
2014	中部	35.45	23.94	11.51	-11.51	67.53	32.47
2016	中部	10.03	10.90	-0.87	0.87	108.63	-8.63
2018	中部	19.32	20.07	-0.76	0.76	103.92	-3.92
平均值		9.64	11.66	-2.02	2.02	77.91	22.09
2012	西部	-32.20	-0.62	-31.58	31.58	1.92	98.08
2014	西部	40.69	18.29	22.41	-22.41	44.94	55.06
2016	西部	8.02	7.40	0.63	-0.63	92.21	7.79
2018	西部	23.78	25.18	-1.40	1.40	105.88	-5.88
平均值		10.07	12.56	-2.49	2.49	61.24	38.76

基于式（7），以东部地区为参照，分析东中部、东西部地区共同富裕差距，并探讨其来源，结果见图1和图2。

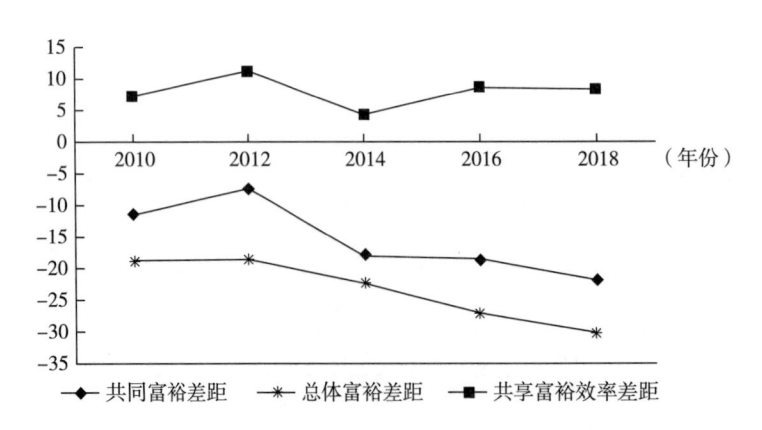

图1 东中部地区之间共同富裕差距及其来源

从图1可以看出，2010~2018年中部地区总体富裕指数都低于东部地区，且差距呈现扩大趋势，2010年中部地区仅比东部地区低18.74%，2018年扩大到30.17%；但是由于中部地区的收入差距小于东部地区，使得其共享富裕效率差距高于东部地区，两者之间的差距在4%~11.5%波动；正是由于中部地区收入分配更为公平，使得东中部共同富裕差距小于总体富裕差距，但其总体上仍然呈扩大变化趋势，从2010年的11.5%扩大到2018年的21.87%。因此，要缩小东中部地区共同富裕差距，需要从缩小两地区发展差距，进而缩小总体富裕差距入手。

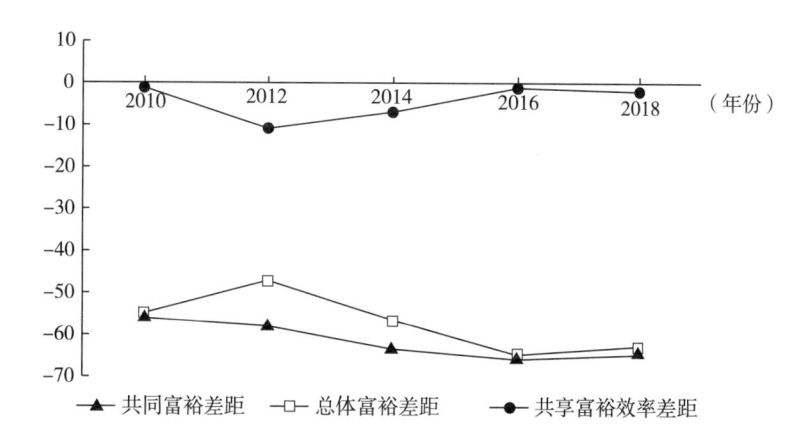

图2　东西部地区之间共同富裕差距及其来源

从图2可以看出，2010~2018年西部地区总体富裕指数、共享富裕效率都低于东部地区，导致两地区共同富裕差距更大。两者总体富裕差距巨大，2010年、2012年、2014年、2016年、2018年西部地区分别比东部地区低54.85%、47.05%、56.45%、64.67%和62.67%，同时在共享富裕效率差距的作用下，共同富裕差距随着时间的推移呈现扩大变化趋势，从2010年的56.06%扩大到2018年的64.69%。因此要缩小东西部共同富裕差距，要从缩小两地区发展差距以及更大幅度地缩小西部地区收入差距入手。

（三）国家层面

为了对中国的共同富裕程度进行准确把握，本文将25个省份的数据，代入式（9）、式（10），然后根据共同富裕、总体富裕和共享富裕效率等指标之间的关系，对其他指标进行测算，具体结果见图3。

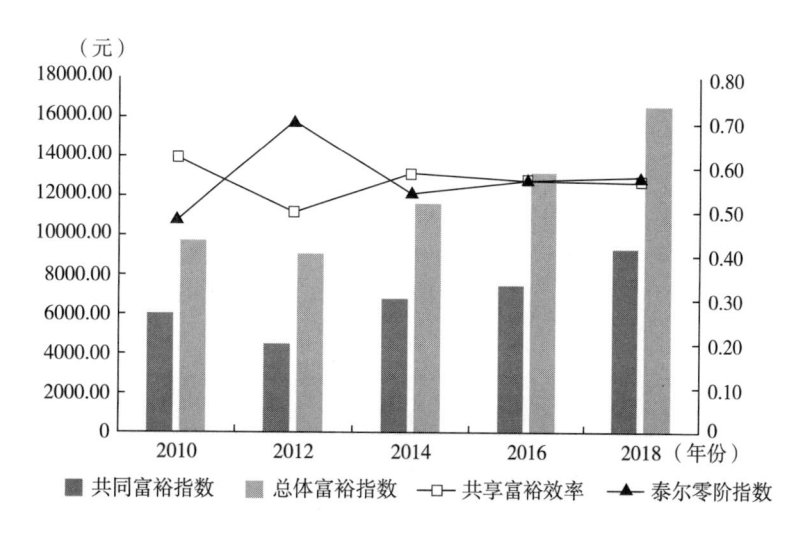

图3　中国共同富裕指数、总体富裕指数、共享富裕效率和泰尔零阶指数

从图 3 可以看出，2010 年我国的总体富裕指数为 9739.60 元，2012 年下降到 9062.01 元，同时收入差距急剧扩大，泰尔零阶指数从 0.48 上升到 0.70，导致共享分配效率从 0.62 下降到 0.50，在上述两者的共同作用下，共同富裕指数大幅下降，从 2010 年的 6034.79 元下降到 2012 年的 4492.48 元，降低了 1542.32 元。此后总体富裕指数呈上升变化趋势，在 2018 年达到 16536.30 元，而共享分配效率从 2012 年的 0.50 上升到 2014 年的 0.58 以后，此后每两年下降 0.01，共同富裕呈增长变化趋势，一直上升到 2018 年的 9299.22 元。纵观整个研究时间段，共享富裕效率都低于 0.62，这说明很有必要通过适当缩小收入差距，来实现共同富裕。

从增长速度来看，2012 年总体富裕指数仅仅下降 7.21%，但是共享富裕效率下降 22.3%，导致共同富裕指数下降幅度达到 29.51%。2014 年共同富裕、总体富裕、共享富裕增长率在研究时间段内都达到最高，分别为 41.12%、24.71% 和 16.41%。在后续 2 个两年里，共享富裕效率小幅下降，总体富裕程度呈现两位数的速度上升，推动共同富裕分别增长 9.68% 和 21.95%。

2012 年总体富裕指数下降的主要原因在于世界经济增长放缓。2009 年年底始于希腊的欧洲主权债务危机在 2010 年蔓延到其他国家，2011 年葡萄牙、西班牙和意大利也相继陷入了危机，整个欧元区受到债务危机的困扰。欧元区金融动荡，对全球经济产生了影响，2012 年全球经济增长仅为 2.39%，远远低于 2010 年的 5.01%。中国经济增长率从 2010 年的 10.6% 下降到 2012 年的 7.9%，经济增长的放缓不但降低了人民的总体收入水平，而且导致了处于底层的农民就业机会下降，农村失业率上升，[①] 进而导致收入差距的扩大，共享富裕效率大幅下降。

四、主要结论

本文基于微观个体收入数据，构建共同富裕指数，并从总体富裕、共享富裕两个维度进行分解，将共同富裕指数分解为总体富裕和建立在收入不平等基础上的共享富裕效率的乘积，将共同富裕增长率分解为总体富裕增长率和共享富裕效率增长率之和。笔者利用上述方法，对 CFPS 微观数据进行实证分析，测算中国共同富裕指数，深入分析其增长的源泉，得出如下结论：

第一，北京、上海、天津和浙江为总体富裕和共同富裕最高的四个省份；重庆市无论是在总体富裕还是在共享富裕效率方面和其他直辖市均存在很大差距，导致共同富裕差距更大。西部省份在总体富裕、共同富裕方面都比较落后，而且收入分配不均等比较严重。因此通过收入分配制度改革以促进共同富裕，在西部地区存在较大的提升空间。

第二，按照总体富裕、共同富裕等指标是否高于平均值，将各省份分为持续领先型、后发追赶型、被追赶型、持续落后型。对省市实证结果表明，只有浙江省和上海市诸方面都属于持续领先型，因此极有可能最早实现共同富裕，这为中央率先支持浙江省高质量发展建设共同富裕示范区提供理论依据，同时也可考虑下一步在上海成立共同富裕示范区。其他省市都存在一些不足。

第三，东部地区共同富裕程度高于中部地区，中部高于西部地区；所有地区通过收入分配制度改革，能够提升共同富裕 40% 左右。从平均来看，各地区共同富裕都呈现正增长，东中西部地区每两年的平均增长率分别为 12.23%、9.64% 和 10.07%；不管是共同富裕还是总体富裕，它们的增长速度都低于对应地区 GDP 增长率，居民收入和经济增长同步在 2010~2018 年未得到实现。

第四，东中部地区总体富裕差距呈扩大变化趋势，但是由于中部共享富裕效率存在优势，在一定程度上缩小了东中部共同富裕差距。西部地区在总体富裕、共享富裕效率差距和东部地区相比处于劣势，使得共同富裕差距更大，并且呈现递增变化趋势，从 2010 年的 56.06% 扩大

---

① 中国统计数据显示，就业占经济活动人口比例从 2010 年的 97.09% 下降到 2012 年的 96.65%，导致上述变化的主要原因是失业率上升，而上述两年的城镇失业率都为 4.1%，这就意味着 2012 年农村失业率高于 2010 年。

到 2018 年的 64.69%。

第五，我国共同富裕指数总体上呈现增长变化趋势，从 2010 年的 6034.79 元增长到 2018 年的 9299.22 元，每两年平均增长 10.81%，究其来源，发现总体富裕指数增长 13.23%，共享富裕效率增长-2.42%。

参考文献

[1] 钞小静，任保平．新发展阶段"全体人民共同富裕"及其评价体系构建［J/OL］．财经问题研究，http：//kns.cnki.net/kcms/detail/21.1096.F.20220421.1537.002.html．

[2] 陈丽君，郁建兴，徐铱娜．共同富裕指数模型的构建［J］．治理研究，2021，37（4）：2+5-16．

[3] 程恩富，刘伟．社会主义共同富裕的理论解读与实践剖析［J］．马克思主义研究，2012（6）：41-47+159．

[4] 邓小平文选（第三卷）［M］．北京：人民出版社，1993．

[5] 范从来．益贫式增长与中国共同富裕道路的探索［J］．经济研究，2017，52（12）：14-16．

[6] 关于农业合作化问题［M］．北京：人民出版社，1955．

[7] 洪银兴．以包容效率与公平的改革促进共同富裕［J］．经济学家，2022（2）：5-15．

[8] 胡鞍钢，周绍杰．2035 中国：迈向共同富裕［J］．北京工业大学学报（社会科学版），2022，22（1）：1-22．

[9] 解安，侯启缘．新发展阶段下的共同富裕探析——理论内涵、指标测度及三大逻辑关系［J］．河北学刊，2022，42（1）：131-139．

[10] 李金昌，余卫．共同富裕统计监测评价探讨［J］．统计研究，2022，39（2）：3-17．

[11] 李实，陈宗胜，史晋川，等．"共同富裕"主题笔谈［J］．浙江大学学报（人文社会科学版），2022，52（1）：6-21．

[12] 李实，朱梦冰．推进收入分配制度改革　促进共同富裕实现［J］．管理世界，2022，38（1）：52-62+76．

[13] 李实．共同富裕的目标和实现路径选择［J］．经济研究，2021，56（11）：4-13．

[14] 厉以宁．以共同富裕为目标，扩大中等收入者比重，提高低入者收入水平［J］．经济研究，2002（12）：6-8．

[15] 刘培林，钱滔，黄先海，等．共同富裕的内涵、实现路径与测度方法［J］．管理世界，2021，37（8）：117-129．

[16] 逄锦聚．中国共产党带领人民为共同富裕百年奋斗的理论与实践［J］．经济学动态，2021（5）：8-16．

[17] 万海远，陈基平．共同富裕的理论内涵与量化方法［J］．财贸经济，2021，42（12）：18-33．

[18] 卫兴华．论社会主义共同富裕［J］．经济纵横，2013（1）：1-7．

[19] 尹向飞，段文斌．中国科技创新对经济增长的支撑作用研究［J］．上海经济研究，2017（12）：24-36．

[20] 张金林，董小凡，李健．数字普惠金融能否推进共同富裕？——基于微观家庭数据的经验研究［J］．财经研究，2022，48（7）：4-17+123．

[21] 中国共产党中央委员会关于发展农业生产合作社的决议［N］．人民日报，1954-01-09（1）．

[22] Anand R., M. S. Mishra, M. S. J. Peiris. Inclusive Growth: Measurement and Determinants [R]. IMF Working Paper, 2013, 13 (135): 1.

[23] Klugman J., F. Rodríguez, H. J. Choi. The HDI 2010: New Controversies, Old Critiques [J]. Journal of Economic Inequality, 2011, 9 (2): 249-288.

[24] Lakner C., M. Negre, E. B. Prydz. Twinning the Goals: How Can Promoting Shared Prosperity Help to Reduce Global Poverty [R]. World Bank Policy Research Working Paper, 2014, 7106.

[25] Ravallion M. The Human Development Index: A Response to Klugman, Rodriguez and Choi [J]. Journal of Economic Inequality, 2011, 9 (3): 475-478.

[26] Ravallion M. Troubling Trade offs in the Human Development Index [J]. Journal of Development Economics, 2012, 99 (2): 201-209.

[27] United Nations Development Programme (UNDP). Human Development Report [M]. New York: Oxford University Press, 1990.

基于熵权

——TOPSIS 法的中国区域物流数字创新能力评价及空间差异性研究

陶于祥　余元皓　袁野

[摘要] 随着经济发展方式的转变，以及高新技术的革新与推进，物流业正处于转型升级的重要阶段，传统的物流业也势必向数字物流方向转型。而在此过程中，物流的数字创新能力是转型升级的关键。在梳理相关研究之后，本文构建了物流数字创新能力评价指标体系，在研究方法上使用熵权法计算各个指标综合权重，使用 TOPSIS 法计算得分，对中国 30 个省份（不含西藏和港澳台地区）2016~2020 年的指标面板数据进行了分析，并在空间上对比四大板块、八大经济特区的物流数字创新能力，对中国物流数字创新能力进行空间差异性分析，提出了存在的问题及未来展望方向。

[关键词] 熵权法；TOPSIS 法；空间差异性分析；物流数字创新；评价指标体系

一、引言

"十四五"期间，是国家全面建设小康社会的第一个关键五年，同时也是促进经济高质量增长的关键阶段。当前，新一轮技术革命发展迅速，不管是国内还是海外，产业革命和技术革命都在发生翻天覆地的变化。传统的物流业在数字时代的背景下也在发生着巨大的变革。"十三五"时期，中国社会物流总额由 2015 年的 219.2 万亿元增长到 2020 年的 300 万亿元，年平均增长速度为 6.5%，物流业已然成为中国服务业支柱产业之一（赖靓荣等，2022）。目前物流业的发展正处在一个关键时间点，物流业应当在大数据、人工智能等各项数字技术快速发展的同时，抓住重要战略机遇期，继续推进并加速自身与数字技术的融合及协同发展。

"十三五"期间，中国物流业发展迅速，取得了较为不错的成绩，而现在正处"十四五"时期，国家将继续大力推动中国物流业的发展，推动物流"降本增效"，将大力推进和支持物流业的智能化、绿色化、信息化、网络化、现代化发展。党的十八届三中全会通过《中共中央关于全面深化改革若干重大问题的决定》，正式提出"发展数字经济，鼓励技术创新，丰富数字经济市场层次和产品"（郭金勇，2022）。近年来，伴随着新兴数字技术、信息技术的问世，物流业也在逐渐同新兴数字技术、高新技术相融合，物流业在融合中也产生了新的变革。当前，物流的过程正逐渐自动化、虚拟化和智能化，现代数字物流管理系统正在逐渐形成。在物流的配送过程中，信息的传输、信息的共享正在发挥着巨大作用。数字技术、高新科技在物流各项环节中的逐渐融合和应用为物流业提供了新的发展动力和发展方向，这些技术正在推动着数字物流的快速发展。在《中华人民共和国国民经济和社会发展第十四个五年规划和 2035 年远景目标纲要》中，"数字"出现 81 次，"物流"出现 20 次，足见数字和物流对经济发展的重要性，以及

[作者简介] 陶于祥，重庆邮电大学党委常委、纪委书记，教授，研究方向：技术经济与创新管理；余元皓，重庆邮电大学现代邮政学院研究生，研究方向：物流创新；袁野，重庆邮电大学经济管理学院副教授，研究方向：数字经济。

政府对数字经济和物流发展的重视。综上所述，数字技术将全面融入物流，物流的每个环节都将变得更加智能化、自动化和现代化，物流的数字化发展将是物流未来发展的主要方向。

二、文献综述

物流数字创新能力是指物流产业基于自身资源，在国家政策牵引下，通过数字技术的支撑，进行创新创造，将数字技术赋能到物流的各个业务环节，主要体现在物流的智能化、自动化上，具有效率高、传输快和成本低等特点。近年来，大数据、智能化及数字技术的不断发展，数字时代让众多包括物流业在内的传统产业发生了天翻地覆的变化，传统物流业向着数字物流的方向发展与变革乃是顺应时代的潮流。从内容来看，物流数字创新主要包括技术和信息等。从过程来看，物流数字创新是对物流的全过程进行数字化赋能。从主体来看，物流数字创新是由政府牵头，以企业为主体、市场为导向，各环节协作达到物流业数字转型的过程。目前，国内外关于物流数字创新的研究极少，与该领域相关的研究大多为物流创新和数字物流等。

（一）数字物流的概念与核心

目前，国内外学者还未构建物流数字创新能力评价指标体系，在与该领域相关的指标体系构建的实证类文献中，李晓梅和崔靓（2022）构建了数字物流、区域经济、碳环境治理的耦合协调度指标体系，通过固定效应回归模型进行实证分析；罗瑞和王琴梅（2022）等围绕数字物流创新安全、结构优化、绿色高效、开放合作和环境共享五个维度构建了数字物流高质量发展指标体系，基于近年来的面板数据，使用熵值法确定权重，Dagum 基尼系数、莫兰指数法以及空间收敛模型对指标数据进行实证研究分析，分析了数字物流高质量发展水平区域差异和空间收敛性。

（二）物流创新的改革与发展

在物流创新领域，国外学者的研究方向主要集中于理论研究上。Flint 等（2005）运用扎根理论研究物流创新，他认为物流创新主要由物流服务供应商的客户推动。国内物流创新领域主要集中在理论研究和实证研究方面。刘艳等（2018）在 2018 年基于物流创新驱动的性质与内涵，从物流的投入及产出等方向上构建了物流创新驱动指标体系，并对数据进行了实证研究；姜明珠（2015）基于当时物流业发展的实际情况，综合区域物流能力、物流创新能力，构建了区域物流能力与创新化发展关系的指标体系，对二者数据进行了相关性分析；寨令香等（2021）在经济高质量发展及物流业自身的转型背景下，从成本、服务水平、绿色化水平等一共七个维度构建了物流业发展质量评价指标体系。

三、物流数字创新能力评价指标体系构建

（一）指标选取

指标在选取上首选应考虑其科学性，并同时考虑指标的可获取性，所以本文在此基础上根据相关研究，构建物流数字创新能力评价指标体系。由于物流数字创新类指标体系并没有前人提出，所以本文的指标体系将根据数字物流以及物流创新领域的相关文献，通过搜集和归纳，确定本文的指标维度与详细指标。通过搜集学者对于数字物流以及物流创新的相关指标文献发现该领域指标主要集中在物流信息化能力、物流网络化能力以及物流智能化上，物流信息化包含物流信息化能力的基础设施建设以及相关技术投入与资金产出，物流网络化主要包含物流的

网点能力以及物流过程中的信息传输与共享。所以本文关于物流数字创新指标选取借鉴了物流创新和数字物流等文献指标，拟用物流信息化和物流网络化作为物流数字创新能力评价指标的一级指标，二级指标通过文献搜集以及筛选确定出二级指标。

在物流信息化指标类文献中，郭明德和李红（2019）认为物流信息化指标应反映物流信息技术发展的最新发展动态，信息化的投入及产出水平等指标是物流信息化相关指标中的重要指标，另外还包括物流信息化宏观发展水平等；杨慧瀛和杨宏举（2021）在郭明德和李红（2019）的指标基础上将物流信息化指标定为物流信息化基础设施投入、物流信息化发展规模及宏观发展水平；马飞等（2022）从物流信息化基础设施、资源及技术等4个维度构建物流信息化指标体系。综上所述，物流信息化旨在通过现代化技术手段提升并改善物流绩效，是物流业对信息化投入的各类人、财、物的集合。主要指标包括物流在信息传输中的投入和产出，邮政、电信的业务量以及物流信息化的基础设置等。所以，本文的物流信息化细分指标中主要设有投资强度、业务量、投资人力物力等，综合文献的物流信息化指标，本文在物流信息化指标中选取构建二级指标10个。

（二）指标解释

学者们对物流网络化给出的定义总结为在物流的过程中利用互联网、网络实现信息的传输与共享。在区域与区域之间，在物流的各个环节当中，物流的各项数据和指标可以在最短最快的时间内完成共享，从而通过互联网快速计算出最佳物流路线，使得物流在运输时做到线路最短、最优化、自动化。王春豪和张杰（2015）综合徐杰和鞠颂东（2005）关于物流网络的三维分类观点，在考虑到中国地理因素多样，地形复杂的情况下，构建物流网络化水平评价指标。本文从上述文献研究中出发，综合其他物流网络化相关文献，自设部分指标，得到本文物流网络化指标，主要设有网络化基础设施、地区物流货运量、周转量以及路网密度等，充分反映物流信息在网络上的共享与传递使得物流运输变得自动化与精确。

综上所述，本文以物流数字创新能力作为准则层，将物流信息化和物流网络化作为一级指标，搜集和参考各类文献组成二级指标（见表1）。

表1　物流数字创新能力评价指标体系

二级指标	三级指标	单位	来源	方向
物流信息化	光缆长度	千米	马飞等（2022）	正向
	移动电话基站数	万个	自设	正向
	移动电话普及率	个/百人	郭明德等（2019）	正向
	信息传输、软件和信息技术服务业收入额	亿元	郭明德等（2019）	正向
	邮政业务量	亿元	郭明德等（2019）	正向
	电信业务量	亿元	郭明德等（2019）	正向
	地区快递数	万个	自设	正向
	电子商务采购额	亿元	杨慧瀛等（2021）	正向
	电子商务销售额	亿元	杨慧瀛等（2021）	正向
	交通运输、仓储和邮政业生产总值	万元	郭明德等（2019）	正向
物流网络化	互联网宽带接入端口	个	自设	正向
	移动互联网用户数	万人	自设	正向
	邮政营业网点数	处	自设	正向
	企业拥有网站数	个	自设	正向

续表

二级指标	三级指标	单位	来源	方向
物流网络化	货运量	万吨	王春豪和张杰（2015）	正向
	货运周转量	亿吨千米	王春豪和张杰（2015）	正向
	公路营运里程	千米	王春豪和张杰（2015）	正向
	铁路营运里程	千米	王春豪和张杰（2015）	正向
	公路路网密度	千米/平方千米	王春豪和张杰（2015）	正向
	铁路路网密度	千米/平方千米	王春豪和张杰（2015）	正向

（三）研究方案设计

1. 研究方法

主观赋权法例如层次分析法对于样本数量要求不高，具有一定的主观性。而熵权法、TOPSIS法和灰色关联分析是经典的多目标决策与评价的方法。熵权法能客观真实地反映指标信息（曹佳蕾和李停，2020）。熵权法可通过计算指标信息熵值体现指标的效用价值，并根据效用价值大小确定指标权重（陈国福等，2022），而TOPSIS法则可以在确定权重的基础上对数据进行最优解和最劣解的计算，通过软件计算出近年来各个省份的物流数字创新能力得分，而差异性分析将30个省份的区域板块数据进行均值、标准差以及显著性计算，从而更好地对数据进行不同维度不同方向的分析。因此，为确保研究结果的有效性，本文将采用熵权法确定获取的面板数据权重，在确定权重之后通过TOPSIS法对数据进行分析，计算得分并作出排名，最后根据中国对30个省份权威性的区域板块划分，以不同板块为单位对不同区域的数据进行差异性分析。具体计算步骤如下：

2. 数据处理

数据标准化处理：评价指标的原始面板数据在单位、数量级等方面存在一定的不同，指标量纲的不同会导致最终的综合评价结果产生一定的误差，因而在得到数据之后第一时间需对原始面板数据进行归一化、标准化处理。正向指标与反向指标计算公式分别为：

$$x'_{ij} = \begin{cases} X_{ij} = \dfrac{x_{ij} - \min(x_{ij})}{\max(x_{ij}) - \min(x_{ij})} + 0.0001 \\ X_{ij} = \dfrac{\max(x_{ij}) - x_{ij}}{\max(x_{ij}) - \min(x_{ij})} + 0.0001 \end{cases} \tag{1}$$

公式的解释为：第i项的第j个指标即每项指标与第i项全部指标最小值的差值/第i项全部指标的最大值与最小值的差值。

熵权法：第一步：得到标准化数据X'_{ij}后计算指标权重，首先得到指标的归一化值P_{ij}，P_{ij}具体计算公式为：

$$P_{ij} = \dfrac{X'_{ij}}{\sum_{i=1}^{n} X'_{ij}} \tag{2}$$

即第i项第j个指标的无量纲化数值/第i项所有指标无量纲化数值的和。n为研究单元数，即省份个数，在本文中n=30。

第二步：计算第j个指标的熵值e_{ij}，e_{ij}具体计算公式为：

$$e_j = \dfrac{1}{\ln n} \sum_{i=1}^{n} p_{ij}(p_{ij}) \tag{3}$$

其中$0 \leq e_j \leq 1$。

第三步：计算无差异系数g_j：

指标信息效用值取决于指标信息熵与1的差值,所以进行信息效用与信息熵转换。所以,指标的无差异系数 g_j 计算公式为:

$$g_j = 1 - e_j \tag{4}$$

第四步:计算指标权重 w_j:

$$w_{ij} = \frac{gg_{ij}}{\sum_{jj=1}^{n} g_j} \tag{5}$$

w_j 即为各指标最终的权重。

最后,采用加权求和的方式得到 t 时期样本综合值。

$$dt = \sum_{j=1}^{n} w_j \times x_{ij} \tag{6}$$

通过熵值法计算出各指标权重,最终可得到中国各地区物流数字创新能力综合值。

(四) 实证研究

1. 权重确定

本文研究样本为中国 2016~2020 共 5 年 30 个省份的面板数据。原始面板数据主要来自 2016~2020 年《中国统计年鉴》、《中国第三产业统计年鉴》、《中国信息产业统计年鉴》、CEIC 中国经济数据库、中国经济社会大数据研究平台、中国经济网和国研网,对于部分补缺数据本文运用插值法进行补齐。

表 2 呈现出中国物流数字创新能力各评价指标综合权重。从一级指标对比分析来看,物流信息化的比重相比较多于物流网络化。这表明物流在数字创新领域,信息化对物流数字创新能力影响较大,网络化对创新能力影响较小。原因可能在于物流网络化中,营业网点及物流公铁、路建设周期长、资金耗费较高,且创新难,所以所占权重较小。

表 2 物流数字创新能力评价指标权重

一级指标	二级指标	综合权重
物流信息化 (0.6432)	光缆长度	0.0301
	移动电话基站数	0.0292
	移动电话普及率	0.0318
	信息传输、软件和信息技术服务业收入额	0.1069
	邮政业务量	0.1078
	电信业务量	0.0350
	地区快递数	0.1087
	电子商务采购额	0.0860
	电子商务销售额	0.0732
	交通运输、仓储和邮政业生产总值	0.0335
物流网络化 (0.3568)	互联网宽带接入端口	0.0319
	移动互联网用户数	0.0314
	邮政营业网点数	0.0361
	企业拥有网站数	0.0596
	货运量	0.0328
	货运周转量	0.0628
	公路营运里程	0.0247
	铁路营运里程	0.0229
	公路路网密度	0.0240
	铁路路网密度	0.0307

进一步分析发展，在物流信息化版块，信息传输、软件和信息技术服务业收入额、邮政业务量以及该地区的快递数量占据更多权重，邮政业务及快递运输的过程中，数字技术不断融入进来，自动化和智能化的各项物流流程也正在不断向前进步，从而这些指标对物流数字创新能力影响比较与其他物流信息化指标较大，而在物流网络化版块，十项指标权重相差不大，影响较为均衡。原因可能在于国家近年来大力推动物流信息化发展，随着数字时代的不断推进，电子商务的发展得到快速提升，电子商务销售额与电子商务采购额的综合权重也排在物流信息化十项指标中的前五。而随着数字技术不断渗入到物流业当中，这些数字技术也随之应用到物流的各个环节中，邮政的各项业务量同样随着得到增长，信息传输、软件和信息技术服务业收入额也得到增长。这表明电子商务中的物流环节及物流相关业务量对物流数字创新能力的提升作用较大，但包括光缆强度、移动电话普及率等指标所占权重较少。这一结果强调了物流业电子商业及邮政业的重要作用，弱化了物流基础设施建设和投入的作用。

2. TOPSIS 法综合评价

TOPSIS 评价方法是在对指标进行归一化处理之后的原始数据矩阵中，计算指标各评价对象的得分进行计算，对数字物流创新能力进行评价和优劣排序。本文使用 SPSSPRO 软件对全国 30 个省份的近五年数据分别进行计算。表 3 为 2016~2020 年各地物流数字创新能力评价结果。表 3 综合得分值依据 SPSSPRO 软件计算出的 D+（评价对象与最优解的距离）和 D-（评价对象与最劣解的距离），根据公式综合得分 C＝D-/D++D-计算而得出，综合得分 C 值越大表示研究对象更优秀。

表 3 2016~2020 年各地物流数字创新能力评价结果

年份 地区	2020 得分	2020 排序	2019 得分	2019 排序	2018 得分	2018 排序	2017 得分	2017 排序	2016 得分	2016 排序
北京	0.415	4	0.404	4	0.399	6	0.422	6	0.427	5
天津	0.176	14	0.171	15	0.176	15	0.184	15	0.186	15
河北	0.263	9	0.257	9	0.260	9	0.263	9	0.261	9
山西	0.145	22	0.143	22	0.145	20	0.146	20	0.149	19
内蒙古	0.166	16	0.162	18	0.171	16	0.175	16	0.175	16
辽宁	0.175	15	0.187	14	0.201	14	0.215	13	0.227	12
吉林	0.094	26	0.089	26	0.099	26	0.104	25	0.106	26
黑龙江	0.111	24	0.105	25	0.111	24	0.117	24	0.118	24
上海	0.413	5	0.402	5	0.408	5	0.425	5	0.447	4
江苏	0.465	3	0.468	3	0.473	3	0.489	3	0.503	3
浙江	0.544	2	0.543	2	0.532	2	0.528	2	0.529	2
安徽	0.245	10	0.242	10	0.245	10	0.245	10	0.250	10
福建	0.200	12	0.208	12	0.218	12	0.220	12	0.227	11
江西	0.156	19	0.155	19	0.150	19	0.155	19	0.147	20
山东	0.375	6	0.384	6	0.429	4	0.425	4	0.421	6
河南	0.272	8	0.269	8	0.277	7	0.274	7	0.283	7
湖北	0.207	11	0.224	11	0.223	11	0.223	11	0.226	13
湖南	0.195	13	0.192	13	0.203	13	0.199	14	0.200	14
广东	0.821	1	0.849	1	0.847	1	0.840	1	0.838	1
广西	0.149	21	0.144	21	0.143	22	0.137	22	0.139	21

续表

年份\地区	2020 得分	2020 排序	2019 得分	2019 排序	2018 得分	2018 排序	2017 得分	2017 排序	2016 得分	2016 排序
海南	0.082	28	0.085	27	0.084	28	0.083	28	0.086	28
重庆	0.164	17	0.164	17	0.163	18	0.158	18	0.159	18
四川	0.281	7	0.276	7	0.274	8	0.269	8	0.269	8
贵州	0.127	23	0.130	23	0.133	23	0.130	23	0.130	23
云南	0.151	20	0.145	20	0.144	21	0.139	21	0.137	22
陕西	0.164	18	0.166	16	0.166	17	0.163	17	0.163	17
甘肃	0.084	27	0.084	28	0.088	27	0.090	27	0.087	27
青海	0.044	30	0.044	30	0.051	30	0.047	30	0.046	30
宁夏	0.059	29	0.062	29	0.074	29	0.068	29	0.068	29
新疆	0.108	25	0.107	24	0.110	25	0.102	26	0.108	25

从2016~2020年各地区数字物流创新能力排名及动态趋势来看，各省份的数字流创新能力水平呈现出逐年上升的趋势，其中广东在近年来一直处于第一的位置，江苏和浙江也一直分别处于第二和第三，广东、江苏和浙江作为经济大省同样也是物流大省，在物流信息化的基础设施建设强度上均大于其他省份。北京、山东和上海三地近年来综合能力排名交替变化，竞争激烈。四川、河南、河北及安徽处于前十的位置，除安徽以外，其他三个省份排名在第七、第八和第九名中间交替徘徊。而青海、宁夏和甘肃等西部省份一直处于落后的状态。

3. 物流数字创新能力差异分析

从物流数字创新能力整体趋势和发展来看，可以将30个省份划分为五个梯队：第一梯队为广东；第二梯队为浙江、江苏、上海和北京；第三梯队为山东、四川、河南、河北、安徽、湖北和福建；第四梯队为湖南、天津、辽宁、内蒙古、重庆、陕西、江西、云南、广西、山西、贵州、黑龙江和新疆；第五梯队为吉林、甘肃、海南、宁夏和青海（见表4）。从表4不难看出中国30个省份的物流数字创新能力较强的城市及区域主要集中在东部地区、沿海地区，内部地区物流数字创新能力强度相较不够明显，从而本文根据中国定义的四大板块和八大经济特区，对30个省份的物流数字创新能力得分进行区域划分，对划分后的区域综合数据使用SPSS软件进行差异性分析（见表5）。

表4 中国部分地区物流数字创新能力等级划分

梯队	第一梯队	第二梯队	第三梯队	第四梯队	第五梯队
地区	广东	浙江、江苏、上海、北京	山东、四川、河南、河北、安徽、湖北、福建	湖南、天津、辽宁、内蒙古、重庆、陕西、江西、云南、广西、山西、贵州、黑龙江、新疆	吉林、甘肃、海南、宁夏、青海

表5 中国各地区物流数字创新能力差异性分析结果

区域	板块	数据量	均值	标准差	排序	F	显著性	结果
四大区域	东部板块（1）	54	0.363	0.209	1	21.570	0.000	1>3>4>2
	中部板块（2）	34	0.303	0.045	2			
	西部板块（3）	45	0.131	0.064	4			
	东北板块（4）	15	0.137	0.047	3			

续表

区域	板块	数据量	均值	标准差	排序	F	显著性	结果
八大经济特区	东北综合经济特区（1）	15	0.137	0.047	7	17.69	0.000	4>2>3>7>5>1>6>8
	北部沿海综合经济区（2）	20	0.315	0.100	3			
	东部沿海综合经济区（3）	15	0.415	0.086	1			
	南部沿海综合经济区（4）	15	0.379	0.330	2			
	黄河中游综合经济区（5）	20	0.189	0.051	5			
	长江中游综合经济区（6）	20	0.204	0.034	4			
	大西南综合经济区（7）	25	0.170	0.053	6			
	大西北综合经济区（8）	20	0.077	0.023	8			

表5是中国30个省份物流数字创新能力的差异性分析结果，在东部、中部、西部和东北四大经济板块中，东部板块创新能力最强，因为东部地区地理条件优越，经济发达，东临太平洋，西接中国中部地区，南面是东南亚，各项高新技术和数字技术发展迅速，无论是引进海外技术还是发展国内技术，都是四大区域中最有优势的地区，且政府的政策支持也较其他地区更多，物流发展水平高且数字创新能力强。其次是中部地区，中部地区多为平原和山地交汇，但中部地区位于长江和黄河流域内，交通便利，所以在四大板块中排名第二，在物流信息化基础设施建设上不及东部平原地区但优于西部地区，中部地区的物流数字创新能力也在整体上排在四大区域板块的第二。再次是西部地区，西部地区的物流数字创新能力在整体上较为落后，可能原因为西部地区海拔高并且山川众多，无论是物流信息化中的移动互联网基站建设还是物流网络化中的公路铁路建设都不及东部、西部和东北地区，但因为西部大开发政策，四川和重庆两地经济发展迅速，经济实力强，成渝双城经济圈的建设让川渝两地成为西部地区的"领头羊"，且重庆当地的数字经济"十四五"发展规划等政策纲要使得重庆市近年来的数字技术发展快速，所以从宏观角度来看，川渝地区的大数据、智能化等数字技术的发展总体提高了西部的物流数字创新能力。最后是东北地区，东北地区在历史上属于重工业地区，而第三产业在东北地区的发展并不卓越，另外，在政策支持与地理区位上，东北地区都不占优势，从而经济发展不及沿海与中部地区，数字技术与高新技术的发展也较为缓慢，从而使得物流业发展、物流数字创新能力都落后于其他地区。从地理分布趋势上来看，物流数字创新能力呈现出东强西弱、南强北弱的特点，其综合能力由西向东逐渐增大，与东西中部的海平面高度恰恰相反，这也可以看出沿海及平原地区的物流能力及物流数字创新能力更强。

另外，从八大经济特区的空间分布来看，中国物流数字创新能力由西向东、由北向南，依次增强。东部沿海及南部沿海综合经济特区物流数字创新能力最强，东部沿海经济特区无论是地理区位还是政策支持都领先于其他经济特区，各项技术与产业在发展规模和发展增速上也都是排在经济特区第一的位置，南部沿海经济特区排在八大经济特区中第二的位置，广东在物流数字创新能力上优势巨大，整体提高了南部沿海经济特区的物流数字创新能力。北部沿海和长江中游综合经济特区紧跟其后，处于八大经济特区的第三名和第四名，位列第五名和第六名的经济特区是黄河中游综合经济特区及大西南经济特区，最后是东北综合经济特区和大西北经济特区。从八大经济特区差异性分布来看，沿海地区的物流数字创新能力更强，沿海省市港口多、交通便利、经济发达，这也是三个沿海经济特区物流数字创新能力强的原因之一，另外外商投资及政策支持也加强了这些地区的物流竞争力和数字技术发展能力。长江和黄河中游综合经济特区也因为交通便利和邻近沿海省市在物流数字创新发展上得到了便利。西南和大西北经济特区地广人稀，地理条件不够便利且地理特征复杂，使得这两片经济特区物流数字创新能力较弱。同样，东北综合经济特区因为地理原因而没有较强的物流数字创新能力。综上所述，中国物流数字创新能力在空间差异上呈现出东强西弱、南强北弱的特点，且呈现出区域性、阶段性的发展特征。

四、结论

（一）研究结论

本文基于全国 30 个省份 2016~2020 年的面板数据。通过熵权法、TOPSIS 法及差异性分析得出相关结论。

研究表明，从空间差异性来看，中国整体物流数字创新能力水平存在较大差异，总体呈现出南强北弱、东强西弱的特点，且沿海地区物流数字创新能力强于内陆地区，长江、黄河流经地区强于山脉地区，整体空间差异呈现出区域性和阶段性。广东、江苏和浙江三省的物流数字创新能力最强，且比较稳定，近年来一直处于全国前三，广东也是单独占据着物流数字创新能力等级划分的第一梯队，西南及西北地区的省份在物流数字创新的得分上处于全国最后列，由于地理因素和政策因素，更靠近内陆的地区物流数字创新的技术也越发落后。江南、沿海地带得益于优秀的地理方位及更为发达的高新技术，物流数字创新水平也更加优秀，总而言之，地理位置因素是影响物流数字创新水平的重要因素，在对外开放和经济发展的过程中，包括高新技术的引进和外商的投资，内陆地区和山区相较于沿海及平原地区都处于弱势，基础设施的投入与建设，资源的整合配置，高新技术的引进与应用都是内陆及山区物流数字创新能力加强的关键。

从不同指标维度来看，物流数字创新能力更依赖于物流的信息化发展水平，从综合权重来看，信息传输、软件和信息技术服务业收入额、邮政业务量及地区快递量占据更大的比重，说明相较于其他指标，这三个指标的变化对该地区物流数字创新能力产生的影响也更大，公路和铁路营运里程所占权重较小，说明这两个指标发生变化对该地区物流数字创新能力的影响较小。

（二）启发与建议

针对中国物流数字创新能力南强北弱、东强西弱的问题，首先，从政府的角度可以支持和加快内陆地区对于物流高新技术、数字技术的引进和应用，加强内陆地区及山区对于物流信息基础设备的建设；其次，对于内陆地区应以市场为导向加大物流高新技术使用、科技创新投入，依托高新物流技术和科技来优化物流作业流程，提高物流机器化率和作业效率；再次，对于沿海发展较发达地区应当夯实物流数字创新基础，加强与周边省市合作；最后，针对地理差异，各省份之间、各企业之间应加强数字技术的交流与合作，加强物流与其他产业之间的交流与协同发展，加快数字赋能的物流科技的发展与应用，但同时也要根据各地区自身的发展实际，建立层次分明的物流数字创新发展体系。

针对物流产业本身，政府应当加强引导作用，支持物流内部创新及同其他高新技术产业的协同发展，加强物流数字化发展。物流的未来发展路线应更趋于数字化、智能化和现代化，推动智慧物流升级和智慧新基建，推动物流业"智慧+共享"耦合协同发展。物流信息的共享，物流网络的构建，物流高新技术的发展都是物流数字创新领域的重中之重，物流的智能化革新，物流的无人化手段，物流的绿色化措施也同样是物流数字化发展的关键。

（三）不足与展望

由于鲜有关于物流数字创新领域的文献，所以关于物流数字创新评价还没有形成统一的标准，指标体系的选取只能在指标可获取的前提下通过物流信息化和物流网络化来选取。现有的研究更倾向于物流的科技创新能力评价及物流竞争力的研究，未来可根据不同的物流高新数字技术、物流的现代化发展革新，构建不同的物流数字创新能力评价指标体系，体系的指标将朝着多元化和多维度的方向发展。

从未来发展来看，物流数字创新领域应更趋于物流的智能化和数字化。从宏观角度来看，世界各地应加强物流领域的交流，包括技术、管理经验等。从微观角度，物流也应当与其他高新产业协同发展，引进数字技术，加强数字创新。总之，物流的数字创新是物流发展的未来方向，同时也是物流领域相关研究及项目的重要课题。

参考文献

[1] 曹佳蕾，李停. 基于熵权 GC-TOPSIS 的区域科技创新能力评价与实证 [J]. 统计与决策，2020（15）：171-174.

[2] 陈国福，蒋清泉，唐炎钊. 中国特色世界一流大学建设背景下高校科技创新能力评价研究 [J/OL]. 科技进步与对策，2022，39（24）：109-118.

[3] 郭金勇. 数字经济、物流运输与零售业发展耦合关系分析 [J]. 商业经济研究，2022（14）：42-45.

[4] 郭明德，李红. 区域物流业信息化水平测度——以我国中、东部省份为例 [J]. 科技管理研究，2019，39（9）：62-68.

[5] 蹇令香，曹珊珊，尹晓彤. 技术创新对我国物流业发展质量的影响 [J]. 公路交通科技，2021，38（5）：138-143+158.

[6] 姜明珠. 区域物流能力与创新化发展关系的实证研究 [J]. 商业经济研究，2015（26）：25-27.

[7] 赖靓荣，朱芳阳，朱志东. 中国物流业高质量发展的测度评价：区域差异与动态演进 [J]. 资源开发与市场，2022，38（11）：1331-1340.

[8] 李晓梅，崔靓. 数字物流、区域经济与碳环境治理耦合及影响因素——基于我国 30 个省级面板数据的实证检验 [J]. 中国流通经济，2022，36（2）：11-22.

[9] 刘艳，程恩萍，侯爱军. 基于创新驱动的我国物流业创新发展评价 [J]. 科研管理，2018，39（S1）：20-30.

[10] 罗瑞，王琴梅. 数字物流高质量发展水平区域差异及空间收敛性研究 [J]. 统计与决策，2022，38（17）：109-113.

[11] 马飞，崔睿颖，孙启鹏，赵成勇，蔡鑫，孙颖，刘屹东. 中国省域物流信息化水平空间结构演化及其影响因素 [J]. 长安大学学报（社会科学版），2022，24（2）：78-89.

[12] 王春豪，张杰. 西部地区物流网络化与区域工业化动态关系研究 [J]. 干旱区资源与环境，2015，29（10）：8-13.

[13] 王术峰，何鹏飞，吴春尚. 数字物流理论、技术方法与应用——数字物流学术研讨会观点综述 [J]. 中国流通经济，2021，35（6）：3-16.

[14] 徐杰，鞠颂东. 物流网络的内涵分析 [J]. 北京交通大学学报（社会科学版），2005（2）：22-26.

[15] 杨慧瀛，杨宏举. 我国物流业信息化水平测度及区域差异 [J]. 商业经济研究，2021（13）：98-102.

[16] Flint D. J., E. Larsson, B. Gammelgaard, J. T. Mentzer. Logistics Innovation：A Customer Value-oriented Social Process [J]. Journal of Business Logistics，2005，26（1）：113-147.

数字产业渗透、全球生产网络与非对称技术进步溢出

刘维林　程倩

[摘要] 数字产业带有鲜明的技术进步外部性特征，通过生产网络对各产业部门形成的技术溢出是推动宏观全要素生产率（TFP）增长的重要动力源。本文构建了一个包含中性技术进步和成本加成的生产网络一般均衡模型，剖析了技术进步网络传导的机理和数字产业与非数字产业技术进步溢出的异质性，进而利用两区制空间自回归估计方法和世界投入产出数据实证考察了数字产业在全球生产网络中的技术进步及数字产业渗透所带来的非对称溢出效应。研究发现：①研究期间全球数字产业的 TFP 年平均增长率为 1.69%，而通过数字产业渗透所提供和吸收的技术溢出效应分别为 2.95% 和 0.97%；②中国数字产业的自身技术进步速度低于美国、日本等发达国家，但为全球生产网络提供的技术溢出效应较大，在推动全球产业技术进步上发挥着重要作用；③不同数字细分产业的技术进步与溢出效应存在较大差异，计算机电子和光学产品制造业是 TFP 增长最快的产业，也是产生技术溢出最多的产业；④数字产业的技术溢出效应存在非对称性，绝大多数数字产业提供的技术溢出大于吸收的技术溢出。从全球生产网络的视角考察数字产业的技术溢出效应，对于更好地利用数字经济赋能高质量发展具有重要意义。

[关键词] 全球生产网络；数字产业；全要素生产率；非对称技术溢出；空间计量模型

一、引言

数字经济作为当前中国经济发展中最为活跃的领域，与各产业的深度融合使得新组织、新业态、新模式的应用潜能无限释放，促进了新知识与新技术的模仿、应用和传播，增进了产业之间中间品、资本和劳动市场的互联互通，所形成的技术进步溢出效应推动了经济体系全要素生产率的提升，并将成为中国经济高质量发展的重要动力来源。而从全球视野来看，在 20 世纪 90 年代末和 21 世纪初，伴随着全球价值链分工的迅速推进，各国产业日益联结成为一个密切联动的全球生产网络，推动了技术进步在各参与主体间扩散，从而打破了各国产业技术进步相互独立的假设，导致各国经济增长路径呈现相互依赖的关系。但 2008 年金融危机后出现的全球化逆流经贸以及新冠病毒感染疫情全球大流行等一系列新的挑战下，全球产业分工正呈现内向化收缩、本土化转移等消极趋向，而数字技术的渗透和融合则成为推动价值链协同的积极因素，从价值链前端的研发设计，到后端的交付服务，数字技术将价值链的各个节点与生态打通，是重塑全球价值链的重要力量。如何充分利用数字产业融合渗透的机遇以应对全球价值链收缩所引发的技术脱钩挑战将成为重要议题。因此，理解和认识数字产业的技术进步溢出机制，并构

[作者简介] 刘维林，南开大学经济与社会发展研究院、南开大学数字经济交叉科学中心研究员；程倩，南开大学经济与社会发展研究院硕士研究生。

[基金项目] 教育部哲学社会科学研究重大课题攻关项目"新时代区域协调发展战略研究"（20JZD028）；国家自然科学基金面上项目"新发展格局下中国产业全要素生产率提升的理论机制与效应测度：基于全球生产网络视角"（72373075）；南开大学亚洲研究中心项目"新发展格局下中国制造产业链高质量发展的动力来源、传导机理与升级路径"（AS2214）。

建实证模型对其影响进行评估测算，进而发挥数字产业对全要素生产率提升的促进作用，具有重要的现实意义。

尽管近年来涌现出大量研究基于不同思路与方法讨论了数字经济对生产率的促进作用，然而鲜有文献深入探讨数字产业的技术溢出效应，仅有个别文献考虑到数字经济发展在地理空间上的溢出作用，例如，赵涛等（2020）利用全国地级及以上城市的空间面板数据，运用固定效应模型和空间模型等进行实证分析，发现数字经济存在正向的空间溢出效应。也有少量文献在产业层面探讨了数字产业的技术溢出作用，蔡跃洲和张钧南（2015）认为信息通信技术等数字经济的发展可以渗透到各个产业部门促进其全要素生产率提升；许恒等（2020）考察了数字经济对传统经济的溢出作用与二者竞合发展的动态路径。尽管上述研究从不同角度涉及数字经济的溢出效应对全要素生产率增长的影响，但是对于数字经济技术溢出的生产网络传导机制很少涉及。Hulten（1978）认为，当一个产业出现技术进步时，不仅会增加产业的自身产出，同时还会通过中间品价格的降低而使得其他产业受益，进而影响整个经济体系的运行；Acemoglu等（2012）提出在全球生产网络体系下，产业间中间品投入的关联和互动是生产率变动传导进而影响总产出波动的重要机制；Acemoglu等（2016）通过构建全球生产网络模型，证明了全要素生产率的变动会通过生产网络由上游产业向下游产业传导；Baqaee和Fahri（2020）提出了包含技术进步和成本加成的生产网络一般均衡模型，为考察技术进步和资源错配在生产网络中的传导机制提供了一个更为一般化的模型框架；Jorgenson等（2012）认为作为数字经济代表的ICT相关产业往往是全球生产网络中技术进步最快的产业，也是推动长期经济增长的重要引擎。尽管以往研究对全球生产网络下的技术进步关联效应进行了探讨，但仍缺乏一个规范的模型框架来测算数字产业的技术进步及其关联溢出效应，也难以评估数字产业通过全球生产网络对各国全要素生产率增长的贡献。

近年来，国内外的一些学者开始尝试利用空间计量分析结合索洛余值法来研究生产主体间的技术溢出效应。Ertur和Koch（2007）在索洛模型的基础上构建了包含国家间技术溢出的经济增长模型并使用空间计量方法进行了实证；Tientao等（2016）提出了TFP关联溢出增长的理论模型，并利用空间计量模型计算索洛余值，对国家层面的TFP增长和技术溢出进行了估计；Liu和Cheng（2021）将技术溢出效应纳入新古典的经济增长框架，考虑了产业层面中间品投入产出关联产生的技术溢出对经济增长的影响；刘维林（2022）构建了包含技术溢出效应的生产模型，利用空间随机前沿估计方法考察了全球价值链分工下中美两国产业的技术进步及其溢出效应。这种将包含技术溢出的生产模型与空间计量估计方法有机结合的方法为剖析技术溢出的理论机制并量化评估溢出效应提供了新的思路，但如何通过构造合适的空间权重矩阵来全面刻画产业间的技术溢出关联仍有待深入研究。一方面是以往研究多采用地理距离或空间临近为权重来构造空间权重矩阵，但是Keller（2002）认为将空间关联特征设定为地理距离上的相关或相邻存在一定的局限，因为国家间的技术溢出强度往往与地理空间上的距离并不具有相关性。在一些研究国家间技术外溢的经典文献中（Grossman and Helpman，1991；Coe et al.，1997），国际贸易被视为技术外溢的主要渠道。近来很多文献选择使用贸易流量来反映区域间的技术外溢强度的设定方式（Ertur and Koch，2011）。但对于生产网络中的产业主体而言，与技术外溢更为紧密的是中间品的流动，Lee（2020）认为中间贸易品是技术溢出的重要载体。Liu和Cheng（2021）也是利用中间品流量矩阵构造空间权重矩阵，作为测度产业间空间联系的权数。因此，本文也将基于世界投入产出表中的中间贸易品流量来构造空间权重矩阵，进而对技术进步的溢出效应展开测算和分析。另一方面是以往文献基本上都是采用单一的空间权重矩阵，其隐含假设是所有产业之间在同样的中间品关联强度下的技术溢出效应是相同的，而由于数字产业在成本加成和中间品使用结构上的不同特征，数字产业与传统产业对技术溢出的推动作用存在异质性，进而导致技术溢出的非对称特征。因此本文将通过构建两区制的空间计量模型对这种异质性进行实证考察。

鉴于上述分析，本文首先利用生产网络一般均衡模型刻画了技术进步的网络传导机理，进而结合数字产业在技术进步速度、中间品渗透和成本加成率方面的特殊性，解析了技术溢出非对称性的理论机理，结合两区制空间计量估计方法提出了技术进步和非对称溢出效应的估算方法，通过搜集整理 2000~2014 年全球 43 个经济体产业层面的面板数据，对数字产业的 TFP 增长率和技术溢出效应的变动趋势和特征进行实证考察。

本文的边际贡献主要包括以下三个方面：①本文构建了包含数字产业与非数字产业技术溢出异质性的生产网络一般均衡模型，剖析了技术溢出非对称性的成因及其作用机制，丰富了关于数字产业技术进步和溢出传导理论机理的研究；②基于理论模型所得出的生产函数形式，采用两区制空间自回归模型和世界投入产出数据（WIOD），实证估计了生产函数的主要参数和索洛余值，利用产出弹性乘数矩阵，测算了数字产业技术进步的直接效应和间接效应，解决了以往研究中技术溢出效应难以量化测度的问题；③本文将全球生产网络下数字产业和非数字产业间的技术溢出效应进行多角度的量化分析和来源追溯，从提供和吸收两个角度对数字产业与非数字产业间的非对称技术溢出效应进行考察，为更有效评估数字产业对长期经济增长潜力的贡献提供了依据。

二、理论机制

本文在 Acemoglu 等（2016）、Baqaee 和 Fahri（2020）的基础上，构建一个包含中性技术进步和成本加成的全球生产网络一般均衡模型，在此基础上剖析技术进步在全球生产网络中的传导机制，进而加入数字产业渗透的作用，考虑数字产业和非数字产业网络溢出的异质性，剖析数字产业渗透如何通过引领技术进步、促进产业融合等推动技术溢出，从而提升经济系统 TFP 以及导致技术溢出非对称性的作用机制，为构建两区制空间计量实证模型提供理论基础。

（一）生产网络技术进步传导的理论模型

1. 生产部门

假设全球生产网络由 G 个经济体和 N 个产业部门所组成，产业 i 的代表性厂商采用包含希克斯中性技术进步的 Cobb-Douglas 生产函数形式，得到产业 i 的生产函数为如下形式[①]：

$$y_i = A_i k_i^{\alpha_i} l_i^{\beta_i} m_i^{\gamma_i}, \quad i = 1, \cdots, GN \tag{1}$$

其中，A_i 代表产业 i 的自身技术进步，y_i 表示产业 i 的总产出，k_i、l_i 和 m_i 分别为相应的资本、劳动和复合中间品投入，α_i、β_i 和 γ_i 分别表示资本、劳动和中间品的产出弹性，在规模报酬不变时，有 $\alpha_i + \beta_i + \gamma_i = 1$。复合中间品 m_i 同样采用 Cobb-Douglas 生产方式，$m_i = \prod_{j=1}^{GN} x_{ij}^{s_{ij}}$，$x_{ij}$ 代表产业 i 的复合中间品生产过程中所使用的来自产业 j 的中间品投入，$s_{ij} \geq 0$ 是来自产业 j 的中间投入对复合中间品 m_i 的相对产出弹性，且符合一阶齐次条件，由此可以得到 $\sum_{j=1}^{GN} s_{ij} = 1$，当厂商利润最大化时，$s_{ij}$ 代表了中间品投入 x_{ij} 的相对支出份额，即产业 i 来自上游产业 j 的中间品支出占其全部中间品支出的份额。

代表性厂商通过选择资本、劳动和中间产品投入来最大化如下利润函数：

$$\max \left[p_i y_i - \mu_i \left(r k_i + \omega l_i + \sum_{j=1}^{GN} p_j x_{ij} \right) \right] \tag{2}$$

式中，$p_{i,j}$ 为产品 i 和 j 的价格，μ_i 为产品 i 的成本加成，ω 和 r 分别表示劳动的工资和资本的利率。

---

① 本部分重点考察结构性因素对技术进步传导的影响，故主要基于静态一般均衡进行理论推导。

2. 家庭

设代表性家庭最大化如下效用函数：

$$U = \prod_{i=1}^{GN} c_i^{b_i} \tag{3}$$

其中，c_i 为家庭对 i 产业最终产品的消费量，b_i 为产品 i 的消费支出在全部最终消费中的占比，且 $\sum_{i=1}^{GN} b_i = 1$。家庭的预算约束为：

$$\sum_{i=1}^{GN} p_i c_i = \omega l + rk \tag{4}$$

式中，家庭的收入包括工资收入和利息收入，k 为家庭提供的总资本。

3. 最优条件和均衡

根据生产部门和家庭的最优选择以及市场出清条件，可以得到均衡条件下产业自身的技术变动与生产网络各产业部门产出之间的关系如下[①]：

$$\mathrm{d}\ln y = [I - \mathrm{diag}(\mu)\mathrm{diag}(\tilde{\gamma})S]^{-1} \mathrm{d}\ln A \tag{5}$$

式（5）代表了在不考虑要素投入变动情况下因技术进步及其关联溢出所带来的产出增长，其中，矩阵 $[I-\mathrm{diag}(\mu)\mathrm{diag}(\tilde{\gamma})S]^{-1}$ 刻画了通过使用上游产业的中间品投入所形成的技术进步关联情况，即 Acemoglu 等（2016）所提出的供给侧技术进步关联。这表明在生产网络下产业 i 的产出增长不仅取决于产业 i 自身的技术进步 $\mathrm{d}\ln A_i$，还取决于关联产业技术进步通过矩阵 $[I-\mathrm{diag}(\mu)\mathrm{diag}(\tilde{\gamma})S]^{-1}$ 所形成的溢出效应。根据 Solow（1957）关于索洛余值的定义，全要素生产率是指产出增长中剔除各要素投入以外的剩余影响，因此，可以将式（5）左侧的产出增长率定义为考虑了生产网络溢出效应的系统 TFP 变化率，以便与传统的 TFP 概念相区分。这里通过式（5）求产出对时间 t 的导数，得到式（6）产业的系统 TFP 变化率如下：

$$\hat{g} = \frac{\mathrm{d}\ln y}{\mathrm{d}t} = [I-\mathrm{diag}(\mu)\mathrm{diag}(\tilde{\gamma})S]^{-1} \frac{\mathrm{d}\ln A}{\mathrm{d}t} \tag{6}$$

式中，$\hat{g}$ 表示系统 TFP 变化率，将产业自身的技术变动与来自关联产业的技术进步溢出相拆分，可得到下式：

$$\hat{g}_i = \underbrace{g_i}_{\text{自身技术进步}} + \underbrace{\sum_{j=1}^{GN} (u_{ij} - 1_{j=i}) \times g_j}_{\text{技术进步网络溢出}} \tag{7}$$

式中，g_i 表示产业自身的技术变化率，u_{ij} 表示矩阵 $[I-\mathrm{diag}(\mu)\mathrm{diag}(\tilde{\gamma})S]^{-1}$ 中的第 i, j 个元素，$1_{j=i}$ 表示当 j=i 时的指示函数。

从式（7）可知，产业 i 的系统 TFP 变动由五个方面因素共同决定：①产业 i 自身的技术进步速度 g_i；②关联产业的技术进步速度 g_j；③产业 i 所使用的来自上游产业 j 的中间品相对占比 s_{ij}；④产业 i 的成本加成率 μ_i；⑤产业 i 的中间品支出总份额 $\tilde{\gamma}_i$。上述五个方面因素第一项代表了产业自身技术经济特征所决定的自身效应，而后四项因素则决定了网络溢出效应的大小，且从函数形式来看这四个方面因素均与技术溢出呈正向相关关系，以下本文结合数字产业渗透情景对技术进步溢出机制作进一步分析。

（二）数字产业渗透下生产网络中的技术进步溢出

数字经济作为一种新的经济形态，贯穿全球生产网络下的各个环节，由于数字技术的通用性特征，深化了产业之间的链接与融合，促进了生产工序不断细化与合作水平不断深化，数字产业化和产业数字化的发展大大降低了分工成本，为产业部门间的技术溢出提供了强劲的动力

[①] 详细的推导过程参见《中国工业经济》网站（http://ciejournal.ajcass.org）附件。

支撑,以下本文将上述生产网络中的技术传导模型应用于数字产业与非数字产业之间的交叉渗透情景下,进而剖析二者之间技术溢出存在非对称性的逻辑机理。

1. 数字产业提供与吸收的技术溢出测算

本文参考 Elhorst 和 Fréret (2009)、龙小宁等 (2014) 考察空间溢出关联强度存在异质性的处理方法,将所有产业分为数字产业和非数字产业两大类,不妨假设全球生产网络中有 n_1 个数字产业和 n_2 个非数字产业,那么将 GN 个产业部门按照数字产业和非数字产业重新排列,产业间的中间品关联矩阵 S_{GN} 可以表示为:

$$S_{GN}=\begin{bmatrix} S_{n_1n_1} & S_{n_1n_2} \\ S_{n_2n_1} & S_{n_2n_2} \end{bmatrix}=\underbrace{\begin{bmatrix} S_{n_1n_1} & S_{n_1n_2} \\ 0 & 0 \end{bmatrix}}_{\text{数字产业中间使用}(S_D)}+\underbrace{\begin{bmatrix} 0 & 0 \\ S_{n_2n_1} & S_{n_2n_2} \end{bmatrix}}_{\text{非数字产业中间使用}(S_{nonD})} \tag{8}$$

其中,$S_{n_1n_1}$、$S_{n_1n_2}$、$S_{n_2n_1}$ 和 $S_{n_2n_2}$ 分别为 $n_1\times n_1$、$n_1\times n_2$、$n_2\times n_1$ 和 $n_2\times n_2$ 阶的矩阵,$S_{n_1n_1}$ 和 $S_{n_2n_2}$ 分别表示数字产业内部和非数字产业内部的关联关系,$S_{n_1n_2}$ 表示下游数字产业与上游非数字产业间的关联关系,$S_{n_2n_1}$ 表示下游非数字产业与上游数字产业之间的关联关系,也是产业数字化程度的代表。按行拆分后 S_D 代表了数字产业的中间使用结构,S_{nonD} 代表了非数字产业的中间使用结构。

同时本文将数字产业和非数字产业的自身技术进步分别用 g_D 和 g_{nonD} 表示,同理对成本加成和中间品支出总份额加入下标,则可以将系统 TFP 变化率 $\hat{g}$ 展开为矩阵形式 $[\hat{g}]$,以体现任意两个产业之间的技术进步关联关系。

$$\begin{aligned}[\hat{g}]&=[I_{GN}-\mu_D\text{diag}(\tilde{\gamma}_D)S_D-\mu_{nonD}\text{diag}(\tilde{\gamma}_{nonD})S_{nonD}]^{-1}\begin{bmatrix}\text{diag}(g_D) & 0 \\ 0 & \text{diag}(g_{nonD})\end{bmatrix}\\ &=\begin{bmatrix}\psi_{n1n1}\text{diag}(g_D) & \psi_{n1n2}\text{diag}(g_{nonD}) \\ \psi_{n2n1}\text{diag}(g_D) & \psi_{n2n2}\text{diag}(g_{nonD})\end{bmatrix}\end{aligned} \tag{9}$$

式 (9) 中 ψ 表示矩阵 $[I-\text{diag}(\mu)\text{diag}(\tilde{\gamma})S]^{-1}$ 按照数字产业和非数字产业分块后的子矩阵,基于式 (9) 本文可以对数字产业提供和吸收的技术溢出效应分别进行测算,具体如下:

第一,数字产业提供的技术溢出效应。式 (9) 纵向上非对角线元素反映了产业技术进步提供的溢出效应 (g_{it}^{off}),即产业自身技术进步对关联产业的技术溢出。对数字产业所在的列,求非对角线元素列和的均值,即可得到数字产业技术进步的平均溢出效应,表示数字产业技术进步对关联产业的溢出影响。根据吸收产业的产业类型,可以进一步将其分解为两部分:一是数字产业 i 对其他数字产业的技术溢出 ($g_{it}^{off\_D}$),通过求矩阵 $\psi_{n1n1}\text{diag}(g_D)$ 的第 i 列上非对角线元素的和来测算;二是数字产业 i 对非数字产业的技术溢出 ($g_{it}^{off\_nonD}$),通过求矩阵 $\psi_{n2n1}\text{diag}(g_D)$ 的第 i 列元素的和来测算。

第二,数字产业吸收的技术溢出效应。式 (9) 横向上非对角线元素反映了产业技术进步吸收的溢出效应 (g_{it}^{rec}),即本产业从关联产业技术进步获得的技术溢出。对数字产业所在的行,求非对角线元素行和的均值,即可得到数字产业平均吸收的技术溢出效应,表示关联产业技术进步对数字产业的溢出影响。根据提供方的产业类型,这里同样可以进一步将其分解为两部分:一是数字产业 i 从其他数字产业吸收的关联技术溢出 ($g_{it}^{rec\_D}$),可以通过求矩阵 $\psi_{n1n1}\text{diag}(g_D)$ 的第 i 行上非对角线元素的和进行测算;二是数字产业 i 从非数字产业吸收的关联技术溢出 ($g_{it}^{rec\_nonD}$),可以通过求矩阵 $\psi_{n1n2}\text{diag}(g_{nonD})$ 的第 i 行元素的和来测算。

2. 数字产业与非数字产业之间技术溢出的非对称性

从式 (7) 和式 (9) 所概括的数字产业与非数字产业之间的技术关联结构可以看出,技术溢出效应的大小主要取决于关联产业技术进步、中间品支出结构、成本加成率和中间品总占比四个方面因素的影响,数字产业在上述四个方面与非数字产业存在的不同特征决定了其技术溢出的非对称性。①数字产业是数字技术率先得到转化和应用的领域,在数字产业化的推动下,计算机、电子信息、通信设备制造以及电信广播电视服务往往都是各国技术进步最快的产业(Jorgenson et al., 2012;Liu et al., 2022),成为各国技术进步的引领,因此也能够为关联产业提供更多的技术溢出;②由于数字技术的通用性、融合性、平台性等特征,对国民经济各产业具有较强的渗透能力,这种产业数字化有助于提升上下游产业链的协作效率,降低交易成本,从而优化中间品支出结构,促进技术进步的传导;③数字产业的规模经济和范围经济特征更为明显,属于高R&D强度和高市场集中度产业,因此相对于非数字产业具有更高的成本加成率(Calligaris et al., 2018),这也进一步放大了数字产业技术进步溢出的乘数;④数字产业突破了生产协作的时空边界,改变了产业链上下游的分工形态,扩大了垂直专业化分工水平,这种中间品投入总占比的提升也同样放大了数字产业的技术进步溢出乘数。由此可见,数字产业在技术溢出的四个方面影响因素上都具有明显的优势,使得数字产业向非数字产业所提供的技术溢出要大于数字产业从非数字产业所吸收的技术溢出。

三、实证研究设计

本部分在理论分析基础上构建了两区制空间自回归模型进行实证,进而通过各项要素的产出弹性矩阵来测算全球产业关联的溢出效应,并给出提供视角和吸收视角下数字产业技术溢出的测算方法,最后介绍了利用WIOD和PWT数据库的数据搜集和处理过程。

(一) 两区制空间计量模型构建

为了便于后续对技术进步传导机理进行考察,对产业自身的中性技术进步作进一步设定,本文沿用新古典增长模型的设定将产业的外生中性技术水平定义为时间趋势t的函数,考虑到数字经济条件下技术进步在摩尔定律的作用下呈现的非线性特征,本文参考Glass等(2016)和Liu和Cheng(2021)的设定,采用时间趋势的一次项和二次项相结合的函数形式,$A_{it} = e^{\delta_{0i}+\delta_I i t+\delta_{II} i t^2}$。那么,对技术水平函数取对数,并将其用向量形式表示如下:

$$\ln A = \delta_0 + \delta_I t + \delta_{II} t^2 \tag{10}$$

根据Solow(1957),TFP为产出增长中扣除要素投入增长的剩余部分,即索洛余值,而由Baqaee和Farhi(2020)可知,在生产网络的关联条件下,要素f的变动对于产出的冲击为$d\ln y/d\ln f = \Omega_f[I-\text{diag}(\mu)\text{diag}(\tilde{\gamma})S]^{-1}$,$\Omega_f$为要素$f$的产出弹性,则总产出可以近似为系统TFP和要素投入的产出贡献之和。

$$\ln y \approx [I-\text{diag}(\mu)\text{diag}(\tilde{\gamma})S]^{-1}(\delta_0+\delta_I t+\delta_{II} t^2)+[I-\text{diag}(\mu)\text{diag}(\tilde{\gamma})S]^{-1}(\alpha\ln k+\beta\ln l+\gamma\ln m+v) \tag{11}$$

其中,α、β和γ分别表示资本、劳动和中间品的自身产出弹性,设定v为其他导致产出变动的随机扰动和偏差,两侧左乘以$[I-\text{diag}(\mu)\text{diag}(\tilde{\gamma})S]$,设$\rho=\text{diag}(\mu)\text{diag}(\tilde{\gamma})$可以将式(11)改写为如下空间自回归的函数形式:

$$\ln y = \rho S \ln y + \alpha \ln k + \beta \ln l + \gamma \ln m + \delta_0 + \delta_I t + \delta_{II} t^2 + v \tag{12}$$

考虑到大多数数字产业在成本加成率和中间品总占比两个方面均高于非数字产业,为了体现这种异质性,本文对数字产业和非数字产业分别设$\rho_1 = \text{diag}(\mu_D)\text{diag}(\tilde{\gamma}_D)$,$\rho_2 = \text{diag}(\mu_{nonD})\text{diag}(\tilde{\gamma}_{nonD})$,将式(12)按照式(8)进行拆分并代入$\rho_1$和$\rho_2$,对参数适当简化,可以构建如下形式的空间计量估计模型:

$$\ln y = \underbrace{\rho_1 S_D \ln y}_{\text{数字产业关联}} + \underbrace{\rho_2 S_{nonD} \ln y}_{\text{非数字产业关联}} + \alpha\ln k + \beta\ln l + \gamma\ln m + \delta_0 + \delta_I t + \delta_{II} t^2 + v \tag{13}$$

（二）要素投入与技术进步溢出效应的测算方法

由于溢出效应的存在，传统生产函数中以投入要素的系数 α、β 和 γ 分别来表示该要素的产出弹性将是有偏的。LeSage 和 Pace（2009）建议使用直接效应和间接效应来衡量投入要素对产出的直接影响和间接影响。以资本为例，将式（13）中 lny 对 lnk 求偏导，即可得到年份 t 下各产业的资本产出弹性[①]。

进一步考察由于技术进步所引起的外溢效应，将式（10）对时间趋势 t 求导数，得到 $g = \mathrm{d} \ln A/\mathrm{d} t = \delta_{\mathrm{I}} + 2\delta_{\mathrm{II}} t$ 代入式（9），可以得到产业间的技术进步溢出的表达式：

$$[\hat{g}] = \begin{bmatrix} \psi_{11}(\delta_{\mathrm{I}1}+2\delta_{\mathrm{II}1}t) & \psi_{12}(\delta_{\mathrm{I}2}+2\delta_{\mathrm{II}2}t) & \cdots & \psi_{1GN}(\delta_{\mathrm{I}\,GN}+2\delta_{\mathrm{II}\,GN}t) \\ \psi_{21}(\delta_{\mathrm{I}1}+2\delta_{\mathrm{II}1}t) & \psi_{22}(\delta_{\mathrm{I}2}+2\delta_{\mathrm{II}2}t) & \cdots & \psi_{2GN}(\delta_{\mathrm{I}\,GN}+2\delta_{\mathrm{II}\,GN}t) \\ \vdots & \vdots & \ddots & \vdots \\ \psi_{GN1}(\delta_{\mathrm{I}1}+2\delta_{\mathrm{II}1}t) & \psi_{GN2}(\delta_{\mathrm{I}2}+2\delta_{\mathrm{II}2}t) & \cdots & \psi_{GNGN}(\delta_{\mathrm{I}\,GN}+2\delta_{\mathrm{II}\,GN}t) \end{bmatrix} \quad (14)$$

其中，式（14）矩阵对角线元素为各产业自身技术进步的直接效应（g_{it}^{Dir}）。非对角线元素反映了产业间技术进步的交互影响，例如，$\psi_{12}(\delta_{\mathrm{I}2}+2\delta_{\mathrm{II}2}t)$ 表示在年份 t，产业 2 的技术进步对产业 1 的溢出影响。本文定义第 i 列非对角线元素的和为产业 i 技术进步提供的技术溢出效应（g_{it}^{off}），表示当产业 i 技术水平发生变化时，通过产业关联对其他 GN-1 个产业产生的技术溢出影响；定义第 i 行非对角线元素的和为产业 i 吸收的技术溢出效应（g_{it}^{rec}），表示当其他 GN-1 个产业技术水平发生变化时，产业 i 通过产业关联吸收的技术溢出效应。进一步将该矩阵按式（9）分解方法对数字产业和非数字产业进行区分，则可以得到数字产业和非数字产业各自吸收与提供的技术溢出效应。

（三）数据来源与处理

本文主要使用世界投入产出数据库（World Input-Output Database，WIOD）的数据进行生产函数模型估计和技术溢出效应分析。该数据库包括 31 个欧洲国家以及世界其他地区的 12 个主要国家（地区），每个国家（地区）细分为 56 个产业部门，数据年份涵盖 2000～2014 年。WIOD 中包含的这 43 个经济体每年的 GDP 总和约为全球 GDP 的 85%，因此能够很好地反映当前的全球生产格局。本文参照国家统计局发布的《数字经济及其核心产业统计分类（2021）》，将数字经济产业与 WIOD 的行业进行匹配归并，得到四个数字产业[②]，分别为计算机电子和光学产品制造业、电气设备制造业、电信业、信息技术和服务业。由于 2000 年之后数字产业进入快速发展阶段，并不断渗透到其他产业，因此本文的数据能够体现出这一阶段数字产业发展的现状和特征[③]。

总产出、资本存量和劳动力等数据来源于 WIOD 的社会经济账户（SEA），本文使用 SEA 表提供的产业部门层面的总产出和中间产品投入的价格指数、9.1 版 PWT 数据库中的资本投入的价格指数以及各个国家在各个年份的 PPP 汇率与 WIOD 的数据进行匹配，将产出和投入数据折算为按照不变价格美元计价的数据序列[④]。在进行模型估计时，本文剔除了非市场化和零产出的产业部门。此外，本文在实证模型中引入了年度虚拟变量，以过滤掉因共同冲击所引起的截面相关，从而削弱因产出空间滞后项的内生性可能造成的偏差。同时为了避免要素投入变量的内

[①] 详细的测算方法参见《中国工业经济》网站（http://ciejournal.ajcass.org）附件。
[②] 根据《数字经济及其核心产业统计分类（2021）》，数字经济核心产业是指为产业数字化发展提供数字技术、产品、服务、基础设施和解决方案，以及完全依赖于数字技术、数据要素的各类经济活动。具体范围为：01 数字产品制造业、02 数字产品服务业、03 数字技术应用业、04 数字要素驱动业 4 个大类。本文将该分类对应到国民经济行业代码及名称（2017），建立《国民经济行业分类》（GB/T 4754-2017）与 WIOD（2016 年版）行业的对应关系，因数据所限，最后得到 4 个数字产业。
[③] 限于数据的可得性，本文只考察了 2000～2014 年数字产业的技术溢出效应。
[④] 主要变量的描述性统计参见《中国工业经济》网站（http://ciejournal.ajcass.org）附件。

生性，本文还将要素投入变量滞后一期。

空间权重矩阵来源于 WIOD 数据库提供的国家—产业层面的中间品流量矩阵。具体地，首先利用 WIOD 数据库中世界投入产出表中的中间品流量矩阵，为了减少内生性的影响，本文使用了 2000~2014 年中间品流量的均值（Ertur and Koch，2011）。对中间品流量矩阵进行转置，将对角线元素设置为零后，对其实施行向标准化，即可得到本文的空间权重矩阵 S。其中第 i 行第 j 列的元素表示产业 i 使用的来自上游供应商产业 j 的中间品投入占总中间品投入的比重，该值近似等价于前文生产网络理论模型中的中间支出占比 s_{ij}。最后，按式（8）的分解方式对空间权重矩阵 S 进行拆分，得到两区制空间计量模型中的二阶空间权重矩阵 S_D 和 S_{nonD}。

四、实证估计结果

借鉴 Elhorst 和 Fréret（2009）所提出的两区制空间面板模型最大似然估计法并放松规模报酬不变假设，本部分对式（13）两区制空间自回归模型形式的生产函数进行了估计。

（一）样本的空间相关性检验

在空间计量模型进行估计之前，首先需要检验截面个体的空间相关性。本文采用以往研究常采用的 Moran's I 指数和 Geary's C 指数两种方法来检验全球产业间的空间相关性。根据前文理论分析，产业之间的关联可以体现在生产要素和中间品在产业之间的流动，也可以体现在生产技术等在产业之间的传播，而这些关联所引致的结果均可以在产业的产出中得到反映，因此可以选取总产出作为测度产业相关性的指标（程名望等，2019）。测算结果表明，2000~2014 年，总产出的 Moran's I 指数介于 0.53~0.54，均在 1% 显著性水平上显著，说明产业间存在着较强的正向空间相关。同时，Geary's C 指数也均强烈拒绝全球产业间无空间相关性的假设，也表明全球产业间各个年份都存在较强的空间正相关性，因此，需要使用上文设定的空间计量模型进行估计。

（二）生产网络技术溢出模型的估计结果

根据上文的理论设定，为了控制产业个体效应对估计结果可能带来的偏误，本文在模型中控制了产业层面的固定效应。首先，本文采用极大似然估计法对没有区分数字产业与非数字产业技术溢出强度差异的单区制空间自回归（SAR）模型形式的生产函数式（12）进行估计，然后采用最大似然估计法对两区制 SAR 模型形式的生产函数式（13）进行估计，进而利用对数似然比检验进行取舍。表 1 中第（1）、（2）列分别对应单区制 SAR 模型回归结果，第（3）、（4）列为相应的两区制 SAR 模型的回归结果。在技术进步趋势的设定上，本文主要考虑了线性和非线性两种设定。

从表 1 可以看到，两种技术进步趋势设定下，单区制 SAR 和两区制 SAR 模型的投入要素系数的估计结果均相差不大，表明参数识别比较稳健，考虑到线性技术设定下技术进步速度是固定的，是一种更为严格的假设，本文认为非线性技术进步的设定更为合理，故选择非线性技术进步的估计结果作为主要的讨论对象[①]。表 1 的估计结果显示，第（2）列中空间自相关系数 ρ 符号为正且显著，表明样本之间存在显著的截面相关关系，这种相关性所产生的外溢效应是影响经济增长的一个重要因素。第（4）列报告了两区制模型的估计结果，LR 检验的估计值为 78.74，p<0.01，说明应该拒绝单区制 SAR 模型而应该采用两区制 SAR 模型，可以看到数字产业关联的空间自相关系数 $ρ_1$ 约为 0.53，而非数字产业关联的空间自相关系数 $ρ_2$ 约为 0.32，在

[①] 本文通过考察不同的空间权重矩阵设定对全球关联生产模型估计的影响，以检验估计结果的稳健性，结果参见《中国工业经济》网站（http：//ciejournal.ajcass.org）附件。

1%的显著性水平下,数字产业的空间相关性高于非数字产业,结合式(9)和式(13)可知,ρ代表了成本加成率和中间品总占比的乘积,说明数字产业相对于非数字产业而言,由于其在成本加成率和中间品总占比上的优势而在技术溢出强度上明显高于非数字产业,成为二者之间技术溢出非对称性的一个重要来源。

表1 生产网络技术溢出模型回归结果

变量	单区制 SAR 模型		两区制 SAR 模型	
	(1)	(2)	(3)	(4)
lnk	0.0449*** (0.0038)	0.0480*** (0.0039)	0.0445*** (0.0038)	0.0476*** (0.0038)
lnl	0.0792*** (0.0053)	0.0772*** (0.0053)	0.0793*** (0.0052)	0.0774*** (0.0052)
lnm	0.6139*** (0.0044)	0.6140*** (0.0044)	0.6100*** (0.0044)	0.6104*** (0.0044)
t	0.0070*** (0.0007)	0.0259*** (0.0030)	0.0067*** (0.0007)	0.0249*** (0.0030)
t^2		-0.0024*** (0.0004)		-0.0023*** (0.0004)
ρ($ρ_1$)	0.3450*** (0.0100)	0.3570*** (0.0101)	0.5267*** (0.0226)	0.5333*** (0.0227)
$ρ_2$			0.3056*** (0.0108)	0.3161*** (0.0109)
$ρ_1-ρ_2$			0.2211*** (0.0237)	0.2171*** (0.0238)
$σ^2$	0.0135	0.0135	0.0134	0.0134
对数似然值	12633	12653	12673	12693
R^2	0.9969	0.9969	0.9969	0.9969
个体固定效应	控制	控制	控制	控制
时间虚拟变量	是	是	是	是
观测值	17262	17262	17262	17262
LR 检验			81.4604	78.7383

注:***、**、*分别表示在1%、5%和10%的统计水平上显著。括号内的数值为标准误差。

lnk、lnl 和 lnm 的系数均在 0~1,且通过了 1% 的显著性水平。但需要说明的是,不同于非空间模型,在空间模型下用三者的系数来衡量投入要素的产出弹性将是有偏的,而应该采用直接和间接效应来衡量投入要素的产出弹性(LeSage and Pace,2009),这些效应的估计结果将在后面部分专门加以分析。此外,可以看到,用于反映产业自身中性技术进步的时间趋势一次项 t 的系数显著为正,二次项 t^2 的系数显著为负,表示在 2000 年至 2014 年期间,全球总体来看产业自身的技术进步对产出增长的贡献呈现出倒"U"形趋势,这与多数研究关于全球 TFP 增长放缓的观点相一致(Feenstra et al.,2015;Inklaar and Diewert,2016;Liu and Cheng,2021)。

(三)投入要素产出弹性的直接效应和间接效应

本文参考 LeSage 和 Pace(2009)对直接效应和间接效应的估计方法,对空间计量模型中生产要素投入对产出的影响进行测算,并利用蒙特卡洛模拟的方法,得到估计系数的显著性水平。

表 2 列出了考虑溢出效应后投入要素对于产出的影响，可以看到，对于全部产业来说，三种投入要素的直接效应都大于零，且通过了显著性检验，其中，中间品的直接产出弹性最高，为 0.61，劳动力和资本投入的直接产出弹性分别为 0.08 和 0.05，系数的相对大小与相关文献的估计结果总体一致[①]（Liu and Cheng，2021；步晓宁等，2019）。从间接效应的估计结果来看，中间品、劳动和资本的间接效应分别为 0.32、0.04 和 0.02，均在 1% 的水平上显著，意味着在全球生产网络体系下，产业投入的各项生产要素均具有正向的空间外部性，且中间品是传递溢出效应最重要的渠道。

表 2 投入要素的直接效应和间接效应

变量		直接效应	t 值	间接效应	t 值	总效应	t 值
全部产业	lnk	0.0477 ***	12.56	0.0247 ***	11.52	0.0725 ***	12.59
	lnl	0.0777 ***	15.92	0.0402 ***	13.46	0.1179 ***	15.74
	lnm	0.6128 ***	148.58	0.3175 ***	23.29	0.9303 ***	67.71
数字产业	lnk	0.0477 ***	12.56	0.0397 ***	11.02	0.0875 ***	12.44
	lnl	0.0777 ***	15.92	0.0647 ***	12.34	0.1424 ***	15.08
	lnm	0.6130 ***	148.72	0.5104 ***	18.77	1.1234 ***	41.51
非数字产业	lnk	0.0477 ***	12.56	0.0223 ***	11.15	0.0701 ***	12.53
	lnl	0.0777 ***	15.92	0.0363 ***	13.00	0.1140 ***	15.70
	lnm	0.6128 ***	148.54	0.2867 ***	21.06	0.8994 ***	65.11

注：***、**、* 分别表示在 1%、5% 和 10% 的统计水平上显著。

为了进一步区分数字产业关联和非数字产业关联的溢出效应，本文利用式（8），提取出两类产业所在的行，将三种生产要素的直接效应和间接效应按产业类型做进一步的分解，结果见表 2。从直接效应来看，数字产业的三种投入要素的直接效应均略大于相应的非数字产业。在本文重点考察的反映要素关联溢出大小的间接效应中，数字产业和非数字产业三种生产要素的间接效应均显著大于零。对于数字产业，资本、劳动和中间品的间接效应分别为 0.04、0.06 和 0.51，远大于相应的非数字产业的间接效应，说明数字产业渗透使要素投入产生了更强的关联溢出效应。从三种生产要素的总效应之和来看，全部产业的规模报酬系数为 1.12，说明在考虑了要素的溢出效应后，全球产业整体表现为略微的规模报酬递增，而数字产业的规模报酬系数为 1.35，明显高于非数字产业的 1.08，进一步反映出数字产业在梅特卡夫定律支配下所呈现出的规模报酬递增特性。

五、数字产业的技术进步及其非对称溢出分析

本部分将重点转向产业技术进步及其溢出效应的测算上，基于生产模型式（13）所得到的索洛余值来测算全球数字产业 TFP 增长率及其溢出效应，并从不同层面考察数字产业的技术溢出影响。

（一）数字产业技术进步及其非对称溢出的总体情况

首先，基于生产模型式（13）的估计结果可以得到所有产业的索洛余值，进而测算出全球

[①] 由于不同研究选取的样本在国家范围、时间范围以及数据的层级均有所不同，加之生产函数的形式和假定上存在差异，结果不尽相同，但总体而言，中间投入的系数通常较大，劳动和资本的系数相对较小。

产业技术进步的增长率,然后根据式(14)计算各产业的技术溢出效应,并以产出为权重计算全球和各国产业平均的TFP增长率和技术溢出效应。

1. 全球数字产业的技术进步及其非对称技术溢出

表3给出了2001~2014年全球产业平均的技术进步及其溢出效应的测算结果。从产业自身技术进步的增幅来看,全球产业TFP年平均增长率为0.80%,其中数字产业的年平均增长率为1.69%,高于非数字产业平均0.74%的年增长率,表明在新一代信息技术为主导的科技革命引领下,数字经济相关产业具有较快的技术进步速度(Liu et al.,2022)。结合式(9)可知,数字产业较快的技术进步速度能够为其他关联产业提供更多的技术溢出,进一步加深了技术溢出的非对称性。

表3 全球数字产业与非数字产业的技术进步及其溢出效应 单位:%

产业类型	自身效应 (g^{Dir})	提供的技术溢出效应			吸收的技术溢出效应		
		全部产业 (g^{off})	数字产业 (g^{off_D})	非数字产业 (g^{off_nonD})	全部产业 (g^{rec})	数字产业 (g^{rec_D})	非数字产业 (g^{rec_nonD})
全部产业	0.80	1.10	0.36	0.75	0.48	0.10	0.38
数字产业	1.69	2.95	1.78	1.17	0.97	0.36	0.61
非数字产业	0.74	0.96	0.24	0.73	0.43	0.08	0.36

从技术溢出效应的测算结果来看,全球产业在考察期内所提供的技术进步溢出效应均值为1.10%,即全球产业的技术进步带动关联产业产出增加之和为1.10%,其贡献超过了产业技术进步的直接效应,表明产业间技术溢出是推动世界经济增长不可忽视的一种动力源。具体地,数字产业技术进步提供的技术溢出效应年平均值为2.95%,说明数字产业的技术进步带动了其关联产业获得年平均2.95%的产出增长,远大于数字产业技术进步的自身效应,表明数字产业的技术进步通过全球生产网络的传导广泛渗透到关联产业,已成为全球TFP增长的重要影响因素。从提供的技术溢出效应的构成来看,数字产业的技术进步推动了关联数字产业的产出提高1.78%,促进了关联非数字产业的产出提高1.17%。由此可见,数字产业的技术进步对关联数字产业的总溢出影响大于关联非数字产业,表明数字产业内部各产业间的技术溢出比数字产业与非数字产业之间的技术溢出更大一些,意味着数字产业内部更容易发生技术溢出。主要原因可能是,数字产业同类产业间的相互依赖程度较深,投入产出关联比较紧密,更容易相互渗透、相互学习,产业间更容易发生技术溢出。

对比提供者角度和吸收者角度技术溢出效应的测算结果,研究期间数字产业技术进步提供的溢出效应均明显高于吸收的技术溢出效应,体现了数字产业提供和吸收的技术溢出具有非对称性,即数字产业技术进步对关联产业TFP增长的推动作用大于从关联产业技术进步所吸收的TFP增长效应。从表3还可以看到,数字产业对数字产业和非数字产业两类产业所提供的技术溢出效应都显著大于非数字产业对两类产业所提供的技术溢出效应,表明数字产业渗透增强了产业间技术溢出效应,主要原因可能正如前文理论分析指出的,数字产业自身具有通用性、渗透性和协同性等特征、技术进步较快、成本加成率较高以及中间品技术含量较高。

2. 主要国家数字产业的非对称技术溢出效应

首先,由图1可知,从各国数字产业技术进步的自身效应来看,2001~2014年,8个主要国家的数字产业TFP都出现了不同程度的上升,其中美国、日本和法国的数字产业TFP升幅较大,年增长率分别为4.41%、2.90%和2.00%。中国数字产业的TFP年增长率仅为0.68%,这表明尽管近年来中国的数字经济快速发展,但数字产业的TFP增长速度仍不及美国、日本和法国等发达国家,数字产业核心技术的自主创新能力还有待提升。

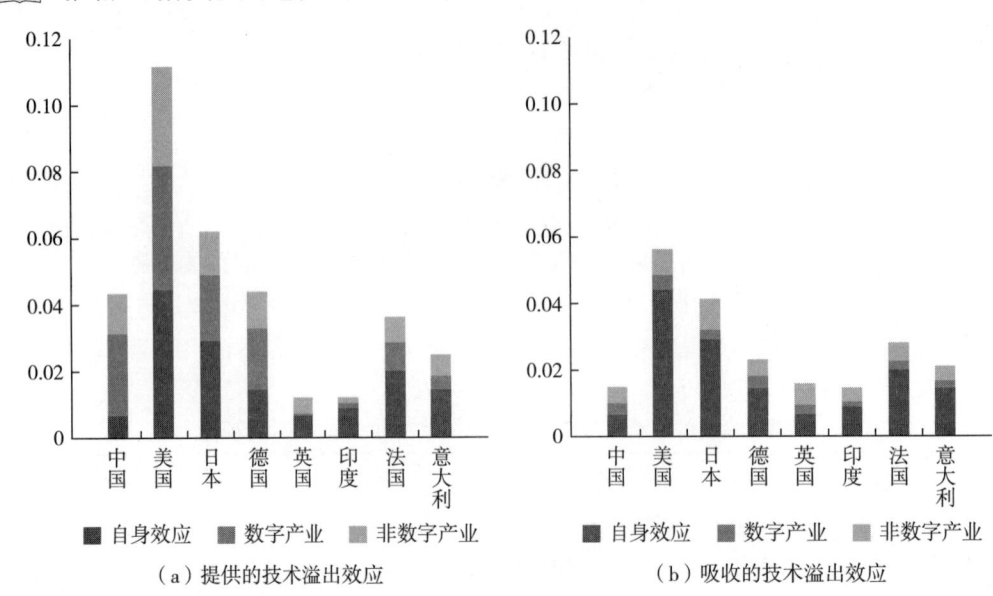

图 1　主要国家数字产业技术进步及其溢出效应

注：(a) 中浅灰色区域和深灰色区域分别表示提供给数字产业和非数字产业的技术溢出效应。(b) 中的自身效应对应 (a) 中的自身效应，浅灰色区域和深灰色区域分别表示从数字产业和非数字产业吸收的技术溢出效应。

其次，在全球生产网络下，某一数字产业的技术进步会传导到关联产业，推动关联产业的 TFP 提高。图 1 (a) 展示了主要国家数字产业技术进步提供的技术溢出效应，可以看到，美国、中国、日本和德国的溢出效应较高，主要原因在于研究期间内，这四个国家分别位于北美洲、亚洲、欧洲三大区域价值链的重要枢纽。一方面，这些国家深度嵌入到全球生产网络，与其他国家的产业关联较为紧密；另一方面，这些国家的经济规模较大，它们是本地区以及全球中间品的主要提供者和需求者，数字产业自身技术进步通过全球生产网络的传导产生了溢出效应，推动了全球产业的 TFP 增长。值得一提的是，尽管中国提供的技术溢出效应小于美国，但中国数字产业的技术溢出与自身技术进步的比值即相对溢出乘数①高达 5.32，远高于美国和其他国家，这表明中国数字产业在带动其他产业技术进步上发挥着重要的作用，这可能得益于中国完备的工业体系和相对完善的产业结构以及产业规模优势，通过广泛的国内和国际价值链分工推动了数字产业的技术溢出，这也印证了中国打造数字经济新优势，促进数字技术与实体经济深度融合，赋能传统非数字产业转型升级，充分发挥数字产业的溢出效应，促进中国经济高质量发展的重要性。

最后，基于技术溢出效应矩阵式 (9)，本文将数字产业的技术溢出效应 g^{off} 进一步分解为对数字产业的溢出 g^{off_D} 和对非数字产业的溢出 g^{off_nonD}。从图 1 (a) 可以看到，美国数字产业的技术进步对推动全球数字和非数字两类产业产出增长的贡献均最大，使得全球数字产业和非数字产业的产出分别增长 3.75% 和 3.00%。而中国数字产业的技术进步推动了全球数字产业和非数字产业的产出增长 2.44% 和 1.19%。图 1 (b) 展示了各国数字产业吸收的技术溢出效应，相较于数字产业所提供的技术溢出效应，各国数字产业所吸收的技术溢出大小比较相近，范围为 0.57%~1.25%。除英国和印度之外，其他 6 个国家数字产业提供的技术溢出均大于吸收的技术溢出，这意味着数字产业作为技术进步外部性的提供者和吸收者两种角色下所衡量的溢出效应具有非对称特征，数字产业技术进步对生产网络中关联产业产出增长的贡献大于从生产网络中关联产业的技术外溢所获取的产出增长收益，表明数字产业渗透到其他产业对促进全要素生产

---

① 本文以产业技术进步提供的技术溢出效应与自身效应的比值来衡量相对溢出乘数，即相对溢出乘数是指产业 TFP 增长 1% 时，推动关联产业产出增长的百分比。

率增长发挥着重要的作用。此外，对比这6个国家数字产业与非数字产业间的溢出效应，数字产业对非数字产业提供的技术溢出效应都大于数字产业从非数字产业吸收的技术溢出效应，验证了数字产业与非数字产业相互之间溢出效应的非对称性。而英国和印度两国数字产业提供的技术溢出小于吸收的技术溢出，其原因可能在于，一方面这两个国家数字产业自身的技术进步速度较低，带动关联产业TFP增长的作用有限；另一方面这两个国家的数字技术可能并未在社会经济各领域中得到充分运用，其技术进步还未对关联产业形成技术扩散和知识溢出，体现出数字技术溢出的滞后性（van Ark，2016）。

（二）中国各细分产业的技术进步及其非对称溢出效应

进一步，本文对中国各细分产业的技术溢出效应进行比较和考察[①]，表4报告了2001~2014年各产业技术进步的年平均溢出效应情况。从产业技术进步的自身效应增幅来看，数字产业中，计算机电子和光学产品制造业是技术进步最快的产业，TFP的年均增长率达到1.95%，其次为电气设备制造业，TFP年均增长率为1.15%，而电信业、信息技术和服务业的TFP有所下降。非数字产业中，农林牧业和采矿业等传统行业的技术进步为负，可能是由于我国土地要素资源的自由流动还面临诸多障碍，难以实现规模化生产，限制了农业生产效率的提高。第二产业中制造业技术进步相对较快，其中食品饮料和烟草制造业是技术进步最快的产业，TFP年平均增长率达到4.52%，第二产业中的电气燃气等和建筑业相关行业的TFP变化不大，供水业TFP有所下降。第三产业中批发零售业和金融服务的TFP年平均增长率分别为2.62%和0.96%，专业、科学技术和行政辅助等的TFP年平均增长率为-3.53%，其他产业的TFP变化不大。

表4　中国细分产业的技术进步及其溢出效应　　　　单位:%

产业类型	产业名称	自身效应 g^{Dir}	提供的技术溢出效应 g^{off}	g^{off_D}	g^{off_nonD}	吸收的技术溢出效应 g^{rec}	g^{rec_D}	g^{rec_nonD}
		(1)	(2)	(2a)	(2b)	(3)	(3a)	(3b)
数字产业	计算机电子和光学产品	1.95	6.54	4.47	2.07	0.96	0.39	0.57
	电气设备	1.15	1.89	1.02	0.87	0.67	0.14	0.53
	电信业	-2.49	-0.69	-0.30	-0.38	0.75	0.45	0.30
	信息技术和服务业	-1.05	-0.07	-0.03	-0.04	0.50	0.22	0.28
非数字产业	农林牧渔业	-3.01	-3.28	-0.20	-3.08	0.84	0.00	0.83
	采矿业	-4.33	-5.93	-0.71	-5.22	0.43	0.04	0.39
	食品饮料和烟草	4.52	3.64	0.45	3.19	-0.40	0.01	-0.41
	纺织服装皮革	2.34	1.81	0.18	1.63	0.19	0.01	0.18
	木材及制品等	3.09	1.21	0.13	1.08	0.05	0.01	0.04
	纸和复制打印	0.82	0.47	0.16	0.32	0.31	0.02	0.30
	石油煤炭等	0.71	0.77	0.12	0.65	-0.66	0.02	-0.67
	化工和化学制品	2.24	4.74	0.86	3.88	0.12	0.02	0.11
	医药产品制造	3.21	0.47	0.04	0.43	0.07	0.01	0.06
	橡胶和塑料制品	0.69	0.70	0.22	0.47	0.52	0.01	0.51
	非金属矿制品	4.27	2.29	0.61	1.67	0.12	0.02	0.10
	基本金属制造	0.30	0.60	0.21	0.38	-0.10	0.02	-0.12

[①] 本文还分别测算了全球和主要国家数字细分产业的非对称技术溢出的结果，因篇幅所限，参见《中国工业经济》网站（http://ciejournal.ajcass.org）附件。

续表

产业类型	产业名称	自身效应 g^{Dir} (1)	提供的技术溢出效应 g^{off} (2)	g^{off_D} (2a)	g^{off_nonD} (2b)	吸收的技术溢出效应 g^{rec} (3)	g^{rec_D} (3a)	g^{rec_nonD} (3b)
非数字产业	金属制品除机械设备	2.74	2.53	0.76	1.78	0.24	0.02	0.22
	其他机械和设备制造	1.18	1.43	0.38	1.05	0.43	0.11	0.31
	运输设备	4.31	2.75	0.53	2.22	0.40	0.08	0.31
	家具、其他制造和维修等	−1.05	−0.23	−0.05	−0.18	0.53	0.02	0.51
	电气燃气等	0.46	0.49	0.11	0.38	−0.14	0.10	−0.24
	供水	−0.83	−0.05	−0.01	−0.04	0.41	0.04	0.37
	建筑	−0.27	−0.03	−0.01	−0.02	0.56	0.03	0.53
	批发零售	2.62	3.54	1.20	2.34	−0.04	0.04	−0.08
	运输和储存	0.15	0.19	0.05	0.14	0.41	0.00	0.40
	住宿餐饮	0.44	0.22	0.06	0.16	0.65	0.00	0.65
	金融服务	0.96	0.86	0.26	0.60	−0.06	−0.04	−0.03
	专业科学技术和行政辅助等	−3.53	−6.36	−1.98	−4.39	0.60	0.13	0.48

从提供的技术溢出效应大小来看，数字制造业中计算机电子和光学产品制造业、电气设备制造业产生的技术溢出效应最大，而数字服务业中电信业、信息技术和服务业因产业自身的TFP增长为负值，对其他产业产生了负向的技术溢出效应。而非数字产业中化工和化学制品业、食品饮料和烟草业提供了较大的技术溢出效应，分别为4.74%和3.64%。从相对溢出乘数大小来看，数字产业中的计算机电子和光学产品、电气设备位于前两位，其相对溢出乘数分别为3.35和1.64，这表明数字产业确实能够产生较大的技术溢出作用，而非数字产业中相对溢出乘数较高的是化工和化学制品制造业、基本金属制造业，相对大小分别为2.12和1.98，主要原因是这两类产业属于能源密集型行业，处于产业链上游，通过中间品内嵌技术，更容易实现产业间技术知识的传递，对下游产业产生较大的技术溢出效应。

六、结论与政策建议

本文首先通过构建生产网络一般均衡理论模型刻画了技术进步网络传导的机理，提出了包含数字产业与非数字产业的技术进步溢出异质性的生产函数模型，在此基础上利用两区制空间自回归模型，以全球产业间的中间品流量来反映产业间的关联强度，结合2000~2014年世界投入产出数据，对生产模型的主要参数进行了估计，进而基于索洛余值法测算了全要素生产率，估计了全球数字产业和非数字产业的技术进步，同时基于空间网络效应估计方法从提供和吸收两个角度考察了数字产业的非对称技术溢出效应。主要结论如下：①产业间关联的溢出效应是经济增长的重要影响因素。实证估算结果发现，中间品相较于资本和劳动力的产出弹性最大，且是传递溢出效应最重要的渠道。数字产业投入要素的间接效应远大于相应的非数字产业的间接效应，表明数字产业具有更大的关联溢出效应。②研究期间，全球数字产业的TFP年平均增长率为1.69%，提供的技术溢出效应为2.95%，吸收的技术溢出效应为0.97%，而非数字产业的TFP年平均增长率仅为0.74%，提供的技术溢出效应为0.96%，吸收的技术溢出效应为0.43%，这表明数字产业不仅自身技术进步的速度较快，而且提供了较多的技术溢出效应。③中国数字产业的自身技术进步速度慢于美国、日本等发达国家，但中国数字产业提供的技术溢出效应相对较大，在推动其他产业技术进步上发挥着重要的作用。④全球数字经济中不同产业的技术进步与溢出效应存在较大差异。计算机电子和光学产品制造业的 TFP 增长最快，年平均增长率达到 2.33%，提供的技术溢出效应高达 5.82%，吸收的技术溢出效应相对较小，为 1.06%。中国的计算机电子和光学产品制造业自身效应的年平均 TFP 增长为 1.95%，提供的技术溢出效应为 6.54%。⑤数字产业的技术溢出效应存在非对称性。绝大多数数字产业提供的技术溢出都大于吸收的技术溢出，说明数字产业渗透对提升全球产业 TFP 发挥着重要作用，而关联产业技术进步对数字产业的 TFP 增长的带动作用有限。

本文的研究结论从提升中国的全球生产网络枢纽地位、充分发挥数字产业技术溢出效应和自立自强推动数字技术自主创新三个方面提出以下政策启示：

第一，深化高水平国际价值链分工合作，利用数字技术革命机遇提升中国在全球生产网络中的枢纽地位。积极倡导和构建新型国际产业分工格局，借助数字技术深化全球生产网络的交流与协同，通过削减贸易壁垒、实施贸易便利化和降低贸易成本等措施，加强各产业领域的交流，充分释放数字产业的技术溢出效应。中国应该进一步实施高水平对外开放战略，扩大和参与更高质量、更大范围的区域性经贸协定和分工网络，可以首先考虑立足于强化与周边国家和"一带一路"沿线国家和地区的合作，依托"一带一路"构建高层次、紧密协同的区域性价值链合作联盟等，逐渐掌握区域乃至全球生产网络的主导权。

第二，加强数字经济融合渗透，充分发挥数字产业的技术溢出作用。本文的研究表明数字产业渗透对提升全球产业 TFP 发挥着重要作用，因此应积极推进新一代信息技术与传统产业的深度融合，深化水平分工和跨产业融合，加快产业数字化、智能化转型，拓展生产可能性边界，提升制造业的创新力和竞争力，促进服务业与互联网深度融合与创新。同时培养壮大互联网、大数据、人工智能、云计算、区块链等新兴数字产业，鼓励发展新技术、新产业、新业态、新模式，充分释放数字产业对经济高质量发展的贡献能力，为提升产业链现代化水平和迈向全球价值链中高端创造条件。利用中国完备的产业体系、完整的产业链条和规模巨大的需求市场，加速构建数字时代的中国经济增长新优势，产业发展新优势和全球竞争力新优势。

第三，打破数字关键核心技术的"依附性"，自立自强推动数字技术的自主创新。本文的 TFP 测算结果显示，中国数字产业的自身技术进步与处于科技领先地位的发达国家仍有一定差距，但新一轮科技革命为中国进入国际科技前沿地带创造了机遇。中国应该充分利用数字技术革命契机实现"弯道超车"，构建科技攻关的新型举国体制来提升通信设备、关键软件、核心电子元器件等关键技术环节的研发能力和重要中间投入的自给率。数字科技作为新一轮产业革命的核心领域，已经成为一个国家竞争力的体现，中国应该发挥集中力量办大事的制度优势，加大对数字科技领域人力资本的投资，加强创新型、应用型、技能型人才培养，培育高水平数字研究人才队伍，壮大高水平工程师和高技能人才队伍，完善人才激励和保障机制，健全科技人才评价体系，构建充分体现知识、技术等创新要素价值的收益分配机制，激发人的创造潜能和创新活力。

参考文献

［1］步晓宁，张天华，张少华．通向繁荣之路：中国高速公路建设的资源配置效率研究［J］．管理世界，2019（5）：44-63．

［2］蔡跃洲，张钧南．信息通信技术对中国经济增长的替代效应与渗透效应［J］．经济研究，2015，50（12）：100-114．

［3］程名望，贾晓佳，仇焕广．中国经济增长（1978—2015）：灵感还是汗水？［J］．经济研究，2019，54（7）：30-46．

［4］刘维林．中美价值链分工的技术溢出效应与脱钩冲击［J］．国际经贸探索，2022（1）：

68-82.

［5］龙小宁，朱艳丽，蔡伟贤，等. 基于空间计量模型的中国县级政府间税收竞争的实证分析［J］. 经济研究，2014，49（8）：41-53.

［6］许恒，张一林，曹雨佳. 数字经济、技术溢出与动态竞合政策［J］. 管理世界，2020（11）：63-84.

［7］赵涛，张智，梁上坤. 数字经济、创业活跃度与高质量发展——来自中国城市的经验证据［J］. 管理世界，2020（10）：65-76.

［8］Acemoglu D., U. Akcigit, W. Kerr. Networks and the Macroeconomy: An Empirical Exploration［J］. NBER Macroeconomics Annual, 2016, 1: 273-335.

［9］Acemoglu D., V. M. Carvalho, A. Ozdaglar, A. Tahbaz-Salehi. The Network Origins of Aggregate Fluctuations［J］. Econometrica, 2012, 80（5）: 1977-2016.

［10］Baqaee D. R., E. Farhi. Productivity and Misallocation in General Equilibrium［J］. The Quarterly Journal of Economics, 2020, 135（1）: 105-163.

［11］Calligaris S., C. Criscuolo, L. Marcolin. Mark-ups in the Digital Era［R］. OECD Science, Technology and Industry Working Papers, 2018.

［12］Coe D. T., E. Helpman, A. W. Hoffmaister. North-South R&D Spillovers［J］. The Economic Journal, 1997, 107: 134-149.

［13］Elhorst J. P., S. Fréret. Evidence of Political Yardstick Competition in France Using a Two-Regime Spatial Durbin Model with Fixed Effects［J］. Journal of Regional Science, 2009, 49（5）: 931-951.

［14］Ertur C., W. Koch. A Contribution to the Theory and Empirics of Schumpeterian Growth with Worldwide Interactions［J］. Journal of Economic Growth, 2011, 16（3）: 215-255.

［15］Ertur C., W. Koch. Growth, Technological Interdependence and Spatial Externalities: Theory and Evidence［J］. Journal of Applied Econometrics, 2007, 22（6）: 1033-1062.

［16］Feenstra R. C., R. Inklaar, M. P. Timmer. The Next Generation of the Penn World Table［J］. American Economic Review, 2015, 105（10）: 3150-3182.

［17］Glass A. J., K. Kenjegalieva, R. C. Sickles. A Spatial Autoregressive Stochastic Frontier Model for Panel Data with Asymmetric Efficiency Spillovers［J］. Journal of Econometrics, 2016, 190（2）: 289-300.

［18］Grossman G. M., E. Helpman. Innovation and Growth in the Global Economy［M］. Cambridge: MIT Press, 1991.

［19］Hulten C. R. Growth Accounting with Intermediate Inputs［J］. Review of Economic Studies, 1978, 45（3）: 511-518.

［20］Inklaar R., W. E. Diewert. Measuring Industry Productivity and Cross-country Convergence［J］. Journal of Econometrics, 2016, 191（2）: 426-433.

［21］Jorgenson D. W., M. S. Ho, J. D. Samuels. A Prototype Industry-level Production Account for the United States, 1947-2010［R］. Presentation to the Final World Input-Output Database Conference, Groningen, the Netherlands, 2012.

［22］Keller W. Geographic Localization of International Technology Diffusion［J］. American Economic Review, 2002, 92（1）: 120-142.

［23］Lee D. The Role of R&D and Input Trade in Productivity Growth: Innovation and Technology Spillovers［J］. The Journal of Technology Transfer, 2020, 45（3）: 908-928.

［24］LeSage J., R. K. Pace. Introduction to Spatial Econometrics［M］. Boca Raton: Chapman and Hall/CRC, 2009.

[25] Liu W., Q. Cheng. Global Production Network, Technology Spillover, and Shock Transmission [J]. Applied Economics, 2021, 53 (60): 7020-7036.

[26] Liu W., Q. Cheng, R. C. Sickles. Productivity Growth and Spillover across European and American Industries: A Global Value Perspective Based on EU KLEMS [J]. International Productivity Monitor, 2022, 43 (2): 86-109.

[27] Solow R. Technical Change and the Aggregate Production Function [J]. The Review of Economics and Statistics, 1957, 39 (3): 312-320.

[28] Tientao A., D. Legros, M. C. Pichery. Technology Spillover and TFP Growth: A Spatial Durbin Model [J]. International Economics, 2016, 145 (2): 21-31.

[29] Van Ark B. The Productivity Paradox of the New Digital Economy [J]. International Productivity Monitor, 2016, 31: 3-18.

新发展格局下创新驱动制造业全球价值链升级

赵驰 杨建强 稽楠楠 陶嘉仪

[摘要] 基于国际分工理论框架，本文将产品创新分解为创新投入和产出两个维度，研究产品创新作用于全球价值链的机理。在此基础上，本文采用中国制造业企业面板数据，检验产品创新对中国制造业全球价值链升级的影响。结果显示：中国制造业的全球价值链参与程度较深，但是仍然处于价值链低端。创新对全球价值链升级具有促进作用，然而创新产出和创新投入的影响程度不同且存在行业异质性。整体而言，创新产出对制造业全球价值链分工具有显著的正向作用，但创新投入的影响不明显。具体而言，创新产出对低技术行业全球价值链地位攀升作用显著，而研发投入对中高技术行业价值链攀升具有抑制作用。基于"双循环"深入发展的背景，本文进一步将"双循环"的调节效应纳入考量，在国内循环中，创新产出与创新投入对制造业全球价值链升级均有显著的积极影响；在国际循环中，国际贸易、创新产出及其交叉效应能够提升制造业全球价值链地位，但创新投入的作用仍不显著。本文的研究为加快构建新发展格局，构造以国内产业为支撑，分布全球的专业化垂直分工体系，推动模块化生产和产业集群向全球价值链的高端环节延伸，提供了经验支持。

[关键词] "双循环"新发展格局；产品创新；全球价值链

一、引言

随着经济全球化进程的不断加深，国际贸易的本质发生了巨大变化，各个国家参与国际垂直分工的模式已经从专业化生产具有比较优势的特定产品转变成专门从事特定的生产环节。这种体系下，发达经济体凭借先进的技术水平和卓越的创新能力始终处于全球价值链顶端。而发展中国家只能凭借低成本的劳动力、土地和环境等生产要素吸引发达经济体的中间产品加工转移，通过对一般零部件的生产和加工参与国际分工，因而长期处于全球价值链低端。长此以往，发达国家可以利用掌握价值链上下游两端的设计和品牌营销等环节，获得大部分的利益；而发展中国家在所从事的生产加工和装配等环节只能获得少部分利润，也容易陷入"低端嵌入"的困境。

不同于其他发展中国家，中国通过不断融入全球价值链（Global Value Chain，GVC）的国际分工，已经成为世界工厂和制造业大国。但是在价值链分工的过程中依然面临着内部环境和外部环境双向挤压的挑战。从国内挑战来看，中国人口红利逐步减弱，劳动力成本的不断提升严重降低了中国在加工装配等劳动密集型产业的竞争优势，跨国公司开始将此类产业转移到劳动力成本更低的东南亚国家和地区。与此同时，中国经济由高速度发展转变为高质量发展，环境规则的强化在短时期对产业转型升级形成挑战。在外部环境上，金融危机后，全球经济增长趋

[作者简介] 赵驰，东南大学经济管理学院副教授、博士生导师；杨建强，东南大学经济管理学院资产评估硕士专业研究生；稽楠楠，东南大学—莫纳士苏州联合研究院国际商务硕士；陶嘉仪，东南大学经济管理学院金融学博士研究生。

[基金项目] 国家社会科学基金面上项目"平台型智能制造产业生态系统共生演化及治理研究"（20BGL021）；江苏省习近平新时代中国特色社会主义思想研究中心一般项目、江苏省社会科学基金一般项目"基于气候变化的绿色治理与企业价值研究"（23ZXZB042）。

缓,外需愈加不足,而且"逆全球化"思潮和贸易保护主义持续抬头,中美贸易摩擦趋于常态化。此外,新冠病毒感染疫情助长了贸易保护主义等逆全球化思潮,主要经济体加快推动"制造业回归"和"再工业化"。国际分工将会综合考虑产业风险、国家产业布局等因素,全球价值链将有可能会被重新配置。

制造业全球价值链分工地位的变动与产业升级与产品创新联系紧密,从发展中国家角度出发,制造业企业可以通过跨国企业的技术溢出效应,吸收和模仿高端技术不断地提升技术水平和创新能力,产品创新和技术升级可以为制造业高质量发展提供新动能,从而促使制造业全球价值链分工地位攀升。同时在国内市场上,注重开发本土的市场规模优势,发掘其对制造业价值链攀升的引领作用,引导本国制造业企业自主利用当前的消费升级机遇,从而提升产品创新能力与全球价值链分工地位。因此,如何合理高效地利用国内国际的市场和资源,对制造业全球价值链分工地位的变动有着举足轻重的影响。党的十九届五中全会提出了要"充分发挥国内超大规模市场优势,逐步形成以国内大循环为主体、国内国际双循环相互促进的新发展格局"的战略部署。新发展格局是中国应对动荡的国际经济形势和全球价值链重构的新机遇所做的一项中长期战略部署。而这一战略部署能否在全球价值链重构的节点提升中国制造业的全球价值链分工地位,关键在于两点:一是能否基于超大规模市场优势进行国内循环构建,中国可以利用国内庞大的市场规模,激发市场需求和潜能,进一步提升产品创新能力,实现在满足内需基础上的国内经济循环;二是国内经济能否调整对国际大循环的高依赖,以国内市场为依托,进一步深化改革,通过正确的经济政策组合,改善和加强国内循环,实现国内国际双循环相互促进,使国内外资源得到更好配置。在新发展格局中,短期内利用国内循环和国际循环之间既互补又相互替代的关系,可以获取国外资源和开拓国际市场补充有限的国内资源和市场空间;长期来看,利用国际循环促进国内循环更快发展,例如,出口市场规模和需求的提升,既可以派生出更大规模的国内配套,又可以反向推动国内需求,有利于增强国内循环的基础配套能力和产品质量的竞争能力。

作为新兴经济体,中国部分制造业的生产工序和中间产品生产规模已经能够影响之前由发达经济体主导的上下游生产环节,从全球价值链中的被支配者转变为驱动者,但也因此遭遇发达经济体的遏制。重构全球价值链,对中国既是挑战更是机遇。一方面,中国需要依靠内需拉动国内价值链,在新发展格局下实现国内价值链和全球价值链的关联互动;另一方面,在产品创新升级这个关键节点上,正确推演产品创新对制造业全球价值链分工位置攀升的影响和机制,以及预测双循环发展新格局对此机制的作用,能够提升中国制造业在参与全球价值链分工中的竞争力并推动产业转型升级。

本文的边际贡献主要体现在:基于新发展格局,以更宏观的视角研究全球价值链重构的情况下实现价值链地位攀升的途径,在此基础上分别从创新投入和产出两个维度分析产品创新对全球价值链分工地位攀升的影响。同时,本文从理论层面分析了产品创新对全球价值链升级的影响机理,丰富了生产者驱动型全球价值链中产业升级的研究。本文其余部分的结构安排如下:第二部分对相关文献进行梳理与评述;第三部分是产品创新对制造业全球价值链的影响与机理分析;第四部分是建立模型与实证检验;第五部分是对结果的分析;第六部分是结论与建议。

二、相关文献综述

本文所涉及的相关文献包括全球价值链及其分工的相关研究、产品创新与产业升级的相关研究、关于"双循环"新发展格局的研究动态。

(一) 全球价值链及其分工的相关研究

全球价值链是在价值链的基础上发展起来的,价值链这一概念最早由 Michael Porter (1985)

在 Competitive Advantage 一书中提出，即单个企业的基本活动和支持性活动相互关联，两种活动共同构成企业价值创造的行为链条，即企业价值链。在对企业价值链的研究基础上，Gereffi（1999）从商品角度，提出全球商品链概念，探讨包括不同价值增值部分的全球商品链的内部结构关系以及企业对商品链的管理问题，之后 Gereffi 和 Kaplinsky（2001）从价值链的角度分析了全球化的过程，明确了价值链本身的价值，并在2005年对这一概念进行了具体化，将全球商品链区分为生产者驱动型（Producer-driven）和购买者驱动型（Buyer-driven）。2002年联合国工业发展组织（UNIDO）对全球价值链做出以下定义：在全球范围内为实现商品或服务价值而连接生产、销售、回收处理等过程的全球性跨企业网络组织，涉及从原料采集和运输，半成品和成品生产及分销，直至最终消费和回收处理的整个过程。

一国及其产业在全球价值链中的位置和参与程度，影响其对价值链的协调和控制力，进而决定其获取价值的能力。在以往研究中，国内外学者构造了不同的指数指标来测算全球价值链的分工位置。基于垂直化贸易的测量，Balassa（1965）提出了垂直专业化的概念，增加值贸易统计体系建立在垂直专业化之上，Feenstra（1998）提出利用贸易附加值来测度各个贸易参与国制造业在国际垂直分工中的参与程度。Burda（2002）提出生产结构可以通过贸易结构反映，主张用出口复杂度来衡量一国或地区在全球价值链中的地位。Koopman 和 Powers（2010）、Koopman（2014）用 KWW 方法分别构造 GVC 地位指数衡量一个国家某产业在全球价值链中的地位，GVC 参与指数衡量一个国家某产业参与全球价值链程度。这个方法既能有效避免重复计算中间品价值，比较真实地反映一国产业在全球价值链的分工地位，又能详细了解贸易品的增加值来源和价值流向，对贸易政策的制定有着重要意义。因此本文采用该方法测算全球价值链分工地位和参与指数。其中，全球价值链分工地位如式（1）所示，全球价值链参与指数如式（2）所示。

$$\text{GVC\_Position}_{is} = \ln\left(1+\frac{IV_{is}}{E_{is}}\right) - \ln\left(1+\frac{FV_{is}}{E_{is}}\right) \qquad (1)$$

$$\text{GVC\_Participation}_{is} = \frac{IV_{is}}{E_{is}} + \frac{FV_{is}}{E_{is}} \qquad (2)$$

其中，GVC_Position_{is} 表示 s 国 i 产业在全球价值链的分工地位，$\text{GVC\_Participation}_{is}$ 表示 s 国 i 产业在全球价值链的参与程度。IV_{is} 表示 s 国 i 产业出口中含有的间接增加值，即出口的中间产品出口作为他国的进口中间投入品，经过加工后又出口到第三国所包含的国内增加值；FV_{is} 表示 s 国 i 产业出口中所含有的国外增加值；E_{is} 表示以增加值为统计口径的 s 国 i 产业的出口总值。

（二）产品创新与产业升级的相关研究

从产品技术因素角度，经济合作与发展组织（OECD）将产品创新定义为给产品用户提供新的或者更好的服务而发生的产品技术变化。许庆瑞（1991）认为凡是由技术创新引发的新产品的开发和应用，都可以称为产品创新。毛蕴诗（2006）综合先前专家学者的研究，认为产品创新由两部分组成，分别是产品技术和过程技术。关于产业升级与产品创新的关系，阳立高等（2018）认为产业升级主要是指随着新技术的开发与应用，高科技含量、高附加值、高品质、低能耗、低污染的新产品与新工艺不断替换并取代原有较低层次的旧产品与旧工艺，实现产品与工艺的更新换代，并推动经济社会持续、快速发展的动态过程。产品创新升级是通过提升引进新产品，提高产品等级或品种，或者改进已有产品，改进功能和款式，使产品更具竞争力，是产业升级的关键节点。

从全球价值链角度出发，产品创新与产业升级是提升全球价值链中各环节生产效率的重要手段。Gereffi 和 Kaplinsky（2001）提出产业升级主要落实到以下四个具体方面：工艺创新升级、产品创新升级、功能创新升级和链条创新升级。工艺创新升级，指的是通过对生产组织进行重组或采用新技术，以此来提升全球价值链条中各环节或者环节之间的流程的效率，促使全球价值链分工地位的提升。功能创新升级，主要是通过重新组合价值链中的各个环节，向设计和营销等附加值高的环节跨越的一种升级方式。链条创新升级，指的是从一条产业链转换到另一条产业链的升级方式，这种转换一般都来自于突破性创新，这也就是产业升级的目的。通常，发展中国家产业升级的模式会从工艺创新升级到产品创新升级再到功能创新升级最后到链条创新升级的方向依次推进，并且表现为企业或者产业集群从价值链的低端环节向高端环节跨越的过程。因此，产品创新与产业升级对于发展中国家而言，能够有效地提升产品竞争力，促使其在全球价值链分工地位的提升。

（三）关于"双循环"新发展格局的研究动态

国内国际双循环的发展理念并非中国首创，凌永辉和刘志彪（2020）研究大国经济发展模式，发现一个开放经济体，比如发达工业化大国的经济发展过程一般表现为先国内市场循环实现经济大循环后再实现国外市场循环，最终表现为由国内循环和国际循环共同组成。林毅夫（2021）认为推动形成双循环的新发展格局是重塑中国国际合作和竞争优势的战略抉择。马丹等（2021）研究发现国内国际双循环是突破微笑曲线整体下移和平缓化趋势的可行路径。李宏等（2021）从全球价值链角度，分别运用随机前沿模型（SFA）和数据包络分析（DEA），测算中国制造业细分产业的技术效率和全要素生产率并在国际间进行比较，研究发现中国制造业已经摆脱了全球价值链底端锁定的困境。周曙东等（2021）认为推进双循环战略是为了解决产业链国际竞争力的问题。构建以国内大循环为主体、国内国际双循环相互促进的新发展格局就是要做大做强国内循环产业链，增强产业链的自主可控能力，实现国内国际双循环良性互动，避免出现产业链断链、堵点，提高产业链的韧性，防止重要产业链被外资所控制。

上述研究从中国加入世界贸易组织并融入全球价值链以来，从不同角度分析了中国制造业在全球价值链的分工地位和演变倾向，很多学者构建了不同的模型体系进行测算，但采取的指标各不相同，因此得出的中国制造业在全球价值链上的地位的演变倾向并不完全统一。但笔者在综合大部分文献后发现，尽管中国制造业整体在全球价值链的参与程度较高，但是其全球价值链分工地位仍在中低端。虽然中国制造业的产业技术效率较高，部分产业在全球价值链分工中有实质性话语权，但是全要素生产率在国际上处于低位，技术创新水平与发达经济体还有差距。这表明，中国要突破学习引进技术实现自主创新的必要性，这也是中国加快构建新发展格局，深化供给侧结构性改革、转变经济增长方式是必然的选择。

此外，本文注意到，国际大环境发生巨变的时代背景下，学者们对全球价值链分工地位的影响因素进行了多元化研究，一国与全球价值链的对接程度、生产要素禀赋结构和技术进步等因素都会对制造业全球价值链分工地位产生影响。从全球价值链对产业升级的影响来看，发达经济体都面临着全球价值链促进资源分配推动国家产业升级的机遇和国家竞争力转移的挑战；发展中经济体也可以通过技术溢出效应、技术进步和自主创新等实现产业升级。但目前结合国内国际双循环格局进行的探究较少。因此本文在上述研究的基础上，结合新发展格局下国内价值链和全球价值链的关联互动背景，探讨产品创新对制造业全球价值链分工位置攀升的影响和机制，并预测新发展格局对此机制的作用。从而为中国制造业在参与全球价值链分工中的竞争力提升和产业转型升级提供思路。

三、产品创新对制造业全球价值链的影响与机理分析

（一）中国制造业参与全球价值链现状分析

本文参考 KWW 分工指数测算方法，对中国制造业整体及不同技术水平行业全球价值链参与指数和分工指数进行测算，结果如图 1 和图 2 所示。

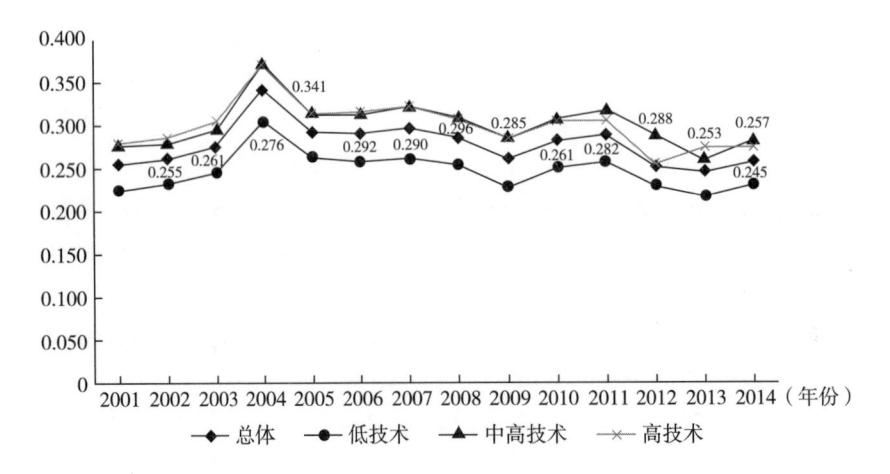

图 1　制造业整体及不同技术水平行业全球价值链参与指数及其变化趋势

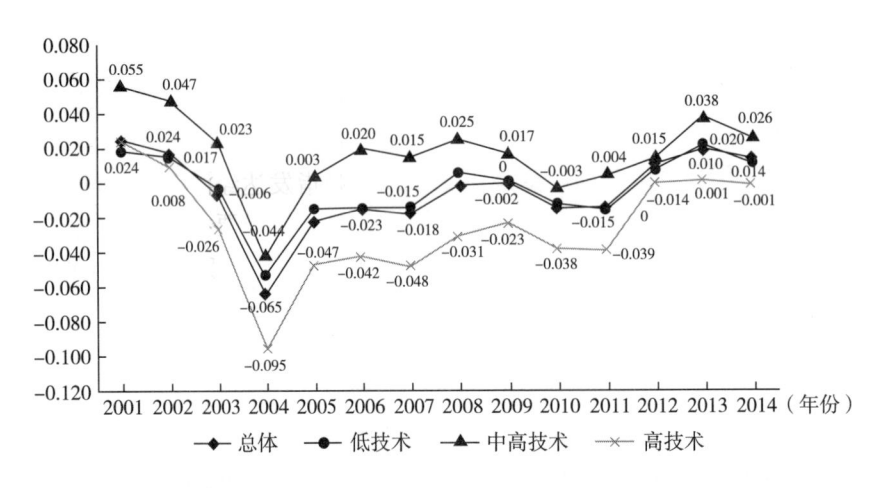

图 2　制造业整体及不同技术水平行业全球价值链分工地位及其变化趋势

如图 1 所示，我国制造业全球价值链参与指数总体表现为先上升后下降然后保持稳定的变化趋势。制造业全球价值链参与指数在 2004 年达到顶峰，这也是国家先大力推动出口导向战略实施后调整进出口结构的数值表现，2005 年制造业全球价值链参与程度在稳定中缓慢上升，但是在金融危机时期受到大环境的影响，国际需求低，进出口均萎缩。2009~2011 年国内经济率先恢复，且在金融危机后国内企业被迫转型升级，不仅总出口增多，且国内增加值的增长速度高于国外增加值，因此全球价值链参与程度和分工地位都呈上升趋势，但是 2012 年中国经济进入新常态，GDP 增速回落，国内经济改变以往靠低成本出口拉动的粗放型经济增长，强调促进产业结构调整，从要素驱动、投资驱动转向创新驱动的经济稳增长模式，因此制造业的全球价值链参与指数出现波动。分不同技术行业看，低技术行业全球价值链参与指数最低，中高技术和高技术行业高于制造业整体，本文认为原因在于低技术行业是我国参与全球价值链的主体产

业，且参与的生产环节多为加工组装等低附加值环节，但是经过国内加工后出口产品的总值较大，因此在数值上表现为参与程度不高；与之类似，我国在中高技术和高技术行业参与的国际分工环节出口产品总值较小，所以在数值上表现为参与程度较高。

从制造业整体及不同技术水平行业全球价值链分工地位及其变化趋势（见图2）来看，我国制造业整体呈现先下降后波动上升的发展趋势。2001~2004年，制造业全球价值链分工地位逐年下降，2004年跌至最低端-0.065，主要原因是这一时期我国刚开始加入WTO融入全球价值链，实行出口导向战略，大量从国外进口原材料以及中间产品到国内进行加工组装继而出口到国外，因此出口产品中国内增加值占比有限，国外增加值比重大于国内增加值，全球价值链分工地位指数计算为负值。随着融入全球价值链的程度加深，以及跨国公司在国内进行直接投资，我国企业学习并积累了技术、人才和资金，国外中间产品进口减少，出口产品中国内增加值份额提升，从数值上表现为全球价值链分工地位指数上升。而后在经历金融危机时经历了短暂小幅度的下降，2011年后，我国制造业整体全球价值链分工地位稳步上升。

通过观察2001~2014年中国制造业全球价值链分工地位指数与参与指数的演变趋势发现，整体制造业及不同技术水平行业总体表现为先上升后下降然后保持稳定的变化趋势。从数值上看，制造业整体分工指数较低，表明在全球价值链分工中企业多参与附加值较低的生产工序，但是全球价值链参与指数并不低，说明制造业参与全球价值链的嵌入位置和嵌入程度并没有明确的正相关性，也间接表明我国制造业在全球价值链竞争中一定程度上表现出了"低端锁定"的特征。我国最初是凭借廉价劳动力优势以及开放的市场融入发达国家制造业全球价值链的中低附加值环节，因为初期的出口导向战略促进了大量企业进入低附加值生产环节，出口规模提升但是长此以往不利于产业结构调整和经济转型发展，存在陷入低端锁定的风险。

（二）制造业全球价值链分工的模型设定

全球价值链分工是在比较优势理论的基础上逐渐形成的，而跨国公司对低成本的追求促使国际分工不断地深化。本文参考郑江淮和郑玉（2020）的研究思路，将经济体分为两类，一类是驱动全球价值链的生产型投资者所在的经济体，主要是指发达经济体，用下标X表示；另一类是参与发达经济体主导的全球价值链的企业所在的经济体，主要指承接发达国家转移的生产工序的发展中国家，用下标Y表示，中国位于此类。生产环节一般发生在生产率高的经济体，但是存在某个临界生产阶段，在这个临界生产阶段，产品生产在发达经济体X和欠发达经济体Y之间是无差异的。

临界生产阶段之上所发生的生产环节由发达经济体负责，假设生产环节个数为N_X，临界生产阶段之下所发生的环节由发展中经济体负责，生产环节个数为N_Y；在临界阶段生产的产品价格为P^*，生产最高阶段产品价格为P_X^T，生产初始阶段产品价格为P_Y^0。那么，由发达国家生产的环节所产生的产品增加值可以表示为$(P_X^T-P^*)$。直觉理解为生产环节越多，发达经济体生产的产品增加值越多。同理，由发展中国家生产的产品增加值表示为$(P^*-P_Y^0)$，即发展中国家所能达到的临界生产阶段越高，生产的产品增加值就越高。$\frac{N_Y}{N_X}$可以通过生产环节数量简单地表示发展中国家在全球价值链中的位置，该比例与发展中国家和发达国家生产产品增加值之比$\frac{P^*-P_Y^0}{P_X^T-P^*}$呈正相关关系，进一步得出与$\frac{P^*}{P_X^T}$呈正相关关系，这也就表明$\frac{N_Y}{N_X}$可以反映发展中国家在全球价值链的位置。

基于上述假设，在全球价值链的序贯生产中，如果发达经济体内部生产环节之间的出错率扩大，发展中国家的生产率能够不断向发达经济体靠拢，那么临界生产阶段会越趋近发达国家所掌握的最高生产阶段，也就是实现了全球价值链分工地位的攀升。郑江淮和郑玉（2020）将这种情形称为发达经济体生产环节的不对称技术进步,在实践中,发达经济体掌握的高阶段生产环节围绕核心技术不断实现产品创新,集成更多的次级中间产品数量,使得产品模块化程度提高;而有的生产环节在技术上与高技术环节可分,没有被模块化,这些技术进步较低的生产环节就被转移到发展中国家寻求低成本生产加工。

如果发展中国家技术进步能够赶超发达经济体,进一步掌握临界阶段之上的生产环节并降低出错率,而且仍然保有劳动力成本相对较低的优势,那么,发达经济体跨国企业出于低成本的竞争动机就会继续把这部分生产外包并从发展中国家进口产品。从发展中国家的角度,在不断承接发达经济体外包的生产环节过程中,通过模仿引进的技术进步实现产品升级,制造业的生产率提高,进而生产边界不断向高端环节攀升,全球价值链地位提升。

(三) 产品技术创新对制造业全球价值链的影响

从上述模型的角度分析,发达经济体依靠自身的技术进步,将最高生产阶段再度提高,如果临界生产阶段没有得到调整,那么发达国家掌握的生产环节增多至 N'_X,对应的由发达国家所产生的产品增加值 ($P_X^T - P^*$) 增多,$\frac{N_Y}{N'_X}$ 变小,发展中国家在全球价值链的位置相对降低,但是发达经济体的技术进步也在不断的学习中获取更多技术,拓展了发展中国家的生产边界。从长期动态角度,技术溢出效应促使国内部门产品创新,可以在已经参与全球价值链分工的产业部门之外,产生一批可进入全球价值链更广范围或更高层次分工环节的创新产品,只要具有低成本比较优势,就能吸引领导企业将其纳入其外包产品集中。发达经济体进行外包后新增的中间产品等创新活动通过高技能劳动力跨国流动、高技能劳动力密集型新技术成果跨国创业、产业化等途径,对具有实力的发展中国家形成了知识溢出、技术溢出,并在一定程度上诱致发展中国家国内科研人员与科研投资的增长,激发国内的自主研发创新潜能。

长期以来,中国以技术引进为主技术创新路径促进了产业结构升级,但是以自主研发为主的技术创新更适合经济进入新常态的中国进行产业结构升级。一国自主创新能显著提高制造业劳动生产效率,增强比较优势,提高产品竞争力,实现产品升级。主要有以下几个方面:①自主创新意味着技术上可以摆脱国外引进技术,当面对高技术行业的技术封锁时,仍然可以通过国内研发投入实现技术进步,逐步掌握原来被发达经济体掌控的技术和高端生产环节;②自主创新所带来的技术进步跨过了发达经济体的外包环节,所生产的创新产品直接实现对进口中间品和产品的替代,改善进出口结构,推动产业结构的升级调整,实现全球价值链升级;③一国自主创新可推进对原生产工艺改进和新产品研制,降低企业成本,增加超额利润,实现制造业功能升级,刺激规模效应,摆脱"低端锁定",实现制造业价值链跃升;④不断提升技术水平可以较大程度地增强制造业产品竞争力,扩大市场需求和出口,进而积极融入全球价值链,实现从低端徘徊向高端的跃升,最终实现制造业产品的全球价值链的链条升级。基于以上分析,本文有理由提出:

假设1:本国产品创新对制造业全球价值链分工地位攀升有正向作用。

(四) 新发展格局对产品创新影响制造业全球价值链攀升的分析

从国内循环角度来看,经济发展模式的转变和全球价值链重构的外部机遇要求中国逐渐脱离对发达国家主导的全球价值链和全球市场网络的依赖,利用中国完善的工业体系和完备的基础设施,推动和扩大国内循环强化国内配套能力,以此来释放超大规模的国内市场潜力,构建自主可控的国内价值链。国内需求市场规模扩大会吸引价值链更高端环节配置到国内,可以培养产业竞争优势,进而影响全球价值链的攀升。

在国内循环模式中,有两种方式可以实现全球价值链分工地位提升。第一,提升国内间接增加值,即伴随中国本土市场规模的扩大,内部消费需求比例提升使得最终消费市场接近发达经济体,促进更高端的生产环节不断向国内转移,有利于构建基于品牌研发、中间品供给和市场营销网络的国内循环,使得中国在全球价值链中可以生产和出口更具竞争优势的创新产品,可以从根本上改变中国企业低端嵌入的分工格局。第二,降低国外增加值,由于国内庞大的市场规模和完整的产业配套体系,高端环节转入后,依托国内原有的配套,很大程度上可以减少对国外产品的需求,实现国内产品对国外产品的替代,从而逐步改变长期以来依托大量进口中间品来生产最终产品的传统模式。从模型角度分析,国内超大市场规模引致的内需的扩大,随着国内自主创新水平的提高,不仅在价值链上提升了临界生产阶段促使向中高端生产环节的攀升,还有利于构建国内价值链,基于多样性需求的创新产品对全球价值链分工和国际贸易有需求,从而促使国内价值链延伸至全球,形成国内消费为主的全球价值链。

从国际循环角度来看,推动双循环相互促进,形成全方位对外开放新格局基础上构建更高水平开放型经济新体制。一方面,参与国际循环能够带动国内循环。国内生产和制造的规模由于出口市场需求及中间品进口需求的增多将进一步扩大,由此引致更大规模的国内配套,而基于出口导向型经济增长的国民收入水平提升将显著推动国内需求。另一方面,国内循环构建有助于提升国际循环参与水平。基于国内生产和配套能力的产品竞争力增强将显著扩大国际市场份额,同时为国际市场提供更多高质量的中间产品。在国内供给侧形成了较为完备的产品生产和配套能力,需求侧也随着国民收入水平的增长和与国际市场的关联程度加深而释放国内市场需求,加强对微笑曲线上游核心技术和产品的研发与最终消费市场端营销的投入,从而建立起以内需驱动的经济循环体系,并推动本土价值链与全球价值链的良性循环,进而提升中国制造业在全球价值链的位置。据此,本文提出:

假设2:国内循环对产品创新驱动制造业全球价值链攀升产生积极影响。

假设3:国际循环对产品创新驱动制造业全球价值链攀升产生积极影响。

四、模型构建、变量选取和相关数据说明

(一) 模型设定

为了考察产品创新对制造业全球价值链攀升的影响,本文在基准回归中采用面板模型进行回归估计,建立以下基准回归模型,验证假设1,如式(3)所示:

$$\text{GVCp}_{it} = \alpha_0 + \alpha_1 \text{PAT}_{it} + \alpha_2 \text{RD}_{it} + \alpha_3 \text{RDL}_{it} + \alpha_4 \text{Controls}_{it} + \mu_i + \beta_t + \varepsilon_{it} \quad (3)$$

另外,本文参考戴翔等(2017)以本土市场需求表征国内循环,参考周申(2006)以贸易开放度表征国际循环。在此基础上,构建双循环模型检验产品创新对制造业价值链攀升具有正向效应的理论假设。为此,本文通过交互项模型验证假设2和假设3的调节效应,具体的计量模型如式(4)所示:

$$\text{GVCp}_{it} = \alpha_0 + \alpha_1 \text{EV}_{it} + \alpha_2 \text{MT}_{it} + \alpha_3 \text{EV}_{it} \times \text{MT}_{it} + \alpha_4 \text{GVCc}_{it} + \alpha_5 \text{Controls}_{it} + \mu_i + \beta_t + \varepsilon_{it} \quad (4)$$

其中,下标i和t分别代表制造业细分行业与年份。GVCp_{it}指代全球价值链分工地位;本文沿用创新投入和创新产出两个指标来测度产品创新水平,各行业大中型企业有效专利申请数(PAT_{it})表示产品创新产出程度;表示产品创新投入程度则用研发投入(RD_{it})和研发人员从业数(RDL_{it})表示。MT_{it}分别代表本土市场需求(MAR_{it})和贸易开放度(TRA_{it})。控制变量向量Controls包括全球价值链参与程度(GVCc_{it})、外国直接投资(FDI_{it})、从业人员数(LAB_{it})、出口密集度(EXI_{it})、行业规模(INS_{it})以及资本密集度(CAI_{it})。此外,μ_i为行业固定效应,β_t为时间固定效应,ε_{it}为随机干扰项。

（二）变量选取

1. 被解释变量

全球价值链分工地位（$GVCp_{it}$）。基于贸易附加值框架，本文采用全球价值链分工地位指数来测度一国特定产业在全球价值链分工中的地位。

$$GVCp_{it} = \ln\left(1 + \frac{IV_{it}}{E_{it}}\right) - \ln\left(1 + \frac{FV_{it}}{E_{it}}\right) \tag{5}$$

其中，IV_{it} 表示中国 i 产业出口中含有的间接增加值，即中国 i 产业出口的中间产品出口作为他国的进口中间投入品，经过加工后又出口到第三国所包含的国内增加值；FV_{it} 表示中国 i 产业出口中所含有的国外增加值；E_{it} 表示以增加值为统计口径的中国 i 产业的出口总值。全球价值链分工地位指数越大，表明一国该产业越靠近价值链上游环节，分工地位越高。

2. 解释变量

本文参考林冰和蒲阿丽（2021）构造的创新投入产出指标作为产品创新的水平测度，其中，产品创新产出程度用各行业大中型企业有效专利申请数（PAT_{it}）表示；产业技术创新在初始阶段的产出体现在 R&D 创新活动，如专利申请等，专利申请是对产品、方法或者其改进所提出的新的技术方案，对推动技术进步的作用较大，是较好的直接衡量创新的一个指标。采用研发投入（RD_{it}）和研发人员从业数（RDL_{it}）表示产品创新投入程度；劳动力投入和资金经费投入是衡量创新投入的常用变量。人力资本的增加有利于产业劳动力素质水平的提升，同时，资金投入对行业技术效率提升具有很大的作用。

3. 调节变量

MT_{it} 分别代表本土市场需求（MAR_{it}）和贸易开放度（TRA_{it}）。产品创新与双循环的交叉项表明在国内循环或国际循环的作用下，创新产出和创新投入是否对全球价值链升级有影响，如果交叉项系数显著为正，则表明双循环能够有效加强产品创新对全球价值链升级的影响。本土市场需求采用行业总产值减去出口额再加上进口额表示。贸易开放度采用行业的进出口之和与工业总产值的比值表示。

4. 控制变量

全球价值链参与程度（$GVCc_{it}$），$GVCc_{it} = \dfrac{IV_{it} + FV_{it}}{E_{it}}$，以出口间接增加值与国外增加值之和与增加值出口总值的比值的形式表现。外国直接投资（FDI_{it}），用使用的外商直接投资额表示。出口密集度（EXI_{it}）、行业规模（INS_{it}）以及资本密集度（CAI_{it}）代表行业特征。出口密集度，用出口交货值与工业销售值的比值表示；行业规模，用工业总产值与企业数量的比值表示；资本密集度，用行业总资产与从业人员数的比值表示。

（三）样本与数据

本文的样本数据主要来源于 WIOD 数据库（World Input-Output Database）和国家统计局。鉴于《中国统计年鉴》《中国工业统计年鉴》《中国工业经济统计年鉴》《中国科技统计年鉴》，以大中型工业企业为统计口径。WIOD 项目在发布 2016 版世界投入产出表后暂未更新，2016 版数据包含 2000~2014 年 43 个国家（地区）56 个部门的投入产出表和附属账户数据，全球投入产出表详细描述了产品部门在生产过程中所进口的中间投入和出口产品的流向情况，这些数据是测量全球价值链的分工位置指数和全球价值链参与程度指数的基础。由于 WIOD 数据库对制造业分类方式与国内制造业细分方式存在差异，以及考虑到统计口径的一致性和数据的可获得性，本文以 WIOD 分类为基础，根据国民经济行业分类代码（GB/T 4754-2011）进行重新组合分类，整理了 14 个制造业的 2001~2014 年的数据。本文参照 UIBE-GVC 数据库，依据产业

R&D含量作为标准的制造业分类,将制造业分为高技术行业、中高技术行业和低技术行业,详见附表。变量和指标做相关处理后的描述性统计结果如表1所示。

表1 主要变量描述性分析

变量	样本量	均值	中位数	标准差	最小值	最大值
gvcp	196	-0.005	-0.003	0.066	-0.180	0.166
lnpat	196	22.320	24.790	7.186	0.155	32.890
rd	196	1.643	0.574	2.483	0.010	12.530
rdl	196	0.028	0.021	0.021	0.004	0.111
tra	196	0.289	0.180	0.247	0.052	1.049
lnmar	196	9.443	9.508	1.212	6.487	11.730
gvcc	196	0.277	0.280	0.080	0.092	0.467
fdi	196	0.599	0.366	0.776	0.137	3.741
exi	196	0.111	0.087	0.163	-0.730	0.627
cai	196	0.605	0.462	0.415	0.144	2.276
lnins	196	1.901	1.721	0.792	0.551	4.277

五、经验分析结果及说明

(一) 基准回归分析

本文首先通过对主要变量进行LLC、IPS检验,P值均小于0.05,显著拒绝"存在单位根的原假设"。因此各变量通过单位根检验,均为平稳序列,符合实证模型的要求。通过Hausman检验,采用面板数据双向固定效应模型进行估计。基准回归结果见表2。第(1)列为产品创新程度以及其他变量对制造业整体全球价值链嵌入地位影响的回归结果,第(2)~(4)列分别表示对低技术行业、中高技术行业和高技术行业的回归结果。

表2 基准回归结果

变量	(1) 行业整体 gvcp	(2) 低技术行业 gvcp	(3) 中高技术行业 gvcp	(4) 高技术行业 gvcp
lnpat	0.0021*** (4.38)	0.0021*** (2.73)	0.0012 (0.51)	0.0005 (0.72)
rd	-0.0011 (-0.99)	-0.0018 (-0.54)	-0.0165** (-2.22)	0.0008 (0.26)
rdl	0.0097 (0.09)	-0.7563** (-2.25)	-0.3825 (-0.53)	0.1076 (0.49)
fdi	0.0083* (1.75)	0.0228** (2.07)	0.0137 (0.44)	-0.0208*** (-3.30)
lnins	0.0326*** (2.94)	0.0425*** (3.20)	0.0354 (0.96)	-0.0631* (-1.95)
exi	0.0184** (2.59)	0.0155 (0.74)	0.0595 (1.20)	0.0055 (0.83)

续表

变量	（1） 行业整体 gvcp	（2） 低技术行业 gvcp	（3） 中高技术行业 gvcp	（4） 高技术行业 gvcp
cai	-0.0642*** (-9.37)	-0.0667*** (-7.13)	-0.0127 (-0.25)	0.0120 (0.74)
gvcc	-0.3070*** (-3.83)	-0.2199** (-2.31)	-0.5875*** (-2.77)	-0.7373*** (-5.53)
_cons	0.0038 (0.12)	-0.0164 (-0.99)	-0.1110* (-1.77)	0.2156* (1.67)
N	196	84	56	56
F	29.4050	22.3621	13.2240	8.8451
r^2	0.9642	0.9667	0.9726	0.9920
r^2_a	0.9567	0.9515	0.9514	0.9858

注：① *、**和***分别代表在10%、5%和1%的水平上显著；②本文下表同。

从制造业整体来看，首先产品创新产出可以显著地提升制造业全球价值链地位，该结果验证了本文的假设1，产品创新是能够推动一国制造业全球价值链升级的一种途径。但是创新投入对制造业全球价值链分工地位没有明显的影响。本文认为：创新投入在某种程度上是衡量技术创新效率的指标，而技术效率的提高与产成品出口之间还需要有生产工序的调整以及一定时期的滞后，因此数据显示不显著。

在控制变量中，全球价值链参与程度对全球价值链地位指数的影响系数显著为负，本文对该结果的理解是：从指数构成角度分析，从描述性结果可以看到的最小值为-0.180，均值为-0.005，这意味着中国制造业整体位于全球价值链下游位置，国内间接增加值占总出口的比例小于国外增加值的比例。虽然中国制造业参与全球价值链分工程度处于较高的水平，也还是表现为产品增加值的进口多于出口。因此，如果按照这个模式单纯提高全球价值链分工的参与程度而不调整国内增加值和国外进口增加值的在总出口中的份额，那么GVC_P的数值并不会产生正向变化。长此以往，制造业全球价值链分工地位并不会升级，也就是所谓的"低端锁定"。企业规模的回归系数在1%水平上显著为正，说明行业规模越大越有利于全球价值链分工地位的提升。出口规模的回归系数在5%水平上显著为正，这也佐证了以上分析，增加国内产品的出口，代替进口中间产品，有利于提高制造业全球价值链分工地位。资本密集度对制造业全球价值链分工地位抑制作用明显，本文认为主要原因可能是：中国被称为"国际工厂"，总产量大且大多属于劳动密集型行业是我国在国际分工中的制造业的特点，行业多是价值链上的低附加值生产环节，如加工零部件及装配等环节，在厂房设备方面投入较多，但技术水平对比发达国家并不高，因此尽管资本密集度大却位于制造业全球价值链附加值较低的生产环节，因而与全球价值链升级呈现负向的影响关系。

从不同技术水平行业来看，首先，产品创新产出对各技术水平行业全球价值链分工地位的提升都有正向影响，但是对低技术行业显著，中高技术和高技术水平行业并不显著，而且回归系数也在逐渐减小。一方面，因为在其他解释变量上也有同样的表现，所以本文认为是相关样本量较小导致结果的差异性；另一方面，本文认为目前中国专利申请大多是以实用新型和外观设计专利为主，真正代表技术含量的发明专利相对较少，因此产品的创新技术程度还不能满足对制造业全球价值链升级的充分要求。而对于创新投入变量，研发人员从业数对低技术行业的全球价值链升级在5%水平上产生负向影响，对中高技术行业的影响不显著为负，对高技术行业的影响不显著为正；研发投入对中高技术行业的全球价值链升级在5%水平上产生负向影响，对低技术行业的影响不显著为负，对高技术行业的影响同样不显著为正。从变量构成角度，研发人员从业数是研究和发展人员数与全部从业人员的比值，因此以上两个变量对不同技术水平行业作用于全球价值链升级的表现相同。从回归结果可知，研发的资金和人员投入应该与行业所含技术水平保持一致，合适的投入才能对制造业全球价值链分工地位的提升起到促进效果。

（二）拓展分析

国内循环的调节作用回归结果如表3所示，第（1）列结果显示，本土市场需求、创新产出以及本土市场需求和创新产出的交叉项对制造业全球价值链分工地位指数的影响均在1%水平上显著为正，这表明国内经济循环能够增强产品创新对全球价值链升级的影响。第（2）、（3）列结果分别表示的是国内循环通过研发资金投入和研发人员投入对全球价值链分工指数的影响。

表3 国内循环的调节作用

变量	（1）gvcp	（2）gvcp	（3）gvcp
lnmar	0.0784*** (18.15)	0.1448*** (53.19)	0.1074*** (35.45)
lnpat	0.0008*** (3.24)		
lnmar×lnpat	0.0006*** (5.30)		
rd		0.0025** (2.03)	
lnmar×rd		0.0090*** (21.39)	
rdl			0.0223 (0.53)
lnmar×rdl			0.3125*** (6.52)
fdi	0.0051*** (3.44)	0.0001 (0.13)	0.0055*** (4.54)
lnins	-0.0017 (-0.37)	0.0005 (0.23)	0.0022 (0.58)
exi	-0.0009 (-0.41)	-0.0006 (-0.40)	-0.0035 (-1.47)
cai	-0.0089*** (-2.88)	0.0045** (2.48)	-0.0084*** (-2.86)
gvcc	0.0605** (2.11)	0.0379** (2.37)	0.0706** (2.60)
N	196	196	196
F	420.4607	1307.4397	434.5501
r²	0.9965	0.9987	0.9961
r²_a	0.9957	0.9984	0.9953

从表3结果不难看出，本土市场需求及其与创新产出的交叉效应，对制造业全球价值链分工地位指数有显著的积极影响。对比上文创新产出对全球价值链分工地位指数影响系数不显著，

可以表明在国内经济循环对产品创新影响制造业全球价值链攀升有明显的调节作用。这在一定程度上可以证实根据国内的市场需求投入研发资金和研发人员，产品创新和出口贸易可以使得服务于国内市场需求的本土供给能力得到提升，也就是国内需求—国内供给—出口结构的关联得以改善和强化，继而发挥超大规模市场下内需优势对制造业全球价值链升级的促进作用。不仅如此，在考虑本土市场需求的情况下，全球价值链参与指数对分工地位指数的影响系数均在5%水平上显著为正，这间接说明本土市场需求有利于调节出口产品结构，在此条件下深度融入国际生产分工有利于提升制造业在全球价值链分工地位的提升。上述结果说明，假设2得到了证实，即国内循环对产品创新驱动制造业全球价值链攀升产生积极影响。

国际循环的调节作用回归结果如表4所示，第（1）列为贸易自由度、创新产出和贸易自由度与创新产出交叉项对价值链分工地位指数的回归结果，第（2）、（3）列分别是贸易自由度作用于创新投入的全球价值链分工地位的影响。

表4 国际循环的调节作用

变量	(1) gvcp	(2) gvcp	(3) gvcp
tra	0.4337*** (3.64)	0.4546** (2.09)	0.3399*** (2.80)
lnpat	0.0038** (2.53)		
tra×lnpat	0.0471** (7.41)		
rd		-0.0027 (-0.44)	
tra×rd		-0.0214 (-0.54)	
rdl			0.0266 (0.23)
tra×rdl			0.3242 (0.09)
fdi	0.0032 (0.61)	-0.0031 (-0.81)	-0.0023 (-0.64)
lnins	0.0558*** (4.30)	0.0522*** (4.96)	0.0490*** (4.51)
exi	0.0113 (1.55)	0.0085 (1.19)	0.0085 (1.18)
cai	-0.0621*** (-8.14)	-0.0637*** (-9.42)	-0.0645*** (-9.50)
gvcc	-0.3860*** (-4.85)	-0.3153*** (-4.27)	-0.3155*** (-4.27)
N	196	196	196
F	28.3071	31.4752	31.3374
r^2	0.9666	0.9657	0.9656
r^2_a	0.9589	0.9584	0.9583

表4回归结果不难发现，贸易开放度和创新产出对全球价值链分工地位的影响统计显著，贸易开放度和创新产出的交叉项对全球价值链分工地位的影响在5%水平上显著为正，且影响系

数大于单项创新产出。这表明贸易越开放，越能促进创新产品对全球价值链分工地位提升，一定程度上验证了理论假设 3。然而，国内的研发资金投入和研发人员投入对全球价值链分工地位的影响不显著，贸易开放与创新投入的交叉项系数也不显著，全球价值链参与指数的系数在 1% 水平上显著为负。这个结果与基准回归类似，意味着出口导向型经济发展模式下，制造业发展依赖国际市场，这种情况下国内自主研发并不能对制造业全球价值链升级提供助力。利用低技术劳动力融入全球价值链低端环节的生产模式容易对发达国家产业转移产生技术依赖，自主研发动力不足。在此情况下，融入全球价值链的程度越深，越容易被锁定在制造业全球价值链分工的低端位置。

（三）稳健性分析

1. 更换聚类标准误

考虑到面板数据信息较多，干扰项之间可能存在异方差和自相关，即行业层面存在相关性和不随时间变化的特征。因此，本文在对数据进行回归估计时，采取更换聚类标准误的办法检验结果的稳健性。检验结果与基准回归结果基本相似，详见表 5 第（1）、（2）列，说明本文的研究结果具有稳健性。

2. 内生性分析

本文选取的面板数据在一定程度上能规避个体异质性问题，尽管如此，本文在基准回归与双循环调节作用的分析中，选取全球价值链参与程度、本土市场需求和贸易开放度等变量可能存在内生性问题，导致回归结果有偏。因此，本文进一步对所有变量滞后一期处理。估计结果与基准回归结果的正负性和显著性基本相似，说明本文研究结果具有稳健性。稳健性检验结果列于表 5 第（3）、（4）列。

表 5　稳健性检验结果

变量	更换聚类标准误		滞后一期回归	
	(1) gvcp	(2) gvcp	(3) gvcp	(4) gvcp
lnpat	0.0006* (1.74)	0.0034*** (4.37)	0.0006* (1.96)	0.0010* (1.67)
lnmar	0.0792*** (12.94)		0.0606*** (4.43)	
lnmar×lnpat	0.0006*** (4.17)		0.0004** (1.98)	
tra		0.0399 (0.32)		0.2961*** (2.86)
tra×lnpat		0.0460*** (4.65)		0.0137** (2.22)
rd	−0.0001 (−0.18)	−0.0017 (−1.27)	−0.0000 (−0.01)	−0.0014 (−0.93)
rdl	−0.1219 (−1.39)	0.0855 (0.72)	−0.1247 (−0.94)	−0.0448 (−0.33)
fdi	0.0040 (1.60)	0.0033 (0.60)	0.0161*** (2.83)	0.0159*** (2.78)
lnins	0.0014 (0.22)	0.0488*** (5.40)	0.0062 (0.48)	0.0330** (2.50)

续表

变量	更换聚类标准误		滞后一期回归	
	(1) gvcp	(2) gvcp	(3) gvcp	(4) gvcp
exi	0.0027 (1.11)	0.0147*** (3.32)	−0.0050 (−0.62)	−0.0018 (−0.21)
cai	−0.0168*** (−3.19)	−0.0318*** (−3.39)	−0.0431*** (−4.74)	−0.0512*** (−5.51)
gvcc	0.0556 (1.05)	−0.1918* (−1.90)	0.1976** (2.07)	0.0961 (1.03)
_cons	−0.0213 (−0.98)	−0.1042** (−2.19)	−0.0341 (−0.99)	−0.0906** (−2.34)
N	196	196	182	182
F	1211.7032	76.0891	15.9748	14.2630
r²	0.9959	0.9802	0.9588	0.9564
r²_a	0.9949	0.9755	0.9490	0.9459

六、结论与启示

世界格局与中国发展的现实背景下，本文基于 KWW 全球价值链分工地位指数和参与指数，分别从理论和实证角度分析了"双循环"新发展格局下产品创新产出和创新投入对制造业全球价值链分工地位提升的影响机制。研究表明，产品创新对制造业全球价值链向中高端攀升产生积极的影响，但创新产出和创新投入的影响作用不一致。从行业层面来看，不同技术水平行业通过创新产出作用于制造业全球价值链升级的影响具有行业异质性，其中对低技术行业的影响程度最显著、对中高技术行业和高技术行业的影响程度较小。同时，重视新发展格局的调节作用，有助于提升中国制造业在全球价值链的分工地位。

上述的研究结论给我们提供了一些政策建议：①推动产品技术创新发展，提升自主创新能力，不仅要引进和模仿国外技术，更要注重推动本土制造业企业自主创新；②鼓励模块化生产和产业集群，向全球价值链的高端环节延伸，提升技术吸收能力和技术研发能力，向高附加值的设计研发、品牌建立环节攀升；③加快构建新发展格局，加快形成两个市场良性循环，凭借国内国际两个市场、两种资源良性互动机制，构造以国内产业为支撑，分布全球的专业化垂直分工体系。

参考文献

[1] 戴翔，刘梦，张为付. 本土市场规模扩张如何引领价值链攀升 [J]. 世界经济，2017，40（9）：27-50.

[2] 国务院发展研究中心课题组. 未来15年国际经济格局变化和中国战略选择 [J]. 管理世界，2018（12）：1-12.

[3] 刘斌，魏倩，吕越，祝坤福. 制造业服务化与价值链升级 [J]. 经济研究，2016，51（3）：151-162.

[4] 刘冬冬，董景荣，王亚飞. 行业特征、要素禀赋结构与技术进步路径选择——基于中国装备制造业的实证检验 [J]. 科研管理，2017，38（9）：132-141.

［5］刘冬冬．全球价值链嵌入是否会驱动中国制造业升级——基于工艺升级与产品升级协调发展视角［J］．工业经济研究，2020（5）：58-72．

［6］李宏，牛志伟，邹昭晞．双循环新发展格局与中国制造业增长效率［J］．财经问题研究，2021（3）：38-48．

［7］李宏宇，宋娟．全球贸易衰退和价值链重构及中国出口价值链升级研究［J］．价格月刊，2021（2）：79-84．

［8］李玮．全球价值链理论和发展中国家产业升级问题研究［J］．工业技术经济，2017，36（1）：22-31．

［9］吕越，陈帅，盛斌．嵌入全球价值链会导致中国制造的"低端锁定"吗？［J］．管理世界，2018，34（8）：11-29．

［10］刘玉荣．从被动嵌入到主动构建-GVC视角下产业升级的新路径［J］．现代经济探讨，2015（10）：64-68．

［11］林冰，蒲阿丽．技术创新对中国制造业全球价值链攀升的影响［J］．山东理工大学学报（社会科学版），2021，37（2）：14-20．

［12］林毅夫．构建新发展格局的必然性与实现路径［N］．文汇报，2021-03-09（007）．

［13］凌永辉，刘志彪．构建内需主导型全球价值链［J］．社会科学文摘，2020（8）：47-49．

［14］马丹，郁霞，翁作义．中国制造"低端锁定"破局之路：基于国内外双循环的新视角［J］．统计与信息论坛，2021，36（1）：32-46．

［15］毛蕴诗，基于产品升级的自主创新路径研究［J］．管理世界，2006（5）：114-120．

［16］许庆瑞．企业技术进步的项目选择［J］．科技管理研究，1991（2）：26-27．

［17］阳立高，龚世豪，王铂，晁自胜．人力资本、技术进步与制造业升级［J］．中国软科学，2018（1）：138-148．

［18］郑江淮，郑玉．新兴经济大国中间产品创新驱动全球价值链攀升——基于中国经验的解释［J］．中国工业经济，2020（5）：61-79．

［19］周曙东，韩纪琴，葛继红，等．以国内大循环为主体的国内国际双循环战略的理论探索［J］．南京农业大学学报（社会科学版），2021，21（3）：22-29．

［20］Alan S., J. Mark. Consumer Financial Services Arbitration：The Millennium Edition［J］．The Business Lawyer，2001，56（3）：1219-1230．

［21］Balassa B. The Theory of Trade and Protection［J］．American Economic Review，1965，55（1/2）：253-256．

［22］Burda M. Cost Competition and Globalization［J］．Review of Internation Economics，2002，10（3）：424-441．

［23］Bruce K. Normative Observations on the International Value-added Chain and Strategic Groups［J］．Journal of International Business Studies，1984，15（2）：151-167．

［24］Feenstra R. C. Integration of Trade and Disintegration of Production in the Global Economy［J］．Journal of Economic Perspectives，1998，12（4）：31-50．

［25］Gereffi G. International Trade and Industrial Upgrading in the Apparel Commodity Chains［J］．Journal of International Economics，1999，48（1）：37-70．

［26］Gereffi G., R. Kaplinsky. The Value of Value Chains［J］．IDS Bulletin，2001，32（3）：1-8．

［27］Koopman R., W. Powers. Give Credit Where Credit is Due：Tracing Value Added in Global Production Chains［R］．NBER Working Paper，2010．

[28] Koopman R. Tracing Value-added and Double Counting in Gross Exports [J]. American Economic Review, 2014, 104 (2): 459-494.

[29] Michael E. P. Competitive Advantage [M]. New York: The Free Press, 1985.

[30] Robert C. F. Integration of Trade and Disintegration of Production in the Global Economy [J]. The Journal of Economic Perspectives, 1998, 12 (4): 31-50.

附表

WIOD 制造业产业代码、名称和技术分类

WIOD 2016 代码	产业名称	技术分类
C10~C12	食品、饮料和烟草加工制造业	低技术
C13~C15	纺织品、服装和皮革制造业	低技术
C16	木材及其制品业	低技术
C17	造纸和纸制品业	低技术
C18	印刷和记录媒介复制业	低技术
C19	石油加工、炼焦和核燃料加工业	低技术
C20	化学原料和化学产品制造业	高技术
C21	医药制造业	高技术
C22	橡胶和塑料制造业	中高技术
C23	非金属矿物制造业	中高技术
C24	黑色金属，有色金属冶炼和压延加工业	中高技术
C25	金属制造业	中高技术
C26	计算机、通信和其他电子设备制造业	高技术
C27	电气机械和器械制造业	高技术